KB009609

한국인의 발견

한국인의 발견

한국 현대사를 움직인 힘의 정체를 찾아서

최정운 지음

이 책의 내용은 꽤 오래전에 정해져 있었다. 이 책은 2013년 10월에 나온 『한국인의 탄생: 시대와 대결한 근대 한국인의 진화』의 후편에 해당한다. 이미 그 책에서 해방 이후 시대의 이야기는 다음 책에서 이어갈 것이라고 밝힌 만큼 이 책이 이 시점쯤에 나올 거라는 예상은 자연스러운 일일 것이다. 아마 이 책도 많이 팔리기 어려울 거라는 우려를 피할 수 없을 것이다. 어떤 전공 분야에도 속하지 않고 교양으로 읽기에는 부담스러운 책인 데다 하물며 우리나라 같은 지적 상황에서는 수요가 많지 않을 것이다. 저자가 정치학자라지만 정치학적 이야기는 거의 하지 않고, 소설 이야기는 많이 해놓았지만 문학 전공하는 사람이 보기에는 뜬금없는, 게다가 뻔한 이야기만 늘어놓으니 그저 괘씸할 뿐일 것이다. 또 역사를 이야기하고 있지만 역사학에서 쓰는 자료는 전혀 다루지 않았고 글도 역사적 사실에 근거하고 있지 않다.

　이런 묘한 상황은 필자가 오래전부터 겪어 온 운명 때문일 거라는 생각이 든다. 학부 때부터 노재봉 선생님[*]께서는 우리들을 서양에서 조직한 어떤 전문 학문 분야에 따라 가르치지 않으셨고, 차라리 한국 지식인들이 알아야 할 폭넓은 철학과 사상, 역사, 현실 문제 등에 관해서 두루 말씀을 해주셨다. 어쩌면 필자가 평생 해온 '학문'이라는 것의 활동 범위와 스타일은 선생님의 가르침에서 결정되었는지 모른다. 필자는 결코 '모범생'으로 살아온 일이 없고 내심 좋은 학점이나 상(賞), 칭찬을 받겠다고 애쓰는 친구들을 경멸해왔지만, 정작 내 인생의 대부분을 '노 선생님' 흉내를 내며 살아오지 않았나 싶다. 그리고 앞으로 몇 년 남지 않은 정년퇴직 후에도 다른 식의 삶을 살 수 있을 것 같지 않다.

　미국에 유학을 가서도 그런 식의 공부를 계속했던 것 같다. 사회적 지식의 문제를 유학 첫 해에 발견하고는 계속 붙잡고 늘어져 9년 만에 박사학위 논문을 제출했지만 이 또한 철학, 비교정치, 역사에 걸쳐 분야를 정의하지 못할 논문이 되고야 말았다. 그러고는 모교에서 교수 자리를 얻었는데 오랫동안 전통적으로 정착된 과목들을 가르치지 못하고 차라리 새롭게 분야를 만들어 나가야 하는 외로운 자리를 맡아 헤매게 되었다. 사실 어떤 과목을 맡아도 늘 그런 식으로 몰아갔던 것 같기도 하다. 대표적인 예가 〈국제문화론〉, 〈한국 정치·외교 사상〉일 것이다. 이 과목들은 미국에서 만들어져 전 세계에서 '정론(orthodoxy)'이 되어 있는 현실주의 국제정치학을 대체할 시

● 전 서울대학교 교수. 22대 국무총리.

각을 만들겠다는 목표를 공언하고 있었다. 그러나 이러한 목표는 미국에서 국제정치학 등을 공부한 대부분의 교수들이 공유하지 않는 바였고, 외로운 방랑의 길이 기다릴 따름이었다. 미국에서 배워온 서구의 학문들은 국제정치학, 정치학을 위시해서 마술사의 보자기가 결코 아니다. 어떤 문제라도 해결할 수 있는 만능의 방법론이 결코 아니다. 어떤 때는 비둘기도 나오고, 토끼도 나오고, 금발 미녀도 나오는, 마음만 먹으면 뭐든 꺼낼 수 있는 마술의 보자기가 아니다. 지식인, 학자 노릇을 해보니 좋은 논문을 많이 쓰는 게 중요한 것이 아니라 우리 사회, 우리 세상에 꼭 필요한 의미 있는 연구를 하고 글을 쓰는 것이 보람 있는 삶이라는 생각이 들었다.

결국 1990년대 후반부터 필자는 본격적으로 우리에게 실존적 문제라 생각되는 한국 근현대의 문제에 치중하게 되었다. 우리가 서양에서 그들의 학문을 배워와야 한다는 역사적 소명은 피할 수 없는 일이었고 필자 또한 열심히 참여했지만, 그렇게 세월을 보내다 보니 이 시대 한국 지식인으로서 고유의 사명은 방기되는 모순에 이르렀음을 발견했다. 그나마 필자의 경우는 비록 방랑의 운명 때문에 외로운 시간을 보냈지만 그래도 그 덕분에 기존의 학문 조직과 교과서들, 대학의 커리큘럼에 얽매이지 않고 자유롭게 고민할 수 있는 특권을 누릴 수 있었고 우리 사회의 지적 상황을 돌아보고 자신이 스스로 나아갈 방향을 모색할 수 있었다. 고독한 방랑의 운명은 괴롭기도 했지만 나름대로 자유롭게 고민하고 보람 있는 삶을 찾아갈 수 있는 축복이기도 했다. 이 과정에서 직계 선배인 하영선 교수님께 받은 도움에 가슴 뭉클함을 다시 느낀다. 이 책 또한 오랜 방랑과 고민과 순례의 결과임에 분명하다.

1980년대 이후 한국 지성계는 위기에 처해 있다. 우리 사회에서 본격적인 학문은 이 '투쟁의 시대'에 새롭게 시작되었다. 그러나 1980년대 중반부터는 새로운 흐름의 반지성주의가 휩쓸고 있다. 좌우(左右) 이념 대결이 냉전이 지난 후 너무 늦게 다시 벌어졌고 '지식인'이라고 자처하는 사람들이 이상한 투쟁에 말려들어 왔다. 이들이 싸워온 모습은 학문적 수준의 논쟁이 결코 아니었으며 정치적인 적과의 투쟁도 아닌 흡사 악귀(惡鬼)들과의 원한(怨恨) 맺힌 멸절의 싸움이었다. 이들은 서로의 존재를 부정하기 위해 온갖 중상(中傷)과 인격 훼손(毀損)을 서슴지 않았으며 결국은 우리 역사를 왜곡하고 파괴하고, 부정하기에 이르렀다. 싸움거리가 되는 역사의 대목들은 학생들의 교과서에서 삭제되고 삭제를 면한들 우리의 이념 투쟁의 장인 근현대사는 두 나라 이야기가 되어 갔고, 그렇게 양 진영의 싸움과 협상에 따라 우리의 역사책은 '별떡 달떡'으로 뜯어 먹혀 얄팍해지고 결국에는 사료도 없고 밑도 끝도 없는 고대사만 덜렁 남아 우리의 신화마저 모진 학대를 당하는 지경에 이르렀다. 이는 마치 멀쩡한 어른이 주민등록증에 돌사진, '인증샷'을 붙이고 다니며 자신이 '수컷'임을 자랑하는 웃지 못할 지경에 비유할 수 있을 것이다. 이제 우리는 역사를 스스로 파괴하는 '북조선' 꼴이 되어가고 있다. 자기 역사를 파괴하는 민족의 앞날은 너무나 확연하다. 우리가 이런 상황을 맞이하게 된 데는 독특한 우리의 민족주의 외에도 여러 문화적 사상적 조건들이 작용했을 것이며 그 과정에 대해서는 다음 기회에 밝혀낼 계획이다.

　　이 책의 원대한 목적은 이 시대 우리가 이념 대결을 벌임에 있어 적어도 서로가 서로의 존재의 정당성을 인정하고, 서로를 예절을 갖추어 규칙에 따라 대결하는 정치적인 적으로 또는 학술적 논쟁 상대로 설정할 수 있게 하기 위함이며, 이를 위해 이념 집단들도 공유할 수 있을 우리의 현대사 특히 우리의 의식과 기억의 역사로서의 한국 현대 사상사를 만드는 데 있다. 우리의 현대 사상사를 쓰는 일은 기존의 것을 고치고 보완하는 작업일 수 없었고 오래 고민하여 처음부터 새로 만드는 일일 수밖에 없었다. 필자는 좌우의 균형을 맞춘다거나 중간을 선택한다는 생각은 해본 일이 없다. 학문적 양심으로 꼭 해야 할 이야기를 정확히 꾸려내는 일은 오랜 시간이 걸리는 고되고 힘든 작업이었다.

2016년 10월

최정운

일러두기

- 작품 인용 시 원전을 그대로 옮기는 것을 원칙으로 하였다. 문단 나눔은 '/' 표시로 대체하였다.

- 작품 인용 시 제시된 출처의 완전한 서지사항은 참고문헌에서 확인할 수 있다.

- 이 책에 나오는 외국 문헌에 대한 번역은 따로 표시가 없는 한 모두 지은이의 것이다.

- 주(註)의 경우 단순 서지 주는 후주로, 내용 주는 각주로 각각 구분하여 편집하였다.

❖

제1장

문학에
나 있는
사상으로의
길

우리는 누구인가란 질문에 답하기 전에

역사와 사회 연구에 있어서 우리가 던지는 '~은 무엇인가?', '~은 누구인가?'라는 질문은 가장 일반적인 출발점이다. 모든 외국어 교육에서도 'What…?', 'Who…?' 또는 'Was…?', 'Wer…?'가 의문문의 예문으로 제일 처음에 나오며 가장 기초적인 형식이다. 이러한 질문은 사물과 사람들의 집단 또는 어떤 사건 등에 대해서 그 정체(identity)를 묻는 것이다. '우리는 누구인가?'라는 자기 정체성에 대한 질문도 마찬가지다.[●] 이런 질문은 우리나라 역사와 사회 대부분의 연구대상에 던져지는 가장 평이한 질문이다. 하지만 문제는 이 평

● 이 문제에 대해서는 졸저『한국인의 탄생: 시대와 대결한 근대 한국인의 진화』서문에서 이미 논의한 바 있다 (최정운 2013: 15-29).

이한 질문이 결코 대답하기 쉽지 않다는 데 있다. 사실들(facts)의 열거만으로는 정체에 대한 질문에 결코 답할 수 없다. 다른 나라 역사에 대해서는 사실들만으로 충분할지 모르지만, 우리 역사에 대해서는 사실들만으로 만족스런 답이 되지 않는다. 그러나 허다한 우리 역사 연구들은 이런 원초적인 질문을 회피한 채 진행되어 왔으며 따라서 독자들은 우리 역사에 대한 글들에서 의미를 찾지 못했다. 철저하게 사료에 근거하여 객관적 사실만을 연구한다는 실증주의 사학이란 사실 특정한 역사적 상황과 실천을 떠나서는 이해될 수 없다.

우리가 우리 역사와 사회에 대해 던지는 이런 정체에 대한 질문은 가치 판단과 밀접하게 연관되어 있으며 보통 심각한 논쟁 속에서 제기된다. 하지만 이런 질문은 우리 자신과 우리가 살고 있는 세상에 의미를 부여하고 그리하여 우리 존재가 소외에서 벗어나 세상에서 편안한 자리를 차지할 수 있기를, 세상과 친숙한 존재가 되기를 바라는 마음에서 제기되는 것이기도 하다. 이러한 경우 대부분의 질문—역사에서 가치판단과 관계된 질문—은 사상에 대한 질문이 된다. 즉 어떤 시대에 그 사람들 그리고 다른 사람들은 어떻게 생각하고 어떻게 행동했는가, 또 그 생각과 행동은 그 시대 사회 전체에서 어떻게 이해되고 있었으며 전후(前後) 시대 맥락에서 어떤 의미를 가졌는가 등을 묻는 것이다. 나아가서 이러한 질문은 많은 경우 그 시대 사람들의 윤리적 기준과 가치 기준을 묻는 것이며, 이 또한 결국 그 시대 사람들의 생각과 행동의 의미를 묻는 것이다. 따라서 정체에 대한 질문은 철학적 문제이며, 사상적(思想的) 문제일 수밖에 없다.

이런 기초적인 역사·사회과학의 질문은 근대 서구에서 발달한 실증주의(positivist) 사회과학이 제기하는 것과는 반대 방향의 질문일 것이다. 이런 원초적인 질문에 어떻게 의미 있게 답할 수 있는가에 대해서는 본격적인 연구가 진행된 바가 거의 없다. '~은 무어냐?'라는 너무나 평이하지만 근본적인 질문은 단순히 사건이나 집단에 '어떤 이름을 붙일 것인가?', 그것을 '무어라 불러야 하는가?' 하는 작명(作名)의 문제로 귀착되는 경우가 많으며, 어떤 경우에는 거창하게 '개념화(概念化)'라는 문제로 비화하기도 한다. 그러나 명칭 선택은 정체에 대한 질문의 답으로서는 허망할 따름이다. 많은 경우 사건에 어떤 이름을 붙일 것인가에 관한 논쟁은 정치적인 다툼이며 대부분 권력에 의해서 결정된다. 그리고 대부분의 경우 이미 이름이 붙어 있는 사건들 또는 집단들에게 정체를 다시 묻게 된다. 즉 이 '평이한 질문'은 고도의 철학적 질문이며 이 질문에 대한 답은 사상사 차원에서만 제시될 수 있다.

사상에 대해 연구하는 현대 학문으로는 전형적으로 '서양 사상사(history of western thought)'라는 분야가 오래전에 성립되어 전 세계 대부분의 대학에서 학부와 대학원 과정의 핵심 과목으로 자리 잡아 왔다. 물론 여기에는 '정치사상사', '사회사상사', '경제사상사', '철학사상사', '문학사상사' 등 여러 분야가 포괄된다. 서양 사상사는 고대 그리스에서부터 로마, 중세, 르네상스, 근대를 아우르는 것으로 어떤 특정한 나라의 사상사가 아니라 서구 역사 전체에서 나타난 훌륭한 모범이 되는 사상가들의 논저를 해석하고 체계화한 것이다. 그동안 이 분야에서는 교과서도 많이 나왔고 전문 연구서도 엄청난 양이 축적되어 왔다. 이러한 서양 사상사의 예를 따라 동양의 경우에도 고대에서부터 긴 역사를 통해 나타난 훌륭한 사상가들의 업적을 해석하여 체계화한 '동양 사상사'가 시도되어 왔다. 하지만 현대 학문으로서 동양 사상사는 서양 사상사에 비길 만한 수준에는 미치지 못하는 게 현실이다.

그러나 이러한 전문 영역으로서의 서양 사상사는 앞에서 말한 우리 존재와 삶에 대한 본질적인 문제 제기, '사상적 문제 제기'에 적합한 답을 주지 못한다. 서양 사상사란 서양의 어떤 나라, 어떤 사회의 사상사가 아니라 유럽 전체의 사상사 즉 아무 나라나 아무 민족의 사상사도 아닌 가상적(假想的) 사상사 또는 이상적 텍스트의 집대성과 해석일 따름이며, 이는 저자의 박학(博學)의 과시가 아니라면 교육을 목적으로 만든 것이라 이해할 수밖에 없다. 다시 말해 서양 사상사는 프랑스 사상사나 독일 사상사나 이탈리아 사상사와 다르며 유럽 지식인들이 이들 구체적인 나라들에 대해 제기하는 정체성의 문제, 사상적 질문에 답할 수 없다. 서양 사상사라는 전문 학문 분야가 할 수 있는 것이라고는 구체적인 나라들의 구체적인 사상사 연구 과정에 영감을 제공함으로써 간접적인 도움을 줄 수 있을 따름이다. 서구 제국의 지식인들의 경우에도 자기 나라 역사의 사물, 인물, 집단, 사건의 존재 의미와 정체성의 문제에 답하려면 결국 자국의 사상사에서 답을 찾아야 하며 이는 서양 사상사와는 별도의 구체적인 연구를 통해서만 성취될 수 있다.

이러한 문제는 서구 여러 나라들보다 우리나라와 같은 비서구 지역의 나라들에서 더욱 심각한 문제일 수밖에 없다. 대부분의 비서구 국가들은 근대사를 통해 서구의 문물, 제도, 사상, 지식, 학문, 철학, 심지어는 종교 등 문명의 모든 부분을 수입하고 모방해왔고, 따라서 이 나라들에서는 서구 국가들과 유사한 사상사를 기대할 수 없다. 무엇보다 우리 역사 특히 근현대사에서는 서구의 사상사에서 다루는 것 같은 종류의 글, 텍스트(text)가 거의 생산된 일이 없으며 따라서 서구 국가들과 비슷한 사상사 정립은 더욱 불가능하다. 이는 비서구 국가의 지식인들이 그야말로 생각을 하지 않아서가 아니라, 생각을 하고, 사상을 전개했던 영역과 문제의식 그리고 사상의 기제들이 서구 지식인들과 달랐기 때문일 것이다. 비서구 지역의 지식인들은 서구 지식인들이 오랫동안 생각하고 고민하여 성취한 결과들을 거의 완제품으로 도입해 활용하면서, 무엇보다도 서구 지식인들과는 다른 문제들을 고민했을 것이다.

서구에서 많이 논의되었던 주제들 가운데에는 비서구 지역에서는 별로 논의되지 않았던 것도 많고, 논의된 경우라 하더라도 다른 방식으로 논의되어 왔다고 볼 수 있다. 예를 들어 민주주의(democracy)에 대한 논의는 근대 정치사상사에서 실로 중심적인 주제가 아니었다고 할 수 없다. 서구의 경우에는 그와 같은 정치 제도의 여러 부분이 차례로 논의되어 왔다. '권력(국가권력)이란 무엇인가?', '어떤 삶이 좋은 삶인가?', '어떤 정치 제도의 선택이 가능한가?', '법이란 무엇인가?', '왕이란 무엇인가?', '의회란 무엇인가?', '다수결이란 무엇인가?', '권리란 무엇인가?' 등이 차례로 논의되어 온 것이다. 하지만 우리 한국의 경우에는 여러 제도와 사상들이 '민주주의' 또는 '공화제'라는 이름 아래 한 묶음으로 포장되어 통째로 수입되었고, 그러고는 이러한 제도를 실제로 받아들일 것인가 말 것인가로 논의해왔다. 도입해야 할 주된 이유도 세상에서 가장 부강하고 문물이 최고로 발달한 열강 대부분이 채택한 선진 정치 제도가 민주주의인 이상 우리도 이런 제도를 받아들여야 한다는 것이었지, 우리나라가 안고 있는 현실적 조건과 문제 등이 이러하니 따라서 그러한 정치 제도를 도입해 해결해야 한다는 것은 아니었다. 결국 우리나라에서 정치 제도에 관한 논의는 민주주의를 받아들여야 한다고 주장하는 사람들과 이 주장을 수긍하지 않는 사람들 사이의 투쟁으로 점철되었다. 즉 민주주의의 문제는 '내용'과 유리되어 정치 집단들 간의 투쟁이 되어버리고 합리적 토론의 자리는 맹목적 믿음으로서의 '이데올로기' 갈등으로 대체되었다. 민주주의보다 더욱 시급한 현실적, 민족적 문제가 있다고 주장하는 사람들은 악마로 묘사되기도 했다. 이런 식의 역사 전개가 우리가 생각하는 '사상사'라는 학문 분야의 연구대상과는 전혀 다르다는 것은 누구나 알 것이다.

　　민주주의 외에 자유주의, 보수주의, 급진주의 등의 주요 정치 이념들에 대한 논의도 이런 수준을 넘지 못했다. 한국 정치사상사를 연구했다는 글들 대부분은 우리 지식인들에 의해 만들어진 텍스트의 해석에 머무르지 못하고—물론 해석해야 할 주요 텍스트는 여전히 서구에 있다—주요 이념 또는 이데올로기의 역사를 자의로 설정한 연역적인 틀에 따라 개략적으로 서술한 다음 다른 한국 지식인들에 의한 왜곡(歪曲)들을 비판해 가며 '한국 현대 정치사상'이라고 거창하게 이름 붙여놓은 것들이다. 상당수의 한국 학자들은 자신의 입장을—학문적인 입장이라 하기 어려운데—'보수' 또는 '진보' 중에서 선택하여 정하고 밀어붙이는 것이 거의 전부였으며 양자 간의 선택 기준은 대개 어느 쪽이라고 주변에, 친구들에게 선언하는 게 더욱 '폼 나는가' 하는 '겉멋'과 유행에 따른 경우가 대부분이다. 이것이 '한국 근현대 정치사상사'의 현주소다. 우리의 여러 학문들 중에서 정치사상사 전공자들은—서양 사상사건 동양 사상사건 한국 사상사건—유독 난삽한 전문 용어들을 늘어놓는 역겨운 모습으

　　　　　　　　　　　　　　　　　　　한국인의 발견

로 나타났으며 이는 그들, 아니 우리 지식인들이 부지불식간에 지니게 된 소비자주의(consumerism)의 민낯을 가려 보려는 속사정 때문이었다.

나아가서 이런 상황 즉 대부분의 제도, 사상, 학문, 철학 등을 서구에서 처음부터 배워와서 우리나라에 도입하는 것이 우리 지식인들의 최대의 역사적 임무라는 생각은 반지성주의(反知性主義)를 이루어 혼자서 다른 생각을 하거나 '골치 아픈' 문제들을 들추는 사람들을 억압하고, 생각 자체, '철학(哲學, philosophy)'을 억압하고 기피하는 문화로 발전해왔다. 현실적으로 한국의 경우 대부분의 교육기관 특히 대학에서는 반지성주의가 팽배할 뿐 아니라 구조를 이루어왔다. 서구에서는 철학적 논의에서 제기된 주제들이 우리나라에서 '이데올로기'로 둔갑하게 되는 이유는 바로 여기에 있다. 우리나라의 경우처럼 비서구 나라들에서는 서구 제국들의 경우와 같은 사상사가 사실 불가능했으며 바로 이런 상황에서 '제3세계 국가들은 정체성을 확립하기 힘들다'는 현실이 처절하게 드러난다.* 현재 우리는 사상과 철학으로부터 소외당한 어설픈 학문의 소비자(consumer) 처지를 벗어나지 못했고 그나마 제대로 소비하지도 못하고 있다. 또한 우리가 극복해야 할 반지성주의를 경험적으로 포착하는 일도 결코 쉽지 않다.

오랫동안 수많은 우리의 지식인들은 '우리나라에 사상이 어데 있어?'라고 우리 현실을 자조하며 미국식 행태주의(behaviorism)만이

---

* 비서구 민족들의 정체성 확립의 어려움은 에드워드 사이드(Edward Said)가 구체적으로 지적하였다 (Said 1979).

우리 정치를 설명할 수 있을 뿐이라고 탄식해왔다. 모든 것은 그저 '쌈박질'과 '난투극'으로 판가름 날 따름이라는 것이다. 물론 이 말이 틀린 말은 아니지만, 진짜 문제는 우리 역사의 어떤 과정에서 '사상'이라는 것이 사라졌기 때문일 것이다. 사상이 사라진 것 또한 분명히 사상의 문제, 사상사의 문제일 뿐이며 사상사를 포기할 이유는 결코 되지 않는다. 이렇게 사상이 발전하기 힘든 상황의 나라에서 어떻게 사상을 찾고 사상사를 연구할 수 있는가에 대해서는 별로 논의된 일이 없었다. 그저 어설픈 서양 학문 흉내 내기를 반복하며 관객들의 호응을 구걸해왔다.

사상으로의 접근

우리의 경우에도 과거에 있었던 '사실'로서의 역사는 오랫동안 연구되어 왔고 업적도 상당량이 축적되어 왔다. 그런데 역사가나 사회과학자들이 '현실' 또는 '사실'이라고 말하는 연구대상은 엄밀히 말해 현실 자체라기보다 증언, 목격담, 경험담, 고백 등의 형식으로 된 글 또는 각종 담론이 담긴 문서들이고, 따라서 이들이 말하는 '견고한 사실(hard facts)'이란 이러한 문서들에서 가시적이라고 판단되는 상황들에 대한 은유(隱喩)일 뿐이다. 이들이 연구대상으로 삼은 사료 대부분은 상당한 시간이 경과한 후에 재구성된 것으로 사건에 대한 목격자나 화자의 판단, 인상, 기억, 해석, 회상에 의지하거나 나아가 그 사건이 갖는 사회적 의미 등을 반추해서 진술된 것이다. 따라서 이를 통해 얻은 '사실'이라는 것은 늘 사람들의 생각, 판단, 해석, 사상을 이미 포함한다. 사회적 현실을 통계 데이터(data)로 조직해놓은 경우도 마찬가지다. 어떤 기준에 의거해 사실로 판단할 것인지, 그것을 데이터로 등록할 것인지 말 것인지는 사전에 결정된 '기준'에 따라 이루어진다.

　　나아가 역사에 기록되어 있는 정치적 사건들은 자연발생적으로 일어난 것이 아니다. 누군가가 어떤 생각을 해서, 어떤 행동을 하고, 그것이 계기가 되어 벌어진 경우가 대부분이다. 따라서 정치적 사건은 행위자들 또는 주변의 많은 사람들에게 뚜렷한 의미가 있는 것이다. 모든 인간 행동의 의미(der Sinn)를 막스 베버(Max Weber)는 몇 가지로 분류하여 단순화를 시도했지만 인간의 행위란 그렇게 몇 가지로 분류해서 말할 수 있는 것이 아니다. 베버의 분류는 일상적으로 일어나는 경제 행위를 논의하기 위한 것이었지만 역사에 나타나는 정치적 사건들을 이루는 행위는 그와는 상당히 다르다.[1] 정치적 사건들의 경우에는 앞에서 지적한 대로 사건의 이름을 짓는 문제로 논쟁이 발생하는데, 이 논쟁은 사건의 성격을 피상적 수준에서 정치적 규정으로 확정지으려는 시도들 간의 갈등이다. 그 사건이 '민중항쟁'인지 '시민 의거'인지 또는 '민주화운동'인지 '폭동'인지를 권위적 선택으로 확정했다고 해서 그 사건의 역사적 사회적 의미가 최종적으로 이해되었다고 할 수는 없다. 실제로 이런 규모의 사건들을 동양에서는 전통적으로 발생 날짜를 선택하여 '4·19'니 '3·1운동'이니 '5·4운동'이니 '2·26사건'이니 '5·18'이니 하는 숫자로, 즉 의미를 기술하는 논쟁적 언어를 제외하고 달력의 숫자만으로 부른다. 문제는 이런 사건에 특정한 이름을 붙여놓고 밖에서 흘끗 보아 자신의 정치적 입장에 따라 사건을 규정하고 찬양가를 부르면 역사가 바로 선다고 믿는 사람들이었다. 그리고 그들이야말로 우리 역사의 수많은 심연을 묻어버리고 우리의 기억과 존재를 지워버린 장본인들이었다.

이런 사건들로 접근하는 데는 크게 세 방식이 있다. 첫 번째 방식은 유사한 사건들과 비교, 분류하여 정확한 이름을 정하겠다는 식의 접근법으로 이 방식은 아무것도 의미 있는 것을 밝혀내지 못한다. 대개 '국제화'시킨다, '세계화'시킨다고 하며 떠들썩하게 사건을 '키운다'는 발상이 이런 접근법에 속하며 이는 우리 역사를 이해하는데 도움이 되지 않는다.

두 번째 방식은 흔히 '객관적 분석(分析)'이라고 하는 것으로 이 접근법은 사실들 즉 외부에서 바라본 사실들로 사건에 다가간다. 사망자의 숫자, 부상자의 숫자, 시위 참가 인원, 시위대의 진입로, 진압 병력의 숫자 등을 면밀히 파악해나가는 접근법이다. 그런데 이렇게 접근해가는 목적, 의미는 무엇인가? 우선 이것들은 현장에서 저항 운동을 제압하려는 작전을 짜기 위해 필요한 사실들이다. 다른 한편으로 사망자 숫자, 피해자 숫자, 피해 및 진압 규모 등은 피해를 입힌 당국의 부당함을 성토하고 책임자를 법정에 세워 처벌을 얻어내는 데 필요한 사실들 즉 복수를 위해 필요한 사실들이다. 말하자면 이 객관적 접근법이란 어떤 집단을 전략적 행위의 대상으로 보고, '타(他)'라기보다 '적(敵)'으로 상정하여 승리를 거두는 것에 그 목적이 있다. 나아가서 법적으로 '처리'하기 위한 것이다. 따라서 이러한 객관적 분석은 사건의 의미에 접근하거나 우리 역사를 의미 있게 이해하는 데 도움이 되지 않는다.

마지막으로 세 번째 방식은 그 사건의 기획, 실행자, 참가자, 거리 시민들의 경험과 내적인 느낌, 그런 행위를 한 이유와 의미로 접근하여 그들의 마음으로 '들어가며 느끼기(Einfühlung)'이다.[2] 이러한 접근법에서 추구하는 현실이란 외부에서 바라본 가시적 행위나

　　　　　　　　　　　　　한국인의 발견

모습을 말하는 것이 아니라 참가했던 사람들의 마음속 느낌, 경험 등의 진실성(truthfulness, authenticity)에 다가가는 것을 말한다. 바로 사건을 중심으로 한 사람들의 마음, 생각, 경험, 의미, 합리성에 접근하여 사상을 추출하는 것이다.

우리는 어떤 정치적 사건이 참가자로 하여금 자신과 세상을 다시 발견하게 하는 계기가 되는 경우를 많이 알고 있다. 중요한 정치적 사건의 참가자들은 자신의 일생을 다시 돌아보고 다시 해석하게 된다. 그리고 많은 경우에 그 경험을 통해 인생에 대한 새로운 철학을 얻고 삶을 새로 시작하기도 한다. 많은 정치적 사건은 참가자들에게 이런 잊을 수 없는 깊은 의미로 새겨지며 나아가 역사의 흐름을 바꾸어 놓는다. 경험이란 단순히 '무섭다', '슬프다', '아프다', '기쁘다' 등의 느낌이나 감각의 연속에 그치는 게 아니다. 역사란 사건의 연속이기도 하지만 의미 있는 경험의 연속이다. '견고한 사실'들만을 역사적 사실이라고 말하는 사람들은 역사를 살아본 일이 없는 이들일 것이다.

서양 사상사에 등장하는 저명한 사상가, 철학자들의 생각도 대부분 역사적 사건들의 경험과 불가분의 관계에 있다. 우리의 경우에도 이미 우리 앞에 놓여 있는 '사실로서의 역사'에 두툼한 사상의 층이 묻혀 있고 그 전에 이미 존재하는 '사건으로서의 역사'에서 사상에 대한 연구를 시작하는 것은 가장 상식적인 연구 전략일 것이다. 물론 중요한 사건들을 연구함에 있어서 감탄사만 반복하는 감상주의 '오버액션'은 비겁한 우매함일 뿐이다. 역사 연구에 있어서 사실에만 국한해야 한다는 '실증주의' 사학은 사실 유럽에서는 이미 19세기부터 그 표리부동함이 알려진 일이었다. 우리의 역사 연구가 실증주의적으로 경도된 것은 그간 늘 복수를 해야 할 원수를 염두에 두고 이루어져 왔기 때문일 것이다. 학문 제도 수준에서 아직 우리는 우리 자신을 깊이 들여다보는 단계에 와 있지 못한지도 모른다.

　　나아가서 실제로 우리 근현대사에서 벌어진 큰 사건들은 신비에 싸여 있다. 4·19의 경우 사건 자체가 드라마처럼 벌어지고 진행되고 종결되었다. 눈에 최루탄이 박혀 죽은 고등학생 김주열 군의 끔찍한 모습이 신문 전면에 실려 우리를 전율케 하고 분노하게 했고, 결국 이승만 대통령의 하야가 발표된 후 피투성이가 된 시체들이 뒹구는 엽기적인 파멸의 현장—이기붕 일가의 자결—이 일간신문에 내걸리며 역사의 한 시대가 지났음을 알렸다. 5·18도 비슷했다. 1980년 5월 18일 오후 3시경 금남로 일대에서 호루라기 소리와 함께 푸른 제복의 악귀들이 지옥의 광란으로 개막을 알리더니 27일 새벽 계엄군은 굉음과 함께 탱크와 중장비를 앞세우고 광주 도심으로 접근하며 저항자들을 사살했고, 그 와중에 일부 광주의 젊은이들은 자신을 제물로 삼아 그들의 진실을 파괴할 수 없는 화석으로 만들어 깊이 감춤으로써 대단원의 막을 내렸다.

　　이런 사건들은 자연발생적으로 '일어난(geschehen)', 그런 '벌어짐'이 아니었다. 처음과 중간과 끝이 명쾌하게 만방에 드러나는, 마치 누군가가—사람이 아니라면 신(神)이—드라마를 예술적으로 창작해서 각본에 따라 공연한 작품처럼 나타났다. 이 사건들은 하나하나 개별적 정체성을 갖고 있는 예술 작품(œuvre)을 방불케 한다. 또한 사건들의 전개도 합리적 논리적 기대를 넘어서는 이해할 수 없는 상황, 신비스런 상황의 연속이었다. 적당히 사그라들 것 같았던 상황이 꺼지지 않고 다시 불붙고 하던 일이 한두 번이 아니었다. 이

　　　　　　　　　　　　　　　　　한국인의 발견

런 사건들은 분석(analysis)의 대상이 아니라 예술 작품과 같은 해석(interpretation)의 대상이며, 그런 의미에서 우리의 역사는 그 자체로 사상 텍스트라 할 수 있다. 이런 사건들은 개개의 뚜렷한 정체를 갖고 있으며 그 가운데에는 심연과 미로(迷路), '블랙홀'이 자리 잡고 있다. 그리고 그 심연과 미로를 탐사하는 일이 바로 우리에게 가장 중심적 사상 연구 과제이다. 역사에서 이렇게 드라마틱하게 시작되고, 전개되고, 반전도 일어나고 종결된 예는 비단 앞에서 열거한 사건들만이 아니라 역사에 기술된 대부분의 정치적 사건들에서 찾아볼 수 있다. 대부분의 정치적 사건들은 자연의 법칙에 의해서 벌어진 일이 아니라 누군가가 뚜렷한 의미와 목적을 가지고 계획해서 실행한 작품이며 해석해야 할 대상인 것이다. 역사를 이렇게 생생한 예술 작품의 연속으로 바라보면 풍부한 사상사를 발굴할 수 있다.

　　사람들의 사상에 가장 큰 영향을 주는 것은 사상가의 뛰어난 사상 내지 글이라기보다는 자신들이 겪었던 경험일 것이다. 특히 정치적인 사건의 경험은 많은 경우 외상(trauma)이 되어 평생에 걸친 악몽의 원인이 되기도 한다. 역사 연구를 사건 진행의 층위에 머물러 수행한다는 것은 땅을 파지 않고 농사를 짓겠다는 발상인 것이다. 진지한 문제의식에 근거한 제대로 된 역사 연구라면 처음부터 사상사를 결코 주변시할 수 없다.

문학 작품 해석을 통한 사상사의 구성

앞에서 지적했듯이 한국 근현대사에는 서양 사상사의 연구 자료에 해당하는 그런 종류의 텍스트가 거의 존재하지 않는다. 성리학의 종주국임을 자처하던 조선 후기까지만 해도 사상 연구를 위한 텍스트

가 풍부하게 생산되었지만 서구 사상을 도입하기 시작한 근대부터
는 사상 연구를 위한 텍스트가 거의 생산되지 못했다. 그런 경우에도
우선 통상적인 사건사 연구를 통해서 사상으로 접근할 수 있는 길은
열려 있었다. 그러나 그러한 사건과 행동의 역사를 통해 사상의 세
계, 즉 생각의 세계로 통하는 길이 늘 자유롭지는 않다. 우리의 사상
사에서 격렬한 사건이 일어났던 시대 또는 그러한 사건에서 가까운
시기로는 접근할 수 있겠지만 다른 넓은 영역은 다른 통로를 찾지
않으면 접근할 수 없다.

　　우리에게 사상사 연구를 위한 통상적인 텍스트가 거의 존재
하지 않는다면, 그것들을 대체할 다른 지적 창작물을 찾아야 한다.
한국 사상의 가장 중요한 텍스트는 단연 그간 우리 사회에서 부단히
만들어져 온 예술 작품들이다. 우리 민족은 풍부한 예술 전통을 갖고
있고, 우리의 예술적 정열은 현대에도 결코 식지 않았다. 그리고 나
아가서 예술을 통해서만 할 수 있는 지적 활동이 있다. 무엇을 창조
하는 일, 즉 새로운 인물이나 새로운 생각을 창조하는 일은 예술만이
할 수 있는 작업이다. '학문'에서 하는 합리적 논리적 사고로는 아무
것도 창조할 수 없다. 그저 잘 쪼갤[析] 따름이다.

　　우선 예술 작품 중에서 순수예술의 대표인 미술과 음악 작품
들은 우리가 해석해야 할 핵심적인 대상임에 분명하다. 예를 들어 한
국인들이 그토록 사랑했던 이중섭의 황소 그림들의 의미는 한국인
의 심성과 뚜렷이 연결되어 있다고 필자의 가슴에서 느껴진다. 그러
나 미술과 음악의 경우에는 언어적 진술이 포함되어 있지 않아 미적
영감과 깊은 감동 이상을 해석하기가 쉽지 않다. 이렇게 언어를 통하
지 않는 순수예술에 나타난 의미를 이해하기 위해서는 아마 지금의

필자보다 더 많은 경험과 지혜가 필요할 것이다.

무엇보다 우리 사회의 사상으로 접근할 수 있는 텍스트는 문학일 것이다. 우선 문학에는 크게 시(詩)와 소설이 있다. 시야말로 깊은 진실을 보여주는 순수한 예술 행위임에 틀림없고 어느 시대나 시를 제대로 이해해야 그 시대의 깊은 진실에 닿을 수 있을 것이다. 그러나 시 해석을 활용하는 경우 수많은 시 중에서 중요한 작품을 선별하는 과정이 자의적이기 십상이며 따라서 시 해석을 통한 사상 연구는 어떤 확실성이나 보편적 설득력을 얻기 대단히 곤란할 것이라 우려된다.

소설의 경우는 그 중요성을 길게 설명할 필요가 없을 것이다. 그런데 근대 이전의 전통 소설들은 대개가 신화적 이야기들이고 현실에 뿌리박기를 부정하는 장르로서 지금 우리가 원하는 사상과는 편차가 뚜렷하다. 우리가 원하는 사상이란 어떤 사회, 어떤 시대라는 시공간적 특정성을 전제로 한다. 그런데 근대 이전의 전통 소설은 역사성을 거부하며 따라서 우리가 원하는 사상을 찾기에는 초점이 맞지 않는다.[•]

근대 소설은 서양 특히 스페인에서 17세기 초반에 세르반테스의 『돈키호테(Don Quijote de la Mancha)』를 필두로 나타난 사실주의적 픽션(fiction)이라는 새로운 이야기의 형태다. 근대 소설은 타락한 세상을 문제 삼아 출발했으며 그 사회의 역사적 성격에 정초해 있다. 따라서 '소설은 당대의 시대정신(Zeitgeist)에서 자유로울 수 없

• 서구식 근대 소설을 사상사 연구에 활용하는 데 대해서는 이미 졸저에서 한 차례 논의한 바 있다 (최정운 2013: 15-29).

다.' 『돈키호테』의 내용은 세상의 타락을 문제 삼아 그런 세상을 원래 모습으로 되돌려 놓겠다는 무모한 개인 돈키호테와 그의 하인 산초 판사의 모험에 대한 슬프고도 해학적인 이야기다. 남들은 다 포기한 생각을 실현할 수 있다고 믿는 돈키호테는 '정신 나간' 사람이며 그는 가는 곳마다 수많은 이야기를 만든다. 이런 이야기들은 그야말로 픽션인데, 하지만 그럴 듯한, 일어날 수 있는, 현실성이 있는 꾸며낸 이야기이며 다시 말해 가능한 수많은 가상들 중의 하나이다.*

　　이러한 서구 근대 소설문학은 한국에 20세기 초반에 도입되어 최초의 근대식 소설 '신소설'이라는 이름으로 나타났고, 이 소설 작품들은 당시 20세기 초 망가진 한국 사회를 너무나 적나라하게 표현했다. 근대 소설은 그 후 일제강점기를 거쳐 해방 이후 현재까지 부단히 발전하며 엄청난 양의 작품들이 출판되어 왔다. 이 작품들에서 당대의 지식인 예술가들은 자신들이 살아온 우리 사회의 현실을 눈에 보이는 가시적 영역 외에 수많은 동시대인들과의 관계 속에서 느껴온 사람들의 생각, 의식, 의식 밑바닥의 악몽과 소망, 심리적 문제들까지 인식해 가며, '메타 픽션'으로서의 현실 그리고 깊이 숨겨진 은밀한 차원의 현실을 표현해왔다. 우리나라에서 우리의 모습— 그 물리적 정신적 모습 즉 사상—을 이야기하기에 가장 적합한 자료는 바로 이 근대 소설들일 것이다. 특히 우리나라에 거의 존재하지 않는 서구식 사상 연구의 전형적인 자료의 자리를 대신하기에 소설

● 근대 소설의 성격에 대해서는 게오르그 루카치(Lukács 1920)와 이언 와트 (Watt 1996) 등을 참조할 것.

만 한 지적 생산품은 별로 없다.

　　우리 사회의 진면목을 이해하기 위해 근대 소설을 자료로 채택했다면, 이를 제대로 해석하기 위해 몇 가지 사항을 염두에 두어야 한다. 이 장의 남은 지면에서 논할 이 사항들은 결코 이론적, 철학적, 역사적 연구의 결과로 나온 합리적 결론은 아니며 따라서 필자가 학술적으로 책임질 준비가 되어 있지 않다. 나아가서 해석(interpretation, Hermeneutics)이란 진리에 이르는 길이라 결코 말할 수 없으며 따라서 어떤 특정한 방식으로 해석해야 한다고 주장할 수 없음을 의식하지 않을 수 없다. 따라서 여기에 지적하는 사항들은 현대 사회과학에서 너무나 쉽게 흔히 말하는 '방법론(methodology)'과는 거리가 멀다는 점을 밝힌다. 물론 필자는 좀 더 구체적으로 명확하게 이야기하고 싶지만 다음 글은 필자가 그간의 경험에서 느꼈던 바를 정리한 메모에 불과함이 아쉬울 따름이다.

소설 해석 시 주의해야 할 점들

근대 소설을 해석하여 우리 사상사를 구성하는 데 있어 유의해야 할 점은 아래와 같다.

1. 우선 해석을 통해 연구할 작품들을 선정해야 한다. 이때 어떤 시대의 소설들을 모두 빠짐없이 열거하고 분류하고 해석하려는 시도는 아무런 소득 없이 끝날 수밖에 없다. 분류(Taxinomia)라는 행위는 미셸 푸코가 지적하듯 유럽 역사에서 17~18세기 이른바 '고전 시대(l'âge classique)'에 진리를 찾는 중심적 학문 행위였다.[3] 하지만 이러한 에피스테메(épistemè)는 18세기 말 칸트의 질문에 의해 속절없이

붕괴되었다. 모든 작품을 다 분석해야 한다는 생각은 강박관념으로서 자신의 작품 선택이 너무 자의적이지 않았는가 하는 기우 그리고 서양식 학문 모든 곳에 가득 찬 탐욕에서 나오는 것으로 이는 유럽에서 19세기부터 나타난 근대적 학문에 대한 이해의 결여에서 비롯된 것이다. 분류라는 행위는 작품 또는 대상체의 안으로—표면을 뚫고 아래로—깊이 파고 들어가는 '해석'을 허용하지 않고 표면에 나타난 사인(sign)들을 해독해서 창조의 전체적 구상을 밝히려는 시도로, 이는 시대착오적 행위이며 우리의 목적에 전혀 맞지 않는다. 이러한 분류의 시도가 관료주의적 사고와 공명하는 경우가 많은 것은 그것이 대상물들의 표면에 나타난 모습들을 체계화하여 내포한 진리를 밝힌다는 성급함 때문이다. 우리가 작품을 해석하는 목적은 소설 작품이 직접 표현하고 있는 픽션 그 밑에서 작용하는 '메타 픽션'을 밝히는 것이다. 애초에 작품의 표면을 뚫고 안으로 들어가야 알 수 있는 것을 표면에 나타난 바로써 찾겠다는 발상은 가능하지 않다.

2. 해석해야 할 소설 작품을 선정하는 기준은 확실하게 세울 수 없다. 많은 사람들이 감동한 작품을 선택하는 것과 시장에서 얼마나 많은 부수가 팔렸는가로 판단하는 것은 전혀 다른 문제다. 지식인들 사이에서 특별히 사랑받은 작품이 있는가 하면 작가 사후(死後)에야 전 세계를 감동시킨 작품도 많다. 우리 문학의 경우에도 대중적인 베스트셀러와 많은 사람들을 감동시킨 걸작 목록 사이에는 상당한 편차가 있다. 그래도 소설은 다른 예술 작품들보다는 대표작 선정이 그렇게 어려운 경우는 아니다. 시장의 복잡한 상황을 정리해주는 '문학평론가'라는 사람들이 있어서, 작품 해석을 기대할 수는 없지만 감동적

한국인의 발견

인 작품을 선택하는 데 있어 그들은 유익한 길잡이가 된다.

3. 우리는 소설을 해석함으로써 그 시대의 사상을 재구성하려는 것이지 어떤 이유에서건 역사에 구애받지 않는 일반 이론(general theory), 예를 들어 '권력이란 무엇인가?', '전쟁이란 무엇인가?', '인간이란 무엇인가?' 등에 대한 답을 찾겠다거나 진리(truth, Wahrheit)를 구하는 것이 아니다. 그런 생각은 성공하지 못하며 또 그런 식의 해석은 설득력을 갖지 못한다. 어떤 이유에서인지 밝히기는 힘들지만 근대 소설이라는 장르는 구조적으로 이런 일반 이론을 위한 이야기를 담는 데는 적절하지 못하다. 어쩌면 그런 일반 이론의 이야기를 담기에는 근대 이전의 신화적 소설이 더욱 적합할지 모른다. 근대 소설이란 장르는 앞에서 지적했듯이 '시대정신'에 묶여 있는 예술이다.

4. 어떤 소설이 직접 이야기하고 있는 바로써 역사적 사실을 검증하려고 해서는 안 된다. 픽션이란 기본적으로 지어낸 이야기이며 거짓말이다. 소설은 사실성에 책임지지 않는다. 소설은 '그럴듯한 거짓말'일 따름이다. 소설은 절대 사실이 아님을 명심해야 하며 '그럴 수 있다'고 작가가 생각했고 그리하여 작품이 출판되어 시장에서 판매될 시점에 독자들 또한 '그럴 수도 있겠다', '말이 된다', '재미있다'고 느꼈던 바라고 이해해야 한다. 그리고 그 시대의 현실에 비춰 그 소설 말고도 수많은 가능한 픽션이 '사실주의'의 이름으로 쓰일 수 있었다고 가정해야 한다. 즉 우리가 찾아야 할 소설은 그 시대 사람들이 가졌던 '그럴듯함', 사실성의 범위를 잘 표현한 작품이며, 이를 해

석을 통해 구성해내는 것이 우리의 목표인 것이다.

　　이때 흔히 '역사 소설'이라고 지칭되는 작품들에 대해서는 조심할 필요가 있다. 이 소설들을 통해서 역사를 연구하겠다거나 소설로 역사적 사실을 검증하겠다는 발상은 오해다. 이런 소설은 그 시대의 현실에 책임지지 않는다. '역사 소설'의 경우에도 이들이 내포하고 있는 것은 작가가 소설을 쓰던 당시의 사상적 현실, 더 구체적으로는 작가가 생각한 세상의 현실, 더 깊은 곳의 현실이다. 다시 말하면 우리가 소설에서 일차적으로 파악해야 하는 것은 작가가 소설을 쓰던 바로 그 시기에 그 소설을 쓰며 갖고 있던 생각, 사상을 찾는 것이다.

5. 역설적이게도 소설이 어떤 시대의 사상을 연구하는 데 있어 훌륭한 자료가 되는 중요한 이유 중 하나는 소설이 가진 특유의 픽션의 논리 때문에 작가가 마음대로, 작위적으로 쓰지 못한다는 데 있다. 작가가 처음에 어떤 생각을 했건 간에 현실적으로 '말 되는' 이야기로 작품을 써야만 하고 이 때문에 스토리가 나아가는 방향에는 제약이 있을 수밖에 없다. 소설들 중에서는 이야기 진행이 작위적이라는 치명적인 비판을 받은 경우가 허다하다. 작품을 해석한다는 것은 작가의 의도를 재구성하는 것과는 다른 것이다. 쓰여져야 했던 바를 재구성해낼 수 있으면 그것이 바로 작가와 작품을 강제로 끌고 간 시대정신이라고 할 수 있는 것이다. 모든 작품은 작가가 의도를 갖고 구상을 해서 써낸 것이지만, 일단 쓰고 나면 작가의 손을 떠나는 것이고 작품의 의미는 작가의 의도와는 별개의 것이다. 작품은 작가에게는 자기 소외(Selbstentfremdung)일 따름이다. 우리가 해석을 통해

　　　　　　　　　　　　한국인의 발견

원하는 것은 바로 작품이, 그 이야기가 세상에서 갖는 의미인 것이다. 결국 작가는 독자적 개인이 아니며 그 시대에 시대정신의 지배를 받는 지식인 집단의 일원으로서 생각하고 이야기를 꾸며내고 글을 쓰는 '행위자(agent)'인 것이며 그런 존재로서 위대할 수 있는 것이다.

6. 작품을 해석함에 있어서 소설이 작가에 의해서 쓰이던 그 시대, 그 사회의 구체적인 역사 등에 관한 광범위한 지식의 습득과 박학이 선행되어야 한다. 근대 소설은 당시 사회 현실의 콘텍스트(context) 안에서 현실을 역사적으로, 비판적으로 의식하며 쓰인 것이며 따라서 작품은 그 시대의 '시대정신'을 벗어날 수 없다. 작품 해석의 목표는 바로 작가가 예술가로서 목도한 시대정신을 재구성하는 것이며 따라서 당시에 그 사회에서 누구에게나 알려져 있던 공통적 현실에 대한 인식이 선행되어야 한다. 근대 이후 사회의 현실은 복합적으로 구성되어 있으며 사람들은 나름대로 이 복잡한 현실을 입체적으로 이해하며 살고 있다. 실제로 우리는 전근대적인 시대의 사람들, 예를 들어 이전 시대의 농민들을 보고 '순진하다', '우매하다'는 식으로 인식한다. 우리가 사는 현대 자본주의 사회의 현실이란 한 겹으로 이루어져 있는 것이 아니다. 대부분의 사람들이 복잡한 전략적 구상과 예비 비상 계획(contingency plan)을 구사해가며 사는 것이 현대 자본주의 사회의 현실이며, 이러한 현대 사회의 이해, 특히 사상의 이해는 결코 단순할 수 없는 것이다.

7. 소설을 해석하여 당시의 사상을 파악하기 위해서는 상당히 많이

존재하는 전후 시대의 문학 작품들에 대한 폭넓은 독서가 필요하다. 우리는 소설이 말하는 이야기의 내용, 스토리가 의미하는 바가 당시 현실의 어떤 부분과 연결될 수 있는지를 파악해야 하며 이 지점에서 의미의 가능성은 열려 있다. 나아가서 어떤 소설의 경우에는 이야기의 의미가 이전 시대 주요 작품들에 나타난 이야기의 의미와 연결되어 있으며 이를 발견하기 위해서는 현실적으로 이전 시대 주요 소설들의 의미도 파악하고 있어야 한다. 말하자면 작품들의 의미들로 이루어진 의미의 그물망이 형성되어야 한다. 그리고 이를 위해서는 해석의 대상이 되는 작품 주변의 현실과 담론들을 파악하고 있어야 하며 오랜 경험과 독서의 도움이 필요하다.

8. 소설을 해석함에 있어서 경계해야 할 점은 우선 제목을 보고 또는 작품 안으로 들어가보기 전에 밖에서 본 모습으로 작품 내용을 예측하는 것은 위험할 수 있다는 것이다. 우리에게 중요한 것은 앞에서 여러 차례 강조했듯이 표면 아래에서—어쩌면 위장까지 하고 있는—작품 전체를 통제하고 있는 진정한 현실 인식으로서의 '메타 픽션'이며 이는 위대한 작품일수록 예상과 다르게 나타나는 경우가 많다. 우리는 사상사라 하면 '서양 사상사'를 구성하고 있는 분야별 사상사를 기대하는 경우가 많다. 이를테면 소설들의 해석을 통해 '정치사상사'를 구성해보겠다, '경제사상사'를 구성해보겠다는 식의 결의를 하곤 한다. 하지만 필자의 생각에 '사상'에는 분야의 구별이 의미가 없다. 분야란 교육을 목적으로 작위적으로 설정한 것이지 인간의 생각 자체에는 있을 수 없다. 이런 발상은 우리가 교육과정에서 배운 '서양 사상사' 교과서에 오랫동안 길들여진 습성일 따름이다. 어떤

경우에는 소설의 제목으로 내걸린 말을 보고 그런 이야기, 그런 주제에 대한 사상을 기대하는 사람들이 있지만 이는 우매한 발상이다. 앞에서 지적했지만 당시의 모든 작품을 일별하고 분류하여 이해하겠다는 발상이 의미 없는 이유는 바로 그런 식의 에피스테메—표면의 사인을 해독하는 것이 지식 생산의 핵심이라는 생각—가 시대착오적이기 때문이다.

9. 소설을 해석할 때 '어떻게 표현했는가?' 하는 표현 기법이나 기술에 관심을 가지기 전에 일차적으로 관심을 가져야 할 것은 '무엇을 표현했는가?'이다. 바로 '무엇'에 해당하는 대상물(signifié)을 파악하는 것이다. 대상물 즉 '스토리야 뻔하지 않는가?' 하는 사람들이 있지만 전혀 그렇지 않다. 문학과 미술은 공통적으로 예술의 분야지만 이점에서는 대조적이다. 미술이 표현하는 것은 우리가 아는 어떤 것—예를 들어 사과라든가 여인의 누드라든가—인 경우가 많지만 이 경우는 대상을 어떻게 표현했는가를 파악하는 것이 감상이나 평가의 기준이 되며, 19세기 후반에는 아예 대상체를 보지 않고 예술적 표현 기법만을 보는 방법이 형성되어 이를 '순수 시선(pure gaze)'이라고 부른다.[4] 물론 우리가 '추상화'라고 부르는 작품들에도 '무엇'에 해당하는 대상체는 없다. 우리가 아는 사물임을 부정한다. 그러나 소설은 픽션이라는 대상체를 묘사하며, 픽션은 소설가가 창조해내는 현실이 아닌 현실일 수 있는 이야기이다. 소설문학의 예술성은 픽션을 창조하는 것과, 창조된 픽션을 예술적으로 표현하는 이중의 전선에서 작용하는 것이며 이런 의미에서 문학은 예술 중에서 독특한 분야임을 염두에 두어야 한다. 흔히 세계적인 대문호들의 경우에는 그들이 들

려주는 이야기, 픽션 자체가 감동적인 경우가 대부분이다. 반면 새로운 기법으로 유명한 소설가들은 따로 있고 그들은 소수이다.

　　문학평론가들이나 '문학'이라는 전문 학문 내지 예술 분야에 종사하는 사람들은 일반적으로 소설을 평가하고 해석함에 있어서 픽션 즉 이야기나 플롯(plot)에 대한 평가보다는 표현 기법에 일차적인 관심을 갖는다. 즉 일반 독자들보다 '유미주의적(唯美主義的)' 기준을 갖고 있다. 그러나 소설을 쓰는 작가들이 소설을 쓰는 일반적인 이유, 소설을 평생의 소명으로 삼는 이유는 그들이 세상과 사회에 대해 꼭 해주어야 할 이야기를 전하기 위해서이지 훌륭한 문학 예술가가 되기 위해서인 것은 아니다. 우리는 어떤 작품을 해석함에 있어서 '그 작가가 하고 싶었던 그 이야기는 과연 무엇이었는가?'를 파악해야 한다. 그 이야기는 많은 경우 그렇게 간단하지도 않고 한눈에 파악되지 않는다. 많은 경우 작가 자신도 잘 의식하지 못했을지 모른다.

　　그러나 해석의 결정적인 부분은 어떤 소설의 이야기를 파악하고 그다음 단계에서 '그 이야기, 만들어낸 픽션의 진정한 의미는 무엇인가?'를 밝혀내는 일이다. '왜 이런 이야기를 작가가 굳이 하고 싶었을까?'를 파악해내는 것이다. 예를 들어 어떤 청년이 소녀와 사랑에 빠졌는데 이루어지지 않아서 결국 자살했다는 간단한 이야기의 경우에, 이 간단한 이야기를 작가가 굳이 하려고 한 이유는 무엇일까, 당시 사회에서 이런 이야기는 어떤 의미를 갖고 있었을까를 이해하는 것이며, 여기에는 상당한 고민이 필요하다. 단도직입적으로 이 단계에서 직접적인 질문은 '그래서 어쨌다는 거냐?(So what?)'가 될 것이다. 이 질문은 그 픽션의 존재 의미를 묻는 것이며 이에 대답할 수 있어야 그 소설이 담고 있는 사상을 이해한 것이다.

그렇다고 해서 소설을 해석하는 데 있어 어떻게 픽션이 묘사되었는가에 관한 것, 즉 표현 기법은 중요치 않다거나 관심을 가질 필요가 없다는 말이 아니다. 표현 기법이나 기술도 나름대로 깊은 사회적 의미를 갖고 있으며 픽션이 묘사된 방법과 기법 또한 그 의미를 밝혀야 할 부분이다.

10. 위대한 작품일수록 해석을 통해 의미의 깊은 곳으로 들어가면 예상하지 못한 수준과 층위의 사상이 드러나는 경우가 많다. 단순히 우리가 사상사라 하면 기대하는 권력, 국가, 사회, 경제, 가족 등에 대한 생각보다는 더욱 근본적인 '삶', '죽음', '존재', '영혼', '개인', '자살' 등의 이름 없는, 제일 밑바닥 영역에 대한 사상이 예기치 못하게 나타나는 경우가 허다하다. 그리고 사실 우리가 미리 기대하는 문제들보다 훨씬 깊은 생각들을 만나는 경우야말로 오히려 문학 작품을 해석해서 새롭게 사상사를 구성해 나가는, 새로운 사상사 연구의 즐거움이 될 것이다. 작품을 해석하기 전에 미리 무언가를 찾겠다고 작정하는 것은 작품 해석의 묘미를 반감시키는 일이다. 시선을 신선한 상태로 유지하고 작품을 읽어나갈 때 진정으로 섬세한 해석이 가능하고 해석이라는 작업의 묘미를 만끽할 수 있다.

11. 소설 작품을 해석하는 데 있어서 너무 숨겨진 의미, 깊숙한 곳에 감춰진 의미를 찾아내려 하거나 '비전적(秘典的)' 해석을 시도하기보다는, 텍스트 표면에 만천하에 명백히 드러난 이야기가 세상에서 갖는 의미를 파악해야 한다. 작가가 세상에 하고 싶은 이야기가 있어

글을 쓸 때는 독자들이 되도록 쉽게 파악할 수 있도록 쓰는 것이 근현대 문학의 현실이다. 근대 이전에는 진짜 중요한 이야기는 감추었다고 하지만 근대 이후의 문학 작품을 그런 가정 아래 독서할 수는 없다. 비밀스런 의미를 찾고, 비밀스런 문서를 찾고 하는 것은 현대 학자들의 일이라고 할 수 없다.

❖

다음 장부터 펼쳐질 이야기는 이 장에 소개된 생각들이 전개되어 이어지는 이야기들은 아니다. 오히려 앞으로 전개될 구체적인 이야기들에 대한 고민과 경험을 바탕으로 여기 1장의 생각이 가능했음을 밝힌다.

　　우선은 우리 민족의 해방과 대한민국의 건국에서부터 이야기를 시작한다. 그리고 시대를 따라가며 그 시대마다 출판된 대표적인 소설들을 좇아 이야기가 진전될 것이며 1990년대까지 이어질 것이다. 어차피 바로 지금 이 시점까지 논의할 능력은 없고 어떤 시점에서인가 이 책은 마무리되어야 할 터인데 생각 끝에 1990년대를 선택하게 되었다. 그렇게 선택한 이유는 바로 현재에도 계속되고 있는 질문, '도대체 한국인은 누구인가?', '한국인들은 도대체 어떻게 생겨먹은 사람들인가?'라는 질문이 본격적으로 제기된 시대가 1990년대라고 판단했기 때문이다.

　　　　　　　　　　　　　　한국인의 발견

제2장

해방과
건국

해방 공간

대부분의 한국인들은 예상하지 못한 채로 일본의 항복과 해방 소식을 접했다.[*] 해방 직후 상황에 대한 증언들은 많다. 일례로 김병걸은 다음과 같이 회상한다.

> 선열들이 목 타게 기다렸던 그날이 왔을 때, 이 강토는 태극기의 물결이었다. 온 산하는 감격의 눈물바다였다. 집집마다 골목마다 행길마다 남녀노소 가릴 것 없이 덩실덩실 춤추며 뒹굴었다. / 백의민족이 한 덩어리로 뭉쳤으니 신분의 높낮이가 없었

[*] 1945년 8월 15일 해방이 되자 정확히 언제부터 한국인들이 소식을 듣고 거리로 뛰쳐나와 '만세'와 함께 환희의 축제를 벌였는가에 대해서는 여러 설이 있고 정확한 시각은 잘 합의되지 않는다 (강준만 2004a 1: 29-30).

고, 있는 자 없는 자의 차별이 있을 수가 없었다. 8·15의 감격은 그렇게 민족의 일체감을 형성했다. 어제의 불화가 오늘의 화합이 되고, 어제의 증오가 오늘은 우애로 변했다. 모든 슬픔, 모든 분노, 모든 갈등이 한꺼번에 썰물처럼 싹 물러갔다. 흔적도 남기지 않았다. 적어도 8·15 후 얼마 동안은 모두 한몸 한마음으로 얼싸안았다.[1]

해방은 감격이었다. 핍박받고, 차별받고, 착취당하던 모멸의 36년을 겪은 후였으니 밝은 미래만이 보일 뿐이었다.

미국의 경우, 식민지인들은 18세기 말 영국으로부터 독립하여 새로운 나라, 그들이 떠나온 유럽의 국가들과는 확연히 다른 종류의 인류 최초로 헌법을 제정한 민주주의 국가를 만들었다. 그리고 그와 함께 새로운 미국인의 모습이 제시되었다.* 첫 세대 미국인들 가운데 대표적인 팔방미인으로 기업가이자 과학자이며 문필가에 외교관까지 지낸 벤저민 프랭클린(1706~1790년)은 새로운 미국인으로 '완벽한 인간'을 제시했다. 영국의 소설가 D. H. 로렌스는 그저 놀라울 뿐인 이 최초의 미국인의 모습을 아래와 같이 평한다.

인간의 완벽성(perfectability)이라, 하느님 맙소사! 모든 사람들은 살아 있는 한 갈등하는 여러 인간들이 그 안에 있다. 그중에 어느 것을 다른 것들을 대가로 삼아 완벽한 것으로 선택한

---

* 미국 예외주의(American exceptionalism)에 대해서는 루이스 하츠(Hartz 1955)를 참조할 것.

한국인의 발견

단 말인가? / 프랭클린 영감님이 보여줄 것이다. 그는 그를 결박지어 네 앞에 대령해 보일 것이다. 그 모범 미국인(the pattern American)을. 오, 프랭클린이야말로 노골적인 첫 번째 미국인이었다. 그 영악하고 쬐끄만 노인은 자기가 뭘 하는지 잘 알고 있었다. 그는 첫 번째 마네킹 미국인(the first dummy American)을 내세운 것이다. / 문필 경력의 초기에 영악하고 왜소한 벤저민은 '모든 종교의 선생님들이 흡족해하고 아무도 놀라지 않을' 신조(creed)를 세웠다.[2]

프랭클린이 이런 새로운 미국인상을 세운 것은 동료 미국인들을 위한 것이기도 했지만 유럽인들을 향한 것이었다. 그가 유럽인들에게 보여준 미국인의 모습은 그들과 비교할 수 없이 우월한 것이었다. 그 미국인은 현존하는 그대로의 미국인이 아니라 인간의 모든 미덕을 갖춘―열거하면 무려 13가지―'인조인간', 말하자면 프랭클린이 만든 멋진 마네킹이었다. 로렌스에 의하면 19세기 후반 남북전쟁 전까지 나타난 미국의 고전적 소설들은 '마네킹 미국인'의 모험 이야기였다. 이 마네킹은 결국 허먼 멜빌의 1851년 작 『모비딕(Moby Dick)』에서 광란 끝에 거대한 최후를 맞는다.[3] 에이헙 선장(Captain Ahab)은 흡사 진짜 인간이 되려는 나무 인형 피노키오(Pinocchio)처럼 극단의 존엄성을 과시하며 진짜 인간으로 부활하기 위해 과감히 죽음으로 뛰어들었다. 그리고 남북전쟁(1861~1865년) 후 월트 휘트먼(Walt Whitman)에 의해서야 비로소 진짜 미국인이 나타났다고 로렌스는 지적한다.[4]

벤저민 프랭클린은 또한 20세기 초반 독일의 사회학자 막스 베버가 그의 출세작에서 근대 자본주의의 전형적인 인간형으로 지목한 바로 그 인물이었다. 그는 16세기 종교개혁 후 칼뱅의 예정설(the doctrine of predestination)이 만들어낸 금욕적 인간형의 완성판이었다. 그는 재산을 늘리는 것을 평생의 목적으로 사는 부르주아였지만, 물질적 탐욕 때문이라기보다는 자신을 합리적으로 통제해 가며 재물을 끊임없이 쌓아나가는 것을 종교적 의무로 삼는 새로운 종류의 '영혼 없는' 인간이었다.[5]

그러나 해방 후 새로운 역사가 시작된 한국, 남한에서는 이런 새로운 한국인의 모습은 등장하지 않았다. 반면에 북한에서는 '신인간'이라는 새로운 인간상이 제시되었고 신인간의 형성은 그 후로 오랫동안 북한 문학의 과업이 되었다.[6] 북한의 경우는 남한과 달리 소련군이 갖고 들어온 이상향의 청사진들 갈피 안에 신인간의 초상이 포함되어 있었기 때문인지도 모른다. 남한에서 유일하게 상징적 인간형이 나타났다면 1945년 해방 후에 나온 동요에서였다. 1945년 12월 1일 『어린이신문』 창간호 첫머리에 윤석중 작사, 박태준 작곡의 〈새나라의 어린이〉라는 노래가 실렸다.

> 새나라의 어린이는 일찍 일어납니다
> 잠꾸러기 없는 나라 우리나라 좋은 나라
> 새나라의 어린이는 서로서로 돕습니다
> 욕심쟁이 없는 나라 우리나라 좋은 나라
> 새나라의 어린이는 거짓말을 안 합니다
> 서로 믿고 사는 나라 우리나라 좋은 나라
> 새나라의 어린이는 쌈을 하지 않습니다

정답게들 사는 나라 우리나라 좋은 나라

새나라의 어린이는 몸이 튼튼합니다

무럭무럭 크는 나라 우리나라 좋은 나라[7]

이 노래는 필자를 포함한 모든 한국인들이 지금도 부를 수 있는 고전 명작 동요이다. 당시 한국인들은 어른들에게는 별로 기대할 게 없고 다만 어린이들이 잘 교육받고 성장한 20년 후에나 기대할 수밖에 없다고 느꼈는지 모른다.

북한의 경우에는 별로 증언이 남아 있지 않으나 남한의 경우에 해방 직후 환희의 광란과 축제의 분위기는 며칠이 지나자 파괴와 약탈로 변환되었다. 유리창 등 눈에 보이는 것은 닥치는 대로 모두 부수고 공공 재산은 잡히는 대로 약탈했다. 한국인들은 일제 36년간 받은 압제와 스트레스로 인해 심리 상태가 정상에서 멀어져 버렸는지 모른다. 어떤 학자들에 의하면 1945년 8월 15일 해방을 맞은 한국인들은 '광기의 순간(a moment of craziness)'을 겪었다.● 이 말은 해방 공간에서 한국인들은 대부분 이성적인 상태가 아니었다는 뜻이다.

일제가 물러간 남한, 특히 서울의 해방 공간에서는 조선 땅에서 낯설지 않은 세상이 펼쳐졌다. 리영희는 그의 자서전『역정: 나의 청년시대』에서 해방 공간의 상황에 대해 다음과 같이 증언한다.

● 박명림은 다음과 같이 말한다. "1945년의 해방을 경험했던 세대들은 이러한 감정 상태를 기억하고 있다. 단체의 폭발적인 족출, 흥분과 설레임, 집단적 철야, 폭포와도 같은 연설과 구름 같은 집회와 인파들, 수많은 노선의 등장과 쟁투, 공연한 바쁨과 바깥소식에 목말라하는 잦은 외출, 이러한 것들이 광기의 순간의 특징이었다." (박명림 1996b: 38).

세태는 날로 혼란해지고, 사람과 사람의 관계는 악마적인 상태가 되어 갔다. 각종 권력의 중심부와 주변에 기생하는 자들은 일본인이 남기고 간 나라의 부를 서로 찢어 나누어 먹고 있었고, 헐벗고 굶주린 조무래기들은 서로 속이고 뺏는 것으로 그날 그날의 생존을 이어갔다. 날로 증가하는 이북으로부터의 월남민이 모두 좁은 남대문 시장을 끼고 그 같은 결사적인 강식약육의 생존 경쟁을 벌이고 있었으니 가장 교활하고 가장 파렴치한 자만이 '정글의 법칙'대로 적자생존의 명예를 누릴 수 있었다. 나의 둔한 감각, 교활성에서의 낙제점, 파렴치해지기에는 아직도 순수함이 남아 있는 18세 소년으로서는 그 속에서 살아남을 자신이 없었다.[•]

• 이 인용문은 강준만, 『한국 현대사 산책 1940년대편 2: 8·15 해방에서 6·25 전야까지』(서울: 인물과사상사, 2004), 38쪽에서 재인용한 것이다. 리영희의 이 진술은 2006년 같은 저자 같은 제목으로 한길사에서 펴낸 판에는—초판 출간년도는 분명히 1988년이라고 명기되어 있다—나와 있지 않다. 2006년 판에는 대신 다음과 같은 진술이 나온다.
"서울과 남한의 시국은 혼란을 극하고, 세태는 17세의 소년에게는 전혀 분간할 수 없을 만큼 어지러웠다. 집을 떠날 때 그리던 질서정연한 건국과 독립에 대한 이행이나, 새로운 믿음으로 서로 돕고 사는 안정된 새 사회는 흔적도 없었다. 화폐 가치는 하루가 멀다고 하고 폭락해 일제하의 안정된 돈의 가치를 생각하고 가지고 내려온 얼마간의 돈은 며칠이 안 가서 몸에서 사라져버렸다. / 시간이 갈수록 아비규환이었고 가장 흉악한 형태로서의 '적자생존'적 경쟁이 냉혈적으로 전개되어 갔다. 기대가 컸던 만큼 환멸도 컸고 먹고 살아갈 길이 막연해 얼마 동안 망연자실한 상태가 계속되었다. 너무나 의외로운 사회상에 적응할 능력이 없었던 것이다." (리영희 1988: 118).

한국인의 발견

이 시절의 상황에 대해서 증언하는 사람들이 의외로 많지 않지만 김병걸도 다음과 같이 진술한다.

그런데 해방 공간의 서울이 바로 카오스의 도가니였다. 이북에서 또는 만주나 중국, 일본 등지에서 몰려온 난민들의 총집결지가 서울이었다. 서울역이며 남대문 시장이며 청계천을 끼고 도는 동대문 시장 할 것 없이 파리떼 모여들듯 난민들로 바글바글 끓어 글자 그대로 찜통이었다. 어딜 가나 서로 비집고 들어서려는 아귀다툼으로 날이 새고 날이 저물었다. 소동과 고함소리와 먼지의 뒤범벅 속에서 사람들은 너 나 할 것 없이 제정신이 아니었다. 사회 전체가 들쭉날쭉이고 생존은 칡덩굴처럼 얽혀 원시적인 정글이었다. / 천하의 사기꾼이라는 사기꾼들이 하나 빠짐없이 모여든 곳이 서울이었다. 정치의 '정'자도 모르는 야바위꾼들이 정파를 만들어 정치무대를 독차지하고 온갖 못된 수작을 다 부렸다. '정상배'라는 새로 만들어진 말이 유행어가 되었던 것이 그 시대의 정치적 혼란상을 단적으로 증명하는 예다. / 그런 가운데서도 가장 기괴했던 일은 친일배들의 파렴치한 행각이었다. 서울은 전국의 친일반역자들의 도피처가 되었다. 국치의 쓰라린 일제 치하에서 호의호식하며 민족을 팔았던 주구들은 해방된 땅에서 추상같은 처단을 받아야 마땅했다. 그러나 역사는 다시금 곤두박질쳤다. 곤두박질 정도가 아니라 엄청난 퇴행을 강요당했다. 역사의 퇴행은 역사의 심판 앞에서 사색이 되어 기가 푹 죽어 있던 친일 매국노들에게 삶의 재기를 알리는 부정한 환희의 나팔소리가 되었던 것이다.[8]

해방 공간의 무질서와 혼란은 국가기관, 정부에만 국한된 것이 아니었다. 대한민국보다 먼저 설립된 서울대학교를 위시한 교육기관들도 사정이 다르지 않았다. 리영희는 당시 서울 대학가의 상황을 다음과 같이 묘사한다.

미국 군정하의 그 당시는 마침 '서울국립대학'안 찬반으로 갈라진 소위 '국대안 반대' 소동 때문에 반대파 학생들을 '좌익계'라는 이유로 무더기로 제적하고 국대안을 지지하는 '서북청년회'니 그 밖의 학력기준 미달의 외부 청년들을 무더기로 서울대학에 입학시켰던 시기다. 다른 대학·전문학교는 물론, 중(고등)학교까지 국대안 소요로 서울대학에 재적한 4년간에 강의라곤 몇 시간밖에 듣지 못한 채 졸업장을 받은 사람도 적지 않은 것이 실상이다. 대학 사회 역시 정치와 마찬가지로 대체로 대동소이한 일대 혼란기였으니 무자격 입학은 서울대학교가 예외가 아니라 일반적 현상이었던 것이다.[9]

해방 후 남한은 아수라장이었다. 구한말의 '홉스적 자연상태(Hobbesian state of nature)'가 일제 시대를 가로질러 돌아온 것 같았다.* 이런 상황이 펼쳐진 데는 여러 원인이 있었을 것이다. 해방이 되자 일본, 중국, 만주 등에 머무르던 한국인들이 대거 한반도로, 그 중에서도 서울로 몰려들어 인구수가 급격히 팽창하였고, 당시 미군정의 정책 실패로 식량 상황이 어려워진 것도 사회가 아수라장이 된 원인의 하나였을 것이다. 그러나 무엇보다 일제 36년을 거치면서 조선인들은 일제의 탄압 그리고 민족주의적 지식인들의 노력 등으로 인해 구한말보다 훨씬 강하고, 호전적이고, 거친 개인들이 되어 있었고 일제가 물러가자 자연상태가 돌아왔을 것이다.[10]

그러나 해방 후의 자연상태가 구한말의 자연상태와 같았다고 말할 수는 없을 것 같다. 비슷했지만 동일하지는 않았다. 우선 사람들이 생명의 위협을 느꼈다거나 누가 살해당했다는 언급은 없는 것으로 보아 서로에게서 느끼던 공포와 위협의 정도는 구한말보다는 다소 완화된 것으로 보인다. 그러나 해방 공간에서 도둑이 엄청 많다는 언급은 평이하게 나타난다. 그리고 해방 공간에서 한국인들은 고도로 '권력 지향적'인 모습이었다. 자기 방어나 공격 전술의 일환으로 수많은 정치 단체, 정당들을 만들어냈으며 이에 대해 당시 외국인들 특히 미군정 인사들은 한국인들의 고도의 정치적 성향에 놀랐다는 언급을 많이 남겼다.** 반면에 구한말에는 뜻 맞는 사람이 없어서 정치조직을 만들 수 없었고 고독한 전사 외에는 투쟁이 가능하지 않았다.***

해방 공간에서 나타난 수많은 정치 단체와 사회 단체들을 시

 • 필자는 졸저에서 구한말 조선의 상황을 홉스적 자연상태였다고 주장한 바 있다 (최정운 2013: 69-173).

 •• 하지(John Rheed Hodge)를 비롯한 미군정 관리들은 한국인들이 일반적으로 정치를 대단히 좋아하는 사람들이며 정치 단체를 만드는 일을 즐긴다고 보고하였다 (강준만 2004a 1: 94-95).

 ••• 당시 고독한 전사 모델의 전형적인 예는 이인직의 『은세계』에 등장하는 최병도일 것이다. 단재 신채호를 비롯한 첫 세대 민족주의자들은 그와 유사한 고집스런 '고독한 전사'들이었다 (최정운 2013: 134-162).

민적 정치 참여의 발로라 볼 수는 없다. 이는 '참여 폭발' 같은 빈말로 설명될 일도 아니었다. 당시 상황은 로버트 노직(Robert Nozick)이 자신의 국가 이론을 설명하는 출발로 삼았던 로크적 자연상태(Lockean state of nature)와 유사한 경우라 보여진다. 이곳에서는 홉스적 자연상태에서는 나타나지 않는 자생적 '보호 연합들(protective associations)'이 만들어지며, 이 보호 연합들에서 '자유지상주의(libertarianism)'의 역사가 시작된다.[11] 한국인들이 해방 공간에서 수많은 정치 단체를 만들어냈다는 사실은 우선 해방 공간이 구한말의 자연상태와는 차이가 있지만 비슷한 점이 더 많은 준(準)자연상태였음을 보여준다. 해방 공간에서 앞다퉈 일어난 수많은 정치 단체의 결성은 안전이 위협받는 준자연상태에서 스스로를 보호하기 위해서였다. 당시 한국인들이 보인 '권력 지향적 성향' 또한 같은 맥락으로 이해할 수 있다. 남한에서 이런 준자연상태와 혼란은 정부 수립 이후에도 계속된다.

해방 공간의 이와 같은 구조 속에서 한국인들의 정치적 행위는 이중적으로 이루어질 수밖에 없었을 것이다. 한편으로 준자연상태의 무질서와 혼란은 홉스적 사회계약(Hobbesian Social Pact)의 요구로 이어졌고 이는 미군정에 대한 의존으로 나타났다. 미군은 일제를 일거에 굴복시킨 카리스마적 지배자였다. 그러나 홉스적 사회계약의 형태로서 '취득에 의한 정치체(commonwealth by acquisition)'의 전제 군주 역할을 수행하리라 기대됐던 미군정은 자유주의적 법치주의로 남한을 다스렸고 따라서 정치가 가능한 공간이 생겼다. 이에 한국인의 정치 집단들은 하위 정치 공간에서 자기 보호를 위한 테러 등 권력 투쟁을 벌였다. 해방 공간은 이러한 이중적인 정치 행위를 구조화

한국인의 발견

시켰다.

해방 공간은 문학 작품들이 많이 쓰일 수 있는 상황이 아니었다. 특히 픽션이나 장편 소설은 거의 쓰이지 못했다. 그나마 1946년 8월에 발표된 작품으로 이태준의 「해방전후: 한 작가의 수기」를 들 수 있다. 이 작품은 이 시기 한국인들의 표정과 태도 등을 관찰한 글이다. 주인공 '현'은 소설가로 일제 말 하루하루를 버티며 지냈고 그가 느낀 것은 무력감과 고립감이었다. 일본과 파시스트 국가들이 패망할 것을 예상은 하고 있었지만 만에 하나라도 이기면 어쩌나 하는 불안감을 떨치지 못했다. 현이 해방 사실을 안 것은 하루가 지나 친구의 전보를 받고 여행증명을 얻으러 주재소에 갔을 때였다. 순사도 부장도 아무런 이상이 없는 듯이 행동했고 다만 운전수들 간의 대화에서 전쟁이 끝났다는 것을 알았다. 둘러보니 조선 사람들 얼굴은 하나같이 무심한 듯 보였다. 그가 전쟁이 끝났으니 이제 어떻게 되는가 묻자,

서로 두리번거릴 뿐, 한 사람도 응하지 않는다. / "일본이 지고 말았다면 우리 조선이 어떻게 될 걸 짐작들 허시겠지요?" / 그제야 조선 옷 입은 영감 한 분이, / "어떻게 되는 거야 어디 가겠소? 어떤 세상이라고 똑똑히 모르는 걸 입을 놀리겠소?" / 한다. 아까는 다소 흥미를 가지고 지껄이던 운전수까지 / "그렇지요. 정말인지 물어보기만도 무시무시헌 걸요." / 하고 그 피곤한 주름살, 그 움푹 들어간 눈으로 버스를 운전하는 표정뿐이다. / 현은 고개를 푹 수그렸다. 조선이 독립된다는 감격보다도 이 불행한 동포들의 얼빠진 꼴이 우선 울고 싶게 슬펐다. / '이게 나 혼

자 꿈이나 아닌가?' / 현은 철원에 나와서 꿈 아닌 경성일보를
보았고, 찾을 만한 사람들을 만나 굳은 악수와 소리나는 울음을
울었다. 하늘은 맑아 박꽃 같은 구름송이, 땅에는 무럭무럭 자
라는 곡식들, 우거진 녹음들, 어느 것이고 우러러 절하고 소리
지르고 날뛰고 싶었다.

이태준, 「해방전후: 한 작가의 수기」, 199쪽

현은 8월 17일 '만세'를 목이 터지게 부르며 서울에 올라왔다.
시내에는 "독 오른 일본 군인들이 일촉즉발(一觸卽發)의 예리한 무장
으로 거리마다 목을 지키고 경성일보가 의연히 태연자약한 논조다."
진술은 계속된다.

현은 서울 정황에 불쾌하였다. 총독부와 일본 군대가 여전히 조
선 민족을 명령하고 앉았는 것과, 해외에서 임시정부가 오늘 아
침에 들어왔다, 혹은 오늘 저녁에 들어온다 하는 이때 그새를
못 참아 건국(建國)에 독단적인 계획들을 발전시키며 있는 것과,
문화 면에 있어서도, 현 자신은 그저 꿈인가 생시인가도 구별되
지 않는 이 현혹한 찰나에, 또 문화인의 대부분이 아직 지방으
로부터 모이기도 전에, 무슨 이권이나처럼 재빨리 간판부터 내
걸고 서두르는 것들이 도시 불순하고 경망해 보였던 것이다. 현
이 더욱 걱정되는 것은 벌써부터 기치를 올리고 부서를 짜고 덤
비는 축들이, 전날 좌익 작가들의 대부분임을 알게 될 때, 문단
그 사회보다도, 나라 전체에 좌익이 발호할 수 있을 때요, 좌익
이 제멋대로 발호하는 날은, 민족 상쟁 자멸의 파탄을 일으키지

한국인의 발견

않을까 하는 위험성이었다. 현은 저 자신의 이런 걱정이 진정일진댄, 이러고만 앉았을 때가 아니라 생각되어 그 '조선문화건설중앙협의회'란 데를 찾아갔다. 전날 구인회(九人會) 시대, 문장(文章) 시대에 자별하게 지내던 친구도 몇 있었으나 아닌 게 아니라 전날 좌익이었던 작가와 평론가가 중심이었다. 현은 마음속으로 든든히 그들을 경계하면서 그들이 초안한 선언문을 읽어보았다. 두 번 세 번 읽어보았다. 그리고 그들의 표정과 행동에 혹시라도 위선적(僞善的)인 데가 없나 엿보기를 게을리하지 않으며 적이 속으로 이상하게 생각하지 않을 수 없었다.

이태준, 「해방전후: 한 작가의 수기」, 200-201쪽

현은 당시의 정치적 상황에 대해서 다음과 같이 증언한다.

정당(政黨)은 누구든지 나타나란 바람에 하룻밤 사이에 오륙십의 정당이 꾸미어졌고, 이승만 박사가 민족의 미칠 듯한 환호 속에 나타나 무엇보다 조선 민족이기만 하면 우선 한데 뭉치고 보자는 주장에 그 속에 틈이 있음을 엿본 민족 반역자들과 모리배들이 다시 활동을 일으키어 뭉치는 것은 박사의 진의와는 반대의 효과로 일제 시대 비행기 회사 사장이 새로 된 것이라는 국립항공회사에도 부사장으로 나타나는 것 같은 일례로, 민심은 집중이 아니라 이산이요, 신념이기보다 회의(懷疑)의 편이 되고 말았다. 민중은 애초부터 자기 자신들의 모든 권익을 내어던지면서까지 사모하고 환상하던 임시정부라 이제야 비록 자격은 개인으로 들어왔더라도 그 후의 기대와 신망은 그리로 쏠릴

길밖에 없었다. 그러나 개인이나 단체나 습관이란 이처럼 숙명적인 것일까? 해외에서 다년간 민중을 가져보지 못한 임시정부는 해내에 들어와서도, 화신 앞 같은 데서 석유 상자를 놓고 올라서 민중과 이야기할 필요는 조금도 느끼지 않고 있었다. 인공(人共)과의 대립만이 예각화(銳角化)되고, 삼팔선(三八線)은 날로 조선의 허리를 졸라만 가고 느는 건 강도요, 올라가는 건 물가요, 민족의 장기간 흥분하였던 신경은 쇠약할 대로 쇠약해만 가는 차에 탁치(託治) 문제가 터진 것이다.

이태준, 「해방전후: 한 작가의 수기」, 209-210쪽

이 소설은 현이 구한말의 산증인인 김직원 영감과 논쟁한 내용으로 마무리된다.

현이 되도록 흥분을 피하며, 우리 민족의 해방은 우리 힘으로가 아니라 국제 사정의 영향으로 되는 것이니까 조선 독립은 국제성(國際性)의 지배를 벗어날 수 없는 것, 삼상회담의 지지는 탁치 자청이나 만족이 아니라 하나는 자본주의 국가요 하나는 사회주의 국가인 미국과 소련이 그 세력의 선봉들을 맞댄 데가 조선이라 국제 간에 공개적(公開的)으로 조선의 독립과 중립성이 보장되어야지, 급히 이름만 좋은 독립을 주어놓고 소련은 소련대로 미국은 미국대로 중국은 중국대로 정치·경제 모두가 미약한 조선에 지하 외교를 시작하는 날은, 아마 이조말(李朝末)의 아관파천(俄館播遷) 식의 골육상쟁과 …… 현은 재주껏 역설해 보았으나 해방 이전에는, 현 자신이 기인여옥(其人如玉)이라 예

한국인의 발견

찬한 김직원은, 지금에 와서는 돌과 같은 완강한 머리로 조금도 현의 말을 이해하려 하지 않고, 다만 같은 조선 사람인데 '대한'을 비판하는 것만 탐탁치 않았고, 그것은 반드시 공산주의의 농간이라 자가류(自家流)의 해석을 고집할 뿐이었다.

이태준, 「해방전후: 한 작가의 수기」, 217-218쪽

이태준이 본 대부분의 조선인들은 마음대로 편안하게 자기 생각을 펴지 못하고, 오히려 일제가 물러가는데도 서로 눈치를 보고 있었다. 일제가 물러가는데 자유를 느끼는 게 아니라 더욱 무시무시한 시대를 예감하고 두려워하고 있다. 특히 당시 정치 문제 즉 건국의 문제에 대해서 말문을 열려고 하지 않았다. 그들은 미국과 소련에 대해서는 저항할 수 없는 힘이라 느끼면서 그들의 의지를 거역할 수는 없으리라 생각한 것이었다. 그들은 국제적 기준에 어긋나거나 이들 초강대국의 비위를 건드리는 일은 절대로 삼가야 한다고 강조하였다. 그들은 조선의 해방은 우리가 이룬 것이 아니며 따라서 우리 조선인들은 그들에게 할 말이 없다는 것을 숙지하고 있었다. 모든 조선 사람들은 건국의 문제에 민감했다. 하지만 그 주제에 관해 입을 잘못 놀리고 경거망동했다가는 큰 재앙을 당할 것이었다. '건국'은 물어보기도 겁나는 화제였다. 그들이 당장 두려워하고 있는 것은 주변의 조선 사람들이었다. 그들은 서로를 믿을 수 없었다. 자기 말이 어느 결에 이상하게 옮겨져 무슨 재난을 당할지 알 수 없다고 여겼을 것이다.

당시에 '좌파'란 사람들은 유독 이러한 분위기에서도 의식적으로 억지로라도 희망을 갖고 스스로 역사를 움직여야 한다고 확신

하고 활동하던 사람들로 이해되고 있었다.• 그러나 위의 인용문에서 보듯이 당시 대부분의 지식인들은 '좌파'들의 '경거망동'을 걱정하고 있었다. 이런 시각의 갈등이 존재하는 가운데 김남천은 "이내 부르주아 계급이 역사 무대에서 사라지고 말리라"고 전망하고 있었고 그의 소설에서 주인공들은 그러한 부르주아 계층을 적대시하고 있었다.¹² 김남천의 미완성 소설에 나타난 바에 따르면 한반도 남쪽에서 냉전은 미군정 못지않게 좌파들이 시작하고 있었다.

해방 공간의 중요한 작품으로는 채만식의 1946년 작 「논 이야기」가 있다. '한 생원'은 해방이 되자 젊은이들이 태극기를 만들고 만세를 부를 때 참여하지 않았다. 독립이 된다고 해서 자기처럼 가난한 소작농의 삶이 전과 달라질 것은 별로 없으리라는 것이었다. 나라를 되찾는다는 것도 만약 그게 젊은 시절에 겪은 구한말로 돌아간다는 뜻이라면 끔찍한 일이었다. 아버지가 힘들여 논을 사들였건만 동학당이라는 누명으로 붙잡혀 가 매를 맞고 원님에게 빼앗긴 기억이 생생했다. 합방 다음 해에 한 생원은 나머지 땅을 일본인 '길전(吉田)'이 좋은 값을 쳐준다기에 팔아먹었다. 그러고는 땅 판 게 창피스러워 주변에는 일본인들이 쫓겨나면 그 땅은 자기가 다시 차지한다는 헛소리를 하고 다녔었다.

한 생원에게 나라라는 것은 전혀 반가울 게 없는 것이었다. 그가 구한말에 겪어 본 나라나 일제 때 겪었던 나라나 어느 것이고 나을 게 없었다. 나라란 백성을 억압하고, 폭력을 휘두르고, 세금을 걷

• 신형기에 의하면 당시 1945년 10월에 장편 소설을 시작하던 김남천의 경우가 대표적이었다 (신형기 1992: 13-17).

한국인의 발견

어갈 뿐 자기 같은 백성에겐 전혀 도움 될 일이 없는 것이었다. 다만 일본인들이 쫓겨 간다고 하자 자기가 전에 일본인에게 판 땅을 도로 찾을 수 있을 거라는 생각이 들었다. 그런데 그새 다른 사람이 그 땅을 돈 주고 샀다지 않은가? 그 말에 그가 관청에 가서 따지니 하는 말이 "우리 조선 나라가 법을 그렇게 냈다"고 한다. 한 생원은 나라가 자기 땅을 빼앗아 갔다고 화를 내며 아래와 같은 분노의 일갈을 토하고 이로써 소설은 마감된다.

> "일 없네. 난 오늘버틈 도루 나라 없는 백성이네. 제길 삼십육 년두 나라 없이 살아왔을려드냐. 아니 글쎄, 나라가 있으면 백성한테 무얼 좀 고마운 노릇을 해주어야, 백성두 나라를 믿구, 나라에다 마음을 붙이구 살지. 독립이 됐다면서 고작 그래, 백성이 차지할 땅 뺏어서 팔아먹는 게 나라 명색야?"
>
> 채만식, 「논 이야기」, 324-325쪽

이 소설은 물론 농민들 이야기지만 당시 한국인들이 가진 생각의 중요한 측면을 보여준다. 많은 학자들은 보통 한국인들이 '강한 국가'를 원하는 '국가주의자'들이라고 평이하게 주장한다. 하지만 한국인들에게서 국가주의가 나타난 것은 1960년대 이후였다. 해방 공간의 대다수 한국 사람들은 구한말 '가렴주구', '탐관오리'로 알려진 관리들의 횡포를 겪고 이어 일제를 겪은 사람들이었고, 위의 한 생원의 경우처럼 '국가', '나라', '관(官)'이라면 몸서리를 쳤을 것이다. 한 생원이 국가에 기대하는 것이라곤 자신의 처지에 도움을 주기를 원할 따름이며, 국가의 공권력, 법 등에 대해서는 전혀 아는 바나 생각한 바가 없었다. 당시 한국인들이 '국가', '나라', '건국'에 대해서 이야기를 피하는 것은 여러 이유에서 기인한 것이었다.

해방 직후 미군정이 실시한 여론조사에서—이 결과는 사실 신빙성이 거의 없는 풍문에 불과하다—자본주의를 선호하는 사람은 13퍼센트, 사회주의는 70퍼센트, 공산주의를 선호한다는 사람은 10퍼센트였다고 한다. 당시 한국인들에게 '자본주의', '사회주의', '공산주의'를 구별할 능력이 있었겠는가 하면 대단히 의문스럽다. 그런가 하면 정부 형태에 대한 여론조사에서는 소비에트 공산주의를 선호한다는 사람이 11퍼센트, 미국식 민주주의를 선택한 사람이 37퍼센트, 양자의 혼합이 좋겠다는 답변이 34퍼센트, 어느 쪽도 아닌 사람이 18퍼센트였다.[13] 한편 어떤 인물이 민족의 지도자가 되어야 하는가에 대한 설문조사에서는 이승만을 지목한 사람들이 월등히 많았다고 한다.

이 여론조사 데이터들은 모두 신빙성이 별로 없다. 방법론의 문제는 차치하고 당시 대다수 한국인들이 정확히 구별할 수 없는 문제를 놓고 이렇게 선택하도록 한 것은 오히려 '여론'이라는 이름으로 국민들의 의사를 오도(誤導)하는 데 기여했을 가능성이 높다. 무엇보다 최종 수치를 놓고 보면 이 데이터들은 대단히 모순적임을 알수 있다. 당시 한국인들은 국가, 정부에 대해서 또는 경제 체제에 대해서 일관성 있는 의견을 갖지 못하고 있었다. 오히려 '광기의 순간'에 별생각 없이 마구잡이로 내뱉은 답들이었는지 모른다. 그런가 하면 우리 민족이 군주제를 폐지하고 공화제 국가를 수립해야 함을 결의한 것은 고종이 퇴위하고 대한제국 군대가 해산되기도 전인, 1907년 초에 결성된 신민회(新民會) 발기문에서였다.[14] 자유민주주의적 민족국가를 이루어야 한다는 것은 이미 그 시점에서 오래된 민족의 숙원이었다. 나아가서 3·1운동 이후에 이루어진 상하이 임시정부의 경우에도 헌법에서 대한민국을 '민주 공화주의'라 규정했다.[15]

문학 작품들에 나타난 바 해방 직후 한국인들은 한반도를 점령한 미국과 소련의 힘에 저항할 엄두를 내지 못하고 있었고 앞으로 어떤 국가를 만들 것인가에 대해서도 뚜렷한 생각을 갖지 못하고 있었다. 한편으로는 사회 질서를 회복할 강한 국가를 원하면서도 다른 한편으로는 자기 보호와 권력 추구를 보장할 자유민주주의 국가를 원했다. 또한 당시 한국인들 간에 이루어진 여러 여론조사의 경우에서도 한국인들은 자신들이 만들 국가가 어떤 성격이어야 하는가, 정치적으로나 경제적으로나 어떤 모습이어야 하는가에 대해 뚜렷한 의견을 갖지 못했고, 그들의 의견을 개진할 용기도 없었다.

(취약국가)

한반도의 분단은 일차적으로 미국이 급박하게 38도선을 군사 작전의 경계로 설정하고 독일의 항복 후 열린 포츠담(Potsdam) 회담에서 스탈린에게 극동으로의 신속한 출병을 요청하여 이루어졌다. 1945년 8월 24일 평양에 소련군이 진주하고, 9월 8일 미군 선발대가 서울에 입성함으로써 두 초강대국 군대의 점령은 현실화되었다.

20세기 들어서 신생국은 민족국가로 건설되는 것이 당연한 역사의 흐름으로 여겨졌고 당시 국제 사회는 이를 도와주는 것을 의무로 받아들이고 있었다. 나아가서 적국의 점령으로부터 해방시켜야 할 지역에 관한 한 그 지역을 점령한 국가와 국제 사회가 민족국가의 수립을 도와주어야 한다는 것은 국제적 윤리로 인정되고 있었던 것으로 보인다. 그 과정에서 국제 사회의 신탁통치가 필요한가는 국제기구나 강대국들이 결정할 문제였다. 그리고 새로 만드는 민족

　　　　　　　　　　　한국인의 발견

국가의 모습은 당시에 일반적으로 합의된 '국가' 사상에 따라 결정될 것이었는데, 당시 현실주의적 국가 관념에 따르면 국가란—20세기 초반에 베버가 제시했던 국가론에 따라—일정한 지역에 사는 주민들을 통제하고 외침으로부터 방어할 독점적 폭력 기구를 핵심으로 하는 정치공동체를 말하는 것이었다.[16] 20세기에 이르러 서구 민족국가들의 모습은 거의 다 비슷한 형태가 되어 있었고 국가란 '그렇게 만들면 된다'는 생각이 일반적이었다. 민족국가를 건설한다는 것은 경찰, 군대 등 폭력을 독점할 관료조직을 만드는 문제였고, 일차적으로 자원(resources)의 문제였다. '민족정신', '민족 문화' 등은 일차적인 요소는 아니었다.

미국과 소련 중 우선 미국은 남한에 어떤 국가를 세울 것인가에 대해 사전에 준비된 계획이 전혀 없었다. 더구나 미국은 세계대전이 끝나고 군대 대부분을 해산해 병사들을 귀가시키고 있었고 미 의회가 국방예산을 급격히 삭감한 상황이었다. 미국인들은 한국에 대해서 거의 알지 못했고 관심도 없었다. 미국인들의 한국에 대한 모든 결정은 그저 별 생각 없이 이루어진 것들이었다.[17] 그러나 북한의 경우에는 사정이 달랐다. 1945년 9월 16일 김일성이 원산에 상륙한 후, 9월 20일 스탈린은 북한의 소련군정에 '소련의 이해관계에 적합한 "독자정부"를 세울 것'을 비밀리에 지령했고 이로써 소련군정은 북한에 친소(親蘇) 공산주의 분단국가를 세운다는 계획을 1개월 만에 확정했다. 앞에서 언급했듯이 북한에서는 남한과 달리 '신인간'이라는 마네킹이 등장했고 이는 북한이 처음부터 이상국가의 청사진을 가지고 출발했음을 보여준다. 북한을 위한 이상국가의 청사진은 북한에 소련군이 진주하기 전부터 준비되어 있었을 것이다. 북한에서는

1946년 3월 1일 토지개혁을 위한 법령들이 전격 반포되었고 그해 7월에는 공산국가 건설이 거의 완성되었다. 그 후로 이 국가의 체제는 흔들리지 않았다.[18] 일각에서는 1946년 6월 3일 이승만의 정읍 연설에서 분단이 비롯되었다고 하지만 이영훈은 이 주장을 일축한다.[*] 이 시기 이승만의 판단은 남북의 단정(斷政)이 이미 움직일 수 없는 현실이라는 것이었다.

미군정의 첫 번째 정치적 결정은 '건준', '인공'(각각 조선건국준비위원회와 조선인민공화국의 줄임말)을 불법화하고 '임정'의 특별한 정치적 지위를 부정하는 것이었다. 그러나 미군정은 다음 달부터 민족국가의 기반이 되는 교육 등에 대해서는 재빨리 필요한 조치들을 취했다. 당시 교육계 상황에 대해 전상인은 다음과 같이 기술한다.

교원이 부족한 탓에 대부분 이부제 수업을 했지만 공립 국민학교의 경우는 1945년 9월 24일부터, 사립의 경우에는 일주일 늦은 10월 1일부터 학생들을 맞았다. 중학교 이상도 대부분 이 무렵에 개교했다. 김메리가 〈학교종이 땡땡땡〉이라는 동요를 작곡한 것도 바로 이즈음의 일이었다. 9월 초에는 태평양 전쟁 동안 해인사와 개성 등지에 소개(疏開)되어 있던 15만 권의 총독부 장서가 돌아왔고 10월 중순에는 국립도서관이 정식으로 문을 열었다. 전시 폭격을 피해 그동안 경주 등에 보관되었던 많은 유물들이 환도하여 경복궁 내 국립박물관 운영이 정상화된

---

[*] 이영훈은 『대한민국 이야기: 《해방전후사의 재인식》 강의』에서 "이것만큼 심한 중상모략도 없는 것 같습니다"라 하였다 (이영훈 2007: 209).

한국인의 발견

것은 12월 초의 일이었다. 이듬해인 1946년 1월 하순에는 창경원 동물원도 다시 문을 열었다. …… 우리말과 우리글도 다시 돌아왔다. 1945년 10월 9일에는 조선어학회 주관으로 해방 이후 첫 한글날 기념식이 천도교 교회당에서 열렸고, 11월 20일에는 군정청이 《한글 첫걸음》 및 《초등국어교본(상권)》이라는 이름의 팸플렛형 우리말 교과서를 반포했다. 1946년부터는 전보문(電報文)도 한글로 바뀌었다. 애국가도 달라졌다. 한동안 스코틀랜드 이별곡 〈Auld Lang Syne〉에 얹혀 있던 애국가는 1945년 11월 24일부터 안익태 곡을 정신으로 삼았다. 우리 역사를 되찾으려는 노력도 시작되었다. 그 무렵 서울중앙방송국에서는 당대 역사학자들이 총출연하는 '국사 강좌' 프로그램이 편성되었고, 김성칠은 해방 이후 최초의 한국 통사인 《조선력사》를 1945년 12월 30일에 쓰기 시작하여 불과 한 달 만에 탈고했다. 1946년에 들어와 삼일절이 국경일로 제정되었는가 하면, 전쟁으로 인하여 1938년 이후 사라졌던 어린이날도 같은 해에 부활되었다.[19]

미군정청은 한국 민족국가 건설을 예정하여—물론 한국 지식인들과 상담 과정을 거쳤겠지만—자연스럽게 학교들을 다시 열고 한국인들의 민족문화 재건을 도왔고 1946년에는 서울대학교도 설립했다. 이런 부분은 어떤 민족국가라도 공통적으로 시행했을 정책으로 이해되었을 것이다.

그리고 나서 미군정은 민족국가 건설의 핵심인 관료적 폭력 기관들 즉 경찰과 군대를 만드는 일에 착수했다. 그런데 심각한 문제가 나타났다. 무엇보다 경찰과 군대에서 일할 인력이 턱없이 부족하였다. 행정 업무를 맡을 교육받은 인력은 말할 것도 없고 이런 직종에 지원하는 사람의 수도 턱없이 부족했다. 나아가서 당시 조선의 경제 상황은 일제가 철수하며 화폐를 대량으로 남발하는 등 파괴적 정책을 편 탓에 엉망이었고 세수(稅收)를 기대할 수 없었다. 미군정도 본국 국방예산이 대폭 삭감되면서 자원이 부족해 허덕이는 상황이었다. 이 자원(resources) 부족의 문제는 미군정뿐만 아니라 여러 정치 조직에서 목격하고 증언하던 문제였다. 특히 미군정의 경제 정책이 실패하자 치안 문제가 심각해졌고 그 가운데 공산당과의 마찰은 초기부터 미군정에게 매우 골치 아픈 문제였다.

국가 건설에 있어서 현실적으로 긴 시간을 두고 차츰차츰 이러한 문제들을 해결하는 방법을 취할 수도 있었다. 대부분의 경우 나라를 만드는 건국이란 적어도 반세기 이상 걸리는 과정이었다. 그러나 한반도의 경우에는 소련의 발 빠른 공산국가 건설로 냉전이 이미 시작되었고 그런 긴 시간이 주어지지 않았다. 공식적으로 미소 간의 냉전은 1947년에 시작되었다고 하지만 한반도에서는 이미 1945년 9월에 냉전이 시작되었다. 남한의 경우에는 근대 민족국가를 건설할 자원이 턱없이 모자랐을 뿐만 아니라 그러한 자원 부족 문제를 스스로 해결해나갈 시간이 없었다.

나라 안에서 부족한 자원을 조달하는 가장 쉽고 빠른 방법은 다른 나라에서 얻어오는 것이었다. 그리고 우리의 민족국가 건설은 이 자원 문제 때문에 중대한 모순에 빠지게 되었다. 인적 자원 문제를 해결하는 가장 쉬운 방법은 일제가 남기고 간 자원들을 활용하는 것이었고, 미군정은 조선총독부의 한국인 관리와 직원들을 해고하지

한국인의 발견

않고 계속 근무할 것을 지시했다. 그러나 진짜 심각한 문제는 경찰이었다. 일제 시대 경찰에 종사하던 한국인들은 해방 직후 대부분 도주했다고 한다. 그러나 서서히, 특히 1946년 10월 1일 대구 봉기 이후 이들은 본격적으로 돌아오기 시작했다. 이 결정은 여러 차례에 걸쳐 이루어진 것으로 보이며 미군정의 국가 건설 과정에 일부 참여했던 이승만 등도 동의한 것으로 보인다. 이로써 긴 경찰 업무 경험과 기술을 가진 일제 경찰이 대한민국 한가운데에 자리 잡게 되었다. 재등용된 이들은 대한민국 국가기관에 공산당을 잡는 데 필요한 정보와 기술과 경험이 필요하다고 판단했으며 그러한 판단을 수용한 대가는 정치적으로 심각한 것이었다. 결국 대한민국 국가는 '민족반역자들'을 비호하고 그들의 야비한 고문 기술로 생명을 유지하는 존재로 나타났다. 말하자면 우리 독립투사들을 때려잡고 고문하던 '친일파' 일제 경찰들을 민족국가 대한민국은 국가공무원으로 채용하여 근무하도록 하였다.

군대의 경우도 다르지 않았다. 당시에 군 경험이 있는 사람들은 많지 않았고 일부 광복군 출신들이 있었으나 대체로 근대적인 군사 훈련을 제대로 받지 못한 사람들이었다. 그들보다 더욱 유용한 인재 집단은 만주군관학교 출신, 일본육사 출신 등 일제하에서 군사 훈련을 받고 군 경험을 한 사람들이었다. 그리고 행정 조직에 필요한 인적 자원들도 일제 때 총독부에서 훈련받고 근무하던 사람들이었고 이들은 새로운 국가의 정부 조직 여러 분야에서 활용되었다. 미군정의 결정은 바로 이런 인재들을 민족국가 건설에 활용한다는 것이었고 따라서 군대와 공무원 조직에도 '친일파'들이 대거 포진하게 되었다.

'친일파'들에 대한 한국인들의 감정이 외국인들에게 이해를 구하기 어려운 특수한 감성이었음을 우리의 민족 지도자들은 잘 알고 있었던 것 같다. 전 세계적으로 식민지를 겪은 대부분의 민족들은 식민모국에 적대감을 갖지 않는 게 현실이었고 미국인들로서는 한국 사람들의 일본에 대한 적대감을 머리로는 이해해도 완전히 공감하기 어려웠을 것이다. 지금껏 우리 사회에서 이러한 '반민족주의'적 결정은 미군정이나 하지 중장이 아니라 이승만의 죄로 돌려졌고 대한민국의 '건국의 아버지'이며 초대 대통령인 이승만은 이 죄를 아직 용서받지 못하고 있다. 건국 후의 반민특위 에피소드도 우리로 하여금—당시 상황과 그의 처지를 이해한다고 해도—노(老)대통령을 진정으로 용서하지 못하게 만든다. 이승만 대통령이야말로 그 자신이 건국에 얼마나 기여했는지 제대로 판단을 받기도 전에 대한민국 역사의 출발점에서 '친일파'들을 기용함으로써 첫 단추를 잘못 끼운 장본인으로 알려졌다.* 어쩌면 이는 1910년대 초반에 미국으로 망명한 그가 일제 시대를 통한 한국인들의 민족적 감성의 변화를 겪지 못하여 대부분의 한국인들과 다른 감성으로, 특히 일제와 '친일파'들에 대한 증오를 공감하지 못하고 오랫동안 살아왔기 때문인지도 모른다.

　　그 외에 아직 훈련받지 못한 인적 자원으로 북한에서 월남한 수많은 젊은이들이 있었다. 북한의 경우는 서둘러 이상국가를 건설하기 위해 발 빠르게 움직여 토지개혁에 착수하였고 땅을 빼앗긴 지주들과 소규모 자작농 가족들은 대거 월남을 단행하였다. 앞에서 지적했듯이 북한에게는 소련의 계획, 즉 이상적 공산주의 국가를 만드는 계획이 있었고 그에 따라 조금이라도 공산주의 체제에 불만이 있을 수 있는 사람들을 북한에서 모두 축출하는 대청소가 이루어졌던 것이다. 남한으로 피난 온 사람들 가운데는 수많은 젊은이들이 있었다. 이 젊은이들의 상당수가 군에 입대했고 경찰에 들어갔으며, 무엇보다 수많은 우익 청년단체를 결성했다. 이 젊은이들은 대다수가 힘들게 얻어 가꾸던 땅을 빼앗긴 사람들이었고 공산당이라면 치를 떠는 철저한 반공주의자들이었다. 이들은 남한 내 좌우 대결에서 좌익을 파괴하는 데 결정적인 공헌을 했다.[**]

미군정기는 전체적으로 좌익과 우익의 내전기였다. 일반적으로 전체적인 세력 규모 면에서 초기에는 좌익이 우세했다고 평가되지만 결과는 좌익의 몰락이었다. 이에 대해 몇 가지 이유가 제시된다. 우선 미군정의 냉전 정책이다. 미군정은 겉으로는 중립을 선언했지만 내심 냉전을 이미 시작했고 그들의 반공 정책은 점차 뚜렷해졌다. 그리고 다음으로는 좌익 진영의 전략적 미성숙을 꼽는다. 여러 정책들이 '경거망동' 격으로 서둘러 이루어져서 붕괴의 원인이 되었다는 것이다. 그리고 마지막으로 결정적인 요인은 북에서 피난 내려와 청년단을 결성한 반공 세력들의 존재였다. 이들은 북한 당국에 의해 거의 내몰리다시피 고향에서 쫓겨나 공산당에 원한을 가지고 있었고 좌익을 박멸하는 데 앞장서서 엄청난 폭력을 휘두르며 싸워 결

---

[*] 문정인 등에 의하면, 한국의 학자들뿐만 아니라 일반 국민들도 1950년대 한국 정치를 생각할 때 이승만 대통령을 중심으로 생각하지 집권 자유당에 대해서는 별로 중요하게 생각하지 않는다. 즉 이승만 대통령, 아니 '이 박사'의 존재감은 적어도 1950년대까지 너무나 압도적이었다.

[**] 건국기에 청년단들의 활동과 성격에 대해서는 이택선 (2014), 「조선민족청년단과 한국의 근대민주주의 국가건설」을 참조할 것.

국 좌우의 균형을 흩뜨려 놓았다.[20] 또 한편에서는 김일성이 공작원들에게 지령을 내려 그의 경쟁 세력인 남로당을 공격하여 파괴하도록 했다는 설명도 있다.[21] 즉 남로당에게는 북로당이라는 또 다른 적이 있었다는 것이다. 남로당은 입체적인 공격을 받아 견디지 못하고 결국 붕괴되었다. 그리하여 1948년 제헌의원들을 선출하는 5·10선거 때는 좌익이 무력한 상태임이 드러났고 1948년 8월 15일 서울에서는 대한민국 정부 수립이 선포되었다.

건국된 신생 대한민국의 첫 번째 특징은 민족국가로 만들었지만 인적, 물적 자원이 부족하여 이를 외국에서 꾸어 와 만든 나라였다는 것이다. 이는 대한민국 자체가 민족 내부의 의지와는 별도로 국제적 장(場)에서 미군정의 주도하에 건설되었기 때문이었다. 물론 이러한 국제적 의존은 대한민국만의 문제는 아니지만 어쨌든 해방 공간의 초기에 한국인들은 머뭇거리며 미군정이 건국 작업을 앞장서서 시작하도록 했고 이로부터 이미 민족의 주체성은 이완된 셈이었다. 신생 대한민국의 결정적인 문제는 일제의 식민지 지배 문화와 잔재를 받아들였다는 데 있었고 이는 미군정이 먼저 내린 결정이었지만 동시에 우리의 민족 지도자들도 묵인했던 바인 것이다. 당시 한국인들은 미군정의 이런 결정에 저항할 엄두를 내지 못했다.

피식민지국과 식민지국의 관계는 경우마다 다르지만, 우리 민족에게 있어 일본은 역사적으로 개화의 통로이자 '불구대천(不俱戴天)'의 원수였다. 우리 민족과 일본의 존재적 관계가 이렇게 형성된 계기는 3·1운동이었던 것으로 보인다. 대한민국 정부 기구에 '친일' 경찰을 대규모로 영입한다는 결정은 대한민국의 정통성(legitimacy)에 심각한 타격을 입혔다. 민족국가로서의 대한민국은 이로써 친일파, 민족반역자의 소굴이 되었고 모순 덩어리가 되었다. 이러한 정치적 약점으로 인해 대한민국은 좌파의 공격에 취약해졌다. 하지만 그게 문제의 전부는 아니었다. 일반 국민들도 이로 인해 대한민국 정부를 도덕적으로 타락한 존재로 여기고 존경하지 않게 되었다.

나아가서 물적 자원의 부족은 대한민국을 미국의 원조에 철저히 의존적인 나라로 만들었고 대한민국은 미국의 원조에서 20년간 벗어나지 못했다. 일단 그 결과로 신생 대한민국은 외교 정책에서 자율성을 얻을 수 없었다. 당장에 이승만 대통령부터 어떻게 해야 미국 사람들을 잘 다룰 수 있을지를 늘 궁리했고 이를 위해 그는 해방 후 건국이 이루어지는 중요한 시기에 거의 1년간을 미국으로 건너가 외교 공작을 펼쳤다. 나아가 건국 후에 그가 주장하던 북진통일론은 미국인들을 협박하여 원조와 지원을 더 뜯어내기 위한 나름의 전술이었다고 한다. 그러나 이러한 술책은 미국인들에게 미성숙한 소아병적 투정으로 비쳐졌고 미국은 한국에서 철수할 궁리를 하게 되었다. 그러나 미국의 입장과 달리 한국은 미국을 떠나도록 내버려둘 수 없는, 미국과는 도저히 끊을 수 없는 태생적 인연이 있는 나라였고, 미국에 대한 물적 의존은 시간을 두고 점점 정신적 의존으로 심화되었다.

해방 후부터 한국전쟁 전까지의 시기는 미국의 비무장화 시기와 거의 겹친다. 미국 본국의 국방예산은 삭감되었고 미군정은 예산 부족에 시달렸다. 군비 등에 관하여 미국은 위험천만해 보이는 신생 대한민국의 무장을 억제했지만 그렇다고 다른 분야에서 신생 대한민국 정부를 마음껏 도와줄 수 있는 것도 아니었다. 대한민국 정부는 물적 자원에 관한 한 미국의 지원에 의존했지만 예산은 늘 부족했고 이 때문에 국가로서 대한민국의 능력은 형편없는 수준이었다. 우선 공무원들의 봉급 수준은 막노동자 수준 이상으로 책정될 수 없었다. 터무니없이 낮은 봉급 수준으로는 공무원들에게 국가와 민족을 위한 명예로운 봉사와 희생을 요구할 수 없었고 결국에는 일제 식민지 권위주의 문화를 이용한 그들의 부정부패를 눈감아줄 수밖에 없었다. 국가 공무원들은 온갖 뇌물과 상납 등 부패 수입으로 생계를 유지하고 나아가서 부를 축적했다. 결국 민족을 위해 봉사하고 희생하는 명예로운 자리로서 공무원직의 의미는 퇴색하고 국가권력을 이용해 권세를 잡기 위한 자리로서의 의미만 부각되었고, 나아가서 공무원직은 그러한 권세를 이용해 각종 비리로 부(富)를 축적하는 기회, 통로로 여겨지게 되었다. 가끔 공무원들이 과로로 순직하는 경우가 있다. 하지만 지금도 공무원들이 국가를 위해 봉사한다거나 희생한다고 생각하는 국민은 별로 없다. 나아가서 이 땅에서 젊은이가 품는 공무원이 되겠다는 욕망은 국가와 민족을 위한 봉사라기보다 개인의 출세 그리고 가문의 부활의 꿈에 다름 아니었다. 제1공화국이 청산된 후에도 이 문제는 해결되지 못했다. 공무원들의 부패는 구조화되고 사리사욕은 이념화되어 국가와 국토 전체를 초토화시켜 나갔다.

나아가서 대한민국 정부의 모든 제도는 예산 절감에 초점이 맞추어졌다. 모든 물품 구입은 철저히 제일 싼 물건밖에 구매할 수 없게 하였고 모든 공사 발주 또한 제일 싼 값을 요구하는 업자들에게만 주어졌다. 대한민국 정부가 하는 모든 사업은 제일 싸구려로, 부실하게 집행되었고 이는 대한민국 국가의 구조로 자리 잡았다. 결국 대한민국 정부의 모든 부분과 정책들은 '부실과 부패의 온상'으로 인식되기에 이르렀다. 이렇듯 건국 과정에서 자원의 부족을 급박하게 보충하기 위해 취한 조치들이 장기적으로 대한민국 국가 전체에 광범위한 결과를 야기하였고 결국 초기 대한민국은 '취약국가 (vulnerable state)'로 태어났다.*

그러나 국가를 만드는 과정에 필요한 요소들 중에는 외국에서 꾸어 오는 식으로 해결할 수 없는 것들이 있었다. 대한민국에게는 민족적 주체 의식이 부족했고 한편으로는 냉전적 사고방식이 다급하게 만들어지는 과정에서 시간이 부족했다. 해방되었을 당시 한국 사회의 무질서와 상호 불신 등을 목도하며 지도자들은 민족을 불신하였고 건국의 과정에 적극적으로 참여하기를 주저하였다. 미군정은 건국의 과정을 시작하면서 물론 한국인 지도자들의 조언과 충고를 받고 또 여러 차원에서 그들의 참여를 구했다. 하지만 일제 경찰 출신들을 재등용하고 일제의 권위주의 문화를 대규모로 활용하는 등 대한민국 건국에 앞장섰던 미군정은 본질적으로 남의 일을 도와주는 손님에 불과했다. 결국 대한민국 건국 이야기는 주인공 없는 드

• '취약국가'에 대해서는 이택선, 『취약국가 대한민국의 형성과정(1945-50년)』 (서울대학교대학원 외교학과, 2012)을 참조. 이 박사학위 논문은 필자의 지도하에 쓰인 것이며 따라서 이 글의 내용과 많이 중복될 것이다. 참고로 애초에 이런 이론적 틀의 출발은 김동춘, 『전쟁과 사회: 우리에게 한국전쟁은 무엇이었나?』 (서울: 돌베개, 2000)에서 건국 초 대한민국을 '반쪽국가'라 칭한 데서 영감을 얻은 것이다. 김동춘은 "스스로의 국가적 주권과 경제적 기반을 갖추지 못한 이 반쪽국가는 끊임없는 체제 정당성의 위기에 직면하였다"고 지적하였다 (김동춘 2000: 57). 다만 '반쪽국가'라는 용어가 너무 적나라한 것을 다소 누그러뜨리기 위해 '취약국가'라는 말로 바꾸고 좀 더 개념적 체계화를 시도했음을 밝힌다.

라마였다. 조연들만 왔다 갔다 했고 그들은 손님이었다. 심각한 문제는 건국 초 대한민국이 남한의 우리 국민의 반을 국가의 적(敵)으로 가정하게 되었다는 것이다. 특히 해외 교민들에 대해서는 그들을 수상하게 여기고 일체 도와주지 않았다. 건국 과정에서 '대한민국은 우리 민족의 나라이다' 또는 '우리 민족이 만든 나라다'라는 뚜렷한 의식이 작용했다는 증거는 현실적으로 찾기 어렵다.

대한민국 건국의 이러한 상황과 결과는 냉전 의식과 취약 의식이 결합되어 심각한 피해망상적 위기의식을 형성하기에 이르렀다. 국가로서 정당성을 의심받는다는 자기 인식, 좌파와 북한의 공작에 대한 경계심을 끊을 수 없는 한 대한민국은 '언제 망할지 모른다'는 불안을 떨칠 수 없었고 위기의식이 일상화되었다. 관리들은 문제가 생길 때마다 '나라를 지키기 위해' 과격한 행동을 서슴지 않았다. 대표적인 예가 바로 대한민국이 전쟁 때까지 심심치 않게 저지른—대한민국의 역사적 수치임이 분명하다—'양민 학살'이었다. 현재 대한민국이 양민 학살의 역사를 부정하거나 감추려 하지는 않는다는 것은 우리가 대한민국에 거는 소박한 희망의 근거이다.

어떤 학자들은 대한민국을 '과대 성장 국가'라고 하지만,[22] 사실은 차라리 그 반대였다. 대한민국이 보유한 폭력 수단의 규모는 너무나 열악했다. 대한민국이 폭력적 행위를 저지르는 모습으로 나타난 것은 무력, 폭력적 능력이 많고 넘쳐서가 아니라 폭력 수단과 국가로서의 능력이 모자란 데서 기인한 것이었다. 그러한 자기 인식에 근거한 열등감과 위기의식, 그런 모든 것들이 작용하는 가운데 대한민국은 피해망상적 심리 상태에 내몰렸고 과격한 행동이 저질러진 것이었다. 자신의 취약성을 감추려는 심리적 반응은 여러 과장된 언동으로 나타났다. 남북의 군사적 대치와 안보 문제에 있어서도 '북진 통일'을 늘 부르짖어 호전성을 과시했지만 이런 행위는 국민들에게 약점을 감추려는 열등감의 발로였다. 그런데 이런 언동들은 미국인들에게는 투정하는 어린아이의 행패로 비쳤고 그들로부터 불신과 경계의 대상이 되고 멀어지는 결과를 초래하였다. 나아가서 이런 취약의식은 국민들에게 강한 인상을 주기 위한 민족주의 과장 연기(overaction)로 나타났다. 정부 수립 이후에 제시된 '일민주의'는 아무런 설득력도 없었다. 그 외에도 민족주의에 관해서 정부는 다양한 제스처를 취했지만 국민들은 대한민국이라는 국가가 민족주의적이라고 별로 믿지 않았다.

대한민국은 분명 민족국가로 만든 나라였다. 그러나 만족스럽게 만들어지지 못했다. 취약국가의 병폐들은 여러 문제점을 낳았고 오해를 사기도 했다. 일례로 대한민국은 '파쇼', '파시즘'으로 오해되기도 했다.[*] 대한민국은 민족주의가 부족한 나라였지 민족주의 감정을 이용하는 나라가 아니었다. 대한민국은 민족주의 이데올로기로 민족, 대중을 동원하려 시도한 적이 없었다. 시도하려 했던 사람들이 일부 있었지만 정권 내에서도 설득력이 없었고 실행된 적도 없다. 대한민국은 오히려 민족, 대중을 두려워했다. 대한민국의 모든 문제의 근원은 여러 조건으로 인해 민족적 주체성이 부족한 채로 이웃나라의 도움을 받아 나라를 만들었다는 역사에 있다.

제헌헌법 전문은 다음과 같이 선언한다. "대한민국은 기미

• 건국 초 대한민국을 파시즘으로 주장한 대표적인 예로는 서중석, 「이승만정권 초기의 일민주의와 파시즘」 (역사문제연구소 편 1998: 17-71)을 들 수 있다.

3·1운동으로 대한민국을 건립하여 세계에 선포한 위대한 독립정신을 계승하여 이제 민주독립국가를 재건함에 있어서 정의, 인도와 동포애로써 민족의 단결을 공고히하며 모든 사회적 폐습을 타파하고 민주주의 제제도를 수립 …… [한다]." 대한민국의 건국을 선포하는 이 전문의 요지는 대한민국은 그야말로 세계적 '문명 기준'을 충족시키는 민족국가라는 주장이지 다른 나라들보다 낫다든가 위대하다는 자랑은 하고 있지 않다. 북한이란 나라가 나름대로 사전에 구상하고 계획하여 이상국가로 작위적(作爲的)으로 신속하게 만들어진 나라였다면 대한민국은 북한과는 대조적으로 가까스로 어렵게 만든 나라임을 솔직히 시인한 셈이다.

대한민국 건국에 중요한 사상적 지표가 있었다면 그것은 조소앙(趙素昻)의 삼균주의다.[23] 소앙의 최첨단의 이상적 민족국가의 청사진, 예를 들어 복지국가의 구상은 해방 이후의 열악한 상황에서 실현 불가능한 것이었다. 그러나 소앙의 현실적 목적인 '민주 입헌공화국'은 대한민국에서 실현되었고 또 하나의 현실적 문제의식인 좌우합작의 구상은 나름대로 일부 제헌헌법에 반영되었다. 예를 들어 경제 체제에 대한 '사회적 시장경제'의 사상은 제헌헌법에 명문화되었다. 소앙의 경우 단정에 반대하여 5·10선거에는 불참했지만 2년 후 1950년 5·30선거에는 출마하여 최다 득표로 국회에 입성하였다. 이로써 그는 있는 그대로의 '취약국가' 대한민국을 결국 받아들인 셈이었다.

사실 대한민국은 1948년 정부 수립 당시 너무나 초라한 나라, 국민들의 폭넓은 지지와 기대를 제대로 받지 못하고 오히려 국민들과 소원한 나라, 누추한 취약국가로서의 민족국가였다. 그러나 무엇

한국인의 발견

보다 민족의 숙원이었던 자유민주주의 체제를 선택하고 국민의 기본권을 보장하고 국민주권을 선언하는 헌법을 제정한 민족국가로서 동요 〈새나라의 어린이〉가 노래하듯 앞으로의 발전을 기약하는 나라였다. 정부 수립 이듬해에는 백범 김구 선생이 암살되고 분단의 참담함이 현실로 다가오며 우리 민족의 앞날에 그림자가 드리운 듯했다. 역사는 굴러가고 있었고 운명으로 받아들일 수밖에 없었다. 그러나 다음 해 1950년에 이르면 대망의 토지개혁이 이루어지고 5·30선거에서는 5·10선거에 불참했던 '중도파' 민족 지도자들이 대부분 선거에 참여함으로써 대한민국을 있는 그대로의 모습으로 받아들였다. 대한민국은 건국 이후 1950년 중반, 전쟁 직전쯤에는 "어느 때보다도 안정을 찾아가고 있었다."[24]

　　건국된 대한민국은 여전히 취약국가의 처지를 벗어나지 못한 상황에서 1950년대를 맞았다. 무엇보다 대한민국은 민족적 주체성을 제대로 갖추지 못하고 있었다. '우리'라는 민족적 정체성을 확정 짓지 못하고 냉전적 사고가 강하게 작동하기 시작하며 민족적 주체성은 흐려져 있었다. 결과적으로 대한민국은 민족주의를 충분히 흡수하지 못했다. 대한민국 정부는 민족주의적 과잉 행동을 내보였지만 국민들은 대한민국이 충분히 민족주의적이라고 믿지 않았다. 이승만 대통령은 1950년대까지 민족주의를 과장했지만 결국은 그의 시대가 지나간 후에도 국가 밖에서 사람들이—'우리'가—'민족'의 이름으로 국가권력에 도전하는 상황이 오랫동안 지속적으로 벌어지게 되었다. 대한민국에서 현재 '민족'에는 저항의 주체라는 의미가 부가되어 있다. 한 서구 학자의 저서에 민족주의는 '민족국가를 건설하는 명분'이라고 쓰여 있지만,[25] 일제 때 한국의 대표적 민족주의자는 스스로를 '아나키스트(anarchist)'라 선언했고 현대에도 '민족주의는 반역이다'라는 도발적인 명제가 우리들 사이에서 별로 거슬리지 않게―매력적인 수사로―회자되었던 것이 우리의 현실이다.

　　대한민국의 취약점은 쉽게 해결되지 않았다. 무엇보다 친일파 문제는 오랫동안 대한민국의 원죄로 남았다. 건국 이후, 전쟁 직전에 중요한 작품을 내던 작가로는 김성한(金聲翰)이 있었다. 그는 1950년에 「무명로」, 「자유인」, 「김가성론」을 발표하여 당시 한국 사회상을 고발하였다. 그는 이북에서 피난 내려온 지식인으로 전후에 『사상계』의 편집장으로 맹활약한 인물이었다. 그의 소설들의 주제는 모두 당시 대다수 한국인들과 한국 사회가 얼마나 부도덕하고 타락했는지를 고발하는 이야기들이었고 그 부도덕성의 핵심에는 뻔뻔스레 다시 활개 치는 '친일파'들이 있었다. 친일파들은 초기 한국 사회에서 모든 악의 핵심으로 여겨졌고 한국인들은 그들을 속죄양(scapegoat)으로 삼으려 했다. '친일파'의 현존재와 역사적 존재에 대한 인식은 우리 민족의 존재 수준이 원수에 의존해 있는 존재 단계에서 벗어나지 못했음을 보여준다.

제3장

전 쟁 과
아프레게르

전쟁의 성격

1950년 6월 25일 새벽, 북한군이 38선 전역에서 일제 공격을 개시하여 시작된 전쟁은 1953년 7월 말까지 3년 넘어 한반도 전역을, 그리고 우리 민족 전체를 초토화시켰다. 대한민국은 미국의 도움을 받아 열심히 싸웠고 결국 살아남았다. 그러나 다른 한편 이 전쟁은 한반도의 분단을 고착화시켰고 우리 민족의 장래에 그림자를 드리웠다. 오랫동안 우리는 이 전쟁을 '6·25사변'이라 불러왔지만 '한국전쟁'이라고 불러야 한다는 주장이 대두하고 힘을 얻음에 따라 현재는 많은 경우 그렇게 부르게 되었다. 그러나 이 용어도 '6·25사변'보다 별로 나을 건 없다. 뭐라도 부를 말은 필요한 게 현실이지만, 이 전쟁은 들여다보면 국제정치학에서 말하는 '전쟁(war)'이라고 하는 것과 상당히 다르며 그야말로 '전쟁이라 부를 수 없는 전쟁'이었다.

한국전쟁에 대한 우리 학계의 연구 양은 많지만 모두 '누가',

'왜 전쟁을 일으켰는가?' 하는 개전 책임 문제에만 집중되어 왔다. 왜 이 질문에 그토록 집착해 왔는가는 전쟁의 성격과 밀접히 관련되어 있다. 오랫동안 북한의 김일성이 스탈린과 마오쩌둥의 도움을 받아 적화 통일을 위해 전쟁을 일으켰다는 주장이 반복되어 왔지만, 1980년대에 미국의 역사학자 브루스 커밍스(Bruce Cumings)는 전혀 다른 주장을 내놓았고 이는 한국에서 엄청난 파문을 일으켰다. 그는 우리 민족 내부의 갈등에 전쟁의 깊은 원인이 있었다고 진단하면서, 한편으로 전쟁의 직접적인 발단은 미국 국무장관 애치슨이 한반도를 미국의 방위선에서 제외한다고 발표하여 전쟁을 유인한 데 있고 38도 선상의 잦은 군사적 충돌도 계기가 되었다며, 우리 민족 내부와 미국의 책임을 주장하였다.[1]

그러나 그의 주장을 가만히 들여다보면 역사와 국제정치를 바라보는 시각이 미성숙함을 알 수 있다. 기본적으로 전쟁, 특히 국가 간의 전면전은 어떤 국지적 갈등에서 불똥이 튀어 벌어질 수 있는 일이 아니며 누가 유도한다고 해서 벌어질 수 있는 일도 아니다. 전면전은 오랫동안 준비한 복잡하고 치밀한 계획하에서만 가능한 일이다. 한국전쟁도 김일성이 1년 이상 준비하고 정치적으로도 스탈린과 마오쩌둥의 승인과 협조, 지원을 얻어서야 비로소 가능했다.* 국가 간의 전쟁은 즉흥적으로 또는 일시적 분노로 일으킬 수 있는 것이 아니다. 나아가서 커밍스는 미국이 남침을 유도했으며 김일성이 거기에 속아 오판했다고 지적했는데 이러한 주장도 국제정치를 바라보는 그의 시각이 미성숙함을 드러낸다. 결국 1990년대에 소련의 비밀문서들이 공개되어 한국전쟁의 기원 논쟁은 일단락되었지만 공개되기 이전에도 누구나 알 수 있는 문제점이었다.

한국인의 발견

현재 국제정치학을 배우면 한국전쟁은 단적으로 '제한전(limit-ed war)'이었다는 개념 규정에서부터 이야기가 시작된다.** 이러한 '학문적' 이야기는 사건을 보는 위치에 따라서 얼마나 다른 이야기들이 나올 수 있는가를 보여주는 예가 된다. '제한전'이라는 말의 일차적인 의미는 잘, 꼼꼼히 관리하고 제한해가며 싸운 전쟁이라는 의미다. 그러나 서양에서 전쟁에 관한 최고 권위서인 독일 클라우제비츠(Carl von Clausewitz)의 『전쟁론(Vom Kriege)』의 시각에서 보면[2] 한국전쟁은 '그렇게 싸우면 안 되는', '완전히 정신 나간' 전쟁이었다. 다만 1951년 전반기부터는 미국 측에서 전쟁을 제한하려 한 시도가 있었다는 주장은 타당하다.*** 그러나 이 경우에도 '제한전'이라는 말은 여전히 미국 입장에서만 할 수 있는 말이다. 미국이 국제정치학에서 이런 용어를 쓰는 이유는 그들이 연루되고 지원하고 참전한 전쟁들은 모두 큰 비극으로 번지지 않게 합리적으로 관리해 왔음을 주장하려는 의도로 보인다.

일단 한국전쟁은 북한의 김일성이 소련과 중공의 지원을 받아 한반도를 적화통일하려는 의도로, 남한을 없애버릴 목적으로 일으킨 전쟁이었고 따라서 '섬멸전(war of annihilation)'이었다. 남한과 북한은 처음부터 공존할 수 없고 서로 용서할 수 없으며 존재를 부정할 수밖에 없는 '정치'가 불가능한 두 국가였다. 개전 시에 북한은 남한—사실상 서울—을 점령하면 납치할 지식인 명단을 이미 가지고 있었고 실제로 수많은 인사를 납치해 갔으며 아직도 그 정확한 숫자는 파악되지 않는다. 북한의 이런 행위는 설령 전쟁이 실패로 돌아가더라도 대한민국을 고사(枯死)시키겠다는 말살 보장책으로밖에 이해할 수 없다.

한편 대한민국에게 이 전쟁은 살아남기 위해 끝까지 모든 수단을 다해서 싸워야 하는 '절대전(absolute war)'이었다. 심지어 대한민국으로서는 전쟁에 이겨서 북한을 멸절(滅絕)시키지 못하고 휴전을 하면 그 또한 생존을 보장할 수 없는 결과로 이해되는 절망 속에 싸운, 말하자면 '비겨도 죽는' 싸움이었다. 이승만 대통령은 휴전회담에 반대하고 참석을 거부했다. 그에게 휴전은 "한국의 사형집행영장(the death warrant of Korea)"이었다.[3] 휴전회담이 거의 성사되어 갈 무렵에야 이승만은 휴전회담에서 남한 몫의 자리를 요구했지만 미국이 반대하여 대한민국은 휴전조약의 당사자가 되지 못했다. 한국

● 한국전쟁을 소련의 국제정치 전략으로 설명한 대표적인 예는 김영호, 『한국전쟁의 기원과 전개과정』(서울: 두레, 1998)일 것이다.

●● 제한전에 대한 이론적 연구 업적은 대표적으로 R. E. Osgood, *Limited War: The Challenge to American Strategy* (Chicago: University of Chicago Press, 1957)를 들 수 있다. 한국전쟁 당시 종군기자 페렌바흐(T. R. Fehrenbach)는 1963년에 출판한 참전기 『한국전쟁: 이 특수한 전쟁(This Kind of War)』 서문에서 제한전의 규정을 제시하며 글을 시작한다 (Fehrenbach 1963). 김학준은 『한국전쟁: 원인·과정·휴전·영향』에서 한국전쟁의 제한전으로서의 성격에 대해 논하면서 전쟁에서 제한되었던 것을 6가지 정도로 제시하고 있다. 1) 전장(戰場)의 제한, 2) 공격 목표물의 제한, 3) 국지전이 미소 간의 직접적 대결로 확대되는 것을 거부, 4) 무기 사용의 제한, 5) 미국과 소련은 각각 현지인 병력 또는 대리인 병력을 대규모로 사용, 6) 추구하는 목적의 제한을 들었다 (김학준 1989: 246-248).

●●● 서주석에 따르면 미국은 한국전쟁의 수행 과정에서 1951년 4월 맥아더의 해임부터 휴전회담의 시도 시기 사이에 전쟁을 확대시키지 말고 끝내야 한다는 정책으로 제한전화 과정을 겪었다. 즉 제한전이 한국전쟁 전개 변환의 한 과정이었다는 것이다 (서주석, 「한국전쟁의 초기 전개과정」(하영선 편 1990: 342-404)).

전쟁은 출발부터 비합리적 전쟁이었다.

그리고 한국전쟁은 남과 북만의 싸움이 아니라 미국, 소련, 중공, 그 외에 수많은 나라들이 남이나 북을 지원하여 참여한 싸움이었다. 이 나라들은 병력과 최신 무기를 지원했다. 결국 한반도라는 제한된 공간에서, 한반도 안에서는 도저히 동원할 수 없는 규모의 군사력과 최첨단 무기들이 모여서 싸웠다. 한반도는 그야말로 세계의 '아궁이' 내지 '용광로'였다. 이런 식의 싸움은 자칫 미국, 소련, 중국 등 세계 초강대국들 간의 세계대전으로 비화할 위험이 있었다. 당시는 미국이 핵무기를 보유한 것이 널리 알려진 시기였고, 소련도 1949년 8월 말 핵실험에 성공하였다. 다음 세계대전은 핵전쟁, 인류의 종말이 될 것이다, 이런 파국적 미래를 방지하기 위해 초강대국들은 서로 눈치를 보며 상대편의 영토나 정치적으로 중요한 지역에 대한 공격을 자제하였다. 다시 말해 미국은 만주를 폭격하지 않았고 소련과 중국 등은 일본을 공격하지 않고 배후지(hinterland)로 남겨 놓았다. 이는 엄청난 무력을 의도적으로 철저하게 한반도 안에 가두어놓았다는 의미였다. 전투를 이렇게 '제한'함으로써 한반도는 집약적 피해를 입었다. 또 위와 같은 전장(戰場)의 제한은 클라우제비츠가 말한 '합리적 전쟁' 즉 상대편의 군사력 파괴를 목적으로 하는 전쟁 수행을 불가능하게 하였다. 상대편의 군사력이 위치하는 핵심 지역을 서로 공격하지 않음으로써 전쟁은 승패를 가릴 수도 없었고 끝낼 수도 없었다.

이러한 전쟁 양태는 또 하나의 특징을 야기했다. 개전 후 불과 한 달 만에 한반도 남동쪽 한 귀퉁이를 제외한 모든 땅이 북한군의 손에 넘어가 낙동강 전선에서 치열한 전투가 벌어졌고, 그 후 9월에 미군의 반격이 시작되어 10월 말에는 북쪽 끝 압록강에 미군과 남한 군이 도착하였다. 그러더니 중국군이 대규모로 참전하여 그해 말 미 군과 남한군은 북쪽에서 완전히 후퇴했고 이로써 중부에서 다시 전 선이 형성되었다. 한국전쟁의 유례없는 하나의 특징은 짧은 시간 내 에 한반도의 남쪽 끝에서 북쪽 끝까지 전선이 왕복되며 전투가 벌어 졌다는 것이다. 그 결과 한반도 전역이 빗자루로 쓸듯이, 초토화되 었다.•

한국전쟁에서는 또 다른 수준의 전쟁이 벌어졌다. 북한군은 남한을 점령해 나가면서 곧바로 토지개혁을 위해 '인민재판'을 열고 지주들과 대한민국 군·경 가족들을 처형했다. 이 과정에는 마을 주 민들 간의 개인적인 원한도 끼어들었다. 그간 쌓여온 개인적인 원한 들이 전쟁을 계기로, 소련의 지원을 받는 북한 인민군이 내려온다는 소식을 듣자 복수의 기회를 노려 터져 나왔고 학살의 참극을 악화시 켰던 것이다. 북한이 이런 식으로 이데올로기의 전선을 한반도 남쪽 에 열었다면 남한도 복수의 기회를 놓치지 않았다. 낙동강 전선에 묶 여 있던 남한 국군과 미군이 반격을 개시하고 실지(失地)를 회복하자 북한 점령기에 북한이 주도한 학살에 참여한 사람들과 북한군에 협 력한 사람들을 상대로 복수가 감행되었다. '부역자(附逆者) 처단'이었 다. 개인적인 원한이 이러한 참극에 또다시 동원되었다. 결국 남북

• 이러한 전쟁의 양태를 강준만은 '톱질전쟁'이라고 했다. "톱질을 하듯이 왔 다 갔다 하면서 점령과 후퇴를 반복했다는 뜻이다. 그래서 더 비극적이었 다. 전선이 왔다 갔다 하면서 죽어나가는 건 민간인들이었다." (강준만 2004b 1: 183).

한국인의 발견

간의 전쟁은 한국인들을 악귀로 만들고 본능적 사악함을 끌어내 동원하였다. 거의 모든 한국인이 피해자 또는 가해자가 되었다. 그들의 상당수는 살해당했고 상당수는 살인자가 되었다. 이런 차원에서 한국전쟁은 내전이었고 한국인들의 인륜과 양심은 부정되었다. 심지어 그들은 포로수용소에서도 잔인한 살육전을 벌였다.

말하자면 남북 간의 전쟁은—이데올로기와 민족 통일이 전쟁의 공식 명분이었기에—한편으로는 초강대국들을 위시해 전 세계 무기와 전사들을 한반도로 끌어 모아 한바탕 전투와 폭력의 향연을 벌인 것이었고, 다른 한편으로는 한반도에 사는 모든 주민 특히 농민들을 계급투쟁의 전사로 만들어 모든 벌판과 골짜기와 마을에서 싸우게 하였다. 한국전쟁은 여러 차원에 걸쳐서 입체적으로 벌어진, 여러 모습을 한 거대한 살육(殺戮)의 카니발이었다. 한국인들에게 한국전쟁은 첨단 무기들의 폭격과 충돌, 군인들의 전투와 그에 따른 민간인들의 피해뿐만 아니라 마을 사람들 간의 인민재판, 잔악한 린치, 학살 등 여러 층위에서 온갖 종류의 악몽들을 심어놓았다.

이런 식으로 모든 수준—세계적 수준, 국가적 수준, 민간인 수준 등—에서 입체적으로 섬멸전이 벌어지자 미국과 소련, 중국 등 섬멸전의 직접 당사자가 아닌 측에서는 전쟁을 적당히 끝내려 했고 휴전회담이 1951년 7월부터 시작되었다. 그러나 휴전회담은 쉽게 끝날 것 같지 않았고 전투도 그치지 않았다. 전선은 38도선을 중심으로 교착 상태에 들어갔고 산악 지역에서는 크지 않은 고지들을 차지하기 위한 피비린내 나는 살육전이 벌어졌다. 클라우제비츠에 따르면 전쟁이란 상대편의 군사력을 파괴하기 위한 싸움이지만, 한국전쟁은 그런 목적의 싸움일 수 없었다. 특히 '고지전'은 그런 싸움이 아니었다. 그렇다고 해서 땅을 빼앗아 영토를 넓히기 위한 싸움도 아니었다. 당시에 빼앗으려는 고지는 사람이 살 수 있는 땅도 아니었고 경제성이 있는 땅도 아니었다. '고지전'은 지금 이 전쟁이 휴전으로 중단되면 민족이 다시 분단되는 이상 다음에 또 전쟁이 일어날 수밖에 없을 것이고 그렇다면 다음 전쟁을 위해 유리한 고지, '전략적 요충지'를 확보해 놓아야 한다는, '말 되는' 그러나 희한한 이유의 싸움이었다. 이는 야만족들의 싸움처럼 적이 복수하지 못하게 하기 위해 어린아이들을 모두 학살하고 여자들을 모두 빼앗아 오는 것 같은 그런 야만적 관습과 전략적 판단이 결합된 기괴한 싸움이었다. 지금 이 전쟁을 위한 게 아니라 다음 전쟁을 이기기 위한 전쟁, 즉 전쟁을 위한 전쟁이었고 그런 의미에서 순수 전쟁이었다. 당시 미군 병사들은 '비기기 위해 죽는다(die for tie)'라고 억울한 처지를 냉소로 개탄하였다. 그에 비해 한국인들에게 이 전쟁은 결코 냉소할 수 없는, '비겨도 죽는' 처절하고 진지한 전쟁이었다.

한국전쟁은 국제정치학적으로 보면 '전쟁'이라 정의하기에는 일반적인 전쟁과 달랐다. 이 전쟁은 상대편의 군사력을 파괴하기 위한 전쟁이 아니었다. 상대편의 군사력이 집중되어 있는 곳은 '제한전'의 원칙에 따라 공격하지 않았다. 특정한 정치적 목적을 달성하기 위해 군사적 수단을 사용하는 합리적인 전쟁도 아니었다. 미국인들에게 한국전쟁은 '저주받은 전쟁', '불쾌한 전쟁', '잊혀진 전쟁' 등으로 불렸고 심지어는 '전쟁(war)'이라는 일반 명사도 한참 동안 부여받지 못했다. 한국전쟁은 미국 같은 군국주의 문화에서 기대하는 수많은 영웅들이 탄생하는 멋진 전쟁과는 너무나 거리가 먼, 고통스럽고 욕되고 수치스런 살육전일 뿐이었다. 다만 미국으로서는 원치 않는 것을 당할 때 그들은 언제라도 전쟁을 불사한다는 의지를 행동으로 보여준, 자신들 문화의 핵심인 호전적 군국주의를 과시했다는 정치적 의미가 있었다.[•]

　　살아남은 한국인들에게 한국전쟁은 너무나 힘든 경험이었지만 동시에 묘한 전쟁이었다. 대한민국 사람들은 북한과의 전쟁은 피할 수 없으며 임박해 옴을 알고 있었다. 또 지도자들은 취약성을 위장하여 '북진통일'을 호언했지만 내심 북한이 침공해왔을 때 미국이 참전해주지 않는다면 대한민국은 살아남을 수 없다고 판단하고 있었다. 그들은 소련이 북한에 엄청난 무기, 특히 최신예 T-34 탱크를 포함한 무기를 지원하고 있으며 중공 인민해방군에 속해 있던 조선인 병사들이 대거 북한 인민군으로 합류하여 군사력에서 불균형이 심각함을 알고 있었다. 이미 앞에서 지적했듯이 대한민국은 건국 이전부터 미국이 도와주지 않으면 존속할 수 없다는 판단을 뚜렷이 하고 있었고—그로 인해 대한민국은 민족적 주체 의식의 부족이라는 태생적 문제를 안고 있었고—이는 건국 후에도 거의 변하지 않았다.

　　1950년 6월 25일 아침, 북한의 전면 남침 보고를 받은 이승만 대통령은 놀라는 기색이 없었다고 한다. 그는 바로 일본에 있는 맥아더 장군에게 전화를 걸어 즉시 참전을 요청했다. 그리고 다시 전화하

[•] 페렌바흐는 전쟁이 끝난 후의 상황에 대해 다음과 같이 말한다. "수십만 명의 남녀노소, 민간인, 군인들이 죽거나 병신이 되고 또는 집을 잃었다. 그러나 경계선은 확보되었다. 그 모든 전투, 고통 그리고 죽음의 끝에도 모든 것은 옛날 그대로였다. 서로 상대방의 각기 중요한 이익으로 생각되는 것을 방위하기 위해서라면 싸울 굳은 의지를 갖고 있음을 알게 한 것 외에는 아무것도 해결되지 않았다." (Fehrenbach 1963: 422).

여 신속히 파병하지 않으면 한국에 있는 미국인들을 다 죽여버리겠다고 협박까지 했다고 한다. 그러고 나서 이틀 후 국민들에게 안심하라는 녹음테이프를 틀어놓고 남쪽으로 도피했다는 이야기는 너무나 유명하다. 게다가 그는 새벽에 한강 다리를 폭파하여 수많은 사람들을 죽게 하고 서울 시민 대부분을 공산 치하에 남겨 놓았다. 이러한 개전 초의 행동들은 이승만 대통령을 위시한 국가 지도자들이 너무나 무책임했음을 드러낸다. 그 밑바닥에는 주체 의식의 부족이란 문제가 자리 잡고 있었다. 이승만 대통령 등에게 전쟁은 미국이 얼마나 도와주느냐에 달려 있는 것이었다. 이러한 상황 판단은 객관적인 것일 수 있었다. 하지만 문제는 자신들이 침공을 당하고도 자신들의 전쟁이라고 생각하지 못했다는 데 있었다. 이는 바로 국민들의 생명에 대한 무관심으로 이어졌다. 전쟁이 터지고 한 달도 지나지 않은 7월 17일, 이승만 대통령은 재빠르게 미군에게 한국 지상군 작전 통제권을 이양했다. 이제 전쟁은 미군에 맡겨졌고 미군의 전쟁이 되었다. 전쟁 초기에 거창 양민 학살 사건이 있었고, 바로 다음에는 국민방위군 아사(餓死) 사건이 있었다. 그 전에 정부는 보도연맹원들을 학살했었다. 이 모든 사건은 취약국가 특유의 피해망상적 과민 반응과 주체 의식의 부족으로 인해 저질러진 부끄러운 행동들이었다.

그리고 전쟁에서 주체 의식 부재의 문제는 이승만 대통령과 고관들에게만 해당하는 문제가 아니었다. 전선이 교착되고 휴전회담이 준비되던 때에 맞춰 대한민국은 1951년 7월 1일 '정전 반대 국민총궐기 대회'를 열어 휴전회담을 민족에 대한 배신으로 규정하고 전쟁을 맹렬히 수행할 것을 독려하였다. 그리고 정작 휴전회담과 맹렬한 고지 탈환전으로 후방에 자유 공간이 열리자 한국의 정치인들은 바로 정치 투쟁을 벌였다. 보통 다른 나라에서는 전쟁이 벌어지면 '전시 거국내각' 같은 초당적 정부를 구성하여 정쟁을 중단하고 국가의 모든 힘을 전쟁에 집중시킨다. 그러나 대한민국, 남한에서는 처음부터 그럴 필요가 없었다. 전쟁은 미국의 몫이고, 미국이 전쟁을 하고 있는 이상 우리끼리 아무리 싸워도 대한민국은 망(亡)할 리가 없다는 것이었다. 이른바 '부산 정치파동'은 이렇게 해서 벌어진 '스캔들'이었다. 그 원인과 이유가 무엇이건 결과가 어찌 되었건 간에 부산 정치파동을 통해 대한민국에서 주체 의식 결여의 문제는 이승만 대통령만의 문제가 아님이 증명되었다. 누란(累卵)의 위기를 기회로 삼아 민주주의를 위한 축제를 장렬하게 치렀던 것이다.

이승만 대통령에게 전쟁은 미국 사람들이 우리를 위해 싸워주는 것이었다. 그러나 전쟁은 우리 민족의 생존을 결정짓는 것인 만큼 '절대전'이었고 이겨서 통일을 이룰 때까지, 끝까지 싸워야 했다. 우리 민족에게 휴전은 곧 민족의 멸종을 의미했다. 원래 작은 민족이 영원히 양분된다면 살아나갈 수 없다는 게 경제학자들의 일치된 결론이었다. 민족 멸종의 위기는 구한말부터 우리 근대사에서 계속 반복되어온 악몽이었다.* 미국이 도와주는 이때, 이번 전쟁의 기회를 놓치면 통일은 불가능함을 알았다. 전쟁을 계속하도록 하기 위해 휴전에 반대하는 투쟁은 필사적이었다. 자신의 싸움이 아니라 미국이 우리를 위해 끝까지 싸워주도록 하는 싸움을 필사적으로 벌였다. 우리는 또 하나의 기괴한 싸움을 '필사적'으로 했던 것이다. 마지막까지 대한민국은 전쟁의 주체가 되지 못했다. 대한민국은 그저 전쟁 행위의 대상(對象)이었으며, 전쟁의 수단으로써 사선(死線)에 끌려나가 열심히 싸워서 죽고, 불구가 되었으며, 고향에서는 학살당하고 학살자가 되었고, 또 다른 때 다른 곳에서는 관객이 되어 전쟁의 당사자들에게 끝까지 싸울 것을 독려하였다. 한국인들은 전쟁에서의 주체성을 포기하자 다른 곳에서는 다른 입장들로서 공격성을 실컷 발휘했다. 거제도 포로수용소에서의 싸움은 전대미문의 잔인함이 발휘된 우리 민족이 스스로 시작하고 싸운 첫 번째 전쟁이었다. 가시철망에 둘러싸인 포로수용소에서의 싸움과 전쟁의 한가운데 피난지 부산에서의 정치 투쟁은 유사한 상태에서 일어난 비슷한 현상이었다. 자연 상태의 아수라(阿修羅)들은 폐쇄 공간에 갇히자 더욱 악착같이 싸우지 않고는 못 배겼다.

한국전쟁을 통해 수많은 사람이 죽고, 국토가 파괴되고 초토화된 것은 말할 것도 없다. 그보다 더욱 견디기 힘든 것은 그 많은 피해를 입었음에도 한국인들의 존재는 생존자들의 경우에도 긍정되지 못했다는 것이었다. 우리는 피해자일 뿐만 아니라 가해자였고, 형제를 학살한 살인자들이었다. 우리는 그렇게 열심히 싸워 나라를 지켰지만 영웅도 없었다. 한국인들은 같이 싸웠던 동맹군인 미군들의 모습에 비기면 너무나 왜소하고 초라했다. 열심히 싸웠건만 그 싸움

• 1930년대에 개화민족주의적 브나로드 운동 당시 동아일보사, 조선일보사에서 학생들을 격려하며 그들에게 늘 해주는 말은 다음과 같았다. "우리말이 없어지면 우리 조선 사람도 없어지고 맙니다. 사람이야 있겠지만 그 사람은 이제 우리 조선 사람이 아닙니다. 조선말을 하지 않는 사람이 어찌 조선 사람이겠습니까? 일본 사람이 될지 어느 서양 사람이 될지 모릅니다." (박경수 2003: 33). 위의 말은 우리의 민족운동 기록에서 여러 차례 등장할 정도로 널리 쓰이던 말이었다. 이 말은 우리 민족주의의 핵심에 있는 심성을 드러낸다. 이 심성은 우리 '애국가'의 의미와 일관성이 있다.

한국인의 발견

은 우리가 시작한 싸움이 아니었고 마지막까지도 우리가 싸움을 그만두자고 한 것도 아니었다. 우리는 의지와 결정의 주체가 아니었고, 전쟁은 이긴 것도 진 것도 아닌 다만 원한이었고 통분이었다. 더구나 휴전으로 전쟁이 매듭지어진 것은 휴전 반대 투쟁의 패배를 의미했고, 이 패배는 미국에 의한 패배였다. 한국전쟁은 흡사 패전이었다.

우리가 이 전쟁에 대해 늘 물어보는 질문 '도대체 누가, 왜 이 전쟁을 일으켰나?'는 원수를 찾기 위함이었다. 복수를 위해 희생양을 찾는 일이었다. 그간 우리나라에서 한국전쟁에 대한 연구가 다만 이 한 가지 질문에 집중되었던 것은 바로 전쟁의 이러한 특별한 성격 때문이었다. 한국에서도, 미국에서도 한국전쟁은 영화에서건 소설에서건 어떤 예술 작품의 소재로도 인기가 없었다. 한국전쟁은 한국인에게나 미국인에게나 일깨우고 싶지 않은 악몽일 뿐이었다. 그 잔인하고 처절했던 전쟁을 일으킨 적(敵), 원수들에 대한 원한은 1950년대를 통해서 증식되어 나갔다. 이승만 대통령과 자유당이 집착했던 '반공', '반일'은 독창적 이데올로기가 아니라 한국인들이 전쟁을 통해 쌓은 각별한 원한과 증오의 표현이었을 뿐이다. 그리고 그 원한과 적대감은 그 후의 역사에도 큰 흔적을 남겼다.

아프레게르

보통 전쟁이 끝난 후의 시대를 낭만적으로 들리는 프랑스어 '아프레
게르(après guerre)'라고 불러 독특한 의미를 담는다. 평화가 다시 찾
아온 시대지만 사람들이 전화(戰禍)로 가난해진 것은 물론이고, 가족
들은 흩어지고 모든 전통적 사회 윤리가 도전받고 사회 질서가 흔들
리는 상태를 말한다. 전쟁이란 사회의 근간을 흔들고 세상을 위태롭
게 만든다. 대한민국의 경우도 예외는 아니었다. 수많은 사람들이 죽
고 다치고, 가족이 파괴되어 수많은 고아들이 생기고, 이산가족들은
삶의 희망과 의미를 잃었다. '아프레게르'라는 말에 내포된 일반적인
상황은 한국의 전후(戰後)에도 해당이 된다. 하지만 한국의 경우 앞
에서 길게 논의한 대로 한국전쟁이 독특한 전쟁, '전쟁이라 부를 수
없는 전쟁'이었기에 '아프레게르' 또한 독특했다.

손창섭의 「공휴일」— 1952년

한국에서 '아프레게르' 현상은 1952년 고지전이 한창 벌어지고 후방에 평화로운 공간이 열린 시기에 이미 나타났다.

1952년 손창섭(1922~2010년)은 그의 데뷔작 「공휴일」을 발표했다. 주인공 '도일'은 은행원이다. 그는 당시 몇 안 되는 정기적인 수입이 있는 중산층 젊은이다. 그는 매일 똑같은 일상을 반복할 뿐이며 공휴일이 왔다고 해서 특별한 것은 아무것도 없다. 그는 자기 방에서 일상적인 일을 반복할 뿐이다. 그러다 어제 여동생이 주고 간, 여동생의 친구이자 한때 도일과 약혼 말이 오갔던 여자의 결혼 청첩장을 발견했다. 그러나 그는 아무런 감흥이 없다. 그러고 있는데 그의 약혼자 '금순'이가 찾아왔다. 발가락이 다 비치는 스타킹을 신고 짙은 화장품 냄새를 풍기는 그녀는 그에게 얼굴 가득 웃음을 보이며 성적(性的)인 몸짓으로 교태를 부린다. 도일은 이번에도 아무런 감흥이 일지 않는다. 평소에 여동생이 몸매를 드러내며 주변을 맴돌 때도 그는 그저 짐승의 살덩이를 보듯이 귀찮을 따름이었다. 그는 애초에 왜 금순이와 약혼을 했는지도 모르고 아무런 감흥이 없이 귀찮을 따름이다. 그의 부모는 그의 그런 태도에 건강을 의심하기도 했다. 그의 '권태증'은 이성(異性)에게뿐만 아니라 모든 사람, 사물에 대해서도 마찬가지다. 그는 오직 의무감 하나로 살고 있다. 그의 이런 태도는 가족들에게도 마찬가지이다. 아무런 애정도 없고 남처럼 여겨질 뿐이었다.

여동생과 비계가 번지르르한 약혼자로 말미암아, 벌써 한나절 이상이 낭비되었다고 생각하니 도일에게는 자못 알끈한 생각이 없지 않았다. / 너희의 주인이, 혼자만의 세계와 시간을 침범당했는데 어찌 너희들만이 무사해서 될 법이냐고, 너희들도 좀 그래 보라고 하며 도일은 펜대 꼭지로 어항 속에서 공격을 가해보는 것이었다. 그러나 미꾸라지와 붕어새끼는 그 행동이 도일이 보다는 훨씬 민첩한 데가 있어 날쌔게 몸을 뒤채, 상하 좌우로 용하게 펜대 끝을 피해버리는 것이었다. 도일은 더욱 고놈들의 재빠른 동작이 얄미웁기까지 하여 무도한 폭군처럼 펜대를 물 속에서 마구 휘저어 보는 것이었다. 난데없이 재난이 부딪친 요 조그만 생명체들은, 과연 당황해서 연방 흰 배때기를 뒤집어 보이며, 유리벽에 대가리를 들이받을 뻔도 하는 것이었다.

손창섭, 「공휴일」, 42-43쪽

여동생은 결혼식에 다녀와서 결혼식이 난장판이 됐다는 이야기를 한다. 하지만 도일은 여전히 아무런 반응이 없다. 그가 방에 들어와 어항을 보니 미꾸라지 한 마리가 죽어 있었다.

그것은 이미 완전한 주검의 흔적이었을 뿐이었다. 도일은 그놈을 책상 위에 건져 놓고 잠시 바라보았다. 고요한 그 주검은 자기의 생명의 한 토막이 잘리어 떨어진 것같이 느껴지기도 했다. 세 마리의 조그만 어족의 생명과 자신의 생명이 합쳐져서 협착한 자기의 세계를 지켜온 탓이라고 할까? / 그러나 그는 죽은 놈에게 대해서보다 살아 있는 놈의 무료에 더 관심이 끌려 어항 속을 엿보는 것이었다.

손창섭, 「공휴일」, 47-48쪽

그 후 그는 용기를 내어 파혼을 선언하기 위해 금순이네 집으로 간다.

전쟁이 마무리되기도 전에 후방에 나타난 한국인 중산층의 모습은 모든 생명력을 잃고 성욕도 사라져 버린, 세상과의 친밀함을 잃어버리고 소외된 세상에서 의무감만으로 일상을 반복하는 '좀비'였다. 오직 그는 작고 약한 미꾸라지와 금붕어에 대해 아무런 의미도 없는 폭력을 심심풀이로 휘두르는 기이한 존재였다. 자신이 살해한 미꾸라지의 주검을 놓고도 나머지 살아 있는 물고기들의 무료함만을 볼 따름이었다. 그리고 이번에는 용기를 내어 파혼을 선언하기 위해, 또 한 번의 파괴를 위해 집을 나선다. 왜, 어떤 과정에서 한국인이 이런 '좀비'가 되어버렸는지에 대한 통찰은 나타나지 않는다. 다만 독특한 종류의 전쟁이 야기한 독특한 결과라는 추론만이 가능할 뿐이다.

전후 한국은 비참한 폐허였다. 1953~1955년 동안 "1인당 실질소득은 거의 1910년대 수준으로 후퇴"했고 1인당 실질소득이 1940년대 수준을 회복한 것은 1965년이 되어서였다.[4] 전후 대한민국은 '냉동 국가(冷凍國家)'였다. '재건(再建)'의 구호도 들리지 않았다. 전쟁이 끝나고 3년이나 지난 1956년에야 '부흥(復興)'이라는 말이 나왔다. 한국에서 '재건'이라는 구호는 5·16 이후에야 등장하게 된다. 전후 남한은 공동묘지 같은 을씨년스런 폐허였다.

황순원의 「소나기」―1953년

전쟁이 끝나갈 무렵 중견작가 황순원(1915~2000년)은 두 편의 명작을 써냈다. 단편 「소나기」와 장편 『카인의 후예』이다. 우선 「소나기」는 한국 청소년들이 교육과정에서 꼭 읽어야 할 필독서에 빠지지 않고 등장하는 작품으로, 이름 없는 한 소녀와 소년이 한적한 농촌 마을에서 처음 만나 친밀한 관계를 엮어가는 아름다운 이야기이다.

소녀는 '윤 초시의 증손녀'로 흰 얼굴의 예쁜 소녀였다. 그들은 처음 대하는 사이였는데 소녀가 먼저 "이 바보!"라고 놀리며 장난을 걸어 서서히 얼굴이 검은 농촌 소년과 가까워진다. 수줍은 소년은 검은 얼굴이 부끄러워 달아나다 넘어져 코피가 흐르기도 하고, 소녀가 넘어져 무릎에 피를 흘리자 소년이 입술로 빨아주기도 했다. 소년은 송아지를 타는 모습을 소녀에게 자랑스레 보여주어 자존심을 세우고 인정받기도 했다. 그리고 소년과 소녀가 다정스레 들판을 걷는데 소나기가 온다. 소나기를 맞자 소녀는 입술이 파래지며 몸을 떨었고 그 모습을 본 소년은 쇠락한 원두막으로 소녀를 데려가 비를 피하게 했다. 소년은 소녀의 어깨를 저고리로 싸주었다. 비가 더 세어지자 소년은 소녀를 수수밭으로 데려가서 수숫단을 쌓아 비를 가려주었다. 소녀는 소년에게 들어오라고 했다. 좁은 곳에 둘이 쪼그려 앉자, "비에 젖은 소년의 몸 내음새가 확 코에 끼얹어졌다. 그러나 소녀는 고개를 돌리지 않았다. 도리어 소년의 몸 기운으로 해서 떨리던 몸이 저이 누그러지는 느낌이었다." 이윽고 비가 그치자 그들은 각자 돌아갔다. 그 후로 소녀는 며칠 보이지 않는다. 다시 본 소녀는 아픈 기색이 뚜렷했다. 소녀와 소년의 대화 사이로 다음의 이야기가 나온다.

소년은 소녀네가 이사해 오기 전에 벌써 어른들의 이야기를 들어서 윤초시 손자가 사업에 실패해가지고 고향에 돌아오지 않을 수 없게 됐다는 걸 알고 있었다. 그것이 이번에는 고향집마저 남의 손에 넘기게 된 모양이었다.

황순원, 「소나기」, 18쪽

그리고 소년은 윤 초시네가 이사 간다는 소식을 들었고 그 집이 '악상'을 당했다는 이야기도 들었다. 이어서 소년의 귀에 다음과 같은 말이 들린다.

"글쎄 말이지. 이번 앤 꽤 여러 날 앓는 걸 약두 변변히 못 써 봤다더군. 지금 같아서는 윤초시네두 대가 끊긴 셈이지. …… 그런데 참 이번 기집애는 어린 것이 여간 잔망스럽지가 않어. 글쎄 죽기 전에 이런 말을 했다지 않어? 자기가 죽거든 입던 옷을 꼭 그대루 입혀서 묻어달라구……."

황순원, 「소나기」, 20쪽

소녀는 '죽었다'고 알려졌을 뿐이다.

문제는 그간 이 소설이 천편일률적으로 학생들의 교과서에서나 참고서에서나, 대학에서나 한국문학사 책에서나 한결같이 고집스럽게 소년과 소녀의 풋사랑을 묘사한 한국 최고의 순수문학 작품으로 평가받아 왔다는 것이다. 그리고 이는 문학 작품의 의미를 해석해낼 생각을 전혀 하지 못한 우리 국문학계의 부끄러운 지적 수준을 드러낸다. 그저 아름다운 문장으로 쓴 어린 남녀 간의 민망스런 이야기라는 해석을 반복해온 것이다.

전쟁이 끝나갈 무렵에 쓰인 이 이야기의 중요한 의미는 그 얼굴 흰 소녀의 죽음, 소나기라는 일상의 시련도 견디지 못하고 스러져간 죽음에 있고 그래서 아름다운 이야기였다. 이 소녀는 이 시대를 견디지 못하고 쇠락하여 멸망해간 도시 부르주아의 마지막 자손이었다. 소녀는 처음부터 자신이 먼저 소년에게 다가갔고, 죽을 때도 '잔망스러움'으로 동네 어른들을 당혹케 함으로써 자신의 진취적 계급의 정체를 드러내고 지켰다. 그 소녀에게 작가가 이름을 붙여주지 않은 것은 그 소녀의 계급적 정체만으로 존재를 부각시키기 위한 것이었다. 이 소녀의 죽음은 아무런 '소리'도 '분노'도 없는 너무나 조용한 사그라짐이었다. 마을 사람들은 약도 '변변히 써보지 못한' 조용하고 쓸쓸한 소녀의 죽음과 그 죽음이 상징하는 윤 초시네 집안 전체의 쇠락과 몰락과 단손(斷孫), 그들의 사라짐을 조용히 애도한다. 결국 소녀의 죽음은 이 땅을 그간 '개화'로, '계몽'으로 이끌어온 도시 부르주아가 일상적 소나기도 견디지 못할 정도로 나약해지고 비극도 이루지 못하고 사라져버리는 이야기였다.

황순원의 『카인의 후예』—1953년

『카인의 후예』는 1946년 3월경 평안도 지방을 배경으로 대지주의 아들이자 지식인인 '박훈'이 겪은 이야기이다. 소설의 출발에서 이미 노동당원들이 마을의 모든 것을, 훈이 운영하던 야학을 필두로 접수해 가고 있다. 훈은 '토지개혁'을 앞둔 시점부터 주변에서 누군가가 자기를 감시하고 있다고 느꼈고 올가미가 서서히 조여옴을 느낀다. 그는 자신을 돌봐주는 '오작녀'를 마음속 깊이 욕망하지만 끈질기게 억제하고 있다. 오작녀는 훈이 어려서부터 알아온 특별한 '타는 듯한 눈'을 가진 여자였다. 그녀는 시집을 갔다가 남편의 학대를 견디지 못해 친정으로 돌아와 지내다 그녀의 아버지 '도섭 영감'이 훈이네 집에 보낸 여자였다. 그런데 훈은 '도섭 영감'과 서서히 부딪치게 됨을 느낀다. 원래 도섭 영감은 훈네 토지를 관리해온 마름으로 오랫동안 충실하게 역할을 하여 지주 못지않게 잘사는 사람이었으나 토지 개혁을 앞두고 서서히 변하고 있었다. 도섭 영감은 노동당원들에게 잘 보이기 위해 훈이네를 상대로 투쟁을 벌이고 있었다. 도섭 영감은 살기를 띤 모습으로 낫을 든 농민들의 모임에 앞장서며 잔인한 수법으로 훈을 직접 조여오고 있었다.

결국 훈은 사촌 동생, 몇 명의 지인들과 함께 남쪽으로 몰래 내려갈 계획을 세웠다. 그런데 사촌 동생은 출발하기 전에 "누굴 하나 쥑에 없애구 떠나갔이요"라고 털어놓는다. 도섭 영감을 말하는 것이었다. 그는 단도도 준비하고 있었다. 이 말을 듣자 훈은 도섭 영감을 없애버려야 할 사람은 "바로 자기가 아니냐. 나다. 내가 없애야 한다. 내가 없애야 한다!"라고 깨달았다. 그리고 다음 날 훈은 도섭 영감과 같이 뒷산으로 올라가 그를 칼로 찌르려 했다. 훈과 도섭 영감 간에 몸싸움이 벌어졌다. 그러나 마침 그들을 지켜보던 도섭 영감의 아들 '삼득이'가 달려들어 아버지 손에서 낫을 빼앗아 멀리 던져버렸다. 그러자 싸움은 맥없이 멈추었다. 훈은 급히 배를 타고 월남했다. 그런데 오작녀를 같이 데려오는 것을 그만 잊고 말았다.

이 소설의 주제와 의미는 이미 제목 '카인의 후예'에 모두 표현되어 있다. 즉 형제를 죽인 죄인의 핏줄이라는 자기 정체성, 우리 민족의 정체성을 말하고 있다. 주인공 박훈은 도섭 영감을 죽이려 했다. 도섭 영감은 어려서부터 집에서 같이 살던 거의 가족이나 다름없는 사람이었다. 도섭 영감을 죽이려는 시도는 미수에 그쳤지만 그는 분명히 살의(殺意)를 가지고 있었고 단도를 휘둘러 행동에 옮겼다. 다만 칼이 빗나갔을 뿐 그는 윤리적 종교적 기준에서 '살인자'였고 그에 당하는 가책에서 벗어나지 못할 것이었다. 신(神)의 처분을 벗어나지 못할 것이다. 훈은 와중에 오작녀를 데려오지 못했다. 앞으로 남쪽에서 그는 지옥을 살아야 할 것이었다.

휴전을 앞두고 쓴 두 편의 소설에서 황순원은 우리의 초상을 그렸다. 「소나기」에서는 일상적 시련인 소나기 하나 견디지 못하는 너무나 연약한, 역사를 이끌던 계급의 마지막 자손이 나와서는 조용히 사라진다. 그녀의 죽음은 그 계급과 민족의 멸망을 의미했다. 『카인의 후예』에서는 대지주의 아들이자 지식인이었던 인물이—어떤 이유에서였건—가족과 다름없는 사람을 죽이기 위해 칼을 휘두른 살인자가 되었다. 살인자는 살 권리, 떳떳한 존재로 살아남을 권리를 주장할 수 없다. 말하자면 황순원은 한편에서는 '살아남지 못한 자'로, 다른 한편에서는 '살인하려 했던 자'로서 우리의 모습을 제시했다. 죽음의 주체와 객체가 우리의 '두 얼굴'인 셈이었다. 아프레게르에 황순원이 제시한 우리의 정체는 한마디로 죽음이었다.

손창섭의 「사연기」—1953년

전후에 가장 주목받은 작가는 단연 손창섭이었다. 그는 1950년대를 통해 무려 28편의 단편 소설을 썼고 특히 1953년부터 1955년까지 전반기 동안 8편의 단편을 썼다. 그는 1953년 7월에 「사연기(死緣記)」와 「비 오는 날」을 발표하였다. 손창섭은 황순원과 같은 완곡어법을 쓰지 않았다.

「사연기」에서 화자인 동식은 학교 선생이다. 그는 자기 집 아랫방에 폐병으로 죽어가는 친구 성규와 그의 아내 정숙 그리고 두

아들을 데리고 있다. 성규는 동식을 자기 방으로 부르곤 한다. 마지
못해 성규의 방으로 내려가며 동식은 생각한다.

쉴 사이 없이 입으로 성규가 발산하고 있을 폐결핵균이 무서워
서가 아니다. 그렇다고 가끔 가다 돌발하는 성규의 그 어처구니
없는 발작을 감당하기가 끔찍해서도 아니다. 슬픈 운명을 지닌
처자를 바라보며 죽음을 기다리고 앉아 있는 젊은 남편과 그처
럼 죽기 싫다고 발악하면서도 어쩔 수 없이 하루하루 그 생명
이 진해가는 남편을 지키고 있는 젊은 아내, 이렇게 암담한 부
부와 대해 앉을 때, 무엇으로든 그들을 위로할 턱이 없을 뿐 아
니라, 동식이 자신 그러한 절망의 고랑창으로 휩쓸려 들어가지
않을 수 없었기 때문이다. / 짜증에 가까운 성규의 어투로, 얼른
좀 내려오지 않고 뭘 꾸물거리고 있느냐는 재촉을 받고서야 동
식은 마지못해 일어서 아랫방으로 내려갔다. 먼지와 그을음과
파리똥으로 까맣게 전 창 하나 없는 벽과 천장 구석구석에는 거
미줄이 얽혀 있고 때우고 또 때우고 한 장판 바닥에서는 먼지가
풀썩풀썩 이는 음침한 단칸방이었다. 이 방에 들어설 때마다 동
식은 우중충한 동굴을 연상하는 것이었다. 언제나처럼 성규는
그러한 방 아랫목 벽에 기대고 앉아, 들어오는 동식을 노리듯이
지켜보고 있었다. 편포와 같이 얇아진 흉곽과, 거미의 발을 생
각케 하는 가늘고 길어만 보이는 사지랑 생기 없는 전신에 비
하면 이상하게도 그 눈만은 낭랑히 빛났다. 그러나 그것도 생기
와는 성질이 다른 안광인 듯했다. 온몸의 정기가 눈으로만 몰려
마지막 일순간에 퍼런 불이 펄펄 타오르는 것 같은 그러한 눈이

었다. 동식은 성규의 그 눈이 싫었다. 성한 사람에게서는 도저히 볼 수 없는 귀기가 서린 눈이었기 때문이다. 귀신이 있다면 저런 눈이 아닐까 생각해보는 것이었다.

손창섭, 「사연기」, 51-52쪽

성규는 자신이 죽어가고 있다는 것을 너무나 잘 알고 있다. 남을 생각해주기에는 그 자신이 우선 너무나 괴롭다. 그 집에서 자기 혼자만 죽어가고 있다는 좌절감, 그리고 살아 있는 사람들에 대한 질투 등으로 그는 자기 아내와 동식을 앞에 앉혀놓고 괴롭힌다. 특히 산 사람들이 죽어가는 사람에게 미안해하고 무언가 빚진 심정이 되는 점을 이용해서 성규는 그의 아내와 동식을 이리저리 끌고 다니며 결국에는 자기와 같이 죽음으로 끌고 가려 한다. 그의 모습은 시간이 갈수록 끔찍해진다. 죽어가는 친구는 바로 저승사자였다.

하루는 성규가 이미 '송장 냄새'를 풍기며 둘을 앉혀놓는다. 그리고 자기가 죽으면 둘이 결혼하라고 하더니 갑자기 동식의 바짓가랑이를 움켜쥐고 당장 약속을 하라고 을러댄다. 사실 그의 아내 정숙은 피난 오기 전에 동식의 애인이었고, 성규는 당시 당원의 세도로 정숙을 빼앗아 간 처지였다. 그러고 나서 며칠 후 동식은 성규의 방에서 그가 아내를 붙잡고 자기가 각혈한 피를 입에 억지로 문지르며 먹으라고 악을 쓰는 것을 본다. 자기 혼자는 억울해서 못 죽겠다고 같이 죽자고 발악을 하고 있는 것이었다. 며칠 후 성규는 죽었다. 그를 화장하고 돌아온 후 아내 정숙은 살림을 정리하더니 다음 날 약을 먹고 자살하고 말았다. 그녀가 유서를 남기길 큰 아들은 동식의 아이라는 것이었다.

성규는 폐병 말기로 자신이 죽어간다는 사실을 너무나 잘 의식하고 있다. 그의 몰골은 점점 죽음 그 자체를 연상시키는 모습이 되어갈 뿐 아니라 그를 중심으로 삶과 죽음의 관계도 점점 전혀 다른 존재들 간의 적대 관계가 되어간다. 의도했건 아니건 죽음의 존재는 산 사람들을 부러워하고, 질투하고, 적대하며 죽음으로 끌고 가고 있다. 결국에는 그 본성을 입으로 드러내기에 이르고 심지어 같이 죽자고 검은 피를 아내의 입과 얼굴에 처바른다. 그는 죽으면서도 굳이 아내를 같이 끌고 갔고 동식에게는 평생 벗어날 수 없는 부담을 안겼다. 아내 정숙도 유서에서 일부러 거절할 수 없는 이유를 들어 자식들을 동식에게 부담 지우고는 자책에서 벗어났다. 죽음이란 단지 사실에 그치는 게 아니었다. 죽어가는 존재는 끔찍한 과정 속에 다시 독특한 존재로 변해 산 사람을 적대하고 학대하고, 죽음 그 자체의 혼령, 악마가 되어 죽음의 세상을 만들고, 마침내는 저승사자가 되어 산 사람을 같이 죽음으로 끌고 가며, 끌려가는 사람은 다시 죽음의 존재로서의 길을 밟는다. 이 소설은 한 사람의 죽음으로 세상이 죽음의 땅이 되는 전설이었다.

손창섭의 「비 오는 날」―1953년

손창섭의 소설 중에서 「비 오는 날」은 가장 많이 기억되고 언급되는 작품의 하나다. 원구는 친구인 동욱이 남매가 사는 모습을 보면 마음이 어둡고 음산해지고, '비 오는 날'이 생각난다. 또 비 오는 날이면 동욱이 남매가 생각난다. 그들은 "비에 젖어 있는 인생들"이었다. 그 긴 장마의 어느 날 동욱의 집을 약도를 보며 찾아갔다.

동래 종점에서 전차를 내리자, 동욱이가 쪽지에 그려준 약도를 몇 번이나 펴보며, 진득진득 걷기 힘든 비탈길을 원구는 조심히 걸어 올라갔다. 비는 여전히 줄기차게 내리고 있었다. 우산을 받기는 했으나 비가 후려치고 흙탕물이 튀고 해서 정강이 밑으로는 말이 아니었다. 동욱이가 들어 있는 집은 인가에서 뚝 떨어져 외따로이 서 있었다. / 낡은 목조 건물이었다. 한 귀퉁이에 버티고 있는 두 개의 통나무 기둥이 모로 기울어지려는 집을 간신히 지탱하고 있었다. 기와를 얹은 지붕에는 두세 군데 잡초가 반길이나 무성해 있었다. 나중에 들어 알았지만 왜정 때는 무슨 요양원으로 사용되어온 건물이라는 것이었다. 전면(前面)은 본시 전부가 유리 창문이었는데 유리는 한 장도 남아 있지 않았다. 들이치는 비를 막기 위해서 오른편 창문 안에는 가마니때기가 드리워 있었다. / 이 폐가와 같은 집 앞에 우두커니 우산을 받고 선 채, 원구는 한동안 움직이지 않았다. 이런 집에도 대체 사람이 살고 있을까? 아이들 만화책에 나오는 도깨비 집이 연상됐다. 금시 대가리에 뿔이 돋은 도깨비들이 방망이를 들고 쏟아져 나올 것만 같았다. 이런 집에 동욱과 동옥이가 살고 있다니 원구는 다시 한번 쪽지에 그린 약도를 펴보았다. 이 집임에 틀림이 없었다. 개천을 끼고 올라오다가 그 개천을 건너서 왼쪽 산비탈에 도대체 집이라고는 이 집 한 채뿐이었다.

손창섭, 「비 오는 날」, 77-78쪽

집이라고 어렵게 찾아가보니 해괴한 곳이었다. 사람이 살게 생긴 곳이 아니라 '도깨비집'이었다. 더욱 가슴 아픈 것은 여동생 동

한국인의 발견

옥이었다.

원구는 몇 걸음 다가서며 말씀 좀 묻겠습니다, 하고 인기척을
냈다. 안에서는 아무런 응답이 없었다. 원구는 같은 말을 또 한
번 되풀이했다. 그래도 잠잠하다. 차차 거세가는 빗소리와 도랑
물 소리뿐, 황폐한 건물 자체가 그대로 주검처럼 고요했다. 원
구는 좀더 큰 소리로 안녕하십니까? 하고 불러보았다. 원구는
제 소리에 깜짝 놀랐다. / 그러자 문 안에 친 거적 귀퉁이가 들
썩하며, 백지에 먹으로 그린 초상화 같은 여인의 얼굴이 나타
난 것이다. 살결이 유달리 희고 눈썹이 남보다 검은 그 여인은
원구를 내다보며 좀처럼 입을 열지 않았다. 저게 동옥인가보다
고 속으로 생각하며, 여기가 김동욱 군의 집이냐는 원구의 물음
에 여인은 말없이 약간 고개를 끄덕여 보였을 뿐이다. 눈썹 하
나 까딱하지 않는 그 태도는 거만해 보이는 것이었다. 동욱 군
어디 나갔습니까? 하고, 재차 묻는 말에도 여인은 먼저처럼 고
개만 끄덕했다. 그리고 나서 원구를 노려보는 듯하는 그 눈에는
까닭 모를 모멸과 일종의 반항적 태도까지 서려 있는 것이었다.
여인이 혹시 자기를 오해하고 있지 않나 싶어, 정원구라는 이름
을 밝히고 나서 동욱과는 소학교에서 대학까지 동창이었다는
것과 특히 소학 시절에는 거의 날마다 자기가 동욱이네 집에 놀
러 가거나, 동욱이가 자기네 집에 놀러 왔다는 것을 설명해주었
다. 그래도 여인의 표정에는 별다른 변화가 없었다. 원구는 더
부드러운 음성으로 혹시 동욱 군의 여동생이 아니십니까? 동
옥이라구…… 하고 물었다. 여인은 세 번째 고개를 끄덕여 보

인 것이다. 그리고 비로소 그 얼굴에 조소를 품은 우울한 미소가 약간 어리는 것이었다. 꽤 맑은 음성이었다. 그러면 언제 들어올지 모르겠군요, 하니까 이번에도 동옥은 머리를 끄덕이는 것이었다. 무례한 동옥의 태도에 불쾌한 후회를 느끼면서 원구는 발길을 돌이키는 수밖에 없었다. 동욱이가 돌아오거든 자기가 다녀갔다는 말을 전해달라고 이르고 돌아서는 원구에게, 동옥은 아무런 인사도 하지 않았다.

손창섭, 「비 오는 날」, 78-79쪽

예상치 못한 경험이었다. 사람들이 사는 동네에서 멀리 외딴 곳에, '도깨비집' 같은 곳으로 진흙탕 길을 찾아갔다. 너무나 원시적인 곳이었다. 더욱 알 수 없는 것은 동옥의 모습이었다. 그녀는 정상인이 아니었다. 흰 피부의 원귀 같은 모습, 실어증, 외부 출입도 해본 일이 없는 박제 같은 모습, 예절도 모르고, 인간을 따뜻하게 대해 본 일이 없는 것 같은 들짐승 같은 모습이었다. 오빠 동욱에게도 문제가 없지 않았다. 동욱이는 술을 핥듯이 마시고 있었다. 그리고 그의 '닝글닝글한' 웃음은 사람들에게 호감을 주지 않는다. [*] 더구나 동욱의 행색 또한 제정신 있는 사람이라고 생각하기 어려웠다. [**] 그러나 원구는 동욱과 동옥의 그런 행색은 결국 그들의 극도의 가난 때문이라고 생각할 수밖에 없었다.

원구는 돌아설 수밖에 없었다. 되돌아 걸어오는 길에 원구는 동욱을 만났고 그에게 끌려 다시 그 집으로 돌아왔다. 집 안으로 들어가니 어두컴컴하고 침침한 공간에 살림이라곤 아무것도 없이 새는 빗물이 바케쓰에 떨어지는 소리만 우울하게 들릴 뿐이었다. 동욱

은 끼니에 대해서는 전혀 끼니때의 구애를 받지 않고 아무 때나 먹
든지 말든지 할 뿐이라는 것이었다. 한마디로 동욱와 동옥은 모든
'인간 세상'에서, '인습'에서 벗어나 있는 탈문명화(脫文明化)된 유령
들이었다. '야만인'이라기보다는 '좀비'처럼, '외계인'처럼 돼버렸다.

그 후에 원구는 몇 번 그 집을 찾아갔다. 갈 때마다 동옥은 조
금씩 대하는 태도가 부드러워져 가고 있었다. 원구와 대화도 하고,
표정도 짓고, 점점 사람 같은 모습을 찾아가는 듯했다. 동욱은 그간
동옥이 어떻게 살고 지내고 있는지 등을 이야기해주었다. 그리고 동
욱은 원구에게 동옥과의 결혼을 요청하는 것 같은 말을 늘어놓았다.
하루는 동욱이네 집에 들르자 동옥이 옆집 노파에게 빌려준 돈을 떼
였다고 하여 동욱과 동옥은 서로 욕하고 발로 차며 싸우고 있었다.
그 일이 있은 후 원구는 사업에 어려움도 있고 해서 한 달 동안 남매
를 만나보지 못하다가 다시 찾아가보니 둘은 보이지 않았다. 영 다른

• "대학에서 영문과를 전공한 것이 아주 헛일은 아니었다고 하며 동욱은 닝
글닝글 웃었다. 동욱의 그 닝글닝글한 웃음을 원구는 이전부터 몹시 꺼렸
다. 상대방을 조롱하는 것 같은, 그러면서도 자조적이요, 어쩐지 친애감조
차 느껴지는 그 닝글닝글한 웃음은, 원구에게 어떤 운명적인 중압을 암시
하여 감당할 수 없이 마음이 무거워지는 것이었다." (손창섭 2005 1: 75).

•• 동욱을 처음 만났을 때 원구는 다음과 같이 그의 행색을 묘사한다. "동욱
은 소매와 깃이 너슬너슬한 양복저고리에, 교회에서 구제품으로 탄 것이라
는, 바둑판처럼 사방으로 검은 줄이 죽죽 간 회색 즈봉을 입고 있었다. 무엇
보다도 그의 구두가 아주 명물이었다. 개미허리처럼 중간이 잘룩한데다가
코숭이만 주먹만큼 몽툭 솟아오른 검정 단화를 신고 있었다. 그건 꼭 채플
린이나 신음직한 괴이한 구두였기 때문에, 잔을 주고받으면서도 원구는 몇
번이나 동욱의 발을 내려다보는 것이었다." (손창섭 2005 1: 75).

사람이 집주인이라고 하며 말하는데 둘은 제각각 나갔으며 어디로 갔는지 모르겠다고 했다. 대화를 하다보니 그 사람은 수상한 사람인 것 같았다. 원구는 그 사람이 동옥을 '팔아먹었구나' 하고 짚이는 데가 있었지만 결국 돌아서는 수밖에 없었다.

이 작품은 그야말로 우울하고 음침한 이야기다. 그러나 제목 '비 오는 날'에 비유되는 음침하고 우울한 분위기, 동욱과 동옥의 가난 등으로 끝날 이야기가 아니다. 이야기의 핵심은 동욱과 동옥의 구체적 상황이다. 그들은 탈문명화되어 있다. 절대적 가난으로 인해 사람들과 교제하지도 어울려 살지도 못하고 고립되어, 세상과 단절되어 살다 보니 모든 인습을 잊어버리고, 인간을 대하는 것도 잊고, 예절도 잊고, 나아가서 오누이끼리 서로 아껴주는 따뜻함마저 잃어버렸다. 더구나 동옥은 심한 절름발이로 집구석에 '두더지처럼' 처박혀 햇빛도 못 보고 살다보니 인간의 모습에서도 멀어졌던 것이었다.

손창섭의 「생활적」—1954년

손창섭은 다음 해 1954년에 「생활적」을 출간하였다. 이 작품은 손창섭 문학의 이미지를 형성한 가장 손창섭적인 작품으로 꼽을 수 있다. 작가는 주인공 '동주'를 이렇게 소개한다.

아침이 되어도 동주(東周)는 일어날 생각을 하지 않는다. 송장처럼 그는 움직일 줄을 모르는 것이다. 그만큼 그의 몸은 지칠 대로 지쳐 버린 것이다. 몸뿐이 아니다. 마음도 곤비할 대로 곤비해 있었다. 심신이 걸레 조각처럼 되는 대로 방 한구석에 놓여 있는 것이다. 걸레 조각처럼, 이것은 진부한 표현일지 모른다.

그렇지만 동주의 주제를 나타내는 데 이에서 더 적절한 말은 없을 것이다. 기름기 없이 마구 헝클어진 머리털, 늙은이같이 홀쭉하니 졸아든 채 무표정한 얼굴, 모서리가 닳아서 너슬너슬해진 담요로 싸고 있는 야윈 몸뚱이, 그러한 꼴로 방 한편 구석에 극히 작은 면적을 차지하고 누워 있으니 말이다. 정물(靜物)인 듯 가만히 있다가도, 반 시간이 못 가서 그는 한 번씩 돌아눕곤 한다. 거적만 깔았을 뿐인 마룻방이라 파리한 엉덩뼈가 아파서 한 모양대로 오래 누워 견디지 못하는 것이다.

손창섭, 「생활적」, 93쪽

방바닥에 떨어져 있는 걸레인 줄 알았는데 보니까 가끔 움직인다. 유심히 보니 사람이 아닌가. 이 사람이 동주다.

그리고 동주의 이웃 방에 사는 봉수가 소개된다. 그는 평안도 사투리를 그대로 쓰는 나이 사십 전후의 건장한 사내다. 그는 동주와 너무나 극단적으로 다른 상황에 있는 사람으로 과거 자신의 아편 장사 경력과 지저분한 여성 편력을 자랑한다. 그리고 봉수에게는 의붓딸이 있는데 14살 먹은 순이는 옆방에 누워 하루 종일 신음 소리를 내며 폐병으로 죽어가고 있다.

뒷간 출입도 온전히 못하는 순이는 진종일 누운 채 그 무겁고 단조로운 신음 소리를 내는 것이 일이었다. '으응, 으응, 으응' 그것은 마치 무덤 속에서 송장이 운다면 저러려니 싶은, 듣는 사람에게 어쩔 수 없이 죽음을 생각케 하는 암담한 소리였다. 처음 듣는 사람이면 누구나 소름이 끼칠 것이다. 동주가 어렸을 때 물귀신 운다는 말이 동네에 돌았다. 사람이 빠져 죽은 앞 강에서, 해만 지면 '우우, 우우' 하고 물귀신이 운다고들 하며 어른들도 겁을 냈다. 동주는 명확히 그런 소리를 듣지는 못했지만 어둡기만 하면 혼자는 뒷간에도 못 나갔던 것이다. 순이의 신음 소리를 들으면 물귀신 운다는 소리가 연상되어 처음 얼마 동안 동주는 잠자리까지 어수선했던 것이다. 순이는 밤에도 자는 것 같지 않았다.

손창섭, 「생활적」, 94쪽

동주는 자신의 병이 무슨 병인지 모른다. 포로수용소에서 나온 지 몇 달 안 됐는데 자기 몸이 급속히 쇠약해지며 죽을지 모른다는 생각이 든다. 한쪽에는 산 사람을 끌고 간다는 물귀신 소리 같은 신음 소리를 내며 죽어가는 여자아이가 있고 다른 한쪽에는 마약 장사를 하며 자기가 그간에 여성들과 벌였던 온갖 성적 편력을 자랑스레 늘어놓고 천박한 인생철학을 토해놓는 견디기 힘든 짐승 같은 사내가 있다. 동주는 자기에게 이런 언어폭력을 가하는 봉수가 밉지만 힘으로 그에게 도전해봐야 될 일도 아니었다. 동주는 누워서 순이의 신음 소리를 듣는다. "그는 누운 채 한손을 사타구니로 가져갔다. 거기에 달린 물건을 꽉 틀어쥐었다. 아까부터 소변을 참아온 것이다." 그러고는,

순이는 죽음을 기다리고 있을지도 모른다고 생각했다. 동주는 벌써부터 그렇게 생각해오는 것이었다. 동주는 다가앉아 얼굴을 들여다보며 묻고 싶었던 걸 물었다. "너 죽고 싶으냐?" 소녀

는 금세 얼굴이 긴장되었다. 퀭한 눈으로 동주의 얼굴을 지켜보는 것이었다. 순이는 필시 자기의 말을 잘못 알아들었거나 오해한 것이라고 동주는 생각했다. 좀더 분명한 음성으로 다시 물었다. "죽고 싶지?" 소녀는 약하기는 하나 날카롭게 '아악' 소리를 지르고 담요로 얼굴을 쌌다. 순이는 전신을 와들와들 떨기 시작했다. 흰자위 많은 동주의 눈이 담요 속에 감춰진 순이 얼굴을 원망스레 노려보고 있었다.

손창섭, 「생활적」, 99쪽

동주는 봉수에게 성적(性的) 모멸을 당하고 옆방 순이의 신음소리를 들으며 사타구니를 만져보았다. 소변을 참고 있으나 전혀 변화가 없다. 이때 동주는 차라리 그녀가 어서 죽는 게 누구에게든 낫겠다는 생각이 들었고 대뜸 옆방의 순이에게 물어보았다. 동주는 확인해보고 싶어서 다시 물었다. 순이는 반복되는 질문에 '아악!' 소리를 지르고 담요로 얼굴을 감싸며 "와들와들 떨기 시작했다." 동주의 진지함에 순이는 두려움에 떨었다.

동주가 모멸을 당하는 것은 봉수에게서만이 아니었다. 그는 아내가 저녁에 돌아오기 전에 물을 길어놓아야 하는데 이 과정은 이북 사투리를 쓰는 수많은 거친 아줌마들의 구박과 모독을 무릅써야 하는 시간이다. 온 세상은 자기를 모독하고 인간으로 대해주지 않는다. 죽고 싶은 마음을 확인하는 과정이 또 물 길어오는 과정인 것이다. 이 동네는 사람 사는 동네가 아니다. 맨 똥투성이다. 사람들도 마찬가지다. 이 동네에 오게 된 이유는 포로수용소에서 나와서 친구 천식이를 만나 그의 집으로 따라왔기 때문이며 이어서 아내 춘자를 만나 지내온 것이었다.

동주는 다시 옆방 순이의 신음 소리를 듣고 있다. 그런데 어느 덧 소리가 나지 않았다.

100을 세도록 옆방에서 아무 소리도 나지 않았다. 동주의 숨이 가빠졌다. 그는 제법 벌떡 일어났다. 틀림없이 그는 순이가 죽었다고 생각한 것이다. 숨이 졌을 순이의 얼굴을 여러 모양으로 상상하며 동주는 옆방으로 들어가보았다. 금년치고 최고로 더운 날인데도 문이 닫힌 채로 있었다. 판자문을 반쯤 열고 머리를 기웃한 동주의 눈에 해괴한 광경이 확 비친 것이다. 수건 하나 가리지 아니한 알몸으로 순이는 누운 채 허리를 굽혀 자기의 사타구니를 열심히 들여다보고 있는 것이었다. 자연 동주의 시선도 순이의 사타구니로 끌렸다. 그 어느 한 부분에 쌀알보다 작은 생명체가 여러 마리 꼬무락거리고 있는 것이 눈에 띄었다. 동주는 그게 이가 아닌가 생각했다. 순이도 그때야 깜짝 놀라 동주를 흘겨보며 담요로 몸을 가렸다. 곧 자기 방으로 돌아온 동주는 그제야 조그만 생물들이 이가 아니라 구더기인 것을 깨달았던 것이다. 순이는 이제 오래지 않아 죽을 거라고 동주는 생각했다. 오히려 자기가 먼저 죽을지도 모른다고도 생각해보는 것이다.

손창섭, 「생활적」, 105-106쪽

이런 엽기적인 장면을 굳이 넣은 것은 특별한 의미가 있었다. 동주는 순이의 사타구니를 보자 거기서 구더기들을 보았고 따라

한국인의 발견

서 순이가 곧 죽을 것이라 확신하게 되었다. 그런데 이어서 마지막에 "자기가 먼저 죽을지도 모른다"고 생각한 것은 순이가 벌거벗고 사타구니를 벌린 모습을 지켜보았음에도 동주 자신의 몸 안에서 아무런 반응이 일어나지 않음을 느꼈기 때문이었다. 앞에서 순이의 신음소리를 들으며 동주는 사타구니를 만져보고 죽고 싶다고 생각했다. 이번에는 좀 더 직접적인 시련이었다. 자기 몸에서 아무런 반응이 없는 것으로 보아 자기가 순이보다 먼저 죽을지 모른다고 생각했다. 동주는 이제 자기 몸에 성욕이 전혀 없음을 알았다. 이젠 죽고 싶다는 게 아니었다. 이미 죽은 거나 마찬가지였다. 이 장면은 동주의 이런 생각을 언어화 이전 단계의 상태로 전달하기 위한 것이었다.

동주를 욕보이고 삶을 모독하는 것은 그의 아내도 마찬가지였다. 아내 춘자가 자기의 지난 이야기들을 그에게 털어놓는데 모두 그런 의미로밖에 들리지 않는다.* 춘자가 내놓고 동주를 모욕하지는 않는다 해도 춘자를 보고 있으면 자신이 몇 달 전에 성욕을 발휘하던 기억이 떠올라 더욱 괴롭다. 더구나 요즘 춘자는 봉수와 우동집을 차린다고 같이 다니고 있다. 춘자 일 말고도 이북에 남아 계실 부모님에 대한 기억도 하루하루 동주를 괴롭힌다. 동주에게는 자신의 기억도 큰 고통이었다. 죽어가는 과정은 평탄한 길이 아니었다. 매순간 주변과 그 안의 모든 존재가 끊임없이 새로운 고문을 가하고 있었다.

결국 순이는 방에서 혼자 죽었다.

순이는 입을 반쯤 벌린 채 자는 듯이 누워 있었다. 입에는 거품 흔적이 있었다. 파리가 몇 마리 입가로 기어다니고 있었다. 이미 싸늘하게 식은 소녀의 손을 동주는 쥐어보았다. 그리고 잠시 고요한 얼굴을 들여다보다가 그는 왈칵 시체를 끌어안았다. 자기의 입술을 순이의 얼굴로 가져갔다. 인제는 순이가 아니다. 주검이었다. 동주는 주검에 키스를 보내는 것이었다. 주검 위에 무엇이 떨어졌다. 눈물이었다. 섧지도 않은데 눈물이 쏟아지는 것이었다. 자기는 분명히 지금도 살아 있다고 동주는 의식했다. 살아 있으니까 죽을 수 있다고 생각했다. 그것만은 자기가 확신할 수 있는 단 하나의 '장래'라고 생각하며 동주는 주검의 얼굴 위에 또 한번 입술을 가져가는 것이었다.

손창섭, 「생활적」, 119-120쪽

● 춘자의 이야기를 듣는 동주의 마음은 말이 아니었다. "참말인지 거짓말인지 종잡을 수 없는 이러한 이야기를 춘자는 한자리에 누운 동주의 전신을 두 손으로 어루만져가며 신이 나서 지껄였던 것이다. 그 첫날밤 일을 생각할 때 동주는 지금도 온몸에 오한을 느끼는 것이었다. 퇴폐적이랄 수밖에 없는 춘자의 흥분한 언동에서가 아니다. 도리어 반대로 동주는 그날 밤의 자기 자신에게 놀랐기 때문인 것이다. 여러 해 동안 여자의 피부에 접촉하지 못한데다가 건강도 지금보다 훨씬 나은 탓이었겠지만 춘자의 기괴한 이야기와 몸가짐에, 지금 생각하면 얼굴이 찡그려지도록 동주는 저도 모르는 사이에 끌려 들어가고 말았던 것이다. 그날 밤 동주는 그냥 수컷이었을 뿐이었다. 그 뒤에도 춘자는 거의 밤마다 동주를 가만두지 않았다. 타오르는 듯한 젊음을 감당하지 못해 야위어가는 동주의 육체에 매달려 내내 앙탈이었다. 그러한 춘자가 마침내 동주는 징그럽기까지 했던 것이다. 성적 흥분을 거의 상실하다시피 한 동주는 당장도 저녁 준비를 하느라고 눈앞에 서서 돌아가는 춘자의 정력적인 육체를 바라보다가 부지중 '아아!' 하고 절망을 발음하는 것이다. 그러고는 누가 발길로 지르기라도 하듯 맥없이 모로 쓰러지는 것이었다. 사지를 오그리고 눈을 감았다. 무덤 속에 들어가면 이렇게 흙으로 덮어주리라 느껴지듯, 산다는 것의 무의미와 우울이 쾅쾅 소리를 내어 다지는 것처럼 전신을 내리누르는 것이었다. 동주는 사뭇 안간힘을 쓰다시피 무엇을 참고 견뎌내는 것이었다." (손창섭 2005 1: 109-110).

시체를 동주가 끌어안고 입을 맞춘 것은 부적절한 성욕이 아니었다고 할 수 없다. 그럼에도 오히려 동주는 그간 자신의 몸 안에는 더 이상 존재하지 않고 기억 속에 흔적만 남아 있던 이름뿐인 욕망, 너무나 부끄러워 감히 부리지 못했던 욕망, 가끔은 죽어가는 그 소녀에게도 연결시켜 보려 했던 그 욕망의 흔적을 순이의 시신(屍身) 앞에서 굳이 용기를 내어 한번 내보인 것이었다. 동시에 동주는 순이의 '죽음', 자기의 유일한 미래인 '죽음'에 동정과 애정을 표시하였다. 동주의 생각과 행위는 모두 자신의 죽음과 '죽어감'에 대한 것이었으니 그의 눈물은 '섧지도 않은 눈물'이었다.

1950년대 초반에 손창섭이 그린 인물들은 모두 죽어가는 사람, 죽음밖에는 길이 없는 사람, 죽음으로 끌려가고 있는 사람, 정상적인 삶에서부터 소외된 사람들뿐이었다. 그의 소설에서 죽음으로부터 거리를 유지하고 사는 인물은 하나도 없다. 한국이 겪은 아프레게르는 한 점의 빛도 보이지 않는 캄캄한 죽음만으로 가득 찬 곳이었다. 살아 있는 사람이 있다면 이미 '좀비' 아니면 곧 죽을 줄을 알고 있는 사람들뿐이었다. 그리고 당시에 이런 캄캄한 아프레게르를 표현하고 있는 작가는 손창섭만이 아니었다.

김동리의 「밀다원 시대」─1955년

당시에 이미 한국의 대표적 중견작가로 너무나 잘 알려진 김동리는 1955년 「밀다원 시대」를 썼다. '이중구'는 1·4 후퇴 때 기차를 타고 부산으로 피난을 갔다. 땅 끝으로. 그는 부산에 아는 사람이 없지만 통신사의 윤씨를 길에서 우연히 만나 하룻밤 신세를 지고 다음 날

"서울서 온 문화인들은 모두 밀다원에 모인다지요"라는 말을 듣고 '밀다원'을 찾아가 친구들과 만나게 되었다. "밀다원은 광복동 로터리에서 시청 쪽으로 내려가서 있는 이층 다방이었다." 다방에 들어가니 무엇보다 아는 친구들이 모두 거기에 있었고 너무나 따뜻한 마음으로 반가워해 주었다. 그 다방은 다음과 같은 공간이었다.

> 다방 안은 밝았다. 동남쪽이 모두 유리창이요, 거기다 햇빛을 가리게 할 고층 건물이 그 곁에 없었기 때문이었다. 한가운데는 커다란 드럼통 스토브가 열기를 뿜고 있고 카운터 앞과 동북 구석에는 상록수가 한 그루씩 놓여 있었다. 그리고 얼른 보아 한 스무 개나 됨직한 테이블을 에워싸고 왕왕거리는 꿀벌 떼는 거의 모두가 알 만한 얼굴들이었다. 중구는 일일이 돌아가면서 인사를 하기가 쑥스러우므로, 가까이 앉아 있는 친구들이나 또는 저쪽에서 일어나 다가온 친구들과만 악수를 하고, 멀리 있는 사람들에게는 목례와 점두(點頭)로써 인사를 치렀다.
>
> 김동리, 「밀다원 시대」, 306-307쪽

그 안은 햇빛이 잘 들어 밝고 따뜻하고 친한 사람들이 꿀벌 떼처럼 왕왕거리며 대화의 꽃을 피우는 공간이었다. 결국 중구는 늘 여러 목적으로 친구들을 만나기 위해서 자연스럽게 '밀다원'으로 왔고 이곳에 오면 마음이 편하고 즐거웠다. 전쟁이라는 한계 상황에서 살기 위해 땅 끝으로 왔지만 이렇게 마음 붙일 곳이 있을 줄을 상상하지 못했었다. 모두 각자는 애달픈 사연이 있겠지만 어쨌든 그들은 모이면 즐거웠다.

그들 중 늘 벽화처럼 외롭게 앉아 있던 박운삼 시인이 얼마 전부터 애인이 해외로 떠났다며 우울해했다. 하루는 길여사 등과 대화를 마치고 '밀다원'에 돌아오니 박운삼이 늘 앉던 자리에서 약을 먹었다고 한다. 수면제 계통의 독한 약을 엄청나게 먹어 소생할 가능성이 거의 없다는 것이었다. 결국 박운삼은 '밀다원' 안에서 벽화처럼 앉아서 죽고, '밀다원'은 수리에 들어간다고 했다. 그사이에 친구들은 모두 '밀다원'을 떠난다. 그 좋던 시대, '밀다원 시대'는 막을 내렸다.

　　'밀다원'이라는 다방은 전쟁 통에 살기 위해 땅 끝까지 밀려온 사람들, 특히 서울을 중심으로 모이던 '문화인'들에게 즐겁고 편안한 '아지트'였다. 시내에 있어 위치도 좋고, 내부도 쾌적하고, 친구들 간에 분위기도 좋아 모든 사람들이 애착을 갖던 장소였다. 그러나 친구들 중에서 벽화처럼 앉아만 있던 시인 박운삼을 통해서 그들은 죽음이 그들 가까운 곳에 들어와 있었음을 비로소 깨달았다. 죽음이 이미 그곳을 지키고 있었음을 꿰뚫어 본 사람은 없었다. 그토록 평안해 보이던 성소(聖所) 같은 곳에, 그 따뜻한 우리의 자리에까지 죽음이 출몰할 줄은 예상하지 못했다. 남한의 아프레게르에서 죽음은 모든 곳에, 아무에게라도, 아무런 전조(前兆)도 없이 출몰하는, 이미 어디에나 와 있는 것이었다. 죽음은 편재하고 있었고 그 시공간 자체가 죽음의 자리였다.

　　전쟁이 끝나고 1950년대 전반까지 우리의 대표적인 소설들에 나타난 우리의 모습은 죽음, 그리고 죽음으로 끌려가며 다른 사람들도 죽음으로 끌고 가려고 애쓰는 죽어가는 자였다. 그리고 죽음이라는 사건은 아무런 소리도 나지 않고 아무도 목격한 사람이 없는 어느 틈에 벌어지는 일이었다. 그러나 죽음으로 기꺼이 가려는 사람은 없다. 모두 죽지 않으려고 애써 저항하지만 결국 비명도 못 지르고 언제 죽었는지도 모르게 시체로 발견된다.

제4장

❖

한국인의
부　　활

되살아나기

한국 현대 문학에서 가장 음침하고, 어둡고, 우울한 소설을 써낸 작가는 단연 손창섭이었고 그의 1954년 작 「생활적」은 1953년의 「비 오는 날」과 더불어 손창섭 문학의 전형을 이루었다. 문학평론가들이 손창섭을 논할 때는 대개 두 작품의 이미지를 갖고 말하는 경우가 대부분이다. 그러나 손창섭은 그런 작품만 쓴 작가는 아니었다.

손창섭의 「잉여인간」─1958년 9월

그의 단편 선집 제목으로 나온 「잉여인간」은 1958년 9월의 작품으로 앞에서 소개한 단편들과는 상당히 다르다. 사실 왜 이 작품의 제목을 '잉여인간'으로 달았는지 그리고 이 작품의 제목을 단편 선집의 제목으로 삼았는지 이해하기 쉽지 않다.* 많은 사람들은 손창섭이라면 '잉여인간의 저자'로 기억하기도 한다. 어쩌면 손창섭의 우울하고 음침한 소설들을 읽어가다가 「잉여인간」을 만나면 해방감을 느끼기에 이 작품이 최고의 작품으로 꼽히는지 모른다.

「잉여인간」의 주인공 치과의사 서만기는 우선 그의 친구들인 익준과 봉우에 대한 긴 묘사가 있은 후에 다음과 같이 묘사된다.

만기와 익준과 봉우는 중학시절에 비교적 가깝게 지낸 사이지만 가정환경이나 취미나 성격이나 성장해서의 인생태도는 판이하게 달랐다. 만기는 좀처럼 흥분하거나 격하지 않는 인물이었다. 그렇다고 활동적인 타입도 아니지만 봉우처럼 유약한 존재는 물론 아니었다. 반대로 외유내강한 사내였다. 자기의 분수를 알고 함부로 부딪치지도 않고 꺾이지도 않고 자기의 능력과 노력과 성의로써 차근차근 자기의 길을 뚫고 나가는 사람이었다. 아무리 놀라운 일에 부닥치거나 비위에 거슬리는 사람을 대해서도 도리어 반감을 느낄 만큼 그 침착하고 기품 있는 태도를 잃지 않았다. 그것은 본시 천성의 탓이라고도 하겠지만 한편 그의 풍부한 교양의 힘이 뒷받침해 주는 일이기도 하였다. 문벌 있는 가문에 태어나서, 화초 가꾸듯 정성어린 어른들의 손에서 구김살 없이 곧게 자라난 만기는, 예의범절이 자연스럽게 몸에 배어 있을 뿐 아니라 미술, 음악, 문학을 비롯해서 무용, 스포츠, 영화에 이르기까지 깊은 이해와 고급한 감상안을 갖추고 있었다. 크레졸 냄새만을 인생의 유일한 권위로 믿고 있는 그런 부

● 단편 선집이란 1995년에 두산동아에서 출판된 단편 선집을 말한다 (손창섭 1995).

류의 의사와는 달랐다. 게다가 만기는 서양 사람처럼 후리후리한 키와 알맞는 몸집에 귀공자다운 해사한 면모를 빛내고 있었다. 또한 넓은 반듯한 이마와 맑고 잔잔한 눈은 그의 총명성과 기품을 설명해 주고 있었다. 누구를 대해서나 입을 열 때는 기사(碁士)가 바둑돌을 적소에 골라 놓듯이 정확하고 품 있는 말을 한마디 한마디 신중히 골라 썼다. 언제나 부드러운 미소와 침착한 언동으로 남에게 친절히 대할 것을 잊지 않았다. 좋은 의미에서 그는 영국풍의 신사였다. 자연 많은 사람 틈에 섞이면 군계일학격으로 그의 품격은 더욱 두드러져 보였다. 그는 한편 같은 치과 의사들 가운데서도 기술이 출중한 편이었다.

손창섭, 「잉여인간」, 97-98쪽

여기에 묘사되고 있는 '서만기'라는 인물은 현실에 있는 사람이라기보다는 작위로 만든 이상형이나 마네킹을 보는 것 같기도 하다. 1950년대 전반에 제시한 소설 주인공들의 모습과는 극단적으로 대조적인 모습의 인물을 손창섭이 의도적으로 창조한 것처럼 보인다.

손창섭의 「포말의 의지」─1959년 11월

그가 이듬해인 1959년에 발표한 「포말의 의지」를 보면 분명히 이상형과는 다른 모습, 인물이 나타난다. 종배는 옥화라는 전부터 알던 몸 파는 여인을 찾아가 역전에서 만난다. 종배는 옥화의 '단골손님'이었고 비록 손님이지만 따뜻한 마음을 나누는 사이였다. 그녀는 자기 얘기를 하며 본명은 강영실이라고 가르쳐주기도 했다. 그녀는 집

뒤에 예배당이 있어 가보고 싶은데 사람들이 둘러서서 노려보아 다닐 수가 없다며 "죽을 땐 꼭 예배당에 가서 죽고 싶어요"라고 마지막 소원을 말한다. 그러고 나서 어느 날 낮에 들렀더니 영실이 죽었다고 한다. "영실은 오늘 아침 일찍이 뒤에 있는 예배당 앞에서 시체로 발견되었다는 것"이다. 그녀는 생명이 다할 때가 되자 마지막 소원인 교회에서의 죽음을 위해 있는 힘을 다하여 예배당 계단 앞까지 기어 갔던 것이다. 1959년에 손창섭이 그린 이 인물은 이상적일 수 없는 천하기 그지없는 몸 파는 여인이었고 그녀는 밑바닥 삶 속에서 구원을 얻기 위해, 마지막 순간까지 온힘을 다해 소원을 이루고야 말았다. 이것이 1950년대 말에 손창섭이 제시한 한국인의 모습이었다.

　　손창섭의 많은 단편 소설들 하나하나는 어두운 배경의 음침하고 우울한 이야기로 소설 안에 거의 아무런 움직임도 없고 어둠 속에서 탈출구가 보이지 않는다고 많은 평론가들이 지적해왔다. 대부분 인물들이 물리적으로 움직이지 못한다, 아무런 전망이 안 보인다는 비판은 손창섭에게 제기된 일반적인 비판이었다. 문제는 대부분의 평론가들이 손창섭의 주요 작품 몇 개를 읽고 받은 강한 인상으로부터 벗어나지 못한 채 말하고 있다는 것이다. 이런 비판은 문학의 사회적 실천의 문제를 너무 가볍게 생각해왔기 때문이기도 하다. 손창섭의 단편 소설들은 만화와 비슷하다. 한 컷 한 컷은 움직이지 않는 그림이며 각 컷에는 탈출구가 없지만, 여러 컷을 이어 보면 연속 장면이 되어 이야기가 이루어지고 '애니메이션'이 나타난다. 그리고 이 움직임이 그의 문학적 실천일 것이다. 작품들을 추적해보면 1955년부터 현저한 변화가 나타났음을 알 수 있다.

손창섭의 「혈서」—1955년 1월

주인공 '달수'는 좌절한 젊은이다. 그는 오늘도 취직자리를 찾아 돌아다녔다. 움직이지 못하는 이전의 손창섭의 인물들과는 달리 그는 매일 돌아다닌다. 달수와 같이 사는, 전쟁 때 다리 하나를 잃은 친구 '준석'은 방 안에 누워서 달수가 하루 종일 돌아다니는 것을 힐난하고 욕을 퍼붓는다. 특히 달수가 군대에 갔다 오지 않은 데 대해 모욕을 가한다. 등장인물은 달수, 준석, 규홍 이렇게 젊은 남자 셋과 창애라는 식모 역할을 하는 젊은 여자까지 넷이지만 이야기는 주로 준석과 달수 사이의 야비한 비난과 욕으로 이어진다. 달수는 준석의 비난과 모욕을 받기만 하는 것은 아니다. 달수도 약점을 파고들어 준석에게 도발한다. 그때마다 세상을 원망하는 준석은 발끈하고 달려든다. 하루는 준석이 군대 안 간 달수를 '국적(國賊)'이라고 몰아붙이며 결국 경찰에 신고해서 사형시키겠다고 위협하기에 이른다. 달수가 말리자 준석은 그에게 자원입대하겠다는 혈서를 쓰라고 윽박지른다. 마지못해 달수가 손가락을 내밀었는데 옥신각신하는 통에 도마 위에서 달수의 손가락이 잘리고 말았다.

이 작품은 작은 방 안에 모인 네 명 간에 벌어지는 야비한 언어폭력과 피 흘림을 보여준다. 싸움의 해결책도 보이지 않는다. 그러나 이 작품은 결코 어두운 작품은 아니다. 인물들이 움직이고 싸우고 서로를 공격하는 모습은 코미디를 방불케 한다. 예를 들어 "네 모가지를 뎅겅 잘라서 혈서를 쓸 테다"와 같은 대사는 읽는 이로 하여금 웃을 수도 없고 웃음을 참을 수도 없는 지경으로 몰아간다. 그리고 마지막에 달수가 피를 흘리며 "꼬꾸라지자" 평소에는 방 안에 머물 수밖에 없던 다리 하나 없는 준석이 밖으로 "달려" 나간다. 어디로 가는지 알 수 없이 하여튼 달려 나갔다. 1955년 1월에 발표한 「혈서」는 분명히 1954년까지의 손창섭 소설들과는 궤를 달리하며 변화를 보여준다. 시끄럽게 떠들고 다투기 시작했고, 칼도 휘두르고, 피도 흘리고, 달리기 시작했다.

손창섭의 「미해결의 장—군소리의 의미」—1955년 6월

「미해결의 장」은 손창섭의 작품 중에서도 문학적 완성도와 예술성이 높은 작품이다. 주인공 '지상'은 대학생이지만 학교에 다니지 못하고, 부친을 비롯한 가족들에게 핍박과 소외를 당한다. '자개수염'을 하고 비대한 몸집으로 위엄을 부리는 '대장'(부친)은 입만 벌리면 미국 유학 타령만 한다. 대장 외에도 모친만 빼고 다른 형제들도 모두 미국 유학에 정신이 팔려 있다. 지상은 미국에 가야 할 하등의 이유를 발견할 수 없고, 관심도 없다. 이에 '대장'은 지상을 학대한다. '고무장갑 같은 손'으로 지상의 따귀를 때리며 "죽어라, 죽어!"라고 욕을 퍼붓는다. 그의 폭력은 별로 아프지는 않지만 무엇보다 인간미가 느껴지지 않는다. 그래서 그를 '부친', '아버지'가 아니라 '대장'이라 부른다. 지상은 싸우기 싫어서 뺨을 대주곤 하지만 더 이상 견딜 수 없다. 인간미가 없기는 모친 한 사람 빼고 형제들도 마찬가지다. 특히 부지런히 재봉틀을 돌리는 여대생 지숙이의 얼굴은 '탈바가지'다. 지상은 "도무지 주위와 나를 어떠한 필연성 밑에 연결시키지 못하는 것이다." 그는 살맛이 없다. "아무리 궁리해보아도 집을 떠나야 할까 보다"라는 말로 이 소설은 시작된다. 소설 제목에서 '해결'이란 집을 떠나는 것을 말한다. 온 집안 식구들은 산 사람들 같지가 않다. 대장은 "죽어라, 죽어!"를 반복하지만 지상은 죽을 생각은 전혀 없다. 지상은 생의 의미를 잃어버리자 몸도 무거워지고 매사가 답답하다. '미해결' 상태다. 집을 나가야 될 것 같은데 나갈 수가 없다.

집에서 버틸 수 없어서 나오면 지상은 '광순'이네로 간다. 광순이는 문 선생의 여동생으로 여대생이지만 몸 파는 여인이다. 광순이에게는 늘 웃음이 있다. 문 선생은 지상이 광순이에게 오는 것을 싫어하지만 못 본 체한다. 광순이는 집에서 자고 있을 때도 있지만 없을 때도 있다. 그녀가 없을 때 지상은 그녀가 자던 온갖 야릇한 냄새가 배어 있는 이불 속에 기어 들어가 편하게 낮잠을 잘 수 있다. 지상은 그 냄새에 "취하는 것이다." 문 선생과 그 주변 사람들도 무능한 사람들이다. 문 선생, 지상의 대장 등이 모이는 '진성회(眞誠會)'는 가관이다. 지상은 세상 사람들 대부분을 세상을 오염시키고 해를 끼치는 박테리아로 보고 있다. 광순이만이 웃음과 생기가 있고 생명력이 느껴진다. 집에 없을 때 그녀는 뒷골목에 있는 그녀의 '오피스'에 있다. 지상이 그곳을 찾아가면 그녀는 지상에게 300환을 준다.

지상이 광순이를 찾아가는 것은 성욕을 풀기 위해서가 아니다. 광순이의 몸 냄새가 밴 이불에 들어가서 낮잠을 즐길 뿐이다. 광순이가 아름다워서 또는 그녀를 사랑해서도 아니다. 광순이의 벗은 몸을 보아도 아무런 감흥이 없다. 광순이도 지상이 찾아오는 것을 싫어하지 않는다. 두 사람은 모두 왜 지상이 광순이를 찾아오는지 알지 못한다. 하지만 그냥 심심풀이로 찾아오는 것도 아니고, 돈 300환을 받겠다고 오는 것도 아니다. 소설의 마지막에 지상은 동네 깡패들에게 끌려가 "광순이를 함부루 건드리지 말"라는 말을 듣고 매를 맞는다. 지상은 턱과 손에 피를 의식하면서 "광순이, 광순이!"를 부른다. 이를 통해 그는 자기가 간절하게 광순이를 찾고 있음을 깨닫는다.

「미해결의 장」에서 지상이 겪는 문제는 한마디로 존재의 문제다. 그의 가족들은 그가 미국에 유학 가려는 욕망을 보이지 않는다는 이유로 그를 핍박한다. 그러나 지상이 보기에 그들은 모두 '유령'에 불과하다. 현실을 사는 인간들이 아니다. 그에게는 이런 상황이 '미해결의 장'이다. 답답하면 광순이를 찾아간다. 그녀에게만 미소가 있고 생명력이 느껴진다. 그녀에게서 자기가 원하는 게 무엇인지 지상은 알고 싶고 광순에게도 물어보지만 알지 못한다. '미해결'이 광순이를 만나서 해결로 바뀌리라 생각하지 않지만 지상이 광순이를 찾는 것은 절실하기 때문이다. 지상이 광순에게서 바라는 것은 너무나 막연하지만 단적으로 다른 사람들에게는 없고 광순에게는 있는 것, 즉 웃음, 인간미, 생명력일 것이다.

손창섭의 「유실몽」— 1956년 3월

손창섭은 1956년 3월에 「유실몽(流失夢)」을 써냈다. 주인공 '철수'는 자신이 "하늘 옷을 잃어버린 선녀처럼 되어 있는 것이다. 그놈의 찬란한 옷을 찾아 입지 못하는 한, 나는 영 다시는 하늘로 날아 올라가지 못하고 말 것이다"라고 말한다. 이렇듯 꿈을 잃어버린 젊은이라는 점에서 그는 이전의 손창섭 인물들의 연장선상에 있다. 하지만 이 작품은 이전과는 달리 밝은 분위기이며 유머와 위트가 넘친다. 철수는 누이네 집에 얹혀살고 있다. 잔심부름, 설거지, 아이 보기 등을 맡아 식모 노릇을 하며 산다. 이 집의 특징은 우선 누이와 매부가 하루걸러 싸움을 하는데 복싱 연습하듯 매부는 일방적으로 때리고 누이는 일방적으로 맞는다는 것이다. 맞을 때면 누이는 꼭 소리를 질러 매 맞는 티를 내고 매부는 그렇게 누이에게서 돈을 뜯어낸다. 그 모습을 보고 "나는 그만 실없이 웃어버리고 말았던 것이다."

누이는 술집 작부로 집안을 먹여살리고 매부는 하는 일 없이 누이와 싸움을 하여 용돈을 뜯어간다. 누이는 어려서부터 남자 사귀는 일에는 뛰어난 재주가 있었고 남성 편력이 화려했다. 그녀는 적극적이고 행동력이 뛰어나, 그런 직업에 적격이었다. 철수는 누이에 대해서 다음과 같이 말한다.

> 나는 바람벽에 기대앉아서 누이를 바라보았다. 누이에게서는 강한 인간의 냄새가 풍겼다. 나는 그 냄새를 즐기는 것이었다. 참말 세상에는 인간 냄새를 풍기지 못하는 인간이 얼마나 많은지 모르겠다. 내 시선이 자기에게 부어지는 걸 의식한 누이는 얼굴을 돌렸다. 애교 있게 웃었다. 확실히 명랑하고 만족한 표정이었다. 누이는 본시 고민이나 오뇌라는 것을 전연 모르는 기질이었다. 도대체가 숙명적으로 심각해질 수 없는 인간이었다.
>
> 손창섭, 「유실몽」, 246-247쪽

누이가 돈을 잘 벌어오니까 철수도 붙어먹고 산다. 그러나 더 중요한 이유는 누이에게는 "인간의 냄새"가 난다는 것이다. 이 냄새를 말로 설명할 수는 없다. 어쩌면 「미해결의 장」에서 지상이 광순이를 찾아가곤 하던 것도 바로 광순이가 유일하게 이 '인간의 냄새'를 풍기기 때문이었을 것이다. 철수의 누이와 광순이는 둘 다 인기 있고 능력 있는, 몸 파는 여인들이다.

누이는 철수에게 장가갈 것을 권하며 옆방에 사는 '춘자'를 추천한다. 철수는 춘자에 대해서 욕망을 느끼기도 하고 언제라도 쉽게 가까워질 수 있는 사이지만 그녀에게 왠지 '산통 깨는' 말만 해서 관계를 그르친다. 춘자는 학교 선생이 되겠다고 시험 준비를 하고 있었고 일본에서 대학을 다닌 철수에게 도움을 구하곤 했다. 한마디로 춘자는 존경받는 직업을 얻으려는 사람이고 주변 사람들—철수 누이와 자기 아버지를 포함하여—을 경멸한다. 누이와 춘자는 전혀 다른 타입이었다. 누이는 강한 생명력으로 천한 일을 하며 고민을 모르고 '인간의 냄새'를 풍기는 사람이라면, 춘자는 존경받는 직업을 택하여 주변을 경멸하며 살려는 사람이었다. 누이를 좋아하는 이상, 철수는 춘자에게 거리감을 느낀다.

그런데 언제부터인가 누이는 더욱 일찍 외출하고, 화장도 더욱 열심히 하고, 더욱 명랑하고, "미채가 넘쳐흘렀다." 누이는 종래 집을 나가고야 말았다. 나중에 누이로부터 연락이 와서 서울역에서 만나니 누이는 원래 자기 애인이라며 멀끔한 사내와 같이 나왔다. 그 사내는 철수에게 돈 뭉치를 주고 주소를 적어주었다. 누이는 철수에게 부산으로 내려와 같이 살자고 했다. 그러나 철수는 누이를 찾아가서 살 생각이 들지 않는다. 그는 "누이와는 반대 방향으로 가야 한다고 생각"했다. 그는 서울역을 나와서는 어느 '조무래기'를 따라 어두운 골목으로 들어간다.

「유실몽」에서 철수는 꿈을 잃고 작부인 누이에게 얹혀살았다. 무엇보다 철수는 몸 파는 누이의 지배 아래 편하게 살았다. 하지만 철수는 언제부터인가 누이를 떠나야 하고 반대 방향으로 가야 한다는 것을 느꼈고 결국 결단을 내려 누이를 떠난다. 나아가 그는 주변에 있던 춘자를 포함한 모든 존재들에 대한 미련을 버리고 어딘지도 모르는 곳을 향해 꿋꿋이 걸어간다. 「미해결의 장」에서 지상은 집을 떠나지 못했고 다만 광순을 찾아 위안을 얻곤 했다. 하지만 「유실몽」에서 주인공은 누이의 곁을 미련 없이 떠났다.

손창섭의 「층계의 위치」—1956년 12월

손창섭은 1956년 12월에 「층계의 위치」를 냈다. 주인공은 가난한 인쇄소 직공으로 하꼬방 2층집에 하숙을 들었다. 뒤편에는 전쟁 통에 파괴되다 만 3층집이 있다. 그 집은 두 개의 가게로 되어 있는데 한쪽은 조그만 음식점이고 다른 한쪽은 간판이 없고 다만 외국 군인들이 왕래하는 게 보인다. 문제는 그 집 옆으로 계단이 나 있는데 2층에서 3층 올라가는 계단은 이쪽에서 보기에 어떻게 생겼는지 잘 이해가 가지 않는다. 그 집의 3층은 높아서 안이 보이지 않지만 2층 방은 그 안에서 외국 군인들과 여자들이 무엇을 하는지 다 보인다. 그는 직접 계단을 확인해보고 싶었다. 한번은 젊은이들이 지키며 막아서서 올라가지 못했다. 그러나 다음에는 근처에 소란이 생긴 틈을 타올라갈 수 있었다. 2층 방에서는 나체에 가까운 여자와 외국 군인이 껴안고 있는 모습이 보였다. 3층으로 뛰어올라가 보니 문이 열려 있었다. 그는 덮어놓고 방 안에 들어섰다.

> 내 하숙방하고는 너무나 달랐다. 우선 코를 간지르는 야릇한 향기와 벽에 걸려 있는 짙은 색깔의 옷들, 그리고 침대 위에 펼쳐 있는 푹신해 보이는 이불을 보았다. 나는 꿈속을 헤매는 사람이 되어버리고 말았다. 정신없이 나는 비틀비틀 침대 위로 다가갔다. 그러자 누가 떼다 밀기나 하듯이 내 몸은 저절로 쓰러지듯 침대 위에 누워버렸다. 귀가 와앙 울리도록 뛰는 가슴을 두

손으로 누르고 나는 한참이나 생각 없이 누워 있었다. 그러다가 나는 졸지에 정신이 펄쩍 뛰어 일어났다. 층층다리를 조사해야 할 것을 그만 깜박 잊고 있었기 때문이다. 이처럼 모험을 해가면서 내가 여기까지 올라온 중대한 목적은 거기에 있었던 것이 아니냐? 나는 날쌔게 도로 방을 뛰어나갔다. 층층다리 쪽에서 발소리가 났다. 누가 올라오고 있는 것이었다. 나는 질겁을 해서 뒤로 돌아왔다. 할 수 없었다. 피한다는 것이 나는 무의식중에 방으로 들어와버리고 말았다. 발소리가 점점 가까워졌다. 어찌할 도리가 없었다. 방문은 닫았다. 다행히 안으로 고리가 있었다. 급히 그놈을 잠가버렸다. 다음 순간 나는 모든 것을 단념한 듯이 천천히 걸어서 침대 위에 가 누웠다. 이불 속에 몸이 푹 잠겼다. 문밖에서는 황급히 문을 흔들어보고 아래층을 향하여 소리를 지르고 법석이었다. 나는 할 수 없다고 체념했다. 이 3층 건물의 내부 구조와 함께, 사회의 일분자로서의 나라는 개체가 풍기는 생명의 비밀이 외부와 차단된 채, 영원히 이대로 누워 있어도 좋다고 나는 생각하는 것이다.

손창섭, 「층계의 위치」, 370-371쪽

3층 방에 들어가자 맞닥뜨린 것은 '야릇한 향기'와 '벽에 걸려 있는 짙은 색깔의 옷들' 그리고 '푹신해 보이는 이불'이었다. 이것들은 성(性, sex)이 아니라 성의 기호(sign)들에 불과했다. 그는 이 기호들의 의미를 느끼자 너무나 강한 자극에 쓰러져버렸다. 그리고 사람들이 올라오는 소리에 공포를 느껴 다시 들어왔을 때는 누가 뭐래도 그곳을 떠날 수 없었다.

「층계의 위치」에서 주인공이 경험한 것은 성욕이나 성의 쾌락이 아니라 기호들이었을 뿐이다. 그는 과거 경험에 의지해 그런 냄새, 그런 옷가지, 그런 이불 등이 성과 밀접히 연관된 것들임을 알았고 기억에서 그 기호들이 인식되자 너무나 황홀해져 정신을 잃었다. 사실 처음에 밝힌 층계가 어떻게 생겼는지 조사해야겠다는 목적은 핑계에 불과했다. 이미 그는 2층에서 나체에 가까운 여자와 외국 군인이 껴안고 있는 모습을 보았고 애초에 그는 그러한 성과 관련된 것들을 찾아 층계를 올랐던 것이다. 그러나 그가 3층 방에서 마주친 냄새와 색깔들은 기대했던 것보다 훨씬 더 강렬했다.

1956년 후반이 되면 손창섭의 인물들은 적극적으로 무언가를 찾아 돌아다니기 시작했다. 욕망은—손창섭의 소설에서는 성적 욕망으로 상징된다—아프레게르의 한국인들에게 있어 타고난 것이 아니었다. 그들은 죽음에서 깨어나 움직이기 시작하자 생명을 흡입하기 위해 몸 파는 여인들에게 접근했고 그들에게서 생명을 얻자 이번에는 성욕을, 그게 아니라면 성욕의 기호라도 얻기 위한 모험을 시작했다.

손창섭의 「소년」—1957년 7월

손창섭은 1957년 7월 「소년」을 발표했다. 주인공은 국민학교 여선생 구남영이다. 하루는 '이창훈'이라는 4학년 아이가 집에 가지 않겠다고 누나와 싸우고 있는 것을 보고 점잖게 타일렀는데 그 아이는 들은 체도 하지 않고 "냉소와 경계에 찬 눈초리로 남영을 지켜보고 있을 뿐"이었다. 창훈은 그림의 천재였다. 창훈이 그린 그림들을 보면 감탄을 금할 수 없었다. 특히 성적(性的)인 그림을 잘 그렸는데, 그것을 볼 때마다 여선생은 가슴이 울렁거릴 정도였다. 하루는 창훈이 칠판에 커다랗게 여자 성기를 그려놓았는데 놀랄 정도로 자세한 묘사였고 그 옆에는 보는 사람들을 조롱하는 말이 쓰여 있었다. 며칠 후 창훈이 아이들에게 무슨 그림들을 보여주고 있기에 빼앗아 보니 춘화였다. 물론 야단을 쳤다. 그는 머리도 좋고 그림도 기막히게 잘 그리는 일종의 천재였지만, 지독한 말썽꾼이었다. 그는 늘 성적으로 조숙한 짓을 해 말썽을 부렸다.

그를 가르쳤단 선생들은 모두 창훈의 가정환경에 문제가 있다고 지적했다. 그의 엄마는 친엄마가 아닌데 사창굴을 운영하고 있고 창훈을 엄청 학대한다는 것이었다. 또 한번은 사고를 쳤대서 알아보니 여자아이가 소변을 보고 있는데 창훈이가 대꼬챙이로 그곳을 찔렀다고 했다. 그런가 하면 창훈은 그런 짓을 해서 야단을 맞고는 선생에게 이겼다는 식의 표현을 하는 것이었다. 구 선생은 창훈과 함께 집을 방문했다. 과연 그 집은 어린아이가 양육될 만한 곳이 전혀 못되었다. 나중에 창훈이 멀리 도망가려 한다는 것을 알게 된 구 선생은 그를 집으로 데려와 대화를 하고 하룻밤이라도 따뜻하게 재우려 했다. 그런데 새벽에 창훈이와 같은 방에 자고 있던 구 선생의 여동생이 비명을 지르고 화가 나서 창훈에게 난리를 치는 것이었다. 얘기를 들어보니 창훈이가 새벽에 여동생의 내복 속으로 손을 쑥 집어넣더라는 것이다. 그 후 창훈은 어디론가 사라져 버렸다.

창훈은 초등학교 4학년으로 성욕을 느낄 나이는 아니었다.* 창훈은 성(性, sexuality)의 작은 악마였다. 그는 남보다 일찍 성욕을 느껴서가 아니라, 그런 환경에서 알 수밖에 없지만 폭력으로 금지된 그 무엇, 성에 대한 호기심으로 그것을 알아내고, 친구들과 선생들에게 자신이 금지된 그것을 섭렵하고 있음을 과시하여 선생들을 당황시키고 그들의 권위에 도전하는 것을 즐기는 당돌한 아이였다. 창훈에게 성이란 아이들에게 폭력을 휘두르는 어른들이 금지시킨, 어른들만의 비밀의 상징이었고, 창훈은 비록 아이일지라도 그 상징을 전유하면 어른들에게 도전할 수 있음을 알았다. 따라서 성과 관련된 것은 창훈에게 있어 그의 존재를 확보할 힘의 상징이었다. 다시 말해 창훈은 성적으로 조숙한 아이가 아니라 성에 대해 탐욕스레 알아나가고 그 상징들을 천재적으로 구사해서, 세상을 당혹시키며 권위에 도전하는 게임을 벌이는 아이였다. 창훈은 아직 성을 몸에 갖고 있지 못하지만 몸에 장착하기 위해 노력하며 권력 게임을 즐기는 성의 악마였다. 1957년에 이르러 손창섭의 소설에서는 '성'이라는 생명력의 일부의 기호와 상징을 탐욕스레 모으고 휘두르는 작은 악마가 탄생했다.

손창섭의 「치몽」—1957년 7월

손창섭은 같은 달에 「치몽(稚夢)」을 발표했다. 모친을 갑자기 여읜 19세 소녀 을미는 고인의 유언도 있고 해서 같은 집에 세 들어 사는 세 소년과 서로 외로움을 달래고 도와 가며 같이 살기로 했다. 세 소년은 모두 16, 17세로 구두닦이를 하며 돈 관리에 철저한 태갑과 신문팔이를 하며 "만날 큰소리만 탕탕치는 키가 훤칠한" 상균 그리고 "살갗이 희고 다감한" 화가가 되겠다는 기수 이렇게 셋이다. 그들은 을

• 작가는 그의 자서전 「신의 희작」에서 자신은 13살의 나이에 성에 대해서 알기 시작했고 그러고는 힘든 유년기와 사춘기를 보냈다고 한다 (손창섭 2005 2: 195-196). 작가는 의도적으로 그보다 어린 나이의 소년, 즉 성을 알지 못할 소년을 주인공으로 설정한 것이라고 판단된다.

미 누나를 경쟁적으로 친구로, 애인으로, 여왕으로, 여신으로 모셨고, 한때 행복하고 환상적인 시간을 보냈다. 소년들은 누나에게 한 가지씩 선물을 하고 싶어 했다. 한 사람은 구두, 한 사람은 시계, 그리고 나머지 한 명은 핸드백을 선물하겠다고 했다. 이 소년들은 16, 17세로 성적으로 무지한 나이는 아니었다. 하루는 모여서 화가가 되겠다는 기수의 '스케치북'을 본다. 거기에는 수많은 그림들이 그려져 있었는데 특히 을미의 모습을 그린 그림이 많았고 무엇보다 놀라운 것은 누나의 나체화들이었다. 물론 상상해서 그린 그림들이었지만 이들은 누나의 벗은 모습을 상상할 만한 나이였던 것이다. 소년들은 그림들을 보고 "히들거리고 웃었다." 그들은 다만 제도적으로 '미성년자'이며 셋 사이에 누나를 어떻게 대할 것인가에 대한 합의가 있을 뿐이었다.

소년들은 을미 누나를 다방에 취직시키는 데 성공했다. 을미는 소년들이 선물해준 장식품들을 걸치고, 화장하고 외출복을 입으니 딴 사람 같아 보였다. 그들은 이렇게 자기들 여왕의 빛나는 모습에 엄청난 자부심과 행복을 느꼈다. 그런데 문제는 을미가 다방에 나가면서부터 청년들이 누나 주변에 출몰하기 시작했다는 것이다. 특히 '맨대가리'가 심상치 않았다. 하루는 그 '맨대가리'가 을미의 집을 알아내서는 밤에 그녀가 퇴근해서 오기를 기다리고 있었다. 소년들을 본 그는 '박치룡'이라고 자신을 소개하며 소년들에게 친구 하자고 하고는 이내 '조무래기 친구들'이라고 불렀다. 며칠 후 다시 을미를 찾아온 맨대가리는 집 안에 발을 들여 놓았다. 소년들은 윗방으로 올라갔다. 을미와 맨대가리가 한참 이야기를 나누는 소리가 들리더니 조금 후에 을미의 "가느다란 울음소리"가 들렸다. 물론 그 나이의 소년들은 이 울음의 의미를 모르지 않았다. 눈치를 챈 소년들은 각자 그 집을 떠나겠다고 했다. 태갑은 전에 준 선물을 도로 받겠다고 했다. 결국 소년들은 누나에게 배신당하고 흩어지고 말았다.

이 소설은 이제 성욕을 갓 느낄 그러나 제도적으로는 미성년자인 인물들이 공동의 누나에게 느꼈던 순수한 감정과 그 감정의 위태로움을 보여주고 있다. '맨대가리'가 나타나자 그들은 이미 누나가 자신들의 몫이 아님을 알게 되었고 그를 적대시하였다. 하지만 어쩔 수가 없었다. 자신들은 미성년자일 뿐이었다. 비록 '맨대가리'가 '조무래기 친구들'이라고 불러주었지만 결국 누나의 울음소리를 들었을 때 소년들은 자신들이 '일곱 난쟁이'로 남아 있을 수 없음을 깨달았다. 그들이 을미 누나에게 품었던 감정은 이미 독점욕이 뚜렷한 '에로틱한 사랑(erotic love)'이었다. 이제 소년들은 엄연한 성욕을 가진 인간이었지만 자신들에게 성욕을 부릴 자격이 주어지지 않았음을, 성인이 되지 못했음을 알고 분함을 금치 못했다. 그들에게 욕망은 좌절을 의미했다.

손창섭의 「침입자—속 「치몽」」—1958년 3월

손창섭은 다음 해 1958년 3월에 「치몽」 속편을 발표했다. 「치몽」의 이야기가 끝난 다음 날 아침이었다. 소년들은 가지 못하게 눈물로 막아서는 을미 누나를 차마 뿌리치고 갈 수 없었다. 저녁때면 '맨대가리' 박치룡이 나타나 그들을 '조무래기 동지들'이라 부르며 적극적으로 접근한다. 그는 침입자였다. 하지만 물리적인 힘의 문제로, 또 누나와의 관계 때문에 소년들은 그를 물리칠 수 없었다. 박치룡은 소년들 앞에서 일장연설을 한다.

"제대하고 사회에 나와서 무슨 일에 부닥칠 때마다, 나는 자주 그때의 치열한 전투 광경이 떠오르군 한다. 지금 우리가 살고 있는 이 사회가 꼭 전쟁터와 같은 생각이 들기 때문이다. 어딜 가나 무엇을 하나 적과 부닥치게 마련이다. 그들은 나의 진로를 막고, 나의 행복을 빼앗고, 심지어는 나의 목숨까지 노리고 있다. 이미 현대는 생존 경쟁의 단계를 지나 약육강식의 시대라는 느낌이다. 경쟁에 이기는 게 문제가 아니라, 상대방을 꺼꾸러뜨려야만 살 수 있는 시대란 말이다. 결국 따지고 보면 너들두 조그만 생활의 전사들이다. 죽지 않고 살려구 좀더 잘 살아볼려구, 악착같이 싸우고 있는 인생의 전사들이란 말이다. 어쩌문 너들은 나보다 훨씬 행복하고 훌륭한 전사들이다. 너희들에 비하문 나는 너무나 비겁하고 초라한 전사인지도 모른다. 내게는 너들처럼 아름다운 꿈과 소박한 자신이 없기 때문이다. 나는 너들이 부럽다." / 그리고 나서 박치룡은 정말 부러운 듯이 소년들을 둘러보았다. 다시없이 부드러운 표정이었다. 소년들은 그러한 박치룡의 얼굴을 다시 쳐다보았다. 지금까지는 그저 무섭고 밉기만 하던 그가 달리 느껴졌기 때문이다. 박치룡은 소년들의 손을 하나하나 쥐어보면서, / "너두 고생들 하는구나!" / 한숨 짓듯 하였다. / "앞으루 내가 계획하는 일이 잘만 되문, 을미누나는 물론 너들에게두 고생을 시키지 않을 테다." / 그런 말도 하였다.

손창섭, 「침입자—속 「치몽」」, 36-37쪽

한국인의 발견

소년들은 그의 연설에 감명을 받았다. 그는 술만 안 마시면 좋은 사람이었다. 하지만 동시에 술만 마시면 통제가 안 되는 사람이었다. 그 후에도 여러 차례 술을 마시고 와서 누나를 때리고 소년들을 '메다꽂아' 버리곤 하였다. 그 후에 박치룡은 사업을 한다고 했는데—그동안 누나는 딸을 낳았다—그게 범죄여서 잡혀가 감옥에 갇히는 신세가 되었다. 면회를 가니 그는 소년들에게 누나를 잘 부탁한다고 신신당부하였다. 이제 소년들은 을미 누나와 자신들의 관계가 전과 달라졌음을 깨닫지 않을 수 없었다. 누나는 이제 친구이며 누나일 수는 있지만, 애인일 수는 없었다.

이 속편의 의미는 소년들이 이제 새로운 존재의 지위를 승인받았다는 데 있다. 박치룡은 소년들을 모아놓고 소년들은 전사(戰士)임을 선언하였다. 물론 소년들은 꽤 오래전부터 구두닦이로, 신문팔이로 길거리를 뛰어다니며 생계를 위해서, 존재를 위해서 싸워왔고 나름대로 만만치 않은 '조무래기 친구들'로서 인정받아왔다. 하지만 그들은 어디까지나 미성년자였고 '조무래기' 대접밖에 받지 못했다. 그러나 애인을 '맨대가리'에게 잃고 '일곱 난쟁이'의 지위를 박탈당하고 나서 이제 그들은 전사의 칭호를 받았다. '백설공주'를 빼앗긴 것은 오히려 소년들 스스로가 이제 진짜 사랑을 할 조건을 갖추었음을 뜻했다.

그리고 1958년 9월, 손창섭은 이런 과정을 거쳐 드디어 「잉여인간」을 써냈다. 여기에서 우리가 생각해야 할 점은 그의 많은 작품 안에서 인물들의 모습과 작품들의 분위기가 한 발 한 발씩 변화를 겪었다는 것이다. 그 변화란 한국전쟁을 겪은 후 죽은 시체 상태가 된 한국인들이 약 5년 후 되살아나 움직이고 욕망을 부리기 시작하는 방향의 것이었다. 이런 엄연한 사실을 그간 아무도 간파한 사람이 한국 학계에 없었다는 것은 신비스럽기만 하다. 손창섭의 소설들을 통해서 죽었던 한국인이 '부활(resurrection)'한 것이었다. 고은은 1950년대를 단순히 서양 문학을 모방하는 데 그쳤을 뿐 아무것도 생산하지 못한 한심한 시대였다고 하였다.[1] 그러나 이 시대의 순수문학 작품들을 해석해보면 이 시대의 작가들이야말로 우리 현대사의 최고의 영웅들이었다. 그들은 훌륭한 문학을 만들어냈을 뿐 아니라 죽었던 한국인을 살려냈다.

부활의 마법

1950년대를 통한 손창섭의 단편 소설들을 연결시켜 해석해보면 시체나 다름없던 인물들이 움직이기 시작하고, 성욕과 생명을 얻기 위해 순례를 하고, 결국에는 생명을 얻어 살아 움직이는 한국인으로 나타난다. 소설 속 이런 변화의 모습들은 작가가 당시 한국인들이 현실 속에서 변화해가는 것을 실제로 보거나 겪어가며 묘사한 것으로 보기에는 너무나 짧은 시간에 이루어져 나타났으며, 지금까지 본 그 변화의 양상 또한 현실적이라기보다는 신비스러울 따름이다. 그런가 하면 흡사 소설 속 인물들의 이런 모습들은 혹시 손창섭이 시나리오를 미리 짜고 1950년대를 통해 소설을 써나간 것은 아닌가 하는 의구심이 들게 하기도 한다. 그러나 손창섭 소설의 인물들이 겪은 이 과정은 손창섭이라는 작가 개인의 소설들에서만 나타난 과정은 아니었다. 당시의 다른 작가들의 작품들도 비슷한 변화를 보이고 있었다. 근대 소설문학은 현실의 재현(再現, representation)이고 사상을 표현한다는 가정하에 이 책의 연구는 시작된 것이며, 픽션과 현실은 연결되어 있을 수밖에 없다. 픽션의 차원에서 행사된 어떤 '문학적 실천'은 흡사 마법처럼 현실에서 공명(consonance)과 '나비 효과'를 일으켰을 것이다. 소설을 쓰는 것은 예술(藝術)이며, 생계이기 이전에 사회적 실천임은 말할 나위가 없다.

손창섭의 사실주의

손창섭 소설들의 첫 번째 특징은 단연 사실주의(寫實主義, realism)이다. 그의 완벽한 문장, 집요한 묘사 등은 잘 알려져 있다. 그의 문학은 치열했다. 그는 '가방 끈이 긴 작가'는 아니었다. 또 그는 성장 과정에서 많은 어려움을 겪었고 '겡카도리(싸움닭)'라는 별명이 대변하듯 싸움을 양보한 적이 없었으며 어떤 어려움에도 주저 없이 뛰어들었다고 한다.[2] 그랬던 그는 꼼꼼하고 완벽한 사실주의 소설 작법을 통해 인물들에게 강한 생명력을 부여했다. 그는 이광수처럼 '민족의 선생'을 자처하고 길을 가르쳐주는 작가는 아니었다. 손창섭은 차라리 한국인들이 자신의 못난 모습을 볼 수 있도록 눈앞에 거울을 세워준 작가였다. 사실주의적 픽션을 쓰는 것이 그가 우리 민족을 위해할 수 있는 최선의 길이었다.

　　모든 소설은 사실주의적이라 할 수 있다. 하지만 손창섭의 사실주의는 독특한 측면들을 갖고 있다. 유종호에 따르면 손창섭의 작품에서는 이른바 인물 묘사가 거의 없다. 지금 액자에 나타나지 않는 것은 말하지 않는다. 인물의 용모, 신장, 역사, 가족 상황 등 그게 뭐든 눈에 지금 나타나지 않는 것은 거의 아무것도 보여주지 않는다.

"그럼에도 불구하고 그 희극적인 대사나, 깊은 것은 아니면서도 작자의 인간 통찰에서 나온 심리적 터치나, 인간에 대한 냉소적인 관찰로 리얼리티를 획득하고 있는 것이다."[3] 이렇게 손창섭은 이야기를 철저하게 시선을 따라 진행하고, 보이지 않는 모습에 대해선 짐작하지 않는다고 경계를 확정지음으로써 시선의 리얼리티를 부각시킨다. 그의 사실주의는 '전지전능한 나레이터'의 시선과 판단을 부정하고 한계 설정과 자제를 부각시킴으로써 묘사의 설득력을 확보한다. 다시 말해 그의 글은 빈틈없이 길게 묘사함으로써 현실성을 쥐어짜내는 소설이 아니라 오히려 본 것과 못 본 것을 구별해 제시하는 간결하고 검약(儉約)한 스타일로 진실성을 얻고 이로써 묘사의 설득력을 높이는 수준 높은 사실주의였다.

이부순은 「혈서」에서 활용된 시선에 대해서 다음과 같이 논한다.

「혈서」의 이야기 외부 서술자가 작품의 의미 생성에 관여하는 방식은 일차적으로 초점 대상의 유동적 교체로 나타난다. 「혈서」의 서술자는 어느 특정한 인물의 시각에 밀착해서 사건을 전달하지 않고 자신의 필요에 따라 자유롭게 초점 대상을 교체하면서 사건을 서술하고 있다. 그런데 여기서 주목해야 할 점은 서술자가 자리 잡은 초점화의 위치와 관련된 문제이다. 「혈서」의 서술자는 이야기보다 상위에 존재하긴 하지만 조감적 위치에서 작중 사건을 내려다보는 방식을 취하지는 않는다. 그는 오히려 이야기 세계에 대한 인식적 거리를 축소, 그와 밀착해서 들여다보면서 서술한다.[4]

한마디로 「혈서」에서 활용된 시선은 흡사 TV로 복싱 경기를 중계할 때 카메라맨이 카메라를 어깨에 메고 링을 따라 이동하면서 복서들을 최대한 가까운 거리에서 때론 '클로즈업'하고 때론 다른 각도를 잡아 선택적으로 보여주듯이, 그렇게 이동하면서 인물들의 모습을 다양한 각도에서 보여주는 시선이었다는 것이다. 단지 보이는 것을 전해주는 수동적 시선이 아니라 따라가고 가까이 가는 적극적이고 활동적인 시선이었다.

손창섭 사실주의의 또 하나의 특징은 시련, 죽음의 과정에 있는 인물의 괴로움과 비참함을 사실주의적으로 묘사하는 데 그치지 않고 나아가 환부(患部)를 '클로즈업'하고, 옆에 다른 인물을 설정하여 그로 하여금 놀림과 모멸과 고문을 가하게 하여 그 시각적 장면뿐만 아니라 비명 소리, 웃음소리까지 전해준다는 것이다. 이는 손창섭이 1953년에 쓴 「사연기」나 「비 오는 날」에서는 쓰이지 않은 수법이지만 1954년의 「생활적」에서는 주인공 동주 옆에 봉수라는 인물을 등장시킴으로써 그에게 고문에 방불할 모멸을 가한다. 그는 동주가 방에 누워서 제구실을 못하는 것을 알고 신이 나서 자신의 지저분한 여성 편력을 음탕하게 늘어놓는다.

그러고는 개가 구역질을 하듯 꾸룩꾸룩 이상한 소리로 웃어 보이는 것이었다. 그동안 동주는 그린 듯이 누워 있었다. 훈기에 섞여 배어드는 지린내와 구린내를 어쩔 수 없듯이, 젖은 옷처럼 전신에 무겁게 감겨오는 우울을 동주는 참고 견디는 도리밖에 없다고 생각하는 것이었다. 오늘날까지 30여 년간 모든 것을 참

고 견뎌만 오지 않았느냐! 죽음까지도 참고 살아오지 않았느냐
말이다. 동주의 감은 눈에는 포로수용소 내에서 적색 포로에게
맞아 죽은 몇몇 동지의 얼굴이 환히 떠오르는 것이었다. 따라서
올가미에 목이 걸린 개처럼 버둥거리며 인민 재판장으로 끌려
나가던 자기의 환상을 본다. 동시에 벼락같이 떨어지는 몽둥이
에 어깨가 절반이나 으스러져 나가는 것 같던 기억. 세 번째 몽
둥이가 골통을 내리치자 '윽' 하고 쓰러지던 순간까지는 뚜렷하
다. 동주는 그만 가위에 눌린 때처럼 '어, 어' 하고 외마디 신음
소리를 지르고 몸을 꿈틀거리며 돌아눕는 것이다. 이마에는 식
은땀이 약간 내배는 것이었다.

손창섭, 「생활적」, 97-98쪽

봉수의 너스레에 동주가 당하는 고통은 물리적 폭력 못지않
다. 포로수용소의 기억이 떠오른다. 그리고 봉수 외에도 동주의 주변
에는 그를 모멸하는 사람들이 한둘이 아니다. 그의 아내 춘자는 늘
동주의 온몸을 어루만질 때면 전 남편들과의 변태적 관계를 이야기
해대는데 이를 듣고 있으면 괴롭기 그지없다. 그리고 동주가 물 길러
가는 길에 만나는 동네 주민들의 눈길이나 말투는 거의 내놓고 그를
'병—신'이라고 놀리는 것이었다.

이렇게 죽어가는 사람, 좌절한 사람에게 모멸을 가함으로써
현실을 더욱 괴롭게, 견디기 어렵게, 무겁게 짓눌리도록 만드는 기법
은 다른 작품에서도 많이 활용된다. 「혈서」는 소설의 모든 이야기가
좌절한 청년에게 잔인한 언어폭력을 가하는 이야기이다. 「미해결의
장」에서 지상의 가족들은 '대장'을 포함해서 늘 지상에게 언어폭력

과 학대를 가한다. 지상은 가족들에게서 받은 모멸 때문에 집을 나가려 하지만 나가지 못하는 문제에 빠져 있었다. 「유실몽」에서도 누이는 철수에게 기회가 있을 때마다 놀리고 모멸을 가한다. 그래서 철수는 한편으로 의지해왔던 누이를 이젠 떠나야 할 때가 되었다고 결심하게 되었는지 모른다.

더 나아가 손창섭 소설에서 죽어가는 인물에 대한 모멸은 이렇게 가시적인 수준에 머무르지 않는다. 이부순은 「생활적」의 예를 들며 주인공 동주는 작가에 의해 마음속까지 관찰당하고 있지만 다른 인물들은 철저하게 밖으로 드러나는 모습으로 또는 동주를 통해서 간접적으로만 묘사되고 있다고 말한다. 그리고 동주를 포함하여 인물들과의 그 거리는 '~것이다'라는 어법적 표현으로 조정된다는 것이다.[5] 이부순은 「생활적」에서 구사된 시선에 대해 아래와 같이 말한다.

그렇다면, 작가가 서사 대상에 대한 서술자의 심리적, 이념적 거리 조정을 통해 이중적인 의미 맥락을 창조하는 의도는 무엇일까? 그것은 첫째, 대상에 대한 객관적 거리를 통해 작가 자신이 궁극적으로 지향하는 가치가 '동주'의 삶의 방식에 있지 않다는 것을 환기시킴으로써 그가 제시하고 있는 기형적 불구성에 대한 직접적인 책임으로부터 물러서 있기 위한 것으로 보인다. 그러나 보다 근본적으로는 양자 사이에 존재하는 거리를 통해 '생활적'의 반어적 의미를 지시하기 위한 것으로 보인다. 그것이야말로 작가가 '동주'의 기형적 불구성이 '생활적'인 것으로 의미화될 수 있는 맥락을 제공하는 가장 중요한 이유라고 할 수

한국인의 발견

있을 것이다. 요컨대 전혀 생활답지 않은 것을 '생활적'이라고 함으로써 일종의 반어적 효과를 얻고자 하는 데 작가의 진정한 의도가 있다는 것이다.[6]

이부순에 따르면 이 소설의 궁극적인 메시지는 동주의 '삶은 사는 게 아니다'―'생활적'이지 않다―라는 말이다. 그의 삶은 이미 죽어 있는 것과 다름없는 죽어가는 모습일 뿐이다. 그런 인물에 대해 작가는 '거리 두기'를 인물을 희화화하고 모멸하는 데 이용하고 있다는 것이다. 물론 이런 식의 시선과 어법은 「생활적」에만 국한되지 않는다.

많은 평론가들이 지적하듯이 손창섭의 인물들은 대개 죽어가는 인물들이지만 비극적이지 않은 경우가 많다. 그들은 비극적으로 행동할 이성적 지적 능력이 없다. 오히려 이들의 대사는 '희극적'이다. 그로테스크하게 보이기 위해 작위적으로 말하기에 독자들의 입에서 웃음이 삐져나온다. 그들은 육체적 조건뿐만 아니라 정신적으로도 정상이 아니다. 뜬금없는 소리, 앞뒤 안 맞는 소리, 얼빠진 소리 등 이상한 대사를 읊는다. 그러나 이야기는 희극적인 이야기가 아니라 기괴하리만치 우울하고 답답한 이야기다. 손창섭의 사실주의는 비참한 현실을 희화화함으로써 비참함의 깊이를 더한다.

나아가서 손창섭의 단편 소설들은 대부분 독특한 시간 의식을 나타낸다. "정지된 시계층의 그 맥 빠진 허무함을" 느끼게 한다. 이런 시간 의식은 바로 그런 현실, 어둠 속에서 죽어가는 현실이 영원히 지속되고 반복되는 느낌을 주며, 이는 현실의 무게를 배가시키고 또 인물의 고통을 배가시킴으로써 손창섭 작품 특유의 느낌을 만든다. 즉 움직임이나 변화는 일어나지 않을 것이고 고통은 반복될 것이라고 느끼게 한다. 「비 오는 날」에서는 영원히 비가 그칠 것 같지 않으며 「생활적」에서 동주의 괴로움은 하염없이 계속될 것만 같다.[7] 바꾸어 말하면 손창섭은 의도적으로 탈출구나 해결책을 만들지 않았다. 캄캄한 현실에 한 점의 빛도 없다. 이는 경박한 실천을 거부하는 것이며 동시에 기만술(欺瞞術)로 보아야 한다. 이런 기만술은 혁명가들이 경찰의 눈을 속이기 위해 하는 변장(變裝)만큼이나 당연한 것이다.

손창섭은 현실감이 없거나 현실로부터 도피하려는 인물들을 설정하고는, 등장인물을 시켜서 또는 직접 그들을 비난함으로써 자신의 '현실주의'를 선언한다.[•] 물론 이 낭만주의자나 비현실주의적 인물들에 대한 비난은 위에서 말한 고통 받고 죽어가는 사람들에 대한 모멸과는 다른 것이다. 「미해결의 장」에서 주인공 지상이 자기 가족을 혐오하고 떠나려는 이유는 '대장'을 위시하여 모두가 하나같이 '미국 유학'이라는 현실 도피만을 생각하고 있기 때문이었다. 주인공 지상이 그의 집안에서 그래도 사랑하는 것은 그 "척수를 깎아내는 것 같은" 징그러운 재봉틀 소리였다. 유일하게 현실을 힘들게라도 살아나가려는 어머니와 함께 하고 있는 것이 그 재봉틀이었다. 「유실

• 여기에서 '현실주의'는 우리가 일상적 대화에서 사용하는 뜻으로 썼다. 문제는 이 말은 '사실주의'와는 다른 뜻이라는 것이다. '현실주의'와 '사실주의'는 모두 realism의 번역이다. '사실주의'란 문학 등에서 작품 속 현실을 현실이 아니지만 꼭 현실처럼 느끼게끔 '재현(representation)'을 구축하는 방식을 말한다. 반면 '현실주의'란 사회과학이나 일상에서 행동 방식을 정의할 때 현실을 기준으로 현실에 적응하여 행동하는 경향을 말한다.

몽」에서 누이 부부를 기술하는 첫 대목은 그들의 기이한 부부싸움이다. 매부는 권투 연습하듯 누이를 때리고 누이는 소리를 질러가며 아픈 척한다. 철수는 이 모습을 보며 웃는다. 이 장면의 의미는 바로 누이 부부는 현실을 진지하게 살지 않고 장난처럼 사는 사람들임을 드러내는 데 있다. 철수가 누이를 떠나겠다고 결심하는 이유는 이들과 같이 살다가는 종내 날개옷을 찾지 못할 거라는 판단 때문이었다.

장용학의 「요한 시집」―1955년

당시에 참담한 현실로 파고들어가 현실을 끝없이 반복되는 고통으로, 참을 수 없는 무게로 만든 대표적인 소설은 장용학의 「요한 시집」일 것이다. 이 작품은 사실주의적으로 쓰이지 않았지만 '시집(詩集)'도 아니다. 많은 부분은 '의식의 흐름'을 따라 자유롭게 서술되고 있으며 따라서 형식적으로는 손창섭과는 다른 방식이다. 하지만 이 작품 또한 일관된 실천을 지향하고 있다. '요한'이라는 이름은 작품에는 한두 차례 등장한다. '누혜'는 자살하기 전날 밤 '동호'를 껴안고서 자신이 '살로메' 때문에 죽는 요한이라고 하였다. 이 작품은 1955년에 출판되었지만 1953년에 초고를 탈고했다고 하니 손창섭의 초기 작품들과 거의 같은 시절의 작품이다. 이 작품은 형식적으로는 새 시대를 여는 '세례 요한'의 죽음을 의미한다고 하지만 내용 면에서 보면 그보다는 오히려 훨씬 섬찟한 현실과 그 현실이 반복되는, 종말을 예고하는 '요한 계시록(啓示錄, Apocalypse)'과 많이 닮아 있다. 물론 형식적으로는 계시록이라 할 수 없지만 의식과 환영(幻影)의 흐름을 따라 계시록처럼 쓰여진 부분도 있으며 이는 작품에서 중요한 부분이다. 장용학의 「요한 시집」이 발표된 해인 1955년에 갖는 또 다른 의미는 후술할 것이다.

앞에는 우화(寓話)가 제시되어 있고, 뒤는 상·중·하로 나뉘어 있다. 우화는 너무나 유명한 토끼 이야기다. 동굴에서 오랫동안 행복하게 살던 토끼는 우연히 어디선가 아름다운 빛이 흘러들어오는 것을 보고 매혹되어 그 빛을 향해 나아가기 위해 땅을 파고 기어가기 시작했다. 너무나 힘들게 피를 흘려가며 굴을 파 앞으로 나아갔고 드디어 마지막 벽을 무너뜨렸다. 그런데 그 순간 강한 햇빛이 눈을 파고들어와 토끼는 눈이 멀었고 앞에 아무것도 보이지 않게 되었다. 결국 토끼는 그 자리에서 움직이지 못하고 이윽고 죽고 말았다. 나중에 그 토끼가 죽은 자리에 '자유의 버섯'이 피어났고 주변의 짐승들이 모여들어 제사를 지내게 되었다고 하며 이야기는 끝난다.

이 이야기는 우리 근대사를 비유해서 말하고 있다. 우리 민족이 어렵게 개화의 역사에서 열심히 서구 문명과 자유의 이데올로기들을 받아들였지만 결국은 소화해내지 못하고 오히려 이들이 비극의 씨앗이 되어 엄청난 비극을 초래하고, 그리하여 우리는 그 순진한 토끼처럼 죽음을 자초하고 '자유의 전설'만을 남기고 말 것이라는, 우리 민족의 비극적 운명을 빗댄 이야기였다.

상(上)에서 '동호'는 자신이 어디에 있는지도 모른다. 그러면서 어디론가 가고 있다. 햇빛이 눈부신 가운데 그곳이 어디인지, 시간이 언제인지도 모르는 그런 공간이다. 여러 가지 다른 시간, 역사철학들이 교차하는 이 공간에서 그는 자유를 찾아 헤매온 것이었다. 이데올로기들이 만든 시간들, 물리적인 시간 등 시간이란 어떻게 형성되는 것인지 알 수 없고 아니면 아예 누군가 조작한 시간 속에 있는 것인지 분간할 수가 없다. 그는 포로수용소에서 나와 어딘가로,

어느 '하꼬방'을 향해 가고 있다. 옛날 고향의 모습이 보이는가 싶더니 "동호야!"라는 소리가 들린다. 내가 누군지 알기가 어렵다. 그동안 '나'라는 것도 복잡한 운명 속에 찢겨 왔었다. 그렇게 어느 하꼬방으로 왔다. 그 위에서는 고양이가 노려보고 있다. 하꼬방은 '레이션 박스'들로 이루어져 있다. '누혜', 그 친구를 만난 것은 그 섬의 수용소에서였다.

하꼬방에는 산 사람이라 할 수 없는 노파가 누워 있고 그는 나를 보자 "누─"라는 소리를 낸다. 누혜가 말하던 어머니? 노파는 중풍으로 움직이지 못한다. 먹을 것을 구하러 가려는데 그 고양이가 쥐를 물고 들어온다. 죽어가는 쥐를 고양이가 가지고 논다. 쥐가 하늘로 솟구쳤다가 노파의 가슴에 떨어지자 노파는 그 쥐를 잡아든다. 노파가 그 쥐를 입으로 가져가자 동호는 쥐를 빼앗는다. 순간 "어머니!" 하고 불렀다. 그러자 노파는 놓치지 않으려 손에 힘을 준다. 엄청난 힘이다. 나는 노파를 죽여버리려 했다. 노파로부터 그 쥐를 빼앗았다. 그 손에서 섬찟한 냉기가 스민다.

등골이 시려진다. 노파의 식은 피가 손가락으로 해서 내 혈관으로 흘러드는 것이다. 노파의 얼굴에 떠오르는 냉기를 보아라. 냉기는 내 팔을 얼어 붙이고 있지 않은가. …… / 사실은 내가 죽어가고 있는 것이 아닌가! 그렇지 않으면 왜 내 육체가 이렇게 자꾸 차가워지는가? …… 팔과 어깨를 지나 가슴으로……. 혈거지대(穴居地帶)로, 혈거지대로, 나는 자꾸 청동시대로 끌려드는 향수를 느낀다……. …… 이 무의미! 이것이 갈매기 우는 남쪽 바다의 섬인가! 변소의 손. 눈구멍에서 뽑혀 드리운 누혜의 눈알! 여기저기서 공기가 찢어진 눈알들이 내다보고 있는 벌판에 서서 그래도 외쳐야 하는 '자유 만세(自由萬歲)!' / 나는 뒤로 떠밀렸다. 노파가 발악을 시작한 것이다. 꽁꽁 묶였던 새끼줄은 끊어졌다. 이런 힘이 있었던들 아예 죽으려고 하지 않는 것이 논리적일 것이다. 소리소리 지르고 발버둥치고, 그 팔에 떠밀려 나는 뒤로 넘어질 뻔했다. / 해가 넘어간 고갯길을 굴러 내리는 수레의 늙은 나귀, 언제 무슨 결에 자기의 수레바퀴에 치여 넘어질지 모른다. / 부풀어 올랐던 노파의 가슴이 푸욱 꺼진다. 멀겋게 헛뜬 눈, 공허(空虛)를 문 것처럼 다물지 못한 입, 옆으로 젖혀진 입술로 걸쭉한 침이 가늘게 흘러내리다가 끝에 가서, 똑똑 떨어진다. 한 고치 한 고치 생명이 입김 밖으로 떨어지는 것이다. / 할닥할닥……. 점점 격해지는 숨소리. 자기의 그리듬을 짓밟아 버리지 못해 한다. 목젖에서 '죽음'이 자기의 새벽이 밝는다고 춤을 추고 있는 것이다. / 보는 사람이 숨이 겨웁고 눈알이 부어오른다. 두렵다. 저 숨소리가 꺼질 때 그 소용돌이에 내 목숨까지 한데 묻혀서 그만 흘러가 버릴 것만 같다. / 내 가슴을 그슬려버린 죽음의 고동은 귓속에까지 비쳐든다. 귀 안에서 죽음이 운다. 막 우는 진동에 눈동자가 초점을 잃어버린다. 환영(幻影)이 비쳐 든다. / 머릿속에서 환영이 맴돈다. 운다. 방 안이 운다. 하늘이 운다. 하늘 아래 벌판이 운다. 벌판이 온통 울음소리로 덮인다. 꿀꿀 돼지 우는 소리……. / 꿀꿀 꿀꿀. 돼지 우는 소리가 들려온다. 꺼먼 돼지, 흰 돼지, 빨간 돼지, 푸른 돼지. 꿀꿀 꿀꿀, 있을 수 있는 온갖 돼지들이 우는 소리가 밀려든다. 봉우리에서 골짜기에서, 들을 지나 내를 넘어 돼지들이 우는 소리가 밀려든다. / …… 백만 인구를 자랑하던 공민사회(公民社會)는 삽시간에 허허벌판이 되었다. 까맣던 문명이 허연 배를 드러내고 여기저기에 뒹군다. 서 있는 것이라곤 아무것도 없다. 죽었다. 도시는 죽었다. / 무의미를 의미로 돌려보내고 돼지의 대집단은 썰물처럼 지평선을 넘어 다음 퇴폐를 향하여 꿀꿀 꿀꿀, 울고 간다. / …… / 나뭇가지를 타고 침입해 들어오는 원인(猿人). 아직 쭉 펴지 못하는 허리에 차고 있는 것은 또 그 돌도끼이고 손에는 횃불이다. 그가 배운 재주는 그것밖에 없다는 말인가. / 저 망측스런 것들이 이제 좀 있으면 '비너스'를 찾고 그 앞에 제단을 세운다. 주문을 몇 번 뇌까리면 땅이 움직이기 시작하고 자아가 눈을 뜬다. 그 눈가에 공장이 서고, 그 연기 속에서 이층 건물이 탄생한다. 그 공화국은 만세를 부르는 시민들에게 자유를 보장하는 감찰을 나누어 준다. / …… / …… 눈 속으로 검은 그림자가 나타났다. 갓을 푹 숙여 쓴 그 젊은 도승(道僧)은 눈이 먼 것이다. 손으로 앞을 더듬으면서 가까이 온다. …… 저만치에 와 서서 그 먼 눈으로 눈물을 흘린다. / 이 거지 행색을 한 도승이 바로 저 도살장을 부숴 버리고, 사전을 뜯어 버린 그가 아닐까? / "누혜—" / 노파가 소리를 부벼냈다. …… / 방 안은 어둠이 차지했는데 내 앞에는 식어가는 노파의 원한이 가로놓여 있었다. 이렇게 해서 누혜의 어머니는 죽었다. / 도승이 서 있던 자리에는 고양이의 두 눈이 파란 요기(妖氣)를 뿜고 있었다.

장용학, 「요한 시집」, 214~218쪽

고양이가 잡아온 쥐를 먹으려는 노파와 실강이를 하다가 죽음의 냉기(冷氣)가 노파로부터 전해 온다. 그러자 종말의 참상들이 나타난다. 고양이의 요기(妖氣)에 찬 파란 눈과 누혜의 뽑힌 눈알을 나는 마주 보고 있다.

중(中)은 포로수용소에서 누혜가 자살해서 죽은 이야기다. 그는 포로수용소에서 유일하게 느긋하게 자유를 즐기는 인물이었다. 전쟁은 한국인들에게는 왜, 어떻게 그런 일이 벌어져 싸우는지도 모르는 대혼란일 뿐이었다. 그런 가운데 수용소에서는 서로 살아남으려는 자들의 전쟁이 벌어졌고 그 전쟁은 잔인의 극치였다. '인민의 영웅'이었던 누혜는 그 싸움에 가담하지 않았다. 하지만 결국 끌려가 엄청난 폭행을 당했고 그 후 그는 자살했다. 그는 철조망 기둥에 목을 매고 죽었다.

그 반역자의 시체에는 즉시 복수가 가해졌다. 그가 그렇게까지 잔인한 복수를 받아야 할 까닭은, 그가 인민의 영웅이었다는 것과 그가 죽기 전에는 감히 그에게 더는 손을 대지 못했다는 것 이외 찾아볼 수가 없었다. / 나더러 장난도 아니겠는데 그의 눈알을 손바닥에 들고 해가 동쪽 바다에서 솟아오를 때까지 서 있으라는 것이었다. 나는 엄살을 부릴 수도 있었지만 누혜의 눈이 아닌가. / 멀리 철조망 밖에서는 감시병이 휘파람을 불며 향수를 노래하고 있는데, 나는 누혜의 눈알을 들고 해가 돋기를 기다리고 있다. 이 눈알과 저 휘파람은 어떤 관계 속에 놓여 있는 것인가. 무슨 오산(誤算)을 본 것만 같았다. 우리는 무슨 오산 속에 살고 있는 것이다. 저 휘파람이 그리워해야 할 것은 태평양 건너 나의 옛집이 아니라 이 눈알이었어야 하지 않았던가…….
/ 나는 그가 어째서 죽음의 장소로 철조망을 택했는가 하는 것
을 그의 유서를 읽어 볼 때까지는 깨닫지 못했다. 그때까지도
내 눈에 보인 것은 내가 눈알을 손바닥에 들고 서 있어야 했던
안세계와 감시병이 향수를 노래하고 있었던 밖세계, 이 두 개의
세계뿐이었다. 세계를 둘로 갈라놓은, 따라서 두 개의 세계를
이어 놓고도 있는 …… 철조망에 어느 날 새벽 한 시체가 걸리
게 되었으니 그것은 하나의 돌파구가 거기에 트여짐이다.

장용학, 「요한 시집」, 223-224쪽

누혜를 죽인 것은 이데올로기라기보다 우리 민족의 잔인함이
었다. 죽을 때 누혜는 전쟁터와 수용소 그 사이, 철조망이라는 그 좁
은 틈을 노렸다.

하(下)는 누혜의 유서로 그가 어려서 자라온 이야기를 쓴 자
서전이다. 그는 어려서부터 학교에서 모범생이었고 신학문과 서양
이념들을 열심히 공부했다. 그는 졸업하자 당(黨)에 들어갔다. "당에
들어가 보니 인민은 거기에 없고 인민의 적을 죽임으로써 인민을 만
들어내고 있었다." 결국 그가 느낀 것은 "'자유' 그것은 진실로 그 뒤
에 올 그 무슨 '진자(眞者)'를 위하여 길을 외치는 예언자, 그 신발 끈
을 매어 주고, 칼에 맞아 길가에 쓰러질 요한에 지나지 않았다." 누
혜 자신은 다음 세상의 문을 열기 위해 죽을 운명이었다는 것이다.

그리고 마지막에는 상(上)이 끝났던 장면으로 돌아온다. 화자
는 노파로부터 보았던 세상에 대한 환상의 계시를 떨치지 못한 채
수평선을 바라보고 있다.

아웅! / 멀고 먼 해안선을 얼어붙이는 것 같은 싸늘한 울음소리
속에 한때 보이지 않아졌던 파란 요기는 여전히 숨쉬고 있는 것
이었었다. / 내일 아침 해가 떠올라야 저 눈이 꺼지는 것이다.
나는 졸려서 그대로 그 눈을 지켜보고 있는 것이 무섭기만 했
다. / …… 과연 내일 아침에 해는 동산에 떠오를 것인가……

장용학, 「요한 시집」, 232쪽

장용학은 다음 시대의 도래를 예언하는 것처럼 이 소설을 포
장했지만, 말 이상의 현실적 가능성은 소설에서 보이지 않는다. 누혜
의 자살이 상징하는 바가 두 세계 사이의 틈바구니를 여는 요한으로
죽는 것이라고 하지만 말일 뿐이다. 동호가 종말의 환상에서 본 멀리
서 걸어오던 '눈먼 도승'도 미덥지 않기는 마찬가지다. 또 그 파란 고
양이의 눈—그 요기(妖氣) 서린 눈—이 과연 아침해가 뜨면 사라질
것인가? 이 소설은, 새 시대를 연다는 말을 하지만 사실은 종말의 참
상을 보여주는 것에 다름 아닌 계시록의 의미를 더욱 현실적으로 보
여주고 있다. 장용학의 「요한 시집」이야말로 참담한 종말을 계시하
는 섬찟한 작품이다.

영겁회귀

손창섭과 장용학의 문학적 실천의 핵심은 괴롭고 처참한 현실을 있
는 그대로 보여주어 현실의 괴로움을 더욱 괴롭게 확인하는 한편 모
멸을 가하여 고통을 더욱 견딜 수 없게 하고, 나아가 그 괴로운 현실
이 끝없이 반복될 것임을 보여주는 것이었다. 그들의 사실주의는 우

리가 통상적으로 말하는 '사실주의'와는 상당히 다른 것이지만 그 연장선에서 이루어진 것이었다. 이러한 실천은 니체가 『즐거운 학문(Die fröhliche Wissenschaft)』에서 제시하는 '영겁회귀(永劫回歸, der ewige Wiederkehr des Gleichen)' 즉 인간이 초인(超人, Übermensch)으로의 자기 극복을 시작하게 될 계기를 만드는 악마의 연기(演技)에 해당한다. 니체는 『즐거운 학문』 제4권 마지막 섹션 #341에서 다음과 같이 말한다.

> 최대의 무게. ─만약 어느 날이나 밤에 한 악마가 몰래 너의 최악의 고독 중의 고독 속으로 숨어들어와 이렇게 말한다면 어떨까: "네가 지금 살고, 여태까지 살아온 삶을 너는 한 번 더 살고 그리고 무수한 반복으로 살고, 그리고 거기에는 아무것도 새로운 것이 없고 너의 인생의 모든 고통과 모든 즐거움 그리고 모든 생각과 한숨과 말할 수 없이 작은 일과 큰일이 다시 돌아오고, 모두가 같은 연속과 순서로─심지어 이 나무들 사이의 이 거미와 달빛까지도, 그리고 이 순간과 나까지도 다시 돌아온다. 영원한 존재의 모래시계는 한 점 먼지에 불과한 너와 함께 계속 뒤집어진다!" / 당신은 그러면 엎어져서 이를 갈며 그런 말을 한 악마를 저주할 것인가? 또는 그에게 "당신은 신(神)이요, 나는 여태껏 그렇게 신적인 말은 들어보지 못했습니다"라고 답하여 엄청난 순간을 경험할 것인가? 만약 이 생각이 당신을 사로잡는다면, 그것은 지금의 당신을 바꾸거나 어쩌면 망가뜨릴지 모른다. 모든 것에 이 질문 "너는 이것이 다시 한 번 그리고 무수히 반복되기를 원하는가?"는 당신의 행동들 위에 최대의 무

게로 얽혀 있을 것이다. 그 어떤 것도 이러한 영원한 확인과 인
장보다 더 열렬히 추구하는 것이 없는 당신 자신과 삶으로 귀착
된 것에 당신은 얼마나 흐뭇해할까?[8]

이 부분은 니체가 초인 짜라투스트라(Zarathustra)의 출발을 충
동하는 중요한 구절이다. 흡사 연극으로 표현되어 있는 이 구절은 누
구든 이런 일을 당하면 엄청난 충격을 받아 자신의 삶을 다시 반복
해도 후회 없이 살아야 함을 느끼게 되고 그는 자기의 인간적 존재
까지 극복하는 사람이 되기로 결심할 수밖에 없으리라는 것이다. 니
체는 다음 구절 #342에서 10년간 입산수도한 짜라투스트라의 이야
기를 하여 앞의 #341의 악마의 말이 어떤 사람으로 하여금 충격을
받고 산으로 들어가게 될 계기가 된다고 암시한다.

니체는 물론 악마를 만나 이런 충격적인 말을 듣는 것만이 인
간이 자기 자신을 극복하고 새로운 존재로 승화되는 계기가 된다는
뜻은 아닐 것이다. 더구나 이렇게 악마가 등장하는 이야기가 현실적
이라 볼 수는 없다. 오히려 니체의 뜻을 더욱 넓게 해석하여 자신의
삶, 삶의 모든 부분을 무겁게, 깊은 의미가 있도록 산다면, 즉 무한히
반복되어도 괴롭지 않고 보람된 일이라고 생각되도록 삶을 산다면
누구나 초인이 된다는 의미로 해석할 수 있다. 그러나 어떤 식으로
해석해도 결국 니체의 의도는 우리가 현대의 허무주의(nihilism)와 각
종 병폐를 극복하는 길은 하루하루 삶을 무겁게 몇만 번이라도 다시
살 수 있도록 사는 것이라는 철학을 설파하는 데 있다.

결국 1950년대를 통해 손창섭 등에 의해 행해진 사실주의적
문학의 실천은 괴롭고 암울한 현실을 도망갈 곳 없이 끝없이 반복될

현실로 만들어 현실 그것을 대안이 없는 무게로 받아들이게 하고 그 현실로 파고들어갈 수밖에 없도록 만드는 것이었다. 손창섭은 악마의 역할을 맡아 사실주의를 심화하여 더욱 아프고 뼈저리게 만들었다. 장용학은 이 악행에 가담한 작가였다.● 손창섭 류의 사실주의적 소설들은 독자들에게 엄청난 충격과 고뇌를 안겨주었을 것이다. 사실주의는 부활의 마법의 첫 번째 단계인 고압전기 충격에 해당할 것이다. 이러한 손창섭의 사실주의는 이광수 등의 개화민족주의자들이 민족운동의 지도자를 부각시키던 것과는 정반대 방향으로 이해할 수 있다.

니체의 영겁회귀는 서양 근대 철학사의 에피소드가 아니었다. 사실 이는 서양 철학 그 자체의 의미―우리들의 모습을 거울에 비쳐보는 일―에 충실한 것이며, 고대로부터 내려오는 긍정적 의미의 '현실주의'를 발전시킨 사상일 뿐이었다. 나아가서 영겁회귀는 개개인의 독자성과 주체성을 유지한 채 스스로 현실을, 특히 자신의 인간적 현실을 극복하도록 강요한다. 즉 세상을, 남을 혁명시키겠다는 사상이 아니라 나를 혁명시키는, 자신을 극복하는 사상이다. 그리고 사실 영겁회귀의 지혜는 니체가 아니더라도, 손창섭이나 장용학이 아

● 방민호는 장용학의 「요한 시집」 해설에서 그의 실존주의를 논하며 "『구토』의 로캉탱이 무위한 일상적 세계 속에서 구토를 느끼며 이로부터 벗어나기 위한 수단으로서 글쓰기를 생각하는 데서 끝난다면, 장용학의 작품들은 이러한 사르트르적 사고들을 전제한 채, 이러한 세계를 뛰어넘기 위한 '초인'적 도정을 제시하는 데까지 이르는 것이다"라고 말하고 있다 (방민호, 「알레고리적 상상력의 의미」 (장용학 1995: 530)). 이 점은 장용학의 다음 작품들 「비인 탄생」, 「역성서설」에서 더욱 명확하게 드러난다.

니더라도 가능한, 널리 알려진 잘 사는 방법의 연장이기도 했을 것이다. '정신 똑바로 차리고 살아야 한다!'라는 흔한 잔소리야말로 시체를 되살리는 마법의 주문의 초보 단계였을지 모른다.

생명을 찾아서

손창섭의 「미해결의 장」—1955년 6월

영겁회귀의 마법이 실행되자 1955년에는 거짓말 같은 변화가 나타났다. 우선 1955년 1월, 손창섭의 「혈서」에서는 인물들이 움직이기 시작하고 다투고 서로 폭행을 가하기 시작했고, 다리 하나 없는 준석은 방을 뛰쳐나와 길거리로 달려나갔다.

나아가서 6월에 발표된 「미해결의 장」에서 지상은 답답함을 견디지 못하여 집을 나선다. 그러고는 몸 파는 여인 광순이를 찾아간다. 문제는 그녀에게 가는 이유가 성욕을 해소하기 위해서도 아니고 사랑해서도 아니라는 것이다. '오피스'로 찾아가는 경우 광순이가 쥐어주는 돈 300환을 받으러 가는 것도 아니었다. 지상은 다만 광순이가 잠을 자는 온갖 냄새들이 밴 이부자리에 누워 편하게 낮잠을 잘 뿐이었다.

광순이에게는 늘 웃음이 있다. 즉 인간미와 생명력이 느껴진다. 지상 주변의 사람들은 다 '좀비'들일 뿐이다. 살아 있는 사람들이 아니다. 지상 또한 다르지 않다. 지상이 광순이를 찾는 이유를 그도 광순이도 알지 못하지만 그녀는 그를 품어준다. 마지막에 지상은 자신이 광순이를 찾는 마음이 심심풀이가 아니라 간절함, 절박함임을 깨닫는다. 지상에게 광순이는 구원이었다. 광순이가 '미해결'의 장의 견딜 수 없는 답답함을 해결해줄 궁극적인 구원이 되지는 못한다는 것을 지상도 알고 있다. 하지만 적어도 그녀는 오아시스였다. 지상은 잘 느끼지 못하지만 광순이 곁에 있으면서 그녀의 생명력을 옮겨 받는다.

영겁회귀의 충격을 받은 시체들은―지상을 포함해서―꿈틀대기 시작했고, 그들은 목말라하는 것을 찾아 움직였다. 그들이 우선 찾은 것은 생명이었다. 니체의 영겁회귀에는 생명을 찾아가는 대목은 없다. 니체의 영겁회귀는 부두교(Voodooism) 의식 같은, 묘지에서 시체들에게 행해지는 그런 것이 아니었다. 그러나 1950년대 초반 한국에서 영겁회귀의 마법은 시체들에게 베풀어진 의식이었고 일어선 좀비들은 바로 생명을 찾아나섰다.

손창섭의 「미소」―1956년 8월

손창섭은 1956년 8월에 「미소」를 발표하였다. 이 소설은 어느 정신병원에 입원한 젊은이가 쓴 글을 소개하고 있다. 그는 어느 여인을 찾아 헤매고 있다고 하며 자신의 글에 공감하는 사람이라면 결혼하겠다고 한다. 그는 자기가 찾아 헤매는 그대는 '투명한 미소'를 가진 여인이라고 누차 강조한다. 그러고는 자기 생각을 다음과 같이 말한다.

이러한 경우에 왜 그런지 나는 가룟 유다를 자꾸만 생각하게 됩니다. 어쩔 수 없는 고독과 허무가 가을비처럼 골수에 스며들든가, 내 존재가 마치 토막 난 지렁이나, 으끄러진 개미 새끼처럼 견딜 수 없이 하찮아질 때, 내 머리에는 으레 가룟 유다가 떠오르는 것입니다. 예수의 열두 제자 중에서 누구보다도 가장 인간적이었던 유다 말입니다. 그는 베드로보다도 강한 생명의 힘을 직접 인간의 호흡에 통했습니다. 사실 유다 다음으로 나는 베드로를 좋아하기는 했습니다. 그러나 그는 반드시 신의 그림자를 배경으로 해서만 인간적인 제스처를 보여주려 했습니다. 닭 울기 전에 세 번이나 예수를 부인한 베드로의 소행이 과대한 의미로 장식된 것이기에 차라리 싱겁기 짝이 없습니다. 거기 비하면 유다는 신에게 봉사한 단 한 사람의 인간이었습니다. 귀양은 아마 웃으실 것입니다. 그렇지만 그것은 귀양의 미소인지라 나는 조소로 돌리지는 않으렵니다. 일방 누가 나를 가리켜 유다의 후예라고 비난해도 거연히 답변할 자신이 있기 때문입니다.

손창섭, 「미소」, 298-299쪽

이 글은 「미해결의 장」에서 지상이 광순이를 찾던 그 이유를 밝히려는 시도로 보인다. 지상이 미소가 있는 광순이에게서 구원을 찾았다면 그 구원은 우리가 신(神)에게서 구하는 초월적 구원은 아니었고 그보다는 작은, 소박한 인간의 생명 수준의 구원이었다. 위에서 베드로보다 유다를 생각한다는 것은 그저 인간적인 수준―신의 구원 말고―의 구원으로 족하다는 것이다. '투명한 미소'란 사람 안의

인간적 생명력이 그대로 얼굴에 드러나는, 광순이의 미소 같은 그런
미소를 말하는 것이다.

장용학의 「요한 시집」—1955년

1955년은 다른 작가들에 의해서도 '종교적'인 작품들이 발표된 해였
다. 한 예는 앞에서 한 차례 논의한 장용학의 「요한 시집」이었다. 동
호에게 있어 '누혜'는 지상에게 있어 광순이가 간절했듯이 그와 비슷
한 의미가 있는 '인간적'인 인물이었다. 누혜는 포로수용소에서 동호
의 옆자리에서 자는 동료였다. 그는 유일하게 '사람 같은' 자유를 즐
길 줄 아는 따뜻한 인물이었다. 가혹한 폭력을 당하여 누혜가 자살하
기 전날 밤을 동호는 다음과 같이 기억한다.

> 그런 전날 밤이 없었더라면 나는 그렇게는 충격을 받지 않았을
> 것이다. 전날 밤, 그는 잠자고 있는 나를 껴안고 들었던 것이다.
> / "네 살결은 참 따뜻해!" / 성적인 입김이 내 귀밑을 간질였다.
> 소름이 끼쳤다. 사실대로 말하면 우리는 그렇게 친한 사이가 아
> 니었다. 그리고 이때까지 우리 사이에 교환된 대화는, 좋게 말
> 하면 낭만주의요, 나쁘게 말하면 잠꼬대에 지나지 않는 것으로
> 묵계(默契)가 서 있는 것인 줄로만 나는 생각했다. 그런데 그는
> 그것이 일획(一劃)도 어길 수 없는 리얼리즘이었다는 것에 대한
> 사후승인(事後承認)을 나에게 강요하는 것이었다. / "엊저녁
> 꿈에 말이지, 아주 이쁜 여자가 나를 껴안지 않았겠나, 이렇게
> 말이야……." / "……." / 나는 구렁이에게 안긴 처녀처럼 꼼짝을
> 못했다. "그 순간 나는 어머니두 결국은 죽는다는 사실을 그제

야 깨달았어. 그런 것을 그제야 깨달았으니 깨달아야 할 일 얼마나 있겠는가……." / "……." / "그 여자 누군 줄 알어……? 네 살결은 참 부드러워……." / 그것은 남색(男色)에 못지않은 포옹이었다. 우리 천막에서는 그러한 행위가 공공연한 비밀로 행해지고 있었다. / "이건 아무에게두 말하면 안 돼! 아직 모르는 일이니까……." / 그는 숨을 죽였다. 그런 흥분 속에서도 다음 말을 잇는 것을 몹시 어색해하는 것이었다. 그럴 법도 했다. / "살로메……. 알지? 요한의 모가지를 탐낸 그 여자 말이야. 그 계집이었어!" / 하고 내 몸을 툭, 떠밀어 버리는 것이었다. 그리고 할할거리는 것이었다. / "나의 열매는 익었다. 그러나 내가 나의 열매를 감당할 만큼 익지 못했다……. 영원히 익지 못할 것이다! 내게는 날개가 없다……." 내 육체는 강간을 당한 것처럼 보잘것없는 것으로 흐무러지는 것이었다.

장용학, 「요한 시집」, 222-223쪽

작가가 이 대목에 뜬금없이 남색 장면을 굳이 넣은 것은 이로써 당시 한국인이 목마르게 찾던 생명력이 넘치는 인물을 표현할 수 있었기 때문이다. 그의 인간성과 인간적인 매력, 더불어 성적 욕망을 동호에게 옮겨줌으로써 누혜는 이 세계에서의 임무를 완수했다. 남은 것은 그의 죽음뿐이었다. 그의 죽음을 통해서만 다음 구세주의 세상을 여는 일이 가능했다. 그가 죽자 그의 몸은 난도질을 당했고 눈알이 뽑혔다. 동호는 그 눈알들을 손바닥에 올려놓고 그 눈동자를 바라보며 일출을 기다려야 했다.

누혜의 죽음이 새 시대를 연다는 보장은 전혀 없다. 하여튼

1955년 시점에서 「요한 시집」의 의미는 우리가 너무나 인간적이었
기에 희생당한 누혜를 찾아 안아보는 데 있었다. 누혜를 찾는 동호의
마음은 세례 요한을 찾고자 하는 그런 궁극적 구원을 찾는 것은 아
니었지만 구원의 중요한 단계였던 것이다. 1953년에 탈고했을 때 장
용학은 이 너무나 암담한 이야기의 출판을 망설였을 것이다. 그러나
1955년에 출판 결정을 내린 것은 누혜의 의미가 새로워졌기 때문일
것이다. 장용학의 「요한 시집」은 손창섭이 구사한 부활의 마법 두
단계를 같은 작품에서 행하고 있다. 현실의 비참함을 끝없이 반복될
일로 만드는 영겁회귀의 악몽을 만들어냄과 동시에 움직이기 시작
한 시체로 하여금 생명을 훔치기 위해 '인간'을 찾도록 하는 일을 동
시에 수행한 것이다.

김동리의 『사반의 십자가』―1955년

1955년에 나온 중요한 '종교적' 색채의 작품으로 김동리의 『사반의
십자가』를 빼놓을 수 없다. 이 작품은 1957년까지 연재되었고 1982
년에 개작되었다. 그런데 1955년부터 나왔던 작품의 원작은 정확히
개작과 어떻게 다른지 현재 확인이 잘 되지 않는다.

　　사반은 유대인이 해방되기 위해서는 로마와 싸워 이겨야 하
며 로마를 이기기 위해서는 메시아의 도움이 필요하다는 것을 깨닫
고 메시아를 찾는다. 당시 세례 요한이 잘 알려져 있었고 사반은 그
가 메시아인지 확인하고 싶어 한다. 한편에는 다른 청년이 깜짝 놀
랄 기적을 베풀고 다닌다는 말이 떠돌고 있었다. 사반은 둘 중에 누
가 진짜 메시아인지 알아보게 한다. 그러는 와중에 세례 요한은 죽고
사반은 예수를 만나 대화를 나눈다. 하지만 예수와 사반은 서로 원하

는 것이 전혀 다름을 확인했을 뿐이었다. 사반은 예수에게 유대인들을 구해달라고 계속 간청하지만 예수는 하늘나라의 궁극적 구원만을 말할 뿐이었다. 예수와 사반은 잘 알고 있었다. 모든 유대인들은 '속된 메시아'를 구할 뿐이라는 것을. 사반은 예수에게서 이 땅의 구원을 원했고 예수로서는 그런 속된 구원을 사반과 유대인들에게 베풀 수 없었다. 예수는 인간으로서 자신의 생명을 하나님 아버지께 바쳐야 했기에 사반에게 베풀 수 없었다. 사반은 로마군에게 붙잡혀 예수 옆에서 십자가에 못 박히게 되었다. 예수에게서 너무나 초라한 것을 구했기에 얻을 수 없었지만 우연히 같이 처형되어 그는 예수님의 아버지 나라에 같이 올라갔을지 모른다. 하지만 마지막까지 사반이 구한 것은 영혼의 구원이 아니라 세속적 유대인의 해방일 뿐이었으며 이를 위해 사반은 인간 영웅의 생명을 훔쳐야 한다는 것을 잘 알고 있었다. 예수는 이를 허락해 줄 수 없었다.

1955년에는 종교적 색채를 띠는 문학 작품들이 등장했다. 그 이유는 바로 한국전쟁 이후 원혼들이 들어찬 세상, 죽음이 지배하는 세상에서 어떻게든 살아가기 위해서는 원혼들을 보내야 했고, 그 길은 '어떤 종교라도' 두드려보는 그와 연관된 행위 외에는 없었기 때문일 것이다. 생명을 찾는 순례의 길은 영겁회귀를 통한 깨어남과는 다른 단계였다. 손창섭 소설의 인물들 대부분은 1955년에는 여전히 '좀비'였다. 이들에겐 아직 생명이 없었고 누군가에게서 생명을 훔쳐와야 했다. 광순이로부터, 누혜로부터.

"이 시대에 중요한 현상은 신흥 종교들의 부상이었다. 50년대에 기독교적 성분을 혼합한 이른바 '새종교'가 번창해 그 수가 250여 개에 이르렀다." 특히 1955년은 이런 흐름이 폭발적으로 나타난 한

해였다.[9] 1955년을 중심으로 이런 종교'적'인 이야기들이 많이 나온 것은 문학에서나 현실에서나 일관된 흐름이었다.

돌이켜보면 1955년은 아직 당시에는 정치적 사회적으로 중요한 현상들이라고 인식되지 못했을 그런 사건들이 문화·예술 영역에서 벌어지기 시작한 해였다. 1월에는 이중섭 화백(1916~1956년)의 '미도파 전시회'가 열렸다. 이 전시회는 기적이었다. 사전에 별로 홍보도 못했는데 수많은 군중이 입소문을 타고 몰려들어 명동 일대가 인산인해를 이루었다고 한다.

이중섭의 그 유명한 소 그림들은 1953년경부터 약 2년 동안에 그려진 것이라고 한다. 그리고 이 그림들은 일제 시대에 그린 소 그림들과는 대조적인 분위기와 느낌을 자아냈다. 일제 때 그린 소들은 평온한 농촌에서 풀을 뜯다가 쉬고 있는 모습인 반면 알다시피 우리에게 익숙한 이중섭의 소들은 전혀 그런 모습이 아니다. 우리에게 익숙한 소 그림들은 전쟁 이후의 그림들이다. 이중섭의 소 그림을 전인권은 아래와 같이 해석한다.

소 그림과 군동화의 대조적 특성은 소재의 숫자에서 그치는 것이 아니다. 이중섭의 소는 대개 금방이라도 폭발할 것 같은 자세를 취한다. 또 다른 그림인 〈황소〉(…)와 다른 〈황소〉(…)를 보면 그 같은 상황이 잘 나타나 있다. 또한 소는 그림 밖의 세상에 대해 무언가를 표현하려고 애쓴다. 콧김을 쿵쿵 내뿜는가 하면 금방이라도 말을 할 것 같다. 그래서 이중섭의 소 그림에서는 어떤 외침이나 울부짖음 같은 소리를 들을 수 있다. / 그리하여 이중섭의 소는 정물(靜物)이나 동물(動物)이라기보다는 사람

한국인의 발견

에 가깝고, 요동치는 인간 정신을 함축한다. 박용숙은 소 그림의 이런 표현을 가리켜 '혼의 치환물'이라고 불렀다.[10]

전쟁 이후 이중섭이 이런 소 그림들을 그렸다는 것도 물론 중요하지만 더 중요한 사실은 1955년 초 한국인들이 전혀 홍보도 안된 상태에서 마치 끌리듯 모여들어 그의 소 그림들을 보고 강한 영감과 환희를 느꼈다는 것이다.

이중섭은 1953년과 1954년경에는 닭 그림도 많이 그렸다. 대개 두 마리의 닭을 사랑하는 부부로 해석하지만 닭은 또한 동양 십이지(十二支)의 짐승들 중에서 가장 싸움을 좋아하는 짐승으로 이중섭의 닭들도 온몸을 힘차게 뻗은 공격적인 모양의 닭임에 분명하다. 그는 닭을 그리기 위해 그 유명한 '몸찰'로 한 달 넘어 닭과 같이 살고, 자고, 나중에는 잡아먹으며 느낌으로 관찰하여 그 깊은 본성을 깨달았다고 한다. 이중섭은 그 밖에 군동화(群童畵), 가족 그림, 무릉도원(武陵桃源) 등 여러 종류의 그림을 그렸는데 유독 한국인들이 '이중섭' 하면 '소'를 떠올리는 것은 그만큼 그의 소 그림들에서 강한 영감을 느꼈기 때문일 것이다. 어쩌면 당시 한국인들은 그 소들과 함께, 그 닭들처럼 뛰쳐나가고 싶은 마음이었는지 모른다. 닭들도, 아이들도 모두 강하고 싱싱한 생명력의 상징이었다.

(출발)

아프레게르의 한국인들이 소설문학을 통해 자신들이 죽었음을 발견
했다면 그로부터 3년 후, 즉 사후(死後) 부활의 의식을 거쳐 생명을
얻은 뒤 1956년이 되면 한국인들은 자신들이 살아났음을 의식했다.
그리고 자신의 존재를 위해, 모험을 떠났다. 이 시기에 주요 소설에
나오는 한국인의 모습은 대부분 '떠나는 단호한 뒷모습'이었다.

손창섭의 「유실몽」— 1956년 3월

「유실몽」에서 철수는 몸 팔아 가족을 먹여 살리는 누이네 집에 얹혀
산다. 철수는 잘 알고 있다. 누이가 돈을 잘 벌기도 하지만 철수는 누
이에게서 나는 '인간의 냄새'를 즐기고 있었다. 하지만 어느 순간 깨
달았다. 소설 마지막에서 철수는 부산으로 떠나는 누이를 뒤로 하고
떠난다. 그 장면은 다음과 같이 묘사된다.

이제는 어디로든 나도 떠나야 할 때가 왔다고 생각했다. 그 집에 내가 월여(月餘)를 머물러 있은 것도 누이가 있었기 때문이다. 그렇다고 해서 다시 누이를 찾아갈 생각은 아예 없었다. 차라리 나는 누이와는 반대 방향으로 가야 한다고 생각하며 대합실을 나섰다. 밖에는 어둠을 뚫고 자동차가 수없이 질주하고 있었다. 나는 될 수 있는 대로 어두운 쪽을 골라서 걸었다. 열두어 살짜리 조무래기 한 놈이 앞을 막아섰다. / "아저씨, 하숙 안 가셔요?" / "오냐 가자! 가구 말구. 어디라두 가자!" / 나는 소년을 따라 걸었다. 어두운 골목으로 들어섰다. 불현듯 창백한 춘자의 얼굴이 눈앞을 얼찐거렸다. 뒤 이어 여자의 가느다란 울음소리가 들려오는 것 같았다. 그것은 분명히 숨죽여 우는 젊은 여자의 울음소리였다. 이러한 착각을 나는 끝까지 견뎌내야 한다고 생각하며 자꾸만 어둠 속을 헤치고 소년을 따라 걸었다.

손창섭, 「유실몽」, 260-261쪽

떠나는 철수의 걸음은 단호하다. 앞으로는 자신을 찾아 어디라도 못 갈 데가 없다. 그리고 앞으로 어떤 유혹을 만나더라도 물리치며 나아갈 것이다. 1956년의 이 소설에서 철수는 누이로부터 충분한 생명을 얻었다. 이제 철수는 그 '날개옷'을 찾아 나서야 할 때임을 자각하고 모험의 길을 떠나 더 강한 생명력을 얻고 무게 있는 존재가 될 것이다.

1955년에는 여전히 좀비로서 한국인이 생명을 찾아갔다면 1956년에 그간 생명을 흡입한 한국인은 운명을 이루기 위해 자신의 의지로 모험의 길을 떠난다. 이때부터 한국인들은 소설문학에서 강한 욕망을 추구하는 인물로 나타나기 시작한다. 손창섭 작품의 경우 1956년 말 「층계의 위치」에서부터 주인공은 성과 관련된 모든 것을 추구하고 섭렵하려 한다. 그리고 다음 해 발표된 「소년」과 「치몽」에서 인물들은 성욕을 추구하고 스스로 성욕의 존재임을 발견한다.

장용학의 「비인탄생」―1956년

같은 해 1956년, 정체성을 찾아 구차한 삶과 결별하는 이야기를 다룬 또 다른 대표적인 예는 바로 장용학의 「비인탄생(非人誕生)」이었다. 이 소설도 우화로 시작된다. 우리는 어려서 '아홉시병(九時病)'에 걸린다. 문명사회의 교육 권력에 순응하고 적응하여 살다 보니 권력의 작동 시간에 맞추어 우리의 몸이 반응하는 병이 생긴다. 학교를 마치고 사회에 나가면 '아홉시병'은 극복될지 몰라도 다른 권력에 적응하느라 다른 병을 얻는다. 그렇다면 우리는 "무슨 아홉시병에 걸려 있는 것인가?"라고 물으며 이 소설은 시작된다.

　　　주인공 '지호'는 야산 기슭의 옛날 방공호에서 어머니를 모시고 혈거 생활을 하고 있다. 하루하루 먹고살기에 벅찬 가난하고 비참한 모습으로 사람이 사는 꼴이라 할 수 없다. 지호는 자신의 모습도 그렇지만 도회를 내려다보며 더럽고, 추잡스럽고, 역겨움을 느낀다. '문명'에 산다는 인간들의 모습은 온 세상의 쓰레기를 모아 뒤집어쓴 것에 다름 아니고, 그들의 도시는 '악덕의 분지(盆地)'이며 역겨움이 밀려올 뿐이다. 그곳에서나 아래의 도회에서나 인간들은 '인간'에 대한 모욕에 불과하다. 지호는 인간에게 꼬리가 없어진 것이 이해가 되지 않는다. 그는 "아, 꼬리야, 얼른 나라……"고, 꼬리가 나서 자연으로 돌아갈 것을 염원한다. 그리고 그는 얼마 전부터 죽은 쥐의 시체를 보는 날이면 모든 일을 그르치게 된다고 느낀다. 즉 그는 탈문명화되어 미신에 집착한다. 사실 그는 한때 화가를 꿈꾸었고 프랑스로 유학을 갈 생각도 했었다. 또 그는 한때 회사원이었고 학교 선생이었지만 모두 부당한 이유를 당해 포기하고, 사랑과 결혼 등의 인습에서도 멀어져 지금 이 문명 밖 혈거 생활로 밀려와 있는 것이었다.

　　그는 우연히 동네에서 어떤 우스꽝스런 노인을 만난다. 그는 육체적으로나 정신적인 면에서 속세의 인간과는 거리가 먼 사람이었다. 그러나 그는 지호의 옛 일을 포함해서 모든 일을 꿰고 있었고 어떤 '요기(妖氣)'를 풍기고 있었다. 그는 지호에게 '자연스럽게', '천진난만하게' 살 것을 충고하고, 또 '주인답게' 살 것을 권한다. 지호는 이 '녹두노인'과의 관계 속에서 자신이 서서히 변해감을 느낀다. 즉 그는 불편한 인습으로부터 자유로워짐을 즐기기 시작한다. 그러다 결정적인 계기가 찾아왔다. 지호는 동네 사람에게 도둑으로 오인받아 경찰에 잡혀가게 되었고 경찰서에서 3일간 구류되어 있다가 나와 보니 그사이에 어머니가 죽어 있었다. 그는 원시인으로 돌아가 나뭇가지를 비벼 불을 만들고는 어머니의 시신을 포함해 그의 모든 살림을 태우고 마지막으로 어머니 시신에 절을 올린 다음 인간 세상에 작별을 고했다.

　　며칠 후, 강원도 어느 산협(山峽)을, 보자기로 자그마한 항아리를 싼 것을 손에 들고 걸어 들어가는 사내가 있었다. 이름이 지호라고 했지만 그는 자기가 누구인지, 여기가 어디인지, 여기까지 어떻게 왔는지를 모른다. / 그렇다고 그를 미친 사람이라고

만 할 수 없을 것 같다. 그가 이리로 떠나온 후에 그 방공호에 올라와 본 아랫동네 사람들은 거기에 살고 있던 어머니와 아들은 어디론가 이사를 간 줄 알았는데, 방공호 안이 그렇게 깨끗하게는 아니지만 하여간 치워져 있었기 때문이다. 그렇다고 그것만 가지고 정상(正常)이라고 할 수도 없다. / 그러니 그 사내가 정상인인지 광인인지 하는 것은 의사의 진단을 받아 봐야 알 수 있을 것이다. 그래서 그런 날이 올 때까지는 임시로 그가 그렇게 되기를 원했던 비인(非人)이라고 해 두는 것이 좋지 않을까 한다.

장용학, 「비인탄생」, 370쪽

지호는 오랜 생각과 준비 끝에 모든 인습과 작별하고 자신이 현재로서는 부정(不定)에 불과한 '비인(非人)'임을 의식하면서 문명의 변두리로부터 떠났다. 어디로 가는지는 아직 모른다. 하지만 그의 발걸음은 단호하다. 정처에서 몸만 떠난 것이 아니라 모든 문명과 인습으로부터 떠났다.

장용학의 '비인'은 당시 한국 사회에 대한 단호한 부정이었다. 그리고 나아가서 문명과 문명이 만들어온 '인간'의 부정이었다. 그의 비인은 자연으로 돌아가버린 짐승, 네 발로 기는 꼬리 달린 짐승일 수 있으며 동시에 이 소설에서 '악마 역할'을 하는 '녹두노인' 같은 초인(超人)일 수 있다. 장용학의 「비인탄생」은 노골적일 정도로 너무나 니체적인 작품으로 그의 영겁회귀와 짜라투스트라의 연결고리를 보여주는 뚜렷한 의미를 갖고 있다.

한국인의 발견

송병수의 「쑈리 킴」—1957년

또 하나의 예는 1957년 작이긴 하지만 송병수(宋炳洙)의 「쑈리 킴」이다. 여기서 '쑈리'는 미군들이 작은 한국인 소년을 부르는 말로 '꼬마'라는 뜻이다. 쑈리는 미군부대 근처에서 몸을 파는 '따링 누나'를 미군들에게 소개시켜 주고 산다. 하지만 미군부대에는 '쑈리 킴'보다 덩치가 큰 '하우스보이' 일을 하는 '딱부리'와 이발사를 하는 '찔뚝이' 등이 있고 이들은 모두 따링 누나와 쑈리가 부지런히 모은 '딸라'에 눈독을 들이고 있다. 이들은 틈만 나면 딸라를 빼앗으려 든다. 하루는 그들의 고자질 때문에 누나가 '엠피'(헌병)한테 잡혀 간다. 그러자 찔뚝이는 누나가 숨겨둔 딸라를 훔치고 그 앞을 막아선 쑈리를 때려 코피를 터뜨렸다. 이에 분을 참지 못한 쑈리는 돌을 던졌고 그게 찔뚝이의 뒤통수에 맞았다. 찔뚝이가 "이놈 죽인다!" 하며 달려드는데 그 순간 딱부리가 던진 칼에 찔뚝이가 쓰러졌다. 그 틈에 쑈리는 도망쳤다.

이 소설의 작은 소년 또한 양공주 누나와 같이 먹고살다가 그 삶을 빼앗으려 드는 자기보다 큰 소년들의 폭력을 마주하게 되고 저항 끝에 떠날 수밖에 없음을 알게 된다. 결국 소년은 서울에서 '따링 누나'를 만나 행복하게 살겠다는 막연한 생각만을 가지고 떠난다. 소년은 떠났지만 힘 한번 써보지 못하고 쫓겨난 것은 아니었다. 그는 힘이 없음을 알았지만 그들이 누나에게 휘두르는 폭력에 분노를 참지 못해 용기를 내어 대들었고, 도망을 가면서도 "쑈리는 왜 그놈의 대갈통을 으스려버리지 못했는지 모르겠다"고 아쉬워했다. 따링 누나의 젖을 만지고 자면서 행복해하는 그런 어린아이가 자신을 자각하고, 용감히 부당한 폭력에 저항하고, 운명을 개척하기 위해 떠나는 뒷모습은 이 시대 한국 사회에 각별한 감명을 주었다.

이어령의 『저항의 문학』—1956년

또 하나의 경우는 소설은 아니지만 이어령(李御寧)의 『저항의 문학』이다. 당시 22세였던 젊은 문학평론가는 그때를 되돌아보며 "아무것도 없었다. 가진 것이라곤 분노와도 같은 자기(自棄)와도 같은 광기와도 같은 젊음의 반역뿐이었다"고 회상한다.[11] 책의 앞부분에서 그는 자신의 정체성을 선언한다.

> 엉겅퀴와 가시나무 그리고 돌무더기가 있는 황요(荒寥)한 지평(地坪) 위에 우리는 섰다. 이 거센 지역(地域)을 찾아 우리는 참으로 많은 바람과 많은 어둠 속을 유랑해 왔다. / 저주받은 생애일랑 차라리 풍장(風葬)해 버리자던 뼈저린 절망을 기억한다. 손마디 마디마디와 발바닥에 흐르던 응혈(凝血)의 피, 사지의 감각마저 통하지 않던 수난의 성정을 기억한다. / …… / 그것은 이 황야 위에 불을 지르고 기름지게 밭과 밭을 갈아야 하는 야생의 작업이다. 한 손으로 불어오는 바람을 막고 또 한 손으로는 모래의 사태(沙汰)를 멎게 하는 눈물의 투쟁이다. / 그리하여 우리는 화전민(火田民)이다. / 우리들의 어린 곡물의 싹을 위하여 잡초와 불순물을 제거하는 그러한 불의 작업으로써 출발하는 화전민이다. / …… / 항거는 불의 작업이며 불의 작업은 신개지를 개간하는 창조의 혼(魂)이다. 저 잡초의 더미를 도리어 풍양한 땅의 자양으로 바꾸는 마술이, 성실한 반역과 힘과 땀의 노동이 이 세대(世代) 문학인(文學人)의 운명적인 출발이다. / 불로

한국인의 발견

태우고 곡괭이로 길을 들인 이 지역, 벌써 그것은 황원(荒原)이 아니라 우리가 씨를 뿌리고 그 결실을 거두는 비옥한 영토일 것이다.[12]

이 시대 신세대 문학인의 자기 정체성에 대한 단호하고 위대한 선언이었다. 좌절을 겪어 온 그러나 굴하지 않은 이 청년은 스스로를 당시 황요(荒蓼)한 현실 한가운데에 서 있는 '화전민'이라 선언한다. 즉 한편으로는 불을 질러, 파괴에서 출발할 수밖에 없으며 다른 한편으로 이 땅에서 생산을 위해서는 땀뿐만 아니라 '마술'도 필요한 현실임을 자각하여 말한다. 그리고 이어령은 그들이 일하고 투쟁해야 할 우리 사회에는 주체 의식이 없고, 대결 정신이 없고, 신화가 없음을 지적한다. 이렇게 그는 혁명아임을 선언했다.

1950년대 중반의 변화들

1950년대 중반에는 여러 차원에서 한국인들의 자존심이 짓밟히는 일이 많이 생겼다. 가난과 좌절이 물론 계속되는 가운데, 국제적인 차원에서도 한국인들이 처한 이 가난과 비참한 상황을 확인해주는 일들이 발생했고 이런 일들은 한국인들의 민족적 자존심에 큰 상처를 입혔다. 당시에 나름대로 꽤 큰 의미로 다가온 사건은 이른바 '비동맹국가'들, 즉 미국와 소련 냉전의 두 초강대국의 영향권에 속하기를 거부하는 나라들이 모여 1955년에 반둥(Bandung) 회의를 열었는데 대한민국이 여기에 초청받지 못한 일이었다. 이때 한국인들은 그들의 나라가 미국의 '위성국(satellite state)'이라는 모독적인 호칭까지 더해져 국제사회에서 따돌림 받고 있음을 알았다.

나아가서 당시에는 세계 모든 나라들의 경제적 조건이 지표화되어 이른바 '국민총생산(GNP)'이라는 계정이 UN에 의해서 발표되던 때였다. 이 계정에는 선진국들의 생활수준 지표가 직접 나타나있었고, 못사는 나라들 특히 식민지에서 새롭게 독립한 '신생국'들의 지표도 포함되어 있었다. 신생국들은 비참한 처지에 있었고 이들이야말로 대부분 반둥 회의에 참가한 나라들이었다. 그리고 1950년대 중반 대한민국은 신생국들 중에서도 최빈국(最貧國) 수준이었고 실로 부끄러운 일이었다. 1960년대 중반까지도 대한민국의 상대적 경제 상황은 전 세계에서 밑바닥을 기고 있었고 이러한 사실이 국민총생산 지표로 여실히 드러났다.

한편 1956년은 정치적으로도 큰 사건들이 일어난 해였다. 1956년 1월에는 김창룡 육군특무대장이 암살되어 우리 사회를 경악시켰다. 이어서 5월 초에는 '못 살겠다 갈아 보자!'라는 구호로 한국인의 우울한 마음에 엄청난 공명을 일으키던 민주당 신익희 대통령 후보의 선거 유세에 엄청난 군중이 모여들었는데 그들이 맛본 그 한강 백사장에서의 감명과 다음 날 신익희의 급사는, 어느 것도 너무나 큰 충격이었다. '국부(國父)'이자 '건국의 아버지' '이승만 박사'를 감히 거부하는 한국인들이 그렇게 엄청난 수로 모여서 세(勢)를 과시했다는 것은 전대미문의 충격이었고 나아가서 신익희 후보의 급사는 이중(二重)의 충격이었다. 한국인들은 좌절했고 이때부터 자유당 정권은 '민심이 흉흉'함을 알고 권력을 유지하기 위해 온갖 수단을 동원하는 데 급급했다.* 7월에는 초유의 야당 국회의원 데모 사태가 벌어졌다. 그런가 하면 1956년 8월 2일 제2대 지방의회 선거를 앞두고 새로운 유형의 야당 탄압이 시작되었다. 후보자 등록 방해 공작뿐만 아니라, 이때부터 모든 경범죄처벌법이 교묘히 악용되기 시작했다. 1956년 8월 13일 서울특별시·도의회 선거에서는 '여촌야도(與村野都)' 현상이 한국 현대사에서 최초로 대두하여 도시민들이 정부·여당에 저항하는 집단의 핵심으로 등장했다. 이때부터 모든 선거는 으레 부정선거였고, 자유당이 부리는 '정치깡패'는 대한민국의 현실 전체를 낭만적 전설로 색칠해 뭉개버렸다. 9월에는 민주당 제2차 전당대회 날에 장면 부통령 저격 사건이 벌어졌다. 11월에는 조봉암의 진보당 창당 대회가 열렸다. 그리고 무엇보다 당시 일반에 알려지지는 않았지만 박정희 장군은 만나는 군 장교들 사이에 "'내 사람'을 만들기 시작"했다는 것이다. 즉 그는 쿠데타 준비를 위해 동지들을 포섭하고 조직을 만들어나갔다.[13]•• 1956년은 한국 현대사의 분수령이었다. 그러나 이러한 정치적 사건들이 한국인들의 사상과 문화에 어떤 결과를 야기했는지는 말하기 어렵다. 우리 현대사의 두 개의 혁명은 바로 1956년 같은 해에 이란성 쌍둥이로 잉태(孕胎)되었다. 누가

• 1956년경 한국에 나와 있는 미국 관리들의 보고서에서는 한국의 내정이 불안정한 상황에 주목하며 경제 발전이 긴요함을 지적하고 있다 (이철순, 「1950년대 후반 미국의 대한정책」 (문정인·김세중 편 2004: 296-310)).

•• 조갑제는 『박정희: 한 근대화 혁명가의 비장한 생애』에서 다음과 같이 말한다. "1956년 5월에 있었던 부정 선거와 부하들의 잇따른 월북과 양심선언 사건은 박정희 사단장[5사단]의 마음속에 하나의 결심을 심어 준다. '난들 어쩌란 말인가'란 자조(自嘲)가 보름 사이 '나라가 곪을 대로 곪도록 내버려 둔 다음 수술을 해야 희생이 덜하다'는 냉철한 계산으로 바뀐 것이다. 박정희는 권력을 잡아야 이 모순 덩어리의 상황을 뒤집어 놓을 수 있다는 결론을 내린 것이다. 이때 이후 박정희의 태도가 달라진다. '내 사람들'을 만들기 시작하는 것이다." (조갑제 2006 3: 69-70).

먼저 나올지, 누가 살아남을지 이때는 알 수 없었다. 인류 역사에 전
례 없는 '두 개의 혁명'이었다. 부활의 과정이었기에 가능했다.

욕망과 분노

1956년 손창섭의 「유실몽」에서 철수가 결단을 내려 누이의 곁을 떠나자 곧 인물들의 성적 욕망을 찾는 여정이 시작되었다. 앞에서 이미 논의했지만 「층계의 위치」에서 주인공은 성의 기호들을 찾아 탐닉해보려고 그 앞을 지키는 젊은이들의 눈을 피해 3층까지 올라갔다. 이러한 인물의 등장은 한국인의 욕망이 재생 과정에 들어섰음을 알리는 분수령이었다.

또 같은 1956년에는 벽초 홍명희의 『임꺽정(林巨正)』의 짝퉁 『신·임거정전(新·林巨正傳)』이 조영암에 의해서 출판되었다.[14] ● 1948년 홍명희가 남북회담 차 백범(白凡)과 함께 평양에 갔다가 귀환하지

● 홍명희의 『임꺽정』과 그 역사적 전개에 대해서는 졸저 『한국인의 탄생』, 435~517쪽을 참조할 것.

않고 한국전쟁이 발발하자 벽초의 『임꺽정』 전6권은 판매 금지되었다. 이런 과정에서 1956년 조영암은 9권으로 된 『신·임거정전』을 출간하였는데 다른 저자의 이름으로 된 '짝퉁'이라는 점 외에도 이 소설은 홍명희의 원작을 심각하게 훼손한 것이었다. 한마디로 이 짝퉁은 거의 포르노(porno)였다. 원작에 등장하는 모든 인물들의 저항의 영웅으로서의 모습은 반감시키고 성적 욕망과 음란한 장면을 부각시킨 그야말로 '대중 소설'이었다. 일제 시대에 태어난 '임꺽정'이라는 우리의 저항의 민중 영웅은 1950년대 이 극단의 반공 시대에 저항적 성격이 거의 탈색된 음탕한 호색한(好色漢)의 모습으로 변장하여 다시 등장하였다. 그야말로 '대중 소설'이 본격적으로 등장한 것은 이 시기부터였다.

1957년이 되면 손창섭은 미성년자들과 성의 문제들에 대해 쓴 단편들을 냈다. 「소년」에서는 금지된 성에 대한 각종 기호들을 구사하여 어른들을 당황케 하는 조숙한 '작은 성의 악마'를 그렸고, 「치몽」에서는 이미 성욕과 애욕(愛慾)을 갖고 있지만 사회적으로 '미성년자'로 규정되어 성욕을 공공연히 발휘하지 못하는 청소년들을 그렸다. 이로써 손창섭은 1950년대 후반기에 한국인이 부활한 이후 단계별로 욕망을 갖추어가는 모습들을 제시하였다. 그러나 이 시기에 그들은 자신의 피어오르는 욕망을 의식하는 한 좌절할 수밖에 없었다. 욕망은 좌절의 계기였다.

선우휘의 「불꽃」―1957년 7월

선우휘는 우리 문학사에서 '행동주의'라는 독자적 위치를 부여받은 작가이다. 그는 행동으로 살아온 사람들에 대한 여러 편의 단편을 썼고 그 대표작은 1957년 7월에 발표한 「불꽃」이었다.

주인공 '고현'은 동굴 입구에서 총을 들고 주변을 살피며 그간 자기가 30년 동안 살아온 길을 더듬는다. 그는 모범생으로 모든 행동을 자제하며 학구적인 삶을 살아왔다. 하지만 전쟁이 터지고, 그의 친구이며 노동당원인 '연호'가 내려와 인민재판을 열어 사람들을 차례로 처형하자 고현은 참지 못하고 뛰쳐나갔다. 동굴 입구에서 현은 그 순간을 다음과 같이 기억한다.

그 다음의 일을 더듬을 수 있는 분명한 기억이 없었다. 그것은 불연속선. 순간적으로 내민 자기의 주먹에 쓰러지던 연호. 앞에 버티고 섰던 보안서원의 소총을 낚아채고 군중의 틈을 빠져나가던 기억. 수라장이 된 네거리. 집행자들의 고함과 군중들의 비명. 몇 발의 총성. 눈앞에 드러웠던 황갈색 베일. 그 베일을 통해 눈에 뛰어들던 땅을 밟으며 어디를 어떻게 달리었던지. 쫓기던 끝에 ××강 하류에 이르러 물속에 뛰어들던 기억. 그래도 소총은 그 손에 있었다. / (그때의 충동. 그렇게 하지 않고는 견디지 못한 마음의 충동은 그 무엇이었을까. 이 검은 눈으로 목격한 살인. 목격은 일종의 묵인. 묵인하는 군중의 일원으로 그대로 늘이고 있을 수 없었던 마음의 줄. 그리고 아픔. 희생자의 머리와 어깨와 허리에 내려지는 아픔은 곧 나 자신의 머리와 어깨와 허리에 가해지는 아픔이었다. 어찌하여? 나와 그와 그리고 모든 군중, 거기에는 아무런 육체적인 연결이 없었다. 그런데 나는 아픔을 느꼈다. 그리고 그 아픔에서 벗어나려고 했다. 그리고 결국 도망을 치고 말았던 것이다.)

선우휘, 「불꽃」, 94-95쪽

뛰쳐나와 폭력을 휘두르고 총을 빼앗고, 이렇게 행동한 것은 그로서는 평생 처음이었다. 그런 행동은 미리 생각하고 계획하고 할 여유가 없이 참을 수 없는 순간적 분노의 폭발에 의한 것이었다. 산으로 올라가 동굴, 고현의 아버지가 3·1운동 때 죽었던 바로 그 동굴에 자리를 잡고 내려다보니 친구 연호가 자신의 할아버지를 앞세우고 올라오고 있었다. 거의 가까이 오더니 할아버지가 연호의 총에 맞아 쓰러지고 그 순간 현과 연호는 서로에게 총을 쏘았다. 연호는 쓰러지고 현도 어깨에 총을 맞았음을 알았다. 죽어가면서 현은 생각한다. 총을 맞고 피를 흘리며 생을 마치는 그 짧은 시간에 그는 비로소 인생을 살았다는 생각이 든다.

껍질 속에 몸을 오므리고 두더지처럼 태양의 빛을 꺼린 삶. 산 것이 아니라 다만 있었다. 마치 돌멩이처럼 결국 너는 살아본 일이 없었던 것이다. 살아본 일이 없다면 죽을 수도 없는 일이 아닌가. 살아본 일이 없이 죽는다는 것 아니 죽을 수도 없다는 안타까움이 현의 마음에 말할 수 없는 공포의 감정을 휘몰아왔다. 현은 잃어져가는 생명의 힘을 돋우어 이 공포의 감정에 반발했다. / (살아야겠다. 그리고 살았다는 증거를 보이고 다시 죽어야 한다.) / 현은 기를 쓰는 반발의 감정 속에는 예기치 않은 새로운 힘이 움터오르는 것을 느꼈다. 그 힘이 조금씩조금씩 마음에 무게를 가하더니 전신에 충족감이 느껴지자 현은 가슴속에서 갑자기 우직하고 깨뜨려지는 자기 껍질의 소리를 들었다. 조각을 내고 부서지는 껍질. 그와 함께 거기서 무수한 불꽃이 튀는 듯했다. 그것은 다음 차원에의 비약을 약속하는 불꽃. 무수한 불꽃. 찬란한 그 섬광, 불타는 생애의 의욕. 전신을 흐르는 생명의 여울, 통절히 느껴지는 해방감. 현은 끝없이 푸른 하늘로 트이는 마음의 상쾌를 느꼈다.

선우휘, 「불꽃」, 104쪽

행동하고, 싸우고, 그렇게 살지 않으면 삶이 아니라는 것이다. 자기도 모르게 극도의 분노에서, 그야말로 이성을 잃고 떨쳐 일어나 이렇게 총을 들고, 눈앞에서 자기 할아버지를 죽인 악한 공산주의자 친구를 쏘고, 자기도 총을 맞아 곧 죽을 수밖에 없다는 것을 알았을 때 처음으로 그는 인생을 살고 있음을 느꼈다. 그러자 진짜 생명이 몸 안에서 갈비뼈를 뚫고 솟아나왔다. 생명의 '불꽃'을 비로소 느꼈다.

1957년 부활한 한국인의 생명력과 분노는 선우휘에 의해서 불꽃으로 나타났다. 이 작품에서 의미가 있는 것은 반공주의라 볼 수는 없다. 이 시대에 반공이란 너무나 진부한 주제였다. 선우휘의 '행동주의'는 그 시대에 시의적절한 이야기였다. 이미 당시에 한국인들에게 욕망과 좌절과 분노는 쌓여가고 있었고 선우휘는 분노에 불을 지피고 있었다.

장용학의 「역성서설: 비인탄생 제이부」─1958년 3월

1958년 3월 장용학은 「역성서설」을 출간하였다. 제목 그대로 내놓고 '혁명(革命)'을 말하고 있었고, 부제는 '비인탄생 제이부(非人誕生 第二部)'로 1956년에 냈던 「비인탄생」의 다음 이야기임을 명백히 했다.

2년 전에 산으로 올라간 '지호'는 험한 산악 지역에 나타난다. 그의 모습은 옷이나 머리나 도저히 속세의 기준에서 '누구'인지 '무엇'인지 도저히 짐작할 수 없는 그저 '사실'일 따름이다. 그는 이제 '지호'가 아니라 원래 어려서 이름인 '삼수'이다. 그는 산에서 온갖 낯설고 신비스런 장소들을 섭렵한다. 그는 앞에서도 나왔던 '녹두노인'을 만난다. 노인은 삼수에게 절을 하며 "전하!"라고 부른다. 그러면서 노인은 삼수에게 자기가 죽으면 네가 왕이 된다고 하였다. 이제 삼수는 노인을 '녹두대사'라고 부르며 그를 따라 수련을 쌓는다. 녹두대사는 온갖 기행을 한다. 우선 그 한 가지로 그는 똑같은 대사와 행동을 반복한다. 그는 '사람'이라 할 수가 없다. 기계 같기도 하고 구미호(九尾狐) 같기도 하다. 그는 자기가 구상하고 있는 논문 「역성서설」의 〈서장(序章)〉 내용이라며 철저하게 자유로운 삶을 주장한다.* 말하자면 그가 여기서 말하는 혁명은 특정한 방향으로 사회를 바꾸는 그런 혁명이 아니라 모든 변화를 자유로이 구사할 수 있는 좀 더 근본적인 혁명이었다. 결국 녹두대사는 인간을 더욱 진화시키고 변화시켜야 하며 그것이 그가 궁극적으로 바라는 '역성혁명'이라는 것이었다. 녹두대사는 메모를 남기고는 삼수를 떠난다. 그런데 홀로 남은 삼수의 몸에 고열이 나며 변화가 생기기 시작한다. 이 변화의 순간에 그는 그간 지나간 시대의 자신의 모습, 자신의 그림자들을 파괴하지 않으면 안 된다. 앞으로의 자신이 새롭게 몸 안에서 자라나는 한편, 그간의 자신의 그림자들을 파괴해나가는 과정이 상징적으로 묘사된다. 드디어 삼수는 거인이 되고 마지막 자신의 그림자를 쫓아낸다.

장용학은 「역성서설」에서 세상을 자유자재로 바꿔나갈 주체로서 인물이 자기 자신을 초인으로 만드는 과정을 보여주었다. 속세

한국인의 발견

● 그는 논문의 내용을 소개한다. "설명(說明)할 수 없다는 건, 바꾸어 말하면 자유(自由)란 말이야. 지금은 자유시대(自由時代)야. 존재(存在)와 의식(意識) 사이엔 원래 벽(壁)이란 없는 거야. 설명하구 싶어서, 설명이란 건 원래 간섭(干涉)이니까, 보호무역(保護貿易)을 좋아한단 말이야. 그래서 세관(稅關)을 꾸며냈다. 별 무소득이었다. 별 무소득일 뿐 아니라 소모품대(消耗品代)니 인건비(人件費)니 손해를 보고 있다는 것을 깨닫게 되었다. 어디 그뿐인가. 밀수업(密輸業)이라는 직업이 새로 생겨서 나라에 등록(登錄)까지 하구서 세관(稅關)보다 더 큰 빌딩을 바로 옆에 세워 놓구 커다란 현수막을 써 붙였단 말이야. '국산품(國産品)을 애용(愛用)합시다.' 이만하면 알 수 있잖어. 그러니까 세관을 아주 뜯어부수잔 말이야, 벽을 터놓잔 말이다. 터놓구 살아 보잔 말이다. 삼라(森羅)는 수평(水平)이요 만상(萬象)은 평행(平行)이로다. 좌측통행(左側通行) 옆에 우측통행(右側通行)을 두자는 거다. 한번 그렇게 살아 보잔 말이다. "세계(世界)의 노동자(勞動者)여, 단결(團結)하라, 파양(破壞)하라. 잃을 것은 아무것도 그대들에게는 없느니라" 한번 이렇게 살아 보자꾸나. 무산계급(無産階級)은 지금 지하(地下)에서 적(敵)과 합류(合流)하고 있다. 미구에 그들은 철쇄(鐵鎖)를 끊어 버리고 중앙청(中央廳)에다 붉은 기(旗)를 꽂을 것이다. 내일의 세계는 그들이 지배한 것이다. 아니 지금도 너를 좌우하고 있는 것은 그게 무의식(無意識)이지 어디 의식(意識)인가. 의식은 해안선(海岸線)에 설치된 세관(稅關)일 따름. 바다나 육지를 덮고 있는 것은 무의식이다. 그 무의식을 조종하고 있는 것은 지금은 생(生)이 아니라 망령이다. 하나의 우연(偶然)에 의하여 말살된 얼마나 많은 망령이 울분과 설움을 참고 우리 머리 위를 떠돌고 있는지 아느냐. 너라는 그 존재 자체도 수만 수억에 네 이웃(정충)을 밀어뜨리고 현출(現出)된 우연이라는 것은 인생독본(人生讀本)의 첫장에 실려 있는 사실이다. 에덴 동산의 타락이란 것은 낭만적 설명(浪漫的說明)이요, 진실한 의미에서의 원죄(原罪)란 여기에 있는 것이다. 그래서 그 죄(罪)의 아들이 원죄라 하구서 한 것이 뭐였던가. 백정노릇이다. 하나만 남겨 놓고 모조리 죽이는 일이다. 모조리 죽이기 위하여 하나만 남겨 놓는 것 같다. 감찰(鑑札)은 제가 달아 주고서 감찰이 없다구 때려죽인다. 이 어찌 사람으로서 할 노릇인가……. 그런데 그러한 노릇을 해야 사람답다라는 거야. 참 묘하게 되어 있단 말이야." (장용학 2002 1: 405-406).

를 과감히 떠나 산으로 들어갈 수밖에 없었던 지호는 2년 후에 내면으로부터, 자신 안에서 완전히 혁명을 일으켜 역사의 주인이 되고 자유로운 민주주의 세상을 만들어갈 초인으로 다시 태어났다. 그에게 혁명을 일으킬 특별한 능력이 있다고 하지는 않지만, 자신의 인간적 한계를 극복하는 주체의 혁명이야말로 유일하게 가능한 혁명이었고 이런 '주체 혁명', '의식 혁명'이야말로 모든 사회적 정치적 혁명을 넘어서는 근본적인 혁명이었다.* 이런 식의 돌파구는 작가도 의식하고 있듯이 니체적 초인 만들기였다.

손창섭의 「잡초의 의지」—1958년 8월

1958년 8월에 손창섭은 또 하나의 단편 소설 「잡초의 의지」를 썼다. '잡초'로 상징되듯 하루하루 길거리에서 목판을 놓고 장사를 해 가까스로 먹고사는 가난한 '정혜'를 묘사한 소설이다. 그녀는 남편이 스위스제 손목시계를 남겨놓고 월북한 뒤 어렵게 살아왔고 남편의 친구 '유 선생'이 가끔 그녀가 장사하는 곳에 들러 도움을 주곤 한다. 둘은 가끔 마주 앉아 술도 마시는 처지다. 사실 이 유 선생은 성실하게 살아가는 타입이 아니라 '데카당'하게 사는 인물이다. 그러

• 1958년으로부터 5년 후인 1963년 최인훈은 『회색인』을 써냈다. 1958년을 시간적 배경으로 한 이 작품에서 주인공 서울대 학생 '독고준'은 친구와 토론하며 자신들에게는 혁명이 있어야 하는데 당시 한국 사회의 이념에서 사회주의 혁명은 절대 불가능하며 따라서 자신들은 '갇힌 세대'라고 말한다. 1963년에 돌아본 당시의 상황은 이른바 흔히 말하는 '혁명'은 불가능한 상황이라 판단되었고 따라서 이들은 다른 길, 즉 '사랑'을 추구할 수밖에 없었다고 말한다 (최인훈 1977a).

한국인의 발견

다가 하루는 늦게 유 선생이 정혜의 딸 생일에 들렀다가 술을 마시고 정혜 집에서 자게 되었다. 이날 정혜는 결국 몸을 허락했고 나중에 임신했음을 알게 된다. 계절이 몇 번 지나 정혜는 유 선생을 다시 만나게 된다. 정혜는 일부러 유 선생 앞에서 새로 낳은 아이에게 젖을 물리며 전에부터 알던 오빠 같은 분과의 아이라고 꾸며댔다. 그러고는 사과하며 남편이 남기고 간 손목시계를 끌러서 유 선생에게 주었다.

1950년대 말 이 소설에서 손창섭은 떳떳하게 살려는 가난한 한국 여인의 모습을 소개한다. 이 여인은 이제 더 이상 남편 친구이며 부적절한 관계에 있던 유 선생의 신세를 지지 않기 위해 거짓말까지 하여 그와의 관계를 깨끗이 정리하고 혼자 힘으로 떳떳이 살겠다는 의지를 조용히 선언하였다. 한국인은 이 시점에서 독립된 개인의 자존심을 형상화하였다. 죽었던 한국인은 깨어나 생명력을 얻고 욕망을 추구하기 시작할 뿐만 아니라, 이제는 자존심을 지키는, 남에게 기대지 않는 떳떳한 독립된 '존재'로서의 자신을 확인하였다.

손창섭의 「잉여인간」―1958년 9월

이어서 9월에 손창섭은 「잉여인간」을 발표했다. 여기에는 세 명의 남성이 등장한다. 우선 앞에서 소개한 치과의사 서만기는 이상형의 한국인이다. 작가가 이 시점에서 이상형, 마네킹(dummy) 한국인을 제시한 이유는 정치적, 상징적으로 해석해야 할지 모른다. 즉 이 작품에서 손창섭이 경험적으로 발견한 인물상이라기보다 앞으로 한국 사회를 이끌 한국인상(像), 마네킹을 제시한 것은 새로운 세상에 대한 현실적 기대와 욕망을 표현한 몸짓으로 보인다.

나머지 두 명은 서만기의 오랜 친구이며 지금은 직업이 없이 아침부터 서만기의 병원에 나와서 신문이나 뒤적거리며 일 없이 시간을 죽이는 인물들이다. 그중에 하나는 '천봉우'로 그는 삶에 의욕이 없고 그저 간호원을 흘끗흘끗 훔쳐보는 1950년대적 인물이다. 나머지 하나는 '채익준'이라는 인물이다. 이 사람도 직업이 없고 생활 능력이 없이 병원에 와서 시간을 죽이는 인물이다. 그러나 그는 봉우와는 전혀 다른 인물이다. 그는 여러 사업을 시도해봤지만 모두 실패하고 한국 사회에 대한 극도의 분노로 가득 차 있는 사람이다. 정치가나 지배층에 대해서만 그런 게 아니었다. 그는 한국 사회의 모든 부분에 대해 분노해 있다. 모두 다 썩었고 도둑놈들이며 이래 가지고는 아무것도 될 리가 없다고 비분강개한다.

　　그러니 세상 사람이 모두 도둑놈이 아니냐고 외쳤다. 사리사욕을 위해서는 남을 속이거나 망치는 일쯤 당연하다고 생각할 판이니 도대체 이놈의 세상이 끝장에 가서는 어떻게 되겠느냐고 익준은 비분강개를 금하지 못하는 것이었다. 그런 때마다 그는 행정 당국의 무능을 통매하면서 'D.D.T.정책'이라는 말을 내세우곤 했다. 디디티를 살포해서 이나 벼룩을 박멸하듯이 국내의 해충적 존재에 대해서는 강력한 말살정책을 써야 한다는 것이다. 이를테면 소매치기나 날치기에서부터, 간상 모리배도 총살, 협잡 사기한도 총살, 뇌물을 먹고 부정을 묵인해 주는 관리도 총살, 밀수범도 총살, 군용 물자를 훔쳐 내다 팔아먹는 자도 총살, 국고금을 횡령해 먹는 공무원도 총살, 아무튼 이런 식으로 부정불법을 자각하면서도 사리사욕에 눈이 멀어서 국가사회에 해독을 끼치는 행위를 자행하는 대부분의 형사범은 모조리 총살해 버려야 한다는 것이다. 그러지 않고는 양민이 안심하고 살 수 없을 뿐 아니라 나라의 앞날이 위태롭기 짝이 없다는 것이다. 흥분한 어조로 이러한 지론을 내세울 때의 익준의 눈에는 살기에 가까운 노기가 번득거리었다. 그런 때 만일 누가 옆에서 그의 지론을 반박할 말이면 당장 눈앞에 총살형에 해당하는 범법자라도 발견한 듯이 격분하는 것이다.

손창섭, 「잉여인간」, 113쪽

다시 정리하면 손창섭이 「잉여인간」에서 제시한 세 명의 한국인은 다음과 같다. 우선은 이상형으로서의 서만기, 그리고 애욕 하나밖에는 남아 있지 않은 얼빠진 천봉우, 그리고 비분강개(悲憤慷慨)형의 채익준이다. 천봉우는 여전히 살아나지 못한 죽어가는 한국인이며 서만기는 새로운 세상을 위한 인물, 채익준은 자신을 찾는 운명의 장도에서 좌절을 거듭해온 분노한 한국인이다. 우리가 눈여겨보아야 할 인물은 채익준이다. 그는 우리 문학에서 처음 소개된 분노한 한국인이었다. 그의 분노는 특정한 대상에 대한 것이 아니라 한국 사회 전체, 모든 한국인들에 대한 분노였고 그는 이성을 잃고 모조리 없애버려야 한다고, 살충제를 뿌리듯 극단의 폭력을 마구 써야 한다고 주장하고 있었다. 이 소설은 바로 '잉여인간' 채익준을 주인공으로 한 이야기이며 이 인물이야말로 서만기 같은 이상적 인물의 시대를 열어낼 분노로 행동하는 한국인인 것으로 보인다.

1950년대 말의 현실

1950년대 후반부터 출간된 대부분의 소설들은 한국인의 모습을 욕망의 주체로 그려가기 시작했다. 예를 들어 1959년부터 출간되기 시작된 안수길(安壽吉)의 『북간도』는 1920년대에 최서해에 의해 우리 민족이 겪은 극단의 고난을 상징하게 된 북간도에서의 역사를 욕망의 역사로 다시 썼다. 나아가서 1959년에 출간된 박경리의 『김약국의 딸들』 경우에도 무대가 되는 통영 자체를 욕망과 부(富)의 고장으로 설정하고 이야기를 시작한다. 그곳도, 그리고 '김약국'의 집안도 폭력이 난무하는 공간이었고 폭력은 그 집안의 비극의 씨앗이었다. 제목의 주인공들, 김약국의 딸들은 각종 다양한 욕망의 화신들이었다.

실제로 1950년대 말이 되면 한국 사회는 가난한 가운데 그야말로 욕망의 도가니였다. 한 예로 1950년대 말 서울의 중산층 가정에서는 '메추리' 사육이 큰 유행이었다. 서울의 주택가마다 독한 새똥 냄새가 진동하는 사태가 벌어졌다. 결국은 나중에 사기 사건임이 밝혀졌고 많은 돈을 들여 메추리를 사육하던 수많은 중산층 가정이 엄청난 타격을 받았다. 당시에 한국인들은 모두 돈 되는 일이라면 무엇이든 안 하는 일이 없는 지경이었다.[*] 그러나 1950년대의 모든 욕망은 좌절로 귀결될 수밖에 없었고 계속되는 좌절은 분노로 이어졌다.

앞에서 1956년의 정치적 상황을 약술하였다. 그러나 1957년

---

[*] 이 사건은 필자가 지금도 기억하고 있는 1950년대의 설명하기 어려운 기괴한 사건 중 하나였다. 필자가 어려서 살던 한옥집의 작은 방 하나에 메추리를 가득히 길렀고 메추리 똥의 독한 냄새가 온 집안을 진동했다. 이 사건을 언급한 역사책은 많지 않다. 몇 안 되게 김병걸의 자서전이 간략하게 언급하고 있다 (김병걸 1994: 123).

부터 벌어진 사건들은 더욱 가관이었다. 1957년 4월 30일 야당은 '국민주권옹호투쟁위원회'를 구성했고, 5월 25일 장충단공원 시국강연회에서는 정체불명의 괴한들이 나타나 강연회를 방해했다. 정치깡패 유지광 일파 700명이 유급으로 동원되어 마이크 장치에 불을 지르고 폭력을 휘둘러 행사를 엉망으로 만든 사건이었다. 그리고 8월에는 당시에 너무나 유명했던 '가짜 이강석 사건'이 보도되었다. 이때부터 이승만 박사와 경무대가 회자되기 시작했고 심심찮게 들려오는 이 박사를 둘러싼 '인의 장막'에 대한 언급들은 당시 정치 문제가 해결 불가능임을 확인해주었다. 1958년에 들어서면 '진보당 사건'으로 조봉암이 체포되었다. 1958년 8월에는 국가보안법 개정안이 제출되었고 12월 말에는 이른바 '보안법 파동'이 있었다. 1959년 4월 30일에는 경향신문이 폐간되었고 7월 말에 조봉암에 대한 사형이 집행되었다. 그리고 9월 17일 태풍 사라호로 남부 지방에 엄청난 피해가 발생하였다. 민심이 그야말로 흉흉한 가운데 1950년대가 저물어가고 있었다. 이런 사건들에 대해 한국인들은 겉으로는 조용히 받아들이는 듯 보였지만 분노는 쌓여가고 있었다.

1950년대 경제 상황을 지금까지 본 소설에 나타난 한국인의 모습 변화와 관련지어 생각해보면 일반적인 현대 사회과학적 관념과 들어맞지 않음을 알 수 있다. 한국인들의 좌절과 분노가 깊어 가던 1950년대 후반부터 한국 경제는 고도성장의 시대를 맞이하였다. 1954~1955년은 연간 6퍼센트, 1956년에 잠시 정체한 후 1957년에 8.8퍼센트의 고도성장을 기록했고 1958년부터 2~4퍼센트로 정체하고 있었다. 그런데 2차 산업을 보면, 즉 공업 지역은 이 기간에 10퍼센트 이상의 고도성장을 유지하고 있었다.[15] 문제는 이런 성장에도 불구하고 사회적 분위기가 밝아져 가고 있었다는 증거는 없다는 것이다. 이렇게 고도의 성장을 했어도 1950년대 말까지 한국의 국민총생산(GNP) 수준은 아프리카 대부분의 신생국들보다도 낮았다. 즉 한국은 1950년대 말까지의 고도성장에도 불구하고 절대 빈곤을 벗어나지 못했던 것이다.

우리가 경제적인 차원에서 이번 장의 논의, 죽었던 한국인의 부활을 생각해보면 이를 경제 성장의 결과라고 말할 수는 없을 것이다. 한국인의 부활은 즉시 좌절과 분노를 수반했는데 이 좌절과 분노를 경제 성장의 결과였다고 생각할 수는 없기 때문이다. 고도성장이 이루어낸 1950년대 말의 상황이 여전히 절대 빈곤의 수준이었다면 앞서 1950년대 전반 대한민국의 아프레게르 상황은 더 극악한 빈곤, 우리가 상상할 수 없는 빈곤이었을 것이다. 그렇다면 죽은 한국인이 부활하기 시작한 조건은 삶의 밑바닥, 최악이었고, 최악이었기에 도약(跳躍)이 가능했다고 생각할 수 있다. 그리고 한국인들은 1950년대 말까지 도약의 결과로도 절대 빈곤을 벗어나지 못했다. 이렇게 해석하면 위에서 논의한 '영겁회귀'의 사상적 계기와 당시의 경제적 조건은 일관되었다고 볼 수 있을 것이다. 그렇다면 영겁회귀의 진짜 결과는 1950년대를 통한 '한국인의 부활'을 넘어서는 것이었다.

제5장

❖

두 개 의

혁 명

(혁명 전야)

1959년이 되면 소설들에서 나타나는 사회적 분위기는 전과는 다른 양상을 띠었고 이는 몇 가지 예에서 뚜렷하다. 당시에는 잘 감지되지 못했을지 모르지만 현재 돌아보면 사회적 위기감이 섬찟하게 느껴진다.

이범선의 「오발탄」─1959년 10월

1950년대 말에 나온 소설 중에 가장 주목을 받는 작품은 단연 이범선(1920~1982년)의 「오발탄(誤發彈)」이었다. 1959년 7월 말 조봉암이 처형되었고 9월에는 태풍 '사라호'가 남부 지방을 강타하여 엄청난 피해를 입혔다. 그 다음 달인 10월에 나온 이 작품을 우리나라 교과서들은 1950년대 피난민들의 가난과 비참한 생활을 실감나게 보여주었다고 해설하는데 이 정도로는 결코 작품의 의미를 제대로 파악했다고 볼 수 없다.

주인공은 계리사 사무실의 '송철호'이다. 그는 이북에서 피난 내려와 어머니와 아내와 자식들, 그리고 남동생, 여동생과 열심히 가난하게 살고 있다. 거울에 비친 자신의 모습을 철호는 '원시인(原始人)의 한 사나이'라고 느꼈다. 여동생이 양공주로 벌이가 있지만 나머지 가족은 철호가 박봉으로 부양해야 한다. 연로한 어머니는 방구석에서 '미라'처럼 벽을 향해 돌아누워 허구한 날 마치 딸꾹질처럼 어떤 일정한 사이를 두고 "가자!", "가자!" 하는 외마디 소리를 지르고 있다. "그 해골 같은 몸에서 어떻게 그런 쨍쨍한 소리가 나오는지 이상하였다." 어머니의 외마디 소리를 견디지 못해 밖으로 나와 언덕을 올라가면 '문명사회', 시내의 '네온사인'들이 보인다. 자유를 찾아 피난 내려온 철호에게 현실은 좌절뿐이다. 동생 영호는 늘 술에 취해 밤늦게 들어와서는 철호에게,

> "이제 우리도 한번 살아 봅시다. 제길, 남 다 사는데 우리라구 밤낮 이렇게만 살겠수? 근사한 양옥도 한 채 사구, 장기판만한 문패에다 형님의 이름 석 자를, 제길, 장님도 보게 써서 대못으로 땅땅 때려 박구 한번 살아봅시다." / 군대에서 나온 지 이 년이 넘도록 아직 직업도 못 잡은 영호가 언제나 술만 취하면 하는 수작이었다. / "그리구 이천만 환짜리 세단차도 한 대 삽시다. 거기다 똥통이나 싣고 다니게. 모든 새끼들이 아니꼬와서 일이야 있건 없건 종일 빵빵 울리면서 동네를 들락날락해야지. 제길, 하하하."

이범선, 「오발탄」, 121쪽

철호와 영호는 늘 언쟁을 한다. 영호는 양심, 윤리, 관습, 법률에 얽매이지 말고 눈 딱 감고 벌면 잘살 수 있다는 것이었고 철호는 아무리 힘들어도 양심, 윤리, 도덕은 철저하게 지키고 살아야 한다는 것이었다.

다음 날 경찰서에서 전화가 왔는데 영호가 강도질을 하다가 잡혀왔다는 것이었다. 철호가 부리나케 경찰서로 가보니 영호는 형을 보고 씩 웃고 있었다. 그러고는 집에 왔는데 아내가 아기를 낳으러 병원에 갔대서 여동생이 준 돈을 갖고 가보니 이미 아내는 죽어 있었다. 철호는 최악의 상황이었다. 이제 자기가 할 수 있는 것은 없었다. 그는 아무런 생각도 할 수 없었다.●

병원을 나와서 길을 걷다가 철호는 갑자기 어금니가 쑤신다고 느껴졌다. 그러고 보니 주머니에서 여동생이 병원비로 준 돈다발이 만져졌다. 치과로 가서 쑤시던 어금니를 뽑았다. 그리고 또 다른 쑤시는 이 하나마저 뽑아달라고 하자 의사는 위험하다고 거절했다. 그는 길거리로 나와서 다시 걷다가 다른 치과를 발견하고는 들어가서 의사에게 이를 마저 뽑아달라고 했다. 의사는 위험하다고 난색을

● 당시의 상황을 이렇게 표현한다. "철호는 간호원보다도 더 심상한 표정이었다. 병원의 긴 복도를 허청허청 걸어서 널따란 현관으로 나왔다. 시체가 어디 있느냐고 묻지도 않았다. 무엇인가 큰 일이 한 가지 끝났다는 그런 기분이었다. 아니 또 어찌 생각하면 무언가 해야 할 일이 많이 생긴 것 같은 무거운 기분이기도 했다. 그러면서도 그 해야 할 일이 무엇인지는 좀처럼 생각이 나질 않았다. 그저 이제는 그리 서두를 필요도 없어졌다는 생각만으로 철호는 거기 병원 현관에 한참이나 우두커니 서 있었다." (이범선 1959: 138).

표했지만 철호는 돈을 더 줘가며 우겨서 결국 마저 뽑고 말았다. 그리고 길거리로 나오니 어지러웠다. 음식점에 들어가 설렁탕을 한 그릇 사먹었다. 그러고는 택시를 타고 집으로 가자고 했다가는 다시 병원으로, 다시 경찰서로 가자고 하자 운전사가 뒤를 돌아보며 "어쩌다 오발탄 같은 손님이 걸렸어. 자기 갈 곳도 모르게"라고 중얼거린다. 그러자 철호도 알아듣고 "그래 난 네 말대로 아마도 조물주의 오발탄인지도 모른다. 정말 갈 곳을 알 수가 없다. 그런데 지금 나는 어디건 가긴 가야 한다"고 뇌까리고는 옆으로 쓰러졌다.

이 작품에서 좌절의 세월을 살던 소시민 송철호는 이런 상황을 만나자 모든 지적인 의식 구조와 판단력이 붕괴돼 버렸다. 그가 택한 것은 자해(自害)였다. 갑자기 이가 쑤신다고 느꼈고, 병원에서 아내가 이미 죽어 쓸 일이 없던 여동생이 건네준 돈뭉치가 만져졌다. 1959년에 이르자 서울의 가난한 소시민은 합리적으로 사고할 여지가 없었다. 주변에 때려눕힐 사람도 보이지 않았다. 분노는 한계에 이르렀고, 뭐가 뭔지는 몰라도 일을 저질러야만 했다. 의사가 어금니를 두 대 뽑는 것은 안 된다고 했기에 오히려 반드시 해야 한다고 생각했다. 그 일이 자기 파괴적이었기에 해야 한다고 느꼈다. 당시 한국인들에게는 좌절과 분노를 표현하고 해소할 길이 없었다. 한국인은 '위험한 인간'으로, 나아가 '인간 폭탄'이 되었다. 이 작품의 한국인은 폭발 직전이었다.

손창섭의 「포말의 의지」—1959년 11월

그리고 다음 달, 손창섭이 「포말(泡沫)의 의지」를 출간했다. 그는 소설의 모두(冒頭)에서 다음과 같은 말을 한다.

방금 어느 주요 선의 열차라도 도착한 모양이다. 역전의 넓은 길은 소용돌이치는 인파로 뒤덮였다. 종배는 그 속에 떠서 흘러 갔다. 무슨 힘으로도 막을 수 없을 듯이 넘쳐흐르는 사람의 홍 수에 종배는 어떤 위압을 느꼈다. 그것은 영원히 그칠 줄 모르 는 줄기찬 인간의 흐름이었다. 포탄이 비 오듯 부어지는 속에서 도 죽음을 뚫고 거세게 흘러온 인간의 물결이었다. 풀 한 포기 남아나지 못한 폐허의 잿더미 위로도 도도히 이어 흐르는 인간 의 물결이었다. 그처럼 위대한 무모한 흐름은 어제도 오늘도 내 일도, 주위의 온갖 질서와 무질서를 휩쓸어 삼키며 변함없이 흘 러왔고, 흐르고 있고, 또 흘러갈 것이다.

손창섭, 「포말의 의지」, 166쪽

이 구절은 소설의 이야기와는 관계가 없다. 이 역전의 풍경은 종배가 여주인공을 만나는 장소의 모습이었을 뿐이다. 그러나 어떤 이유나, 어떤 계기에서 작가의 머리에 이런 이미지가 떠올랐고 그는 이런 생각을 글로 표현하고 싶었을 것이다. 즉 1959년 11월의 시점 에서 '군중의 힘'이라는 계시의 영상이 떠올랐다.

장용학의 「현대의 야」─1960년 3월

1960년 초에 출판된 문제적 소설로는 장용학의 「현대의 야(野)」를 빼놓을 수 없다. 이 작품은 전쟁 때부터 수복 이후까지 '현우'라는 지 식인이 겪은 이야기인데 하나로 이어진 스토리로 볼 수는 없고 몇 가지 뚜렷한 영상들로 이루어진 계시였다. 우선 그는 적 치하의 서울에서 폭격으로 죽은 시체들을 모아서 치우는 일을 돕게 되었고 주택가에 여기저기 흩어져 있는 끔찍한 시체들과 조우한다. 여러 가지 자세로, 각종 냄새를 풍기며, 처참하고 끔찍한 모습으로 널브러진 시체들을 본다. 한 예로 어떤 여자의 시체를 보니,

뒷걸음치다가 그는 눈을 크게 떠 가지고 한두 걸음 다가들었다. / 갈비뼈 아래 되는 데가 손바닥만큼 벌려 있다기보다 뭉쳐진 구더기로 꽉 막혔다. 뚫고 나온 것인가. 퉁퉁 부운 그 뱃속은 그런 구더기로 꽉 찼는지도 모른다. / 수십(數十) 마리가 곰실곰실 순간도 쉬지 않고 움직이고 있는 운동(運動)이라기보다 무용(舞踊), 구더기들은 거기서 대낮의 무용에 흥겨운 것이었다. / 그의 눈알이 아물아물 해지고 머릿속이 뗑 했다. 한 쪽 팔은 어깨 쪽에서 살점과 함께 뜯겨 나갔고, 뜯겨 나간 팔의 끝에 달려 있는 다섯 개의 손가락은 파란 빛깔의 빗을 꼭 쥐고 있었다. 그리고 그 팔은 말라붙고 있었지만, 지각없이 헤벌어진 어깻죽지 피와 곱이 엉켜 누르스름한 빛을 발하면서 상기도 공기(空氣)를 빨아들이느라고 축축한 아픔 속에 있었다. / 부어서 동그랗게 번들번들해진 얼굴에 시선을 가져갔다가 그는 그만 자기 입에 손을 가져갔다. 여자의 반쯤 벌린 입술 사이로 열심히 기어 나오고 있는 그 두 마리는 구더기였다! / 메슥메슥한 비애(悲哀)를 토하면서 그는 발길을 돌이켜 도망치듯 꽃밭을 건너 무너진 담 밖으로 뛰어 나갔다.

장용학, 「현대의 야」, 457쪽

너무나 무섭고 역겨워 견딜 수가 없었다. 그가 발견한 진리는 생명이란 결국 방부제(防腐劑)에 불과하며 이 생명을 잃으면 인간은 '구더기 밥상'이 된다는 것이었다. 그런데 현우는 시체들을 구덩이에 처넣는 일을 하다가 그만 실수로 시체들과 같이 구덩이에 떨어져 버렸다. 나오려 했으나 그만 때를 놓쳐서 파묻혔고 당분간 죽은 사람이 돼버렸다.

이때 살아나온 현우는 나중에 세월이 지나 전부터 알던 여성과 이야기를 하는데 그녀는 그가 전혀 다른 사람같이 변해서 그를 알아보지 못했다. 현우는 스스로도 자신의 정체를 편하게 바꾸어가며 살아왔다고 말한다. 구덩이에 빠져 자신은 이미 죽었다고 생각했던 때 그 순간 그는 어려서의 기억을 떠올렸었다. 그때 그는 학교 다닐 때의 운동회 생각이 났었다. 달리기 시합이었다. 아이들이 한 줄로 서서 준비 자세를 취하고 출발 신호가 울려 모두 뛰어나갔다.

그런데 한 아이가 반대방향(反對方向)으로 뛰어나간 것이다. 관중들의 뚱그래졌던 눈은 이내 웃음소리와 함께 그 아이의 존재를 잊어버리고 다수자(多數者)들을 쫓아갔다. 그런데 반 바퀴 돈 저쪽에 있는 결승선(決勝線)에 가까워져서이다. 관중들은 그만 땀을 쥐었던 손을 놓아 버리고 함성을 올리면서 일어섰다. 반대방향에서 아까 그 독주자(獨走者)가 돌진해 오고 있는 것이었다. 다수자의 일등(一等)보다 독주자가 한 걸음 앞질러 테이프를 끊었다. 심판관(審判官)은 다수자의 일등에게 일등기(一等旗)를 주었다. 이에 불만을 품은 일부 관중들이 고함을 치면서 경기장으로 뛰어들어갔다. 그러자 심판을 저지하는 관중들도 쏟아져 들어갔다. 수라장(修羅場)을 이루었다. 그러던 것이 언제 어떻게 두 패는 하나가 되어 소리소리 지르면서 가두행진(街頭行進)으로 나아간다. / 정부(政府)를 타도(打倒)하자! / 시민(市民)의 자유(自由)를 옹호하자! / 인간의 존엄성(尊嚴性)에 눈을 뜨자! / 썰물처럼 군중이 빠져나가 버린 운동장에 적막(寂寞)같이 홀로 서 있는 어린 독주자. 현우는 그 얼굴을 어디서 꼭 본 것 같은데 기억이 나지 않는다. 누구던가? …….

장용학, 「현대의 야」, 482-483쪽

이 장면은 전체적인 이야기 진행과는 관계가 없으며 오히려 역사를 알고 있는 지금의 우리에게는 그 이미지가 너무나 명백하다. 아무리 작고 엉뚱한 사건이라도 일단 발단이 생기면 대규모 군중 동원이 일어나 폭발할 것 같은 분위기였다.

그리고 구덩이 속 시체 더미에 갇혀 있던 현우는 한참 만에 입안에서 구더기를 느끼고 기겁을 하는 바람에 팔다리가 움직여서 살아나올 수 있었다. 이러한 삶과 죽음의 경계를 넘나드는 경험을 한 현우는 살아나와서는 자신의 정체성에 대한 의식이 희박해지고 삶에 대해서도 관심을 잃어버렸다. 그는 전후의 혼란 속에 간첩으로 오해를 받아 경찰서에 잡혀가 조사를 받게 되었다. 고문을 당하고 취조를 받자 그는 자신에게는 저항할 의지가 거의 없음을 발견한다. 그는 자기 자신이 누군지 헷갈려버렸다. 법정에서도 자신을 변호할 의지를 보이지 않았고 결국 그는 10년형을 언도받았다. 예상 밖의 형량에 놀란 그는 그제야 감옥에 안 들어가겠다고 저항하다가 감옥 문에 손가락이 끼어 죽어버렸다.

그는 죽음을 진정으로 경험한 사람은 아니었다. 그는 끔찍한 시체들을 넌덜머리나게 보고 시체들과 같이 구덩이에서 엉켜 있으면서 자신도 이미 죽은 것 아닌가라고 한때 생각했고, 삶과 죽음이란 별 차이가 없음을 너무나 절실하게 실감했다. 이런 경험 속에 그는 자신이 누구인지 아무도 신경 쓰지 않는 세상에 자신이 놓여 있음을 발견하고 스스로도 정체를 지켜야 할 하등의 의미를 발견하지 못했다. 이름도 적당히 바꾸고 되는 대로 하루하루 지냈다. 간첩으로 오해받고 경찰의 조사를 받을 때도 그는 자기가 누구인지 헷갈렸고 또 누구라는 것에 집착할 이유도 없고 때론 다른 자신을 만들어 처리해 버리려 하기도 했다. 이 소설에서 '현대인'을 대표하는 현우는 카프카(Kafka)적 인물이었다. 성(城)에 꼭 들어가겠다는 것인지, 재판에서 무죄로 빠져나가겠다는 것인지, 자신이 누구인지 무엇을 원하는지 자기 자신도 헷갈려 하는, 집중력을 잃은 현대인의 모습이었다.

이 소설은 장용학 특유의 계시적 소설이었다. 당시 현우의 영혼에 비친 너무나 생생한 영상이 곧 계시였다. 동강난 시체가 여기저기 널려서 악취를 풍기고 구더기들이 하얗게 들러붙어 잔치를 벌이는 그런 '최후의 심판의 날' 악몽이 보이고, 그 심판의 날은 운동회 날 어느 아이의 엉뚱한 행동으로 촉발된 가두시위에서 비화될 것처럼 보이며, 그런 심판의 날이 만드는 새로운 '현대인'이란 자신이 누구인지 관심이 없고 삶과 죽음의 차이에도 관심이 없는 사람들일 것이다, 라는 계시. 무엇보다 이 소설이 전하려는 메시지는 '최후의 심판의 날'이 곧 닥쳐올 것이고, 이것이 이루어지는 길은 너무나 사소하고 일상적인 사건이라도 발단이 될 것이며, 이 최후의 날 이후의 세상은 누구의 세상도 아닌, 누가 사는지도 신경 쓰지 않는 그런 세상일 것이라는 데 있었다. 그리고 그런 환란은 결코 혁명일 수 없을 것이었다. 뭐가 뭔지도 모르는 환란일 뿐이다.

1960년 초에는 상황이 급변하는 분위기였다. 2월 5일 민주당의 대통령 후보 조병옥이 미국에서 사망하자 변화를 기대하던 사람들은 허탈함을 감추지 못했다. 이승만과 자유당의 독재는 우리 민족이 도저히 벗어날 수 없는 저주의 운명처럼 한없이 무겁게 느껴지기도 했다. 박정희를 연구한 조갑제에 따르면 1960년 초가 되면 쿠데타 음모 차원에서 그들 간에는 "'군사 혁명'이란 말을 거침없이 뱉어냈다. 그런 어마어마한 말을 해도 그냥 넘어갈 정도의 불만이 이 거대 집단 안에서 형성되고 있었다."[1] 당시 군 장교들 사이에서는 '박정희가 쿠데타 한다더라'는 소문에 아무도 놀라지 않았다.●

1960년 초에 진지하게 세상을 고민하던 지식인들의 예감은 이런 것이었다. 1959년 후반부터 좌절과 분노가 쌓인 한국인들은 모든 이성과 합리성을 폐쇄하고 자폐(自閉)로 들어갔다. 자신이 무엇을 할지 목표와 의미를 모두 해체하고 자폭(自爆) 외에는 전략도, 작전도 없는 인간 폭탄들이 터질 때가 돼 간다는, 그런 예감이었다. 당시 3·15 정·부통령 선거가 발화점이 될 것이라 예상한 사람들이 많았다. 왜냐하면 이번에도 부정선거일 게 뻔했고, 국민들은 분노할 게 뻔했다.

● 이 말은 필자가 1970년대 중반 군복무를 하던 시절에 실제로 당시 근무하던 사람들로부터 직접 들었던 말이다.

4·19와 그 성격

1960년 2월 28일 대구의 한 고등학교 학생들이 '학원의 자유'를 외치며 데모를 벌였다. 고등학생들의 데모는 곧 경상북도 지역과 서울 지역, 3월 중순에는 전국으로 확산되었다. 이들은 대부분 학원의 자유를 침해하는 정부와 여당을 규탄하였다. 정부는 시위가 '모당의 배후 조종'에 의한 것이며 '평양 괴뢰 집단이 이용하고' 있다고 발표했고 이에 일간지들은 정부의 중상을 비난하였다.

그런데 3월 15일 '마산 사태'로 상황은 급변했다. 오전에 민주당 마산시당 간부들은 정·부통령 선거를 포기하고 '부정선거 정지'를 요구하는 데모를 시작했고 수많은 시민들이 가담했다. 시민들은 경찰서를 파괴하고 방화하는 등 폭력 사태로 치달았고, 저녁에는 1만여 명의 시민들이 가담하여 사태는 더 걷잡을 수 없이 비화되었다. 마산 사태에서는 부정 선거가 문제의 핵심으로 제기되었다. 정치 이

슈가 제기된 것은 이때가 처음이었다. 더구나 4월 11일 밤 마산 앞 바다에서 최루탄을 눈에 맞고 죽은 김주열 군의 시체가 발견되고 그 사진이 크게 전국 일간신문에 실리면서 데모는 과격해졌다. 공산당 연루 문제에 대해 언론과 정부는 격렬하게 논쟁하였다. 이 시점에서 『사상계』를 비롯한 전국 언론과 연관된 지식인들이 본격적으로 사태 에 개입하기 시작했다.*

　　대학생들이 참여하는 데 기여한 것도 바로 이들, 반공을 신봉 하는 언론계 지식인들이었다. 대학생들, 특히 고려대 학생들은 4월 18일에야 처음 데모에 나섰다. 그때까지 대학생들은 쥐 죽은 듯 침 묵을 지켜왔었다. 이날 데모는 기존의 전교 단위의 조직이 주도한 것 이 아니라 소규모 그룹들이 급조해서 나온 것이었다. 이들은 데모를 끝내고 돌아가는 길에 종로4가쯤에서 유지광이 이끄는 '정치깡패'들 의 습격을 받았고 많은 학생들이 죽거나 다쳤다. 이 소식에 격분한 대학생들은 드디어 4월 19일 데모대를 조직하여 대규모로 시내로 몰 려들었고, 그 외에 도시 빈민, 청소년들도 대거 가담하여 진압 경찰 들과 격전을 벌였다. 오후에는 경찰이 발포를 개시하였고 비상계엄 이 선포되었다.** 이날 대학생을 포함하여 100명이 넘는 민간인들 이 사망했다. 이날 처음으로 '민주주의'가 구호로 등장했고 4월 19일 이 모두가 아는 그 날, '4·19'가 되었다.***

　　데모는 4월 20일 이후에도 계속되었다. 결국 4월 25일에는 『사 상계』 동인들이 주동이 된 대학교수단의 모임에 이어 그들의 '시국 선언' 발표와 데모가 있었고 이때 처음으로 그들은 '이승만 대통령 물러가라'를 외쳤다. 다음 날 26일 이승만 대통령은 하야를 발표하였 다. 그리고 이틀 후 4월 28일 이기붕 일가가 자살하고 그 처참한 사

　　　　　　　　　　　　　　　한국인의 발견

● 시모카와 아야나(下川紋奈)는 4·19의 전개 과정에서 『사상계』 지식인들이 핵심적인 역할을 했다고 주장한다 (시모카와 아야나, 「4·19 해석의 재해석: 『사상계』 지식인이 만들어낸 4·19민주혁명」 (서울대학교 대학원 정치외교학부, 2014)). 4·19의 진전 과정과 해석의 문제를 다룸에 있어 필자는 위 글을 많이 원용, 인용하였다. 이 글은 필자의 지도하에 쓰여 최근에 제출된 석사학위 논문임을 밝힌다.

1950년대를 통한 『사상계』의 엄청난 영향에 대해서는 김건우, 『사상계와 1950년대 문학』 (서울: 소명출판, 2003)을 참조할 것.

●● 시모카와 아야나는 4월 19일에 대해 다음과 같이 말한다. "4월 19일 데모에 참여한 자는 대학생만이 아니었다. 서울 시내 중고등학생들도 데모에 나섰고, 신문팔이, 구두닦이, 넝마주이, 껌팔이 등 비교적 가난한 사람들도 상당수 포함되어 있었다. 그들은 중앙청 담을 넘어 문교부, 부흥부를 습격해 문교부 장관 전용차 등에 불을 지르고 중앙청 등사실, 문교부 영화 검열실 등을 파괴했고 대학생들 못지않게 독하게 싸웠다. 데모부터 시작한 싸움은 밤까지 계속되고 새벽 1시쯤이 돼야 계엄군에 포위된 데모대는 고려대까지 내려와 무장 해제되었다. 계엄사령부의 발표에 따르면 19일 하루 동안에 발생한 사망자 수는 민간인 111명, 경찰이 4명, 부상자 수는 민간인 558명, 경찰 169명이었다. 이것이 바로 4월 19일이다. / 『사상계』의 지식인들은 4월 20일에 바로 '4·19'라는 호칭을 마련했다. 이것은 이날이 부정선거 직후 제1차 마산사건이 일어난 '3·15'에 못지않게 중요한 날로 인정을 받은 것이다. 그것뿐만이 아니라 4·19가 부각되면서 부정선거 규탄 운동의 주인공이자 주체가 고등학생에서 대학생으로 전환되었다. 그래서 데모 현장에 대학생들이 나오자마자 바로 주체를 대학생으로 바꾸었다." (시모카와 아야나 2014: 41).

●●● 어떤 정치적 사건을 동아시아 3국에서는 날짜를 하나 선택하여 사건의 호칭으로 삼는 경우가 많다. '3·1운동', '5·4운동', '2·26사건', '2·28사건', '5·18' 등이 그 예이다. 이 경우에 사건이 시작된 날이나 끝난 날을 선택하는 경우가 대부분이다. 그런데 4·19의 경우에는 시작도 아니고 끝도 아니었다. 가장 격렬한 싸움이 있었고 가장 많은 사람들이 죽은 날을 고른 것인데 상당히 예외적인 경우임에 분명하다.

진이 일간신문에 실리자 사태는 종결되었다. 김주열 군의 죽음 사진을 시작으로 하여 이기붕 일가의 자살 현장 사진이 대단원을 장식한 사건으로, 국민들은 '4·19'를 기억했다. 한 편의 드라마였다.

4·19는 '대학생들이 민주주의 회복을 위하여 일으킨 의거이자 혁명'이라고 해석되었다. 꽤 많은 사람들이 이 해석의 무리함을 지적해왔지만 이 해석은 요지부동으로 모든 교과서와 담론에서 공식 정론(正論, orthodoxy)으로 자리 잡았다. 이 정치적 사건에 대한 이러한 해석과 의미 부여는 단순히 학술적인 문제에 그치는 게 아니었다. 정치적 목적에 의해 만들어진 해석은 정치와 역사를 왜곡시켰다.

우선 초기에 데모의 주요 참가자는 대학생들이 아니었다. 고등학생들이 먼저 시작했고 이들은 마지막까지 주요 참가자였다. 그리고 결정적인 계기였던 3월 15일의 '마산 사태'에서는 시민들, 특히 도시 빈민들이 주로 참가했다. 이들의 동기는 부정선거 외에도 그간 쌓여왔던 가난, 실업, 그 외에 각종 억압과 좌절에 대한 분노에 있었지만 그들은 자신들이 무엇을 원하는지, 무엇을 없애고 싶은지 요구나 분노를 제대로 표현하지 못했다. '마산 사태'는 시민들, 민중들의 분노의 폭발이었던 만큼 폭력으로 치달았다. 문제는 지식인들이 이런 민중의 폭발을 그대로 보고 있을 수 없었다는 것이다. 정부에서는 공산주의자들 때문이라 하고 있었고, 북한에서는 '인민 봉기'라고 보도하고 있었으며, 해외 언론에서도 공산당의 조종을 의심하는 보도가 있었다. 반공주의자였던 『사상계』 및 언론을 중심으로 연결된 지식인들은 도시 빈민들의 폭동이 확산되는 상황을 심히 우려했다.

그러나 무엇보다도 지식인들은 1950년대를 통해 쌓여온 한국인들의 좌절과 분노 그리고 최근의 사회 분위기에 반응하며 이를 우려하던 사람들이었다. 앞에서 인용한 전야(前夜)의 언제 폭발할지 모르는 분위기도 모르지 않았다. 특히 장용학의 「현대의 야(野)」는 1960년 3월 『사상계』에 발표된 작품이었다. 2월 28일부터 시작된 사태를 그대로 두면 '최후의 심판의 날'까지, 끝까지 가게 될지도 모른다고 심히 우려했을 것이다. 이들은 정부의 편을 들지는 않았다. 그 와중에 그들은 온건한 이슈로, '민주주의', '독재 타도'로 시민들의 분노를 유도하고 도시 빈민들을 대학생들로 대체한다는 구상을 하였다. 그리고 문제의 최소한의 해결을 위해서 자유당 정권은 축출되어야 했다. 사태를 해결하는 묘책이 바로 대학생들을 동원하여 '민주주의'를 핵심 구호로 자유당 정부와 일전을 벌이게 하는 것이었다.

그들의 계획은 약 보름 만에 성과를 올렸다. 4월 18일부터 시작되어 19일을 기해 민주주의를 염원하는 지식인 대학생들이 등장하자 온 국민이 뜨겁게 환호했고 대학생들은 일약 영웅으로 떠올랐다. 4·19에서 쓰여진 대학생 영웅전은 긴 역사를 통해 발전되어 나온 것이 아니라 지식인들이 급조해서 동원한 것이었다. 그러나 위에서 지적했듯이 4월 19일 그날에도 싸움에서 주된 역할을 한 사람들은 구두닦이, 넝마주이 등의 도시 빈민과 청소년들이었다.* 이런 사실이 여러 차례 지적되었지만 '4·19'의 주역은 대학생들이었다는 정론은 한 치의 양보도 없었다.

---

* 4·19 때 서울에서는 수많은 사람들이 당시에 제일 맹렬하게 열심히 싸운 사람들은 '구두닦이 애들'이었다는 증언을 했다 (최원식·임규찬 2002: 23-25). 이 사실을 지적하고 기록한 글은 너무나 많다. 박태순·김동춘, 『1960년대의 사회운동』 (서울: 까치, 1991) 63~64쪽에서도 이 점이 지적되고 있다. 앞에서 인용한 시모카와 아야나의 글도 물론 이 부분을 강조하고 있다.

그러나 지식인들에게는 젊은 대학생들 또한 사태를 마무리하는 중대한 과업을 맡기기에는 미덥지 못한 사람들이었을 것이다. 이 지식인들은 평소에 가깝게 교류하던 대학교수들을 동원하여 4월 25일 '시국선언'을 발표하고 '이승만 대통령 하야'를 요구하는 데모를 벌이도록 했다. 결국 4월 26일 이승만 대통령이 하야를 발표하여 '4·19'는 일단 마무리되었다. 이제는 수습을 해야 했다. 이들은 바로 대학생들을 모아 '학생수습대'를 만들어 거리 청소를 하는 등 일상으로 돌아가는 일을 맡기고 나머지 대학생들에게는 '모두 집으로 돌아갑시다'라는 구호로 데모대 해산과 귀가를 종용하였다. 결국 이들 지식인들은 민주주의와 반공을 안전하게 달성하기 위해서, 그간 동원하여 일주일 동안 서울 시내의 주인공 노릇을 맡겼던 대학생들을 집으로 돌려보내고 이제 그 자리를 데모에는 코빼기도 비치지 않았던 정치인들에게 넘겨주었다.[2] 졸지에 영웅의 역할을 맡아 무대에 선 지 일주일 만에 내려가라는 명령을 받은 대학생들은 어른들의 말을 거부하지 못했다. 대학생들은 심사가 편치 않았다.

권력은 민주당에 돌아갔다. 그들은 내각책임제로 개헌을 하고 총선거에서 대승하여 국가권력을 장악하고 내각책임제 의회민주주의를 조직했다. 한편 학교로 돌아가기를 거부한 일부 대학생들은 서서히 이념화, 과격화되었고 학교로 돌아간 학생들은 이른바 '4·19세대'가 되어 '학생운동'을 시작했다. 결국 이런 식으로 4·19는 '주인 없는 혁명'으로 방기(放棄)되고 말았다.[*]

결국 '4·19'라는 사건은 고등학생들이 먼저 들고 일어났다가 시민들이 나서서 폭력 시위를 벌이고 나중에 대학생들이 가담했다가 다시 민주당 기성 정치인들의 손에 국가권력이 넘어가는 복잡한

한국인의 발견

변신을 겪었다. 사실 이 과정을 전체적으로 가만히 살펴보면, 이 '4·
19'라는 사건, 2월 28일에서 4월 말까지 이 사건의 진행 과정은 자연
스런 사태의 발전이라기보다는 누군가 일단의 지식인들이 개입하여
사태의 발전을 굴절(屈折)시켜 간 결과였음을 알아차리지 않을 수 없
다. 그간에 앞서 지적한 4월 19일 주된 싸움의 주인공 문제뿐만 아
니라 4·19에 대한 사실 왜곡을 지적한 예는 많았다. 그러나 이를 단
순히 왜곡으로만 볼 수는 없다. 4월 19일 싸움의 주인공 문제에 있어
서, 사태 발전을 유도한 사람들의 의도는 대학생들을 주인공으로 삼
아야 '이승만 독재를 타도하는 민주주의'라는 지적, 추상적 이슈를 '4
·19' 전체를 관통하는 일관된 국민들의 요구로 만들 수 있다는 것이
었을 것이다. 이 드라마가 일관성을 갖추기 위해서는 구두닦이, 넝
마주이들의 역할은 지워져야 한다고 판단했을 것이다. 심지어는 4월
19일 데모대에 대한 총격 문제에 있어서도 사실 왜곡 문제가 제기된
다. 당시 기자였던 리영희는 그의 자서전에서 다음과 같이 말한다.

그날 낮부터 계엄령이 선포되어 신문 검열이 실시되었다. 검열
이라 해도 정세의 대세를 반영한 탓인지 웬만한 사태보도 기사
는 그대로 통과되었다. 다만 방첩 부대의 총격으로 학생이 수없
이 죽고 부상한 사실은 모두 삭제되었다. 그 부분은 모두 '경찰'
로 바뀌었다. 이것이 훗날 기록에 4·19 희생이 모두 '경찰의 총

• "주인 없는 혁명"이라는 말은 강준만, 『한국 현대사 산책 1960년대편: 4·19
혁명에서 3선 개헌까지』, 제1권(전3권) (서울: 인물과사상사, 2004), 23쪽에서
인용하였다.

격으로……'가 되어버린 배경이다. 지식인과 민중의 사무친 원한의 대상이라는 점에서는 국립경찰이나 육군방첩대나 매일반이었다. 그러면서도 정권의 최후 순간에서의 그들의 태도는 달랐다. 경찰은 압도적인 민중의 힘을 확인하자 직장에서 도주하거나 정권과 민중의 중간에서 중립적인 자세를 취했다. 그것을 '기회주의적'이라고 할 수는 있지만, 적어도 끝까지 '반민중적'은 아니었다. 그와는 반대로 군대의 특무대·방첩대는 변혁에 대한 반동세력이었고, 학생들에 대해서 시종일관 원수와 같이 대했다. 이 나라의 군대, 특히 군대 중의 '사상경찰'로서의 방첩대·특무대의 본질을 알게 되면서 나는 소름이 끼쳤다.[3]

이 문제는 군대를 적(敵)으로 삼는 것이 정치적으로 현명한가에 대한 누군가의 판단에 따른 것으로 이해할 수 있다. 4·19의 역사에서 왜곡된 개별 사례들을 하나하나 지적하는 것도 큰 의미가 있을 것이다. 그러나 예를 들어 4월 19일의 싸움에서 도시 빈민과 청소년들의 활약상을 체계적으로 지운 것은 누구였는지, 위에 인용한 데모대를 향한 발포의 예에서도 사실을 왜곡한 사람들은 누구였는지 이를 밝히는 일은 간단치 않을 것이다. 또한 4·19에서 폭력 사태, 방화, 약탈 등의 부분들, 예를 들어 4월 25일 데모대의 이기붕 자택 습격 같은 사건들도 체계적으로 지워졌고 망각되었다. 이런 역사의 변형을 우리가 '왜곡'이라고 부르는 것은 적당치 못할지 모른다. 언론에서 역사를 써나가던 사람들이 사태에 개입하던 바로 그 사람들이었기 때문이다. 그들은 각본을 쓰고 연출하고, 사건을 생산(produce), 제작하던 사람들이었다.

한국인의 발견

'4·19'라는 사건은 자연적으로 진행된 것이 아니라 누군가가 처음부터 관찰하고, 개입하고, 진행을 특정한 방향으로 유도하고, 해석을 통해 의미를 부여하고, 역사의 기록까지 도맡아 온 그런 사건이었다. 4·19는 사태가 진전되는 와중에 사태에 대한 우려와 함께 해석이 시도되었고, 절정(絕頂, climax)은 미리 작성된 각본에 따라서 연출되었다. 2월 28일 4·19의 출발에서부터 데모란 공공(公共)의 가시성(可視性)을 조건으로 멋진 장면들을 만들어나가는 정치 행위였고 따라서 연출(演出, mise-en-scène)이 중요한 분야였다. 대학생들은 급히 동원되어 무대로 올려졌고 '민주주의'라는 대사(臺詞)가 주어졌다. 대학생들은 무대 위에서의 싸움과 희생을 통해 영웅으로 등장하였다. 조연들의 연기는 주인공의 무용담으로 흡수되었다. 그러나 이들 주인공은 일주일 만에, 한 막(幕)이 끝나자 무대에서 내려가야 했다. 아마 그들의 능력이 감독이나 연출자의 눈에 미흡했기 때문에, 또는 처음부터 다음 장면(scene)은 다른 배우가 맡도록 각본이 짜여 있었는지 모른다. 대학생들은 분노했을 것이다. 그들은 영웅에서 '스타'로, 한낱 배우로, 심지어는 '꼭두각시'로 전락한 셈이었다. 그리고 어차피 그들은 민주주의를 위해 싸웠다기보다 그 전날 당한 깡패들의 테러에 분노해서 싸운 것이었다.

  이렇게 4·19를 연극에 비유해서 말한 것은 4·19의 싸움이 진지하지 않았다거나 '쇼'에 불과했다는 뜻이 아니다. 대학생들의 싸움과 희생도, 고등학생들의 용기와 희생도, 그리고 구두닦이, 넝마주이 등 가난한 도시 청소년들의 투쟁과 희생도 모두 위대한 역사였다. 연극에의 비유는 187명이 사망한 4·19의 처절한 투쟁도 누군가는 오히려 더 큰 참사를 피하기 위해서 고민하고, 기획하고, 노력해서 얼은 결과이며 정확한 전체적인 사건의 윤곽을 이해해야 사건의 성격과 미묘한 결과들을 이해할 수 있기 때문이다.

역사의 이해와 해석은 단순히 학술적인 문제만은 아니다. 실제로 4·19에서 학생들이 퇴각한 뒤 정치가들에 의한 개헌이 이루어지고, 민주당이 압도적인 다수 의석을 총선에서 차지하여 정부를 구성했을 때 이 정부의 목적은 4·19의 근본 원인 즉 가난, 실업, 부조리, 부패, 불평등 등의 뿌리 깊은 문제들과는 상관이 없었다. 오히려 연극 각본에 따라 큰소리로 외쳐진 '민주주의'를 4·19혁명의 다음 막(幕)인 '제2공화국'의 주제로 삼았다. '내각책임제 민주주의'를 수행하는 것이 제2공화국의 유일한 목적이었다. 민주당은 당시에 내분이 심화되며 "'의석이 너무 많다', '견제와 균형을 위해서는 당을 쪼개가지고 정국을 운영해야 한다' 이런 논리를 내세워 …… 두 가닥으로 쪼개져 신파, 구파로 나뉘었다."[4] 말하자면 그들은 '자기들끼리 편을 갈라서' '민주주의 놀이'를 멋지게 보여주려고 했다. 국가나 정부는 '민주주의'로 통치와 국정을 수행하는 제도지만 제2공화국의 유일한 목적은 '민주주의 놀이'로 귀착되고 말았다.* 4·19 이후 각 분야에서 민중에 의한 데모는 끊임없이 이어졌고, '가난', '경제' 문제가 본격적으로 제기되었다. 정부에서도 '경제 제일주의'가 천명되었다. 그런데 이 문제가 제기되자마자 제2공화국은 당장 과부하(過負荷)가 걸리고 말았다. 제2공화국은 그런 과업을 수행하도록 만들어진 국가가 아니었다. '민주주의 놀이' 외에는 아무런 기능이 없는 국가였다. 경제발전 계획을 시도했지만 이런 계획을 실행할 의지를 보이지 않았다.

정치인들이 '자기들끼리 편을 갈라서' '민주주의 놀이'를 하는 것은 대학생들에게나 사태를 연출했던 지식인들에게나 도저히 견딜 수 없는 일이었다. 제2공화국의 정치인들은 '학생들의 피를 팔아먹는' 사람들이었다. 10월 11일에 일어난 4·19 부상 학생들의 민의원 의사당 단상 점거 사태는 학생들이 당시 제2공화국을 바라보던 시선을 드러낸다. 또한 많은 학자들은 제2공화국의 실패 요인의 하나로 끊임없이 계속되던 언론의 민주당 정권에 대한 잔인한 비판을 지적한다. 당시에 상황을 예의 주시하며 이끌었던, 그리고 민주당 정치인들에게 그들의 세상을 만들어주었던 언론계를 중심으로 한 지식인들의 눈에 민주당 정권은 '혁명의 원수'들에 다름 아니었다.

데모는 매일 하루도 쉬지 않고 벌어졌다. 4·19가 애초에 벌어진 이유, 고등학생들 그리고 민중들의 좌절과 분노가 폭발했던 그 이승만 정권 시대의 쌓이고 쌓인 썩어 문드러진 사회 구조적 문제들을 제2공화국은 하나도 해결하지 못했고, 그럴 능력도 없었다. 제2공화국은 역사를 4·19 이전, 원점으로 되돌리고 있었다. 혁명은 다시 시작되어야 했다. 4·19가 '혁명'으로서 미흡한 점이 바로 여기에 있다. 근대사에서 일반적으로 언급되는 다른 혁명들, 특히 사회 혁명들과 비교해보면 4·19가 초래한 국가는 너무나 무능하고 허약했다.[**] 따라서 아무런 변혁도, '바꿈'도 이루지 못했다. 새롭게 내각책임제 민주주의를 수행하려고 했지만 실험에 만족해야 했고, 나아가 '민주주

---

[*] 놀이(play)에 대해서는 요한 하위징아(Huizinga 1938)를 참조할 것.

[**] 혁명(revolution)에 대한 고전적 저서라 할 수 있는 테다 스카치폴(Theda Skocpol)의 *States and Social Revolutions*에 따르면 혁명은 처음부터 국가와 밀접히 관련된 현상이며 그 결과는 예외 없이 강한 국가를 만들고 끝났다 (Skocpol 1979).

의 놀이'가 제2공화국이 보여준 묘기의 전부였다. 이렇게 끝난 이유는 위에서 길게 논의한 4·19의 독특한 과정과 성격에 기인한 것이었다. 지식인들은 민중 폭발을 두려워했고 그 힘을 두 차례에 걸쳐서 거세(去勢, castration)하였다. 거세의 방향은 민중의 분노의 폭발을 무해(無害)하게 순화시키는 것이었고, 현실적으로는 '놀이'로 귀착되고 말았다.

제2공화국이 계속되었다면 과연 '4·19'는 '혁명'으로 기록될 수 있었을지 의문이다. 4·19 과정에서 제기된 '민주주의를 위한 대학생들의 의거'라는 해석을 곧이곧대로 받아들여, 현실의 문제를 재고해보지 않은 점이야말로 제2공화국이 멸망한 결정적 요인이었다. 아직도 지속되고 있는 '4·19 정론'이야말로 사건으로서의 4·19마저 매장시키려 한 장본인이었다. 4·19 이후에 하루가 멀다 하고 끝없이 벌어진 각종 데모들은 대부분 오랫동안 쌓여온 가난과 좌절에 대한 국민들, 민중들의 분노의 표현이었다. 이 가난과 좌절이야말로 4·19를 촉발시키고 민중의 분노를 터지게 한 근본적인 용암(鎔巖)이었다. 아마 민중의 분노는 4·19 후에―또 한 번의 좌절을 겪은 후에―더욱 심각했을 것이다. 강준만은 4·19 후 늦여름쯤의 분위기를 다음과 같이 전한다.

조금만 건드리면 폭발할 듯한 전투적 태세, 그건 거리의 모습이기도 했다. 김세영은 『사상계』 9월호에 기고한 글에서 이렇게 썼다. "광화문 근처에 있는 극장엘 가보았다. 거리마다 골목마다 사람 천지다. 전차 탄 사람이나 극장표 파는 여자들이나 한결같이 목숨을 내건 병정들 같은 비장한 표정들이다. 인생항로에 지칠 대로 지쳐 기진맥진한 얼굴들, 그 어떤 친구나 가족이나 또는 사회의 물결에 끝없는 분노를 억누를 수 없어 일그러진 얼굴들, 손톱 끝만 한 여유도 찾아볼 수 없는 얼굴의 나열, 너그러운 표정, 활기찬 표정, 여유 있는 표정은 하나도 없다."[5]

지식인들이 정치인들에게 무대를 넘겨줄 때 그들이 4·19를 잘 길들여놓았기에 정치인들은 사태의 본질을 완전히 망각해버리고 역사를 뒤로 돌리고 말았다. 4·19에 한번 분출하기 시작한 에너지는 억지로 억눌리자 밑에서 그 힘이 4·19 이전보다 배가(倍加)되었을 것이다.

결국 '4·19'를 말아먹은 장본인은 기성세대 민주당 정치인들이었음은 이론의 여지가 없다. 그러나 그 원인을 그들의 '반혁명성'이라고 치부할 수는 없다. '4·19'를 말아먹은 데는 너무나 많은 집단이 관여했고 그들이 정치적 목적을 위해 만든 해석은 너무나 많은 사람들의 눈을 가려버리고 말았다. 4·19가 만든 움직일 수 없는 유일한 중대한 역사적 결과는 우리 현대사 특유의 '4·19세대', '학생운동'의 출범일 것이다. 그들은 반세기 동안 한국 정치의 주인으로 활보했고 '4·19 정론'의 수호자였다. 그들은 개찬된 계보를 비밀의 보배로 지켜왔다. 그들은 서자였기에 출생의 계보는 공개할 수 없었다. 그들의 존재 의미는 다시 만들어가야 할 것이었다.

〔 4·19가 연 세상 〕

4·19가 열어젖힌 세상에서 깊은 고민을 한 작가는 단연 최인훈(崔仁勳, 1936년~)이었다. 그는 24세 때인 1960년 7월에 「가면고(假面考)」를 출판했다. 이승만 대통령의 하야로 4·19가 종결된 지 두 달 정도 지난 시점이었다.

최인훈의 「가면고」—1960년 7월

이 소설은 주인공 '민(民)'의 현실과 그가 최면술을 통해 찾아간 전생(前生)을 오가며 이야기가 전개된다. 이 두 영역은 독립된 영역이 아니라 밀접히 연관되어 있다. 사건은 주로 전생에서 벌어지고 진행되며 그 이야기의 배경, 상황 등은 현실에서 언급된다. 현실과 전생의 이야기는 보완적이며 일관된다.

　'민'은 버스 맞은편에 앉은 여인의 얼굴을 보았다. 어디선가 본 얼굴 같다. 그는 기억을 더듬기 시작한다. 특히 그는 전쟁의 기억을 꼼꼼히 더듬는다. 전쟁은 그에게 너무나 깊은, 그러나 복합적 의미를 가진 경험이었다. 그는 원래 사람들의 얼굴에 관심이 많았다. 그 관심은 어느 틈에 자신에게로 돌아와 "완벽한 초상화를 갖고 싶다는 생각"이 들었다. "표정과 감정 사이에 한 치의 겉돎도 없는 그런 비치는 얼굴의 소유자였으면 하는 욕망"을 갖게 되었다. 그는 거울에 비친 자신의 얼굴에서 허위와 불안으로 가득한 '탈'을 보고 그 탈을 벗겨내야겠다고 생각했다.

그는 길에서 '심령학회(The Psychic Society)'라는 간판을 보고 호기심이 생겼다. 다음 날 그는 그곳을 찾아 최면 요법을 받는다. 그에 따르면 그는 전생에 3천 년 전 인도 북부 '가바나왕국'의 '다문고 왕자'였다. 이때 그는 자신의 얼굴에 탈이 씌워져 있으며 그 얼굴은 브라마(Brahma)*의 모습에는 미치지 못한다는 것을 알았다. 그는 브라마의 완벽한 아름다운 얼굴을 갖고 싶었다. 예전에 구도(求道)의 스승에게서 브라마의 초상화를 본 일이 있었다. 스승의 말에 따르면, 모든 사람은 브라마의 아름다운 얼굴을 갖고 있지만 업(業)과 무명(無明)으로 가리워져 있으며 구도를 통해 그 탈을 벗을 수 있다는 것이었다. 그는 탈을 벗기 위해 구도에 정진했지만 별 차도가 없다.

현실에서 민은 발레단의 안무사(按舞士)로 작품을 만드는 일에 몰두해 있다. 하루는 화가인 애인 '미라'를 만났는데 그녀가 그린 그림이 덧칠로 얼룩진 모습을 보고 불쾌해서 찢어버렸다. 그리고 집

• 브라마는 인도 신화의 세 주신(主神) 브라마(Brahma), 비시누(Vishinu), 시바(Shiba) 중의 하나로 창조를 맡고 있는 신이다.

에 가기 위해, 그날은 버스를 타지 않고 전차를 탔다가 처음으로 종점에서 내렸다. 어딘지 모르는 곳이었다.

어떡헌담…… 그는 태연하게 걸음을 옮기기 시작했다. 지금 걸어가고 있는 쪽이 북인지 남인지도 모르겠다. 거리를 지나는 사람들이 자기를 유심히 쳐다보는 듯싶어 얼굴이 화끈거린다. …… 전찻길이 바뀐 건가. 새로 놓은 건가. 민은 태연하게 걸으려고 애쓰면 애쓸수록 발길이 뒤뚝거리고 거북한 몰골이 자주 드러나는 것 같았다. / …… / …… 발길은 자꾸 헛나간다. 어깨는 오히려 들이대듯 비죽거린다. 하얀 발바닥이 퍼뜩퍼뜩 뒤집히며 허공을 찬다. 어디선지 소리가 들린다. 어린애들 노랫가락 같은 자꾸 되풀이하는 후렴 같은 약오르으지이 약오르으지이 약오르으지이 약오르으지이. 가만히 귀를 기울이면 그렇게 들린다. 한 사람의 목소리 같기도 하고 그런가 하면, 여러 사람의 목소리 같기도 하다. 미라의 목소린가 하면 민의 목소리 비슷하고, 또는 아무의 목소리 같지도 않다. 약오르으지이 약오르으지이 장단에 맞추어 이죽대는 어깨……

최인훈, 「가면고」, 217쪽

어딘지 모르는 길인데 사람들이 자기를 보고 비웃고 놀리고 있다. 그는 자기 모습이 부끄러웠다. 그는 정신을 가다듬고 다시 생각을 시작한다.

좋다 좋아 모르면 대수냐. 여기는 서울이겠지 기껏해야. 그는 하늘을 쳐다보았다. 노리끼한 달이 빌딩 어깨에 걸렸다. 그럼. 그리고 지구에 있는 것은 틀림없고. 그렇다 얼마나 좋은 밤인가. 산책을 위하여 이보다 더 좋은 밤은 없다. …… 사막. 참 좋은 말이구나. 자 나는 사막에 와 있다. 사막의 길을 걸어가자. 이 집들이 모두 신기루란 말이지. 이 사람들이 모두 걸어 다니는 식물들이군, 자 사막의 순례다. 오라 저기 저 큼직한 선인장 곁으로 가보자. 선인장 속에 불이 켜졌구나. 담배. 껌. 초콜릿이 놓였구나. 그리고 사람 모양을 한 식물이 그 뒤에 앉아 있고. 그걸 하나 줘. 그 담배 비슷한 것 말이야. 아마 여기는 이 사막에 마련해놓은 선물 가게인 모양이군. 고 인형 참 잘 만들었다. 꼭 사람 같아. 게다가 말까지 하고. 거스름을 바꾸고 살짝 웃기까지 하네. 이런 인형을 만들기에는 얼마나 희한한 기술과 감이 들었을까. 웃음 웃는 것도 백환짜리 손님과 이백환짜리 손님과는 매듭을 짓도록 만들었을 테니 말이오. 사막이란 이렇게 풍부한 곳이던가. 사막의 풍경은 이렇게도 사람 사는 도시와 닮았구나. 지리학 교과서는 모두 거짓말이었군.

최인훈, 「가면고」, 218-219쪽

어딘지 몰라 어리둥절하고 거리의 사람들이 자기를 놀리는 것 같아 주눅이 들어 있던 그가 생각을 바꾸자 주변 풍경이 순식간에 다시 보인다. 서울 거리는 사막이나 진배없고 모든 사람과 건물과 가게들이 작아지고 귀여운 장난감들로 보인다. 사람들의 시선에 주눅이 들었던 그는 자신감을 되찾자 오만한 눈초리로 주변을 본다. 주변의 사람들에게 경멸을 보낸다.

그는 전생으로 돌아간다. 이번에 그는 마술사 '부다가'를 만났다. 그는 말하길, 브라마의 얼굴을 만드는 길은 탈을 벗는 게 아니라 새 얼굴, 특히 배움이 없는 밑바닥 사람의 순수한 얼굴을 떼어다 붙임으로써만 가능하다는 것이었다. 결국 브라마의 완벽한 얼굴을 갖는 길은 탈을 벗음으로써가 아니라 반대로 다른 사람의 얼굴을 뜯어다 지금의 얼굴 위에 덮어씀으로써 가능하다는 것이었다. 그는 마술사의 말대로 다른 사람의 얼굴을 떼어다 자기 얼굴 위에 붙이는 작업을 시작했다. 마술사는 어디에선가 몸에서 떼어낸 얼굴들을 가져왔고 그는 그것들을 붙이는 일을 계속했다. 그러나 실패를 거듭했다. 그는 반복되는 시도에서 '못된 기쁨'을 느끼기도 했다. 그는 이 작업이 반복되며 삶이 변해가는 것을 느꼈다. 브라마의 얼굴을 갖는다는 목표에 집착해서 그는 점점 편집광이 되어가고 있었다. 다른 사람의 얼굴들을 떼어내서 자기 얼굴에 붙인다는 게 잔인하고 끔찍한 죄인 줄 알았지만 목적에 집착해서 강행했다. 언제부터인가 마술사는 여자들 얼굴도 가져와서 시술하기도 했다.

현실에서 민은 무용단과 관련된 '정임'이라는 여인을 만난다. 그녀에게는 싱싱한 젊음이 있었고 전 애인 '미라'와는 전혀 다른 타입이었다. 무용극 공연은 대성공으로 끝났고, 미라는 쪽지를 남기고 파리로 떠났다. 민은 정임에게 처음으로 사랑이라는 것을 느꼈던 순간을 다음과 같이 말한다.

자기만 '사람'이고 다른 사람은 인형으로 알고 살아오던 사람이, 처음으로 또 다른 자기 밖의 '사람'을 발견한 현장에서 느끼는 멀미였다. 사막과 인형들을 상대로 저 혼자만의 독백을 노래하며, 포탄에 찢어진 '남의 팔다리'를 가로채면서 살아온 자에게는, 지금 테라스 위에서 맞서오는 '사람'의 모습은 어지러웠다. '사랑'이란 이렇게 무서운 것······

최인훈, 「가면고」, 249-250쪽

　　민은 그간 사랑의 감흥이 무뎌진 미라를 떠나보내고 전혀 다른 타입의 정임을 만나 평생 처음 느끼는 감정, 즉 낮추어 볼 수 없는 자기와 동등한 존재에 대한 '사랑', 진정한 영혼의 사랑을 느꼈다.
　　다시 전생으로 돌아가 어느 날 마술사는 그림 한 장을 보여주었다. 그림의 주인공은 온 인도가 두려워하는 코끼리 떼를 거느리는 '다비라국의 왕녀 마가녀'라고 했다. "싱싱한 아름다움으로 빛나는" 마가녀를 본 순간 그는 황홀해졌다. 그는 그녀의 입술을 빼앗고 사랑에 빠졌다. 그러나 당장은 그녀의 얼굴을 벗겨낼 궁리를 했다. 다비라국과 가바나국은 전쟁을 했고 그는 승리를 거두었다. 다비라국의 왕족들이 그의 포로가 되었다. 그는 그들을 풀어주고 대신 마가녀의 얼굴을 벗겼다. 그런데 마가녀의 얼굴을 쟁반에 담아 부다가의 집 얼굴의 방으로 들어서자 갑자기 그 방에 진열되어 있던 수많은 얼굴들이 다른 모습으로 다가온다.

　　나는 마루에 풀썩 무릎을 꿇으며 두 손으로 낯을 가렸다. 처음으로, 이 많은 얼굴들에 대한 공포가 덮쳐들었다. 나는 죄어드는 가슴과 찢어질 듯한 머리의 아픔 때문에 신음했다. 방안에 부다가가 들어서는 기척이 나고, 낯을 가린 내 손가락 사이로 붉은 기운이 흘러들었다. / 나는 오래 그런 대로 앉아서 두려운 듯이 조금씩 손을 아래로 물러내리다가, 홱 손을 떼버리며 앞을 바라보았다. 행여나 사라졌을까 한, 턱없는 내 바람에 아랑곳없이 바로 앞에는 시령의 맨 마지막 자리에서 마가녀 공주의 얼굴이 웃고 있었다. 나는 고개를 돌려 얼굴들을 차례로 훑어보았다. 모든 얼굴이 금세 눈을 뜨고 "여보시오!" 하면서 말을 걸어올 것 같다. 나는 낯을 가리며 신음했다.

최인훈, 「가면고」, 262쪽

마가녀와 사랑에 빠졌던 그는 그녀의 벗겨진 얼굴을 대하는 순간 밀려드는 엄청난 죄의식에 고통을 견딜 수 없었다. 그녀의 얼굴뿐 아니라 그 방에 전시된 수많은 얼굴들이 그의 죄를 문초하였다. 아름다운 얼굴을 얻겠다는 탐욕으로 저지른 끔찍한 죄악을 "후회한다!"고 말하는 순간, 그의 얼굴에서 업의 탈이 떨어지고 마술사는 스승으로 변했으며 마가녀는 살아서 걸어 들어왔다.

이 소설은 사랑이 궁극적 구원임을 선언한다. 그러나 이는 너무나 진부한 이야기다. 이 소설은 그런 일반론보다는 좀 더 구체적인 시대의 문제를 탐사하고 있다. '민'은 욕망으로 가득 찬 청년이다. 특히 아름다운 얼굴, 외모(外貌)를 갖고 싶다는 그의 욕망, 남들이 찬양하고 갈채를 보내는 그런 모습, 겉모습을 얻겠다는 욕망, 즉 남들에게 부끄러운 추한 모습을 버리고 아름다운 모습을 갖고 싶다는 욕망은 당시 작가를 포함한 '4·19세대'가 조우한 현실적인 문제였다. '민'은 처음부터 남들은 다 자신을 바라본다고 생각하고 다른 사람은 사람같이 보지 않는 허영과 교만에 찬 청년이었다. 그는 어느 순간 남에게 보이는 모습으로서 최고로 아름다운 얼굴을 원하게 되었고 그 욕망에 집착했다. 이런 욕망은 결코 보편적인 인간의 욕망이 아니라 외관, 즉 남들에 의한 평가에 집착하는 허영이었다. 이 작품은 '민'을 통해 최근, 작품이 발표되기 약 두 달 전에 바로 민족적 영웅에서, 스타로, 그리고 한낱 배우로, 꼭두각시로 전락한 젊은이들의 고뇌를 이야기하고 있다.

아름다운 얼굴을 갖는다는 것은 가면을 뜯어낸다거나 나아가 남의 아름다운 얼굴을 뜯어다 붙인다고 해결할 수 있는 문제가 아니라 진정으로 마음 깊은 곳으로부터만 해결할 수 있는 것이다. 즉 아름다운 얼굴이란 얼굴, 외모를 잊어버림으로써만, 그 욕망을 소멸시킴으로써만 얻을 수 있는 것이다. 다시 말해 아름다운 얼굴을 원하는 것 자체가 병인 것이며, 이 소설은 역사적으로 나타난 이 시대의 환자 집단으로서의 젊은이들에 대한 통렬한 이야기인 것이다. 그 병은 무서운 마음의 병이지만 정확한 진단만으로도 치유될 수 있는 병이다. 4·19세대와 '민'은 부끄러움을 극복해야 할 사람들이었고 이들의 문제는 사랑, 동등한 인간에 대한 사랑으로만 해결할 수 있다는 것이 이 소설의 구체적인 그러나 낙관적인 문제의식이었다. 1960년은 4·19의 해였고 스타는 대학생들이었다. 그들의 허영과 부끄러움은 이 시대의 새로운 문제였다. 그러나 다시 생각해보면 소설이 말하는 최후의 해결책은 상투적(常套的) 어귀의 반복이었다. 산 사람의 얼굴 피부를 벗겨내 자기 얼굴에 씌운다는 행위가 엄청난 죄악임을 알아차리고 양심을 되찾는 데 '진정한 사랑'이 꼭 필요한가? 그럼에도 불구하고 이 소설은 뚜렷한 의미를 갖고 있다. 당시 젊은 세대가 마주한 남의 눈을 의식하고 남들의 평가에 집착하는 심각한 병, 그리고 부끄러움에서 서둘러 벗어나고 싶어 하는 그들의 조급함이 시대적 문제임을 제기하고 있는 것이다.

최인훈의 『광장』─1960년 10월

최인훈은 「가면고」를 쓰고 약 3개월 후 『광장』을 쓰기 시작했다. 역시 4·19 이후의 사회와 새로운 젊은 세대를 문제의식으로 한 작품이었다. 「가면고」에서는 그들 마음의 한 부분을 이야기했다면 『광장』에서는 그들의 가능한 삶, 존재의 문제를 이야기한다. 이 작품은 단연 우리 현대 문학의 최고 명작이다.

　　작가는 주인공 '이명준'을 인도로 가는 인도 선적(船籍)의 배 '타고르호'에서 우리에게 소개한다. 소설의 첫 문장은

　　바다는, 크레파스보다 진한, 푸르고 육중한 비늘을 무겁게 뒤채면서, 숨을 쉰다.

최인훈, 『광장』, 19쪽

　　바다의 모습은 다양한 의미들로 문학에서 표현된다. 이명준에게 바다는 거대한, 정체를 알 수 없는 괴물이다. 이성이나 감정이 침투할 여지가 없는 괴물이다. 그는 거대한 불안에 싸여 있다.

　　그때다. 또 그 눈이다. 배가 떠나고부터 가끔 나타나는 허깨비다. 누군가 엿보고 있다가는, 명준이 획 돌아보면, 쑥, 숨어버린다. 헛것인 줄 알게 되고서도 줄곧 멈추지 않는 허깨비이다. 이번에는 그 눈은, 뱃간으로 들어가는 문 안쪽에서 이쪽을 지켜보다가, 명준이 고개를 들자 쑥 숨어버린다. 얼굴이 없는 눈이다.

그때마다 그래 온 것처럼, 이번에도 잊어서는 안 될 무언가를 잊어버리고 있다가, 문득 무언가를 잊었다는 것을 깨달은 느낌이 든다. 무엇인가는 언제나처럼 생각나지 않는다. 실은 아무것도 잊은 것은 없다. 그런 줄을 알면서도 이 느낌은 틀림없이 일어난다. 아주 언짢다.

최인훈, 『광장』, 19쪽

무언가가 자기를 엿보고 있다가 명준이 돌아보면 사라진다. 배가 출발하면서부터 이명준은 무언가에게 감시당하고 있다는 불안에 휩싸여 있다. 그리고 갈매기 두 마리가 계속 쫓아오는 것을 의식하고 있다. '왜 그럴까?' 하고 명준이 묻자 선장은 "뱃사람들은 저런 새를 죽은 뱃사람의 넋이라고들 하지. 뱃사람을 잊지 못하는 여자의 마음이라고도 하고"라며 어떤 영혼들이라고 한다. 이 말에 그는 더욱 불안하다. 배 안에서 이명준은 쫓기고 있다.

그러고는 몇 년 전 학창 시절 이명준의 모습이 소개된다. 동숭동 서울대학교 문리대 캠퍼스를 걷고 있다. 그는 철학과 3학년이다.

이명준은, 겨드랑에 낀 책꾸러미 속에서 대학 신문을 끄집어내어 펼쳐든다. 그런 글이 실리는, 맨 뒷장에 자기가 보낸 노래가 간막이로 짜여져 실려 있다.

최인훈, 『광장』, 27쪽

그는 자기 노래가 대학 신문에 실린 것이 자랑스럽다. 위 동작은 누군가가 보아주겠지 하는 기대를 하며 잡은 '폼'이다. 자기가 지은, 다 외우는 노래를 굳이 읽어보아야 할 이유는 없다. 그는 자신이 일류 지식인이 됐다고 느낀다. 그리고 그는 그전에 겪었던 묘한 경험을 털어놓는다.

늘 묵직하게 느껴지는 일 한 가지가 있긴 하다. 신이 내렸던 것이라 생각해온다. 대학에 갓 들어간 해 여름. 교외로 몇몇이 어울려 소풍을 나간 적이 있다. 한여름 찌는 날씨. 구름 한 점 보이지 않고 바람도 자고 누운. 뿔뿔이 흩어져서 여기저기 나무 그늘로 찾아들다가 어느 낮은 비탈에 올라섰을 때다. 아찔한 느낌에 불시에 온몸이 휩싸이면서 그 자리에 우뚝 서버린다. 먼저 머리에 온 것은 그전에, 언젠가 바로 이 자리에 똑같은 때, 이런 몸짓대로, 지금 겪고 있는 느낌에 사로잡혀서, 멍하니 서 있던 적이 있다는 헛느낌이었다. 그러나 분명히 그건 헛느낌인 것이 그 자리는 그때가 처음이다. 그러자 온 누리가 덜그럭 소리를 내면서 움직임을 멈춘다. / 조용하다. / 있는 것마다 있을 데 놓여져서, 더 움직이는 것은 쓸데없는 일 같다. 세상이 돌고 돌다가, 가장 바람직한 아귀에서 단단히 톱니가 물린, 그 참 같다. 여자 생각이 문득 난다. 아직 애인을 가지지 못한 것을 떠올린다. 그러나 이 참에는 여자와의 사랑이란 몹시도 귀찮아지고, 바라건대 어떤 여자가 자기에게 움직일 수 없는 사랑의 믿음을 준 다음 그 자리에서 죽어버리고, 자기는 아무 짐도 없는 배부른 장단만을 가지고 싶다. 이런 생각들이 깜빡할 사이에 한꺼번에, 빛살처럼 번쩍였다.

최인훈, 『광장』, 31-32쪽

이 경험은 마지막까지 '신내림'이라는 말로 수차례 상기된다. 대화에는 이 경험의 언급이 전혀 없다. 하지만 이 경험은 인생에서 결정적인 계기였다. 이명준은 이 경험을 자신의 특별한 운명의 계시라고 해석했다.

처음에 뱃간에서 소개받은 이명준은 결코 편안한 모습이 아니었다. 그는 '허깨비'에 쫓기고 있으며 따라오는 갈매기에 대해서도 망상에 휩싸여 있다. 이명준의 두 모습은 너무나 다르다. 학생 때는 '간뎅이가 부은' 청년이라면, 배 안에서 그의 내면은 처참하다. 이 소설은 이명준이라는 청년에게 그사이에 무슨 일이 벌어졌는가에 관한 이야기다.

이명준에게 중요했던 것은 '광장'이라는 장소와 '밀실'이라는 장소였다. 광장과 밀실은 물리적 공간만은 아니다. 광장은 사람들로 꽉 차 있어야 했고 밀실에는 사랑스런 여인이 기다리고 있어야 했다. 광장이 중요한 이유는 그곳에서 민주주의가 이루어지고 소통이 이루어지기 때문만이 아니었다. 광장이야말로 "운명을 만나는 곳", 즉 그에게는 계시 받은 운명이 이루어질 곳이었다. 이명준에게 운명이란 광장에서 만나는 것, 즉 정치 지도자나 공적 인물이 되거나 '온몸이 뻐근하게' 보람 있는 일을 하는 것이었다. 즉 공적 명예와 근접한 것이었다. 그리고 밀실이란 광장의 삶에 지쳤을 때 또는 싸움에 졌을 때 물러나 쉴 수 있는 은신처이며 사랑하는 여인이 기다리는 곳이었다. 이명준이 구상하는 밀실에서의 사랑이란 대상이 없는 이상 기능적이며 진정한 사랑일 수 없다. 그것은 위기에 처했을 때 편안함과 성적 쾌락으로 현실의 고달픔을 잊고 위로 받는 에로티시즘

(eroticism)일 뿐이다.

　　이명준에게 남한의 광장은 더러워서 도저히 나설 수 없는 곳이었다. 명준은 정치를 권하는 '정 선생'에게, "광장이 죽은 곳. 이게 남한이 아닙니까? 광장은 비어 있습니다"라고 반박한다. 이명준은 「가면고」의 '민'과 유사한 사람이다. 남한의 광장을 메우고 있는 사람들은 사람이 아니라 오물(汚物)일 뿐이다. 더구나 이명준은 아버지가 월북했기 때문에 경찰의 감시를 받고 공적인 진출이 막혀 있었다. 즉 남한의 광장은 이명준에게는 봉쇄되어 있었고, 그 또한 거부했다. 이명준의 모험은 이렇게 시작되었다. 밀실은 그가 찾은 광장의 대체물(quid pro quo)이었다. 남한에서의 애인 윤애는 그와 동등하지 않았다. 그녀는 '깡통'이었고 그는 그녀를 사랑하지 않았다. 결정적으로 그녀와 성관계를 수차례 가졌지만 그녀의 태도는 그를 짐승으로 만들 뿐이었다.

　　이명준이 북으로 간 것은 그곳에서 운명을 만날 광장을 찾기 위해서였다. 민족의 '남북 통일'에 기여하기 위해서라고 할 수는 없다. 그에게 남과 북은 대안(代案)일 따름이었다. 그는 북에서 아버지를 만났고 아버지의 소개로 언론계에서 일할 수 있었다. 그러나 북쪽에서 이명준은 좌절의 연속이었다. 그곳은 '잿빛 공화국'이었다. 그는 아버지에게 불만을 쏟아붓는다.

　　"이게 무슨 인민의 공화국입니까? 이게 무슨 인민의 소비에트입니까? 이게 무슨 인민의 나랍니까? 제가 남조선을 탈출한 건, 이런 사회로 오려던 게 아닙니다. 솔직히 말씀드리면 아버지가 못 견디게 그리웠던 것도 아닙니다. 무지한 형사의 고문이 두려

워서도 아닙니다. 제 나이에 아버지 없어서 못 살 건 아니잖아
요? 또 제가 아무리 미워도 아버지가 여기서 활약하신다고 그
들이 저를 죽이기야 했겠습니까? 저는 살고 싶었던 겁니다. 보
람 있게 청춘을 불태우고 싶었습니다. 정말 삶다운 삶을 살고
싶었습니다. 남녘에 있을 때, 아무리 둘러보아도, 제가 보람을
느끼면서 살 수 있는 광장은 아무데도 없었습니다. 아니, 있긴
해도 그건 너무나 더럽고 처참한 광장이었습니다. 아버지, 아버
지가 거기서 탈출하신 건 옳았습니다. 거기까지는 옳았습니다.
제가 월북해서 본 건 대체 뭡니까? 이 무거운 공기. 어디서 이
공기가 이토록 무겁게 짓눌려 나옵니까? 인민이라구요? 인민이
어디 있습니까?"

최인훈, 『광장』, 103쪽

그는 자신의 정체성과 존재 의미를 솔직하게 드러낸다. 그가
북으로 온 것은 무언가 보람찬 일에 매진하여 의미 있는 삶, 운명의
삶을 원했기 때문이었다.

좌절한 이명준은 '은혜'를 만나 사랑에 빠졌다. 둘의 관계는
전형적인 에로티시즘이었다. 명준은 자기 존재가 작아지고 사라질
위기에서 은혜와 짜릿한 성관계에 몰입하여 현실을 잊고 허상(虛像)
으로 밀실을 채웠다. 은혜가 모스크바에 간다고 하자 그는 자신에게
은혜가 갖는 의미를 되새겨본다.

고즈너기 네 하는 이 짐승이 사랑스러웠다. 나는, 밖에서 졌기
때문에, 은혜에게 이처럼 매달리는 걸까. 이긴 시간에도 남자가

이토록 사무치는 마음을 가질 수 있을까. 아마 없을 테지. 졌을 때만 돌아와서 기대는 곳, 기대서 우는 곳, 철학을 믿었을 때, 그녀들에게 등한했었다. 사회 개조의 역사 속에 새로운 삶의 보람을 걸어보려던 월북 직후의 나날, 윤애도 떠오르지 않았다. 지금 나한테 무엇이 남았나? 나에게 남은 진리는 은혜의 몸뚱아리뿐. 길은 가까운 데 있다?

최인훈, 『광장』, 117쪽

명준에게는 은혜가 남은 유일한 가치였다. 하지만 결국 그녀는 모스크바로 떠나고 명준은 지식인으로서의 자신을 증오하기 시작한다.

그리고 1950년 8월 이명준은 서울에서 옛 친구 태식이와 마주 앉아 있다. 여기까지의 과정은 언급되어 있지 않다. 은혜가 모스크바로 가버린 후 명준에게는 허탈밖에 없었다. 태식은 그사이 명준의 옛 애인 윤애와 결혼했고 지금 간첩 혐의로 명준에게 심문을 받고 있다. 태식에게 명준은 솔직하다.

"악한? 맞았어. 더 듣기 좋게 악마라고 불러줘. 내 생애에 단 한 번 악마가 될 수 있는 기회를 빼앗지 말아줘. 난 악마가 돼봐야겠어. 이런 북새통에 자네 한 사람쯤 풀어주는 건 지금 내가 가진 힘으로도 넉넉해. 허지만 안 하겠어. 신파는 않겠어. 옛날 은인의 외아들을 목숨을 걸고 풀어주는 공산당원. 안 돼. 그러면 나는 끝내 공중에 뜬 몸일 뿐이야. 이런 기관에 온 것도, 내가 자원한 일이야. 나는 이번 싸움을 겪어서 다시 태어나고 싶어.

아니 비로소 나고 싶단 말이야. 이런 전쟁을 겪고도 말끔한 손으로 돌아가고 싶지 않다는 거야. 내 손을 피로 물들이겠어. 내 심장을 미움으로 가득 채워가지고 돌아가야겠어. 내 눈과 귀에, 원망에 찬 얼굴들과 아우성치는 괴로움을 담아가져야겠어. 여태껏 나는 아무것도 믿지 못했어. 남조선에서 그랬구, 북조선에 가서도 마찬가지였어. 거기서 나는 어떤 여자를 사랑했어. 나는 그녀를 믿었지. 그러나 그녀도 나를 속였어. 그녀를 미워하지는 않아. 좀 어려운 약속을 했는데 결국 지키지 못하더군. 그녀는 지금 모스크바에 있어. 지금 나에게 아무것도 없어. 무엇인가 잡아야지. 그게 무엇인가는 물을 게 아니야. 싸움에서 빈손으로 돌아오는 자는 바보뿐이야. 바이블에 나오는 게으른 종처럼. 전리품을 긁어모아야지. 당이 노눠주는 전리품을 바랄 수는 없어. 내 손으로 뺏어야 돼. 나의 남은 생애를 쓰고도 남을 전리품을. 옛날부터 싸움이란 그런 거야. 그때 자네가 나타난 거야. 옛 은인의 아들. 맘 맞는 농담을 지껄이던 짝패. 그리고 …… 그건 말하지 않지. 이보다 좋은 거리가 어디 있나. 나는 그걸 짓밟겠다는 거야. 그 썩어진 모랄의 집에 불을 지르겠단 말이거든. 그래서 범죄인이 되겠어. 또는 인민의 영웅이 되겠어. 마찬가지 말이야."

최인훈, 『광장』, 132-133쪽

은혜가 떠남으로써 명준은 모든 것을 잃었다. 그는 남과 북에서 상실한 모든 것에 대한 보상을 찾았다. 그는 자신이 남북 분단의 미로에 갇혔음을 발견하고 새로운 돌파구를 찾았다. '전리품', 무언가 가시적이고 짜릿한 것을 얻겠다는 사리사욕이었다. 그가 원래 만나고자 했던 자신의 운명이란 공적(公的)인 것이었지만 이제 그는 그간에 겪은 좌절을 사적(私的)으로 만회하겠다는 생각이었으며 따라서 변칙이었다. 그는 악을 의식하고, 죄인 줄을 알면서도 실컷 악행을 즐기고 싶으며, 그래서 '악마'가 되겠다는 것이었다. 이는 자신의 정체(identity)를 바꾸고 존재 의미를 뒤집는 일이었다. 그는 다시 태어나겠다고 했다. 그러고는 윤애까지 데려다 온갖 치사한 악행을 자행했다. 그러나 그녀의 영혼을 빼앗았다는 생각은 갖지 못했고 결국 태식과 윤애를 놓아주고 말았다. 마지막에 악마가 되어 고문이라는 의도적 악행을 통해서 '전리품'을 빼앗아보겠다는 시도는 실패했다.

고문은 그렇지 않다고 처음에 생각한 것이다. 그가 준 팔의 힘에 꼭 맞먹는 외마디 소리를 들려주는 것이라고 믿은 것은, 그러나 잘못이었다. 엄살을 부리는 사람이 있었고, 참아내려는 사람이 있었기 때문이다. 그것은 주는 쪽과 받는 쪽의 셈을 헛갈리게 했다. 다섯을 쳤는데 여섯을 받는 사람과, 넷을 받는 사람이 있었다. 그 어긋남을 줄이는 길은 하나밖에 없었다. 매를 더하는 것, 꾀죄죄한 체면을 차릴 수 없도록 녹초를 만들어버리는 길이었으나, 그 길은 길이자, 벼랑 끝이었다. 저쪽을 없애버리고는 내기를 할 수 없기 때문이었다. 분별이 없어져버린 몸은 어울릴 값어치가 없었다. 지칠 대로 지쳐서 함부로 지르는 헛소리를 참다운 항복으로 받아들일 수는 없었다. 의식을 되찾고 숨을 돌리자마자, 그들은 또다시 점잔을 부리려 했고, 또 녹초를 만들면 의식을 잃은 살덩이가 되어버리기 때문이었다. 그렇게 해서, 이명준은, 고문에서도 졌다.

최인훈, 『광장』, 139-141쪽

태식과 윤애를 풀어준 후 명준은 낙동강 전선으로 가라는 명령을 받았다. 그는 그곳에서 모스크바에서 돌아온 은혜를 만나 작은 동굴에서 밀회를 즐겼다. 그곳은 명준의 '마지막 광장'이었다. 은혜는 폭격을 당해 전사하고 명준은 결국 잡혀서 포로수용소로 왔다. 그는 그곳에서 남과 북 둘 다 거부하고 중립국행을 택했다. 그 결정에 대해 명준은 쓸쓸한 망명이 아니라 스스로 택한 길이었다고 말한다.

중립국. 아무도 나를 아는 사람이 없는 땅. 하루 종일 거리를 싸다닌데도 어깨 한번 치는 사람이 없는 거리. 내가 어떤 사람이었던지 모를뿐더러 알려고 하는 사람도 없다. / 병원 문지기라든지, 소방서 감시원이라든지, 극장의 매표원, 그런 될 수 있는 대로 마음을 쓰는 일이 적고, 그 대신 똑같은 움직임을 하루 종일 되풀이만 하면 되는 일을 할 테다. 수위실 속에서 나는 몸의 병을 고치러 오는 사람들을 바라본다. 나는 문간을 깨끗이 치우고 아침저녁으로 꽃밭에 물을 준다. 원장 선생이 나올 때와 돌아갈 때는 일어서서 경례를 한다. 간호부들이 시키는 잔심부름을 기꺼이 해줘야지. 신문을 사달라느니 모퉁이 과자점에서 초콜렛 한 개만 사다 달라느니 따위 귀여운 부탁을 성심껏 해준다. 그녀들은 봉급날이면 잔돈푼을 모아서 싸구려 모자나 양말 같은 조촐한 선물을 할 게다. 나는 고마워라 허리를 굽히며 받는다. 그리고 벙긋 웃는다.

최인훈, 『광장』, 156-157쪽

눈에 띄지 않는 작은 벌레 같은 미물(微物)로 살겠다는 생각이었다. 이런 결정은 이명준이 이전에 계시받은 자신의 운명, 즉 광장—사람들로 꽉 들어찬 널따란 광장—에서 찾게 될 공적 운명의 주인으로의 자신을 부정하는 것이었다.

그러나 그는 인도로 가는 뱃길이 편하지 않았다. 그는 이렇게 말한다.

희망의 뱃길, 새 삶의 길이 아닌가. 왜 이렇게 허전한가. 게다가 무라지와 늙은 뱃사람은 캘커타에서 술까지 살 것이다. 왜 이런가. 일어서서 난간을 잡고 아래를 내려다보았다. 배꼬리에서 바닷물이 커다란 소용돌이를 만들어서는 뒤로 길다란 물이랑을 파간다. 거대한 새끼가 꼬이듯 틀어내는 물살은 잘 자란 힘살의 용솟음을 떠올렸다. 그때, 그 물거품 속에서 흰 덩어리가가 쏜살같이 튀어나오면서, 그의 얼굴을 향해 뻗어왔다. 기겁하면서 비키려 했으나, 그보다 빨리, 물체는 그의 머리 위로 지나서, 뒤로 빠져버렸다. 돌아다봤다. 갈매기였다. 배꼬리 쪽에서 내리꽂히기와 치솟기를 부려본 것이리라. 그들이었다. 배를 탄 이후 그를 괴롭히는 그림자는. 그들의 빠른 움직임 때문에, 어떤 인물이 자기를 엿보고 있다가, 뒤돌아보면 싹 숨고 마는 환각을 주어왔던 것이다. 그는 붙잡고 있는 난간에 이마를 기댔다. 머릿속이 환히 트이는 듯, 심한 현기증으로 한참을 움직이지 못했다. 그러나 울컥 메스꺼웠다. 난간 밖으로 목을 내밀기가 바쁘게 희멀건 것이 저 아래 물이랑 속으로 떨어져갔다. 그 배설물의 낙하는 큰 바다에 침을 뱉은 것처럼 몹시 작은 느낌을 주는 광경이었다. …… / 자기 방에 들어섰을 때였다. 자기를 따라오던 그림자가 문간에 멈춰섰다는 환각이 또 스쳤다.

최인훈, 『광장』, 162-163쪽

이명준이 자의로 제3국행을 결정했다고 하며 그곳에서의 조용한 삶을 희망에 찬 기대로 이야기한 것은 거짓말이었다. 어딘지도 모르는, 나를 아는 사람이 없는 곳으로 가는 그의 마음은 결코 편할 리 없었다. 이명준에 대한 갈매기들의 도발은 더욱 심해졌다. 사실 처음부터 그 '허깨비'의 출몰도 갈매기들 때문이었음을 명준은 알고 있었다. 제3국에 가겠다며 말했던 그 거짓말과 갈매기들의 추격은 직결된 것이었다.

이명준이 제3국을 선택했던 이유는 미물로라도, 벌레처럼이라도 살겠다는 선택이었고 이는 즐거운 마음일 수 없었다. 미물로나마 살 수 있는 곳은 그런 곳밖에 없었고 이전의 선택지, 남이나 북에서는 살 수 없다고 판단했기 때문이었다. 북은 아예 생각에 없었고, 남에 대해서는 길게 둘러댔지만 1950년 8월에 태식이와 윤애 앞에서 자신을 '악마'라고 선언하고 악행을 저지르던 기억, 그리고 그나마 '악마 놀이'마저도 성공하지 못했던 기억을 생각하면 도저히 부끄러워서 남쪽에서 살 수 없었을 것이다. 그는 인간으로 도저히 할 수 없는 짓만 골라서 했고, 그렇게 해서 악마로 태어나려고 했었다. 이명준은 이런 말은 한마디도 하지 않고 숨겨왔다. 그런 상황에서 제

3국행의 결정은 그나마 차선(次善)일 수 있지만 그것이 구차한 삶에 매달리는 것임을 자각하는 데서 오는 비굴한 비장함을 그는 숨길 수는 없었을 것이다. 그는 이런 마음을 감췄지만 자신을 속일 수는 없었다.

문제는 '허깨비'들과 갈매기들인데 명준은 결국 허깨비는 갈매기들 때문에 나타난 것임을 알았다. 이제 그 갈매기는 공격적으로 명준에게 달려들고 명준은 소스라친다. 새들과 명준은 서로 살기를 품었다.

또 속이 올라왔다. 이를 악물고 쓴 침을 삼켰다. 갈갈. 갈매기 우는 소리가 났다. 날듯이 창가로 달려가, 윗몸을 밖으로 내밀며 고개를 치켰다. / 그들은 잠시 쉬려는 듯, 마스트에 매달려 있었다. 저것들 때문이지. 어처구니없는 일이 아닌가. 갈갈, 께룩, 께룩, 울음소리는 비웃는 듯 떨어져온다. 그는 목이 아파서 고개를 돌렸다. 섬뜩한 것을 한 이 불길한 새들. 허공을 한참 쳐다보던 눈이 찬장에 달린 거울에 멎었다. 눈에 살기가 있다. 찬장 문을 연다. 오른 편에 사냥총이 세워져 있다. 약실을 살펴봤다. 총알이 없다. 총알은 서랍 속에 있었다. 총알을 잰 다음, 잠글 쇠를 풀었다. 사냥할 때에 지척에 있는 짐승에게 다가가는 포수처럼, 살금살금 걸어서 창에 이르렀다. 갈매기들은 아직 거기 있었다. 창틀에 등을 대고, 몸을 밖으로 젖히고, 총을 들어 어깨에 댔다. 하늘에 구름은 없었다. 창대처럼 꼿꼿한 마스트에 앉은 흰 새들은 움직이지 않았다. 두 마리 가운데 아래쪽, 가까운 데에 앉은 갈매기가 총구멍에 사뿐히 얹혀졌다. 이제 방아쇠만 당기면 그

한국인의 발견

흰 바다새는 진짜 총구 쪽을 향하여 떨어져올 것이다. 그때 이상한 일이 눈이 띄었다, 그의 총구멍에 똑바로 겨눠져 앉혀진 새는 다른 한 마리의 반쯤한 작은 새였다.

최인훈, 『광장』, 163-164쪽

새들이 자신을 계속 따라오며 그 표정 없는 눈으로 쏘아보며 달려드는 것을 견딜 수 없었다. 이제 그들은 노골적으로 명준을 비웃는다. 명준은 이 새들에게 살의를 품고 총을 장전해 작은 새를 겨누었다. 그때 은혜의 말이 떠올랐다. 자기는 임신을 했고 딸을 나을 것이라 했었다. 명준은 그 작은 새가 어쩌면 태어나지 못한 딸의 혼이 아닐까 하는 생각이 든다. 그러자 도저히 쏠 수 없었다. 그는 총을 거두었다.

그러고는 다시 선실로 들어가니 책상 위에 펼쳐진 부채가 보인다. 그 부챗살 위에 명준이 지나온 인생이 한눈에 보인다.

펼쳐진 부채가 있다. 부채의 끝 넓은 테두리 쪽을, 철학과 학생 이명준이 걸어간다. 가을이다. 겨드랑이에 낀 대학신문을 꺼내 들여다본다. 약간 자랑스러운 듯이. 여자를 깔보지는 않아도, 알 수 없는 동물이라고 여기고 있다. / 정치는 경멸하고 있다. 그 경멸이 실은 강한 관심과 아버지 일 때문에 그런 모양으로 나타난 것인 줄은 알고 있다. 다음에, 부채의 안쪽 좀 더 좁은 너비에, 바다가 보이는 분지가 있다. 거기서 보면 갈매기가 날고 있다. 윤애에게 말하고 있다. 윤애 날 믿어줘. 알몸으로 날 믿어줘. 고기 썩는 냄새가 역한 배 안에서 물결에 흔들리다가 깜빡

잠든 사이에, 유토피아의 꿈을 꾸고 있는 그 자신이 있다. 조선
인 꼴호즈 숙소의 창에서 불타는 저녁놀의 힘을 부러운 듯이 바
라보고 있는 그도 있다. 구겨진 바바리코트 속에 시래기처럼 바
랜 심장을 안고 은혜가 기다리는 하숙으로 돌아가고 있는 9월
의 어느 저녁이 있다. 도어에 뒤통수를 부딪치면서 악마도 되지
못한 자기를 언제까지나 웃고 있는 그가 있다. 그의 삶의 터는
부채꼴, 넓은 데서 점점 안으로 오므라들고 있었다. 마지막으로
은혜와 둘이 안고 뒹굴던 동굴이 그 부채꼴 위에 있다. 사람이
안고 뒹구는 목숨의 꿈이 다르지 않느니. 어디선가 그런 소리도
들렸다. 그는 지금, 부채의 사북자리에 서 있다. 삶의 광장은 좁
아지다 못해 끝내 그의 두 발바닥이 차지하는 넓이가 되고 말았
다. 자 이제는? 모르는 나라, 아무도 자기를 알 리 없는 먼 나라
로 가서, 전혀 새사람이 되기 위해 이 배를 탔다. 사람은, 모르는
사람들 사이에서는, 자기 성격까지도 마음대로 골라잡을 수도
있다고 믿는다. 성격을 골라잡다니! 모든 일이 잘 될 터이었다.
다만 한 가지만 없었다면. 그는 두 마리 새들을 방금까지 알아
보지 못한 것이었다. 무덤 속에서 몸을 푼 한 여자의 용기를, 그
리고 마침내 그를 찾아내고야 만 그들의 사랑을.

최인훈, 『광장』, 168-169쪽

그의 인생은 문리대 시절 이래로 계속 구석으로 몰려왔다. "악
마도 되지 못한 자기"를 스스로 비웃었을 때 은혜와의 사랑이 떠올
랐다. 물러설 자리가 없음을 발견했을 때 그 두 마리 새들의 사랑이
느껴졌다. 그는 그녀들을 사랑했지만 그녀들에게는 죄만 지었을 따

름이다. 그는 다시 갑판으로 나왔다.

돌아서서 마스트를 올려다본다. 그들은 보이지 않는다. 바다를 본다. 큰 새와 꼬마 새는 바다를 향하여 미끄러지듯 내려오고 있다. 바다. 그녀들이 마음껏 날아다니는 광장을 명준은 처음 알아본다. 부채꼴 사북까지 뒷걸음친 그는 지금 핑그르 뒤로 돌아선다. 제정신이 든 눈에 비친 푸른 광장이 거기 있다. / 자기가 무엇에 홀려 있음을 깨닫는다. 그 넉넉한 뱃길에 여태껏 알아보지 못하고, 숨바꼭질을 하고, 피하려 하고 총으로 쏘려고까지 한 일을 생각하면, 무엇에 씌웠던 게 틀림없다. 큰일 날 뻔했다. 큰 새 작은 새는 좋아서 미칠 듯이, 손짓해 부른다. 내 딸아. 비로소 마음이 놓인다. 옛날, 어느 벌판에서 겪은 신내림이, 문득 떠오른다. 그러자, 언젠가 전에, 이렇게 이 배를 타고 가다가, 그 벌판을 지금처럼 떠올린 일이, 그리고 딸을 부르던 일이, 이렇게 마음이 놓이던 일이 떠올랐다. 거울 속에 비친 남자는 활짝 웃고 있다.

최인훈, 『광장』, 169쪽

그는 마지막 순간에 "무엇에 홀려 있었음을" 깨달았다. 옛날 벌판에서 겪었던 그 기이한 경험, 명준은 자신이 그것을 특별한 운명의 계시라고 믿고 그 운명을 만나기 위해 '광장'을 찾아 헤매왔으며 그때마다 자기 삶이 구석으로 몰려왔음을 깨달았다. 앞서 갈매기들은 명준의 눈에 자기 상처를 쪼기 위해 달려드는 흡혈귀처럼 보였었다. 이제 갑자기 그중 작은 갈매기가 태어나지 못한 딸의 영혼으로 보인다. 하지만 그 새가 자기 딸이라면 더욱 부끄러운 일이 아닌가? 그러자 갈매기들은 명준에게 온몸으로 사랑을 표현하며 그를 부르고 있다. 이제 명준은 수치의 세계를 빠져나오기 위해 기꺼이 뛰어들 수 있다. 그 영혼들은 추락하는 명준을 포근한 가슴으로 받아줄 것이다.

이명준은 학창 시절 엘리트 지식인으로서 강한 자부심을 가지고 자기 자신이 특별한 운명을 타고 난 사람이라고 생각하는 사람이었다. 작가는 이명준을 그 시대, 그 세대에 흔히 볼 수 있는 종류의 젊은이 중 하나였음을 지적한다.* 그리고 이런 '꿈과 희망에 찬' 젊은이들의 등장은 우리 역사에서 이전에는 없었던 일이었다. 작가는 또「일역판 서문」에서

위대한 사람이라면 이 막다른 골목에서 빠져나오는 힘이 있으리라. 그러나 이 주인공에게는 그런 힘이 없다. 그리고 이 주인공과 시대를 함께하는 많은 사람들에게도 그런 힘이 없다. 그래서 그가 한 자리 얘기의 주인공이 된 것은 그가 위대해서가 아니라, 되레 그렇지 못한 탓으로, 많건 적건, 많은 사람들의 운명의 표정으로서 이 소설 속에 나타난 것이다. / 이 주인공이 만난 운명은 그 같은 사람에게는, 너무 갑작스러웠다는 것, 힘에 부쳤다는 것 — 이런 까닭으로 이 주인공은 파멸로 휘말려갈 수밖

---

* 작가는「1989년판을 위한 서문」에서 이명준을 "그 어느 때보다도 유보 없는 꿈과 희망에 휩싸인 시대를 산 사람이다"(최인훈 1976a: 6)라고 하며 이명준이 야심에 찬 젊은이였을뿐만 아니라 그가 살았던 시대가 그런 욕망에 찬 젊은이들의 시대였다고 하여 그가 그런 많은 젊은이들 중 하나라고 하였다.

에 없었다. 이 일 또한 주인공 한 사람의 생애라는 말로 끝나지 않는다. 이 국토에 시대를 함께한 숱한 사람들이 만난 운명이다.[6]

라고 하였다. 이명준은 우리 역사에서 처음으로 나타난 꿈과 희망에 찬 젊은 세대의 한 사람이었다. 그러나 그에게는 위기를 극복할 힘이 없었다. 그 이유는 그가 운명을 만난 것이 너무 갑작스러웠기 때문이다. 즉 이명준이 대표하던 집단은 바로 최근에 그들의 특별한 운명을 발견한 이른바 '4·19세대'였다. 그들은 혁명을 목전에 두고 퇴각해야 했다. 그들은 '혁명에 감질(疳疾)만 난' 젊은이들이었다.

　　이명준은 「가면고」의 '민', '다문고왕자'보다 더욱 포괄적인 욕망을 지녔다. 아름다운 얼굴을 갖는 정도가 아니라 특별한 운명을 이명준은 광장에서 만나야 했다. "풍문에 만족지 않고 현장을 찾아갈 때 우리는 운명을 만납니다. / 운명을 만나는 자리를 광장이라고 합시다."[7] 그는 미리 포기하지 않고 직접 제 발로 가서 겪어보아야 했다. 그러나 그가 겪은 것은 미로의 벽이었다. 민족 분단이라는 현실에 부딪친 젊은이가 바로 이명준이었다. 「가면고」에서 '민'은 '동등한 존재에 대한 진정한 사랑'으로 모든 문제가 해결됐다고 하였다. 반면 이명준은 에로틱한 '사랑스러운 짐승'을 미리 밀실에 배치해놓고 있었다. 이명준이 설정한 갈매기들의 사랑은 그가 수치를 벗어나기 위해 편하게 바다로 뛰어들기 위한 것이었다. 이명준은 '사랑'을 위해 '아름다운 짐승'을 준비했지만 끝까지 진정한 사랑을 하지 못했다. 그리고 사실 앞선 작품인 「가면고」에서의 '순수한 사랑'은 작위적인 글귀의 삽입에 불과했다. 4·19세대는 아직 사랑을 모른다. 그들은 교만에 차 있다.

이명준은 미로에 갇혀서 광장을 만날 수 없다는 것을 알았을 때 나름대로 딴 길을 찾았다. 자신의 정체를 바꾸는 일이었다. 그는 '악마의 탈'을 쓰고 친구에게 고통을 가하고 그의 비명을 통해 자신의 가치, 즉 존재의 높이가 높아짐을 느끼려 했다. 그러나 이 악마로의 탄생이 실패했을 때 그는 더욱 처참해졌다. 그는 부끄러움을 견딜 수 없었다. 궁리해낸 것이 눈에 안 띄고 살 수 있는 제3국으로 가는 일이었다. 처음에는 다행스러웠지만 나중에 생각해보니 너무나 구차한 생존책이었고 부끄러운 거짓말이었다.

자신의 수치를 숨기고 배에 올랐을 때부터 나타난 '허깨비'와 갈매기들은 이명준의 양심의 복수였다. 이윽고 배를 따라오던 두 마리의 갈매기는 점점 더 명준에게 다가들며 그의 죄악을 문초하고 상처를 쪼기 시작했고 기어이 명준은 그 작은 새를 죽이고자 총을 겨누었다. 그 순간 그 새가 태어나지 못한 자기 딸의 영혼일 것 같은 예감이 들었고 결국은 총을 거두고야 말았다. 그러자 명준은 더 이상 물러설 곳이 없음을 깨달았다. 그때 갈매기들이 명준에게 사랑을 표시했고 그걸 본 명준은 가벼운 마음으로 바다로 뛰어들었다.

이명준이라는 욕망의, 그러나 양심이 살아 있는 젊은이의 죽음을 통해 우리는 '분단이란 우리에게 무엇인지' 그 현실을 아프게 느끼게 되고, 다시 그 아픔을 통해 갈라져 버린 민족의 실체를 느끼게 된다. '민족', '민족 분단'이란 말에 그치는 것이 아님을 느낀다. 이명준은 욕망과 양심이 갈등하는 청년으로 해방 이후에는 처음 등장한 우리의 동시대인이었다. 1960년은 욕망에 찬 젊은이들이 처음 나타난 시대였다. 7월에 나타났을 때보다 10월에 더 그들의 욕망은 포

한국인의 발견

괄적인 존재의 문제가 되어 있었다. 이명준은 '민', '다문고왕자'보다 용기 있는 청년이었다. 그러나 그가 겪은 정체성의 부정, 특히 자신은 악마가 돼서 전리품을 빼앗겠다는 생각은 남북 분단이라는 미로가 가진 마법의 힘 때문이었다. 그 미로는 단순히 물리적인 벽들로만 이루어진 것이 아니라 저주의 마법이 흐르는 그런 곳이었다. 이명준의 비극적 종말은 그의 야심의 속임수에 대한 양심의 보복이었다. 이 소설이 우리를 가슴 아프게 하는 것은 우리의 동시대인, 운명을 쫓는 젊은이의 좌절과 더불어 이명준의 운명에 개입하는 객관적 현실로서 남북 분단과의 조우(遭遇) 그리고 그의 내면의 충돌이었다.

『광장』이 보여주고 있는 것은 민족국가 대한민국이 다 흡수하지 못했던 민족이 국가 밖에서 움직이기 시작한 시대의 출발이다. 1950년대가 밑에서는 거대한 동요가 꿈틀대면서도 겉으로는 그런 모습이 드러나지 못한 시대였다면, 4·19가 열어젖힌 1960년대는 욕망과 양심과 현실이 부딪히기 시작하는 시대였다. 앞에서 4·19는 혁명으로서는 미흡했다는 평가를 내렸다. 4·19로 만들어진 국가는 너무나 허약했고 따라서 세상을 바꾸는 일은 전혀 이루지 못했다. 한국인들은 또 한 번의 좌절로 더욱 험악해졌다. 그러나 그 와중에 4·19의 결과로 아무도 의도치 않았던 커다란 변화가 나타났다. 바로 '혁명에 감질난' 젊은이들의 출현이었다. 이명준은 북한에 있는 아버지를 질책했다.

"프랑스 혁명은 부르조아 혁명이라구, 인민의 혁명이 아니라구요. 저도 압니다. 그러나 제가 말하고 싶었던 건 그게 아니었습니다. 그때 프랑스 인민들의 가슴에서 끓던 피, 그 붉은 심장의 얘기를 하고 싶었던 겁니다. 시라구요? 오, 아닙니다. 아버지, 아닙니다. 그 붉은 심장의 설레임 그것이야말로, 모든 것입니다."

최인훈, 『광장』, 103쪽

혁명이 '붉은 심장의 설레임'이라면 4·19는 혁명임에 분명하다. 동시대인, 이명준이 그렇게 선언했다. 그러나 4·19가 연 세상에 나타난 한국 청년들의 '설레임', 그 실존적 욕망은 여전히 좌절 그리고 비극밖에는 길이 보이지 않았다. 거대한 갈등의 시대가 열렸다.

5·16과 그 성격

1961년 5월 16일 새벽, 총성이 울리며 일단의 군인들이 서울 시내의 곳곳을 점령하고 방송에서는 '군사혁명'을 선언하는 말과 함께 '혁명 공약'이 발표되었다. 서울 시민들은 총소리 등에 놀라긴 했어도 깊이 동요하진 않았다. 직후의 시민들의 반응에 대한 여론조사 결과는 다음과 같았다.

5·16 직후 미군방첩대(CIC), 정보요원들은 시민들의 반응을 살피기 위해 가두에서 여론조사를 실시한 바 있다. 그 결과를 보면 시민 중의 40%는 쿠데타에 호의적이었고, 20%는 호의적이나 시기상조라고 생각했으며, 40%는 반대했던 것으로 나타났다. 쿠데타 직후 여기에 반대하는 의견도 상당수 존재했지만, 4·19 시기 현실 비판에 열을 올렸던 지식인들은 전반적으로 침

묵으로 일관하거나 군인들의 거사에 기대를 거는 발언을 많이 했다. 당시 지식인 사회에서 영향력을 갖고 있던 『사상계』는 제 3세계의 '군사혁명'을 다룬 특집을 내보냈고, 일부 대학 학생회에서도 지지성명을 냈다. 1964년 한일회담 반대 운동을 계기로 지식인의 저항이 다시 시작되었지만 5·16 직후 대부분의 지식인들은 쿠데타에 우호적이거나 묵인했다고 해도 과언이 아니었다. 이 때문에 주한미국대사 버거도 '깜짝 놀랄 만큼 많은 지식인들과 언론인, 그리고 정치인들이 쿠데타가 불가피한 것이었으며, 모든 것을 고려해 볼 때 좋은 일이라고 느꼈다'고 했다.[8]

당시에 군인들이 그런 야밤에 벌인 '군사혁명'이 불법적 '쿠데타'임을 시민들이 모를 리가 없었다. 그럼에도 당장 절반 정도가 지지했고 이는 놀라운 일이었다. 그 이유는 4·19 이후의 상황에 대해 한국인들은 분노한 상태였고 무언가 큰 변화가 있어야 한다는 생각이 일반적이었기 때문이었다. 널리 알려진 윤보선 대통령의 반응, 즉 "올 것이 왔다" 또한 전형적인 생각이었다. 당시 혁명군 측에서는 4·19 이후의 혼란한 상황을 거사의 이유로 제시했다. 하지만 이는 5·16이 4·19의 실패에서 연유한 사건이라는 의미가 아니다. 그보다는 거사를 지지하는 사람들 대다수가 지지의 이유로 4·19의 실패를 내세웠기 때문이었다.

며칠 후 그간 소문만 무성하던 '쿠데타 주모자' 박정희 소장의 사진이 처음 신문에 나왔다. 그는 '선글라스'를 끼고 있었다. 눈이 가려져 얼굴이 보이지 않는 겁나는 인상이었다. 요즘에는 상상할 수 없는 정치가의 모습이었다. 그 외에 다른 장교들도 비슷한 모습이었다.

박정희 소장은 미국에 가서 케네디 대통령을 만났을 때도 선글라스를 벗지 않았다. 5·16 이후의 초기 상황을 유심히 목격했던 젊은 기자 리영희는 당시 자신의 생각을 다음과 같이 털어놓는다.

쿠데타 사흘 만에 미국 정부가 쿠데타 정권에 대한 지지를 발표했을 때 나는 미국에 대한 새로운 실망을 경험했다. 군인과 군대에 대한 철저한 불신감을 갖고 있던 나도, 그들이 민주당 정부가 법절차 때문에 질질 끌던 3·15 부정선거와 4·19의 자유당 정권 책임자를 모조리 구속하고 부정축재자 29명을 체포하는 행동을 보면서 '반신반의'하는 데까지 후퇴했다. 이승만 정권을 떠받치고 있던 조직깡패 두목들 200명을 올가미에 묶어 '나는 깡패입니다'라고 쓴 가슴패를 달게 하여 종로거리를 행진시켰을 때, 서울 시민은 환호성을 올렸다. 나는 군인들이 하는 그 방법에는 동의할 수 없었지만 한국 정치의 추악한 요소가 세척되는 것은 찬성했다. 4,000여 명의 깡패가 검거된 것이다. 군인들이 '용공분자'라는 딱지를 붙여 800명에 달하는 정치인, 노동조합 활동가, 진보적 교수와 학생, 온건 사회주의자까지 합친 '사회주의 경향의 인사들'을 2,000명이나 '검거했다'고 발표했을 때는 파시스트적 수법을 연상하며 공포를 느꼈다. 이튿날 정치·사회·경제의 부패에 합세했던 언론기관을 정비한다는 발표에는 찬성했다. 축첩한 공무원 1천 수백 명을 파면했을 때도 나는 유보적 심정으로 찬사를 보냈다. 국가가 전쟁을 하고 있을 때 군역을 회피·모면했던 과거의 '병역기피자'들을 직장에서 추방했을 때, '이번 쿠데타의 주인공들은 좀 다른 종류들인가?' 하는 데까지 나의 심정도 변해 있었다. / 이승만 정권하에서 가장 푸대접받아온 농민에 대해서 '고리채(高利債) 정리' 정책이 발표되었을 때는, 그 재원(財源)이 어디 있는가에 대한 걱정보다도 그 같은 발상을 했다는 점에 공감을 했다. / 유명한 인육시장(人肉市場)인 '종3'이 폐쇄되었다. (종로3가 일대는 해방 이후 한국에서 제일 큰 그 아름다운 육체를 남성의 성적 충동의 도구로 제공해서 밥을 먹어 온 '매춘행위 여성'이 전국에서 37만 명이라는 숫자로 밝혀졌다. 당시의 남한 인구가 2,600만 정도였으니까, 술을 따르거나 알몸뚱이를 바쳐서야 생존할 수 있는 인간(여자)이 37만 명이라는 것은 인구 70명 중 한 사람이 그런 여성임을 말해준다.) 얼마나 타락한 사회이며 인간 소외의 극치인가. 신문가의 기자 사회에도 이 '종3' 폐쇄는 하나의 '개인적 타격'으로 받아들여졌다. 종3을 애용한 기자들이 많았기 때문이다. 나는 이 조치에도 찬동했다. / 민주주의적 자유는 극도로 억압된 속에서 민중이 오랫동안 바라던 '청소작업'이 감행되었다. 빼앗기는 가치의 양과 사회적으로 이루어져가는 가치의 양을 저울질하기가 힘들었다. 나는 군인통치하에서 정치적 파쇼화의 경향을 지적하면서 흔들리고 있었다. '민정이양(民政移讓)'을 공약한 군인정권이 18년이나 갈 것이라고는 생각하지 못했다. 그리고 그렇게 '구악'을 척결한다고 서둘던 정권이 그렇게까지 부패하리라고 예측하기도 어려웠다. 나는 판단을 유보한 상태로 다시 기자생활에 전념하기로 했다.*

이 증언에서 유추할 수 있는 것은, 5·16 세력은 당시 국민들의 '정서'를 제대로 파악하고 있었고 이를 만족시키기 위해 실시한 일

한국인의 발견

련의 단호한 조치들이 국민들의 지지를 얻었고 성공적이었다는 것이다. 말하자면 5·16 세력은 손창섭의 1958년 작 「잉여인간」에서 서만기의 친구 비분강개형 채익준의 정신 상태와 그가 주장하던 '디디티(D.D.T.) 정책'에 부합하는, 그와 유사한 조치들을 구사하여 초기에 지지를 이끌어냈음을 알 수 있다.

제2공화국을 겪은 한국인들은 당시에 '이젠 정말 누군가 꽉 잡고 나가야 한다', 즉 강한 권력이 있어야 한다고 생각했고 5·16 주체 세력은 이런 분위기를 잘 알고 활용했다. 이들은 5·16 성공 후 며칠 만에 '국가재건최고회의'를 조직하자마자 과격한 조치들을 쏟아내기 시작했다. 어떤 것들은 국가권력을 강화하는 것들이었고, 어떤 것들은 경제와 빈곤 퇴치를 위한 것들이었으며, 어떤 것들은 성공적이기도 했고 어떤 것들은 실패로 끝나기도 했다. 하여튼 5·16은 이전과는 전혀 다른 분위기의 시대를 열었다.

5·16의 혁명 공약과 군사 정부가 내세운 구호와 국정 목표들은 당시까지 우리들 귀에 너무나 익은 구호들의 반복이었다. 너무나 뻔한 이야기들이었고 전혀 독창성이 없었다. 문제는 5·16 또한 이미 4·19 때에, 또 그를 이은 제2공화국에서도 내걸었던 문제들과 같은 이슈들을 내걸고 이루어진 혁명이었다는 것이다. 5·16 세력이 목표로 내건 반공, 빈곤 타파, 경제 발전 등은 중복된 것이었다. 그러나 이를 가지고 5·16 세력이 4·19와 제2공화국의 정강을 도용한 것

● 리영희 1988: 420-421. 이 자서전은 이러한 경험 후 무려 27년 후에 쓴 것이며 저자의 강한 진보주의적 성향을 감안하면 당시 5·16 직후에 느꼈던 감정은 이 글의 표현보다 훨씬 더 감격에 찬 것이었을 가능성이 높다.

으로는 절대 볼 수 없다. 이 목표들은 5·16이 처음으로 비밀리에 계획되던 1956년경부터 이미 그들의 뇌리에 박혀 있던 역사적 과업이었다. 구호의 중복은 당연한 것이었다. 위에서 지적한 '혁명 공약'과 혁명 정부 정책의 중복적인 부분들은 이미 훨씬 전부터 먼저 구상된 것들이었다.

5·16은 제2공화국의 실패에서 연유한 쿠데타가 아니었다. 제2공화국의 무능과 실패를 자신들을 정당화하기 위한 명분으로 내세웠지만 5·16의 음모는 이미 1950년대 중반, 거의 1956년쯤부터 시작된 것이었다. 박정희 소장 등은 이미 4·19 전에 거사 날짜를 잡았다가 4·19 때문에 연기하여 1961년 5월 16일에 이른 것이었다.* 말하자면 5·16이 일어났을 때 이미 4·19는 기다리고 있었다. 또한 4·19가 터졌을 때 5·16은 이미 기다리고 있었다. 4·19와 5·16은 프랑스 혁명기의 혁명들처럼 반동으로 이어진 사건들이 아니었다. 말하자면 4·19의 실패가 5·16으로 이어진 것이 아니었다. 4·19와 5·16은 따로, 다른 방식으로, 서로 중간에서 엮이지 않고 준비되고 이루어진 사건들이었다.

4·19와 5·16은 거의 동시에 1956년경에서 연원한 사건들이었으며 따라서 4·19와 5·16은 한국 현대사에서 1950년대 후반에 배태(胚胎)된 이란성(二卵性) 쌍둥이였다. 출생 전에는 서로를 알지 못했지만 형제였다. 그들은 모두 극도의 고난의 시기에 죽었던 한국인

• 강준만은 박정희는 1959년에 쿠데타 거사 날을 받아놓고 있었다며 결국 5·16은 4·19와는 별도의 독자적인 거사였음을 지적하였다 (강준만 2004c 1: 141).

한국인의 발견

이 부활하던 과정에서 서로 모르는 곳에서 잉태되었던 것이다. 1950년대는 우리 현대사의 위대한 시대였다. 5·16은 군 장교들 간에 이루어진 음모와 조직으로 성장했다면 4·19는 좌절과 분노의 축적으로 무르익었다. 5·16이 났을 때 '4·19세대의 반 이상' 그리고 4·19를 연출했던 대다수 지식인들은 5·16을 지지하고 나섰다. 나머지 사람들은 5·16이 결국 4·19세대의 무대, 역사적 자리를 박탈할 것을 알고 있었다. 5·16은 불법 쿠데타였다. 하지만 5·16은 분명히 '혁명'이었다. '산업 혁명'이 혁명이었다면 5·16은 분명히 혁명이었다. 사회·정치적 변화를 구상했고 엄청난 우리 역사의 변화를 이루어냈다. 4·19는 혁명적 분위기를 만들었지만 혁명으로서는 사회적 변화를 아무것도 이루어내지 못했다. 시간이 없어서만은 아니었다. 하지만 5·16이 이루어낸 변화는 전대미문의 규모였다. 많은 사람들의 생각과는 달리 대한민국은 '혁명을 못 겪은' 나라가 아니었다. 독특한 방법으로, 혁명을 '두 개의 혁명'이라는 독특한 방식으로 겪었다. 프랑스 혁명, 중국 혁명, 러시아 혁명처럼 많은 사람이 죽지도 않았고 역사적으로 떠들썩하지도 않았지만 '두 개의 혁명'으로 야기된 사회적 변혁의 정도는 전 세계가 경악을 금치 못할 규모였다.

4·19에 적극 참여한 사람들, 민중과 학생들은 그들이 어떤 변화를 원하는지 제대로 표현하지 못했다. 그 이유는 당시에 우리 사회에서 이념적 스펙트럼은 제한되고 있었고 또 1950년대 사회적 부조리의 규모를 간단한 구호로 표현하기란 대단히 어려웠다. 그리고 이 문제는 5·16을 주도한 세력에게도 마찬가지였다. 4·19와 5·16은 모두 대한민국 국가의 정체성이나 사회·경제 질서의 정체성을 바꾸기 위해서 벌어진 혁명은 아니었고 따라서 눈에 띄거나 역사적으로 독

창적이고 특이한 구호를 내세운 적이 없었다. 결국 앞에서 지적했듯이 5·16의 혁명 구호는 뻔한 이야기들의 반복에 불과했다. 반공, 빈곤 타파, 경제 발전 등이었다. 그러나 그 외에 그들이 구상한 것, 즉 그간 대한민국 역사에서 나타난 취약국가의 상황을 극복하는 문제와 정치가들의 주체 의식 결여를 극복하는 문제는 대부분의 한국인들에게 실로 중요한 일이 아닐 수 없었다. 이 차원에서 보면 박정희가 나중에 그의 저서에서 수차 강조한 '인간 개조', '의식 혁명'이라는 구호는 당시에 자연스러운 구호였다.[9] 동시에 이런 구호들은 살벌하게 들렸다. 물론 이러한 구호가 현실적으로 어떻게 구현되었는가는 다른 문제였다.

5·16이 연 세상

4·19는 외관으로 보면 그 규모도 컸고 엄청난 역사적 의미를 가진 혁명이었지만 역사적으로 부과된 목표를 전혀 이루지 못했다. 그럼에도 불구하고 4·19는 '그 붉은 심장의 설레임'을 추동했고 '혁명의 분위기'를 이루어냈다. 이 속에서 4·19는 '혁명에 감질만 난' 세대를 만들어냈다. 4·19는 혁명의 목표를 드러내고 이루는 데는 실패했지만 사건 자체만으로 새로운 세상을 열었다. 5·16의 경우 사건 자체는 4·19보다도 훨씬 빨리 끝난 사건이었다. 5월 16일 아침에는 이미 군사적 목표가 완료되었고 19일에는 '국가재건최고회의'가 발족함으로써 국가권력의 탈취까지 사실상 끝난 셈이었다. 5·16 주체 세력이 내걸었던 빈곤 타파, 경제 발전은 1960년대 중반에 가서야 가시적 성과를 내기 시작하지만 그 전에 이미 5·16 쿠데타라는 사건은 그 자체로 한국인들에게 특별한 자극(刺戟)과 영감을 주었다. 5·16은 구

경꾼이었던 한국인들에게 '그 붉은 심장의 설레임'을 일으키지는 않았지만 '노란 욕망'의 시대를 열었다.

5·16의 첫인상: 김동리의 「등신불」—1961년 11월 『사상계』

화자는 일본군에 학병으로 끌려갔다가 탈출하여 '정원사(淨願寺)'라는 절에 숨어 있었다. 그는 절 경내를 구경하던 중 금불각(金佛閣)에 모셔져 있는 '등신불(等身佛, 등신금불)'을 처음 보았다.

> 나는 그가 문을 여는 순간부터 미묘한 충격에 사로잡힌 채 그가 합장을 올릴 때도 그냥 멍하니 불상만 바라보고 서 있었다. 우선 내가 상상한 대로 좀 두텁게 도금을 입힌 불상임에는 틀림이 없었다. 그러나 그것은 전혀 내가 미리 예상했던 그러한 어떤 불상이 아니었다. 머리 위에 향로를 이고 두 손을 합장한, 고개와 등이 앞으로 좀 수그러진, 입도 조금 혜벌어진, 그것은 불상이라고 할 수 없는 형편없이 초라한, 그러면서도 무언지 보는 사람의 가슴을 쥐어짜는 듯한, 사무치게 애절한 느낌을 주는 등신대(等身大)의 결가부좌상(結跏趺坐像)이었다. 그렇게 정연하고 단아하게 석대를 쌓고 추녀와 현판에 금물을 입힌 금불각 속에 안치되어 있음직한 아름답고 거룩하고 존엄성 있는, 그러한 불상과는 하늘과 땅 사이라고나 할까, 너무도 거리가 먼 어이가 없는, 허리도 제대로 펴고 앉지 못한, 머리 위에 조그만 향로를 얹은 채 우는 듯한, 웃는 듯한, 찡그린 듯한, 오뇌와 비원(悲願)이 서린 듯한 그러면서도 무어라고 형언할 수 없는 슬픔이랄까 아픔 같은 것이 보는 사람의 가슴을 꽉 움켜잡는 듯한, 일찍이

본 적도 상상한 적도 없는, 그러한 어떤 가부좌상이었다. / 내가
그것을 바라보는 순간부터 나는 미묘한 충격에 사로잡히게 되
었다고 말했지만 그러나 그 미묘한 충격을 나는 어떠한 말로써
도 표현할 길이 없다. 다만 나는 그것을 바라보고 있는 동안 처
음 보았을 때 받은 그 경악과 충격이 점점 더 전율(戰慄)과 공포
로 화하여 나를 후려갈기는 듯한 어지러움에 휩싸일 뿐이었다
고나 할까. 곁에 있던 청운이 나의 얼굴을 돌아다보았을 때도
나는 손끝 하나 까닥하지 못하며 정강마루와 아래턱을 그냥 덜
덜덜 떨고 있을 뿐이었다. / '저건 부처님이 아니다! 불상도 아
니야!' / 나는 내 자신도 모르는 사이에 이렇게 목이 터지도록
소리를 지르고 싶었으나 나의 목구멍은 얼어붙은 듯 아무런 소
리도 새어나지 않았다.

김동리, 「등신불」, 75-76쪽

기대했던 불상의 모습과는 너무나 달랐다. 앉아 있는 자세나
표정이나 전체적인 모습은 도저히 불상이라 부를 수 없이 엽기적이
고, 처참하고 슬픈 모습이었다. 실로 불상으로서는 '그로테스크'하다
고밖에 할 수 없었다. 표정도 해탈하고 성불한 지극한 존재의 모습이
라고 하기에는 '오뇌와 비원'이 서린 듯한 모습에 도저히 이해할 수
없는 충격을 받지 않을 수 없었다. 그러고는 그 부처의 유래를 들었
다. 그 부처는 그 절에 있던 스님이 성불한 것으로 당나라 때 즉 천
수백 년 전에 소신공양(燒身供養)으로 성불했다고 하였고 그 후 헤아
릴 수 없이 많은 사람들이 그 부처에게서 영검을 입었다 하였다.
그리고 화자는 '만적선사(萬寂禪師) 소신성불기(燒身成佛記)'를

읽었다. 그는 어려서 그의 어머니가 개가(改嫁)하여 그 집 아들을 독살시키는 것을 보고 중이 되었다고 한다. 그 후 그에 대해서는 사람들이 입을 다무는 여러 이야기가 있었다고 했다. 그는 소신공양을 하려고 결심했으나 허락되지 않고 있던 차에 그의 이복형제 사신(謝信)을 10년 만에 우연히 만나게 되었는데 그렇게 착하고 어질던 사신이 하늘의 형벌을 받았는지 문둥병이 들어 있었다는 것이다. 그는 정원사로 돌아와 화식(火食)을 끊었다. 그러고는 길고 힘든 소신공양의 과정을 한 달 넘어 겪고 부처가 되었다.

이 이야기는 기괴한 구원의 이야기였다. 그의 어머니가 행한 인간의 극악에 대한 벌의 현실적인 모습에 절실하고 다급한 구원을 찾아 극단의 고통의 과정을 겪은 처절하고 특별한 부처의 모습은 보는 사람으로 하여금 어리둥절하게 하면서도 말로 형언하기 힘든 더욱 깊은 감흥을 주고 있었다. 혁명 과정에서 한국인들이 겪은 좌절, 특히 4·19라는 감동적인 민족적 거사 후에 겪은 좌절은 말로 형언할 수 없는 것이었을 것이다. 그 후 한국의 지식인들은 야밤에 벌어진 불법 쿠데타라는 변칙적 사건에서 구원의 단초를 찾으려 했을 것이다. 긴 1950년대를 견디고 그 감동적인 혁명을 겪은 후에 다시 만나야 했던 아무것도 되지 않는 좌절의 시대, 그리고 그 시대를 끝낸 변칙적 변란은 구원처럼 나타났다. 두 개의 혁명은 묘한 타이밍으로 일어났고 그 결과 또한 놀라울 따름이었다.

최인훈의 「구운몽」—1962년 4월

1962년 초는 '제1차 경제개발 5개년 계획'이 발표된 때로 아직은 어떤 긍정적 정책 효과도 나타날 수 없었던 시점이었다. 다만 여러 종류의 '기공식', '창립' 등의 행사만 줄을 잇고 있었다.

　　주인공 '독고민(獨孤民)'은 미라처럼 관(棺) 속에 누워 있다. 어둡고 춥다. 얼마나 시간이 지났는지도 모른다. 누군가가 부드러운 목소리로 나오라고 부른다. 그는 뚜껑을 밀고 나와서 겨울 밤 아파트 계단을 올라간다. 캄캄한 그의 아파트에는 거의 가구도 없다. 바닥에 편지가 떨어져 있다. 그 편지를 보자 민은 낯빛이 점점 밝아지더니 기쁨에 찬 표정이 된다. 그의 첫사랑 '숙이'가 보내온 편지로 보고 싶다고 만나자는 내용이었다. 그녀는 그가 27년 생애에 '같이 자본' 유일한 여자였다. 그녀에 대한 욕망은 성욕이 지배적인 것이었다. 민은 황해도에서 전쟁 통에 홀로 월남했다. 배움도 거의 없어 안 해본 일이 없었다. 그림 그리는 재주 하나로 미군 부대에서 돈을 벌었고 그때 '양부인'이었던 '숙이'를 만났다. 그녀는 민에게 "증류수처럼 순수한 분"이라고 했다. 그러나 그녀는 그의 돈을 갖고 사라져버렸다.

　　편지에 쓰인 극장에 갔지만 몇 시간을 기다려도 숙이는 나타나지 않는다. 영화에는 신경이 쓰이지 않고 옆 자리에 앉은 여자에게 관심이 간다. 집으로 돌아오는 길에 그는 전차에서 어떤 여인을 보고 극장에서 옆자리에 있던 여자가 아닌가 싶어 따라갔다. 갔더니 앞이 트이면서 광장이 나타났다. 그곳에는 동상이 서 있어야 할 자리가 있는데 비어 있고 다만 얼어붙은 분수가 있을 뿐이다. 동상의 자리가 비어 있는 그 텅 빈 광장을 그는 유심히 살펴보았다.

　　민은 다시 그 여자를 찾아오던 길을 되짚어 돌아갔다. 어느 찻집으로 갔더니 사람들이 난로 주변에 빙 둘러서 있다. 사람들은 시(詩)에 대해서 격론을 벌이고 있다. 그런데 사람들이 독고민을 보자 갑자기 '선생님'이라고 부르기 시작했다. 그는 이 추운 밤에 따뜻한 난롯가가 좋았을 뿐이었는데 사람들이 '선생님'이라고 부르자 그게 싫어서 도망을 나오고 말았다. 그런데 사람들이 그를 쫓아오기 시작했다. 그는 집으로 도망와서 그 편지를 확인해보았다. 편지를 다시 보니 날짜가 달랐지만 주인 할머니는 그날 온 편지였다고 한다. 그는 이번에는 숙이를 찾기 위해 신문 광고를 내기로 했다. 그러나 광고 문안을 생각하다가 잠이 들었다. 그는 꿈에서 긴 강을 헤엄쳐 건너가고 있다. 한참 헤엄을 치는데 어깨가 빠진다. 그러자 팔이 빠지고 다른 쪽 팔과 어깨도 빠진다. 손가락들이 빠져 따로 헤엄친다. 해변에 와서 보니 도깨비 떼가 나타나는데 모두 몸이 병신들이다. 자기의 몸이 분해되는 꿈이었다. 그가 본 것은 수많은 몸이 분해된 '괴물' 같은 '병신'들이었다. 그는 소스라쳐 깨어났다.

그리고 잠에서 깨어난 민은 어젯밤에 갔던 그 길로 다시 간다. 역시 그 사람들이 둘러서 있다. 그들은 자신을 보더니 '선생님'이라고 부르며 쫓아온다. 길에 잠시 쓰러져 있을 때 '혁명군 방송'이 들린다. 방송은 시민 여러분은 무기를 잡으라고 소리친다. 그때 돌연 어떤 나이 많은 사람들이 민을 보고 '사장님'이라고 부른다. 그들은 민을 도망치던 사람을 잡은 것처럼 붙잡고 어떤 방으로 끌고 간다. 민은 그들로부터 도망가려 하고 그들은 민을 붙잡고 늘어진다. 그때 어디선가 라디오 방송이 들린다. '정부군 방송'인데 시민들은 집으로 돌아가라고 하면서 혁명군과 협상하겠다고 한다. 그는 도망가고 노인들은 쫓아오고 하는 혼란스런 와중에 다음으로 그가 사람들에게 둘러싸여 끌려간 곳은 여자 무용수들이 모여 있는 방이었다. 그중 가장 어여쁜 발레리나인 '미라 언니'가 걸어들어 오는데 '숙이'처럼 왼 뺨에 까만 점이 있다. 민은 또 그들로부터 달아날 생각을 한다. '숙이'가 그립다는 생각을 했다.

밖에는 바람이 세게 불고 있다.

> 민도 귀를 기울였다. 마냥 바람이 센 모양이다. 싸악 바람은 꼬
> 리를 끌며 지나간다. 아득히 사라졌는가 하면 뒤이어 윙 몰아쳐
> 온다. 싸늘하고 날카로운 울음소리가 짐승울음 같다. 독고 민은
> 저 속에서 그 사람들은 자기를 찾아다닐까 생각해본다. 그 시인
> 들, 그 노인들. 장부를 가슴에 안고 걸으면서 자기를 쫓아온 노
> 인들. 손에 종이를 들고 그를 쫓아온 시인들. 그들은, 저 매서운
> 바람이 휘몰아치는 거리에서, 아직도 민을 찾아 헤매고 있을까?
> 말할 수 없이 두렵고 안타까와진다.
>
> 최인훈, 「구운몽」, 217쪽

자신을 쫓아오던 사람들을 이제 생각해보니 징그럽고 두려운
생각이 든다. 그때 그 방에 늙은 댄서가 나타난다. 옆에 앉아서

> 그녀는 쓰다듬던 민의 손을 끌어다 자기 볼에 댔다. 광대뼈, 그
> 녀는 민의 손에다 제 뺨을 비비면서 그의 눈을 들여다본다. 그
> 녀의 눈은 짐승처럼 음탕했다. 퀭한 눈두덩 속에서 말라붙은 눈
> 알이 카바이드처럼 지글지글 타는 것 같다. 민은 새파랗게 질리
> 면서 몸을 떨었다.
>
> 최인훈, 「구운몽」, 219쪽

늙은 댄서는 민에게 음탕한 짓을 시도한다. 민은 자신이 그녀

의 욕망의 대상이 된 것에 불쾌하다. 길거리에는 사람들이 쏟아져 나와 헤매고 있다. 그 장부책을 가진 노인들, 시인들, 댄서들이 서로 모여서 떠들고 있고, 혁명군의 방송도 들리고, 길거리는 대혼란의 상황이다. 독고민은 이번에는 간수를 따라 감방 구역으로 들어간다. 이 안에는 별 사람들이 다 많다. 그런데 그곳을 구경하는 와중에 독고민도 체포당하고 말았다. 그의 죄목은 '풍문인(風聞人)'이었다. 그는 갑자기 어느 술집인 듯한 곳에 있었다. '에레나'라는 여인은 어떤 남자와 대화하다가 실랑이를 벌이더니 민에게 안겨 한참이나 애교를 떨었다. 그러더니 그녀와 실랑이하던 사내가 보이와 격투를 벌여 그 술집은 엉망진창이 돼버리고 말았다. 민은 다시 그녀를 뿌리치고 도망가고 모두 그를 쫓아온다.

그때 정부군 방송이 들린다. 반란군들은 소탕되었으며 '반란 수령'인 '독고민'은 도주 중이며 정부군은 추격하고 있다는 것이었다. 민은 분명히 방송에서 그의 이름을 들었다. 그는 '반란 수령'이 되어 있었다. 방송은 그가 도주하고 있는 경로와 위치를 세밀하게 추적하고 있다. 그는 계속 도망간다. 정부군에게 쫓겨서가 아니라 그를 사장님이라 부르는 노인들, 시인들, 댄서들 등에 쫓겨서 광장을 가로질러 도망간다.

광장에는 가로등이 환하고, 텅 비어 있다. 그는 광장을 곧장 가로질러, 건너편 골목으로 빠지려 할 때, 그 골목에서 한 떼의 군중이 쏟아져 나오는 것이 보인다. 손에 손에 종이를 들었다. 시인들이었다. 그는 오른편으로 방향을 돌렸다. 그쪽 골목에서도 한 떼의 군중이 몰려나온다. 장부책을 가슴에 안은 노인을 머리로, 그들은 걸어 나오고 있었다. 그는 기겁을 하면서 왼쪽으로 달렸다. 그 편 골목에서 한 떼의 군중이 쏟아져 나온다. 그녀들은 와자지껄 떠들면서 민을 손가락질한다. 민은 뒤로 돌아섰다. 그쪽에서 에레나를 앞세우고 깡패, 마담, 보이, 손님들, 여급들이 다그쳐든다. 광장으로 들어오는 길은 이렇게 네 곳뿐이다. 민은 몰리면서, 분수가 얼어붙은 돌기둥 위에 올라섰다. 자리는 두 발로 서고도 남았으나, 얼음바닥이 미끄러워서, 스케이팅을 처음 하는 사람처럼 두 팔을 내저으며 허우적거렸다. 사람들은 민이 올라선 돌기둥을 가운데 두고 빙 둘러섰다. 그들은 민을 쳐다보면서 고함을 질렀다. 그렇게 된 민은 꼭 동상(銅像) 같았다. / "선생님 우리를 버리십니까?" / "사장님 결심하십시오!" / "여보 우리 사랑은 승리한 거예요." / "선생님 대답해 주세요!" / "사랑해요." / "사랑합니다." / 민은 밀려드는 사람들을 내려다보았다. 그때, 광장을 둘러싼 고층 건물들의 맨 꼭대기 창문들이 한꺼번에 활짝 열리면서, 불빛이 흘러나왔다. 그 때문에 광장은, 마치 빛무리를 머리에 인 꼴이 됐다. 민은 대석 위에서 한 바퀴 빙 돌면서, 그 창들을 올려다본다. 남자, 여자, 늙은이, 청년, 소녀들, 어린 아기들은 어머니 팔에 안겨서 독고 민을 내려다보고 있었다. 그들은 모두 잠옷을 입고 있었다. 금방 잠자리에서 빠져나온 것이 분명했다. 그들의 창틀에는 둔하게 빛이 나는 무슨 기계가 하나씩 놓였는데, 사람들은 집에서 기르는 강아지나 고양이를 쓰다듬듯 그것을 만지고 있었다. 어머니들은 허리를 굽혀, 품에 안은 아기들도 만져보게 하고 있다. 민은 그것을 유심히 보았다. 기관총. 독고민은 가슴이 꽉 막혔다. 그 창문들 중 한 군데서 민을 향하여 손을 흔드는 사람이 있다. 공항(空港)의 비행기 트랩에서 하듯이, 젊은 여자였다. 환한 불빛을 역광으로 받으며 그녀는, 옆에 선 남자의 팔을 낀 채, 민을 향하여 손을 흔들고 있다. 그녀 역시 잠옷 바람이었다. 여자가 남자를 올려다보면서 웃었다. 그녀가 머리를 돌릴 때 불이 비치면서, 얼굴이 뚜렷하게 드러났다. 숙이, 숙이다. 그는 너무나 뜻밖의 일에 미칠 듯이 고함쳤다.

최인훈, 「구운몽」, 247-248쪽

그는 끈질기게 따라붙는 노인들, 시인들, 댄서들, 여인들로부터 도망치다 보니 그 동상이 없는 광장에 다다랐다. 빈 광장이었으나 이제는 그를 쫓아오는 사람들로 꽉 차버렸다. 그는 얼결에 돌기둥 위로 올라섰다. 미끄러워 중심을 잡다 보니 자신의 모습은 흡사 동상(銅像)처럼 되었다. 비어 있던 '동상의 자리'를 민이 차지하여 포즈를 취하는 것이다. 그곳은 흡사 커다란 극장이었다. 광장을 둘러싼 건물들의 창문에는 잠옷을 입은 여자들이 광장의 자신을 바라보고 있었다. 그런데 그들은 모두 창틀에 있는 어떤 기계를 만지고 있었다. 기관총들이었다. 그때 민에게 손을 흔드는 여인이 있었다. 그것은 '숙이'였다. 그러나 숙이는 그를 알아보지 못한다.

이윽고 신호와 함께 기관총들이 불을 뿜었다. 일 분간이나 계속된 사격에 뽀얀 돌먼지 속으로 아무것도 보이지 않았다.

광장 어귀에서 지켜보던 사람들이 돌기둥으로 몰려왔다. 그들은 둘러서서 쓰러진 물건을 들여다보았다. 사람 크기의 물체가

한국인의 발견

뒹굴어 있다. 겉이란 겉에서 흐르는 피가, 언 땅에 스미지도 못하고, 가로등 빛을 받아 번뜩인다. 사람들은 그 물건을 맞들어 돌기둥에 걸쳐놓았다. / 사람들은 기쁜 얼굴로 서로 쳐다보면서 악수를 나누었다. 그러면서 이렇게 각계각층의 인사와 사귄 고인의 넓은 사귐에 대하여, 새삼스럽게 혀를 내두르며 감탄했다. 시인들은 은행가들한테서 담뱃불을 얻으면서, 아리랑 담배의 맛이 좋아졌다고 했다. 노인들한테서 담뱃불을 얻고 있다는 엄청난 일에 대해서는 별로 생각하지 않았다. 댄서 가운데 열심인 애들은 뒤에서 포즈 연습을 하고 있었다. 그런 다음에 노인들은 장부를 돌기둥 밑에 던졌다. 시인들은 손이 들었던 종이를 던졌다. 댄서들은 양말을 벗어던졌다. 바에서 온 패는 계산서며 아리랑 빈 갑 따위를 던졌다. 누군가 성냥을 그어댔다. 불이 확 타오른다. 할 일을 마친 사람들은 저마다 나왔던 길로 광장으로 몰려갔다. 모닥불은 곧 사그라졌다. 사람들은 다 물러간 다음 광장에는 얼어붙은 돌기둥 위에 독고 민 혼자 누워 있었다.

최인훈, 「구운몽」, 250-251쪽

독고민은 '반란 수괴'가 되어 수많은 사람들에 쫓기다가 얼결에 광장의 한가운데 돌기둥 위에 올라서서 동상의 모습으로, 동상의 자리를 차지했다. 사람들은 돌기둥 밑으로 몰려들어 각자의 생각과 원하는 바를 외치며 동상이 된 독고민을 환호했다. 그러나 커다란 극장 같은 그곳에서 곧 신호와 함께 일제사격이 시작되고 독고민은 처형되었다. 그 많은 사람들은 곧 물러가고 텅 빈 광장에 독고민은 시체로, 돌기둥 위에 홀로 남았다.

광장에는 '늙은 댄서'가 홀로 지키고 있었다.

그녀는 분수 아래에 꿇어앉아서 두 손을 모았다. 그리고 얼굴을 들어 대석에 걸쳐진 독고 민을 바라본다. 그녀는 입 속으로 기도를 드린다. 오랫동안, 대석 위의 주검을 바라보면서, 동굴처럼 쾡한 그녀의 두 눈에서 주르르 눈물이 흘러내린다. 깊은 샘에서 흐르듯 눈물은 한없이 흐른다. 그러자 이상한 일이 생겼다. 젖은 카바이드처럼 윤기 없던 그녀의 두 눈이, 이른 봄 샘터같이 환해지기 시작한다. 흙두덩처럼 거센 눈 가장자리가 봉긋이 살이 오르기 시작한다. 눈을 중심으로 그 가까운 힘살이 서로 끌어당기듯 팽팽해지면서, 완전한 젊은 여인의 얼굴로 바뀌고 있는 것이다. 그녀는 일어서서 축 처져내린 시체에 입을 맞췄다. 입술이 떨린다. 그 순간 입술에도 바뀜이 왔다. 낙엽처럼 까슬하던 입술이 장밋빛으로 물들기 시작하고, 이 빠진 조개껍질 같던 턱이 동그란 아래턱이 되는 것이었다. 그녀의 얼굴에 일어난 기적은 온몸으로 빠르게 퍼져갔다. 두 팔은 우아한 조각처럼 살이 오르고 젖가슴은 보살보다 곱게 부풀었다. 마지막으로 쭉 곧은 다리는 암사슴처럼 가볍고 순종 사라브렛처럼 든든했다. / 그녀는 팔을 들어 조심스럽게 시체를 끌어내렸다. 그 끔찍한 모양에 그녀는 부지중 낯을 가려버렸다. 그녀는 한참 그런 모양으로 있다가, 겨우 손을 떼고 또 한참이나 시체를 들여다보았다. 끝내 용기를 낸 듯, 그녀는 시체를 이리저리 더듬기 시작한다. 시체에서 무엇인가 찾아내려는 모양 같다. 그녀는 손을 온통 시뻘겋게 물들이며 시체의 한 부분을 잡아서 세게 잡아당겼다. 지퍼가 주르륵 열리면서, 껍질이 홀렁 벗어졌다. 그녀는 껍질을 사지에서 벗겨 던졌다. 독고 민은 말짱하게 누워 있었다. 그것은 아래위가 곁달리고, 후드까지 달린, 방탄복(防彈服)이었다. 그녀는 가볍게 소리 지르며 독고 민을 흔들었다. / 독고 민은 눈을 떴다. / 그리고 자기를 들여다보고 웃고 있는 여자를 보았다. 왼쪽 뺨에 까만 점이 눈을 끈다. 그녀는 그를 끌어안고 입을 맞췄다.

최인훈, 「구운몽」, 252쪽

독고민을 사랑하던 늙은 댄서는 집중 사격을 맞고 죽은 그를 위해 기도를 하고 기도는 기적을 일으켜 그녀는 몸의 아름다움을 되찾았다. 그리고 그녀는 시체에서 방탄복을 벗겨내고 독고민을 깨웠다. 눈을 뜬 그는 여자를 바라보았다. 왼쪽 뺨에 까만 점이 있다. 그녀는 그를 끌어안고 입을 맞췄다. 기관총의 집중 사격을 받고 죽은 반군 수괴 독고민은, 그를 사랑한 여인이 그 뜨거운 사랑으로 그녀의 아름다움을 되찾고 그를 입맞춤하자 죽음에서 부활했다. 처형당한 독고민은 아름다운 그녀의 키스로 부활하여 미녀를 품에 안았다.

두 남녀는 대기하고 있던 자동차에 올라 시내를 빠져나갔다. 바티칸 방송에서는 교황의 사절 독고민 대주교가 '자유의 광장'에서 순교했다는 소식을 전한다. 독고민이 여인과 함께 어느 별장으로 가니 앞서 그를 쫓던 여러 무리의 사람들이 모여 있다. 그들은 죽은 자의 명복을 비는 한편 봉기는 민중들이 돌아서서 실패했다고 선언한다. 그리고 그들은 독고민의 해외 망명을 결정하며 끈질긴 사랑으로 시간을 기다려야 한다고 말한다.

마지막에 이 작품은 신경과 의사인 '김용길 박사'가 근무하는 병원 뜰에서 동사자(凍死者)로 발견된 몽유병자 독고민의 꿈인 것으로 이야기의 성격을 확인하며 마무리된다. 이야기의 속성상 사실주의적으로 쓸 수 없고 의식의 흐름으로 쓰기에도 어색한 이상 비정상적 몽유병자의 꿈을 재구성한 것으로 규정하는 게 그나마 제일 자연스런 마무리일 것이다.

이 작품은 인간의 욕망, 이 시대의 한국인들의 욕망의 발생과 성장과 복잡한 변환을 관찰하여 판타지(fantasy)의 형태로 묘사하고 있다. 민의 욕망은 죽음에서 생명이 피어남과 함께 나타난다. 처음에 그의 아파트에는 불도 없고 가구도 없고 거의 아무것도 없다. 처음에 독고민은 '별 볼일 없는', 가난하고 고독한 노총각이었을 따름이며 거의 시체였다. 그런 그가 방에서 편지를 발견하자, 즉 그가 평생 유일하게 성관계를 가졌던 '숙이'에게서 온 그 편지를 발견하자 곧 그의 욕망이 형태를 띠며 나타나고 이 숙이에 대한 이미지, '왼쪽 뺨에 까만 점이 있는' 모습은 욕망의 사인(sign)이 된다. 아무것도 가진 것이 없던, 시체에서 출발한 민은 이 성욕을 일깨우는 편지에 의해 욕망이 일어나자 그 애인을 찾아서, 또는 다른 대체물을 찾아가며 욕망의 일대 편력(遍歷)을 겪는다.

욕망은 대상체 때문에 생긴 것이 아니다. 『광장』에서 이명준은 우연한 기회에 어떤 '신내림'을 겪고 자신의 특별한 운명을 느껴서 그 운명을 만나기 위해 편력을 시작한다. 그러나 「구운몽」의 독고민은 생명의 되찾음과 함께 편지를 읽자 바로 욕망이 구체화된다. 나아가서 그가 숙이를 만나려는 욕망은 대상을 만나지 못했을 때는 대체물, 다른 여성을 찾는다. 그리고 욕망을 내는 데 있어서는 욕망의 주인인 내 마음은 하나가 아니다. 헤엄치는데 온몸이 분해되는 꿈은 바로 자신의 욕망이 사방천지로 분산되는 상황을 의식하고 있는 것이다. 그녀에 대한 본능적 성욕은 대체물을 찾아나가면서 다양한 유형의 욕망으로 발현되며, 그 욕망들에 대한 선별 작업도 시작된다. 어떤 욕망은 사양하기도 하고 거절하기도 한다. 이런 식의 분화가 이루어지며 자신의 정체성은 분절되고 분해된다.

그러나 또 다른 문제는 타인들에게도 이런 욕망의 편력이 펼쳐지고 있다는 것이다. 그들은 민을 이용하겠다고 또는 민을 통해서 자신들의 욕망을 채우겠다고 달려든다. 일부는 받아들일 수 있지만 어떤 것은 도저히 받아들일 수 없다. 독고민은 자기 정체성의 분열을 체험하는 한편으로 온 세상 사람들이 모두 몸이 분해된 도깨비 같은 불구자의 모습으로 자기에게 달려드는 악몽을 꾼다.

그러나 독고민의 마음 밑바닥에 자리 잡고 있다가 최후에 튀어나오는 욕망은 그 광장 한가운데에서 동상이 되는 일이었다. 그로서는 무엇, 어떤 동상이 되든, 반란군의 수괴가 되든, 정부의 지도자가 되든 상관없었다. 아름다운 동상, 사람들의 시선을 받고 환호를 받는 모습이면 되는 것이었다. 집중 사격을 받고 처형당하는 것은 별 상관이 없다. 자신을 사랑하는 그녀가 지키고 있는 한, 군중들의 환호가 있는 한 자신은 언제든지 부활할 수 있으며 영원히 존재할 수 있다. 여전히 독고민에게 광장은 중요한 의미가 있다. 이야기 초반에 그는 동상이 없는 빈 광장을 보고 허전함을 느꼈다. 『광장』의 이명준에게 광장이란 운명을 만나는 곳이었다. 그곳은 세상을 위해 보람 있는 삶을 사는, 공공(公共)을 위해 뼈근하게 봉사하는 모든 것을 포괄하는 추상적 장소였다. 그러나 독고민에게 광장은 구체적인 장소였다. 그에게 광장이란 극장과 같이 시선이 모이고 군중들이 무대 위의 어떤 인물에게 환호하기에 중요한 곳이었다. 그가 누구인지, 무엇인지는 상관없었다. 그 시선과 환호 이후에 어떤 일이 벌어질지도 중요하지 않았다. 그 시선, 환호에 이은 사랑만 있다면—물론 이런 사랑은 진정한 사랑이라 할 수 없겠지만—영생(永生, immortality)이 보장될 것이다. 사랑의 부활의 동화는 영원할 것이다.

　　최인훈의 『광장』에서 이명준이 운명을 계시받고 운명을 만나고자 하는 욕망을 얻게 된 것은 우연한 계기에서였다. 그러나 「구운몽」에서 독고민이 욕망의 여행을 시작한 것은 죽음에서 깨어나면서부터, 어서 깨어나라는 '아름다운 목소리'를 들으면서부터, 그리고 그 편지를 발견하고서부터였다. 한마디로 독고민의 욕망은 어떤 객관적 대상체나 계시나 어떤 외부 요인에 의한 것이 아니라 생명 그 자체와 같은 역사를 갖는 것이었다. 그리고 이명준은 한국 최고의 지식인 엘리트였던 반면 독고민은 가방끈이 짧은 사람으로 설정되었다. 그런 독고민의 욕망은 해소되지 못하면 새로운 대상체, 대체물(quid pro quo)을 만들어나갔다. 대상체가 많아지면 몸과 마음이 분열되기도 했다. 또한 그의 욕망은 다른 유형의 욕망으로 발전하기도 했다. 그에 따라 그는 시인(詩人)들의 존경을 받는 대문호가 되고, 회사의 사장이 되고, 뭇 여성들의 사랑과 욕망의 대상이 되기도 하고, 나아가 대중의 찬탄과 환호의 대상이 되었다. 그런데 그는 타자의 사랑과 욕망의 대상이 되기를 욕망했지만 동시에 수많은 사람들이 쫓아오자 공포와 혐오를 느꼈다. 그러나 아무리 혐오스러워도 결국은 그들의 사랑이 그의 부활을 도울 것이었다. 이 작품은 인간의 욕망이 그 씨앗으로부터 활짝 전개되어 동상으로 빛을 발하는 목적론적 진

한국인의 발견

리의 과정을 총체적으로 보여준다. 독고민의 욕망은 본능적 씨앗임과 동시에 총체성이었다. 나아가서 그의 궁극의 욕망은 불멸이었다.

한국의 근현대 문학에서 욕망은 늘 수줍게, 자제되어 나타나곤 했다. 인간의 '욕망(desire, lust)'이 이렇게 만개(滿開)된 광적(狂的)인 모습으로 등장한 일은 이전에 없었다. 한국인에게 욕망이라는 것이 이렇게 나타난 결정적 계기는 5·16이었다. 좀 더 깊이 생각해보면 4·19와 5·16의 독특한 시점 배열을 통한 결합의 결과였다. 혁명은 이성계의 역성혁명 이래 600년간 한국인들에게 너무나 오랫동안 언감생심(焉敢生心)의 꿈이었다. 새벽에 쿠데타의 전격 성공 그리고 '선글라스'를 낀 '주모자'의 출현은 너무나 드라마틱한 꿈이었다. 4·19가 대중이 참여해서 열기를 느끼고 뿜었지만 완성하지 못했고 다만 '감질만 난' 상태에서 중단되어 버렸다면, 5·16은 확실한 권력 쟁취로 마무리되었다. 대부분의 한국인들은 참여하지 못했고 다만 선글라스를 낀 그 사람이 축하와 환호와 공포의 대상으로 등장하였다. 이런 장면을 목격한 한국인들은 비로소 600년 만에 모든 욕망을 방출(放出)했다. 이 시대에 나타난 최후의 욕망은 지도자건, 영웅이건, 역적이건, 도둑놈이건 상관없이 찬탄과 환호의 대상, 광장 한가운데의 동상이 되는 것이었다. 모든 사람들의 부러움, 질투, 증오의 대상인 선글라스를 낀 그 사람처럼. 지배자의 모습보다는 '반군 수괴'가 더욱 '폼 나는' 존재처럼 보였다. 대다수 한국인들은 5·16에서 수동적인 입장이었고 따라서 그들의 눈에 비친 멋진 동상이 욕망의 궁극적 표상이 되었다.

제6장

역 사 와 개 성 의 시 대

1960년대

역사와 현재의 발견

최인훈의 『회색인』—1963년 6월

제1차 경제개발 5개년 계획과 제3공화국이 출범하던 1963년 최인훈은 『회색인』을 연재하기 시작했다. 이 소설의 주제이자 주인공은 '1958년 가을'이라는 시대였다. 그 시대는 최인훈이 그의 데뷔작 「GRAY구락부전말기(俱樂部顚末記)」를 썼던, 너무나 익숙한 시대였다.[1] 그때 한국 사회는 '한국인의 부활'이 이루어져 분노와 좌절이 쌓여가던 그러나 시간이 멈춰버려 꼼짝 않던 무풍지대(無風地帶, doldrum)였다.

첫 장면에 "1958년 어느 비가 내리는 가을 저녁에 주인공 '독고준(獨孤俊)'의 하숙집으로 그의 친구 김학이 진로 소주 한 병과 말린 오징어 두 마리를 사들고" 찾아와 대화하고 있다. 독고준은 "해사하면서 무슨 일에든지 신명을 내지 않는 우울한 눈빛"의 젊은이였다.

김학은 그의 요청으로 『갇힌 세대』라는 잡지 한 권을 가져왔다. 정치학과 친구들이 낸 이 잡지에는 독고준의 글이 실려 있었다. 그 글의 제목은 「만일 우리나라가 식민지를 가졌으면 참 좋을 것이다」였다. 우리가 식민지를 가졌다면 '민주주의'다 '자유'다 '평등'이다 하는 가치들이 '어렵지 않게 이루어졌을 텐데' 하는 글이었다.

> 여기까지 생각하다가 나는 한숨을 쉬었다. 제국주의를 대외 정책으로, 민주주의를 대내 정책으로 쓸 수 있었던 저 자유자재한, 행복한 시대는 영원히 가고 우리는 지금 국제 협조, 후진국 개발의 새 나팔이 야단스러운 새 유행 시대에 살고 있으니, 민주주의의 거름으로 써야 할 식민지를 부앙천지 어느 곳에서 손에 넣을 수 있으랴. 그러나 식민지 없는 민주주의는 크나큰 모험이다.
>
> 최인훈, 『회색인』, 10쪽

독고준은 '식민지'라는 욕망을 표현했다. 그러나 현실에서 그런 욕망은 이미 때 지난 것이며 그들은 자신들이 욕망이 막힌 시대에 살고 있음을 안다. 두 청년은 대화와 논쟁을 이어간다. 김학은 우리 문학가 중에 김동인을 비판한다. 그의 소설에는 "역사 감각이란 걸 조금도 찾아볼 수 없"다는 것이다. 그러자 독고준은 우리 문학에는 신화가 없음을 한탄한다. 나아가서 전통도 없음을 한탄한다. 그리고 이어서 이런 문제들의 근원을 지적한다.

"신화의 부재란, 사실은 역사의 부재였던 것이야. 언어는 생산하지 않아. 다만 역사—행동만이 생산해. 언어는 그 생산고(生產高)를 기록할 뿐. …… 우리가 무리했던 것은 우리들의 '현재'에 통과시킴이 없이 엉뚱하게 파리에 혹은 서라벌에 비약한 데 있지 않겠는가 말이야. 파리도 서라벌도 우리에겐 이방(異邦)이야. 이제까지 우리는 오해하고 있었어. 이 같은 현상이 왜 문학에 한한 일이겠어? 이건 한국의 상황 일반이 아닌가?"

최인훈, 『회색인』, 15-17쪽

그들은 그 시대의 근본 문제를 지적한다. 한국에는 역사가 없다. 한국에게는 신라도 딴 나라이며 우리는 과거와 단절된, 역사 없는, 뿌리 없는 세상을 살고 있다. 두 청년은 논쟁을 하지만 보완적인 주장과 시각들을 제시한다. 논쟁의 초점은 결국 김학은 조직을 만들고 행동해야 한다, 혁명을 해야 한다는 것이고 독고준은 행동은 소용없다는 입장이었다. 독고준은 당시 한국의 현실에서는 혁명이 불가능함을 여러 차례 지적한다. 그에게는 그게 무엇이든 그것을 위해 흥분하고 힘을 쏟을 정열이 없다. 그는 현실을 개탄한다.

우리. 우리는 대체 뭔가. 풀만 먹고 가는 똥을 누면서 살다가, 영악스런 이웃 아이들에게 지지리 못난 천대를 받으며 살다가 남의 덕분에 자유를 선사받은 다음에는 방향치(方向痴)가 되어서 갈팡질팡 요일(曜日)과 요일. 눈 귀에 보고 듣는 것은 하나에서 열까지 서양 사람들이 만들고 쓰고 보급시킨 심벌 심벌…… 몸가짐을 바로잡으려야 잡는 재주가 없다. …… 혁명은 논리의 이율배반을 의지로 뚫는 것이라고 했지. 물론 그럴 테지. 그런데 그 의지가 녹슨 스프링처럼 주저앉은 채 튀어주지 않는다면?
그러면 어떻게 된다는 말인가? 혁명. 그렇구 말구. 우리 시대뿐
이 아니라 혁명은 언제나 최대의 예술이다. 그러나 이 예술이
불모(不毛)의 예술인 것은 이미 실험이 끝난 일이 아닌가. 천년
왕국을 앞당겨 땅 위에 이뤄본다는 집념은 확실히 서양종(種)이
다. 우리한테는 이런 풍속이 원래 없었다. 종(種) 속에 깊이 파
묻힌 에고. 그들은 게으르게 잠자고 꿈지럭거리고 힘없이 죽어
서 흙으로 돌아가면서 수천 년을 살아왔다. 산천초목 속에도 배
어 있을 이 리듬을 어느 누가 하루아침에 고칠 수 있을까. 학은
혁명을 하자는 것일까. 그 생각에 준은 픽 웃었다. 젊은 사람이
할 만한 일이라면 사랑과 혁명일 것이다.

최인훈, 『회색인』, 31-32쪽

독고준이 삶에 의욕을 내지 못하는 것은 스스로의 개인적인
성향이기도 하지만 이는 그 또한 그 시대 모든 젊은이들이 인식하는
바에서 벗어날 수 없기 때문이기도 했다. 우리는 너무나 힘없고 게으
른 민족, 아무것도 내세울 것이 없는 민족이었다. 독고준에게도 혁명
의 생각이 없지 않다. 그러나 현실적으로 불가능함을 너무 잘 느끼고
있기에 괴로운 것이다. 그들은 스스로를 '갇힌 세대'라고 부른다.
　독고준은 친구 김학에 대해서 이런 생각을 한다.

나의 친구 학은 좋은 놈이다. 한국 같은 땅에 두기가 아까운 아
이다. 그러나 그는 어딘가 막혔다. 마치 저 '동무'들처럼. 그는
아주 고결하고 훌륭하기 때문에 바보다. 녀석은 혁명을 하자는

것일까. 이 삼천리 금수강산을 유토피아로 만들자는 것일까. 바보 자식. 개 자식. 무엇하러 이 땅에 유토피아를 세운다는 거야? 누가 부탁했어? 누라 해달랬어? 이 땅은 구조할 수 없는 땅이야. 한국. 세계의 고아. 버림받은 종족. 동양의 유태인. 사랑하는 김학 선생. 당신은 예수 그리스도가 되시려는 거요? 유다여, 그대의 일을 하라고 뽐내고 싶으신가요? 김학 선생. 그것은 안 됩니다. 이 사람들은 뼈도 없고 쓸개도 없는 사람들입니다. 성내지도 않고 울지도 않습니다. 그런데 무엇 하러 당신같이 고운 맘씨 가진 사람이 아까운 일생을 망쳐야 합니까? …… / 김학과 만날 때는 준도 끌려서 세상을 바르게 보고 청년다운 논리에 열중한다. 사실 김학이 없다면 준의 생활은 훨씬 쓸쓸할 것이다. 그는 학을 공격하고 빈정거리고 비웃으면서 어떤 쾌감을 느꼈다. 그와 마주앉아서는 준은 그래도 세상을 생각하면서 살자는 사람같이 보였다. 학은 친구의 그런 겉모양에 속고 있었다. 한번 홀로가 되면 독고준은 도로아미타불이 돼버렸다. 애써도 추켜세울 수 없는 이 허물어진 마음. 회색의 의자에 깊숙이 파묻혀서 몽롱한 눈으로 세상을 바라보기만 하자는 이 몸가짐. 그러면서도 학의 말에 반발하고 싶고 그들이 만들고 있다는 모임에 퍼뜩 생각이 미치곤 한다. 나라는 놈은…….

최인훈, 『회색인』, 65-67쪽

독고준이 혁명을 반대하는 데는 여러 이유가 있다. 첫째, 현실적으로 불가능하며, 둘째, 유토피아를 만들자는 생각은 공산주의만큼이나 위험하다. 그리고 나아가서 친구 김학이 그렇게 주장하기에 독고준은 굳이 반대하고픈 마음이 나기 때문이다. 인용문의 끝에 가면 '회색의 의자'라는 주제어가 등장한다.[*] 독고준은 결코 혁명에 반대하는 사람은 아니다. 그는 김학의 의견을 깊이 존중하고 둘은 한국 사회를 바라보는 시각을 공유한다. 독고준은 김학의 혁명론을 현실적 이유에서 말리고 있는 것이다. 독고준의 실천적 포지션은 '회색'이라는 노선, 예를 들어 기회주의가 아니라 '흰색'과 '검은색' 사이에서 흔들리는, 고정된 자리나 색깔을 갖지 못한 처지였다. 또한 회색은 의미를 잃은 존재가 내는, '빛'이 없는 색깔이었다.[**] 독고준은 한국 사회의 여러 측면들을 지적해가며 혁명의 불가능함을 주장하지만 한국이야말로 혁명이 꼭 필요한 곳임을 동의하지 않을 수 없다. 독고준은 마음속의 흔들림과 갈등으로 괴롭다. '회색의 의자'에 앉아 있는 사람이나 '회색인'이나 한시도 편할 날이 없다. 이러한 문제는 독고준뿐만 아니라 김학과 『갇힌 세대』 동인들도 공유하고 있다. 김학의 다른 친구가 그에게 이렇게 논쟁을 제기한다.

"학의 말은 역사는 필연이 아니라 자유에 의해서 움직인다는 설이지만 반드시 그렇지도 않아. 구체적으로 꼼짝할 수 없는 그런

[*] 이 소설이 처음 발표될 때 제목은 '회색의 의자'였다고 한다. '회색인'은 단행본으로 출판될 때 바꾼 제목이었다고 한다.

[**] 최인훈은 이미 회색에 대해서 『광장』에서 언급한 바 있다. 이명준이 북한에서 처한 상황에 대해서, "…심장이 들어앉아야 할 자리에, 그는 잿빛 누더기를 안고 살아가는 사람이 돼 있었다. 그 누더기는 회색 말고는 어떤 빛도 내지 않았다." (최인훈 1976a: 97). 여기에서 회색은 빛이 없는, 색이라 할 수 없는 색이었다.

한국인의 발견

환경이란 게 있어. 어떻게 해볼래야 해볼 수 없는 그런 환경이 말이지. 우리의 지금 상태가 그것 아냐? 자, 여기서 혁명을 일으키자니 그토록 무시무시한 사태가 있는 것도 아니고 안 그러자니 따분하고 희망이 없고, 사는 것 같지 않고 창피하고 그래서 '갇힌 세대'가 아닌가? 갇혔다는 것. 옥 속에 있다는 것. 이것이 우리의 환경이야. 우리는 갇혀 있어. 갇혀 있으니까 최소한 입에 들어가는 먹이는 누군가가 준단 말이야. 마치 죄수처럼. 죄수들은 생존은 허락되지만 생활은 금지당한 사람들이거든. 그들은 자유로부터 소외당하고 있어. 그러나 당장 죽는 것이 아니니까 그럭저럭 포로의 생활에 길들여지는 거야. 이것이 무서워. 사람마다 말세라 하고 이거 망나니 세상이라고 하면서도 그렇다고 사생결판을 내는 그런 상태는 바라지 않고 있거든."

최인훈, 『회색인』, 74-76쪽

　이름을 밝히지 않은 이 친구도 공통적인 시각을 표현한다. 잡지의 동인들 가운데 혁명이 불가능한 이유에 대해 일가견(一家見)을 가지지 않은 사람이 없다.

　이런 입장에 있는, '회색인'이 되어 있는 독고준은 괴롭다. 그는 자기 안에서 어떤 이질적이며 식물적인 존재가 오래전부터 자라고 있음을 느낀다. 그는 일상생활에서도 나른하고 무기력함의 늪에 천천히 잠기고 있는 것 같다. 그는 계속 자신은 '누구인가?'라는 질문을 던지며 답을 찾아 자신의 기억을 샅샅이 더듬어 나간다. 이북 고향에서 토지개혁 때의 일, 아버지는 사라지고, 누나의 애인이 떠나던 일, 그리고 월남하던 기억, 군에 가서 OP에서 보초 서던 일 등을 꼼꼼히 추적한다. 그리고 특별히 잊지 못하는 기억이 있다. 이북에서 폭격이 시작된 때 하루는 집에 '민청원'이 와서 내일 꼭 학교에 나오라고 했다. 어머니는 가지 말라고 했지만 그가 우겨서 학교에 갔다가 공습을 만났다. 그때 어느 "누님 또래의 여자의 손에 잡혀" 방공호로 뛰어갔다.

> 그때 부드러운 팔이 그의 몸을 강하게 안았다. 그의 뺨에 와 닿는 뜨거운 뺨을 느꼈다. 준은 놀라움과 흥분으로 숨이 막혔다. 살 냄새. 멀어졌던 폭음이 다시 들려왔다. 준의 고막에 그 소리는 어렴풋했다. 뺨에 닿는 뜨거운 살. 그의 몸을 끌어안은 팔의 힘. 가슴과 어깨로 밀려드는 뭉클한 감촉이 그를 걷잡을 수 없이 헝클어지게 만들었다. 폭격은 계속되었다. 폭탄이 떨어져오는 그 쏴 소리와 쿵, 하는 진동 소리는 한결 더한 것 같았다. 준은 금방 까무라칠 듯한 정신 속에서 점점 심해가는 폭음과 그럴수록 그의 몸을 덮어누르는 따뜻한 살의 압력 속에서 허덕였다. 폭음, 더운 공기, 더운 뺨, 더운 살, 폭음, 갑자기 아주 가까이에서 땅이 울렸다. 어둠 속에서 사람들이 한꺼번에 웅성거렸다. 폭음, 또 한 번 굴이 울렸다. 아우성 소리. 폭음. 살 냄새……
>
> 최인훈, 『회색인』, 50쪽

독고준에게 이 경험은 결코 잊을 수 없는 것이었다. 비행기 소리와 폭음과 공포 속에서 그 여인의 뜨거운 포옹과 '뭉클한 감촉'은 강한 의미를 심어주었다. 결국 이러한 성적 체험을 통해 그는 성인이 되었다고 느꼈고 그 후 'W시'는 그의 고향이라는 것 외에도 특별한 의미를 갖게 되었다. 그 여름, 폭격, 여인의 포옹은 독고준에게 자신이 태어난 고향 이상의 성지(聖地)였다.

독고준은 이북에서 피난 내려와 아버지를 여의고 혼자 어렵게 사는 처지였고, 등록금을 마련하느라 여력이 없었다. 그러다 하루는 옛날 짐을 정리하다가 누나의 옛 애인 현호성의 '당증(黨證)'을 발견했다. 그는 남으로 내려와 다른 여자와 결혼하고 정계에서 거물이 되어 있다. 독고준은 누이에 대한 배신을 명분으로, 당증으로 그를 협박해서 돈을 뜯어낼 생각을 했다. 그는 그것이 범죄임을 의식했고, 고민했다. 그러나 등록금이 마련되지 않고 시간이 촉박해지자 생각은 현실과 타협하는 쪽으로 기울었다. 현호성은 그에게 그의 집으로 들어와 같이 살자는 제의를 해왔고 독고준은 이를 받아들였다. 이 결정은 서서히 그러나 완전히 독고준을 바꾸어 놓는다. 무엇보다 그의 집에는 외국에서 오래 살다가 돌아온 현호성의 처제 이유정이 같이 지내고 있었는데 나이가 몇 살 위이고 화가인 그녀와 독고준은 쉽게 가까워졌다. 그들의 대화는 전혀 마음을 나누는 대화가 아니었다. 농(弄)을 걸고, 놀리고, 맞받아치면서 즐기는 공방(攻防)의 게임이었고, 서로는 서로에게 노리갯감으로 즐거운 존재였다. 서로 마음을 나누지 않는 이상 애정으로 발전하지 않았다. 그 집에서 지내며 세월이 지나는 동안 독고준은 자신의 처지를 정당화해 나갔다. 그는 소설을 제대로 써보려 하지만 잘 되지 않는다.

독고준은 그 집에서 이전과는 전혀 다른 삶을 살며 편하게 지낼수록 누군가가 '너는 누구냐?'고 집요하게 묻고 있음을 느낀다. 그는 이제 그와의 힘든 대화에 지쳤다. 죄를 저지르고 있고 그 죄를 정당화하며 살고 있음을 그는 잘 알고 있고 이에 오히려 '파우스트',

'드라큘라' 같은 악(惡)을 의식하고 뛰어들었던 인물들과 자신을 동일시하기도 했다. 그는 알 수 없는 욕망에 시달린다. 그는 신이 되고 싶기도 했지만 용기가 없다. 번개와 우레가 치는 어느 밤에 그는 발소리를 죽여가며 계단을 내려오더니 이유정의 방문이 열려 있는 것을 보고 그 방으로 스며들어 간다. 이렇게 소설은 끝난다.

　　이 소설은 시간과 역사를 발견하는 깊은 의미를 가진다. 불과 5년 전, 4·19 혁명이 시작되기 전, 작가와 독자들이 다 기억하는 이 시대 1958년은 1963년과는 너무나 다른 시대였다. 그 시대는 역사가 없는 시대임을 독고준과 김학이 지적한다. 역사학이나 연대기가 없다는 뜻이 아니라 우리의 문화적 행위와 생활 속에 녹아 있는 역사가 없고 따라서 우리는 뿌리 없는 인간이라는 것이다. 더구나 1958년에 살던 젊은이들의 생각도 1963년과는 너무나 달랐다. 그들은 혁명이 있어야 한다고 생각하지만 혁명은 불가능하다고 느꼈다. 혁명이 불가능한 이유를 그들은 모두 수십 가지씩 꿰고 있었다. 그리고 그들이 살던 시대는 비참한 현실임을 알기에 슬픈 시절이었다. 그들은 흡사 점액질(粘液質)로 가득 찬 어항 속의 금붕어 같은, 또는 짙고 꺼룩한 늪으로 서서히 빨려 들어가는 듯한 상황에 있었고 직접 어떤 움직임을 만들기에는 스스로가 너무나 버거운 존재들이었다. 그들은 스스로를 '갇힌 세대'라고 불렀다. 그리고 '회색의 의자'에 깊이 파묻혀서 '회색인'이 되어 있었다. 이 회색의 존재는 개인적 문제에서도 유혹을 뿌리치지 못했다. 고민을 했지만 결국 악과 타협하여 편안한 삶을 선택했다. 이유정과의 관계는 미묘한 욕망으로 전개되었다. 마음을 터놓고 진심을 교류하는 일방이 되지 못하고 허영의 관객으로 전락했다.

　　　　　　　　　　　　　　　　　　　　　　　　한국인의 발견

1963년의 시점에서 보면 지난 5년간 세상은 정신을 차릴 수 없을 만큼 요동치는 험악한 여정을 과속으로 달려왔다. 이 소설은 이 시대 역사를 살던 지식인이 지난 아찔한 여정을 되돌아보는, 이미 살았던 시대를 다시 방문하는 시도였다. 1950년대라는 목가적(牧歌的, idyllic) 시대, 아니 진흙탕과 늪의 시대의 그 지루한 지연(遲延)과 정체 상태에서 1960년부터의 급작스런 가속과 급제동에 의한 반작용은 오장육부(五臟六腑)에 충격을 가하여 '시간'과 '역사'라는 현상을 느끼게 해주었다.● 이 소설은 이러한 역사의 흐름이 야기한 충격을 인식의 범주로 일깨우고 있다. 1958년과 1963년 두 시점의 대조는, 연표를 메우는 사건들의 연속 또는 형식적인 '역사학'이라는 전문 지식으로서의 역사가 아니라 현대 한국인의 삶의 일부로서의 시간과 역사의 발견을 낯선 현상으로 드러내는 것이다. 우리는 요동치던 역사의 시대에 서서 역사가 멈추어 고요하던 시대의 기억을 되살려 현실과 대조함으로써 '역사'를 발견하였다.

최인훈의 『서유기』―1966년 6월

최인훈은 1966년 6월 『문학』에 『서유기』를 연재하기 시작했다. 이 소설은 『회색인』의 후편이다. 이야기는 『회색인』 마지막에 이유정의 방에 들어갔던 독고준이 새벽 2시에 나오면서 시작된다. 주인공도 같은 독고준이다. 이 소설은 1958년이라는 과거로 보냈던 독고준을

● 라인하르트 코젤렉(Rheinhart Koselleck)은 『지나간 미래』에서 "시간 일반을 자체적으로 분화시키는 데 필요한 경험"으로 "가속과 지연" 즉 우리의 몸이 속도의 변화로 인해 내부에 강한 충격을 받는 경험을 지적하고 있다 (Koselleck 1979: 72).

'다시 미래로(back to the future)' 끌어오는 시간여행(time travel) 이야기다. 이 시간여행이 너무나 힘든 여행이기에 오승은(吳承恩)의 『서유기(西遊記)』에서 동명의 제목을 따와 붙였다. 이 여행은 자연스런 시간의 흐름을 따라가는 것일 수 없었기에 사실주의적으로(realist) 쓰일 수 없었고, '타임머신(time machine)'으로 역사를 초고속으로 따라잡아야 했기에 작가가 찬탄해 마지않던 카프카(Franz Kafka)의 스타일이 시도되었다.[•] 이 여행은 비단 독고준을 1958년으로부터 1966년 현재로 데려오는 것뿐만 아니라 1958년의 문화에서 만들어진 '회색인'의 인물형을 1966년에 맞는 인물로 다시 만드는 인위적 고속 진화의 난제를 피할 수 없었다. '회색인'은 1958년에 나타난 인간형이며 따라서 '두 개의 혁명'을 겪은 1966년에는 맞지 않는다. 독고준은 여행에서 수많은 마귀, 요괴 그리고 유혹들을 물리쳐야 할 뿐만 아니라 그의 인간형이 다시 만들어지는 기괴한 시련을 겪는다.

독고준은 새벽 2시에 이유정의 방을 나와서 무엇 때문에 어디로 가는지 모른 채 가야 한다고 느끼며 간다. 그는 의식 밑바닥에 가라앉아 있던 두렵고 역겹던 존재들, 예를 들어 일본 헌병을 만난다. 이러한 인물들은 행동이 어색하고, 저능아 같다. 일본 헌병은 나타나면 곧 독고준을 '조선놈'이라고 욕하면서 폭력을 휘두른다. 그가 일본 헌병들에게 잡혀 한참 고생을 하고 있으면 어디선가 '비행기 소리'가 난다. 그러면 독고준은 '그 여름'으로 가야 함을 느끼고, 동시에 일본 헌병이 무력해지며 독고준은 풀려난다. '비행기 소리'는 독고준의

● 최인훈은 『회색인』에서 카프카의 문학에 대해 긴 격찬과 논의를 늘어놓은 적이 있다 (최인훈 1977a: 207).

여행을 방해하는 마귀들을 물리치는 신비한 힘이다. '비행기 소리'는 '그 여름'으로 가야 한다는 독고준의 의지의 사인(sign)일 것이다.

독고준의 여행은 몇 단계로 나누어진다. 이 단계들은 1958년부터 1966년까지 그의 여행길이 단순히 시간의 흐름만이 아니라 역사적 사건들 한가운데를 가로질러 오는 여행임을 실감하기 위한 것이다. 우선 지하실에서 일본 헌병들에게 몇백 년째 고문당하고 있는 논개(論介)를 만난다. 독고준은 아름다운 여인 논개와 결혼하면 그녀를 풀어준다는 조건을 제안 받고, 그녀 또한 독고준에게 자기와 결혼해서 해방시켜 달라고 간청한다. 하지만 비행기 소리가 들리자 독고준은 그녀를 뿌리치고 자기 길을 간다. 독고준은 논개를 만나는 동안 자신의 민족주의적 충동을 기각함으로써 '공적(公的)인 운명', '공적인 봉사', '공적인 지위에의 욕구' 등을 떨쳐버린다. 독고준은 이명준의 운명을 거부하고 '광장' 근처에도 가지 않는다.

그리고 독고준은 두 개의 역(驛)을 만나 그곳에서 발이 묶인다. 첫 번째 역은 이름 없는, 엄청난 양의 목재가 끝없이 쌓여 있는 곳이며 이곳은 소리만 요란했던 4·19를 상징한다. 다음의 석왕사(釋王寺)역은 5·16을 상징한다. 이 역 주변에서는 5·16 특유의 담론들이 난무한다. 이 두 역에서는 모두 역장들이 독고준에게 가지 말고 그곳에 같이 머물러 살자고 유혹하며, 그가 거부하자 온갖 이유와 갖가지 방법으로 그를 회유하고 협박하고 결코 보내주지 않으려 한다. 그러다 비행기 소리가 들리자 역장과 역 직원들은 요괴로 또는 벌레로 참모습을 드러내고 독고준에게 열차를 제공하고야 만다.

다음에 독고준에게 닥친 시련은 그가 꿈에서 겪은 것으로, 구렁이로의 변신이었다. 물론 이 사건은 카프카의 「변신(Die

Verwandlung)」에서 차용했음이 분명하다.[2] 이 사건이 시련인 것은 그가 이북에서 피난 내려와 철도 검차원으로 일하면서 동생들을 학교에 진학시키기 위해 오랫동안 눈에 띄지 않게 저질러온 작은 죄들이 쌓여 그런 끔찍한 벌로 주어졌음을 그 스스로 알기 때문이다. 그는 이 경험을 통해 비천하고 추잡한 약자로, 나아가서 징그럽고 추한 구렁이로서의 삶을 경험함으로써 정신적으로 성장하게 된다. 독고준이 구렁이로 변한 사건은 카프카의 소설처럼 죽음으로 끝나지 않고 꿈에서 깸으로써 독고준 자신이 인생을 다시 생각하고 교훈을 얻는 계기가 된다.

이 경험이 독고준의 인격 형성에서 결정적 계기인 이유는 이 경험으로 인해 그의 지식인으로서의 교만함이 극복되기 때문이다. 세상에서 땅바닥을 기는, 누구나 혐오하는 징그러운 존재의 눈으로 바라본 자기 가족과 온 세상은 전과는 전혀 다른 모습이었다. 자기가 구렁이로 변했음을 알고 놀라는 단계를 지나,

그는 새 사람이 되어가고 있는 것처럼 느껴짐과 동시에 절망하였다. 그는 구렁이였다. 그가 성한 사람일 때는 생각나지도 않던 일이 자꾸 생각났다. 성한 사람일 때 아무렇지도 않던 월남 후의 생활을 요즈음 그는 뜯어보고 돌이켜보는 힘을 가져가고 있었다. 그런데 지금 그는 흉칙스런 물건이었다. 이런 꼴을 하고서 집안을 돌아다니고 아이들 밥을 지어준 생각을 하고 그는 자기를 저주하고 싶었다. …… 그는 수치심으로 자기 몸이 굳어지는 것을 느꼈다. 그럴 때 그는 무엇인가에 대한 노여움으로 높이 뛰어오르며 몸통을 휘둘러 벽을 때리고 방바닥에 철썩 떨

어지는 것이었다. 숙이와 철이 가끔 듣는 소리는 이 소리였다. 그는 더욱 방에서 나가기를 꺼리게 되었다. 또아리를 틀고 엎드려 있는 그의 머리는 더욱 맑아지고 무럭무럭 새살이 돋아나듯 그는 지난날의 기억들을 되새겨 가는 것이었다. …… 그는 사람이 없는 도시가 좋았다. 이 거리에는 그가 알지 못하는 참으로 많은 일이 있었고, 그가 알 수 없는 소리를 하는 참으로 많은 사람들이 있었으나 지금은 아무도 없었다. 그래서 도시는 완전했다. 도시와 그는 지금 틈새 없이 어울려 붙어 있었다. 지나는 모퉁이마다 그에게 새 얼굴을 보여주는 것이지만 그것들은 새롭다는 것만큼이나 정답기도 하였던 것이다. 모든 것이 노곤하고 아름다웠다. 천주교당의 십자가는 무서운 철의 새들이 덮쳐드는 그 하늘을 향하여 자신이 있다는 듯이 눈부시게 빛나고 있다. 그것도 그의 것이었다. 그는 어느 집 꽃밭을 보고 있었다. 꽃들은 아름다웠다. 요란한 폭음. 문이 열리고 젊은 여자가 달려 나왔다. 손을 잡고 뛴다.

최인훈, 『서유기』, 198-200쪽

독고준은 구렁이가 된 동안 서서히 세상과 자기 자신이 새롭게 보이기 시작했다. 그가 땅바닥에 붙어서 기며 징그러운 구렁이의 눈으로 밑에서 본 세상은 훨씬 아름다웠다. 전에는 하찮아 보이던 것들이 싱싱한 의미로 다가왔다. 이러한 경험은 자신과 세상을 바라보는 전혀 다른 눈을 창조했고, 이것은 바로 새로운 '나'였다. 그러나 독고준은 교만을 극복한 대가로 강한 부끄러움, 수치심을 얻었다. 교만을 부끄러움으로 대체한 셈이었다.

이 시련의 의미는 독고준이 잠에서 깼을 때 의자 밑에서 발견한, 역장의 아들이 썼다고 하는 '노트'에서 설명된다. 그 노트를 읽고 나서 검차원이 독고준을 '인민의 적'으로 기소한다고 했을 때, 독고준은 자신이 고향에 돌아왔음을 알았다. 그의 고향은 겉보기에는 예나 별다를 게 없어 보였지만 안으로 들어가니 너무나 달라져 있었다. 한마디로 황폐해져 있었고 길거리는 텅 빈 채 아무도 없었다.

우선 그는 시(市) 운동장으로 가서, 스탠드로 올라가 그곳에서의 옛 기억을 더듬어 보았다. 그러자 확성기에서 간첩이 침투했다는 방송이 울려 퍼진다. 확성기 소리뿐 아무 일도 벌어지지 않았으나 그가 운동장을 나와서 뒤를 돌아보자 운동장은 무너져 있었다. 그러자 다시 방송이 나오는데 간첩이 침투하여 '명상이라는 방법'으로 운동장을 파괴했다는 것이었다. 그들은 독고준의 '명상'을 무서운 무기로 두려워하고 있었다. 확성기를 통해 그들은 "스파이의 인상을 말씀드리면 그는 관념적이며, 명상적이며, 정신사적(精神史的)이며 목가적이며, 실존적(實存的)이며, 쇄말적(鎖末的)이며, 상징적이며, 회상적(回想的)이며, 노예적인 얼굴을 가지고 있습니다"라고 떠들었다.

이어서 '이성병원(理性病院)'에서 '정신사(精神史) 병자' 한 사람이 탈출했다고 전파한다. 환자의 인상은 "정신적 무국적(無國籍), 패러디 감각선(感覺腺)의 이상 분비, 도식벽(圖式癖), 가치무매개적(價值無媒介的) 행동, 방관벽 등"이라 했고, 이 환자에게 위해(危害)를 가해서는 안 되며 발견하면 즉시 본원으로 연락해달라고 했다. 말하자면 공산주의 사회에서 이성(理性)은 범죄 내지 질병으로 정의되는 것이다. 간첩 독고준을 쫓는 방송이 계속되고 있지만 실제로는 아무런 변화도 없다. 그런데 그사이에 이성병원의 방송은 서서히 이성은 질병이라는 입장에서 이성을 인정하고 찬양하는 투로 바뀌고 있다.

그리고 독고준은 천주교당을 거쳐, 옛 친구들의 집들을 둘러보고, 해변에 있는 토치카로 들어왔다. 그곳 전화에서 말소리가 난다. 간첩이 시내 곳곳을 '회상(回想)'이라는 흉기로 파괴했다는 것이었다. 그는 토치카로부터 눈 아래 도시와 바다를 내려다보았다.

바다로부터 알지 못할 물건들이 상륙해와서 웅크리고 있었다. 그들이 무엇인지, 왜 거기 있는지, 어째서 그런 모습으로 웅크리고 있는지를 아마도 그 전화 속에서 나오는 목소리는 풀이해 주겠다는 모양이었다. 그러나 그의 머리에는 목소리가 전해준 내용은 하나도 남아 있지 않았다. …… 거대한 희고 부드러운 덩어리가 수평선 위에 떠 있다. 그것은 자지러질 만큼 그렇게 부드럽고, 그것은 자지러질 만큼 그렇게 희디희었다. 그 백(白), 그 유(柔)함, 그 크낙함, 그것들에게 전화기의 목소리를 갈퀴삼아 다가가서 사로잡으려 해본다. 그러나 그 갈퀴는 거미줄처럼 흩어지고 마는 것이었다. 그 힘과 부드러움 속에, 그 아래 펼쳐진 빛나는 푸름의 움직임. 헤아릴 수 없는 푸르고 빛나는 비늘을 꿈틀거리면서 숨 쉬는 그 날개 돋친 커다란 것 위에 슬며시 갈고리를 대본다. 그러자 갈고리는 먼지처럼 빛나다가……

최인훈, 『서유기』, 252-253쪽

해안에 무언가 커다란, 희고 부드럽고 아름다운 물체가 와 있다. 그것이 무엇인지는 알 길이 없다. 전화기에서 나온 말로는 이해할 수 없다. 그것은 처음 보는 물체인데, 두렵고 불길한 것이 아니라 아름답고 소중한 것들을 우리에게 전해줄 것 같다. 이 물체가 나타나자 이성병원의 방송은 이성(理性)과 과학과 문명을 찬양하고 있다. 이어서 나오는 전화기의 목소리는 상해임시정부가 우리나라 정치를 개혁하는 방안을 제시하고 있다. 독고준이 토치카에서 나와 뒤돌아보았을 때 토치카는 이미 무너지고 흔적만 남아 있다. 그 하얀, 아름다운 물체가 나타나자 W시의 건물들뿐만 아니라 체제도 붕괴되었다.

　　그때 비행기들이 날아오는 뇌음(雷音)이 들리며 하늘에서 종이들이 뿌려진다. 거기에는 "이 사람을 찾습니다. 그 여름날에 우리가 더불어 받았던 계시를 이야기하면서 우리 자신을 찾기 위하여 우리와 만나기 위하여. 당신이 잘 아는 사람으로부터"라고 쓰여 있었다. '그 여름'을 찾아왔으며 그를 잘 아는 사람이 독고준을 기다려왔다는 것이다. 그리고 마지막으로 독고준은 그를 괴롭히던 소년단 지도원 선생의 심문을 받으러 갔다. 지도원 선생은 독고준을 '체포된 간첩'이라고 주장하며 종신 징역을 구형했다. 그런데 역장이 나타나 그를 변호하며 증거로 독고준이 지은 시(詩)를 낭독했다. 그러자 재판장은 독고준을 석방시켰고, 소년단 지도원 선생은 무력하게 한쪽에 주저앉아 버렸다. 독고준은 마음이 홀가분해지자 세상의 모든 사소한 것과 더러운 것들까지 새롭게 아름답고 사랑스러워 보였다. 그제야 독고준은 고향에 남기고 온 어머니와 형 등이 생각났다.

　　그는 부끄러웠다. 마음 착한 이들이 착한 일 때문에 분주하게 오가는 거리에 드높이 효수(梟首)된 자기 마음을 보았다. 그것은 추한 모습이었다……. 그러나 그는 연이어 부끄러운 마음이 들었다. 자꾸 부끄러웠다. 부끄럽다는 것이 화가 나는데도 아랑곳

없이, 그는 자기 자신이 이마에 모닥불을 이고 걸어가는 느낌이었다. 무엇이 부끄럽단 말인가. 이 세상의 악을 내가 만들어냈단 말인가. 그는 이 부끄러움의 감정이 그의 동물로서의 활기에 매우 위험한 독(毒)이라고 느꼈다. 이래서는 안 된다. 모두 허물어지고 만다. 나는 거기서 멀리 전진(前進)하지 않았던가. 인제 와서 대학생이 셈본 복습을 하는 번거로움을 떠맡고 거기에 걸린다면 만사는 끝장이다. 내 마음이여 모질어다오. 내 마음이여 독한 피를 마시고 사악(邪惡)하게 끓어올라다오. 내가 선인(善人)이 되지 말게 해다오. 어떤 일이 있어도 착한 사람이 되는 것만은 피할 수 있게 해다오. …… 적어도 어느 때까지는 이 스산하지만 내가 계산해볼 수 있는 이 시간 속에 있게 해다오. 나에게는 그것만이 확실한 이 시간 속에. 그 다음의 일은 또 그때 가서의 일이다.

최인훈, 『서유기』, 296쪽

그는 고향에서 가족과의 기억들을 만나며 부끄러움을 느꼈다. 그러나 그는 부끄러움을 과감하게 극복하지 않으면 안 된다고 생각했다. 그리고 선(善)한 사람이 되지 않겠다고, 남의 눈에 매여 있는 사슬을 끊고 과감하게 모진 마음으로 살고, 그리고 미래를, 자기 노력의 결과를 계산할 수 있는 '이 시간 속에' 있기를 다짐했다. 그러자 누군지 헷갈리는 사람이 등불을 들고 나타난다.

그는 지나칠 수도 없어서 그 앞에서 걸음을 멈추었다. 등을 든 사람은 그의 얼굴을 유심히 들여다보면서 집에 있지 못하고 왜 이러구 다니느냐고 한다. 독고준은 잠자코 있었다. 탈 없이 사는 대로 살지 왜 허둥대느냐고 한다. 당하면 당하는 것이고, 혼자 당하는 것도 아니요 세상 사람이 다 당하면서도 소리 없이 울면서 한 세상 사는데 왜 너만 이리 요란스러우냐고 한다. 그래도 독고준은 가만있었다. 이미 되도록 다 돼 있고 알 때가 되면 여럿 모인 중에서 서로 무릎을 맞대고 쭈그리고 앉아서 옛날 얘기삼아 자초지종 들을 날도 있다는데 왜 나대 쌓느냐고 한다. 해롭게는 안 할 터인즉 땔감은 흔하것다, 얘기책도 시렁에 쌓여 있고 함박눈이라도 펑펑 내리는 날이면 동치미국에 국수 말아 먹는 낙도 있으니 의지하고 살고 싶은 생각 없느냐 한다. 여의었던 부모 형제도 만나보게 되겠고 건넌방에서 쿨럭쿨럭 기침소리 내는 아버님과 두런두런 무슨 걱정인지 한평생 걱정만 하는 어미의 얘기 소리를 들으면서 꿈길에 드는 삶을 겁(劫)의 일만겁(一萬劫)까지 할 수 있는데 마음먹기 달렸다 한다. 독고준은 소름이 끼쳤다. 어느새 역장의 낯빛은 검푸르고 입에서는 실오리 같은 피가 흐르는데 날카로운 덧니가 입술 밖으로 내밀렸다. 아아 모정(母情)까지 일러줬는데, 그는 이를 부드득 간다. 그러는데 은은한 소리가 들려왔다. 멀리서 가까워지는 엔진소리다.

최인훈, 『서유기』, 297-298쪽

독고준의 여행 마지막에 나타난 유혹은 어린 시절 가족들과 함께 보냈던 영원히 변치 않을 오손도손하고 소박한 삶이었다. 독고준은 추억에 어린 삶을 과감히 뿌리치고 앞으로 나아갔다. 그는 결국 어딘지 모르는 곳으로 자신을 이끌 문 앞에 다가가 그것을 열었다. 마지막 순간에 독고준은 알았다. 그는 '그 여름' 고향으로 온다고 왔지만 그 자신의 존재는 고향을 부정했고, 그는 어려서의 그 삶으로 돌아갈 것을 거부하고 앞으로 계속 나아가기로 했다. 그 문이 어디로 통하는지는 알 수 없었다. 정신을 차려보니 그는 자기 방의 침대 위에 걸터앉아 있었다.

이 소설은 여행 이야기지만 주변의 낯선 경관이나 그 과정에서 겪은 일들을 보여주는 그런 여행기는 아니다. 또한 '타임머신'을 타고 시간을 가로질러 오면서 역사적 사건들의 참모습을 보는 그런 목격담도 아니다. 오히려 3년 전 1963년에 타임머신으로 1958년으로 보냈던 인물, 그곳에서 '회색인'이라는 인간형이 된 독고준을 1966년이라는 현재—독고준에게는 미래—로 귀환시키는 '다시 미래로(back to the future)'의 시간여행이었다. 독고준은 1966년이 어떤 곳인지 모른다. 1966년을 이미 알고 있고 그에 따라 독고준을 다시 재주조할 사람은 작가뿐이다. 그는 독고준을 위해 새로운 독고준을 설계하고 그를 그렇게 만들어갈 온갖 시련을 준비했다.

우선 여정의 첫 대목에서 독고준은 마음속에서 두렵고 역겨워했던 악귀들을 불러내서 축출한다. 그리고 독고준은 논개의 유혹을 거부함으로써 '민족을 위한 운명,' '공적인 운명', '역사적 임무', '공적인 봉사', '공적인 지위의 욕구' 등을 의식에서 지웠다. 그는 이제 사적 개인으로 살아갈 것이다. 그다음엔 지식인으로서의 교만을 극복하고 땅을 기며 밑바닥에서 세상을 바라보는 시야를 터득하여 새로운 '나'를 얻었다. 그러나 그는 이 과정에서 대가로 심한 '부끄러움'을 얻었다. 독고준은 고향에 돌아왔을 때 그의 돌아옴 자체가 고향을 파괴하는 것을 보았다. 그가 '명상', '회상'을 할 때마다 도시의 건물들은 무너졌다. '그'라는 간첩이 왔다고 확성기와 방송이 난리를 쳤지만 아무런 변화도 없었다. 심지어 그들은 그의 이성(理性) 자체가 질병이라며 안절부절 못하고 있었다. 그사이에 해안에는 처음 보는 하얀 커다란 물체가 나타났다. 그것은 너무나 희고, 부드럽고, 무언가 좋은 일들을 안겨줄 '희망'이었다.

마지막으로 그는 부끄러움을 극복할 것을 다짐하고, 남의 시선에 의한 평가에 얽매인 '선인(善人)'이 되지 말고 모진 마음으로 매정한 사람으로 살 것을 다짐했다. 나아가서 그는 "계산해 볼 수 있는 이 시간 속에 있게 해"줄 것을, 즉 합리적으로 살 것을 다짐했다. 그러나 결정적으로 중요한 것은 여행의 마지막 대목에서 나타난 유혹의 단호한 뿌리침이었다. 마지막에 나타난 역장은 그에게 행복했던 고향에서 가족끼리의 오손도손한 삶에 머물 것을 유혹했다. 역장은 앞에서도 독고준에게 모든 것이 갖추어진 역(驛)에서 편안하게 아무런 걱정 없이 오래도록 같이 살자고 유혹해왔던 인물이었다. 역장은 결국 마지막에 악마의 모습으로 참모습을 드러냈다. 그 역장은 바로 파우스트(Faust)를 '그곳'에 머무르자고 유혹하여 지옥으로 끌고 가려 했던 메피스토펠레스(Mephistopheles)였다.* 앞서 그 역장이 소년단 지도원에 대항하여 독고준의 시를 읊으며 그를 변호했던 것은 그를 감옥이 아니라 지옥으로 끌고 가기 위해서였다. 이 유혹을 뿌리침으로써 독고준은 행복하게 지낼 어떤 곳에 머무르기를 거부하고 계속 끝없이 앞으로 나아가는 존재, 합리적(rational) 근대인을 넘어서는, 끝없이 진출하는 파우스트주의적(Faustinianist) 근대인이 되었다.**

이로써 최인훈이 1960년대를 제대로 살아가기 위해 설계한 새로운 한국인의 모습이 공개되었다. 최인훈은 '두 개의 혁명'을 겪고, 역사를 발견하고, 역사 속에서 현재를 재발견하고, 그곳에서 성공적으로 번식할 수 있고 그 시대를 이끌 신품종 한국인을 개발해냈다. 신품종 한국인, 독고준은 이제 공적(公的)인 사명감과 허영을 떨쳐내고 사적(私的)인 삶에 몰두할 것이며 교만을 버리고 겸허한 눈으로 세상을 살 것이다. 그리고 부끄러움을 극복하고 목표를 이루기 위해서 '모진 마음'으로 남의 평가에 아부하지 않고 자기 행동의 결과를 예측할 수 있는, 즉 합리적 희망을 가질 수 있는 '시간 속에 있게'

● 파우스트와 메피스토펠레스는 파우스트의 서재에서 내기를 건다. 파우스트는 "약속은 약속이다! / 내가 순간을 향하여, 멈추어라! / 너 정말 아름답구나! 하고 말을 한다면, / 너는 나를 꼭꼭 묶어도 좋다! / 그럼 나는 기꺼이 멸망하리라! / 그때에는 조종(弔鐘)이 울려도 좋을 것이다. / 너는 나에 대한 종노릇에서 해방되리라. / 시계는 멈추고 바늘이 떨어질 것이며, / 나의 시간은 그것으로 끝나게 되리라." (Goethe 1808-1831: 41: 1698-1706). 즉 파우스트는 자신이 현재의 감각적, 세속적 행복에 머무를 것을 선택하는 순간 메피스토펠레스에게 자기를 지옥으로 끌고 갈 권리를 주었다.

●● 파우스트주의(Faustinianism)란 독일의 역사학자 오스발트 슈펭글러(Oswald Spengler)가 그의 저서 『서구의 몰락(Der Untergang des Abendlandes)』에서 근대 서구 문명의 특징을 보여주기 위해 괴테의 『파우스트(Faust)』를 해석하며, 특히 1831년에게 발표된 제2부의 파우스트의 모습을 해석하며 사용한 말이었다. 파우스트에게는 여러 측면이 있고 여러 해석이 가능하지만, 슈펭글러는 1부에서의 파우스트와 악마 간의 내기에 따라서 2부에서 보이는 어디에도 어떤 상태에도 만족하지 않고 끝없이 여행하고 끝없이 진출하는 파우스트의 모습이, 근대 유럽의 제국주의자의 모습이라는 것이다 (Goethe 1807, 1831; Spengler 1926-1928). 파우스트주의(Faustinianism)란 파우스트의 2부에서의 모습처럼 어디에도 만족하지 않고 끝없이 진출하고 팽창하는 주의(主義)를 말한다. 그러나 앞에서 지적했듯이 이미 1부에서 그렇게 내기를 걸었다.

해줄 것을 자신에게 다짐했다. 나아가서 그는 어느 곳에도 안주하거나 머무르지 않고 끝없이 앞으로 나아갈 것이다. 한마디로 이 소설은 합리적(rational), 근대적(modern) 한국인 만들기였다.

1960년대 중반은 한국인들에게 새로운 시간 지평 위에서 새로운 현실이 나타나던 때였다. 5·16의 정책적 결과들은 1960년대 중반에 이르러서야 나타나기 시작했다. 통계상으로 1인당 실질소득이 1940년대 수준을 회복한 것은 1965년이었다.[3] 1965년에 수출드라이브 정책의 구현으로 경제개발에 본격적 시동이 걸려 1965년과 1966년에 수출의 비약적 발전을 경험하게 되었다.[4] 그리고 이때에 비로소 제3공화국의 '조국 근대화' 전략은 결과를 내기 시작했다. 이때에 와서야 새롭게 발견된 역사 속에서 현재와 현실이 새롭게 떠올랐고, 그 속에서 새로운 한국인의 모습이 뚜렷한 의미를 갖게 되었다.

최인훈의 『회색인』과 『서유기』는 새로운 현실 인식 방법론을 제시한다. 현재의 현실이란 지금 우리가 곧바로 인식할 수 있는 것이 아니라 과거로 갔다가 다시 돌아오는 시간여행을 통한 이중의 인식 과정을 통해서, '과거-현재-미래'의 시간 구도 안에서 비로소 의미 있게 역사 안에서 인식되는 것이다. '현실'이란 두 번의 겪음, 두 차례의 여행에서 발견한 광경의 이름이다. 같은 지점을 한 차례의 직접 경험과 두 번째의 '타임머신'을 타고 지나는 여행을 통해 본 것은 다른 차원의 풍경이었고 이 풍경의 이름이 '현실'이 되었다. 이제 앞으로는 모든 지점을 이중으로 여행하며 '현실'을 관찰할 것이다. 무엇보다 한국인은 이 시간여행에서 나타난 우리의 과거와 현재와 미래에서 '희망'이라는 것을 발견했다. 1967년 12월 박태순은 「서울의 방」이라는 단편 소설에서 새 하숙집으로 이사 온 느낌을 이렇게 말한다.

한국인의 발견

새 방은 따뜻했다. 난로를 피워야 하는 양식 마루방은 이제 질색이다. 역시 온돌방이 좋음을 알겠다. 플레이보이 잡지에서 오려낸 여자 나체 사진을 새 방에다가는 붙이지 않기로 했다. 그 대신에 지난번 법주사에 놀러갔을 적에 사왔던 천하대장군 목재 마스코트를 벽에다가 붙여보았다. 장승은 정말이지 잡귀를 몰아내주고 있는 듯했으므로 기분에 맞았다. 책상을 아랫목에 놓고 그 위에다가는 지온이의 사진을 걸었다. 지온이의 맑은 미소는 이 새로운 보금자리를 진심으로 기뻐하는 듯하였다. 그러자 지온이하고의 시간 약속이 자꾸만 생각키워서 일손이 제대로 잡히지 않았다. 아마 오늘 지온이에게 해줄 얘깃거리는 많을 것이다. / 그러다 보니 하숙생활에 대해서 가벼운 염증 같은 것이 일기도 하였다. 과연 언제쯤이나 내 집, 내 방을 가져볼 수 있을는지?

박태순, 「서울의 방」, 19-20쪽

별다른 의도 없이 평이하게 쓴 이 글에서 화자는 새로 이사 온 하숙방에 자신의 개성과 취향(趣向)을 다소 발휘한 데 대해 흐뭇하게 느끼고는 다음에는 좀 더 나은 집, '내 집', '내 방'을 곧 갖고 싶다고 말한다. 이런 말은 그 시대 젊은이들이 특별한 뜻 없이 일상적으로 하는 말들의 하나가 되었다. 주인아주머니와 이런저런 대화 끝에,

그랬기에 주인아주머니가 '어서 결혼을 해야겠군요'라고 말했을 때 나는 부끄러움을 탔다. 내가 생각하고 있었던 것을 쉽사

리 들켜버렸다는 느낌 때문이었다.

박태순, 「서울의 방」, 21쪽

이 시대에 한국에서 어른들이 흔히 하는 덕담(德談)은 진담(眞談)으로 들렸다. 그는 얼굴이 빨개졌다. 1960년대의 새로운 정서였다.

희망을 간직할 수 있는 시간 속에 살겠다는 독고준의 마지막 결의는 엄숙한 것이었다. 한국인들에게 '희망'이란 지난 수백 년간, 16세기 이래 언감생심 생각지도 못했던 신화였다. 1960년대 중반에 비로소 몇백 년 만에 얻은 '희망', 노동의 결과의 예측 가능성은 다시는 놓칠 수 없는 보화였다. 1960년대에 이르면 과학적 사회 지식과 더불어 시간, 역사, 역사철학, 시간여행은 우리 민족이 희망을 지킬 비급(秘笈)이 되었다.

〔 생명과 개성의 시대 〕

1960년대를 대표하는 한국의 소설가는 단연 '60년대 작가' 김승옥(金承鈺, 1941~)이었다. 그는 단편 소설에 집중했던 진지한 순수문학가였지만 당대에도 그리고 현재에 이르기까지 최대의 독자와 팬을 가진 작가였다. 최초의 '한글 세대'로 불리기도 하는 그는 지금의 독자들과도 편하게 소통 가능한 작품을 남긴 현대적 감각을 지닌 작가였다. 그는 진지한 순수문학가였지만 그의 작품들은 결코 무겁거나, 우울하거나 부담스럽지 않다.

1960년대 한국인의 자아 구조

1960년대 김승옥 소설들에 나타난 한국인 자아의 입체적 얼개는 그의 데뷔작 「생명연습」(1962년)에 거의 나타나 있고 다른 작품들은 이 얼개의 여러 개별 부분들을 확대해서 보여주고 있다고 할 수 있다.

김승옥 소설, 특히 초기 소설들의 주요 인물들은 서울대학교 문리대 동숭동 캠퍼스 주변의 젊은이들이다. 이들은 당시 모든 한국인들의 욕망의 상징이었고 그들 또한 욕망을 갖고 살아온 사람들이었다. 모든 이야기는 욕망에서 시작된다. 그리고 김승옥의 작품들이 그가 학부 학생이었던 초기부터 엄청난 반향과 인기를 누렸다는 사실은 당시가 '욕망의 시대'였음을 보여주는 움직일 수 없는 증거일 것이다.

「생명연습」의 첫 대목에서 화자는 그날따라 초췌한 모습의 한 교수와 다방에 마주 앉아 담소하고 있는데 어떤 학생이 들어온다. 그는 눈썹과 머리털이 없는 괴상한 몰골이었다. 그의 이런 모습에 교수님은 은근히 긴장하여 "저 학생 아냐?" 하고 물어보더니 이어 "설마 나병 환자는 아니지?"라며 불편한 심기를 드러낸다. 그러고는 왜 저러고 다니는 거냐고 교수가 묻자 화자는 "극기(克己)?"라고 하였고 이에 교수도 수긍한다. 덧붙여 화자는 그런 행위가 "요즘 학생들 간에 유행"이라는 소식을 전한다. 이 이야기를 하며 둘은 가볍게 웃음을 주고받지만 화자는 어려서 한때 악몽의 주제였던 부흥회를 주관하던 어떤 전도사 이야기를 떠올린다. 그는 "손수 자신의 생식기를 잘라버렸다는 것이다. 그 이유는 오직 하나님이 그렇게 하라고 시켜서"라는 것이었다.

그 청년은 화자가 '극기'라고 표현했듯이 본인의 취향과는 상관없이 남들에게 강한 인상을 주기 위해 눈썹과 머리털을 일부러 싹 밀어버렸다는 것이다. 이해가 잘 가지 않는 '웃기는' 짓이지만 그 효과는 적지 않았다. 그 모습을 본 교수님은 움츠러들어서 화자에게 목소리를 낮춰서 웬일인지 물어보았고, 웃기는 일이라고 말했지만 화자 또한 그 모습에 어려서 한때 악몽을 꾸게 만든 이야기를 떠올렸

한국인의 발견

다. 김승옥이 본 한국 청년의 첫 번째 모습은 의도적으로 남들에게 공포심을 일으키도록 자기 모습을 꾸미는 것이었다. 그러한 엽기적인 외관이 의도하는 바는 자신은 남들에게 친절하거나 다정한 사람이 아니며 해(害)를 끼칠 수 있는 존재임을 내보이는 것이었다. 그들에게 '위악(僞惡)'은 기본적인 '포즈'였다.

상대에게 해를 끼치는 존재임을 내보인다는 것은 단순히 외관(外觀)의 문제만은 아니었다. 그들은 실제로 기회가 되면 여러 명분에서 해를 끼치고 싶어 했고 감히 끼치기도 했다. 다만 김승옥의 소설에서는 큰 해를 끼치는 경우는 없었다. 오히려 해를 끼쳤다는 '사인'를 보이려 했고, 우리말로 '골탕 먹이는' 일을 즐겼다. 그런 의미에서 이 청년들의 심리와 행위들은 김승옥 소설의 유머와 위트의 주제이자 소재였다. 김승옥 소설의 젊은이들은 짓궂은 '작은 악마들'이었다. 「역사(力士)」(1963년)에서 주인공은 새로 들어간 하숙집 할아버지가 규칙적인 생활을 강요하는데 그 말이 옳은 말인 줄 알면서도 자기 마음에 들지 않는다는 이유로 그의 가족들 음료에 흥분제를 타 넣어서 복수를 감행한다. 복수했다는 '사실'을 만들기 위한 짓이었다. 또한 「싸게 사들이기」(1964년)에서는 구두쇠로 소문난 헌책방 주인 '곰보 영감'을 골탕 먹이기 위해서 자기가 원하는 책을 일부러 몰래 파손시키고는 나중에 헐값에 사서 손해를 끼친다. 물론 그 학생은 그 책을 읽고 공부하기 위해서 그런 것이 아니라 구두쇠 영감을 '골탕 먹이기' 위해서였다.

김승옥 소설에서 젊은이들이 끼치고 다니는 해악(害惡), 죄의 대표적인 예는 여성들에 대한 행위였다. 이들이 추구하는 것은, 의도적이건 아니건 17세기 스페인 극장에 등장한 악동 영웅 돈 후안

(Don Juan)의 행각이었다.* 이미 「생명연습」에서 소개된 화자의 친구 '영수'는 "진지한 태도로 여자들을 하나하나 정복해나가고 있"는 인물이었다. 정복한다는 말은 성행위의 대상으로 삼는다는 말로 '꼬셔서' '따먹는다'는 말과도 통하는데 정조를 훼손함으로써 여성으로서의 가치를 손상시켜 굴복시킨다는 뜻이다. 돈 후안이 결국 지옥으로 끌려갔듯이 그런 행위는 전형적인 악행이었고 김승옥 소설의 그런 젊은이들은 악행인 줄 뻔히 알고 그런 짓을 하는 것이었다. 나아가서 '정복'이라는 말은 정복지를 지배하고 소유한다는 뜻도 아니었고 다만 정조를 훼손하고 방기하고서는 그렇게 '정복한' 여성의 숫자를 친구들에게 과시할 뿐이었다.** 그들은 성행위를 하고 여자가 우는 모습에 쾌재를 불렀다.*** 심지어는 친구끼리 여자 친구를 바꾸기도 했다. 이러한 행위를 일삼는 인물은 김승옥이 대학생들을 대상으로 삼은 소설에서 주인공의 친구로 빠짐없이 등장한다. 그런 사람들이 아니라 해도 대부분의 남학생들은 여자, 여자 친구에 대해 그런 식으로 이야기하는 게 일반적이었다.**** 그러나 자기와 성행위를 했던 여자 친구가 자살했다는 소식을 듣고는 양심의 가책을 느꼈다. 위악을 하고 악행을 일삼지만 반드시 양심이 없는 '악인'이라 할 수는 없었다. 오히려 그들은 도덕, 윤리를 파괴하는 악인의 제스처를 하고 다니는, 악인을 흉내 내는 사람들이었다.

　　「생명연습」에서 화자와 한 교수의 대화는 외관을 꾸미는 데 대한 얘기에서 겉으로 드러나지 않는 '자기 세계'를 가진 사람들이 있다는 데로 옮겨간다. 화자는 '자기 세계'라는 것에 대해서,

　　'자기 세계'라면 그것을 가지고 있는 사람을 몇 명 나는 알고 있

는 셈이다. '자기 세계'라면 분명히 남의 세계와는 다른 것으로 마치 함락시킬 수 없는 성곽과도 같은 것이 아닌가 생각한다. 그 성곽에서 대기는 연초록빛에 함뿍 물들어 아른대고 그 사이로 장미꽃이 만발한 정원이 있으리라고 나는 상상을 불러일으켜보는 것이지만 웬일인지 내가 알고 있는 사람들 중에서 '자기 세계'를 가졌다고 하는 이들은 모두가 그 성곽에서도 특히 지하실을 차지하고 사는 모양이었다. 그 지하실에는 곰팡이와 거미줄이 쉴 새 없이 자라나고 있었는데 그것이 내게는 모두 그들이 가진 귀한 재산처럼 생각된다.

김승옥, 「생명연습」, 29-30쪽

- •『돈 후안(Don Juan)』에 관해서는 이언 와트(Watt 1996)를 참조할 것.

- •• 실제로 돈 후안의 한 버전인 모짜르트의 오페라《돈 조반니(Don Giovanni)》에서는 하인이 주인공 돈 조반니를 관객에게 소개하며 그가 관계했던 여성의 숫자를 계급별로 나누어 과시하는 대목이 나온다. 어떤 버전에서는 한 여자를 두고 친구와 사소한 내기를 벌이는 대목도 있다. 물론 거의 모든 작품에서 돈 후안은 마지막에 지옥으로 끌려가며 끝난다.

- ••• 「환상수첩」(1962년)에서 화자는 선애라는 여학생과 만나다 성행위를 했던 일을 말하며 다음과 같이 덧붙인다. "그리고 드디어 나의 계획은 성공했다고나 할까? 어둠이 내리는 마포 강둑에서 그녀는 마침내 엎드려 울었던 것이다." (김승옥 2004 2: 19).

- •••• 전형적인 대화로 「싸게 사들이기」(1964년)에서 주인공 K는 친구 R에게 담배를 한 대 얻어 피우고 여자 친구 이야기를 하다가 R에게 "했니?" 하고 묻는다. R이 "그럴 애가 아니야"라고 대꾸하자 K는 윽박지른다. "그럴 애가 따로 있고 저럴 애가 따로 있니?" (김승옥 2004 1: 107-108). 당시 대학생들은 늘 여자 친구에 대한 이야기를 이런 식으로 했다. 즉 여자, 여자 아이들, 여학생들, 모두 마찬가지라는 말이 일반적이었다.

화자는 '자기 세계'를 가졌다는 사람들을 부러워한다. 높은 가
치를 인정받는 사람들이다. 그러나 '자기 세계'의 특징은 현실적으로
남에게 내용을 자랑하는 것이 아니라 남의 눈에 띄지 않는 곰팡이와
거미줄투성이의 지하실에 위치한, 검증할 수 없는 것이다. 화자의 생
각에 '자기 세계'에는 온갖 내용이 가능하다. 예술, 만화도 가능하지
만 친구 영수의 경우처럼 "여자를 정복하는 천재"도 포함될 수 있다.
그리고 '자기 세계'에 대한 화자의 생각이 추가된다.

하나의 세계가 형성되는 과정이 한마디로 얼마나 기막히다는
것을 나는 잘 알고 있다. 그 과정 속에는 번득이는 철편(鐵片)이
있고 눈뜰 수 없는 현기증이 있고 끈덕진 살의가 있고 그리고
마음을 쥐어짜는 회오(悔悟)와 사랑도 있는 것이다. 이렇게 말하
면 봄바람처럼 모호한 표현이 아니냐고 할 것이나 나로서는 그
이상 자세히는 모르겠다.

김승옥, 「생명연습」, 35쪽

화자는 하나의 '자기 세계'가 이루어지기 위해서는 눈물겨운
노력과 공포와 고통과 현기증과 살의와 회오 등 복잡한 요소들과 과
정이 필요함을 잘 알고 있다. 그리고 '자기 세계'라는 것이 그렇게 평
온하기만 한 것이 아니라 사실은 형성되는 과정이 험악하고 살벌할
수 있다는 생각이 들자 자신이 어려서부터 갖고 있던 비밀스런 기억
이 떠오른다. 어려서 여수에 살던 시절, 어느 날 형은 어머니를 죽이자
고 "끈끈한 음성으로 나와 누나를 꾀고" 있었다. 이런 기억은 아무에
게도 감히 말할 수 없는 일이다. 어려서 어머니는 40세의 젊고 '단정

한 용모'의 과부였다. 어머니는 가끔 사내를 집으로 데려왔다. 그리고 세 번째 사내가 다녀간 다음 날 형은 어머니를 때렸다. 그리고 그때 화자는 어머니의 눈에서 '파란 불'이 일어나는 것을 보았다. 그러고 나서 형은 나와 누나에게 엄마를 죽이자고 했던 것이다.

이런 상처가 되살아나는 와중에 화자는 한 교수와 다방에서 나와 산보를 하다 한 교수의 이야기를 듣는다. 한 교수는 학창 시절 '정순'이라는 여인과 열렬한 사랑을 하고 있었다. 그 여자는 한마디로 총명한 여자였다. 그 여자는 한 교수가 계획에 따라 영국 런던으로 유학 가는 것을 막기 위해 "배암과 같은 이기심을 발휘하여" 그를 궁지에 몰아넣고 있었다. 결국 한 교수는 고민 끝에 어느 봄날 문제 해결을 위해 정순의 육체를 범해버리기로 했다는 것이다. 그는 "말똥 말똥한 의식의 지휘 아래, 한 번, 두 번, 세 번, 네 번…… 수술대 위에 뉘어진 환자가 모르핀에 취할 때까지 수를 세듯 한 번, 두 번, 세 번, 네 번, 다섯 번. 그러자 예상했던 대로 한 교수의 사랑은 식어질 수 있었다." 이렇게 하여 한 교수는 유학을 떠났다. 그리고 말하길 그녀는 사회학과 박 교수와 결혼했고, 화자와 차를 마시기 전날 죽었다는 것이다.

한 교수가 자신의 비밀스런 이야기를 털어놓자 화자는 다시 자기의 기억으로 돌아온다. 형이 자기와 누나에게 엄마를 죽이자던 그 시기에 화자와 그의 누나는 "몇 가지 비밀을 만들어 놓고 우리의 평안과 생명을 그 비밀 왕국 안에서 찾고 있었다." 여기에서 바로 이 소설의 키워드인 '생명'이라는 말이 나온다. 화자와 누나는 둘만의 비밀의 세계를 만들어 가고 있었고, 이 과정은 어느 날 밤에 둘이서 '애란인 선교사'가 아무도 보지 않는 캄캄한 밤에 야산에 올라가 바지를 내리고 몰래 대변을 보는 장면을 둘이 "공포의 식은 땀"을 흘리며 몰래 지켜보았던 때 절정을 이루었다.

이윽고 끝났다. 그는 어둠 속에서 한숨처럼 긴 숨을 몇 번 쉬고 느릿느릿 일어나서 바지를 추켜입고 힘없이 비척거리며, 온 길을 되돌아간다. 그제야 우리들은 쥐었던 손을 놓고 일어선다. 이마에서는 땀이 흐르고 있다. 우리는 기진맥진 불빛들이 사는 비탈 아래로 내려온다. / 우리의 왕국에서 우리는 그렇게도 항상 땀이 흐르고 기진맥진하였다. 그러나 한 오라기의 죄도 거기에는 섞여 있지 않은 것이었다. 오히려 거기에서 우리는 평안했고 거기에서 우리는 생명을 생각하고 있었다. 낮에 우리는 가끔 그 선교사가 자동차를 타고 지나다니는 것을 본 적이 있지만 전연 딴사람처럼 명랑해 보였다. 명랑하게 달려가는 자동차의 뒤에서 우리는 늘 미소를 가질 수 있었다. 다시 한번 말하거니와 우리가 꾸며놓은 왕국에는 항상 끈끈한 소금기가 있고 사그락대는 나뭇잎이 있고 머리칼을 나부끼는 바람이 있고 때때로 따가운 빛을 쏟는 태양이 떴다. 아니, 이러한 것들이 있었다기보다는 우리들이 그것을 의식하려고 애쓰고 있었다고 하는 게 옳겠다. 그러한 왕국에서는 누구나 정당하게 살고 누구나 정당하게 죽어간다. 피하려고 애쓸 패륜도 아예 없고 그것의 온상을 만들어주는 고독도 없는 것이며 전쟁은 더구나 있을 필요가 없다. 누나와 나는 얼마나 안타깝게 어느 화사한 왕국의 신기루를 찾아 헤매었던 것일까!

김승옥, 「생명연습」, 47–48쪽

화자는 이렇게 엉뚱한 경우에 누나와 그만의 비밀의 세상과 '생명'을 만들어 갔다. 그리고 그곳에는 "한 오라기의 죄도 섞여 있지 않"았다. 서양인 선교사가 밤에 대변 보는 것을 훔쳐보며 그들만의 세계를 확인하고, 평안과 생명을 생각했다는 이야기는 김승옥 특유의 기상천외의 해학(諧謔)이다.

　　화자와 누나는 형을 설득해보려 했지만 실패하고 결국 그날 밤에 낭떠러지에서 형을 떠밀었다. 형은 그날 살아서 집으로 돌아왔지만 며칠 후 그는 그곳에서 자살로 생을 마감하고 말았다. 결국 화자는 어머니와 형 가운데 형을 선택할 수밖에 없었고 그 선택은 화자와 누나 사이의 '생명'에 의한 것이었다. 어머니 대신 형을 낭떠러지에서 떠밀었지만 '죄'라 할 수 없는 '생명'의 선택이었다는 것이다. 한 교수의 이야기도 비슷한 것이었다. 그 여인은 기지를 발휘하여 한 교수를 붙잡아두려 했지만 한 교수 또한 기지를 발휘하여, 자신의 삶을 위해서 자신의 정욕을 넘는 행위를 차가운 마음으로 집행함으로써 감정의 족쇄에서 벗어났다. 한 교수는 그녀의 장례식에 가지 않겠다고 마음먹고 자신에게는 죄의식이 없음을 확인한다.

　　김승옥의 소설에 나타나는 자기만의 비밀의 세계, '생명'이 자라나는 영역은 반드시 '한 오라기의 죄도 섞여 있지 않은' 곳은 결코 아니었다. 1962년에 쓴 「건(乾)」 또한 그런 비밀에 대한 이야기였다. '윤희 누나'는 친하게 지내는 소녀였다. 형과 형의 친구들은 모여 무전여행을 가자는 이야기를 하다가 빨치산의 출몰 때문에 상황이 어려워져서 낙담하던 중에 지나가는 윤희 누나를 보고 형이 "저거…… 우리…… 먹을래?" 하고 친구들에게 묻는다. 그러자 환호가 터졌고 형은 나에게 심부름을 시킨다. 윤희 누나에게 거짓말을 해서 동네 빈 집으로 데려오라는 것이었다. 내 생각에 형과 그 친구들은 그녀를 윤 간(輪姦)하자는 것이었고 그러기 위한 심부름을 나에게 시킨 것이었 다. 나는 잠시 고민했지만 결국 죄를 짓는 일임을 알고도 응할 수밖 에 없었다. 나는 다음과 같이 생각했다.

> 아아, 모든 것이 항상 그렇지 않았더냐. 하나를 따르기 위해서
> 다른 여러 개 위에 먹칠을 해버리려 할 때, 그것이 옳고 그르고
> 를 따지기보다 훨씬 앞서 맛보는 섭섭함. 하기야 그것이 '자라
> 난다'는 것인지도 모른다. 미영아, 내게 응원을 보내라. 형들의
> 음모에 가담한다는 건 아주 간단한 일이다. 마치 시체를 파묻듯
> 이 그건 아주 간단한 일이다. 뭐 난 잘 해낼 것이다.
>
> 김승옥, 「건」, 77-78쪽

나는 윤희 누나를 좋아했고, 형의 심부름이 죄를 짓는 일임을 알았지만 형과 형 친구들과의 관계를 생각해서 거부할 수 없었다. 그 러고도 그런 상황에서 그렇게 행동하는 것을 '자라난다'는 것이라고, 피치 못할 일이었다고 설명한다. 친한 사람들 간의 독특한 관계는 죄 를 넘어서는 현실임을, 그리고 죄 또한 성장의 일부라고 인정하였다. 이 경우에는 '한 오라기의 죄도 없는'이라고 결코 말할 수 없는 일이 었다.

이런 문제, 즉 여러 사람들 간의 특별한 관계에서 '생명'과 같 은 실체가 만들어지고 움직이는 일에 대해서 김승옥은 「생명연습」 이후에는 이 말, '생명'이라는 말을 쓴 일은 없다. 그러나 김승옥은

앞서 「건」에서처럼 「다산성(多産性)」(1966년)에서도 여러 친구들 간에 특별한 관계가 형성되고 그것이 독자적인 주체로 작동하는 것을 '찐빵'이라는 말로 다루고 있다. 그러나 실제 대화에서는 '생명'이라는 말이 종종 나온다. '찐빵'을 다음과 같이 기술한다.

이상한 일이다. 하나하나를 보면 모두 소심하고 말이 드문 애들이다. 그런데 모이기만 하면…… 우리 열 명이라는 밀가루는 반죽이 되면 엉뚱하게도 찐빵이 된다. 하나하나 가지고 있는 분위기는 서로 비슷하면서도 그들이 모였을 때는 전혀 다른 분위기가 되어버린다. 조용한 밀가루들은 떠들썩한 찐빵이 되는 것이다. / …… / 물론 나는 그게 싫은 건 아니다. 가끔 감당해내기에 벅찰 때가 있을 뿐이다. 그 자체로서 생명을 가지고 있는 찐빵은 대대로 우리를, 찬 겨울날 밤에 남산 꼭대기에 올려놓기도 하고 종3 골목 속에 몰아넣기도 하고 술집의 사기그릇 든 찬장을 뒤집어엎는데 끌어내기도 하고 또 때때로 우리로 하여금 눈깔사탕 봉지를 안고 양로원들의 썩어가는 대문을 두드리게도 한다. 모두 찐빵의 횡포 때문에 우리는 찐빵에서 질질 끌려다니기만 한다. / 찐빵, 두려운 찐빵. 나는 다방 입구에서 처음으로 우리를 지배하고 있는 자의 상판때기를 똑똑히 보았다. 그 왕초의 주먹이 내 등을 아프도록 치는 것을 이따금 느끼기는 했지만 그날 오후에야 나는, 왕초의 푸르딩딩한 얼굴을 똑똑히 본 것이다. 그러나 나는, 왕초의 손아귀에서 벗어날 수 없음도 동시에 보았다. 마치 원숭이가 부처님의 손아귀에서 벗어날 수 없음과 같이 귀여운 데가 있는 찐빵의 표정, 내게 관심을 가지고 있다는 듯한 그의 눈짓. 오오 거룩한 찐빵이여, 하고 소리내어 외치는 것이 차라리 현명할지도 모른다고 나는 생각했다.

김승옥, 「다산성」, 99쪽

'찐빵'은 좋은 일만 하는 것은 아니다. 가끔은 부끄러운 일을 시키기도 한다. 다만 찐빵이 하는 일은 윤리 도덕의 판단을 넘어서는 것이며 비판할 수 없다. 찐빵은 '계명'을 내리기도 하고 구성원들에게는 숭배의 대상이다.

1960년대에 김승옥이 제시하고 있는 한국 젊은이들의 모습은 밖으로 나타내는 모습과 그들의 내면이 괴리되어 있다. 그들은 겉으로 위협적인 모습을 자기 내면의 성향과는 상관없이 '극기'를 통해 만들고 주변에서 짓궂은 행위를 일삼는 작은 악마 같은 존재들이었다. 그러나 그들 자신의 마음속에는 아무에게도 털어놓을 수 없는 비밀들이 도사리고 있고, 그들은 나름의 세계를 만들어가고 있었다. 남에게 도저히 말할 수 없는 자신만의 비밀 중에 특히 서울대 학생들에게 가장 큰 비밀은 좌절이었다. 이들의 속사정에 대해서 「내가 훔친 여름」(1967년)의 화자는 이렇게 털어놓는다.

그들은 거의 '모두가'라고 해도 무방할 정도로, 자라나면서 어른들의 사랑을 충분히 받아온 동물들이다. 여기서 동물이라는 표현을 쓰는 이유는, 동물은 사랑만 받고 자라면 자기가 제일 잘난 줄로 착각하게 되고 한편 작은 꾸지람에도 샐쭉해지며 작은 비난에도 깊고 험악한 회오리바람 소리를 들어버리는 법이니까. / 서울대학생들 쳐놓고 방방곡곡 어느 작은 귀퉁이에서라도 어렸을 적부터 반장 한 번 안 해보거나 일등 한 번 안 해본 양반은 없다. 따라서 어른들의 사랑과 기대를 받아보지 않은 녀석이 없다는 말씀이다. / …… / 그리하여 한 학년이 지나고 두 학년이 지나고 하는 사이에 교수님들의 사랑을 차지하게 되는 몇 명을 제외하곤, 모두가 과거엔 꿈에서도 생각하지 못했던 열등생이 되어버리고, 그렇지만 예민한 두뇌는 살았다는 것인지 차츰 괴상한 포즈를 꾸미고 학교에 나타남으로써 자기 존재의 영원 부동한 위치를 확보하려 하는 것이다. / 하기야 괴상한 포즈를 지은 축은 그런대로 구제받을 요소가, 즉 뻔뻔스럽기라도 할 수 있다는 장점이 있는 셈이다. 그러지도 못하는 축들은 학교 울타리 밖을 빙빙 돌며 이따금 울타리 안으로 고개를 쑥 디밀곤 몇 시간 전에 다녀온 창신동 싸구려 갈보에 대한 얘기를 몇 마디 지껄이다가, 친구들이 이젠 그 얘기도 싫증났다는 표정으로 외면하면 다시 창백한 고개를 숙이고 울타리 밖을 빙빙 돌기 시작한다. / 과장된 표현인지는 모르지만 이런 종류의 정신분열증을 그들은 누구나 조금씩이나마 지니게 되어버리는 것이다.

김승옥, 「내가 훔친 여름」, 17-19쪽

전국에서 일등짜리들만 다 모아놓으니 그들끼리의 경쟁에서 몇몇 빼놓고는 다 패자일 수밖에 없고, 따라서 서울대 학생들은 결국 패자 집단이다. 이들에게 첫 번째 비밀은 패배와 좌절이다. 이 '비밀'이란 세간의 윤리, 도덕에 위배되는 죄도 있지만 죄라 할 수 없어도 도저히 선택의 여지가 없었던 행위를 포함하는 것으로 이로부터 김승옥이 '생명'이라 불렀던 나름의 독특한 세계가 가능했다. 여기서

'생명'이란 윤리와 도덕을 초월하는 니체(Nietzsche)적 존재였다. 한 교수의 그 여인에 대한 행위, 그리고 화자와 누나가 형을 낭떠러지에서 떠밀어야 했던 선택은 바로 그 생명의 명령이었다는 것이다.

이미 「생명연습」에서 여러 차례 지적하고 있듯이 사람들 간에는 결국 진정한 교신은 불가능하다. 풀리지 않는, 풀릴 수 없는 오해는 불가피하다. 남에게 말할 수 없는 가책, 부끄러운 이야기, 이야기해도 결국 이해할 수 없는 진실은 늘 남는다. 그렇다면 모든 개인에게 깊은 고독은 불가피하다. 김승옥의 소설에 나타나는 개인주의는 처절하다. 김승옥 소설의 인물들은 저마다 내면에 심연(深淵)을 갖고서 아무도 이해할 수 없는 생을 살지 않으면 안 된다. 그리고 그러한 삶은 죄의식에서 자유로울 수 없었다.

더욱 심각한 문제는 내면의 '자기 세계'와 '생명'의 차원과, 남에게 드러내는―당시의 문화적인 행위로서의―외모와 행위의 갈등이었다. 눈썹과 머리털을 싹 밀고 다니는 행위를 '극기'라 표현했듯이 그런 행위는 내면의 의지와는 별도의 의지가 작용하는 것으로 내면과 외모의 갈등은 심각할 수밖에 없었다. 그들은 딱딱한 껍질을 두르고 있지만 안에는 너무나 섬세하고 부드러운 속살을 간직한 곤충이나 갑각류 같은 존재들이었다. 이 내면과 외형의 갈등은 '양심'으로 나타날 수도 있고 염세주의(厭世主義) 또는 허무주의로 나타나기도 한다.* 「내가 훔친 여름」에서 화자를 찾아온 수상한 친구 장영일은 양심에 대해서 다음과 같이 설파한다.

양심이란 만들어 가져야 하는 거라고 말야. 어떻게 만드는가 묻고 싶겠지? 대답은 이거야. 너의 영혼을 소나 말 부리듯이 막 부

한국인의 발견

려먹음으로써 만드는 거라고 말야. 나는 인생을 사랑해. 그러기 때문에 나는 내 영혼을 모든 경우에 갖다놓고 시달림을 받아보게 하고 싶어. 그러면 결국 나의 영혼 속에 무언가 찌꺼기가 남을 거야. 난 그걸 양심이라고 하고 싶어. 난 우리 모두가 그래줬으면 좋겠어. 그러면 무언가 우리 시대가 정리됐을 때엔 우리 시대의 양심이 남겨질 거야. 그렇게 해서 만들어진 양심이라면 그땐 그걸 지키기 위해서 정말 강력한 투쟁도 우린 피하진 않을 거야.

김승옥, 「내가 훔친 여름」, 50-51쪽

결국 양심이란 시련을 겪게 함으로써만 강해진다는 말이다. 틀린 말이라 할 수는 없다. 양심에 가책되는 짓을 많이 함으로써 양심은 강해진다는 말이다.

세상에 대해 사람들은 나름대로 다른 인식을 하고 산다. 「누이를 이해하기 위하여」(1963년)에서 화자는 대화로는 도저히 이해할 수

● 「환상수첩」(1962년)의 모두에 화자는 고향에 밤기차를 타고 내려가던 때를 이렇게 표현한다. "창 밖은 벌써 캄캄한 밤이었다. 나의 헝클어진 머리카락과 움푹 그늘이 진 볼이 그 창에 비치고 있었다. 바깥의 풍경을 보여주지 못하는 것이 미안하다는 듯이 야행열차만이 주는 선물이었다. 나는 오랫동안 나의 표정 없는 얼굴을 들여다보았다. 거기에는 하향한다는 기쁨도 그렇다고 불안도 없었다. 늙어버린 원숭이 한 마리가 어둠 속을 지켜보고 있는 모습일 뿐이었다. 새벽이 오면 습관에 따라 열매를 따러 나가겠다는 듯이 지극히 무관심한 표정, 그러자 괴롭구나, 하는 생각이 들었다. / 부글부글 끓어오르는 내부를 저런 무관심한 표정으로 가려버리는 법을 지난 몇 년 동안 서울에서 나는 마스터한 것이었다." (김승옥 2004 2: 12).

없는 누이, 서울에 가서 무슨 일을 겪었는지 알 수 없는 자기 누이의 진실을, 주변에서 전해들은 이야기들로 상상할 수밖에 없는 오해로 가득한 세상 그리고 상상할 수 없는 허영에 찬 괴물 같은 인간들이 득실거리는 세상을 참조해서 상상해본다. 한편 「차나 한잔」(1964년)에서는 서울에 사는 눈치 빠른 직장인들이 나름대로 묘한 화법을 만들어서 상대에게 하기 어려운 말을 에둘러 전달하는 일반적인 관행과 대화의 뜻을 알아차리기 위해서는 각별한 눈치와 이해력이 있어야만 하는 상황을 묘사한다.

그런가 하면 「염소는 힘이 세다」(1966년)에서 인물들은 세상의 모든 일은 결국 '힘'이 좌우한다는 현실주의를 터득한다. 여기에 나타난 현실주의(realism)는 우선 주변 세상에 대한 두려움의 표현이었다. 이전의 김승옥 소설 속 인물들이 주변 세상을 자기가 무엇인가를 얻고, 빼앗고, 경멸하고, 혼내줄 사냥터로 이해하고 있었다면 1960년대 중반이 지나면 이들은 도리어 주변의 모든 사람들이 자기와 꼭 같은 존재임을 알아차리고, 따라서 '짓궂은 작은 악마들'은 방어적 자세를 취하고, 피해 망상적 성향을 보이기 시작한다. 처음에 그들은 극기로 위악의 '포즈'를 짓고 사회 질서에 도전하는 포즈를 하고 다녔다. 그들은 세상과의 적대를 흉내 내고 다녔다. 하지만 1960년대 중반이 되면 그들은 현실을 두려워하고 현실을 떠나고 싶어 한다.

당시 대학생들은 해외 유학은 꿈꿀 수 없었고 괴로운 서울의 현실을 떠나기 위해 낙향을 하기도 하고, 친구들과 국내 여행, 특히 무전여행의 낭만을 갖고 있다.* 김승옥 소설의 인물들은 무전여행을 떠나서 현실을 벗어나기를 고대한다. 하지만 그들이 여행에서 진

한국인의 발견

짜 기대하는 것은 '짓궂은 작은 악마' 놀이를 어수룩한 시골 사람들을 대상으로 즐기는 것이다. 그들은 실제로 지방의 여러 작은 도시들의 모습에 깊이 실망한다. 특히 여행에서 만나는 시골 사람들은 모두 무표정한 얼굴과 눈빛뿐이다. 그들과는 대화할 마음이 나지 않는다. 「내가 훔친 여름」에서 여수로 가는 길에 기차간에 앉아 있는 사람들의 첫인상은 다음과 같다.

> 후덥지근한 공기가 실내에 차고 넘치고 있었고 시골 사람들 특유의 무표정한 얼굴들, 민족은 영원하며 영원히 부동(不動)하다는 듯한 표정이라고나 해석해야 겨우 납득이 가는 얼굴들이 좌석을 메우고 있었다. / 영일이가 가리키는 대로 빈 좌석 하나에 앉고 보니 내 맞은편 자리에는 부동 중의 부동, 무표정 중의 무표정은 혼자 다 차지한 듯한, 고추처럼 작고 호박처럼 넓적한, 그러니까 꼭 간장에 절임할 때 쓰는 양파처럼 생긴 처녀가 앉아 있었다.
>
> 김승옥, 「내가 훔친 여름」, 68쪽

이들은 여행에서 만나는 낯선 사람들, 특히 시골 사람들에 대한 호기심이나 대화를 하고 싶은 마음이나 기대는 전혀 없다. 게다가 무전여행은 어떤 사람에게는 낭만적이었을지 모르지만 어떤 사람에

• 김승옥의 소설 중에는 학생들의 무전여행이 언급된 작품이 많다. 1962년 작인 「건」에서는 고등학생인 형이 무전여행 계획을 세우고 있었다 (김승옥 2004 1: 58-59). 하지만 그의 작품 중 무전여행 이야기의 절정은 「내가 훔친 여름」(1967년)이다.

게는 죄만 짓는 일이었다. 김승옥 소설의 인물 중에는 자살을 생각하거나 감행하는 사람들이 늘 주변에 등장한다.

1960년대 한국인의 정체성

김승옥의 소설에 등장하는 인물들은 대부분 만성적 정체성 위기(identity crisis)를 겪는다. 근본적 이유는 내면과 외형으로 이루어지는 입체적 자아 구조의 균형을 유지하기가 어렵기 때문이다. 이 구조는 욕망으로 이루어지는 만큼 과도하거나 급격한 욕망은 구조를 붕괴시킨다.

「생명연습」의 첫 장면부터 한 교수는 평소와는 달리 초췌한 모습으로 등장한다. 대화는 주변에 깨지는 사람, 망가지는 사람들이 흔하다는 언급에서 시작된다. 그들은 독특한 외모를 만들어야 하며 이는 자신의 진정한 마음과는 거리가 있는 경우라도 의도적으로 만들어야 하는 것으로 진정한 자아는 결코 드러낼 수 없다. 그들에게 "나는 가짜다!"라는 말은 진지한 고백이다. 지금 나타내고 있는 모습은 내가 원치 않은, 억지로 지어낸 어떤 모습이다. 인물들은 주변의 남들 또한 다 그런 존재임을 알고 있고 따라서 그들의 말은 믿을 수 없으며 상대가 누구든 '사기꾼'인지 의심해봐야 한다. 결국 누구나 상대방이 하는 말과 보이는 모습을 눈치껏 관찰하고 해석해야 한다. 김승옥 소설의 인물들은 서로 이해하지 못하며 허튼 소리를 지껄이며 눈치껏 사인(signs)을 해독하는 게임을 벌인다. 이 사인들로 알아내는 것은 그들의 경제적 조건이다. 그러나 이런 해독이 무색하게 상대방은 전혀 예상치 못한 행동으로 시선의 주인을 당황하게 만들고야 만다. 이런 상황을 잘 드러내는 작품이 「서울 1964년 겨울」(1965

한국인의 발견

년)이다.* 포장마차에 세 번째 사내가 등장하는 대목에서 이렇게 말
한다.

> 우리는 각기 계산하기 위해서 호주머니에 손을 넣었다. 그때 한
> 사내가 우리에게 말을 걸어왔다. 우리 곁에서 술잔을 받아 놓고
> 연탄불에 손을 쬐고 있던 사내였는데, 술을 마시기 위해서 거기
> 에 들어온 것이 아니라 불을 쬐고 싶어서 잠깐 들렀다는 꼴을
> 하고 있었다. 제법 깨끗한 코트를 입고 있었고 머리엔 기름도
> 얌전하게 발라서 카바이트 등의 불꽃이 너풀댈 때마다 머리 위
> 의 하이라이트가 이리저리 움직이고 있었다. 그러나 어디선지
> 는 분명하지 않았지만 가난뱅이 냄새가 나는 서른대여섯 살짜
> 리 사내였다. 아마 빈약하게 생긴 턱 때문이었을까, 아니면 유
> 난히 새빨간 눈시울 때문이었을까. 그 사내가 나나 안 중의 어
> 느 누구에게라고 할 것 없이 그냥 우리 쪽을 향하여 말을 걸어
> 온 것이었다.
>
> 김승옥, 「서울 1964년 겨울」, 269-270쪽

화자는 그가 하는 말은 듣지 않고 시선을 재빠르게 움직여 몸

---

* 김승옥은 '계급'에 대해서는 「내가 훔친 여름」(1967년)에서도 이야기하고
있다. 그러나 이 시대까지 계급이란 경제력을 중심으로 한 개인의 속성으
로 주로 논의하는 데 그치고 있다. 말하자면 개인들이 소속되는 집단으로
서, 나아가서 그들이 공유하는 생활양식으로서의 계급에 대해서는 접근하
지 못하고 있다 (김승옥 2004 3: 189-197). 계급의 이런 차원에 대해서는 1970
년대를 다룬 다음 장을 참고할 것.

전체를 훑어보고 판단하였다. 코트, 헤어스타일, 몸의 자세, 턱, 눈시울 등 눈이 안 간 데가 없다. '가난뱅이 냄새!'였다. 그들이 이런 눈치와 사인(signs) 해석 게임을 벌이는 것은 서로 자기 비밀을 지키고 있기 때문이 아니다. 그들은 상대방이 솔직히 말을 해도 믿지 않는다. 또 끝까지 개인 수준의 내면의 정체는 알려고도 하지 않는다. 어떤 '계급'에 속하는지만 알면 그만이다.

작가 또한 작중 인물들의 모습에 책임지지 않으려 한다. 작가는 소설을 남의 이야기, 나하고 아무런 관계없는 사람들의 이야기로 전하고 있다. 그런 한도에서 김승옥 소설의 글은 이야기의 내용과 거리를 두고 있으며 따라서 유머와 위트로 가득한 새로운 언어로 이루어질 수 있었다. 그는 「환상수첩」(1962년) 첫머리에 다음과 같이 말한다.

> 이 수기와 관계가 없는 사람들에겐 흥미가 없겠지만 그래도 여전히 전(前)세기적인 병을 앓고 있는 사람들이 있다고 하니까. 혹시 그러한 사람들에게는 납득이 가는 얘기인지 알아보고 싶어서 발표해보는 것이다. 요컨대 나로 말하자면 이 수기의 얘기들이 너무나 유치해서 관심에 두고 싶지 않다는 것을 명백히 해둔다.
>
> 김승옥, 「환상수첩」, 7-8쪽

자기 주변 사람들의 이야기가 자기와는 관계없는 사람들의 이야기라고, '남'의 이야기라고 선을 긋는다. 이 글의 화자는 분명히 존재하지만 누구인지는 중요하지 않다. 누구라도 상관없다.

한국인의 발견

1960년대 한국인의 정체성 위기의 문제를 적나라하게 드러내는 작품은 단연 「무진기행(霧津紀行)」(1964년)이다. 무진은 주인공 윤희중의 고향으로 그가 잘 아는 고장이다. 하지만 그가 서울에 올라오고는 별로 잘 내려가지 않는 바닷가의 도시이다. 그곳은 특산물도 거의 없고, 유명한 것, 내놓을 만한 것이 아무것도 없다. 그럼에도 불구하고 그렇게 사람들이 많이 사는 게 이해할 수 없는 노릇이다. 다만 그곳은 지명이 나타내듯 안개로 뒤덮이는 날이 유달리 많다는 게 특징이다. 버스를 타고 무진에 다가가자 과연 습한 바닷바람과 소금기, 햇빛이 느껴지고 그 속에서 반수면 상태로 빠져든다. 그는 그간 무진에 왔을 때의 기억을 떠올린다.

무진에 오기만 하면 내가 하는 생각이란 항상 그렇게 엉뚱한 공상들이었고 뒤죽박죽이었던 것이다. 다른 어느 곳에서도 하지 않았던 엉뚱한 생각을 나는 무진에서는 아무런 부끄럼 없이, 거침없이 해내곤 했었던 것이다. 아니 무진에서는 내가 무엇을 생각하고 어쩌고 하는 게 아니라 어떤 생각들이 나의 밖에서 제멋대로 이루어진 뒤 나의 머릿속으로 밀고 들어오는 듯했었다.

김승옥, 「무진기행」, 161쪽

무진에 오면 늘 이성과 의지가 마비되는 경험을 했었다.

도착하자 후배가 찾아와 이야기를 나누고는 친구 조(趙)가 고시를 패스해 그곳 세무서장으로 있다는 소식을 듣고 저녁에 그를 찾아 집으로 갔다. 그곳에는 사람들이 모여 담소를 나누고 있었고 바닥의 방석 위에는 '그놈의 화투짝'이 놓여 있다. 그중에는 하 선생이라는 여자 음악 선생이 있었다. 술판이 벌어지자 성악을 전공한 그녀는 〈목포의 눈물〉을 불렀다.

> 그것은 이전에는 없었던 어떤 새로운 양식의 노래였다. 그 양식은 유행가가 내용으로 하는 청승맞음과는 다른, 좀더 무자비한 청승맞음을 포함하고 있었고 〈어떤 개인 날〉의 그 절규보다도 훨씬 높은 옥타브의 절규를 포함하고 있었고, 그 양식에는 머리를 풀어헤친 광녀의 냉소가 스며 있었고 무엇보다도 시체가 썩어가는 듯한 무진의 그 냄새가 스며 있었다.
>
> 김승옥, 「무진기행」, 174쪽

그곳 사람들이 하는 짓들은 무언가 제정신이 아니고 그녀의 노래에도 광기(狂氣)가 서려 있다. 밤늦게 모임이 파하자 그녀를 밤길에 데려다 주면서 대화를 나누었다. 그녀는 유행가를 부르지 않으면 그곳에서 살 수 없으며 그 밤 모임은 '심심해서' 가게 됐다고 했다. 그녀는 "앞으로 오빠라고 부를 테니까 절 서울로 데려가주시겠어요?"라고 부탁하며 자기는 이곳 무진에서 사는 게 "금방 미칠 것 같아요"라고 하소연한다. 그는 약간 흥분했다가는 '이상한 우울'에 빠져 이모 댁으로 돌아와 잠자리에 누웠다.

내가 이불 속으로 들어갔을 때 통금 사이렌이 불었다. 그것은 갑작스럽게 요란한 소리였다. 모든 사물이 모든 사고(思考)가 그 사이렌에 흡수되어 갔다. 마침내 이 세상엔 아무것도 없어져버렸다. 사이렌만이 세상에 남아 있었다. …… 어디선가 두 시를

한국인의 발견

알리는 시계소리가 들려왔다. 어디선가 세 시를 알리는 시계소리가 들려왔다. 어디선가 네 시를 알리는 시계소리가 들려왔다. 잠시 후에 통금 해제의 사이렌이 불었다. 시계와 사이렌 중 어느 것 하나가 정확하지 못했다. 사이렌은 갑작스럽고 요란한 소리였다. 그 소리는 길었다. 모든 사물이, 모든 사고가 그 사이렌에 흡수되어 갔다. 마침내 이 세상에선 아무것도 없어져버렸다. 사이렌만이 세상에 남아 있었다. 그 소리도 마침내 느껴지지 않을 만큼 오랫동안 계속할 것 같았다. 그때 소리가 갑자기 힘을 잃으면서 꺾였고 길게 신음하며 사라져갔다. 어디선가 부부들은 교합하리라. 아니다. 부부가 아니라 창부와 그 여자의 손님이리라. 나는 왜 그런 엉뚱한 생각을 하고 있는지 알 수 없었다. 잠시 후에 나는 슬며시 잠이 들었다.

김승옥, 「무진기행」, 181쪽

잠자리에 들었지만 잠은 오지 않고 이상한 상념에 빠져들었다. 그러나 생각은 되지 않고 그날 나눈 대화들은 망각되어 있었다. 시간이 지나자 결국은 알 수 없는 욕망, 특히 뜬금없는 성욕이 서서히 자기도 모르는 사이에 깊은 곳에서 자신을 동요시키고 있음을 알았다.

다음 날 어머니 산소로 가는 길에 긴 방죽 길에서 자살한 읍내 술집 여자들의 시체를 보았다. 경찰은 "초여름이 되면 반드시 몇 명씩 죽지요"라고 말하며 그 지역에서 늘 일어나는 일이라고 했다. 그는 죽은 그 여자들을 향해 "이상스레 정욕이 끓어오름을 느꼈다." 그리고 약속대로 '하 선생'을 만나 전에 묵었던 집을 찾아갔다.

그 집 주인 부부는 내가 들어 있던 방을 우리에게 제공해 주었다. 나는 그 방에서 여자의 조바심을, 마치 칼을 들고 달려드는 사람으로부터, 누군지가 자기의 손에서 칼을 빼앗아주지 않으면 상대편을 찌르고 말 듯한 절망을 느끼는 사람으로부터 칼을 빼앗듯이 그 여자의 조바심을 빼앗아주었다. 그 여자는 처녀는 아니었다. 우리는 다시 방문을 열고 물결이 다소 거센 바다를 내려다보며 오랫동안 말없이 누워 있었다. "서울에 가고 싶어요. 단지 그거뿐예요." 한참 후에 여자가 말했다.

김승옥, 「무진기행」, 190쪽

그러고는 다시 한참 후에 그녀는 "선생님, 저 서울에 가고 싶지 않아요"라고 했고 그는 "우리 서로 거짓말은 말기로 해"라고 한다. 그녀가 〈어떤 개인 날〉을 불러주겠다고 하자 그는 오늘은 흐리다고 말한다. "나는 그 여자에게 '사랑한다'고 말하고 싶었다. 그러나 '사랑한다'라는 그 국어의 어색함이 그렇게 말하고 싶은 나의 충동을 쫓아버렸다."

밤잠을 설치며 자신이 좀 이상하게 변해간다고 느낀 다음 날 희중은 그녀를 만나 성행위를 했다. 그러나 왜 그랬는지는 알 수 없다. '사랑한다'고 말할 수 있는 것은 아니었고 유별나게 성욕을 느꼈던 것도 아니었다. '그 여자는 처녀는 아니었다'는 판단이 들 정도로 맨정신이었다. 또한 그녀의 말은 잘 이해할 수 없었다. 서울에 데려다 달라고 했다가는 좀 뒤에는 서울에 가고 싶지 않다고 했다. 〈어떤 개인 날〉을 부르겠다고 했다가는 그가 날이 흐리다고 하자 흐지부지

한국인의 발견

되었다. 그나 그녀나 말똥말똥한 정신인 것 같아도 제정신이 아니고 대화는 비켜가기만 한다. 그들의 대화에 진정성은 전혀 없었다. 다음 날 아내에게서 전보가 왔다. 그리고 그 전보는 나에게 현실을 일깨워 준다. 나는 하 선생에게 작별의 편지를 썼다. 사랑한다는 말을 잊지 않았고 서울로 데려오겠다고 약속했다. 그러나 그 편지를 다시 읽어 보고는 찢어버리고 말았다. 결국 버스를 타고 무진을 떠나게 되었다. 버스에서 '당신은 무진읍을 떠나고 있습니다. 안녕히 가십시오'라고 쓴 팻말이 보인다. 이어 "나는 심한 부끄러움을 느꼈다"는 문장으로 무진기행은 마무리된다.

　　무진은 묘한 곳이었다. 아무것도 유별난 것이 없지만 꽤 많은 인구가 모여 사는 곳이며 조용한 것 같지만 한 사람 한 사람, 심지어 개들조차도 제정신이 아니다. 그곳은 안개로 유명한 곳이며 희중은 거기에 접근하던 때부터 서서히 몽롱해짐을 느낀다. 친구 집에서 술판을 벌이고 '하 선생'과 밤길에 대화를 나누고는 이모 집에서 잠자리에 누웠을 때 오랜 시간 뒤척이며 느낀 것은 그 안개의 고장에서는 의식과 이성이 서서히 몽롱해지며 판단력과 기억력도 흐릿해지고 결국은 야릇한 욕망, 특히 성욕이 몸 깊은 곳에서 꿈틀댄다는 것이었다. 그리고 하 선생을 만나 섹스를 했다. 그녀를 사랑했던 것도 아니고, 성욕을 못 견뎌서도 아니었다. 그뿐 아니라 그녀 또한 제정신이 아닌 것 같았다. 결국 희중은 무진의 경계를 넘었을 때에야 제정신이 들었다. 그는 무진에서 제정신이 아니었음을 깨달았다. 자기답지 않은 짓만을 했다. 그를 이렇게 만든 것은 바로 안개였던 것 같다. 그 안개의 습기, 냉기, 소금기 등은 서서히 이성과 판단력을 마비시킨다. 그는 무진을 떠났을 때 비로소 이를 깨달았다.

무진은 사람이 제정신을 잃고 정체성을 잃는 곳이었다. 사람들을 이렇게 만드는 것은 바로 무진의 마법의 안개였다. 그곳은 마법이 작용하는 곳이다. 무진은 결국 서울의 메타포였다. 두 곳 모두 무슨 이유인지 모르게 너무나 많은 사람들이 모여 사는 이유도 바로 그 마법 때문이다. 무진은 서울처럼 '나를 잃어버리는' 마법의 고장이었다.

1960년대 한국인의 자아와 시간과 욕망

최인훈이 제시한 현대 한국인의 설계도와는 달리 김승옥이 우리에게 보여준 한국인은 1960년대 한국이라는 시간과 장소 속에 경험적으로 존재한 한국인의 재현(representation)이기도 했다. 이 한국인 자아의 핵심적 질료(質料)는 욕망이었다. 욕망 못지않게 이성 또한 중요했겠지만 역동적 요인이라 보기는 어려울 것이다. 동숭동 서울대 문리대 캠퍼스 부근의 젊은이들은 모든 한국인들의 욕망의 상징이자 실체였고, 김승옥의 한국인은 여기에서 출발한다.

1960년대 전반에 쓴 김승옥의 소설들에는 한국인의 자아의 얼개가 나타나고 얼개의 여러 부분이 차례로 클로즈업되며 그와 함께 한국인이 모습을 갖추어가고 있었다. 1960년대 중반은 한국인이 성장하여 성숙한 눈과 지혜를 갖춘 시대였다. 대표적인 예는 「염소는 힘이 세다」(1966년)일 것이다. 이 작품은 개안(開眼)을 나타낸다. '우리들의 삶은 결국 '힘'에 의해 좌우된다.' 여기서 '힘'은 완력(腕力)뿐만 아니라 의지를 관철시키는 능력을 말하며, 이 소설은 우리 역사에서 근대적 현실주의(realism)의 효시임에 틀림없다. 이러한 현실에 대한 개안은 자신의 무력함과 세상에 대한 공포에서 비롯된 것이었다. 불쌍한 염소는 생사탕(生蛇湯) 집 주인에게 맞아 죽고, 염소 고깃국 장사도 결국 못하게 되고, 누나는 헛간에서 강간을 당하고, 어머니는 소공동 쪽으로 꽃 팔러 가지 않으면 안 되는 신세가 된다. 그러나 이 이야기는 다음과 같이 끝난다.

나는 우리 염소를 생각해본다. 그놈은 무척 힘이 세었다. 그놈이 죽어버리니까 우리집에 힘센 것은 하나도 없게 되어버렸다. 그러나 염소는 죽어서도 힘이 세다. 어쨌든 누나를 힘세게 만들어주었다. 누나가 타고 있는 합승의 번호가 거리의 저쪽에 나타났다. 내 가슴은 갑자기 뛰기 시작했다. 얼굴이 아무리 그러지 않으려고 해도 뜨겁게 달아올랐다. 나는 길가에 서 있기가 힘들었다. 나는 집 안으로 뛰어 들어갔다. "할머니이" 하고 나는 집 안을 향하여 고함쳤다. "누나 차가 왔어 빨리빨리—" 할머니는 어금니가 세 개밖에 남아 있지 않은 합죽한 입에 웃음을 가득 담고 허둥지둥 뛰어 나오셨다. 나와 할머니는 썩어가는 우리집의 판자담 틈에 눈을 붙였다. "오라잇!" 하고 누나의 목소리가 들린 듯했다. 분홍색 합승이 우리집 쪽대문 앞 한길을 부르릉거리며 지나갔다. 차창 그 안에서 누나가 승객들을 향하여 무어라고 말하며 손짓을 하고 있는 게 보였다. "정민아!" 하고 할머니가 내게 말씀하셨다. 나지막하게 말씀하시려고 했던 모양이지만 그러나 우리 귀머거리 할머니의 음성은 항상 힘이 세다. "할머니!" 하고 나도 중얼거렸다. 누나의 차가 남기고 간 푸르스름한 연기가 길 위에서 어지럽게 감돌고 있었다.

김승옥, 「염소는 힘이 세다」, 333-334쪽

공포스러운 세상이었고, 힘이 없는 가족은 나락으로 떨어져 간다. 그러나 언젠가부터 그런 세상에 우리 가족은 적응하였고 누나는 아직 강해졌다고 말할 순 없지만 앞으로 강해질 수 있는 기회, 버스 차장 자리를 얻었다. 어떤 과정이었는지는 몰라도 이제 희망이 보인다. 이것이 바로 1960년대 후반의 현실주의였다.

이 시대의 희망은 「내가 훔친 여름」(1967년)에도 뚜렷이 나타난다. 화자는 서울대를 자퇴하고 낙향하여 좌절에 빠져 있던 때 수상한 청년 장영일을 만나 그와 내키지 않는 무전여행을 떠난다. 기차간에서부터 보이는 모든 것이 지저분하고 처음부터 영일이의 지휘 아래 온갖 사기를 쳐가며 견디는 여정이었다. 여수에 가서도 응용미술과에 다니고 있다며 카바레 실내 장식을 해준다고 거짓말을 해서 생계를 해결하였다. 그러다 모든 거짓말을 실토하고 돌아가려던 차에 그곳에서 큰 행사가 열리는데 연애 사건 등이 생겨 행사가 떠들썩해진다. 여기서 화자는 사랑하는 남녀가 애정을 표현하는 장면을 보면서 무언가 다른 것을 느끼기 시작한다. 마침 밤거리의 아이스크림 가게에서 앞서 여수로 오던 열차에서 보았던 초라하고 볼품없던 아가씨를 보고는 야릇한 감정이 느껴졌다. 이윽고 그 아가씨가 영업을 끝내자 화자는 그녀에게 다가갔다. 그녀도 응해오는 게 느껴졌다.

한편 여자가 오랫동안 사랑해온 남자에게 둘만의 비밀을 의논하듯 한 태도로 나에게 대해오는 것이 예상했던 것보다는 그다지 재미나지 않았다. 내가 한 시간 전에 강동순과 선배님 사이에 오가는 눈짓과 말과 분위기에서 세상에 있는 뭇 연인들에 대하여 질투를 느꼈던 것도, 막상 연인들 자신이 느끼는 것은, 지금 내가 이 아가씨에게서 느끼는 바와 같이 덤덤한 것이라면 별로 부러워할 것도 아닌 것 같았다. 하기야 우리는 아직 연인은 아니다. 적어도 나에게 이 여자는 애인이 아직 아니다. 여자 편에서도 마찬가지겠지. 그 여자의 애인은 신성일이다. 말하자면 신성일이로서 대표되는 남성의 신기루이다. 용모도 예쁘지 않고 교육도 제대로 받지 못한 가난한 시골 처녀들 …… 에게도 감수성이 배당되어 있다는 것이 나에게는 문득 기이하게 생각되었다. 마치 원자물리학을 연구하는 흑인 여자를 보았을 때 느낄 수 있을 듯한 기이함이었다.

김승옥, 「내가 훔친 여름」, 240쪽

앞에 선 그녀의 모습에 가슴은 두근대지 않았다. 너무나 초라한 시골 처녀였다. 그러나 잠깐 산보 후 근처 허름한 여인숙의 '시큼한 냄새로 가득 찬 작은 방'으로 들어가 '온통 과즙처럼 끈적끈적하고 촌충(寸蟲)처럼 마디지면서 긴 소리로 낮게 소란스러운' 그 속에서 정사를 치르고 "내 못생긴 여름이 숨죽여 우는 것을 나는 말릴 생각도 하지 않고 내버려두었다." 그리고 그 여름의 여행을 되돌아보았다.

이것이 여름일까? 그래 이것이 여름이다. 비치파라솔, 눈부신 백사장, 검푸르고 부드러운 파도, 빨간 수영복, 풍만한 아가씨의 웃는 얼굴, 하얗고 가지런한 이빨, 짧기 때문에 유쾌한 자유, 그것들은 나의 여름이 아니다. 나의 여름은, 차표 없어 불안한 기차여행, 신분을 속여 맡은 일거리, 땀내음에 찌든 아가씨, 겁탈 같은 유혹, 비린내 나는 여인숙에서의 정사, 그러고 나면 기다리고 있는 괴로운 휴식과의 만남일 뿐이다. / …… / 이 시간에, 나의 여름이 여인숙의 비린내 나는 방에서 조용히 잠들어 있고, 태양도 형태도 빛깔도 다 잃어버리고 오직 소리만, 저 괴로운 신음 같은 소리만 가지고 버둥거리고 있는 바다야말로 비로소 내 몫의 바다인 듯이 생각되어 놓쳐버리고 싶지 않은 이 시간에 나는 영일이와 선배님을 그냥 보내고 싶었다. 그들은, 내가 아는 한 날이 밝으면 만날 수 있는 사람들이었다. 얼마든지 어디서든지 만날 수 있고 그리고 그들을 위하여 나로서는 아무것도 해줄 수 없는 사람들이었다.

김승옥, 「내가 훔친 여름」, 244-249쪽

그는 이 시점에서 은근한 만족과 행복을 찾았다. 그야말로 누구나 기대하는 그런 찬란한 여름, 환상적 여행은 아니었다. 그 '수상한 친구'와의 꺼림칙한 '무전여행', 무임승차, 더럽고 무지한 촌노들, 뻔뻔스러운 거짓말과 사기 행각 등 초라한 것 말고도 부끄러움과 가책으로 가득 찬 여행이었고 그만 돌아갈 궁리도 여러 번 했었다. 그러나 마지막 그 초라하고 별 볼일 없는 아가씨와의 한때, 그 지저분한 여관방에서의 고요한 한때야말로 온전히 나만의 몫이었다. 그 여름은 특별히 무엇이 아름답고 짜릿하고 멋진 그런 것이 아니라 나에게만 주어진, 그야말로 '내가 훔친' 소박한 나만의 시간, 나만의 여행, 나만의 여인이었다. 이제는 그 수상한 장영일이라는 친구도, 여수에서 만난 그 선배님도 다정한 친구로 느껴졌다. 이런 소박하고 고즈넉한 행복은 이상주의나 낭만주의로서는 맛볼 수 없는, 주어진 것을 즐

한국인의 발견

길 줄 알고, 운명을 사랑할 줄 아는 지혜 있는 현실주의자만이 음미할 수 있는 소박한 포근함이었다.

1960년대 중반을 넘어가던 시점에서 지나온 때와 앞으로의 시간을 고려해 현실을 바라보았을 때 소박한 희망이 발견되었고 그에 근거한 고즈넉한 행복이 나타났다. 당시 사회적 현실이 개선된 점이 있었겠지만 김승옥의 소설에서 보면 이 시대에 바로 현실주의, 즉 주어진 현실에 적응하며 산다는 중대한 사상이 현실 속에서 나타났고 이는 최인훈의 역사와 현재의 발견과 김승옥의 한국인의 자아가 합류하는 위대한 만남이었다. 현실과 현재는 이제 즉자적으로 느끼고 판단하는 것이 아니라 과거와 현재와 미래의 구도에서 그 의미를 평가하는 것이 되었다. 현실은 그 틀에서 차선(次善)으로서의 구원을 찾을 수 있는 곳이었다. 개인적이고 우연적인 낭만주의적 희망과는 달리 현실주의적 희망이야말로 지혜가 전제된 사회적 희망이었고 이는 1960년대 후반에 나타났다.

그런가 하면 몇 년 후 1960년대 말이 되면 한국인들은 피로하고, 타락하고, 변질된 모습을 보인다. 1969년에 김승옥이 발표한 「야행(夜行)」은 한국인의 욕망의 변질을 보여준다. 원래 욕망이란 우리 몸이 배고프면 먹고 싶고, 가끔은 성욕도 나타나고, 모자라면 원하는, 우리 몸에서 원하는 바인 한에서 정당한 것이며 욕망은 충족시켜야 하는 것이 사회와 정치의 소명(召命)이다. 이러한 개념의 욕망은 1960년대 말이 되면 다른 모습이 되어 있다.

「야행」에서 주인공 현주는 밤마다 서울 시내의 번잡한 지역에서 술 취한 사내들 사이를 비집고 다니며 자신에게 접근하는 사내들을 관찰한다.

마지막 버스를 놓치지 않으려고 이리 뛰고 저리 뛰는 사람들 틈을 걸어가면서 현주는 자기를 붙잡는 사내들의 얼굴은 될 수 있는 대로 보지 않기로 자신에게 약속시켰던 점을 새삼스럽게 다행으로 생각했다. / 그 여자가 자기 자신에게 그런 약속을 시킨 맨 처음의 동기는 그 뒤에 그 약속이 나타낸 효과와는 정반대였다. 즉 밤거리에서 자기에게 말을 걸어오는 사내의 얼굴을 그여자가 애써 보지 않으려고 하는 이유는 사내에게 용기를 주기위해서였다. 그 여자의 생각으로는 만일 자기가 남자라면 밤거리에서 장난 반 진담 반으로 지나가는 여자를 붙들어 세웠더니그 여자가 차마 자기의 얼굴도 보지 못하고 묵묵히 서 있기만하는 걸 보면 없던 용기가 부쩍 솟으며 이젠 사태가 진담이기만할 뿐이라는 즐거운 절박감조차 들지 않을까 하는 것이었다. 만일 자기가 남자라면, 그렇다. 더 이상 군말 없이 그 여자의 손목을 잡아 끌고 가리라. 끌고 가리라. / 그러나 그 여자의 침묵과외면이 사내에게 작용한 결과는 번번이 사내로 하여금 불안과경계심으로 떨게 할 뿐이었다. 그 여자가 만났던 사내들 중에서가장 뻔뻔스럽다고 생각되는 사내도, "뭐 이런 게 있어? 벙어린가?" 하며 슬슬 물러가버렸던 것이다.

김승옥, 「야행」, 339-340쪽

현주는 그야말로 사내를 '낚'고 있었다. 수많은 술 취한 남자들이 그녀에게 집적댔지만 곧 멀어져가 버렸다. 그녀는 진정으로 자기를 원하고 용기를 내서 자기에게 접근하는 남자에게 끌려가기를

　　　　　　　　　　　　　　　　　　　　한국인의 발견

바랐다. 대부분의 술 취한 남자들은 비겁하고 불쌍한 존재들이었다.

현주는 전에 어느 날 낮에 어떤 사내에게 손목을 잡혀 여관으로 끌려가 강간을 당했던 기억이 있다. 처음에는 끔찍한 기억이었지만 시일이 갈수록 그 기억의 의미는 새로워졌다. 언제부터인가 현주는 스스로 시내를 돌아다니며 그런 경험, 이제는 탈선의 경험을 해보고 싶었다. 이 시대에 사내들은 밤에 현주에게 접근하지만 진정으로 그녀를 욕망하지 못한다. 이 시대의 사내들은 진정으로 일상에서의 탈출을 시도할 용기가 없다. 밤에 사내들이 나타내는 욕망은 가짜다. 즉 그들의 욕망은 흉내 내기이며 제스처일 뿐이었다.

김승옥의 관점에서 분명히 1960년대는 독특한 시대였다. 이 시대를 되돌아보는 작품이 1968년에 나온 「60년대식」이었다. 학교 선생인 주인공 김도인은 자살을 결심하고 사표와 유서를 써서 교장과 신문사에 보냈다. 신문사에는 아침 신문에 자기 유서를 꼭 내달라고 요구하였다. 물론 나오지 않았다. 그는 자신의 자살이 사회에 큰 충격을 주어야 한다고 확신했다. 그가 자살을 결심한 계기는 아내와의 이혼이었는데 아내를 만나게 된 과정을 다음과 같이 말한다.

익명으로 대중가요 곡을 몇 편 발표한 적이 있는 그의 학교 음악선생 소개로 우연히 알게 되었는데, 도인은 주리(朱利)의 그 말할 수 없이 천박한 화술, 경솔한 행동, 몰염치, 무지, 분수에 맞지 않는 출세욕 등에 단박 반하고 말았다. 반했다는 표현에 어폐가 있다면, 그 여자를 동정하고 말았다는 정도로 바꿔도 좋다. 소비만 하기 위하여 태어난 듯한 서울의 어느 거리에서도 쉽게 볼 수 있는 그런 여성 중의 하나가 바로 주리였는데, 도인으로서는 여자의 은박지 같은 그 가벼움에 묘하게 마음을 쓰게 되었던 것이다.

김승옥, 「60년대식」, 255-256쪽

아내와 만나 동거하게 된 계기는 그녀의 천박함 때문이었다. 말하자면 도인은 그녀가 자신의 조그맣고 초라한 존재에 어울리는 천박한 존재여서 편안한 마음으로 동거를 시작했다는 것이다. 그는 현실주의적으로 자신의 몫이라 판단한 작고 초라한 것에 만족하며 살기로 했는데 의외로 그가 매달리던 작은 몫이 떠나자 이제 자기 존재 자체가 의미 없어진 것이었다. 그러나 자살할 때 한 번만이라도 크게 신문에 나고 자기 인생의 단 한 번만이라도 무언가 큰 의미가 있는 것처럼 보였으면 했다. 그러나 이런 욕망의 실제 의미는 이 시대에 모든 사람은 '답답하다', '지금 누군가 죽어야 한다', 그리고 '그것은 바로 나다'라는 것이었다. 커지고 싶은데 커질 수 없는 세상에 대한 항거였다.

그의 유서가 신문에 게재되지 않자 그는 자살을 며칠 연기하기로 하고 신변을 정리한다. 그런데 문득 옛날 하숙집 전화번호를 발견했다. 그는 학생 시절 그 집에 하숙할 때 여성과의 성행위를 실험해보고 싶어서 그 집 다섯째 딸 애경 씨와 관계했던 기억이 있다. 그러고는 집 주인의 눈을 피해 가방만 들고 편지 한 장을 남기고 도망 나왔던 기억이 난다. 그는 새삼 애경 씨에게 죄책감을 느꼈다. 그는 자기가 죽기 전에 애경 씨에게 잘못을 빌고 용서받아야 한다고 생각했다. 즉 죄 없는 깨끗한 몸으로 죽어야 한다는 결벽증(潔癖症)이 발동한 것이다. 그는 수소문 끝에 어떤 결혼상담소에서 일하느라 이름도 바꾼 그녀를 만났다. 그녀는 돈 많은 과부 역할을 하는 사기꾼 바람잡이로 몸을 팔고 있었다. 결국 도인은 애경과 호텔방에 들어가게 됐는데 거기서 그녀가 보인 행동은 이해할 수 없는 것이었다. 그녀는 솔직하게 자신은 돈을 위해서 몸을 파는 사람이며 성병 환자라고 말했다. 결국 도인이 허탈한 채로 호텔을 나와 생각해보니 오늘은 생의 마지막 날로 삼기에는 너무나 '째째하고' 치사한 시간이었다. 당분간 '덤'으로 더 살아보기로 했다.

이번에 그는 짐을 정리하느라 책을 팔러갔다가 포르노 영화를 보게 된다. 포르노 영화의 배우들이나 관객들이나 쾌락을 즐기러 온 사람들이라기보다는 너무나 진지한 표정들이었다. 포르노를 보고 나오다가 전에 애경 씨를 만나러 갔다가 알게 된 '화학기사'를 만났다. 그와 헤어지지 못하고 술을 한잔 하며 이야기를 하게 되었다. 그는 이현주를 사랑하고 있으며 그녀와 함께 미국에 가서 살고 싶다고 했다. 그런데 도인은 그 '화학기사'와의 대화 중에 자기는 '정열이 없는 사람'이라는 말을 듣고 한 대 얻어맞은 기분이었다.

정열―그것은 확실히 도인에게는 서먹서먹한 말이었다. 그것이 무엇을 뜻하는 말이라는 것을 모른다는 뜻이 아니라, 도인 그 나름으로 너무나 잘 알고 있는 말이기 때문에 그에게는 서먹서먹한 말인 것이었다. / 그렇다. 도인이 가장 경계하는 것들 중의 하나야말로 바로 정열이라는 것이었다. 도인의 이해 속에서 정열이란, 우리들이 살고 있는 이 세계를 지옥으로 만들고 있는 가장 나쁜 원인들 중의 하나에 불과하였다. 정열이라고 하면 도인의 머릿속에 우선 떠오르는 것은 어쩐지 수양(首陽)이었고, 연산군(燕山君)이었고, 일본 군국주의자들이었고, 히틀러였고, 중공의 홍위병(紅衛兵)이었다. 그리고 약간은 한국의 정치, 경제, 사회, 문화, 그 모든 것에서 엿보이는 그 무엇이었다. / 그것은 판단이 결핍됐을 때 나오는 우격다짐의 행동이었고, 무기교(無技巧)를 감추려는 광란의 몸짓이었고, 지나가버린 일, 또는 이렇게 쓸 수도 있고 저렇게 쓸 수도 있는 시간에 대하여 인간들이 근본적으로 느끼고 있는 절망감에 호소하는 과격한 프로파간다였다. 진정한 혁명에서는 그것을 지배했던 이성과 지성의 빛이 무엇보다도 두드러져 보이듯이 인간을 무더기로 도살했던 과거 역사적인 여러 사람들에게서 공통되게 드러나는 것은 무엇보다도 정열이라고 도인은 생각했다. / 그렇게 생각했기 때문에 그에게는 정열이란 말처럼 서먹서먹하고, 아니 두렵기까지 한 말은 없었다. / 그는 자기 자신 속에서 정열을 제거해버리려고 노력해왔으며, 모든 사람들이 정열을 내세우지 말기를 바랐던 것이다. / 그런데 화학기사의 입에서 '당신에게는 정열이 없어 보인다'는 얘기를 듣는 순간, 도인은 이상스럽게도 심한 모욕감을 느꼈다. '정열이 없어 보이는 사람은 무섭지 않다'는 얘기에선 패배감조차 느꼈다. 이런 느낌들이 정열을 하나의 미덕으로 여기지 않는 사람에게 어떻게 일어날 수 있을까? 정열이 없는 사람이라는 얘기를 듣고 나서 모욕감을 느끼고 패배감을 느낀 그는, 그렇다면 정열을 무의식적이나마 긍정하고 있었던 것이 분명하다. / 아니다, 이제야 도인은 자기에게 가장 필요한 것이 정열이라는 것을 깨달은 것이다. 과도한 정열이, 또는 정열로 위장한 추잡한 욕망이 빚어내는 인간에 대한 과오를 경계한 나머지

이제 그에게는 이성과 지성에서 나온 판단을 밀고 나갈 힘이 되
어줄 최소한의 정열조차 닳아 없어져버린 것을 깨달은 것이다.

김승옥, 「60년대식」, 416-417쪽

1960년대 말에 김승옥의 소설에 나타난 한국인들의 모습은
변태, 타락의 백화점이었다. 그들 변태의 핵심은 '폼 잡기', '흉내 내
기', '따라하기'였다. 1960년대 말에 이르면 욕망마저도 서로 흉내 내
며, 욕망의 '폼'을 잡고 억지 욕망을 쥐어짜는 상황이고 이는 변태로
이어졌다. 이제 1960년대 말에 느껴진 부재, 있어야 하는데 없는 것
은 바로 '정열'이라는 것이었고, 아마 조금 더 정확히 말하면 진정성
이라 할 수 있을 것이다. 1960년대를 통해 개성이란 의도적으로 만
들어 낸 외모였다. 생명을 키워나갔지만 현실에 압도되어 현실주의
에 안주하고 주어진 작은 운명을 사랑하는 데 만족해야 했다. 1960
년대 초반 김승옥 소설에서는 내면, '자기만의 세계', '비밀', '생명'
등이 중요한 자아의 부분으로 부각되었다. 그러나 1960년대 말에 오
면 극기를 통해 만드는 남에게 보이기 위한 외모만 남고 내면, 자기
만의 세계, 비밀, 생명 등은 모두 잊혀져버렸다. 1960년대 말이 되면
진정성이, 정열이 왜 필요한지 알 수 없었고, 알 필요도 없었다.

최인훈에 이어 김승옥이 표현하는 젊은이들의 모습은 단적으
로 서구 사상사에서 나타나는 근대인의 한 유형이라 단정할 수 있다.
푸코는 18세기 말부터 19세기 초반에 이루어진 시간과 시간을 통한
생명의 발견이 고전 시대(l'âge classique)의 에피스테메(épistemè)를
붕괴시키고 근대 에피스테메를 성립시킨 결정적 요인이었다고 주장
하였다.ᵉ 최인훈의 소설에서 목도한 역사의 발견과 김승옥이 표현한

'생명'을 포함한 고립된 개인의 동시성은 결코 우연이 아니었다. 최인훈의 『서유기』 마지막에 독고준이 다짐하는 자기 삶의 신조는 다분히 이론적으로 구상한 추상적 한국인의 모습에 가까운 것이지만, 앞에서 지적한 독고준의 파우스트주의는 이론이 아니라 현실이었다. 그에 비해 김승옥 소설에서 나타나는 한국인의 모습은 보다 경험적이고 현실적인 생명체였다. 그러나 최인훈이 『회색인』과 『서유기』를 통해 표현하는 역사와 현재의 발견이 전제되지 않고는 김승옥의 한국인의 모습은 불가능한 것이었다. '근대'라는 시대가 한국 역사에서 언제 시작되었는가는 논쟁거리지만 이런 시각에서 보면 1960년대에 비로소 한국에서는 서구 역사에서 '근대(modern)'라고 하는 문화가 현실에 자리 잡았음을 알 수 있다.

역사를 통한 현재의 발견, 즉 재발견을 통해서만 욕망은 사회적 의미가 있는 것이고, 재발견을 통해서 얻은 현실, 현재의 새로운 무게에서 인생의 새로운 의미가 생기는 것이다. 현실주의는 주어진 것을 과거와 현재와 미래라는 시간을 통해 다시 평가하는 지혜를 통해서만 얻을 수 있는 사상이며 이로써 '운명에 대한 사랑(amor fati)'에 이를 수 있다. 1960년대 말이 되면 욕망은 색다른 사회 과정을 통해서 가짜를 급속도로 번식시키기 시작했다.

그러나 이 시대에 나타난 한국인과 서구 근대인의 모습 사이

• 에피스테메(épistemè)란 푸코가 내세운 개념으로 경험적 지식을 포함한 모든 지식이 어떤 시대를 통해 만들어지는 틀 또는 구조—푸코는 '구조(structure)'라는 말은 의도적으로 쓰지 않았고 자신은 구조주의자가 아니라고 주장했다—가 있으며 이 틀을 그렇게 불렀다. 이 에피스테메가 역사적으로 큰 변화를 겪어왔다는 것이다 (Foucault 1966).

한국인의 발견

에는 상당한 차이가 있음이 지적되어야 한다. 먼저 문제시되는 것은 김승옥의 '생명'이라는 말이다. 물론 이 말은 은유라 볼 수밖에 없다. 「생명연습」에서는 '생명'을 화자와 누나 간의 특별한 관계가 키워낸 어떤 실체라 하였다. 그러나 이 이야기는 치밀하지 못하다. 어머니를 죽일 것인가, 형을 죽일 것인가 둘 중에서 선택하여 형을 낭떠러지에 떠민 것이 과연 화자와 누나 간의 '생명'의 선택이었을까? 과연 우리 독자들은 어떻게 선택할 것인가? 아마 특수한 경우를 제외하고는 같은 선택을 할 것이다. 가족들끼리 서로 죽이는 데 익숙한 서양의 신화와 문학에도 어머니를 죽인 사람은 아가멤논(Agamemnon)의 아들 오레스테스(Orestes)밖에 없었고 그가 어머니를 죽인 것은 고대 그리스인들에게 판단하기 난감한 문제였다. 결국 형을 죽일 것을 선택한 것은 화자와 누나의 특별한 관계에서 비롯한 배타적 선택이 아니라 오히려 사회적, 보편적 윤리 규범의 판단이었다. '어머니를 죽이는 것이 더 큰 죄'라고 표현하면 어폐가 있겠지만 분명히 김승옥의 '생명'이라는 표현은 과장된 것이었다. 그리고 앞에서도 지적했지만 「건」에 나온 이야기나 「다산성」의 이야기나 집단의 판단과 행동은 무조건 정당화될 수 없다. 이러한 관계들은 경험적으로 범죄 집단이 될 수도 있고 부패 고리가 될 수도 있고, 모두 사회 규범과 법의 규제를 받는다.

　　김승옥이 '생명'이라는 말을 계속 쓰지 않았지만 쓰게 된 이유는 그가 소설 속 인물들의 행동 동기로서 사회 윤리, 도덕을 초월하는 대체 규범을 찾았기 때문이었다고 판단된다. 여기에서 지적해야 할 1960년대 한국인의 특수성의 핵심은 최인훈의 독고준이나 김승옥의 인물들에게서는 '공동체', '사회', '윤리', '도덕' 등에 대한 일

언반구의 언급도 없었고 전통적 생활 원리들은 철저하게 무시되었
다는 점이다. 김승옥에게 생명이란 고독한 개인들의 가족, 공동체 등
을 대체할 안식처로 구상된 것으로 보인다. 김승옥에게는 선택된 사
람들 간의 자발적 관계, 특히 친구, 우정이야말로 유일하게 개인들이
소통하고 애정을 나눌 수 있는 단위라 생각됐고 이로써 그는 전통적
의미를 지닌 '공동체', '사회' 심지어는 '가족'의 규범성도 초월할 수
있다고 생각했을 것이다. 1960년대 한국인들은 공통적으로 전통과
과거로부터의 문화를 일괄적으로 거부하였고 심지어는 기존, 현존의
사회 윤리에 대해서도 거부 또는 도전의 '포즈'를 취하고 있었다. 이
런 시각에서 보면 독고준의 파우스트주의는 자연스런 성향이었다.
1960년대의 한국인들, 특히 김승옥의 한국인은 대체로 체제 도전적
이고 반사회적 '포즈'를 즐겼다. 1960년대 한국에서 보수, 보수주의
는 존재하지 않았다. 1960년대 중반의 현실주의는 새로운 안정의 가
능성을 열었지만 너무나 뿌리가 허약했다. 한국의 지식인들은 한국
의 후진성을 의식했고 서둘러 근대화시킬 수 있는 성마른 인물들을
만들어 나갔다.

　　1960년대의 한국인은 전과는 전혀 다른 활기찬 모습이었다.
혁명 과정에서 욕망을 얻었고 역사의 발견을 통해 희망을 얻었으며,
이 희망을 지키기 위한 결의는 진지한 것이었다. 그러나 그들은 고
독했고, 그들의 정서를 품어줄 공동체는 거부되었다. 그들은 모두
가족도, 공동체도, 윤리도, 도덕도, 심지어는 민족도 벗어버린 가벼
운 군장으로 욕망을 향해 잠시의 휴식도 거부하고 달려 나갔다. 이
것이 바로 1960년대 '한국주식회사(Korea Inc.)'라 불렸던 '민족 공
동체'의 모습이었고, 이 지점에서 '민족이란 상상의 공동체(imagined

communities)'라는 앤더슨(Benedict Anderson)의 명제는 너무나 정확했다. 1960년대 한국인들은 가벼운 군장으로 너무나 빠르게 달려 나갔기에 '타임머신'에서 빨리 늙어버렸다. 1960년대 말이 되면 그들은 촉촉한 속살은 다 말라버리고 껍데기와 탈만 남았다.

1960년대라는 독특한 시대는 대중문화의 장에서는 1961년 말에 발표된, 한명숙이 부르고 손석우가 작사, 작곡한 〈노란 샤쓰 입은 사나이〉에서 시작되었다고 해도 과언이 아니다. 우리 현대사에서 엄청난 사건이었다. 강준만은 1960년대 초의 대중가요에 대해서 다음과 같이 말한다.

> 1950년대의 대중가요는 사회 현실에 관한 곡들이 많았으며 주로 분단에 관한 노래들이 많이 불려졌다. 이 시기에는 사랑이나 인생, 고향에 관한 노래는 상대적으로 줄었다. 그러나 60년대 들어서면서 차츰 사랑이라는 주제가 두드러지기 시작했으며 경제 부흥의 시기에 발맞춰 희망적인 건전가요풍의 노래들이 많이 등장하였다. / 밝은 분위기는 말할 것도 없고 우선 속도감이 빨라졌다. 가장 대표적인 히트곡이 손석우 작사·작곡, 한명숙 노래로 나온 〈노란 샤쓰 입은 사나이〉였다. '샤쓰'를 강하게 발음해야 맛이 나는 노래였다.[5]

그러나 이러한 변화의 결정적 계기를 이룬 사건은 경제 성장 등 어떤 변화보다도 혁명과 쿠데타의 성공이었다. 쿠데타의 성공과 강력한 국가권력의 등장은 그 자체가 새로운 시대의 여명(黎明)이었다.

대중음악 비평가이자 역사가인 이영미는 1960년대 초반에 〈노

란 샤쓰 입은 사나이〉와 함께 나타난 대중문화 전반의 변화와 대중가
요에서 나타나는 1960년대 한국 사회를 다음과 같이 표현한다.

> 1960년대만큼 도시 성인 서민들의 삶이 희망적이고 아름답게
> 그려진 적은 없다. 이런 경우는 우리 대중가요사에서 전무후무
> 하다. 이지리스닝의 세계에서, 도시의 삶은 사랑과 행복이 이루
> 어지는 곳이며 설사 실패한다 해도 그 이별조차 아름답다. 슬픈
> 사랑과 이별의 노래야 우리나라 대중가요사 어느 시기이든 항
> 상 존재했으므로 그다지 신기할 것이 없지만, 이렇게 행복하고
> 즐거운 노래가 많이 등장한 것은 1960년대만의 특이한 현상이
> 다. 희망과 즐거움이 강한 노래가 1970년대 포크에서도 집중적
> 으로 드러나나, 그 삶은 자신이 돈을 벌어 먹고사는 성인의 삶
> 이 아닌 아직 성인의 세계에 들어가지 않은 청소년들의 삶이다.
> 그에 비해 1960년대에는 자신의 생활을 스스로 책임지는 성인
> 의 삶 속에 희망과 낙관이 있다. 트로트 양식은 성인의 삶의 모
> 습이었지만 으레 비극과 패배, 탄식이 터져 나오는 자학적 슬픔
> 으로 점철되어 있었다. 그러나 대중가요에서 나타난 1960년대
> 의 도시에서의 삶은 뭔가 잘 될 것 같다는 예감으로 가득 차 있
> 다. 그것은 장조 이지리스닝의 경쾌한 정서로 드러난다.[6]

한국 현대사에서 1960년대는 특별한 시대였다. 대중문화에서
나타난 1960년대의 변화는 위에서 논한 순수문학에서 나타난 변화
보다 한결 과장되어 있었다. 1960년대에 나타난 모든 것은 오랫동안
새로운 기준이 되었다.

1960년대는 '노란 샤쓰 입은 사나이'의 꿈으로 시작되었다. 이 노래는 우리 대중가요사에서 독보적이고 신화적인 노래로 수많은 한국인들의 추억과 연결되어 있다. 그러나 반세기 이상이 지난 지금 시점에도 노란 옷은 여성 연예인들이나 가끔 입는 색이지 남성은 거의 입지 못하는 게 현실이다. '노란 샤쓰 입은 사나이'는 아직도 현실에는 없다. 아마 당시 사람들에게 '노란 샤쓰'라는 이미지는 눈에 잘 띄는 옷을 입은, 남에게 자신을 과시(誇示)하는, 자신감 있는 사나이라는 의미로 받아들여졌을 것이다. 그러나 늘 이렇게만 이해되었던 '노란 샤쓰'의 의미가 어느 날 갑자기 전혀 다른 의미의 상징으로 부각될 수 있다는 가능성은 예상되지 못했다. 더욱 현실적으로 말하면 앞에서 제시한 노란색의 불길한 의미가 해독(解讀)되지 못한 채 그저 밝은 색, 눈에 잘 띄는 색으로만 이해되며 시대의 희망으로 그 노래는 널리 애창되어 온 것이다.

세계 문학사에 노란색 옷을 입는 인물은 많이 등장하지 않는다. 다만 괴테의 고전 『젊은 베르테르의 슬픔(Die Leiden des jungen Werthers)』(1774년)의 베르테르는 노란 조끼를 입고 다녔다.[7] 그는 자살할 때도 이 노란 조끼를 입고 있었다. 베르테르가 주문해서 입고 다녔던 조끼의 노란색은 잘 흥분하고 격앙하는 그의 불안정한 성격을 표현한 것이었다. 그런 그의 성격은 소설에서 여러 차례 지적된다. 그가 권총 자살이라는 비극적 죽음에 이르게 된 원인은 결국 불안정하고 흥분하기 쉬운 성격으로서 로테에 대한 이루어질 수 없는 사랑에 빠졌기 때문이었다. 괴테의 소설이 크게 성공하자 유럽의 젊은이들 간에는 노란 조끼가 대유행이었다고 한다. 그리고 낭만주의의 시대는 피비린내 나는 대혁명의 시대로 이어졌다.

또한 미국의 소설가 F. 스콧 피츠제럴드의 명작 『위대한 개츠비(The Great Gatsby)』(1925년)의 개츠비는 노란색 자동차를 타고 다녔다.[8] 그가 타고 다니던 자동차는 노란색일 뿐만 아니라 희한하게 생겨서 도저히 한 번 보면 잊을 수 없는 괴상한 차였다.

본 적은 있었다. 누구나 적어도 한 번은 보았을 것이다. 짙은 크림색에 니켈 장식이 번쩍이고, 괴물처럼 긴 차체 여기저기에 모자 박스와 음식 박스와 연장 박스가 뽐내듯 튀어 나와 있고, 미로처럼 복잡한 여남은 개의 유리창이 태양을 반사하고 있었다. 우리는 여러 겹의 유리창 뒤, 온실 같은 초록색 가죽 시트에 앉아서 시내를 향해 출발했다.

F. 스콧 피츠제럴드, 『위대한 개츠비』, 102쪽

색깔도 '노란색'이란 말은 대충한 말이고 자세히 보면 희한한 색깔이었다. 더구나 경적도 세 가지 음색의 아름다운 멜로디를 연주하는 희한한 소리를 내고 있었다. 개츠비는 처음부터 이중적인 인물

• 독자들에게 소개되는 첫 대목에서 베르테르는 자신이 '고독'이라는 '진정제'가 필요한 성격이라고 소개한다 (Goethe 1774: 12). 또 그는 5월 13일의 편지에서 친구에게 "자네는 내가 고민을 하다가는 걷잡을 수 없이 방자한 꼴로 달콤한 우수에 잠겼다가 파괴적인 정열로 옮겨가는 모습을 여러 번 목격했고, 그것이 자네에게 폐가 된 적도 한두 번이 아니었으니 말야. 아닌 게 아니라, 나는 내 마음을 병든 어린애처럼 다루고 있다." (같은 책: 16). 그는 로테에게서도 지나치게 열을 올리는 성격에 대해 심한 핀잔을 듣기도 했다 (같은 책: 57-58). 이 작품에서 베르테르의 불안정하고 잘 흥분하는 성격은 여러 차례 지적된다.

한국인의 발견

로 소개되며 소설이 시작된다. 그는 화자가 내놓고 경멸하는 것들을 빠짐없이 갖춘, 그야말로 경멸스럽기 짝이 없는 인물이지만 동시에 멋진 구석이 있는 매력적인 인물이었다는 것이다. 그는 그 주변이나 자신이나 쓰레기 더미 같은 속물들 가운데 작지만 빛나는 존재, 소중하고 맑은 존재였다. 그가 맑은 마음으로 그토록 사랑하던 데이지 또한 속물 중의 속물이었다. 개츠비의 노란 자동차의 색깔은 이런 그의 운명, 쓰레기 더미 가운데 빛나는 보석으로서의 비극성을 상징하는 색깔이었다. 사실 자동차를 포함한 그의 모든 행실은 스스로 모두의 눈에 띄는 희한한 존재가 됨으로써 그가 사랑하던 데이지가 멀리서도 알아보고 찾아올 수 있게 하기 위한, 그녀와 만나기 위한 사랑의 전략이었다. 그가 하는 행동은 대부분 제정신이 아닌 과장된 것이었지만 그런 행동을 하는 동기는 너무나 아름답고 순수한 사랑이었다. 노란색이 개츠비의 존재를 상징하고 있었다면, 그 색깔은 상스럽고 속물적인 쓰레기 더미 한가운데 보석 같은 존재임을 나타내는 것이었고, 이런 존재의 상황이 그를 때 이른 죽음으로 몰아갔다고 할 수 있을지 모른다.

1960년대는 전후(après guerre)와 1950년대에 나타났던 죽음과는 전혀 다른 의미의 죽음들이 나타난 시대였다. 무엇보다 김승옥의 소설에는 젊은이들의 자살 또는 자살 충동이 심심치 않게 등장한다. 그들은 염세주의적 또는 허무주의적 충동에서, 자신의 내면에 자리 잡은 양심의 가책 또는 존재적 좌절에서 죽음을 선택한다. 자살의 직접적인 계기는 자신에 대한 분노에서 자신을 죽여버리는 자기 살해였고 이는 1950년대까지의 문학에 등장하는 죽음과는 너무나 다른 종류의 죽음이었다. 1960년대 초부터 죽음에 대한 소설을 끊질기게 써온 작가는 박상륭이라 할 수 있다. 그가 제시하는 죽음에 대한 이야기들의 현실적 함의는 파악하기가 쉽지 않다.* 그의 이야기는 오히려 '죽음' 특히 '죽임'이라는 신비스런 유령이 이국적인 성서의 세계를 떠도는, 신화적 이야기였다. 혹자는 그가 죽음에 천착한 것에 대해서 종교적 구원의 의미를 읽어내기도 한다.

최인훈이 1966년에 쓴 단편 소설 「웃음소리」에는 이 시대 특유의 사람을 죽이고 싶은 '살의'가 구체적으로 드러나고 있다. 이 소설의 화자 '그녀'는 유흥업소, '바'에서 일하던 여인이었다. 마담언니에게 빌려준 돈의 일부를 받아서는 전에 생각했던 대로 자살을 하기 위해 P온천행 기차를 탔다. 웬 뚱뚱한 남자가 앞에 앉았다. 자기를 쳐다보는 눈길을 보니 너무나 많이 보아온 타입의 남자였다.

그러자 그녀는 그 짜증스러움이 밖으로부터도 그녀를 괴롭히고 있는 것을 느낀다. 그것은 맞은편 자리로부터 오고 있었다. 이 맞전이 희부연 그 남자는 담배 연기 사이로 그녀를 뜯어보고 있었다. 몸으로 알 수 있는 그 남자의 눈빛은 뭣하는 계집인지 안 단 말야 하는 투의 것으로 느껴지는 것이다. 그녀는 움직일 수 없었다. 움직일 수 없다는 생각이 들자 그것은 무거운 고단함을 떠맡겼다. 그러자 그녀는 거의 날래다고 해야 할 움직임으로 핸드백을 열었다. 줄칼은 없었다. 그러자 그녀 앞에 요즈음 들

---

* 박상륭은 1960년대를 통해 『아겔다마』, 『열명길』이라는 소설집을 출간했다 (박상륭 1963-1973; 박상륭 1965-1971). 그의 소설에 대한 연구서로는 임금복, 『박상륭 소설 연구』(서울: 국학자료원, 1998)가 있다.

한국인의 발견

어 처음으로 부피 있는 느낌이—아득하도록 깊은 구렁텅이가 빠끔히 아가리를 벌렸으나 곧 인색하게 아물려졌다. / 마치 그녀를 위한 것처럼 차내 판매원이 다가왔다. 그녀는 사과를 사고 칼을 빌렸다. 그녀는 되도록 천천히 껍질을 벗겼다. / 「멀리 가십니까?」 / 뚱뚱한 남자는 끝내 말을 걸어 온다. 그녀는 손에 든 칼로 그 소리가 나는 쪽을 푹 찌르고 싶은 흉포한 북받침을 겨우 참는다. 그녀는 아무 대답도 하지 않았다. 그녀의 눈길 어림의 그쪽에 싱글거리는 남자의 얼굴이 있다. 그녀는 도마도 껍질 벗기듯이 얇게 천천히 사과를 벗겨간다. 칼끝을 그쪽으로 보내고 싶은 욕망에 지그시 버티듯이. 내 얼굴에 하는 일이 나타나 있는 것일까 하고 그녀는 생각해 본다. 그 일이 어떻고 저렇구가 아니라 의당 막 굴어도 좋으려니 하는 남자의 눈길에 그녀는 미움을 느낀다. 이 남자—이처럼 만난 뚱뚱한 남자를 죽이고 싶은 마음은 거짓말 같지 않았다. 만일 이 사나이를 데리고 간다면…… 자살 계획에 어떤 어긋남을 가져올까? 술에 약을 타서 먹여 놓고 나는 혼자 그 자리에 가서 죽을 수 있다. 정말 그렇게 하고 싶다. 되는 일이다 하고 생각한다. 자기의 죽음이 거짓말 같았던 꼭 그만큼 그 일을 조금도 심한 일이라고는 생각하지 않았다. 죽여 버리자…… 아. / 「아」 / 자기 것보다 먼저 나온 남자의 소리를 들으면서 그녀는 엄지손가락을 누르며 그 손에 잡고 있던 사과를 떨어뜨렸다. 누르고 있는 손가락 사이에서 피가 새어나온다.

최인훈, 「웃음소리」, 257-258쪽

이 시대에 이 여인이 그 남자에 대해 느끼는 살의, 상당히 구체적인 살인 의지를 갖게 된 경위는 뚜렷하다. 그녀는 바, 유흥업소에서 남자들에게 수많은 인격 모독을 당했고 어차피 지금 자살하러 가는 길에 그간 쌓인 그런 남자들에 대한 증오심을 풀 수 있다면 안 될 건 없을 것이다. 물론 그 남자는 처음 본, 모르는 남자지만 비슷한 남자들에게 쌓인 증오심은 너무나 많았다. 1960년대에 나타난 죽음과 죽임에 대해 생각한다면 가장 일반적인 동기는 자본주의적 노동 시장에서 너무나 흔한 인격 모독 또는 존엄성 파괴였을 것이다. 당시에 눈부시게 발달되어 가는 자본주의 경제는 한국인들에게 희망의 근거이자 동시에 죽음의 그림자였다. 현대 한국인들 사이에서 죽음의 악령은 1960년대부터 떠돌기 시작했다. 그리고 이 죽음은 1950년대의 죽음과는 상당히 다른 죽음이었다.

제7장

❖

분열과
연합의
시대

—

1970년대

1970년에 들어서면 서울 인구는 무려 543만 명에 달하여 남한 전체 인구의 18퍼센트를 차지하게 되었다. 이 해 7월에 미국은 다음 해에 주한미군 1개 사단을 철수시킨다고 통보했고, 과연 다음 해 3월 미 제7사단이 철수했다. 한편 1970년 11월 13일에는 평화시장 봉제 공장 노동자 전태일이 노동자들의 삶과 노동 조건에 좌절하여 저항의 횃불이 되고자 분신(焚身) 자살을 감행했다. 이 사건은 충격이었고 엄청난 변화를 야기했다. 그리고 1971년 8월에는 '광주대단지 폭동'이 일어나 큰 충격을 주었다. 다른 한편 미국의 닉슨 대통령은 경제긴급조치를 발표하여 세계 경제를 '닉슨 쇼크'로 몰아넣었다. 드디어 1972년 10월 17일 박정희 대통령은 10월 유신을 선포하여 헌정을 정지시키는 폭거를 단행하였다. 다음 해인 1973년 10월에는 중동전쟁으로 제1차 '석유파동'이 일어나 전 세계 경제가 위기로 치달았다.

이러한 1970년대 초의 급박한 국제 정치, 경제상의 변화들은 박정희 정권으로 하여금 중화학공업화 발전에 더욱 박차를 가하게 만들었고 한편으로 경제·사회·정치적 모순은 급속히 악화되어 갔다. 그러나 이런 복잡한 국내외 정세는 1970년대 후반에도 개선되지 않았다. 석유 값은 계속 치솟아 올랐고, 1975년 베트남은 패망했으며, 후반기에 가면 미국은 지속적으로 한국의 군사독재에 압력을 가했다.

1970년대는 1960년대의 연장선상에 있었다. 여전히 박정희 대통령 치하에 있었고 1960년대에 내세운 방대한 국정 목표는 다 이루어지지 못했지만 그 효과는 뚜렷했으며 1970년대에도 지속되었다. 그러나 한편으로 1970년대는 1960년대의 부정이었다. 그에 따라 1970년대의 문화와 사상은 어느 시대보다도 복잡하게 전개되었다. 한편에서 한국 사회는 여러 집단으로 분열(分裂)되며 갈등이 깊어져 갔고, 다른 한편에서 이를 극복하려는 통합의 시도가 새로운 차원에서 시작되었다. 유신 체제에 대한 저항이 가시화하기까지는 긴 시간이 걸렸다. 1960년대의 변화는 정치적 영역보다 훨씬 넓고 깊은 사회·문화적 영역에까지 미쳤고 거기에 대항한 1970년대의 변화도 넓은 사회·문화적 영역들이 망라되어야 했다. 군사독재에 대항하는 저항 세력은 거대한 연합을 형성해 갔다.

다른 시각에서 보면 1960년대 말부터 1970년대는 우리 역사에서 최초로 '사적 영역(私的領域, private sector)' 또는 시민 사회(civil society)가 독자적인 존재로 나타나고, 국가권력과 별개로 움직이고, 국가권력에 영향을 주고 도전하기 시작한 시대로 이해할 수도 있을 것이다. 국가권력이 사회를 주도하고 이끌어가던 시대는 1960년대로 끝난 것이다.

한국 사회의 분열

서곡: 최인훈의 「하늘의 다리」―1970년

1970년에 최인훈은 중편 「하늘의 다리」를 써냈고 이 작품은 한국 현대 문학사에 미스터리로 남아 있다.

삽화가(挿畫家) 김준구에게는 언제부턴가 착각이 나타났다가 사라지곤 한다. 그는 이북에서 단신 월남하여 미술 대학을 마쳤지만 화가로서 자리 잡지 못했다. 고향에서는 그림에 재주가 있다는 말을 들었지만 그 정도로는 충분하지 않았고, 미술에 대한 열정이나 신념도 부족했다. 그는 여러 번 국전에 도전했지만 번번이 떨어졌고 자신의 처지가 원망스러웠다.

오랜만에 은사인 한동순 선생에게서 편지가 왔다. 그분 생각만 하면 머리가 빠개질 듯 아프다. 집 나간 딸 성희를 찾아 집으로 돌려보내 달라는 부탁이었다. 편지에 쓰인 대로 'OK비어홀'이란 곳

을 찾아가 보니 어두컴컴한 곳이었다. 그녀를 만나지 못하고 돌아오
는데,

보도에 내려서자 조금 걸어가다가 준구는 또 '그 착각'을 일으
켰다. 그것은 착각이라기보다 '허깨비'라고 하는 편이 옳았다.
갠 밤 하늘에 여자의 다리 하나가 오늘도 걸려 있다. 허벅다리
아래만 뚝 잘린 다리다. 쇼윈도에 양말을 신겨 거꾸로 세워놓은
마네킹의 다리가 하늘 한가운데 애드벌룬(氣球)처럼 떠 있는 것
이다. 창백한 큼지막한 달이 떠 있는 하늘은 밝고 싸늘하다. 다
리는 달빛을 받아 별처럼 빛난다. 발을 아래로 제대로 허공을
밟고 선 다리는 한쪽뿐인데 허벅다리 위에서 끝나 있다. 그런데
그 끊어진 대목이 마네킹과 다르다. 끊어진 대목에서 피는 흐르
지 않는다. 있어야 할 둥근 절단면이 없는 것이다. 아무리 뒤로
돌아서서 절단면을 보려고 해도 보이지 않는다. 절단면은 자기
그림자를 밟으려고 할 때처럼 시선에서 벗어난다. 끊어진 다리.
그런데 끊어진 자리가 없다.

최인훈, 「하늘의 다리」, 27-28쪽

특정한 여자의 다리는 아니다. 그러나 남자의 다리는 아니고
살아 있는 여자의 다리다. 그 다리가 나타난 것은 처음이 아니었다.
그 편지를 받기 전에 명동에 갔을 때도 나타났었다. 준구는 '허깨비'
라고 생각하지만 너무나 구체적이다. 다른 사람은 보지 못한다. 보통
은 곧 사라지지만 몇 시간씩 지속되는 경우도 있다. 철저한 감각이다.
성희를 만났다. '아름다운 여자'였고 준구가 '좋아하는 타입의

한국인의 발견

여자'였다. 성희가 하는 일은 준구에게는 부담스러웠다. 준구가 밤에 바에서 나와 친구와 헤어지자 겨울 하늘에 또 그 다리가 걸려 있다. 이번에는 허벅다리에 'OK'라는 글씨가 보인다. 성희가 일하는 비어홀 이름이다. 집에 와보니 아파트 계단 앞에 성희가 와 있었다.

> 한 선생 편지를 받고 성희를 만난 것이 엊그제 일이다. 두 번 만나고도 그녀의 얼굴은 뚜렷하게 머리에 남지 않았다. 얼굴보다도 입언저리께가 먼저 떠오르곤 했다. 입언저리의 그 완강한 선은, 선이라기보다는 벽(壁) 같은 것이었다. 거기까지 쫓아간 범인이 문득 찾아 들어가버린 요술 벽 같은 것이었다. 한 선생과 자기 사이에 가로놓인 기억의 큰길과 뒷길을 이리저리 따라가서 막다른 골목의 벽—그것이 성희의 그 입언저리께가 준구에게 불러일으킨 느낌이다. 이런 벽 앞에서는 모든 이야기, 모든 앎, 그런 게 소용없어진다. 스핑크스, 그렇다 스핑크스다. 너무 많은 것을 묻고 있는 건지, 아무것도 묻지 않고 있는 건지 도무지 알 수 없는 얼굴, 앎이 많은 자가 되려 헤매게 되는 그 좁은 미궁(迷宮)—그게 성희의 얼굴이다. 첫번째 만났을 때 준구의 느낌이 그랬고, 두번째 만났을 때 느낌도 마찬가지였다. …… 지금 앞에 서 있는 그녀는 그래서 거짓말 같았다. 더욱 놀라기는 그녀의 다리가 먼저 보였고 준구에게는 그것이 환상의 다리로 보였다.
>
> 최인훈, 「하늘의 다리」, 47-48쪽

준구는 성희의 얼굴을 제대로 보지 못했다. 그녀의 얼굴선은 준구를 거부하는 벽 같은 느낌이었다. 결국 그녀에게서 다리만 보였다. '그것은 환상의 다리'였다. 결국 성희와는 아무런 대화도 없었고, 준구는 그녀에 대해서 선생님의 딸이라는 것 외에는 아무것도 모른다. 며칠 후 성희는 비어홀을 그만두었다고 한다. 그 말을 듣고 나오는데 또 다리가 하늘에 걸려 있다.

　그러고는 한 선생이 사망했다는 전보를 받고 기차를 타고 내려갔다. 그 북적이는 기차간을 보자 준구는 피난 때 탔던 그 LST 생각이 난다. 준구는 사람들이 많이 모인 모습을 보면 피난 올 적에 탄배의 역겨운 혼란이 떠오른다. 그 후 연말에 준구는 다리를 삐어서 외출을 못하고 집에 갇혀 지냈다. 하늘에서 그 다리가 가끔 보였다. 그러다가 그 다리가 성희의 다리라는 생각이 들었다. 그럴 리가 없다고 다짐을 했지만 결국엔 그렇게 결정되어 성희의 다리가 되어버렸다. 친구가 저가(低價) 미술 전시회를 같이하자고 제안해왔을 때 준구는 달빛에 걸려 있는 그 '하늘의 다리'를 그릴 생각을 했다.

　하늘에 다리 하나가 걸려 있다. 다리는 허공을 밟고 있다. 그 밑에 멀리 도시가 있다. 도시의 하늘에 허벅다리 아래만 있는 다리 하나가 걸려 있는 그림이다. 그 다리가 성희의 것이다—라고 준구는 믿고 있다. 그러나 이 다리는 도시의 하늘에 잘 걸려주지 않았다. 이상한 일로 그림을 시작한 다음부터 준구는 하늘에 걸린 그 다리를 다시는 보지 못했다. 기억을 더듬어서 그리는 수밖에 없었다. 성희의 기억이 희미한 것처럼 다리도 막상 옮기려고 하니 종잡을 수 없다. 다리 모양이 생각 안 난다는 게 아니다. 잘린 다리 하나가 그림의 공간 속에 들어와 앉아주지를 않는 것이다.

최인훈, 「하늘의 다리」, 115-116쪽

　이런 일이 있고 몇 가지 사건이 있었지만 나중에 준구가 친구에게 쓴 편지에 따르면 그는 성희와 같이 살고 있다고 했다.

　이 소설에서 김준구라는 실패한 화가 지망생은 하늘에 여자 다리가 걸려 있는 환상을 보았다. 그러나 그 다리를 그림으로 그리려 하자 사라지고 더 이상 보이지 않는다. 이런 현상은 간단히 말하면 성도착(性倒錯) 또는 페티시즘(fetishism)이라 할 수 있을 것이다. 페티시즘은 여성의 신체 일부에 대한 매혹으로 신체 일부의 상(像)이 하늘에 보이는 것과는 다르다. 그러나 여성의 육체 전체가 아니라 일부라는 점에서는 유사하다고 할 수 있을 것이다. 글에서 보면 다리는 성희라는 여성과 깊이 관련되어 있다. 물론 그 다리는 한 선생의 편지를 받기 전부터 나타났다. 하지만 성희와 관련된 쪽으로 다리의 상이 진전되는 것으로 보아 그녀와의 관계에서 설명을 구해야 할 것이다. 준구는 성희의 얼굴을 제대로 보지 못했다. 그녀의 얼굴이 그의 시선을 거부하고 있었다. 그러자 그의 눈은 얼굴에서 쫓겨서 다리로 갔다. 그녀의 다리는 '환상의 다리'였다. 말하자면 그 다리, 유일하게 바라볼 수 있었던 그녀의 말단에 그의 시선이 집착했고, 그 모습에 그녀에 대한 모든 환상이 담기게 되었다. 그러자 하늘의 다리는 '성희의 다리'가 되어버렸다. 그럴 리가 없다고 다짐하지만 다리와 성희는 붙어서 떨어지지 않는다. 한때 그 다리에 'OK'라는 글자가 보였던 경우도 마찬가지였다. '성희'를 찾아 갔던 맥주홀 이름을 외우고 또 외웠다. 그러자 집착했던 그 글자의 상(像)이 다리에 새겨져 나타났다. 하지만 그 다리를 그림으로 그리려고 하자 사라져버린다.

　단신 월남하여 가까스로 살아온 화가 지망생 김준구는 욕망의 대상인 여성들에게 소외당하여 대화는커녕 눈길조차 제대로 주지 못하고 그의 시선은 여성의 말단인 다리로 쫓겨나 거기에 집착하게 되었고, 결국 그 다리는 그의 여성에 대한 집착과 좌절과 미련을 담고 하늘에 나타난 것이었다. 그 다리를 그려보겠다고 시도하자 다리는 사라졌다. 분명한 사실은 하늘에 걸린 그 여자의 다리는 준구가 만들어낸 것이지 실체가 아니라는 것이다. 성희와의 관계에서 미루어보면 그는 성희의 얼굴을 보지 못하고 시선은 쫓겨 다리에 이르렀다. 그 여자 다리가 성욕과 관련됐다는 언급은 없다. 그러나 나중에 준구가 성희와 동거한다는 사실은 이미 준구의 마음속에는 감히 표현하지 못했던 욕망이 자리 잡고 있었음을 알 수 있다. 어차피 성도착이라는 현상은 비겁한 욕망의 발현일 것이다.

　이 소설이 함의하는 바는 결국 이 시대 세상에서 소외당한 한국인이 세상을 온전히 대하지 못하고 시선은 말단으로 밀려가 그곳에 집착하고, 그 말단의 모습은 전체에서 유리(遊離)되어 뜬금없이 나타났다는 것이다. 그 다리는 그림을 그리려고 하자 사라지고 말았지만, 이 소설은 쫓겨난 시선, 소외된 사람의 거부당한 시선의 심리학을 보여준다. 쫓겨난 슬픈 시선이기에 그곳에 필사적으로 집착했고, 그 부분에 전체에 대한 욕망을 담았을 것이다.

　1970년 전후의 한국인들은 전반적으로 소외에 시달리고 있었고 사회의 여러 부분들은 전체에서 유리되어 갈등의 몫으로 나타나게 되었다. 이 '부분'들은 '세대', '성(性)', '지방', '계급' 등 다양한 이름으로 나타났다. 이 작품은 1970년대 한국 사회의 현실을 전조(前

兆)하고 있었는지 모른다.

청년의 등장

1970년대 초는 대중가요를 포함한 모든 문화 분야에서 '신세대'라는 이름과 함께 새로운 변화가 나타난 시대였다.[1] 이러한 대중문화의 새로운 흐름은 이미 1968년에 시작되었다. 이 해에 바로 포크 듀엣 '트윈폴리오'가 활동을 시작했고, 비판적 포크의 대표 주자 한대수도 활동을 시작했으며 신중현이 펄시스터즈를 통해 〈커피 한 잔〉과 〈님아〉를 통해 인기를 얻고 대중문화에 지각 변동을 일으켰다. 당시 청년 문화의 상징들 '포크송', '통기타', '청바지', '생맥주' 등은 학생운동과는 연관이 없는 대중문화 현상이었다고 이영미는 지적한다.[2]

어쩌면 이러한 흐름은 사회의 가장 깊숙한 곳에서부터의 사회 분열이라는 거대한 변화를 반영하고 있었다. 1970년대 포크의 의미에 대해 이영미는 다음과 같이 말한다.

> 1970년대의 포크송은, 기성세대의 문화, 성인의 문화에 대항하는 청년문화(혹은 청소년문화), 신세대문화라는 구도가 처음으로 극명하게 드러난 사례였다. 즉 포크송 붐은 기성세대의 대중가요에 대한 반발을 포함하고 있었다는 것이다. 물론 그 반발은 정돈된 논리나 사회의식을 수반한 것이라기보다는 '뽕짝은 촌스럽고 질 낮은 노래'라는 식의 감각적 반발이나, 일본적인 것보다 미국적인 것이 세련되고 아름다워 보이는 미적 전범의 교체 현상이 세대적 갈등으로 드러났다고 보는 것이 정확할 듯하다.[3]

'포크송'이라는 동요 같은 유치한 곡조, 청소년의 여물지 않은 목소리 등이 대유행을 탄 것은 이들의 서툴고 전문가답지 않은 노래들이 누구나 '나도 저만큼은 부를 수 있다'라는 자신감과 편안함을 주고 그래서 서민들의 마음이 대중문화에 진출하면서 생겨난 현상이었을 것이다. '청년문화'의 포크송은 1960년대 말부터 기성세대 문화에 대한 부정과 거부의 의미를 담고 있긴 했지만 그 내용은 보편주의적(universalist)이었다. 누구나 부를 수 있는 노래, 동요 같은 노래, 간단한 멜로디로 되어 가장 배우기 쉬운 악기인 통기타의 반주만으로 불리는 노래로 모두가 함께 하자는 '맹물' 같은 문화였다. 이러한 아무도 역겨워하지 않는 맹물 같은 문화는 모든 상이한 취향의 사람들에게 소비될 수 있다는 소극적 의미가 있었다. 그랬던 맹물의 문화가 1970년대 상황에서는 '치유(治癒, healing)'의 신약(神藥)으로서 적극적(積極的) 의미를 띠게 되었을 것이다.

1970년대 중반에 이르면 이러한 새로운 대중가요들은 서서히 정치적 의미를 띠기 시작했다. 1975년이 되면 김민기의 노래 대부분이 금지되었다. 이때부터 '청년문화'는 유신 시대 후기에 기성세대 전체에 저항하는 의미로 이해되어 갔다.

여성의 등장

| 박경리의 『토지』—1969~1980년 |

1969년에 시작되어 1980년까지 연재된 박경리(朴景利, 1926~ 2008년)의 『토지』는 이 시대에 중요한 흐름을 만들어낸 '대하소설'이다. 이야기는 1897년 경남 하동의 영천 최씨, 최참판 댁에서 시작된다. 우리 역사에서 가장 어둡고 혼란한 시대였다. 그 댁 당주 최치수(崔致

修)의 유일한 혈육인 딸 서희(西姬)는 다섯 살이었다. 서희는 자기 주장이 뚜렷한 아이로 기구한 인생을 살 팔자였다. 어머니는 머슴으로 있던 '구천이'와 달아나버렸고 서희는 냉랭하기 짝이 없는 아버지 밑에서 자랐다. 어린 서희는 엄마를 데려오라고, "발광하고 울부짖고 까무러치고 아무거나 잡히는 대로 집어던지고, 서희의 패악은 참으로 감당하기 어려운 것이었다." 더구나 아버지 최치수가 김평산에게 교살(絞殺)당하면서 졸지에 서희는 집안의 유일한 자손이 되었다.

그 시기에 조준구라는 최치수의 친척이 찾아와 집에 머물고 있었다. 최치수가 죽자 조준구는 사랑(舍廊)을 차지하고 부인 홍씨와 아들까지 데려와 살았다. 그리고 할머니 윤씨 부인까지 콜레라로 죽었다. 온 집안은 폐허가 되었다. 최씨 집안은 조준구의 차지가 되었고 서희는 고아 취급을 당하게 되었다. 외롭고 무력하게 지내온 서희는 절치부심하며 세월을 보냈다.

포악스럽고 음험하고 의심 많고 교만한 서희, 그러나 그것이 그의 전부는 아니었다. 제 나이를 넘어선 명석한 일면이 있었다. 본시 조숙했지만 그간 겪었던 불행과 지켜보지 않을 수 없었던 많은 죽음들로 해서 그의 마음은 나이보다 늙었고 미친 듯이 노할 적에도 마음바닥에는 사태를 가늠하는 냉정함이 도사리고 있었다. 무료하고 지루한 나날, 서책에 묻혀 시간을 보내는 생활은 그를 위해 다행한 일이었으며 거기에서 얻어지는 지식은 또 지혜를 기르는 데 살찐 토양이 되어주었다.

박경리, 『토지』 3권, 284쪽

결국 서희는 식솔들을 거느리고 북간도로 비밀리에 이주하는 결단을 내렸다. 그때가 1908년이었다. 서희는 북간도에 가서 장사꾼으로 변신했다. 할머니 윤씨 부인이 마련해둔 비상금과 공 노인의 도움이 컸지만 서희는 장사 수완을 발휘하여 재산을 늘려나갔다.

'천지간에 누가 있다고? 한이 맺히고 맺힌 나를, 산 설고 물 설은 이곳까지 함께 온 정리만으로도 그럴 수는 없을 텐데, 난 하동으로 돌아가야 할 사람이다. 살을 찢고 뼈를 깎고 피를 말리는 고초를 겪는 한이 있어도 나는 내가 세운 원(願)을 잊어서는 아니 된다. 내 살을 찢고 내 뼈를 깎고 내 피를 말리던 원수를 어찌 꿈속엔들 잊으리!' / 서희 눈앞에는 빠져 죽으려고 뛰어갔었던 별당의 연못이 생생하게 떠오르고 패악을 부리며 덤벼들던 홍씨 얼굴이 떠오르고 반들반들 윤이 나고 살이 찐 조준구, 꼽추도령 병수 모습이 떠오른다. '내 원수를 갚기 위해선 무슨 짓인들 못할까 보냐. 내 집 내 땅을 찾기 위해선 무슨 짓인들 못할까 보냐. 삭풍이 몰아치는 이 만주 벌판에까지 와가지고 그래 독립운동에 부화뇌동하여 고향으로 돌아갈 수 없는 몸이 될 수는 없지. 그럴 수는 없어. 내 넋을 이곳에 묻을 수는 없단 말이야! 원수를 갚을 수만 있다면 내 친일인들 아니할손가? 아암요. 이부사댁 서방님, 친일파 절에다가 나는 시주를 했소이다. 그래서 어떻다는 게지요? 내 돈을 악전이라구요? 그렇구말구요. 우리 조상님네는 이부사댁 조상님네처럼 청백리는 아니었더란 말씀 못 들으셨소? 악전이면 어떻고 친일파면 어떻소? 내 일념은

오로지 잃은 최참판댁을 찾는 일이오. 원수를 갚는 일이오.'

박경리, 『토지』 4권, 174-175쪽

서희는 누구도 생각지 못한 일을 꾸민다. 집에서 머슴 살던 길상이와 결혼한 것이다. 길상이는 인물도 인물이려니와 당시 누구보다도 실력을 인정받은 젊은이였다. 물론 사업에 성공하여 집안을 일으키기 위함이라는 명분을 내세웠지만 서희 또한 오랫동안 길상이를 사랑해왔다.

3·1운동이 막을 내리고 조선이 복잡한 상황으로 접어들 무렵 하동의 조준구는 그간 최참판네 집에서 뺏은 땅들이 서서히 서희에게 넘어가고 있다는 것을 알았다. 하지만 그는 결국 집도 서희에게 팔고 술에 탐닉해서 취기로 여생을 보내는 신세가 되었다. 원대로 보복을 했건만 서희는 무언가 허전함을 느낀다. 말하자면 그녀는 복수를 이루기 위해 그간 정체성마저 배신해온 자신이 허망하게 느껴지기만 했다. 서희는 자신과 집안의 역사와 정체성을 되돌아본다.

최참판댁 가문의 말로는 세 사람의 여자로 하여 난도질을 당한 것이라고. 윤씨는 불의의 자식을 낳았고 별당아씨는 시동생과 간통하여 달아났으며 서희 자신은 하인과 혼인하여 두 아들을 낳았다. 이러한 기막힌 일들이 불가피한 숙명의 실꾸리에 얽혀 되어졌다 하더라도 서희는 참으로 오열 없이 그 일들을 생각할 수 없는 것이다. …… 기둥뿌리도 기왓장도 모조리 들린 것처럼 불행의 연속이던 그 집을 떠난 뒤의 최서희는 권위 뒤에 웅크린 고독과 풍요 뒤에서 한숨 쉬던 허기와의 싸움에서 허기지고 고독한 승리를 안고 오로지 목표였던 가문의 존속, 영광을 위해 돌아왔지만 막상 돌아와 보니 서희에게는 사당문을 열고 조상에게 고할 말이 없었다. 성씨조차 알 길 없는 사내 김길상은 지금 이곳 민적에는 최길상으로 기재되었으며 따라서 아들 둘은 최환국, 최윤국이다. 최서희는 김서희로, 기막힌 사연을 조상에게 무슨 말로 고하라는가. 그러나 두 아이는 여하튼 최참판댁의 핏줄인 것이다. 최씨 피를 받은 것은 두 아이 이외 세상에는 단 한 사람도 없다.

박경리, 『토지』 7권, 270-271쪽

복수를 위해, 집안을 되찾기 위한 싸움에서 승리하기 위해 모든 것을 파괴해버린 결과는 너무나 참담했다.

고향에 돌아와 집과 땅을 되찾은 후에도 서희는 편할 날이 없었다. 일제 경찰은 남편 길상을 옥에 가두는가 하면 여러 가지로 괴롭혔다. 하지만 서희와 길상의 관계는 절대적인 것이었다. 또 서희는 일생을 허망한 복수로 끝내지 않았다. 그녀는 고향에서 같이 지내던 사람들을 모두 거두어 보살폈을 뿐만 아니라, 신분과 계급을 초월한 통합을 이루어갔다. 그녀는 자기 아들 윤국이를 어려서 자기 몸종이던 봉순이와 이상현의 딸 양현과 결혼시켰다. 나아가서 서희는 자기 생모와 도망쳐 집안을 풍비박산 냈던 '구천이'—그는 서희의 아버지 최치수의 의붓동생이며 이름은 '김환'이었다—등이 주도하던 여러 갈래의 민족운동들과 연관되어 일제에 대한 저항운동을 지원해나갔다.

구한말에 나타난 최서희라는 소녀는 파멸한 집안에서 독기를 품고 북간도로 이주하여 장사로 큰 재산을 모아 집안을 다시 일으킨 여장부였다. 이런 강한 여성은 구한말 당시 신소설에 나타난 강한 여성들과는 사뭇 다른 차원이었다.[*] 서희는 생존을 해냈을 뿐만 아니라 머슴이었던 '길상이'와 결혼하여 전통을 범(犯)하는 결단을 내리고, 재산을 모아 집안을 되찾고, 가장의 역할을 수행하고, 나라를 되찾는 일에 일조했다. 나아가서 그녀는 호적의 이름조차 김서희가 되어 성(姓)이 바뀌는 대가도 마다하지 않았다. '여권운동', '여권' 등과는 차원이 다른 이야기였다. 이 시대에 나타난 최서희는 가부장제에 대한 도전이자 최후통첩이었다.

| 최인훈의 「어디서 무엇이 되어 만나랴」—1970년 |

1960년대 말에 나타난 『토지』의 이러한 여성상은 1970년대가 되면 여러 예술 영역에서 폭넓은 호응을 얻었다. 1970년에 발표된 최인훈의 희곡 「어디서 무엇이 되어 만나랴」는 전설 '평강공주와 바보 온달'을 각색한 작품이었다. 평강공주는 이야기를 주도적으로 이끈다. 평강공주는 대사와 함께 온달의 집으로 가서 그를 보자 먼저 청혼하며 말하기를,

> "내가 누구인지를 알리고 싶지 않았으나 …… 나는 정녕 평강공주요. 그럴 일이 있어 세상을 버리고 대사를 따라 출가하는 길에 올랐다가 우연히 이 집이 온달의 집임을 알았소. 이 몸은 이

---

[*] 구한말의 신소설에서는 1908년경부터 혼란한 시대 속에 생존에 성공한 인물들이 나타났다 (최정운 2013: 125-133).

미 궁을 떠날 때 공주도 왕족도 아닌, 구름처럼 냇물처럼 가고 싶은 데 가고 쉬고 싶은 데 쉬는 것이 허락된 몸, 일찍이 이 몸이 어릴 때 아버님 말씀이 내가 자꾸 울고 보채면 온달에게 시집 보내리라 하시던 생각이 문득 떠오르며 나한테는 환한 새 길이 보였소. 어디를 가나 매한가지인 이 몸, 보기에 어진 두 분을 모시고 다시 세상에 머무르고 싶어졌소."

최인훈, 「어디서 무엇이 되어 만나랴」, 41쪽

평강공주는 적극적일 뿐만 아니라 인연과 운명을 섭렵한 인물이었다. 그녀는 온달을 왕도로 데려와 대고구려의 장군으로 만들었다.

그러나 10년 후 온달은 전쟁터에 나갔다가 영(靈)으로 공주 앞에 나타나 자신이 신라인이 아닌 고구려인의 손에 죽었음을 알리고 공주의 안위를 걱정하며 작별한다. 곧 전장으로부터 온달의 관(棺)이 도착한다. 그러나 그 관은 여러 명이 힘을 써도 움직이지 않는다. 공주가 노래를 부르고 그의 혼을 달래자 그제야 관이 움직였다. 평강공주는 온달의 복수를 위해 평양성으로 갔다. 그러나 복수는 현실이 허락하지 않았고 결국 평강공주는 온달의 고향 집에서 병사들의 칼에 찔려 쓰러졌다. 공주는 옆에 있는 대사에게 "좋은 세상에서 또 다시 만납시다"라는 말을 남기고 숨을 거둔다.

이 작품에서 평강공주는 적극적인 여성일 뿐만 아니라 인연과 운명을 아는 지혜를 갖춘 인물이었다. 그녀는 자신의 온달과의 운명적 만남을 주도했을 뿐만 아니라 영웅 온달의 죽음에 대한 거대한 복수, 즉 고구려를 위해 음모 세력을 척결하려 했다. 성공하지 못했지만 평강공주는 영웅 지크프리트(Siegfried)를 창조하고, 사랑하고,

배신하고 그의 죽음에 대한 복수로 신(神)들을 파멸시키고 인간의 시대를 연 여전사 브륀힐데(Brünhilde)에 방불하는 영웅이었다.* 평강 공주는 복수에 성공하지 못했다. 하지만 그녀는 죽으면서 대사에게 내세에 다시 만날 것을 기약했고 이는 다음 생에 끝없이 복수와 혁명을 시도하겠다는 결의였다. '평강공주'는 혁명아(革命兒)였다.

| TV 드라마 작품들 |

한편 1970년대에는 한국 문화에서 텔레비전의 역할이 커지고 있었다. TV보급률은 1970년 10.2퍼센트에서 1979년 78.5퍼센트로 엄청나게 증가했고 짧은 시간에 텔레비전은 대중문화를 주도하는 매체로 등장했다. 바로 이 텔레비전을 통해 강한 여성상이 표출된 드라마들이 방영되어 엄청난 시청률을 기록하며 한국인들을 열광시켰다. 우선 1970년 3월 2일부터 1971년 1월 9일까지 253회에 걸쳐 TBC(동양방송)에서 방영된 《아씨》가 엄청난 인기를 모으며 'TV드라마의 시대'를 열었다. 또한 1972년 4월 2일부터 211회 동안 KBS에서 방영한 《여로》의 인기 또한 가히 폭발적이었다.

두 드라마에 공히 나타난 여성상은 생존의 대가로서의 여성들이 아니라 가부장제가 자리를 잃어가는 상황에서 자신을 희생시켜가며 위치를 굳건히 지켜가는 부인들이었다. 무책임하고 무능력한 가장을 대신하여, 또 그들의 학대를 견뎌가며 가족을 지키고 세상을

● 브륀힐데(Brünhilde)는 리하르트 바그너(Richard Wagner)의 오페라 4부작《니벨룽겐의 반지(Der Ring des Nibelungen)》의 두 번째 《발퀴레(Die Walküre)》부터의 여주인공을 말한다. 최정운 (1997), 「권력의 반지: 권력담론으로서의 바그너의 반지 오페라」를 참조할 것.

이끌어가는 통합의 새로운 주체였다. 이런 여성들의 등장이 갖는 정치적 의미가 당시에는 잘 이해되지 않았다. 하지만 이는 장기적으로 한국 사회를 근본적으로 재편하는 기제였다.

| 조선작의 「영자의 전성시대」—1973년 |

뒤를 이어 강한 여성상으로 눈길을 끈 작품은 1973년에 먼저 중편 소설로 선보인 뒤 1975년 김호선 감독에 의해 영화화된 조선작의 「영자의 전성시대」였다. 영자는 주인공이 철공장에서 용접공으로 일하던 시절 공장의 주인집 식모였고 그때부터 주인공은 영자를 연모했다. 그러나 그때 그녀는 쌀쌀맞고 '독종 애완동물' 같았다. 그 후 군대에서 제대하고 나와 우연히 '오팔팔'에서 그녀를 만나게 되었는데 그녀의 행색은 전보다 추레해져 있었다. 무엇보다 그녀는 사고로 한쪽 팔이 잘린 '외팔뚝'이었음에도 '오팔팔'에서 몸 파는 여인이 되어 있었다. 주인공은 영자를 사랑했고 그녀를 위해 나무로 의수(義手)를 만들어주었다. 그는 그 의수가 별 효과가 있을 거라 기대하지는 않았지만 그녀가 영업하는 것을 몰래 지켜보았다.

> 그러나 영자의 독창적인 의수가 대단치 않았던 것만은 아니었다. 당장 그날 밤부터 영자는 거침없이 골목길로 진출할 수가 있었다. 그 희한한 나무팔뚝의 힘으로 눈먼 고기들을 낚아 올리는 데 성공했던 것이다. 그날 밤 나는 목욕탕의 일도 잊어버린 채 골목길로 진출한 영자의 일거수일투족을 관찰했는데, 영자의 활약은 실로 눈부신 바가 있었다. 외팔이만 아니었다면 창녀치고는 영자도 유혹당할 만큼은 잘생긴 용모가 아니었던가 말

한국인의 발견

이다. 엉큼한 생각을 가지고 이 골목길로 접어든 사내라면 아무리 아닌 체하려 해도 벌써 눈길부터가 걸음새부터가 달랐다. 영자는 우선 그런 사내를 포착해서 달려든다. 종종걸음으로 따라붙으며 사내의 턱밑으로 바짝 얼굴을 들이대고 매혹적인 목소리로 "놀다 가세요"라고 말한다. 사내의 형색에 따라서는 "아주 멋있게 놀아드릴께요"라든가, "싸게 해드릴게요"라고 덧붙여서 더욱 효과를 높인다. 나는 곡예사의 줄타기를 구경하는 소년처럼 손에 땀을 쥐고 멀찍이 골목의 그늘에 몸을 숨기고 영자를 바라보았다. 그러나 영자는 줄에서 떨어지는 일이 없었다. 사장되어 있던 비상한 재주가 전신에 흘러넘치고 있는 듯싶었다. 그날 밤도 세 번이나 손님을 갈아들이는 여자를 나는 아슬아슬한 마음으로 바라보았다. 어찌 된 셈인지 방에서도 한쪽 팔의 문제 때문에 시비하는 말도 별로 들려오지 않았다. 술에 취한 놈팡이나 얼간이는, 어떻게 스리슬쩍 몸뚱이로 돌려서 속여 넘겼을 테고, 좀 까다로운 녀석이었댔자 그 원피스에 쑤셔 넣은 나무팔뚝을 발견하고는 할 말을 잊었을 테지. 더욱 까다로움을 피는 사내녀석이 있어 "이런 내가 불쌍하지도 않으세요?"라고 호소했다면, 길가에 나앉은 거지에게라도 적선한 셈 쳤지 별 수가 있겠는가. 나는 이렇게 상상하며 영자에게 갈채라도 보내고 싶었다.

조선작, 「영자의 전성시대」, 281-282쪽

그녀가 의수를 단 채 영업하는—그것도 몸 파는 영업을 하는—기가 막힌 모습에 경탄을 금할 수 없었다. 그 후 그 동네는 무허가 건물이란 사유로 철거를 당하고 몇 달 후에 그녀는 화재로 죽었다고 전한다.

이 이야기는 비현실적으로 느껴질 정도로 상상을 초월하는 강한 여성상을 엽기적으로, 충격적으로 보여주었다. 1970년대 초까지 한국 문학에서 나타난 강한 여성상들은 어떤 특정한 분야에, 사회 계층에 국한되지 않았다. 대지주 양반집 딸, 공주, 여염집 며느리, 몸 파는 '하류인생' 등 모든 곳에서 출몰하였다. 그들의 영웅담은 과격한 수준이었다. 사회가 분열하고 있을 뿐만 아니라 사회의 가장 밑바닥 뿌리에서 대변환이 일어나고 있으며 본질적인 변화가 필요하다는 느낌이 이런 작품들로 나타났다.

그리고 이 시점에서 잠깐 지적할 것은 강한 여성들이 나타나는 흐름에 발맞추어 1970년대를 통해 남성 인물들은 차츰 작아지고, 약해지고, 가벼워지고, 초라해져 가고 있었다. 이러한 흐름은 계속 논의할 다른 흐름들과 밀접히 연관되어 있었다.

노동자, 빈민 계급의 등장[*]

1960년대를 통해 국가권력이 강력하게 추진한 경제 발전과 근대화 정책은 한국 사회에 엄청난 변동을 초래하였다. 그러나 1960년대 말

• 여기서는 '노동자, 빈민 계급'이라는 애매한 용어를 사용한다. 이 시대 우리 문학에서 나타난 노동자, 빈민의 모습들은 마르크스주의(Marxism)에서 말하는 노동자 계급(the working class, la classe ouvrière) 또는 우리 문학사의 1920년대 카프(KAPF, 조선프롤레타리아예술가동맹)에서 제시하는 노동자 계급의 모습과는 사뭇 다르고, 무엇보다 훨씬 다양한 측면들을 사실적으로 보여주고 있기 때문에 구별을 위해 '노동자, 빈민 계급'이라는 말을 쓰는 것이다. 산업 사회에서의 공장 노동자들의 운동은 한국의 경우에는 1990년대에나 나타난 현상이었다 (구해근 2001).

이 되면 한국인들은 지치고 피로한 모습이었다. 1970년대 초두에는 벌써 그간에 겪은 소외로 인해 한국인 간에는 새로운 집단, 행위자들이 나타나기 시작했다. 계급이란 말은 이미 20세기 초부터 좌파 이념의 도입에 의해 언급되어 왔지만 1970년대에 들어서면 이제 이 말은 이념이 만든 '개념'으로서가 아니라, 누구에게나 객관적으로 보이고 살아서 움직이고, 행동하고, 싸우는 주체로 나타났다.

| 황석영의 「객지」—1971년 |

황석영은 1971년 「객지」에서 그간 우리 문학에서 다루지 않던 주제를 다루었다. 비숙련 노동자들이 하루하루 힘겹게 일하며 싸우는 모습이었다. 이전처럼 좌파 이데올로기 시각에서 노동자 계급의 '비참한 현실'을 조망하는 게 아니라 경험적으로 그들의 모습을 현실감 있게 그려냈기에 큰 호응을 얻었다.

　「객지」의 무대는 전국에서 모여든 노동자들이 회사의 지휘 아래 일하는 간척공사장이다. 서기를 포함한 경영진이 선수를 쳐서 노동자들 중에 불평분자 32명을 '짤랐다'는 소식이 전해지고 노동자들이 분노한 차에 이동혁이라는 청년이 새로 들어오며 이야기가 시작된다. 그는 이런 노동 경험도 없는 나이인데도 느긋하고 "어느 곳에 가 있거나 낯설고 두려운 느낌을 가져본 적이 없다는" 듯 배짱이 두둑해보이는 청년이었다. 그는 이곳 노동자들의 경제적 상황을 물어본다. 임금은 하루에 130원 받는 걸로 돼 있지만 뜯기고 나면 110원 정도라는 말에 그는 다시 묻는다.

　「하루 숙박비 사십원에 매끼 이십원이면…… 백원에다, 하루 십

원 남는가요?」/「남는 건 한푼도 없다네. 간조오 때는 뭘 하는
지 아는가. 누가 얼마 빚졌다는 걸 알려 주는 일루 끝나지.」/
「빚이라뇨?」/「숙박비에다 서기가 경영하는 매점에서 술이며
담배, 옷, 과자부스러기를 팔거든. 일하는 놈이면 무작정 줘두
좋다는 게요. 나중엔 모두 빚에 묶여서 여길 뜰 수가 없다구.」

황석영, 「객지」, 12쪽

모든 임금을 식비, 숙박비, 간식비, 술값 등으로 다 거둬들이
면 노동자들에게는 한 푼도 남지 않고 그들은 이곳을 떠날 수 없는,
매인 몸이 된다. 즉 이곳 노동자들은 '노예'라는 것이다. 이런 상황에
서 그들은 경영진과 싸울 수밖에 없고 그러던 차에 경영진의 선제공
격으로 싸움이 시작된 것이었다.

바다를 막는 간척공사는 가망 없는 꿈처럼 보이지만 작업은
꾸준히 진행된다. 회사에서는 거대한 공사를 이루어내기 위해 인부
들을 여러 가지 방법으로 다그치고 인부들은 감당하기 힘든 노역에
시달리고 있다. 그런데 그중에 '대위'라는 사내가 쟁의 준비를 하고
있다. 그들은 겉으로는 서명을 받는다며 노동자들 사이를 돌아다니
면서 실은 쟁의를 일으키겠다는 일종의 '속임수'를 쓰려 하고 있다.
이렇게 하지 않고 법 절차대로 했다가는 아무런 결과도 나오지 않
는다는 것을 그들은 이미 잘 알고 있다. 쟁의를 추진할 때는 속임수
를 동원하는 것뿐만 아니라 억지로라도 다른 사람을 가담시키지 않
으면 안 된다. 그렇게 주동자들이 쟁의를 일으킬 적기를 논의하고 있
는데 이동혁이 끼어들었다. 그는 성공하려면 비가 와야 한다고 했다.
비가 오면 노동자들이 얼마간의 현금을 만지게 되고 그러면 그들의

한국인의 발견

생각이 달라진다는 점을 이용해야 한다는 것이었다. 동혁의 그런 구상에 사람들은 찬사를 보냈다. 그의 발언은 이어진다.

「폭동으로 변해선 안 됩니다.」 / 동혁이 말했다. / 「개선을 위해 쟁의를 해야지, 원수 갚는 심정으로 벌이다간 끝이 없어요.」 / 이러한 동혁의 말투는 오랫동안 노가다판에서 분쟁을 겪어 선택의 감각이 예민해진 고참 인부의 말처럼 들렸다. 그러나 그것은 단순히 그의 성격일 따름이었다. 그는 대위처럼 스스로가 사건을 만들고 추진해 나가는 편이라기보다 차라리 결정적인 영향을 주는 성품을 가진 것 같았다. 대위는 무턱대고 밀고 나가는 성질이어서 인부들을 선동하고 일을 벌여 놓기엔 적합할지 모르지만 일단 터진 뒤에는 어중이떠중이가 모인 인부들의 뜻을 하나로 모을 소질이 별로 없어 보였다. 대위는 고지식하고 다혈질인 반면에 동혁은 성격상으로 용의주도하고 조직에 대한 이해가 빨랐다고 할 수 있을 것이다.

황석영, 「객지」, 29-30쪽

쟁의는 소기의 목적을 이루기 위해서 철저하게 합리적으로 이루어져야지 분노에 휩쓸리면 실패로 끝날 수밖에 없다는 것이었다. 작가는 그의 이런 생각이 경험이나 누구에게 배워서가 아니라 타고난 성격 탓이라고 썼다.

과연 비가 오기 시작한다. 경영진 쪽에서는 감독조를 중심으로 쟁의에 대비한 준비 작업을 해놓았다. 깡패들을 준비시켜 노동자들을 진압할 채비를 갖추고 있다. 인부들이 감독조를 공격하기 시작하자 감독조는 경찰을 부르고, 이에 인부들이 흥분해 격투가 벌어진다. 결국 인부들은 '함바 뒤의 독산'으로 쫓겨 올라갔다. 그들은 산에다 방어막을 쌓았다. 날이 어둡기 시작하자 기세등등한 감독조가 산으로 기어올라가고 이윽고 살벌한 전투가 벌어졌다. 밤이 깊어지자 전투는 중지된다. 인부들은 식사도 하고 상념에 잠기기도 하고, 한편 산 아래에서 현장 소장은 감언이설과 온갖 수단을 동원해서 일단 인부들이 내려오기만 하면 제압하려고 작전을 구상하고 있다. 그리고 결국 인부들 가운데 많은 사람이 약속을 받고 내려가자고 하는데 동혁은 내려가지 않겠다고 한다. 그가 계속될 싸움에 대해 뭔가 희망을 보았다는 막연한 느낌을 남기며 소설은 끝난다.

이 작품은 노동자들의 투쟁을 경험적으로 보여주었다. 노동자들의 삶에서 쟁의는 이념적으로 시도되는 것이 아니라 삶의 일부였다. 경영진은 최대한의 착취를 시도하고 이 체제에서 노동자들은 희망을 가질 수 없고 따라서 분노가 폭발하지 않을 수 없다. 경영진들은 이에 대비해서 선제공격을 시도하고 이에 노동자들은 자구책을 구하지 않을 수 없다. 이 작품은 노동자들의 투쟁을 폭력과 핍박에 대한 분노의 폭발로만 이해하지 않는다. 그보다는 노동자들 또한 지성의 주체로서 전략, 전술적인 구상을 해가며 상황을 최대한으로 이용하고 있으며 이런 그들의 모습이 이 작품이 보여주는 노동자 계급의 삶의 핵심이다. 노동자들의 비참한 현실의 핵심은 희망을 가질 수 없다는 것이었고 희망은 1960년대에 성립된 인간 조건의 기준이었다.

| 황석영의 「돼지꿈」—1973년 |

황석영은 싸우는 노동자들의 모습 외에도 각종 부류의 가난한 사람

들, 천대받는 사람들의 삶에 대한 소설들을 써냈다. 그중에서 1973년
에 쓴「돼지꿈」은 흥미로운 작품이다. 작가는 이 소설에서 가난한 사
람들이 그들의 주거지에서 사는 모습을 애정을 갖고 그려냈다.

　　기와 공장 굴뚝 밑에 '간이주택과 낮은 움막집들'이 보이고 엿
장수 강씨가 리어카를 끌고 쓰레기 더미 사이로 동네로 들어온다. 그
는 전형적인 가난한 사람의 꼴이지만 당당하고 건강하다. 그날따라
그는 좋은 일이 있었음을 감추지 못하는 모습이다.

　　누구든지 동네로 들어서는 강씨의 거동을 보면 대개 그날의 일
　　진에 관해서 알아맞출 수가 있었다. 그의 걸음걸이가 당당하고
　　고개를 치켜 들었다든가, 또는 리어카가 가뿐하게 굴러들어온
　　다든지, 모자가 비뚜름하다든가, 만나는 사람에게마다 하루 재
　　수를 먼저 묻는다든가 하는 것들이 나오면 틀림없이 최상의 날
　　이었다. 잡아먹기가 아깝도록 잘생긴 데다, 한창 때의 장정만큼
　　이나 무게가 나가도록 실하게 살찐 개였다.

　　　　　　　　　　　　　　　　　　　　　　황석영,「돼지꿈」, 227쪽

　　그는 오늘 커다랗고 살찐 죽은 개 한 마리를 얻어 왔다. 큰 개
한 마리면 온 동네가 잔치를 벌일 수 있다. 그런데 공교롭게도 그날
집 나간 강씨의 딸 미순이가 임신한 채로 돌아왔다. 일수 영감은 강
씨를 보자 미순이의 '북통' 같은 배 이야기를 해서 강씨의 기분을 잡
친다. 강씨가 리어카를 끌고 집으로 가는 동안 동네의 모습이 그의
눈높이로 소개된다.

강씨는 리어카를 왈칵 밀고 낮은 블록 벽돌이 늘어선 골목으로 들어갔다. 콜타르의 종이 지붕 위에 눌러 놓은 돌들이 보이고, 환기구멍 겸 창문 대신 뚫어놓은 연두색 플라스틱 슬레트가 위를 향해 치켜져 있는 게 보일 만큼 집들이 주저앉아 있었다. 골목을 빠져나가면 동네의 유일한 펌프가 있었고, 옛날 버릇대로 유휴지의 이곳저곳에 제각기 일구어 놓은 채소밭이 있었다. 파, 옥수수, 배추 등속이 자라나 있었다. 벌이를 나갔던 사람들이 대부분 돌아와서 이미 세수를 하고 발도 씻고서는 파자마 반즈봉 차림으로 빈 터의 곳곳에서 바람을 쐬는 중이었다. 이제 오나, 어 그래, 하는 것으로 대충 인사말을 건넸다. 아이놈이 강씨를 먼저 보고 제 동무들을 버려두고 이내 달려왔다. / 「아부지 삼춘 왔다. 삼춘이 미순이 데려왔어.」 / 강씨는 리어카에서 엿목판과 강냉이 자루를 꺼내고, 개를 들어냈다. / 아이들이 제일 먼저 모여들었고, 제각기 흩어져 앉았던 어른들 사이에 가벼운 동요가 일어났다. 그는 엿목판에 극성으로 달라붙는 아이놈의 등줄기를 호되게 내리쳤다. / 「이눔 새끼.」 / 하면서 그는 진작에 어두워진 집 안쪽을 살폈다. 보통 때 같으면 뭔가 반응이 있을 법도 한데 고요했다. 아이놈이 발버둥질하면서 강씨의 뒤통수에다 욕을 퍼부었다. / 「아부지 개새끼야. 아부지 씨비씨비.」

황석영, 「돼지꿈」, 229-230쪽

동네 집들의 모습, 아무렇게나 편하게 입고 행동하는 주민들, 버릇없이 설치고 다니는 아이들의 모습 등 빈민촌의 모습과 생활양식을 생생하게 보여준다.

한국인의 발견

강씨가 집에 들어서자 아내는 미순이 일로 머리를 싸매고 누워 있다. 처녀인 딸아이가 가출했다가 임신을 해서 돌아왔으니 걱정이 태산이다. 곧 쉴 틈 없이 부부 간에 언쟁이 시작되고 특유의 힐난과 욕과 저주가 난무한다. 옆방에서 미순이를 데려온 처남의 기도 소리가 들리자 강씨는 집어치우라고 소리를 지른다. 아랑곳하지 않고 계속되다가,

　　기도가 그쳤다. 방 안에는 죄인, 천국, 지옥 하는 말들로 인해서 갑자기 나른하고 달착지근한 슬픔과 기대가 가득 차는 것만 같았다. 미닫이 뒤에서 가슴을 죄고 있던 미순이는 가슴이 후련했고, 강씨 처는 어쩐지 억울한 느낌을 버릴 수가 없었다. 삼촌은 아직 경건한 자세를 풀지 않은 채, 페이지마다 색 연필로 가득히 줄쳐 놓은 성경을 이 장 저 장 뒤적이며 속으로 읽었다. 벽에서 낡은 괘종이 여덟시를 쳤다. 그 옆에 퇴색한 옛날 사진들이 끼워진 액자가 붙어 있고, 근호가 갖다 붙인 화장품 회사의 선전용 달력에는 비치는 속옷 바람의 여자가 가랑이를 벌리고 있는 사진이 들어 있었다. 낮은 책상 위에 일본어 교본, 네 귀퉁이가 다 닳은 경제원론이라는 책, 그리고 무협소설, 카네기 자서전, 성공의 비결 등이 꽂혀 있었다. 야외용 전축과 겸한 라디오가 낡은 구식 장롱 위에 있는데, 강씨 처는 기분이 날 때마다 전축의 볼륨을 있는 대로 틀어 놓는 것이었다. 올갠으로 연주되는 흘러간 옛노래가 남비에서 죽이 끓는 듯한 소리를 내며 흘러나왔다. 이 물건은 강씨가 고물상에 넘기지 않고 그의 처에게 선물한 것이었다. 그러나 지금 강씨 처는 도무지 음악에 신명을

울릴 기분이 들질 않았다. 미순이가 죽이고 싶도록 밉고 불쌍했으며, 자라온 세월을 돌이켜 보면 잘못은 모두 어머니인 자기에게 있는 것 같았다.

황석영, 「돼지꿈」, 232-233쪽

방안의 모습은 가난하고 못 배운 강씨네 가족의 취향이 고스란히 드러난다. 미순이 시집보낼 이야기, 뱃속에 있는 아기 이야기로 언쟁이 끝이 없고 언쟁 중에는 욕 외에도 특유의 유머와 해학들이 빛난다.

시간이 지나 동네 건너편 빈터에 모닥불이 피워지고 동네 사람들이 모여든다. 개고기를 먹고 술을 마신다고 법석이다. 주변에서 다양한 대화들과 작은 사건들이 벌어진다. 강씨의 아들 근호는 포장마차에서 술을 마시는데 공장에서 사고로 손가락 세 개가 잘려서 붕대를 감고 있다. 보상으로 삼만 원을 받았는데 그만하면 잘 받았다고 술을 마시고 있다. 그사이에 강씨 집에서는 미순이를 임신시킨 신랑감이라고 재건대 대장, 왕초 노릇을 하는 이씨가 찾아와서 인사를 하고 갔다고 했다.

빈터에는 묘한 활기가 가득 차 있는 것 같았다. 불이 모두 꺼져서 쇠솥이 차갑게 식을 때까지 그들은 노래하고 춤을 추고 주정을 했으며 핏대올려 말다툼도 하였다. 드디어는 하나 둘씩 지치고 피곤해져서 야기 때문에 비교적 시원해진 비좁은 방안을 찾아 돌아갔다. 빈터에서 그대로 곯아떨어진 사람들은 식구들이 제각기 찾아와 양쪽 겨드랑이를 받치거나, 질질 끌다시피 해서 데려갔다. 근호는 아직 땅바닥 위에 벌렁 드러누운 채였다. 그의 발치쯤에서 재 속에 남아 있는 불 찌끼가 벌겋게 빛을 내고 있었다. 속치마 바람의 미순이가 개천을 건너서 빈터 쪽으로 걸어왔다. 배가 불렀지만 날렵하게 징검돌을 건너뛰는 모습이 작은 계집아이 같았다. 미순이는 나약하게 신음하며 앓고 있는 근호의 등을 살그머니 흔들었다.

황석영, 「돼지꿈」, 257쪽

오늘은 유별나게 모든 일이 강씨뿐만 아니라 온 동네 사람들에게도 다 잘 풀린 날이었다. 가난하고 못 배운 천한 사람들끼리 좁고 더러운 곳에서 늘 다투며 살고 있지만 공동체는 어디보다도 따뜻하고, 정이 넘치고, 슬픔과 기쁨을 서로 나누며 살고 있다.

황석영의 「객지」가 노동 현장에서 합숙하며 노동에 시달리고 착취당하는 노동자들이 살기 위해 싸우는 모습을 보여주는 작품이라면 「돼지꿈」은 가난한 계급이 모여 사는 마을과 그들의 삶을 현실감 있게 보여준다. 특히 가난하고 비참한 모습보다는 활기찬 모습을 포착하기 위해 좋은 일이 겹친, 경사스런 날을 골라서 그들이 사는 모습을 흐뭇하게 입체적으로 현실감 있게 보여준다. 황석영의 소설들은 사실주의(realism)라는 근대 문학사상의 의미가 온몸으로 느껴지는 흔치 않은 경우다.

부르주아 계급의 등장

| 박완서의 『휘청거리는 오후』―1976년 |

1970년대에 들어서면 중산층 주거 문화의 급격한 변화가 눈에 띈다.

'아파트'가 대규모로 들어서기 시작했고 이 '아파트'는 이내 중산층의 머릿속에 이상적 주거 공간으로 자리 잡게 되었다. 특히 1975년 3월부터 현대는 압구정동에 대단위 아파트 건설에 착수했는데, 이러한 시도는 1960년대 말에 준공된 '제3한강교'—지금은 '한남대교'로 이름이 바뀌었다—로 오늘날 '강남' 땅이 서울 시내와 연결되었다는 조건 아래 이루어진 것이었다. 이윽고 1970년대 후반이 되면 압구정동 아파트는 서울에서 새롭게 등장한 '부르주아'의 상징으로 부각되기에 이른다.●

　　새롭게 등장한 부르주아의 삶과 애환을 적나라하게 보여준 작품은 단연 박완서(朴婉緒, 1931~2011년)의 소설들이었고 그중 대표작은 1976년의 『휘청거리는 오후』였다. 이 소설의 주인공과 그의 가족은 아파트에 사는 사람들은 아니었지만 그들의 고단한 삶은 당시 떠오르는 부르주아 계급이 안고 있던 문제 그 자체였다. 그들의 삶은 '돈을 많이 벌어야 했기에 고단한 삶'일 뿐만은 아니었다.

　　첫 장면에서 주인공 허성(許成) 씨는 자기 앞에 떠오른 어떤 사나이의 모습을 보고 "불쌍한 녀석"이라는 말이 새나왔다. 그것은 거울에 비친 자기 얼굴이었다. 그는 지쳐 있다. 그는 예전에 고등학교 교감이었지만 딸 셋을 시집보낼 걱정에 제자의 소개로 작은 공업사 경영으로 전업한 사람이었다. 그 결과, 수입은 훨씬 나아졌지만

●　이 부분에서는 '부르주아(Bourgeois)'라는 용어를 사용한다. 워낙 현재에는 일상적으로도 많이 쓰이는 말이기도 하지만 특히 박완서의 소설에서는 사회 계급을 말할 때 생활양식과 문화를 그 핵심으로 하고 있으며 그런 의미를 살리기 위해서는 외래어지만 '부르주아'라는 말이 의미를 더 잘 전달하리라고 판단된다.

몰골이나 생활은 말이 아니었다. 그날은 마침 큰 딸 초희가 맞선 보는 날로 그야말로 결전의 날이었다. 부인 민 여사는 남편의 '촌스런' 모습에 불만이 많다. 게다가 허성 씨는 전에 공장에서 기계를 잘못 조작해서 왼손의 가운데 손가락 세 개가 새끼손가락 길이로 잘려 나갔다. 민 여사는 맞선 자리에서 남편의 왼손을 감추기 위해 가스라이터를 준비했다. 기막힌 아이디어였다. 가스라이터를 쓰면 왼손은 감춘 채 오른손 한 손만으로 담배를 피울 수 있다. 그날은 초희가 '어마어마한 집'과 맞선을 보게 되어 있었고 손가락이 잘린 손—노동자들에게나 있는 그런 손—을 보이면 그걸로 끝장이었다.

허성 씨 가족은 긴장하여 온갖 준비를 마치고 결전장에 시간에 맞춰 도착하였다. 중매쟁이와 신랑네 가족이 도착하여 테이블에 앉았다.

허성 씨는 왼손을 테이블 밑이나 포켓 속이나 아무튼 남의 눈에 안 띄는 곳에 철저하게 감추고 오른손으로만 차와 케이크를 들어야 한다는 일이 부담스럽다. / 그것이 어렵거나 힘들어서가 아니라 그 부자연스러움을 감당하기가 고통스러운 것이다. 그는 테이블 밑에서 토막난 왼손으로 꼭꼭 주먹을 쥔다. 행여 손끝이 보일세라 꼭꼭 주먹을 쥔다. 그리고 그 속에 슬픔을 하나 가득 움켜쥐고 있는 것처럼 느낀다. 왼쪽이 손끝에서 어깻죽지까지 뻐근하니 저린 것도 같고 결리는 것도 같다. / 허성 씨는 공부하기 싫은 애가 종소리 기다릴 때처럼 몸이 비비 꼬는 걸 억지로 참고 어서어서 이 자리가 파했으면 하는 생각만 한다.

박완서, 『휘청거리는 오후』, 26쪽

맞선을 보고 나오자 민 여사는 남편에게 "어쩌면 그렇게 촌닭 같수"라고 촌철을 날린다. 초희도 비참한 기분이다. 나이와 여러 조건들에 따라서 값이 매겨지는 상품에 불과하다는 게 실감난다.

허성 씨가 학교를 그만두고 공업이라는 생소한 세계로 뛰어들고 나서 "아닌 게 아니라 사람 꼴은 좀 사나워졌지만 수입은 월등히 나았다." 딸들은 주린 것 모르고 대학을 마쳤고 아내도 "궁기를 벗고 제법 귀부인 티가 났고 반들반들한 양옥까지 장만했다." 그러나 그는 전업한 이후 기를 못 펴고 살고 있다. 맞선을 본다는 것도, 그 어마어마한 집에 잘 보여야 한다는 것도 너무나 힘들다. 맞선을 본다는 것은 가족끼리 마주 앉아 아래위로 훑어보아 무언가 중요한 것을 발견하기 위해 꼬투리를 잡아내서 평생을 결정짓겠다는 살벌하기 그지없는 전투였다. 결정적인 것은 사소한 겉모습들이고, 허성 씨의 왼손은 치명적 취약점이었다.

그런가 하면 전보다 훨씬 많은 돈을 벌어오지만 아내와 딸들이 허성 씨를 대하는 방식은 형편없어졌다. 그는 이제 가장이 아니라 머슴이었다. 딸들의 물질주의는 점점 심해져 갔고 그들의 씀씀이를 대는 일은 벅찬 일이었다. 허성 씨는 요즘 '세상물정'을 모른다고 타박 맞기 일쑤였다. 아내는 허성 씨가 손을 다쳤을 때도 처음에는 애간장이 타게 울더니 이제는 거침없이 '병신 손'이란 말이 튀어 나온다. 지금보다 수입이 형편없던 학교 일을 하던 시절에는 아내에게 가끔 '손찌검'도 했지만 이제는 어림도 없다. 아내의 입에서는 '상류사회'라는 말이 계속 튀어나온다. 허성 씨와 나머지 가족들은 다른 세상에 살고 있다. 그는 가족들에게도 잊혀진 존재였다. 아니, 사실 허성 씨뿐만 아니라 가족들 각각은 다른 세계에 살고 있다. 딸 셋도 모두 서로를 이해하지 못한다.

며칠 후 허성 씨네 집에서는 파혼을 통보받고 난리가 났다. 신랑 집에서 사람을 시켜 허성 씨네 공장에 대해 알아보고 방문까지 했다는 것이었다. 퇴짜를 맞고 좌절한 초희는 이후 맞선을 보는 사람마다 퇴짜를 놓았고, 전에 사귀던 남자를 만나 육체관계에 빠져 들었다. 하루는 중매쟁이가 아이 둘 딸린 40대 남자의 후취(後娶) 자리를 이야기했다. 민 여사는 화를 내고 거절했지만 재산이 많다는 말에 오히려 초희가 맞선을 보기로 결정했고 그녀는 결국 '공 회장'과 결혼했다. 우여곡절 끝에 초희는 임신을 했고 그 사실을 알리는데 남편인 공 회장으로부터 이미 불임수술을 했다는 말을 듣는다. 결혼은 파경을 맞았고 그녀는 술과 마약에 빠져들었다. 결국 초희는 정신병원으로 옮겨지고 말았다.

허성 씨는 커져만 가는 딸과 부인의 씀씀이를 대느라 부실공사를 안 할 수 없었고 결국은 들통이 나서 잡혀가야 할 처지가 되었다. 막다른 골목에 몰린 허성 씨는 좌절을 느끼며 집에서 밤에 혼자 소주를 마시고 있었다.

그는 조급하게 그것을 들이키려다 말고 문득 안주를 생각해 낸다. 안주를. 안주를. / 그는 떨리는 손으로 그만이 알고 있는 은밀한 장소에서 초희한테서 압수한 약봉지를 끄집어낸다. 그 속에서 상당량의 세코날을 골라낸다. 캡슐에 든 그것은 빨갛다. 불면에 시달이던 때의 초희의 눈처럼 빨갛다. 사신(死神)의 눈도 이렇게 빨갈까? / 그는 그것을 소주의 안주로 삼기 전에 다시 생각한다. 생각하고 또 생각한다. 죽음과 불명예 어느 쪽을 택할 것인가를, 생각은 번번이 천칭(天秤)처럼 망설임 없이 죽음 쪽으로 기운다. / 그는 그것을 안주 삼는다. 아내 곁에 눕는다. 아내의 숨소리는 고르다. / 죽음의 허무를 공수래공수거라는데 나는 그것만도 못하잖아. 온전한 빈손조차 못 되는 이 토막난 왼손―. 그는 왼손을 움켜쥔다. 온전한 손보다 꼭 송편만큼 모자라는 왼손 주먹, 그 속의 송편만한 공간에 이 세상의 허무란 허무는 모조리 담고 있는 것처럼 느낀다. / 그런 느낌은 어느 만큼은 감미롭다. 그가 제아무리 온 세상의 허무를 담고 있는 것처럼 느껴도 그것은 결국 주먹 속의 허무였기 때문에 그가 희롱할 수 있을 만큼 작은 허무일 수밖에 없었고, 허무를 희롱할 수 있는 한 죽음은 감미로울 수 있었다. / 그러나 주먹 속의 허무는 빠르게 자라서 그의 온몸을 공동(空洞)으로 만들기 시작했다. 반딧불만한 의식만 남고 그의 육신은 빠르게 허무에 용해됐다. 그는 그의 육신을 흡수해서 단박 무화(無化)시키는 거대한 허무에 공포감을 느꼈다. 공포감은 일순에 엄습했고 믿을 수 없을 만큼 강렬했다. 그는 그의 공포감을 크게 소리 내려 했지만 아무 소리도 낼 수 없었다. 소리는 성대(聲帶)의 것이고 성대는 육신의 것이기에.

박완서, 『휘청거리는 오후』, 544-545쪽

그는 죽음을 감각의 연속으로 이해했다. 죽음은 불명예를 피하는 유일한 길이었고, 그 길의 괴로움은 소주로 해결할 생각이었다. 그는 왼손에 느껴지는 빈자리에서 죽음의 내용으로서의 허무와 친

　　　　　　　　　　　　　　　　한국인의 발견

숙해졌고 그 허무를 애무(愛撫)하며 거침없이 나아갔다. 죽음은 손으로 더듬으며 나아가는 손 안의 허무로 이루어진 도피의 길이었다. 그는 여인들의 물질주의에 저항한다고 발버둥쳤지만 이미 그 또한 감각에서 모든 것을 찾는 물질주의자였다.

박완서의 이 소설은 당시에 너무나 많은 한국인들이 선택했던 부르주아의 꿈 이면의 고난을 보여준다. 교직에 몸담던 지식인이 더 많은 수입을 올려 부르주아로 올라가기 위해 전직을 단행했다. 자본주의의 대도시에서 '부르주아'란 재산의 양은 둘째 치고 외관으로 우선 판단되는, 인간 가치의 기준이었다. 외관은 주로 옷차림, 헤어스타일, 몸가짐, 장신구 등을 말하며 이른바 '사인(signs)'을 말한다. 이를 높은 수준으로 공급하기 위해서는 상당한 수입과 재산이 뒷받침되어야 하며, 또 이 뒷받침이 이루어지기 위해서는 가장의 능력, 배경, 혼인 관계 등 사회적 '네트워크'들이 갖추어져야 한다. 이런 자본주의 사회의 계급 게임에서 전투의 지휘관은 '싸모님'일 수밖에 없고 가장은 병참(兵站)을 져 나르는 머슴으로 전락한다. 그러나 이 게임은 괴롭다고 해서 피할 수 있는 게 아니다. 이 게임을 통해서만 '사람 대접'을 받을 수 있다. 부르주아로 올라서는 길은 생사의 투쟁이다. 박완서의 소설은 '부르주아'의 본질과 속성을 너무나 적나라하게 파헤치고 있으며 특히 한국 부르주아 여성의 심리 상태를 예리하게 해부하고 있다.* 1970년대 중반의 이 소설에서도 여성은 너무나 강력하고 남성은 무력하다.

1970년대는 한쪽에서는 가난한 사람들, 노동자, 빈민 계급이 독자적인 문화를 갖고 등장하였다. 동시에 다른 한쪽에서는 사회에서 우월한 존재임을 드러내려는 부르주아 계급이 그들의 독특한 생활양식, 모습, 주거 공간, 직장, 재산, 배경, '빽', '네트워크' 등을 드러내며 남들과 다른 종자임을 내세우고 있었다. 새로운 부르주아들은 그간 한국에서 말하는 '서민', '중산층' 등과는 다른 문화 집단이었다. 노동자, 빈민 계급과 부르주아 계급은 분명히 적대 관계에 있다. 노동자, 빈민 계급과 부르주아 계급 사이에는 수많은 계급들, 수많은 종류의 이른바 '쁘띠부르주아(petit-bourgeois)'들이 서로 직접 충돌하며 존재하고 있었다. 하지만 한편으로 이 두 대표적인 계급의 등장은 고통과 고뇌가 깊어가고 있음을 뜻한다. 한국 사회에서 계급과 신분은 이미 수백 년 전부터 존재하고 있었고 1960년대 김승옥 소설에도 '계급'이라는 말이 쓰였다. 하지만 어디까지나 그런 것을 추구하는 사람도 있었다는 뜻이었다. 1970년대에 오면 계급은 누구나 피하지 못하는 목숨을 건 투쟁의 전선이었다.

●　사인(sign)으로 사회 계급의 핵심적 성격을 밝힌 것은 실로 박완서의 독창적인 업적이었다. 프랑스의 피에르 부르디외(Pierre Bourdieu)가 사회 계급에 대한 획기적인 학문적 업적인 『구별짓기(La Distinction)』를 1979년에 발표하기 몇 년 전에 이미 박완서의 한국 부르주아에 대한 소설이 발표된 것이다 (Bourdieu 1979).

[순수와 참회의 시대]

최인호의 『별들의 고향』―1972년

1970년대를 통해서 세상을 뒤흔들고 수많은 독자들을 감동시킨 소설이 있었다면 1972년 9월에 일간지에 연재되기 시작한 최인호(崔仁浩, 1945~2013년)의 『별들의 고향』이었다. 이 소설은 다음 해에 단행본으로 출판되어 100만 부 이상 팔렸고, 1974년에는 이장호 감독에 의해 영화로 만들어졌다. 많은 문학평론가들이 '대중 소설'로, 진지하지 않은 오락물로 폄훼해 왔지만 이 작품은 한국 현대의 어느 소설보다도 섬세한 심리 분석과 깊은 함의가 담긴, 그리고 엄청난 여파를 일으킨 걸작이었다.

　　화자이기도 한 김문오는 외로운 미술 대학 강사로 지난밤 과음하고 잠들었다가 아침에 경찰서로부터 전화를 받았다. 경찰서에 가니 사진 한 장을 보여주는데 그는 그녀를 금방 알아보았다. 오경아

였다. 문오와 일 년 가까이 동거했던 그녀가 지난밤에 자살했다는 것
이었다. 경아는 자그맣고, 아름답고, 귀엽고, 사랑스런 여자였고 한때
문오와 뜨거운 관계였다. 경아는 그에게 결코 잊을 수 없는 연인이었
지만 마음속으로 생각하길 그녀는 서울 시내 어디서나 나타날 수 있
는 존재 같기도 했다.[*] 그녀는 희생자였다. 서울의 무책임한 젊은이
들이 그녀를 죽인 것이다. 씹다가 단물이 빠지면 아무데나 뱉어버리
는 껌처럼 그녀를 버린 것이다.

경아는 가난한 집 출신이었다. 어려서부터 노래를 잘 불렀고,
고집을 부려서 여대 성악과에 들어갔지만 등록금을 대지 못해 한 학
기만에 포기하고 직장에 다니게 되었다. 직장에 다니는데 강영석이
라는 청년이 집요하게 접근해서 애정관계로 발전했다. 그녀는 결국
몸을 허락하여 임신을 했고, 중절 수술을 받았다. 그는 경아를 떼어
버리려고 친구에게 자문을 구하면서 속마음을 털어놓는데 경아와의
관계에 대해 "사랑하지는 않았다", "다소 장난스러운 생각이었다"고
말한다. 그는 경아를 떠났고 자존감에 큰 상처를 받은 그녀는 자신을

• 문오는 이런 생각을 했다. "그래, 경아는 실제로 존재하지 않았던 여자인지
도 몰라. 밤이 되면 서울 거리에 밝혀지는 형광등의 불빛과 네온의 번뜩임,
땅콩 장수의 가스등처럼 한때 피었다 스러지는 서울의 밤. 조그만 요정인
지도 몰라. / 그래, 그녀가 죽었다는 것은 바로 우리가 죽인 것이야. 무책
임하게 골목 골목마다에 방뇨를 하는 우리가 죽인 여자이지. / 그녀가 한때
살아 있었다는 것은 거짓말일지도 몰라. 그것은 자그마한 우연이었어. 그녀
는 마치 광화문 지하도에서 내일 아침 조간신문을 외치는 소년에게 십원을
주면 살 수 있는 조간신문일지도 몰라, 잠깐 보고 버리면 그만이었어. 그래
그녀가 살아 있었다는 것은 조그만 불빛이었어, 서울의 거리에서 흔히 볼
수 있는 불빛이었지." (최인호 1972a 上: 45-46).

　　　　　　　　　　　　　　　　　　　　　　한국인의 발견

천시하기 시작했다.

경아는 새로운 남자를 만났다. 그녀의 어머니를 통해 만난 사람으로 부인과 사별하고 딸 하나가 있는 39살 '이만준'이라는 사업가였다. 그는 보자마자 경아에게 반하여 적극적으로 접근했다. 만준은 경아에게 청혼을 했고 경아는 자신의 과거 때문에 쉽게 결정하기 어려웠다. 그에게 모든 것을 다 털어놓으려고 생각했지만 때를 놓쳤고 결국 결혼을 승낙했다. 그녀는 훌륭한 주부가 되어 행복한 가정을 꾸밀 계획도 세우고 열심히 노력했다. 그러나 만준과 그의 집안은 음습한 분위기였다. 만준과 전처의 비밀이 밝혀지려는 때, 경아의 과거가 드러나게 되었다. 경아에게 전에 임신 중절 수술을 한 흔적이 있음이 알려졌고, 원래 결벽증(潔癖症)에다 전처의 배신으로 큰 상처를 입은 만준은 경아의 과거를 받아들이지 못했다. 그는 집을 나갔고, 이혼을 원했다. 경아는 22살에 또 버림을 받았고 더욱 자부심을 잃고 자포자기하게 되었다. 외로움 속에서 경아는 혼자 술 마시는 버릇이 생겼다. 또 그녀는 시내의 밤거리를 그리워하게 되었다.

경아가 세 번째 남자, 화가인 김문오를 만난 것은 두 번의 버림을 받은 뒤였다. 문오 또한 고독하던 시절이었다. 문오는 술집에서 친구를 기다리다가 술집 여급이었던 경아를 만났다. 처음 보았을 때 경아는 화장을 지나치게 해서 해괴한 얼굴로 껌을 씹고 있었다. 그녀와는 만나자마자 쉽게 가까워졌다. 경아가 먼저 같이 살자고 하며 품으로 뛰어들었고 그들의 사랑은 그렇게 시작되었다. 문오를 처음 만났을 때 이미 경아는 자존감을 잃고 술에 찌든 상태였다. 그녀는 자다가 가냘픈 울음소리로 울곤 했다.

경아는 아침에 커피를 마시고는 바로 화투 패로 재수를 떼기 시작한다. 오전을 그렇게 보내고는 노래를 부른다. 그리고 계속, 끊임없이 온갖 이야기를 지껄인다. 경아는 문오와 동거하는 동안에도 술집에 출근을 했고 늦게 술에 취해 들어와 술주정을 하곤 했다. 그런가 하면 전에 동거하던 이동혁이란 자가 찾아와 경아를 돌려 달라고 하기도 했다. 처음 경아와의 유쾌하고 즐거운 시간이 지나가자 생활에 문제가 생기기 시작했다. 경아의 술은 점점 늘어가고, 술을 안 마실 때 그녀는 하는 일 없이 하루 종일 멍청하게 앉아 있곤 했다. 그들은 둘 다 생명력을 잃어가고 있음을 발견했다. 그들은 뜨겁게 사랑했지만 서로 이용해먹고 서서히 망가뜨려 가는, 그런 관계임을 알게 되었다.

우리는 결국 혼자, 혼자, 혼자뿐이었다. 술을 마시고, 사랑을 하고, 정사를 나누고, 식사를 하고, 영화 구경을 하고, 산보를 하고, 육교를 오르내리고, 커피를 나눠 마시고, 껄껄 웃어도 우리는 결국 혼자였다. / …… / 그 긴 겨울 동안 줄곧 내가 생각해 온 것은 경아와 헤어져야 한다는 생각뿐이었다. 여러 가지 변명을 나는 할 수 있을 것이다. / 우리들의 때가 묻은 생활, 무디어진 그림에의 욕망, 그녀의 추해진 술버릇, 눈에 띄게 무관심해진 그녀의 몸매, 거의 중독이 되어버린 그녀의 술주정, 엉망이 되어버린 게으름, 선뜻 선뜻 고개를 드는 죄악감, 이동혁의 출현, 나를 구속하는 의무감, 부서지는 젊음에의 회의, 이 모든 것, 모든 것을 변명으로 삼을 수도 있을 것이었다. / …… / 내가 경아와 결혼까지 생각해보았던 것은 사실이었다. …… / 그러나 경아에게 있어서 과연 내가 필요한 존재인가 하는 문제에 대해서는 나는 자신이 없었다. / 나는 정말 경아를 알 수 없었다. 그 것을 변명으로 하겠다. / 최초에 경아를 만났을 때 나는 그녀의 전부를 알 수 있을 것 같았다. 나와 그녀는 너무나 동질의 인물이라서 그저 나 자신만을 생각해보는 것으로써 경아의 전부를 짐작하고 일방적으로 단정을 내리곤 하였다. / 그러나 경아와 살을 맞대고 생활을 같이 나누는 일이 계속될수록 경아는 점점 불가사의한 존재로 내게 인식이 되어지기 시작했던 것이다. / 경아는 같이 살면 살수록 완전한 타인이었다.

최인호, 『별들의 고향』 하, 268-270쪽

경아는 25살이었고, 세 번째 남자 김문오는 그녀를 떠났다. 그는 고향으로 내려가겠다고 말했고 경아는 그를 잘 이해하고 있었다.

고향에서 몸과 마음을 추스르고 긴 시간을 보낸 후 그는 그의 그림이 인정받기 시작하여 대학에서 강사로 초빙되어 다시 서울로 올라왔다. 서울에 와서는 줄곧 경아 생각이 떠나지 않았다. 그런데 어느 날 우연히 조그맣고 지저분한 맥주홀에서 경아를 보았다. 그녀는 원색 원피스를 입고 민망할 정도로 술에 취해 담배를 피우며 노래를 부르고 있었다. 그간 비대해져서 알아보지 못할 정도였다. 그녀는 풀린 눈을 들어 문오를 알아보더니 "술 좀 사주세요"라고 할 뿐이었다. 그리고 자기 별명이 "돼지"라고 했다. 헤어지며 경아는 "취하지 않고서는 살 수가 없어요"라고 했다. 문오는 자기 가슴에서 경아가 잊혔다고 느꼈다. 그런데 어느 날 그 이동혁이 찾아와서는 경아를 도로 데려가 달라고 하며 그녀가 있는 술집 주소를 알려주었다. 변두리 술집, 꼭 '퇴락한 중국음식점' 같은 곳이었다. 경아는 엄청나게 달라져 있었다. 한마디로 비대해지고 추해져 있었다. 그날 문오는 경아의 집에서 그녀와 마지막 밤을 불태웠다. 그는 그녀가 잠든 사이에 작별의 편지를 써놓고 뒤도 돌아보지 않고 나왔다. 그로부터 1년 후, 어느 눈 오는 밤 허름한 술집에 한 여인이 단정한 모습으로 들어와 술을 마신다. 그녀는 추근덕대는 사내와 여관으로 갔다가 남자가 잠든 사이에 지갑을 훔쳐 다시 술집에 와서 한잔 더 마시고는 준비해온 수면제를 꺼내 먹었다. 문오는 경아의 시신을 인수하여 화장한 다음 한강에 뿌리고 혼자 술을 마셨다. 그러고는 집에 와서 푹 자고 다음 날 씩씩한 걸음걸이로 시내로 나왔다.

작가는 소설 연재가 시작되기 1년 전 친구 이장호에게 그가 오랫동안 생각해온 소설은 "우리들이 함부로 소유했다가 함부로 버리는 도시가 죽이는 여자의 이야기"가 될 것이라 했고[4] 과연 이 소설은 그렇게 전개되었다. 경아를 이렇게 비참하게 만들고 스물일곱의 나이에 죽인 사람들은 바로 서울의 무책임한 보통 남자들이었다. 이 소설은 우연한 이야기가 아니라 앞에서 지적했던 1960년대에 한국 사회에 나타난 '죽음'이라는 것의 한 전개로, 서울이라는 살인적 공간 어디서나 벌어지던 일이었다.

경아의 세 번째 남자 김문오는 그녀의 이야기를 전해주고 마지막까지 그녀를 사랑했던 인물이며 이 점에서 앞의 두 남자와는 달랐다. 강영석은 돈 후안의 후예로 여성들을 망가뜨리고 인륜을 파괴하는 부정(否定)의 영웅이 되려는 전형적인 근대적 욕망의 화신이었고 한국에서는 1960년대 김승옥의 단편들에 이미 등장한 바 있다. 이만준은 근대 부르주아의 전형이다. 사업과 재산을 모으는 일에만 집중하며 그 외 다른 것은 모두 희생시켜버리는, 스스로 결벽적으로

한국인의 발견

사는 자본주의 중심 계급의 모습이다. 그러나 김문오는 작가가 창조한 인물로 세속적 출세나 부(富)에 관심이 없는 예술가였다. 그는 수차례에 걸쳐서 자신은 '무능하다'고 하며 "나는 너무 결단력이 없었고 또 바보 멍텅구리였다"고 말한다. 그는 타락한 삶을 사는 것처럼 보인다. 늘 친구들을 만나서 술을 늦도록 마시며 자신의 앞날을 걱정하는 기미도 없다. 한마디로 앞의 두 남자가 1960년대형 '욕망의 인간'들이었다면 김문오는 이 시대를 위한 새로 창조된 한국인이었다.

경아는 이미 1960년대 한국 사회에 나타난 죽음의 문화의 희생자였다. 하지만 경아가 1970년대에 굳이 나타나 스타가 된 것은 그보다 더욱 중대한 의미를 가진 인물이었기 때문이다. 경아는 매력적이며, 귀엽고 사랑스런 여인이었다. 그러나 무엇보다 그녀의 첫 번째 정체성은 계급성이었다. 경아는 가난하여 딸을 대학을 보낼 수 없는 집안 출신이었다. 가족은 전혀 등장하지 않는다. 그리고 남자 셋을 만나 버림 받는데 버림을 받을 때마다 그녀는 좌절하고 자존감을 잃고 생활의 절도를 잃어갔으며 사회적 지위도 추락했다. 문오를 만났을 때 그녀는 이미 술집 여급이었고 나중에 경아가 다니는 술집은 점점 더 허름하고 급이 낮아진다. 마지막에 그녀가 남자와 여관으로 가서 성관계를 하고 그가 자는 사이에 지갑을 훔쳐 술을 한 잔 더 마셨다는 이야기는 경아가 세상 밑바닥으로 떨어졌음을 말한다.

소설의 첫 대목에서 형사는 문오에게 경아가 죽었음을 알려주며 그녀의 유품으로 핸드백과 주머니에서 나온 껌을 하나 건네주었다.

나는 코우트 속으로 백을 숨겨 들었고 나머지 한손에 들었던 껌의 포장지를 무의식중에 벗겼다. 그리고 껌을 입안에 털어넣었다. / 껌은 달콤하고 말랑말랑하게 내 입 안에서 녹아 들어갔다. 그녀의 죽음이 입속에 털어넣은 껌으로 해서 그녀다운 장난스런 느낌으로 내게 부딪쳐 오기 시작했다. / 참으로 그녀다운 죽음이군. / 나는 웃었다. 그러자 두어방울 눈물이 굴러 떨어졌다. / 경아의 죽음이 내게 껌 하나로 실감되는군. 그녀의 죽음과 내가 살아 있음은 조그만 껌 하나로 연결되는군. 그래 우리가 살아간다는 것은 조그만 껌을 씹는 것과 마찬가지. 우리는 무의식중에 껌을 씹다가 아무렇게나 투 ― 껌을 뱉어버린다. 더구나 껌 하나를 남겨주고 죽은 그녀의 죽음은 얼마나 그녀다운가. / 그녀는 언제나 어디서나 껌을 씹고 있었다. 껌도 한개씩 씹는 것이 아니고 어느때는 두개 세개를 한꺼번에 씹고 있었다. / 그럴 때 경아의 표정은 껌을 씹는다기보다는 질긴 섬유질을 물어뜯는 표정 같았지, 가끔 귀여운 입을 '후' 내불어 풍선을 만들곤 했었지. 그렇게 자주 크디큰 풍선을 만드는 사람들 본 일이 있을까. 그녀는 마치 껌으로 풍선을 만드는 데 천재와 같았어. 그녀는 어떤 면에서는 거품을 뿜어대는 민물게와 같았으니까. / 그녀는 껌 하나로 여러 가지 재미나는 놀이를 할 줄 알았어. 연거푸 소리를 내면서 씹을 줄도 알았고 어떤 때는 양손이 엄지손가락으로 껌의 면적을 크게 부풀리다가 입술을 들이대고 마셔 꽝 터뜨리는 소리를 낼 줄도 알았어. / 그나 그뿐인가, 그녀는 껌을 버리지 않고 벽에 붙여두는 습성이 있었지. 나는 가끔 엉뚱한 곳에서 그녀가 씹다 지친 껌을 벽에 붙여둔 것을 발견하곤 했었어. / 부엌의 찬장 옆에서, 욕탕의 거울 위에서, 화장대 크림병 위에, 변기 앞 세면도구 함에, 그녀는 훗날 송두리째 뜯으려는 치밀한 계산하에 타액을 후면에 잔뜩 묻혀 살짝 벽에 붙여 놓곤 했었지. / 나는 그것을 발견할 때마다 기분이 유쾌했었어, 바위를 헤쳐 발견한 가재의 등과 같았으니까. 그리고는 그것들을 뜯어 씹곤 했었지. / 처음엔 찬 공기에 조그만 건포도처럼 응고되어 있었지만 입안에 넣고 서너번 씹으면 말랑말랑해지고 부드러워지곤 했었지. 마치 그녀의 조그만 성감대처럼 그녀의 유방 젖꼭지는 정말 씹다 버린 껌과도 같았어. 처음에 입에 넣으면 수축되고 딱딱하지만 서너번의 저작(詛嚼)으로 말랑말랑하게 풀어지거든, 아주 단호박 냄새를 내면서 말이야.

최인호, 『별들의 고향』 상, 28-30쪽

껌으로 문오는 입 안에서 경아를 느꼈다. 경아는 늘 껌을 씹고 있었고, 풍선을 만들고 벽에 붙였다가 다시 씹곤 했다. 껌을 이렇게 씹는 것은 한국에서 '하층 계급'의 문화였고, 그게 바로 경아였다.

문오는 그가 기억하는 경아의 재미있는 습성들을 소개한다. 그녀는 늘 미신에 열중했다. 아침에 일어나면 꿈을 꾼 이야기를 했고, 문오를 두 번째 만나서는 점 보러 가자고 끌고 갔다. 또 그녀는 아침에 눈을 뜨면 화투를 쳐서 하루의 재수를 떼 본다. 재수 떼기는 한 번으로 끝나지 않았다. 온갖 종류의, 문오는 들어본 일도 없는 재수 떼는 법들을 하나씩 쳐나가면 끝도 없었다. 경아의 중요한 특징 하나는 고독함과 지루함을 못 참는다는 것이다. 경아는 늘 즐겁고 재미있는 것을 찾았다. 그냥 혼자 고독한 시간을 보내는 것에 익숙하지 못하다. 집에 혼자 있다든지 화장실에 앉아 있을 때는 큰 소리로 '발작적으로' 노래를 부르곤 했다. 그리고 집에서 혼자 심심하면 거울 앞에서 화장을 했다. 나갈 데가 없어도 재미 삼아 거울 앞에 앉아 화장을 하고는 지우고 다시 하곤 했다. 그리고 그녀는 감정을 잘 통제하지 못한다. 그녀는 희극을 보든 비극을 보든 늘 펑펑 운다. 거지를 보면 그냥 지나가지 못하고 벌레가 죽는 것을 보아도 눈물을 흘리는 여자였다. 그런가 하면 웃기도 잘했고 울다가도 돌연 웃는 경우도 많았다. 그녀는 자기가 원하는 게 이루어지지 않으면 어리광을 부리고 상대가 화를 내면 바로 울음을 터뜨리곤 했다. 우는 것도 어린아이처럼 발로 바닥을 차면서 격렬하게 울곤 했다. 경아는 약속을 지킨 적이 거의 없었다. 며칠 지나서 아무 때나 나타나곤 했다. 경아의 이런 습관들은 하층 계급의 문화였고, 작가는 이를 경아의 중요한 부분으로 소개한다.

그러나 무엇보다 경아에게 가장 심각한 문제는 술이었다. 그녀는 두 번째 남자와 결혼하고 문제가 생기자 괴로움을 달래기 위해 집에서 혼자 술을 마시기 시작했다. 경아는 혼자서 시간을 보낼 줄을 잘 몰랐다. 혼자 하는 취미, 예를 들어 뜨개질이라든가, 음악 감상이라든지, 독서라든지 하는 것을 모르고 혼자 있으면 술을 취하도록 마시든지 멍하니 창밖을 내다볼 뿐이었다. 한마디로 경아는 평범한 삶에 필요한 규율, 자기 통제를 갖추지 못했다. 결국 문오와 경아는 서로를 해치고 있음을 깨닫고 더 이상 같이 살 수 없음을 알았다. 문오와 헤어지고 나서도 시간이 지날수록—불과 2년이었다—그녀는 급속히 망가져 갔다.

경아의 이런 모습은 '서울의 밤 어디에서나 나타나고 볼 수 있는 요정(妖精)'을 대표하는 것으로 경아는 계급들이 분화되어 나가는

한국인의 발견

세상 한가운데 위치하여 아래로 굴러떨어져 가는 인물이었다. 그녀는 계급의 계단에서 여대생에서부터 차례로 밑바닥까지 굴러떨어지고 있었다. 경아는 대학생과 지식인 이하 서울의 '하류 계급'을 대표하며 그녀의 보편성과 편재성은 여기에서 연유한다. 이 소설이 나오고 나서 수많은 서울의 술집 아가씨들이 모두 '경아'로 이름을 바꾸었다는 이야기는 독자들도 경아를 그렇게 이해했음을 드러낸다. 그리고 그녀의 짝 김문오는 경아가 결코 속하지 못했던, 바로 계단 위의 대학 출신, 지식인, 예술가 계급을 대표하며 다른 계급, 즉 부르주아로 편입하려는 욕망이 없는 '순수한 사람'이었다. 그래서 그는 경아를 이해하고 끝까지 사랑할 수 있었다.

경아는 특별히 아름다운 여성이었다. 한국 남자들의 기호에 맞추어, 늘씬한 '글래머'가 아니라 자그마한 키, 가냘픈 몸매에 통통하게 속살이 찐 '알밴 게' 같은, 껴안고 싶은 여성이었다. 그녀는 또 애교 만점의 성격으로 남자와 쉽게 가까워지고, 늘 종알종알 지껄이고, 재미있는 일을 만들고 장난을 좋아해서 늘 자신과 상대를 즐겁게 했다. 경아는 누구나 그녀를 대하면 사랑에 빠지지 않을 수 없는 여인이었고 그녀 또한 사랑을 아낌없이 베푸는 사랑의 화신(化身)이었다. 경아는 독자들도 모르는 다른 남성들, 예를 들어 이동혁 같은 사내들과 육체관계를 맺는 등 정조 관념 같은 건 없는 여자였다. 그러나 그녀는 문오에게 끝까지 사랑을 아끼지 않았다. 경아와 뜨거운 밤을 보내고 그녀가 잠든 사이에 편지를 써놓고 나와서 문오는 자기 심정을 다음과 같이 표현한다.

나는 언덕길을 구르기 시작했다. 미친듯이 뛰어내리기 시작했다. 미끄러운 탓도 있었지만 한시바삐 그곳에서 도망쳐야 한다고 생각했기 때문에 마음이 급한 것처럼 나는 뛰고 있었다. / 몇 번이고 나는 넘어졌다. 그럴 때면 이를 악물고 일어섰다. / 돌아봐선 안돼. 돌아봐선 안돼. 나는 돌아보면 마치 선 자리에서 돌이 되어버리는 듯한 느낌을 받아 언덕길을 허이허이 뛰어내려갔다.

최인호, 『별들의 고향』 하, 384-385쪽

한번이라도 돌아보기만 하면 다시는 경아 곁을, 소돔과 고모라의 재난 같은 지옥을 벗어나지 못할 것 같았다. 경아는 '사랑의 메두사(Medusa)'였다. 경아는 흡사 '마농 레스꼬(Manon Lescaut)'처럼 누구나 한번 보기만 하면 사랑에 빠지지 않을 수 없는 사랑의 화신이었다. 경아와 마농은 둘 다 정조 관념은 없었지만 그 사람에 대한 사랑은 끝까지 아끼지 않았다. 그녀를 만난 것은 운명이었고, 만나지 말았어야 했던 여인이었다. 경아가 이토록 사랑의 화신이었던 것은 질시와 증오로 가득 찬 계급의 벽들을 뚫고 사람들이 가슴으로 만나기 위해서는 극단의 사랑의 힘이 필요했기 때문이었다. 문오는 그녀의 매력을 감당하지 못했지만 끝까지 사랑했다.

그러나 경아는 마농과는 달랐다. 경아는 사랑의 화신일 뿐만 아니라 거대한 사회적 의미를 가진 여인이었다. 경아는 서울의 살벌하게 찢겨진 계급 사회를 살갑게 덮힐 존재였다. 그녀는 지식인, 부르주아 남성들과 관계를 맺음에 있어서 서울의 수많은 하층 계급 여성들, 즉 '공순이', '식모', '버스 차장', '식당 종업원', '술집 아가씨', '작부', '몸 파는 여인' 등 수많은 계급들로 변신해가며 뜨거운 사랑으로 살 만한 세상을 만들 존재였다. 경아는 밑바닥까지 타락한 상태에서 문오와 마지막 밤을 뜨겁게 보낸 후 이런 말을 남겼다.

> "내가 열아홉 때 처음 이 세상에 태어나 연애를 걸었을 때 나는 이 세상 모든 사람들을 믿지 않았어요. 그러나 지금은 믿어요. 그러니까 내가 살아요. 난 남자가 없으면 못살 것만 같아요. 여자란 건 참 이상하게두 남자에 의해서 잘 잘못이 가려져요. 한때는 나도, 결혼을 하고 남편을 위한 밥을 짓고 밤마다 예쁜 잠옷도 입었어요." / …… / "꿈이라도 아름다운 꿈이에요. 내겐 소중해요. 소중한 꿈이에요. 또 내 몸을 스쳐간 모든 사람이 차라리 사랑스러워요. 내 몸엔 그들의 흔적이 남아 있어요. 그들이 한때는 날 사랑하고 그들이 한때는 슬퍼하던 그림자가 내 살 어딘가에 박혀 있어요."
>
> 최인호, 『별들의 고향』 하, 377쪽

수많은 좌절을 맛보고 버림받으며 고난을 겪어온 경아는 이제 세상의 밑바닥에 다다르자 희생자이자 '성처녀(聖處女)'가 되었다. 그녀는 자신을 버리고, 밟고, 더럽혔던 수많은 사람들을 용서하고 사랑했다. 그리고 그녀는 죽으면 나비가 되겠다고 했다. 경아의 삶과 죽음은 당시 한국인들, 특히 지식인들에게 자기의 죄를 인식하고, 뉘우치고 양심을 되찾아 다시 인간이 되게 하는 구원이었다. 경아는 계급으로 갈라져 가는 살벌한 세상을 뜨거운 사랑으로 구원하는 성스러운 존재였다.

일제 시대에 서구에서 도입한 사랑은 한국인이 강한 개인들로 다시 태어나는 계기가 되었다.[5] 우리 역사에서 사랑이 그와는 다른 의미로, 분열되어 가는 사회를 통합하는 기제로서의 의미로 부각된 것은 이때가 처음이었다. 그간 강하고 거칠어져만 가던 한국인들은 이때부터 순수하고 부드럽고, 서로를 돌보고 사랑하는 사람들로 되어 갔다.

최인호의 『바보들의 행진』 — 1974년

최인호의 다음 작품은 1974년의 『바보들의 행진』이었다. 이 작품도 많은 독자들의 사랑을 받아 1975년에는 하길종에 의해 영화로 만들어졌다. 소설의 구조나 문장이 너무나 대중 오락물, 흡사 만화 같은 형태이고, 스토리나 플롯도 없는 서른 개의 에피소드 연작이지만 그 문제의식은 『별들의 고향』의 연장선상에 있었다.

'병태'는 A대학 철학과 2학년이며 여자 친구 '영자'는 B여자대학 불문과 학생이다. 이들은 이른바 '요즘 대학생'들이다. 그들은 작가보다 8살 아래, 필자와 동갑인 1953년생이며 작가가 소설을 쓸 당시의 대학생들로 설정되었다. 병태의 첫 번째 특징은 늘 '폼만 잡고' 다닌다는 것이다. 정구를 칠 줄도 모르면서 늘 라켓을 들고 다니고 호주머니에는 한 줄도 읽어본 일이 없는 세계 명작 소설을 넣고 다닌다. 경찰의 단속에도 불구하고 긴 머리카락을 끔찍이 아낀다. 공부는 한 자도 안 하고 그저 친구들하고 술 마시고 여자 친구와 사귀느라 정신이 없다. 한마디로 병태는 '엉터리 대학생'이고 이 점에서는 영자도 마찬가지다. 그녀 또한 공부를 워낙 안 해서 불문과 학생임에도 까뮈(Albert Camus)가 누군지도 모른다. 그저 예쁜 옷을 입고 '폼 잡을' 생각만 한다. 병태와 영자는 모두 '폼생폼사'다. 이들은 인생을 장난스럽게 사는 것 같다.

　　그러나 이들이 게으르고 허영된 삶을 사는 데 만족하는 것은 아니다. 이들은 '심심해서', 병태는 가수가 되어 볼까도 생각하고, 영자는 소설가가 될 생각을 한다. 둘은 '되고 싶은 것', '하고 싶은 것'이 무지하게 많지만 그런 욕망들을 억제하며 살고 있다. 병태와 영자는 이런 문제에서 격려와 응원을 아끼지 않으며 서로를 고맙게 생각한다. 이들은 모두 겉으로는 영악하다. 영자는 미니스커트를 입고 총각 교수를 찾아가 애교를 떨어서 'F학점'을 면하는 데 성공했다. 또 병태의 친구들에 대한 우정과 의리는 대단하다. 친구가 군대 간다고 친구들과 모인 환송회 자리에서 술을 마시고는 돈이 모자라자 옷을 벗었다. 그는 전형적인 대한민국의 바보 청년이다. 이들에게 '친구'는 인간관계의 최고이자 최대의 명분이었다. 가족 및 여러 소규모 집단들이 흔들리고 개인주의화될수록 개인들이 자발적으로 선택한 '친구'는 가장 소중한 존재였다.

　　병태와 영자는 서로에게 '사랑한다' 등의 말을 던지곤 한다. 하지만 장난으로, 농담으로만 하고 진지하게 하는 법이 없다. 이들의 대화는 앞뒤 이해관계를 따지고 계산하는 말, 서로 약 올리고, 헐뜯는 말만 주고받지만 속으로는 순진하다. 병태는 영자에게 키스를 하려고 작전을 꾸몄지만 결정적인 순간에 영자에게 급소를 채이고 말았다. 그러나 둘은 속으로는 서로를 끔찍하게 위하며 어려운 일이 있으면 달려가서 도와주고 위로해주는 것을 잊지 않는다. 병태와 영자는 서로를 잘 알고 있다. 영자는 1974년 '새해 기도'라는 마음을 솔직하게 표현하는 자리에서 병태와 그와의 관계에 대해 기도한다.

"성모 마리아님. / 새해에는 그들에게 복을 주세요. / 아버지에게는 나처럼 젊은 애인이 생기게 해 주시옵고 어머니에게는 뚱뚱한 몸무게가 줄어들게 해 주세요. / 그리고 병태에게도 복을 주세요. / 성모 마리아님 저는 정말 병태를 좋아하고 있어요. 병태는 정말 좋은 애예요. / 젊은 나이에 술만 마시구 당구만 치구 쌍소리나 하구 그러지만 그앤 우리 아버지 다음으로 좋은 애예요. / 병태는 늘 저보구 애인하자고 그러지만 저도 그게 싫지는 않지만 그애와 저는 동갑나이이니까, 그애가 군대 갔다 오고 학교 졸업하고, 돈벌이하면 난 그땐 값이 떨어진단 말이에요. 할머니가 되어 버린단 말이에요. / 그러니까 어떻게 할 수가 없잖아요. / 여자는 말이에요. 한참 비싸게 팔아먹을 수 있을 때 팔아야 한다고 울 할머니가 늘 그러셨단 말이에요. 저는 제 자신을 바겐세일 하고 싶지는 않단 말이에요. / 성모 마리아님. / 난 병태가 제 애인임에 틀림없어요. 겉으로는 안 그런 척하지만 병태는 제 애인이에요. 그애 없으면 난 죽을 것만 같아요."

최인호, 『바보들의 행진』, 104-107쪽

병태와 영자는 겉보기와 달리 고전적인, 금욕적이고 순수한 사랑을 실천하고 있다. 그들은 서로에게 욕망을 표현하거나 발휘하지 못한다. 두려워서라기보다 서로를 인격적으로 존중하기 때문이다. 그들은 또한 다른 이성들에게는 눈길도 주지 않는다. 겉으로 보기에 '막돼먹은 애들'로 보일지 몰라도 실제로는 건전한 이성 관계이며 결혼할 사이다.

소설에 나타난 이들의 모습은 '엉터리 대학생', '골 빈 놈들'이지만 이들에게는 나름대로의 고뇌가 있다. 병태는 1974년의 새해 기도를 다음과 같이 시작한다.

> "1973년에 저는 우울하였사옵나이다. / 저는 대학생이었지만 조금도 대학생 대우를 받지 못하였사옵니다. 버스 차장들은 우리가 20원을 내면 인상을 썼고 순경나으리들은 우리들을 보면 죽일놈으로 취급하였사옵나이다. 극장에서 대학생 입장권을 살 때에도 눈총을 받았사오며 우리는 다들 바보에다 멍텅구리였습니다. 저는 그들을 믿지 못하옵나이다. 하느님. 바보 멍텅구리인 저는 그들을 모두 믿지 못하옵나이다. / 정치가들, 자선사업가들, 이웃사람을, 순경나으리를, 버스차장을, 역사를, 신라의 금관을, 아버지를 어머니를, 동생을, 모두 믿지 못하고 있사옵나이다. / 그들도 또한 저를 믿지 못하고 있사옵나이다. / 하느님."
>
> 최인호, 『바보들의 행진』, 102쪽

병태와 친구들이 원래 무능력하고 게을렀다기보다는 병태는 세상이 자기들을 그렇게 바라보고, 그렇게 만들었다고 항변한다. 이들은 1960년대 대학생들과는 너무나 다른 조건에 있다. 이들에게는 자부심이나 자신감이 없고 사회에서도 이들을 인정해주지 않는다. 이들 세대의 외로움, 특히 여성들의 경우에는 가족들 사이에서 민감하게 외로움을 느낀다. 영자는 1974년 새해 기도를 이렇게 시작한다.

> "성모 마리아님도 아시다시피 저는 참 불행하고 외로운 소녀에요. 아무도 제게 관심을 보여 주지 않아요. / 아버지는 아버지대

로 바쁜 척만 하시고 어머니는 제가 조금 모양만 내도 질투하고 계세요. 어머니는 어머니이고 저는 그녀의 딸인데 제가 조금 예쁜 옷을 입으면 입을 삐쭉거려요. / 성모 마리아님. / 저는 아무래도 이집 딸이 아닌 것 같은 생각이 들어요. 아무래도 저는 다리 밑에서 주워온 남의 집 아이일 것만 같아요. 진짜 그럴까요. / 만약 안그렇다면 자기 딸을 그렇게 무시할 수가 없잖아요. 글쎄. / 저는 지금 옷이라곤 청바지 두 벌에 원피스 한 벌, 블라우스 두벌, 털쉐터 한 벌밖에 없답니다. 그것도 남대문 구제품 시장에서 산 털쉐터를 빼어 놓으면 별 볼일 없는 옷들이에요. / 제가 예뻐서 다행이지 그런 것을 입으면 순자 계집애는 쭈글쭈글하게 보일 거예요. 지가 잘난 척하고 다녀도 실은 지가 옷을 때 맞춰 잘 입고 다니는 것밖에 더 있나요. 뭘."

최인호, 『바보들의 행진』, 104쪽

딸과 어머니 간의 미묘한 관계 변화, 특히 몸치장 비용 때문에 아버지가 벌어오는 제한된 재화의 분배를 놓고 벌어지는 갈등은 여성의 감각을 벗어날 수 없다. 1960년대부터 이어온 경제 발전의 결과, 1970년대에 들어서면 소득 분배를 놓고 가족 안에서 갈등이 벌어졌다.

이 세대의 첫 번째 특징은 강의에 들어가지 않고 공부라고는 한 자도 하지 않는다는 것이지만, 이들이 공부를 하지 않는 데는 나름의 이유가 있다. 오히려 이들은 학교 공부를 거부하고 있다. 〈여섯 번째 이야기〉에서 어느 날 학교에 갔더니 휴강이었고, 정확히는 아예 학교가 문을 닫았다고, 휴교라고 한다. 학생들의 데모 때문에 문을 닫았다는 것을 알고 이들은 학교에서 나오는 모든 소리를 저주하고 경멸한다. 대학에 대해서 본질적으로 회의한다. "뭘 배웠나, 다녀 뭐하나?"라고 한탄하며 '대학'에 대한 욕지거리들을 쏟아낸다. 그리고 그날 선배를 만났더니 그는 폼을 잡고는 '요새 애들'은 이해할 수 없다고, 자기가 학교 다닐 때는 공부를 열심히 했다고 헛소리를 한다. 선배는 병태와 친구들에게,

> "야, 야, 사회 나와 봐. 넥타이 매봐라. 조국과 민족을 사랑하려면 죽은 듯 공부나 해. 학생은 모름지기 공부부터 하는 거야. 난 요새 대학생들을 이해할 수가 없어."
>
> 최인호, 『바보들의 행진』, 68쪽

공부 열심히 하라는 말은 물론 학생들에게 할 수 있는 말이지만, 정직하지 못한 입에서 나온 이 말의 앞뒤를 생각해보면, 좋은 뜻으로 받아들일 수 없다. 선배가 가고 나니 구역질이 났다. 선배가 하는 소리는 사회에 나와서 출세하려면 공부 열심히 해야 한다는 말이었고 이 말은 병태와 친구들이 제일 역겨워하는 말이었다. 공부는 권력에 아부하여 출세하려는 놈들이나 열심히 하는 것이며 대학에서 가르치는 것은 출세의 수단 외에 아무런 가치가 없다. 그런 공부를 열심히 하고 좋은 학점 따겠다는 놈들은 출세에 목숨을 거는 속물들이라는 게 병태와 친구들의 생각이었다. 병태와 그의 친구들은 '엉터리 학생'이라 할 수 없다. 그들은 공부 안 하는 학생이라기보다 그런 공부는 거부하는, 치사한 욕망을 부리지 않겠다는 순수한 젊은 이들이다.

그 선배가 하는 말을 들어보면 그는 권력에 아부하며 사는 사람이다. 후배들이 역겨워한 것은 그의 말이 자신들도 그렇게 살아야 한다는 말로 들렸기 때문이다. 병태와 친구들 세대는 정치와, 권력과 엮이는 것을 싫어한다. 〈여덟번째 이야기〉에서 병태네 철학과 학생들은 한 학기가 끝나자 미팅이라도 한번 하자고 했고 과대표는 다음과 같이 공표했다.

"지난 일년 동안 외로움과, 술과, 학점과 머리칼 소동과, 데모에 시달려서 주눅이 들어버린 친애하는 철학과 친구 여러분! 그동안 여러분들의 노고에 대해서 심심한 사의를 표하는 바이며 헤어지는 마당에 있어서 그냥 헤어질 수 없는 노릇이기 때문에 궁리 끝에 C여자대학 회화과 아가씨들과 미팅이라도 하고 헤어지자는 결론에 도달하였던 것입니다."

최인호, 『바보들의 행진』, 74쪽

학생들은 여러 가지에 시달렸는데 그중에는 '데모'도 포함된다. 병태와 그의 친구들은 데모를 싫어했다. 당시만 해도 병태의 세대들은 유신 체제에 저항하는 정치 활동에 거의 관심이 없었다. 권력에 아부하는 일은 더욱 싫어했지만 반대한다고 모여서 데모하는 일 또한 싫어했다. 이 시대의 젊은이들은 무엇을 정열적으로, 열심히 하기보다는 어떤 것을 하지 않고 버티는 데 높은 가치를 두었다. 친구들과 술 마시고 연애하는 일에 열중함으로써 그들은 순수성을 지킬 수 있다.

〈스물세번째 이야기〉에서 학생들은 모여서 사회·정치적 문제에 대해서 토론을 벌인다. 먼저 학교와 교육에 대한 비판, 특히 '교육 평준화' 정책이 논의된다. 그다음에 누군가 우리나라에 제일 중요한 문제가 무엇인가를 묻는다. 이에 어떤 친구는 석유, 돈 등을 말하지만 병태는 '강경하게' 반대하며 다음과 같이 말한다.

> "난 잘 모르지만, 난 바보니까 모르지만 있는 자와 없는 자, 가진 자와 가지지 않은 자의 대결은 얼핏 보면 꽤 설득력 있는 야당 국회의원적 부르짖음처럼 보여진다. 언젠가 나 소설 하나 읽었는데 그 소설에 어떤 대학교수가 대학교수를 관두고 일류 기업체에 고문으로 취직하여 자가용 타고 다니고 골프 치고 다녔더니 갑자기 병이 걸리기 시작한다는 소설을 읽었는데 그 소설 작가는 비난해야 할 상대를 잘못 고른 것 같더라. 대학교수를 아프게 하려면 그런 식으로 써서는 안 된다. 대학교수, 가난한 대학교수는 좋은 편이고 일류 기업체의 고문은 나쁜 편이냐. 그건 아니다."
>
> 최인호, 『바보들의 행진』, 196쪽

병태는 우리나라에서 가장 중요한 문제는 계급 갈등의 문제라는 것이다. 다시 말해 그런 식의 접근, 즉 '갈등'을 부추기는 것은 잘못되었다고 비판한다. 그리고 가장 필요한 것은 "서로가 서로를 믿는 믿음"이라고 선언한다. 친구들이 비판하자 병태는 내기를 하자고 하며 실험을 시도한다. 신문팔이 소년이 거스름돈을 갖고 오는지 아닌지 기다리는 내기였다. 포기하려는 차에 소년이 도착해서 병태의 주장이 옳았음이 입증되었다. 서로를 믿는 마음, 속을 때 속을지라도 믿는 마음이 우리 사회에서 가장 중요하다는 병태의 생각을 바보 같다고 할 수 없을 것이다.

소설의 제목처럼 병태와 친구들은 바보들이다. 그들은 앞으로 학교 졸업 후 어떻게 살 것인지 준비할 생각을 전혀 못한다. 지금 당장도 무엇을 얻을 수 있는가 등의 현실적인 생각은 할 줄을 모른다. 그저 적당히 친구들 간에 재미있게 술이나 마시고 연애나 하면 그만이다. 학생이면서 공부는 한 자도 안 하지만 사실 그들은 대학에서 가르치는 그런 공부는 거부하고 있다. 그들은 '반지성주의자'임에 틀림없다. 공부, 그런 공부 열심히 하는 사람들은 권력에 아부하여 출세하려는 자들로 그들이야말로 세상에 해악을 끼치는 놈들이다. 병태와 그의 애인, 친구들, 그 바보들은 바로 그런 식의 공부를 거부하면서 순수함, 바보 같음을 유지하는 젊은이들이다.

병태는 '엉터리 대학생'으로 보이지만 실은 진지한 눈으로 우리 사회를 바라보고 생각하는 청년이다. 그가 보기에 계급 분화와 갈등은 이 사회의 가장 심각한 문제다. 병태는 더욱 밑바닥으로 내려가 근본적인 문제에 관심을 기울였고 그랬더니 '사회적 불신'이야말로 진정한 문제의 출발이라는 것이었다. 이러한 문제의식은 우리나라가 근대부터 심각하게 겪어온 사회의 분해에 따른 홉스적 자연상태(Hobbesian state of nature)의 문제를 해결해야 한다는 깊은 지혜와 맞닿고 있다. 이 문제는 우리 역사에서 몇 차례 지적된 바 있지만 진지하게 해결책을 생각하지 못했던 문제였다.* 사실 이 세대 젊은이들

---

* 구한말 한국 사회는 홉스적 자연상태였다는 주장은 최정운, 『한국인의 탄생』 101-173쪽을 참조할 것.

한국인의 발견

의 모든 우스꽝스런 특징들은 한국 사회에서 나타난 거대한 현실적 문제들과 연관되어 있다. 병태와 그의 친구들은 '바보'다. 그들은 순수하고, 겸허하며, 아는 척, 잘난 척은 안 하지만 순수성의 바탕에서 지혜를 키워나가고 있다.

병태와 영자의 세대는 스스로를 진지하지 않게, 다소 우스꽝스럽게 보이는 전략을 택했다. '바보'란 그 세대 젊은 대학생들, 이른바 '유신 세대'의 가면(假面)일 것이다. 어쩌면 이런 문화는 위에서 길게 논한 1960년대 젊은이들의 야망에 차고, 진지하고, 위선적이고, 위압적이며 염세주의적 포즈, 세상에서 가장 아름다운 얼굴을 갖겠다는 그 세대와는 구별되는 '유신 세대'들의 가면일 것이다. 이 가면을 쓰면 누구에게나 쉽게 다가갈 수 있고, 또 누구나 가슴을 터놓고 다가올 수 있다. 그들은 상대의 긴장을 풀어주는 '웃기는' 모습을 생각하고 있었을 것이다. 1970년대 초반의 젊은이들, 이른바 '유신 세대'는 내면으로 침잠하고 겉으로는 '웃기는 놈들'로 보여 주변의 의혹과 경계심과 질투를 피하려는 '외유내강(外柔內剛)'의 자아를 갖추었는지 모른다. 소설의 처음 이야기에 나오는 병태의 '폼생폼사'도 진짜 '폼 잡기'라기보다는 자신을 웃기는 이야깃거리로 만드는 어릿광대 놀음(clowning), '유머'로 이해해야 할지 모른다.

윤흥길의 「양」—1974년

윤흥길은 1970년대에 문단에 데뷔하여 심오한 문제의식과 섬세한 눈, 정확한 문장으로 주목받은 소설가였다. 그는 순수한 사람, 어떤 계기에서 순수함의 가치를 발견하고 순수해지려는 사람들에 민감한 작가였다. 우선 그의 초기에 주목할 작품은 1974년에 쓴 「양(羊)」이었다. 이 이야기는 희생양 만들기에 대한 처절한 참회였다.

나는 홍역을 앓고 있는 막내 동생 '윤봉이'를 업고 지낸다. 윤봉이는 이제 네 살인데 어머니와 나는 그가 어서 죽기를 바라고 있다. 당시 우리 가족, 특히 아버지는 곤경에 빠져 있었고 어머니는 밤늦게까지 집에 돌아오지 못했다. 진정으로 힘든 시절이었다. 우리 가족은 이 모든 불행이 윤봉이와 연관되어 있다고 믿었다. 윤봉이는 나면서부터 백치였다. 즉 장애아(障碍兒)였다. 말도 제대로 못하고, 지능도 떨어지고 몸도 제대로 가누지 못했다. 유독 아버지만 윤봉이를 보호하려고 애썼고 다른 가족들은 모두 윤봉이가 어서 죽기를 바랐다.

얼마 전에 전쟁이 벌어지자 인민군이 마을에 내려왔다. 그중에 '호랑이 새끼'를 안고 다니는 어린 병사가 있었는데 그가 동네 아이들을 모아놓고 일장 연설을 했다. 그런데 그 병사의 연설이 끝나자 윤봉이가 바보스럽게 연단으로 걸어나가 그 인민군 병사의 연설 흉내를 냈고 관중들의 폭소가 터졌다. 그러자 인민군 병사는 윤봉이를 안아 추켜올렸고 사람들의 환호가 터졌다. 윤봉이는 연설 흉내뿐만 아니라 인민군 군가를 부르는 데도 재능을 보였다. 윤봉이는 일약 동네의 스타가 되었다. 윤봉이의 폭소 무대는 동네 사람들의 환호로 이어졌고 그의 명성은 날로 높아갔다. 아버지는 느끼고 있었다. 동네 사람들은 윤봉이를 이용해서 인민군을 환영하는 흉내를 내 화(禍)를 면하려 하고 있었다. 그사이에 아버지는 노무자로 끌려갔고 윤봉이는 홍역에 걸렸다. 이제 모든 집안의 "불행은 죄다 윤봉이 녀석이 악마하고 손을 잡은 데서 비롯되는 재앙"이라고 여겨졌다.

진짜 문제는 인민군이 물러나고 남한 경찰이 치안을 잡으면서부터였다. 어른들 간에는 엄청난 희생이 뒤따랐고 우리 식구들은 모두 윤봉이의 일로 숨을 죽이고 숨어 지내다시피 했다. 윤봉이에게는 인민군가가 몸에 배어 있어 언제 터져 나올지 몰랐다. 그는 상황을 이해할 수 있는 애가 아니었다. 그는 자기를 영웅시하고 스타로 열광하던 사람들이 하루아침에 싸늘하게 변한 것을 이해할 수 없었다. 답답한 윤봉이는 아무 때나 울어 젖혔고, 어머니의 입에서는 "이 웬수녀르 것아"라는 말이 시도 때도 없이 쏟아졌다. 어머니는 아버지를 빼내오기 위해 밤늦게까지 사람들을 만나러 다녔고 나는 윤봉이를 업고 끝없이 어머니를 기다려야 했다. 밤에 어머니는 돌아오면 "그 웬수녀를 것 아직도 안 뒈졌더냐?"고 물었다.

그런데 나중에 돌아보니 윤봉이는 이미 숨이 넘어가 있었다.

어머니가 나 있는 쪽으로 천천히 고개를 돌렸다. 삼킬 듯이 노려보는 얼굴이 더욱더 험악하게 일그러졌다. 어머니가 보인 뜻밖의 반응은 실로 나를 당황하도록 만들었다. 칭찬 같은 건 기대하지 않았다. 그러나 입때까지의 입버릇으로 보아 그것이 비록 모르는 사이에 밤도둑처럼 찾아온 죽음이어서 잠시 놀라긴 했을 망정 당연한 순서로, 어쩌면 어렵게 이룬 소망으로 다소곳이 받아들일 줄만 알았다. 그런데 그게 아니었다. 어머니가 덜미를 움켜 동댕이치는 바람에 나는 방구석에 넉장거리로 끌어박혔다. 헐떡거리는 숨결이 얼굴을 덮었다. / "웬수야, 이것아!" 어머니는 닥치는 대로 꼬집고 할퀴었다. "어쩌자고 동상놈 숨넘는 종도 모르고 업고만 있었냐!" 어머니는 남성같은 억센 주먹으로 아무데나 쥐어박았다. "누구 춤추라고 니 동상 잡아먹었냐. 이 웬수녀르 것아!" 어머니는 마침내 통곡하기 시작했다.

윤흥길, 「양」, 67-68쪽

정말 날벼락이었다. 어머니의 반응은 정말 예상 밖이었다. 내 탓으로 몰아세웠고 동네 사람들이 모여들자,

새로운 사람이 나타날 때마다 어머니는 꼭 나를 손가락질하면서 울었다. / "저 웬수가 윤빙이를 잡아먹었다네. 시상에 이럴 수도 있당가. 우리 윤빙이를 잡아 먹었다네." / "내가 안 쥑였어!" 억울해서 견딜 수가 없었다. 가만있다가는 살인의 누명을 뒤집어 쓸 판이었다. 나는 항의를 되풀이했다. "내가 쥑인 게 아니란 말여!" / "니놈이 안 쥑였으면 누가 쥑였냐? 우리 윤빙이를 쥑인 게 누구란 말이냐, 이놈아!" / 어머니는 내 입에서 항의가 나올 때마다 달려들어 한바탕씩 두들겨패곤 했다. 나는 결코 윤봉이를 죽인 적이 없다. 그러나 누가 죽였느냐고 묻는 데는 달리 대답할 말이 없었다. 나는 결국 입을 다물고 말았다. 동네 사람들이 나를 쳐다보며 혀를 끌끌 찼다.

윤흥길, 「양」, 68-69쪽

억울함에 피눈물이 났다. 윤봉이를 화장하고 터져 나오는 울음을 나는 참을 수가 없었다.

이 작품은 사람들의 잔인한 희생양(scapegoat) 만들기를 처절하게 보여준다.* 장애인으로 태어난 막내 동생에게 가족들은 전쟁 중의 모든 불행을 그 아이 탓으로 뒤집어 씌웠다. 특히 인민군이 진

한국인의 발견

주했을 때 윤봉이에게 맡겨진 코미디 무대는 사람들이 백치에게 재롱을 시키고 자기들은 박수를 쳐서 재앙을 피하고자 했던 비겁한 행위였다. 인민군이 물러가고 경찰이 밀어닥쳤을 때 윤봉이는 재앙이었고, 온 집안은 숨어 지내야 했다. 결국 온 가족들은 윤봉이가 어서 죽기를 바랐다. 그가 죽으면 온 가족이 재앙에서 해방되리라 믿었다. 그러나 막상 그가 죽자 그의 죽음에 대한 '탓'의 화살은 나에게 돌아왔다. 너무나 억울하고 슬펐다. 그 상황에서 비로소 막내 동생, '양(羊)'의 처지와 의미가 처절하게 느껴졌다. 어머니는 가책에서 벗어나고자 맹렬하게 나에게 누명을 씌웠다. 내 입에서 터진 비명 같은 통곡은 자신의 억울함 외에 처참하게 희생당한 윤봉이의 혼(魂)의 통한이었다. 나는 동생이 죽기를 바랐던 살인마를 내 안에서 보았고 '양심'이라는 것을 느꼈다.

윤흥길의 「장마」―1976년

윤흥길의 첫 번째 창작집 『황혼의 집』에 실린 1976년 작 중편 「장마」는 인간의 비합리적, 초합리적 성격과 그 의미를 섬찟하고 따뜻한 가슴으로 전해주는 특별한 작품이다. 인간이 생각하고, 배우고, 세고, 재고, 따지고 하는 두뇌 행위나 이성 말고, 그 원인과 과정과 내용을 밝힐 수 없는 사랑, 증오, 막연한 느낌, 영감 등 원시적이고 본능적인 부분과 그 중요성이 우리 사회가 계급들로 찢겨나가는 상황에서 부각되었다. 그간 인간의 이러한 부분은 '미신'으로 근현대 소설에서 다루어지지 못했다.

● 희생양(犧牲羊, scapegoat)에 대해서는 르네 지라르(Girard 1972)를 참조할 것.

우리 집에는 할머니와 외할머니가 같이 살고 있다. 외갓집은 전쟁이 터지자 서울에서 피난 내려왔다. 그런데 아버지의 동생이자 할머니의 아들인 삼촌은 빨치산을 따라 산으로 올라갔고, 엄마의 남동생이자 외할머니의 아들인 외삼촌은 공산 치하에서 숨어지내다가 국군이 들어오자 자원입대하여 소대장이 되어 일선에 나가 있다. 할머니와 외할머니는 두 분이서 잘 지내고 있지만 그분들의 아들들은 총부리를 겨누고 적(敵)으로 대치하고 있으니 엄청난 갈등이 잠복해 있는 셈이었다.

그해 여름은 유난히 길고 지루한 장마가 졌다. 하룻밤은 개 짖는 소리가 유난히 동네를 뒤흔들더니, 아침에 외할머니가 꿈을 꾸었다면서 곧 흉한 소식이 온다고 했다. 외할머니는 한 번도 자기 꿈은 틀린 적이 없다고 장담을 했다. 과연 사람들이 집에 와서는 쪽지를 전해주었다. 외삼촌이 전사(戰死)했다는 통지였다. 외할머니는 자기 꿈이 맞았다는 것을 식구들에게 확인하며 흥분했다. 그렇지만 자기 외아들이 죽었다는 소식으로 곧 슬픔에 압도되었다. 외할머니는 원래 특별한 분이었지만 이런 일을 계기로 더욱 귀기(鬼氣)가 느껴졌다. 외할머니는 자기 꿈이 맞았다는 초능력의 과시와 외아들이 전사했다는 슬픔 사이에서 심한 감정의 낙차(落差)로 정신이 혼미한 모습이었다.

그때까지도 마을 건너 건지산의 빨치산들과 경찰 간에 전투가 간혹 벌어지곤 했다. 그때 마침 동네에 나타난 어떤 아저씨가 삼촌 이름을 대며 자기가 삼촌 친구라고 하고 초콜릿으로 나를 꾀어 묻기에 삼촌이 며칠 전 밤에 집에 들렀던 이야기를 하고 말았다. 그 때문에 아버지는 일주일 동안 경찰서에 잡혀가 고생을 했고, 나는 삼

한국인의 발견

촌이 왔다 간 이야기를 했다고 아버지와 할머니에게 된통 혼이 나고 금족령을 당했다. 할머니는 나를 아들 잡아먹은 원수 취급했는데 외할머니는 따뜻하게 나를 감싸주며 내 편을 들어주었고, 그래서 두 분 사이가 벌어지기도 했다. 그러던 참에 외삼촌 전사 통지서가 온 다음 날 드디어 두 할머니 사이에 일이 터지고야 말았다.

먼저 복장을 지른 쪽은 외할머니였다. 그날 오후도 장대 같은 벼락불이 건지산 날망으로 푹푹 꽂치는 험한 날씨였는데, 마루 끝에 서서 그 광경을 지켜보던 외할머니가 별안간 무서운 저주의 말을 퍼붓기 시작한 것이다. / "더 쏟아져라! 어서 한 번 더 쏟아져서 바웃새에 숨은 뿔갱이마자 다 썰어가그라! 나뭇틈새기에 엎딘 뿔갱이 숯뎅이같이 싹싹 끄실러라! 한 번 더, 한 번 더, 옳지! 하늘님 고오맙습니다!" / 소리를 듣고 식구들이 마루로 몰려들었으나 모두들 어리둥절해서 외할머니를 말리는 사람이 없었다. 벼락에 맞아 죽어 넘어지는 하나하나의 모습이 눈이 선히 보인다는 듯이 외할머니가 더욱 기가 나서 빨치산이 득실거린다는 건지산에 대고 자꾸 저주를 쏟았다. / "저 늙다리 예펜네가 뒤질라고 환당을 혔댜?" / 그러자 안방 문이 우당탕 열리면서 악의를 그득 담은 할머니의 얼굴이 불쑥 나타났다. 외할머니를 능히 필적할 만한 인물이 그제까지 집 안 한쪽에 도사리고 있었음을 뒤늦게 깨닫고 긴장했다.

윤흥길, 「장마」, 22-23쪽

외할머니는 혼미한 정신에 삼촌이 산에 빨치산으로 가 있다는 것을 깜빡했던 것이다. 잠복해 있던 두 할머니 사이의 원념이 터지고 말았고 두 할머니는 저주를 교환했다. 외할머니는 기어코 우리 집에서는 해서는 안 되는 말, '뻘갱이'라는 말을 내뱉었고, 집안 분위기는 냉랭한 정도가 아니었다.

지루한 장마가 계속되는 와중에 고모가 할머니에게 용한 점쟁이가 있다고 권하여 점을 봤는데 할머니는 그 점쟁이에게서 좋은 소식을 들었다고 했다. 아무 날, 아무 시에 아들이 꼭 돌아온다는 그 말을 믿고 할머니는 그때를 기다렸다. 드디어 점쟁이가 점지한 그날이 다가오고 있었다. 할머니는 북새통 속에서도 아들을 맞을 모든 준비를 하나하나 꼼꼼히 해나가고 있었고, 집안 식구들은 모두 긴장하였다. 나는 그 아무 날, 아무 시가 다가오는 것이 두려웠다. 그날은 무언가 무시무시한 일이 벌어질 것 같았다. 삼촌이 돌아온다는 시간은 다음 날 진시(辰時)였지만 전날 저녁부터 우리 집은 장명등을 내달았고 밤에 잠들기 어려웠다.

밤에 외할머니 옆에 누웠지만 긴장을 해서 잠이 오지 않았고 나는 캄캄한 밖에서 무슨 소리가 나는지 귀를 곤두 세워 모든 소리를 점검하고 있었다.

들깨주머니에서 참깨를 가리듯 혹은 참깨주머니에서 들깨를 가리듯 나뭇가지를 스치는 바람소리 속에서 여치의 울음과 귀뚜라미의 울음을 따로따로 구분하여 그 소리들이 풍기는 백반처럼 시디신 맛을 나는 오래도록 음미하고 있었다. 그러나 난데없는 소리가 중간에 뛰어들었고, 생전 처음 듣는 듯한 그 이상스러운 소리는 갑자기 나를 긴장 속으로 몰아넣었다. 그러나 한

한국인의 발견

차례 울리고 나서 그 소리는 뚝 그쳤다. 소리의 뒤끝을 겨우 붙잡았다고 느끼는 순간에 벌써 달아나버렸으므로, 내가 또 무엇인가에 홀려 잘못 듣고 있을지도 모른다는 암담한 기분이 들었다. 잠시 후에 그 소리는 다시 들렸다. 이번에는 윤곽이 아주 뚜렷했다. 결코 크다고는 할 수 없어도 잡다한 밤의 소리 속에서 그것은 가려내기가 비교적 수월했다. 병 주둥이를 입에 대고 아이들이 흔히 장난으로 부는 소리를 듣고 있는 기분이라고나 할까, 먼 바다에서 울리는 뱃고동처럼 그것은 매우 은은하게 들렸다. 그리고 그것은 매우 애매한 소리여서 출처가 어디쯤인지 도무지 짐작조차 할 수 없었다. 어떻게 생각하면 방문 바로 건너 우리 집 텃밭 속이 분명했다. 밤의 고요 속을 뚫고 은은히 건너오는 이상한 소리. 그 소리에 나는 정말로 홀림을 당하고 있었다. 도깨비불에 넋을 덜미 잡혀 밤새껏 공동묘지를 헤맸다는 어떤 아이처럼 은은하면서도 왠지 모르게 소름이 돋을 만큼 음산함이 풍겨지는 그 소리의 신비스러운 가락에 이끌려 내 마음은 어느새 강언덕으로 줄달음치고 있었다. "구렝이 우는 소리다" 외할머니가 말했다.

윤흥길, 「장마」, 63-64쪽

그 말을 듣자 숨을 쉴 수 없었다. 이모 품에서 가까스로 잠이 들어 아침에 깨어 보니 할머니는 집안 식구들을 다그치고 있었다.

밖에서는 아이들의 함성이 들렸다. 아이들이 돌팔매질을 하고 있는 땅바닥에 무언가 움직이고 있었다. 다가가서 보니 사람 키보다 더 큰 엄청난 구렁이였다. 내가 헛간으로 달려가 지게 작대기를 가지고 나와 후려패려고 하자 누군가가 작대기를 빼앗았다. 외할머니였다. 바로 그때 비명 소리가 들렸다. 집 마루에서 할머니가 구렁이를 보고는 비명을 지르며 쓰러진 것이다. 집안은 아수라장이 되었다. 오직 외할머니만이 혼란을 수습하고 있었다. 외할머니는 애들의 돌팔매질을 멈추게 하고는 감나무에 올라앉아 있는 구렁이에게 다가가서 대화를 시도했다. 구렁이는 꼼짝도 하지 않았다. 그러자 어느 동네 아낙네가 구렁이 쫓는 법을 가르쳐 주었다. 외할머니는 접시에 음식을 간단히 담고, 할머니의 머리털을 몇 가닥 잘라와서 구렁이 가까이에서 머리카락을 태워 냄새를 쐬었다. 그랬더니 과연 구렁이가 움직이기 시작했다. 외할머니는 구렁이를 따라가 대나무 밭으로 사라지는 것을 배웅했다. 할머니는 한참 후에 정신을 차리고 그간의 경위를 고모에게 들었다.

> 할머니는 소리 없이 울고 있었다. 두 눈에서 하염없이 솟는 눈물방울이 홀쭉한 볼고랑을 타고 베갯잇으로 줄줄 흘러내렸다. 이야기를 다 듣고 나서 할머니는 사돈을 큰방으로 모셔오도록 아버지한테 분부했다. 사랑채에서 쉬고 있던 외할머니가 아버지 뒤를 따라 큰방으로 건너왔다. 외할머니로서는 벌써 오래전에 할머니하고 한 다래끼 단단히 벌인 이후로 처음 있는 큰방 출입이었다. / "고맙소" / 정기가 꺼진 우묵한 눈을 치켜 간신히 외할머니를 올려다보면서 할머니는 목이 꽉 메었다. / "사분도 별시런 말씀을 다……" / 외할머니도 말끝을 마무르지 못했다.
>
> 윤흥길, 「장마」, 76쪽

말로는 하지 않았지만 그들의 해석은 이랬을 것이다. 그날 그 시간에 나타난 그 구렁이는 할머니의 아들, 삼촌의 혼이었다. 할머니는 구렁이의 모습으로 집을 찾아온 죽은 삼촌의 혼을 외할머니가 달래서 좋은 곳으로 편안히 보내주었다고 이해했을 것이다. 물론 이 해석은 검증될 수 없다. 외할머니에 대한 할머니의 감사는 소략했지만 깊은 것이었다. 아들을 잃은 두 할머니의 화해는 영혼의 밑바닥을 통한 진실된 화해였다. 그리고 며칠 후 할머니는 편안한 모습으로 돌아가셨고 드디어 긴 장마가 걷혔다.

이 이야기는 미개한 이야기이자 초현실적 이야기이기도 하다. 이런 이야기에는 분석이나 해석이 의미가 없을 것이다. 그냥 들으면 되는 이야기일 뿐이다. 외할머니의 이런 능력의 정체는 알 수 없다. 외할머니의 자기 초능력의 과시로 집안의 평화는 파괴되고 위기로 치달았다. 그러나 이 갈등을 궁극적으로 가슴 밑바닥에서부터 완벽하게 화해를 이룬 것 또한 외할머니의 그 설명할 수 없는 능력 덕분이었다. 외할머니의 능력은 어떤 기술이나 지식이 아니라 가족과 이웃에 대한 지극한 연민(憐愍)과 배려와 사랑이었는지 모른다. 이 작품을 통해서 독자들은 인간의 깊은 진정성을 느낀다.

전상국의 「아베의 가족들」—1979년

화자인 김진호는 미국으로 이민 갔다가 미군이 되어 3년 10개월 만에 한국에 나왔다. 그는 한국 땅을 밟으며 우월감을 즐겼다. 그러나 그는 미국에 이민 가 있으면서 동생들이 미국 문화에 적응하는 동안 타락해가는 모습에 충격과 좌절을 느끼고 있었다. 그러나 누구보다도 어머니가 미국에 온 후 완전히 변해버렸다. 한국에서는 그토록 적극적으로 온 집안을 먹여 살리던 그 씩씩한 모습은 온데간데없고 하루 종일 멍하니, 넋 빠진 사람이 되었다. 가족이 살기 위해서는 그토록 변해버린 어머니에 대해 알아야 했고, 그런 이유로 화자는 한국으로 오면서 어머니의 수기를 몰래 갖고 나왔다.

> "아베 귀신이 붙은 거야." / 중학교 다니는 막내가 엄마 문제에 대해서 한마디 했다. 우리 식구들은 막내의 말을 못 들은 척했다. 아베에 대한 얘기는 누구의 입에서도 꺼내기 겁내는 하나의 터부처럼 돼 있었던 것이다. 우리가 처음 이민 올 때 공항까지 마중 나온 고모마저도 아베에 대해서는 말하지 않았다. 이민 초청장을 보낼 때부터 아베의 얘기는 빠져 있었는지 모른다. 어떻든 우리들은 어머니의 그 우울증이 아베에게서 비롯되었다는 것을 너무나 명확히 알고 있으면서도 그 사실을 입 밖에 내기를 꺼렸다. 그러나 막내가 어머니한테 아베 귀신이 붙었다고 했을 때 우리들은 찔끔했다. 그러나 그것은 지극히 순간적인 것이었다. 우리들은 곧 머리를 저어 그 생각을 단연 부인했다. 아베 때문에 어머니가 그렇게 됐다고 생각하기엔 우리들의 자존심이 허락하지 않았던 것이다.
>
> 전상국, 「아베의 가족들」, 83~84쪽

그 말은 식구들이 다 알지만 입에 올려서는 안 되는 말이었다. 막내는 '철없는' 아이라서 내뱉은 것이었다.
한국에서 우리 집에는 '아베'라는 '것'이 있었다.

우리들은 단 한 번도 아베를 우리와 똑같은 사람이라고 생각해 본 적이 없었다. 다만 아베가 숙명적으로 우리 집에 태어났을 뿐 우리와 같은 형제라는 생각을 가져 본 적이 없었다. 아베는 우리에게 있어서 한 마리 쓸모없는 짐승이나 다름없었다. 그렇다. 쓸모없는 강아지 한 마리보다 더 귀찮고 역겨운 그런 존재였을 뿐이다. 나를 비롯해서 우리 남매들은 태어나 철들면서부터 아베를 보고 살아왔다. 우리 어린 눈에도 그것은 더러운 짐승에 불과했다. 물론 아버지나 엄마는 우리들을 위해서 그 짐승이 살 수 있는 데를 여러 군데 찾아다녔고 실제로 아베를 거기 집어넣기도 했었다. …… 그리고 우리가 한국을 떠날 때 이미 그는 스물여섯 살이란 나이를 주워먹고 있었던 것이다. 26세의 갓은 병신이 사지를 뒤틀어 가며 입을 벌려 말할 수 있는 것은 '아베'란 두 음절의 음성뿐이었다. …… 그는 물론 대소변을 가리지 못했다. 몸의 균형이 불안정해 먼 곳까지 걸어가지도 못했다. 그는 죽으나 사나 방구석에만 박혀 지독한 냄새를 피고 있었을 뿐이다. 아베로 인해서 우리 집은 저주받은 집처럼 항상 침침하고 휘휘했다. 내가 문제아로 낙인찍힌 것도 우리 집의 가난에서 온 것만은 아니었다. 아베가 있는 그 질식할 것 같은 집안 분위기 때문에 나는 매일매일 미쳐 가야만 했던 것이다. …… 아베에게 정상적으로 발달돼 있는 것은 그의 성기였다. 그는 어렸을 적부터 여자만 보면 그것이 어머니고 누이동생이고를 막론하고 달라붙어 사타구니를 비벼댔다. 낮잠을 자는 정희의 몸에 달라붙은 아베를 직접 내 눈으로 보았을 때(정희는 그때 다섯 살이었다) 나는 그를 인간으로 생각하지 않았던 것이다.

/ 그러한 인간 이하의 아베를 한국에 버리고 왔다 해서 우리 식구들이 죄의식으로 괴로워야 한다는 것은 있을 수 없는 일이라고 나는 못 박아 생각해 왔다. 아무리 자기 몸에서 난 자식이라고 해도 아베 같은 동물로 해서 어머니가 그처럼 괴로워하고 정말 백치처럼 사람이 변해야 한다는 것은 우리로서는 도저히 이해할 수가 없었던 것이다. / …… / 우리가 알아낸 비밀은 아베가 우리 아버지의 피를 받지 않았다는 사실이다. 어머니의 먼저 남편의 씨가 아베였던 것이다. 가봉자. 이 놀라운 사실은 어떻게 생각하면 아베를 한국에 버리고 온 우리들의 죄의식이 다소 가벼워질 수 있는 성질의 것이었는지도 모른다. 그러나 문제는 그 반대였다. 정희와 나는 그 사실을 안 순간부터 진정 아베에 대해서 생각하기 시작했던 것이다.

전상국, 「아베의 가족들」, 84-87쪽

'아베'는 우리 가족에게 감당할 수 없는 괴로움을 끼쳐온 장애인이었다. 형제라지만 더러운 괴물일 뿐이었다. 부모가 집에 없을 때는 밥도 주지 않았고, 물도 주지 않았다. 목에 줄을 매어 문고리에 잡아매어도 자기가 풀지 못했다. 그 집 형제들은 부모만 없으면 사람 취급을 하지 않았고, 죽기만을 바랐다. 여름에 물난리가 났을 때는 그 참에 아베를 처치해버리려 했다.

진호가 한국에 다시 와서 어려서 자라던 서울의 동네를 돌아보는 목적 하나는 아베에 대해서 알아보는 것이었다. 산송장이 된 어머니를 되살릴 방법은 없는가를 생각해보는 길이기도 했다. 미국이라는 곳은 그들 가족에게 구원을 기대할 수 있는 땅이 아니었다. 미

한국인의 발견

국에 오자 집안 식구 모두가 한 사람 한 사람이 다 제각각 달라졌다. 아버지와 동생 정희의 경우는 한국에서는 거의 폐인이었지만 미국에 오자 힘에 넘치는 사람이 되었다. 그런가 하면 어머니는 미국에 오자마자 바로 폐인이 되어버렸다. 진호는 서울의 여관방에서 친구들을 기다리며 미국에서 몰래 가져온 어머니의 수기를 꺼내 읽어보았다.

어머니는 6·25가 터지기 두 달 전에 결혼했었다. 시집은 춘천 근처의 샘골이라는 마을이었고 곧 임신을 했는데 전쟁이 터졌다. 그 혼란의 와중에서 남편은 의용군으로 끌려가 소식이 없고 시아버지는 인민군 패잔병에게 죽었다. 결국 어머니는 시어머니와 둘이 지내게 되었고 미군이 들어온다는 소식이 들렸다. 어머니와 시어머니는 집에 온 미군 흑인 병사들에게 차례로 윤간을 당하고 말았다. 도저히 잊을 수 없는 악몽이었다. 그 후 시어머니는 두 번이나 목을 매 자살을 시도했다. 그리고 어머니는 그해 동짓달에 해산을 했다. 가까스로 사람의 모습을 한 아기였다. 힘들여 살려냈는데 무서운 생존력을 가진 아이였다. 아이는 다섯 살이 돼도 '아… 아… 베' 소리밖에 내지 못했다.

어느 날 어떤 청년이 밖에서 놀고 있던 그 아기를 안고 마당에 들어섰다. 그는 "믿어지지 않을 만큼 아베를 좋아했다." 어머니도, 시어머니도 그 젊은이를 좋아했다. 아베를 좋아하는 사람은 처음이었다. 어머니는 그 남자에게 호감을 갖게 되었다. 시어머니는 두 사람 사이를 눈치채고는 결국 며느리와 그 젊은이를 같이 내쫓았다. 어머니는 그 '김상만' 씨가 하늘이 아베를 위해서 특별히 내려준 존재라고 믿었고 둘은 결혼했다. 김상만 씨도 전쟁 때 나름의 사건을 겪었고 그 때문에 결국은 아베라는 장애아를 위해 생을 바칠 생각을 하게 된 사람이었다. 그는 아베만을 사랑했고 악몽에 시달리며 우울한 날을 보내는 무기력한 사람이었다. 어머니는 새 남편의 아이들을 낳았다. 하지만 애비가 다른 아이들은 아베를 본능적으로 싫어했고 온 집안은 어둠에 휩싸여 재앙을 벗어나지 못했다. 고모 덕분에 가족은 미국 이민을 생각하게 되었고 이 땅을 떠나는 것만이 살길이라고 생각하게 되었다. 이민이 구체화되자 남편은 갑자기 어린애처럼 좋아하고 딴 사람처럼 변했다. 어머니와 가족들은 미국 가는 준비를 하면서 아베를 까맣게 잊고 있었다.

면접을 끝내고 집에 돌아오니 아베가 방구석에 간힌 채 잠들어 있었다. 아이들이 집을 나갈 때 문고리를 밖에서 잠갔던 것이다. 아베 나이 스물여섯, 열흘만 지나면 그의 생일이었다. / 오늘도 식구들은 아베에 대해서 일체 입을 열지 않았다. 하느님이 당신의 버린 자식을 위해서 보냈다고 내게 믿음을 주셨던 남편마저 아베 같은 건 까맣게 잊고 있었다. / 다만 막내가 한마디 했을 뿐이다. / "엄마 아베도 정말 같이 가는 거지?" / "그러엄, 큰형도 가고말고!" / 나는 더 참지 못하고 밖으로 뛰쳐나왔다. "하느님 아버지, 원하옵건대 제발 이 죄인에게 힘을 주옵⋯⋯."

전상국, 「아베의 가족들」, 174쪽

사실 미국에서 어머니는 그간 아베를 잊고 있었던 게 아니라 생각하지 않고 말하지 않기로 작정했을 뿐이었다. 철없는 막내는 늘 어른에게 인류의 죄를 아프게 일깨워주곤 했다. 하나님께 하소연을 하려 해도 입이 벌어지지 않았다. 아베는 호적에도 없었다. 수기는 여기에서 끝났다.

진호는 한국에서 오랜만에 만난 친구들과 술을 마시며 "내가 오늘 여기 와서 너하고 술을 먹는 것은 네가 궁금해하는 그 아베의 행방에 대해서 알고 싶기 때문이야"라고 아베에 대해서 처음으로 털어놓았다. 미국에 갈 때, 어머니나 아버지나 아베에 대해서는 아무 말도 하지 않았다. 미국에 가기 직전에 아버지가 외사촌 집에 다녀온다고 나간 후 집에는 어머니와 아베뿐이었다. 그 후에 가족들은 두 사람을 보지 못했고, 나중에 어머니만 공항으로 출발하기 직전에야 나타났다. 어머니의 모습은 그 어느 때보다 초췌했고, 이때부터 어머니는 넋 나간 모습이 되었다. 아베에 대해서는 아무도 묻지도 않고 말하지도 않았다. 지금 진호의 가족이 살아갈 수 있는 길은 '아베'에 대해서 알아내는 것이라고 진호는 확신했다. 진호는 친구 토미와 함께 춘천을 거쳐 어머니의 시집, 아베의 할머니 댁을 찾아 갔다. 그 동네 어른이 그 집 내력을 알고 있었다. 어머니의 시어머니가 나중에 돌아가신 것도 알고 그리고 몇 년 전에 며느리가 "병신 자식"과 같이 왔었다는 것도 기억하고 있었다. 시어머니 산소에 가보면 무언가 알아낼 수 있을 것도 같았다.

나는 토미를 그네들의 무덤까지 데리고 갈 참이었다. 그리고 내 친구 토미에게 소주를 먹일 생각이었다. 한국을 알고 싶어하는 미국 사람에게는 소주로부터 시작할 일이다. 또한 황량한 들판에 던져진 그 시든 나무들의 꿋꿋한 뿌리가 돼 줄는지도 모를 우리의 형 아베의 행방을 찾는 일도 우선 그 무덤에서부터 시작해야 한다고 나는 그렇게 생각했던 것이다.

전상국, 「아베의 가족들」, 212쪽

진호가 "우리의 형 아베"라는 말을 한 것은 난생 처음이었을 것이다. 어머니의 수기를 읽고, 자신의 기억을 더듬고, 현장을 돌아보고, 진실을 알아가면서 진호는 눈물을 그칠 수 없었다. 형, 아베는 아마 미국으로 가기 직전에 어머니가, 남은 가족들이 살기 위해 남모르게 데리고 나가서, 이곳 고향 부근 야산 어딘가에 버렸음이 거의 확실했다. 이제 진호는 그들이 사람으로 사는 길은 '아베'를 찾는 수밖에 없음을 알았다. 이제 그 형을 찾아서 그 앞에서 죄악의 핏덩이를 참회의 통곡으로 토해내야 한다. 사람이 되기 위해서. 1970년대 한국인들은 순수하고자 했다.

인간을 위한 싸움

1970년대는 새마을 운동이 시작되어 국민들의 '의식 혁명'이 추진된 시대였다. 새마을과 관련된 담론에는 '근면', '자조', '협동'이라는 말이 늘 포함되었다. 박정희 정부는 국민들을 모두 스스로 판단하여 일하는 자주정신이 충만한 사람들로 만들려 했지만 실제로는 1970년대를 통해 한국인들은 점점 작아지고 약해지고 가벼워지고 있었다. 대중문화의 장에서도 음악이건 영화건 무언가 거룩하다는 주장이 사그라들고 가볍고 경박하고 천하게 보이도록 나타났다. 영화도 대중화했는데 이 시기 '청년영화'라는 말은 아마 '애들 영화', 즉 애들이나 만드는 천한 영화라는 의미의 말일 것이다. 특히 여배우들을 벗겨서 돈을 벌겠다는 생각과 새로운 문학적 주제를 만들어보겠다는 생각이 타협해서 결국 이 시대 영화들은 대부분 젊은 여성들, 특히 몸 파는 여성들을 주인공으로 한 그런 영화가 대부분이었다. 이러한 현상은 1970년대 후반으로 갈수록 더욱 심화되었다.

황석영의 『장길산』—1974~1984년

1970년대에 거의 유일하게 정치적 저항을 표방한 작품이 있었다면, 1974년부터 1984년까지 일간지에 연재되었던 황석영의 『장길산(張吉山)』을 꼽을 수 있다. 이 작품은 물론 『홍길동전』, 『임꺽정』에 이어 우리 역사에 나타난 중요한 도적, 의적(義賊) 영웅전 전집을 완결지은 것이었다. 하지만 앞에서 지적했듯이 소설 작품은 등장인물의 작중 활동 시기, 즉 그 이야기가 시간적 배경으로 내건 시대의 사상을 반영하는 것이 아니며 오히려 작품이 쓰이던 시대의 사상을 반영하는 것이다. 『장길산』의 경우에도 장길산이 활동하던 조선 후기의 사상이 아니라 작품이 쓰인 1970년대의 사상을 반영한다.

　　장길산은 임꺽정과는 달리 천하장사도 아니고, 천상의 이인(異人)들이 준비해오고 보살펴주던 존재도 아니고, 천재도 아니었다. 임꺽정은 겨울에 언 땅에서 생나무를 뽑아서 우물에 거꾸로 처넣었다는 등 수많은 전설적 무용담과 입이 딱 벌어지는 힘자랑의 에피소드들이 즐비하지만 장길산의 이야기는 그렇지 않다. 그는 광대이며, 따라서 계보도 가족도 뚜렷하지 않고, 정처도 없다. 그는 어려서부터 광대로서 기예(技藝)를 익히듯이 권술을 익혔고 금강산에 들어가 마음공부도 했다. 그는 덩치도 크지 않다. 중키에 날쌔고 단단한 몸매로 위압적이지도 않고 '카리스마'도 별로 없다. 그야말로 머리가 좋고 무술이 뛰어나고, 여러 가지 능력이 뛰어난 인물이었다. 심지어 그는 소리도 잘하고 춤도 잘 추었다. 그리고 검술의 대가였다.

　　임꺽정은 모든 것을 타고난 하늘이 내린 영웅이었다면 장길산은 수많은 능력을 열심히 배우고 익혀서 얻은 근대적 영웅이었다. 그는 다만 설선비(설유정)의 권유에 따라 글은 배우지 않았다. 그는 장길산에게 "식자에 밝으면 교(巧)해지느니라"고 했고 길산은 그 충고를 따랐다. 임꺽정의 반지성주의는 총체적이었다면 장길산의 반지성주의는 국부적이며 작위적(作爲的)이다. 장길산은 임꺽정과는 달리 지식인 스타일에 가깝다. 그가 어려서부터 받은 여러 훈련과 교육에 있어서뿐만 아니라 그가 하는 말도 이념적인 스타일이다. 산채에서 갑송이 등은 장길산보다 힘이 세지만 길산을 두목으로 모신다. 그가 대장인 이유는, 물론 분명하지 않지만, 그의 미륵사상(彌勒思想) 때문이다. 말하자면 그가 '이념'을 제대로 구비한 사람, 지식인이기 때문이다. 장길산은 임꺽정보다 근대적이며 따라서 그에게선 한국 고유의 문화가 느껴지지 않는다. 임꺽정은 작가 홍명희(洪命憙)가 의도적으로 '조선의 정조(情調)'를 되살리겠다고 하며 창조한 인물이지만 장길산은 그렇지 않았다.*

　나아가서 장길산의 경우 그는 여러 면에서 외나무다리에 있는 존재다. 물론 원래 '의적'이란 도적도 아니고 반도도 아닌, 좁은 외나무다리에 사는 사람이지만 임꺽정과는 달리 장길산은 의적을 정치이념적으로 추구한다. 장길산은 '의적주의자'다. 나아가서 장길산은 충고에 따라 '비승비속(非僧非俗)', 즉 중도 아니고 속인도 아닌 존재로 살기 위해 노력한다. 또 위에서 지적했듯이 글만 안 배웠을 뿐 지식인 스타일로 사는 가운데 스스로 반지성주의적 민중임을 강

　• 홍명희의 『임꺽정』의 해석에 대해서는 최정운, 『한국인의 탄생』 433-517쪽을 참조할 것.

변한다. 또 그는 묘옥을 사랑하지만 봉순과 결혼한다. 여러 면에서 장길산은 인생의 길을 뚜렷하게 정하지 않으며—오히려 정하지 않으려 하고 또 정할 수 없으며—이런 상태를 유지하려고 한다. 그는 자신의 안정된 길을 거부하는 존재였다.

1970년대에 나타난 한국의 의적 대장은 전보다는 덩치뿐만 아니라 여러 면에서 작아진 모습이며 영웅의 풍모를 나타내지 않으려 하고 오히려 이념에 빠져 있는 인물이다. 장길산은 이념적으로 의적의 노선을 지켜가지만 실제로는 반도에 더 가까운 인물이었다. 아마 이런 모습이 1970년대에 한국인들에게 설득력 있는 그럴듯한 의적 영웅의 모습이었을 것이다. 이 시대에는 개인 영웅의 풍모와 카리스마에 한국인들이 별로 관심을 갖지 않았다. 오히려 한국인들은 욕심 없이, 순수하고, 사랑스런 인물을 선호했을 것이다. 유신 이후에도 한국인들은 당분간 정치적, 조직적 저항 운동에 대해서 확신을 갖지 못했음을 이 작품은 보여준다.

최인훈의 「옛날 옛적에 훠어이 훠이」—1976년

최인훈의 이 희곡은 앞에 작가의 말에서 평안북도의 전설을 각색한 것이라고 소개되지만 사실은 한반도 전역 어디에나 있는 이른바 〈아기장수 설화〉의 각색이었다. 시골의 가난한 부부는 도적들이 출몰하는 세상을 걱정한다. 백성들 사이에서는 용마가 태어나서 우는 소리가 들렸다는 말이 돌고, 포졸들은 용마를 잡으러 간다고 설치며 백성들을 약탈하고, 세상이 혼란스러운 상황이다.

한편 그 부부의 아기가 방안에 보인다. 그 아이는 유난히 큰 소리로 배고프다고 외치며, 자기 말을 찾는다. 그 모습을 본 남편은 결국 말리는 아내를 뿌리치고 방안으로 들어가 아기를 죽인다. 그러자 다음 마당에서 아내는 대들보에 목을 매고, 남편은 아내의 시신을 끌어내린다. 그때 말이 우는 소리가 나며, 사립문 쪽에서 용마를 탄 아기가 마당으로 들어선다. 사람들은 모두 깜짝 놀란다. 아기는 '진달래 꽃묶음'을 아버지에게 주고, 또 그가 엄마를 찾자 엄마가 살아난다. 이윽고 세 식구는 말을 타고 하늘로 올라간다. 그 모습을 보면서 마을 사람들은 "훠이 다시는 오지 말아, 훠어이, 훠이(밭에서 새 쫓는 시늉을 하며)"라고 외친다.

　　이 작품은 중요하고 미묘한 시대적 진단을 전하고 있다. 원래 〈아기장수 설화〉는 아기가 가족에게 살해당하고 하늘이 슬퍼하는 것으로 끝난다. 그러나 최인훈은 1976년 시점에서 아기장수가 부활하여 용마를 타고 하늘로 올라가도록 각색(脚色)했다. 즉 아기장수가 죽고 비극적으로 끝나는 게 아니라 되살아나 용마를 타고 하늘에 오른다. 이 각색에 따르면, 하늘이 내린 '아기장수'는 지금은 일단 물러가지만, 하늘로 등극(登極)하여 언제라도 되돌아올 수 있다. 되돌아와서 백성들을 위해 싸울 것이다. 그러나 백성들은 다시 오지 말라고 소리를 지르며 쫓고 있다. 하늘과 백성은 이 작품에서 뜻을 달리한다. 하늘은 아기장수를 되살려 냈지만, 백성들은 아기장수가 자신들을 위해 싸울 것임을 알고 있음에도 불구하고 겁을 집어먹고 있다. 민중들의 봉기(蜂起)나 혁명(革命)은 다음 기회를 고대할 뿐, 지금은 기대하지 못한다.

윤흥길의 「아홉 켤레의 구두로 남은 사내」, 「직선과 곡선」, 「날개 또는 수갑」, 「창백한 중년」—이상 1977년

1977년에 이르면 윤흥길은 약간 다른 주제로 소설을 썼다. 한국인들의 순수성에 대한 이야기를 지나서, 인물이 살벌한 계급들의 정글에서 직접 사회적 정치적 행위에 나서게 되는 이야기로 네 편의 단편을 썼다. 연대기적으로 정확히 꿰이지는 않지만 문제될 것은 없다. 같은 사람의 일관된 이야기다.

성남 시에 사는 국어선생 오 선생의 문간방에 '권씨(기용)'가 새로 세를 들어온다. 그런데 이 순경이 오 선생을 찾아와서 권씨는 '내사 대상자'이니 관찰해보고 특별한 점이 있으면 연락을 달라고 한다. 이사 오던 날 보니 권씨는 아주 작은 키에 큰 힘을 못 쓰는 약한 사내였다. 정신이 없는 와중에 그는 "슬그머니 한쪽 발을 들더니 다른 쪽 바지자락에도 구두코를 쓰윽 문질렀다. 이어서 이번엔 발을 바꾸어 같은 동작을 반복했다. 먼지가 닦여 반짝반짝 광이 나는 구두를 내려다보면서 비로소 그는 자기 구두코만큼이나 해맑은 표정이 되었다." 그는 못생긴 얼굴이지만 눈빛만은 맑았다. 어느 날 이른 아침 권씨는 문간방 툇마루에 앉아 색깔과 디자인이 다른 구두 대여섯 켤레를 늘어놓고 열심히 닦고 있었다.

보아하니 권씨의 구두 닦기 실력은 보통에서 훨씬 벗어나 있었다. 사용하는 도구들도 전문 직업인 못잖이 구색을 맞춰 일습을 갖추고 있었다. 그리고 무릎 위엔 앞치마 대용으로 헌 내의를 펼쳐 단벌 외출복의 오손에 대비하고 있었다. 흙과 먼지를 죄 털어낸 다음 그는 손가락에 감긴 헝겊에 약을 묻혀 퉤퉤 침을 뱉아 가며 칠했다. 비잉 둘러가며 구두 전체에 약을 한 벌 올리고 나서 가볍게 솔질을 가하여 웬만큼 윤이 나자 이번엔 우단 조각으로 싹싹 문질러 결정적으로 광을 내었다. 내 보기엔 그런 정도만으로도 훌륭한 것 같은데 권씨는 거기에 만족하지 않고 계속해서 같은 동작을 반복했다. 그만한 일에도 무척 힘이 드는지 권씨는 땀을 흘렸다. 숨을 헉헉거렸다. 침을 퉤퉤 뱉았다. 실상 그것은 침이 아니었다. 구두를 구두 아닌 무엇으로, 구두 이상의 다른 어떤 것으로, 다시 말해서 인간이 발에다 꿰차는 물건이 아니라 얼굴 같은 데를 장식하는 것으로 바꿔놓으려는 엉뚱한 의지의 소산이면서 동시에 신들린 마음에서 솟는 끈끈한 분비물이었다. 권씨는 손이 방추(紡錘)처럼 기민하게 좌우로 쉴 새없이 움직이고 있었다. 마침내 도금을 올린 금속제인 양 구두가 번쩍번쩍 빛이 나게 되자 권씨의 시선이 내 발을 거쳐 얼굴로 올라왔다. 그는 활짝 웃고 있었다. 그의 눈이 자기 구두코만큼이나 요란하게 빛을 뿜었다.

윤흥길, 「아홉 켤레의 구두로 남은 사내」, 162-163쪽

그에게 있어 구두는 우리가 생각하는 구두와는 전혀 다른 것이었다. 그는 어린아이 같은 순진함과 진지함으로 구두에 정성을 쏟고 있었다.

그날 이 순경이 권씨는 전과자이며 그간 다니던 출판사를 그만두었다고 가르쳐주었다. 오 선생은 마침 학생들 가정 방문 주간이라 집을 찾다가 우연히 학교 근처의 공사장에서 질통을 져 나르고 있는 권씨를 보았다. 그의 모습은 땀범벅에 엉망이었지만 구두만은

빛을 발하고 있었다. 오 선생을 본 그는 왜 여기에 왔느냐고 불쾌한 듯이 따져 물었다. 그리고 그날 밤 권씨는 늦게 들어와서는 소주 한 병을 들고 오 선생 방으로 쳐들어왔다. 첫마디가 "이래봬도 나 안동 권씨요!"였다. 그러고는 자기 얘기를 굳이 늘어놓았다. 오 선생은 아내에게 술상을 부탁하여 권씨의 이야기를 들었다. 권씨는 그간 어렵게 살아온 이야기, 특히 폭동에 말려들어 감옥에 가게 된 경위를 설명하였다. 그는 주민들의 항의 집회에 나가지는 않았지만 군중들이 항의하는 장면을 보았다고 했다.

> "그때 삼륜차 한 대가 뒤집혀서… 누렇게 익은 참외가 와그르르 쏟아지더니 길바닥으로 구릅디다. 경찰을 상대하던 군중들이 돌멩이질을 딱 멈추더니 참외 쪽으로 벌떼처럼 달라붙습디다. 한 차분이나 되는 참외가 눈 깜짝할 새 동이 나버립디다. 진흙탕에 떨어진 것까지 주워서는 어적어적 깨물어 먹는 거예요. 먹는 그 자체는 결코 아름다운 장면이 못 되었어요. 다만 그런 속에서도 그걸 다투어 주워 먹도록 밑에서 떠받치는 그 무엇이 그저 무시무시하게 절실할 뿐이었죠. 이건 정말 나체화구나 하는 느낌이 처음으로 가슴에 팍 부딪쳐 옵디다. 나체를 확인한 이상 그 사람들하곤 종류가 다르다고 주장해온 근거가 별안간 흐려지는 기분이 듭디다. 내가 맑은 정신으로 나를 의식할 수 있었던 것은 거기까지가 전부였습니다."

윤흥길, 「아홉 켤레의 구두로 남은 사내」, 181-182쪽

권씨는 자기가 안동 권씨라는 둥, '프로이트' 얘기를 해보자는

등 의식적으로 자신이 만만치 않은 존재임을 과시했다. 또 그는 자신이 전과자, '막가는 인생'임을 과시하려 들면서도 한편으로 폭동 때 군중들이 참외 주워먹던 장면을 '나체화'에 비유하며 자신은 그런 사람들과는 결코 같은 부류가 아님을 강조하고 자기가 폭동에 가담하게 된 일은 기억이 나지 않는다고 했다. 그는 자신이 전과자지만 다른 자신의 정체를 새겨주기 위해 오 선생에게 쳐들어온 것이었다.

그러던 중 임신 중이던 권씨의 부인은 만삭이 되었다. 오 선생이 병원에 가보라고 권했지만 부인은 혼자 낳으면 된다고 하던 중에 진통이 너무 오래 지속되어 결국 병원에 가지 않을 수 없었다. 그날 권씨는 학교에 있는 오 선생을 찾아와 병원비 십만 원만 꿔달라고 했다. 그 와중에도 그는 계속 구두코의 먼지를 닦고 있었다. 결국 오 선생은 사정이 안 되어 아픈 마음으로 그를 돌려보내는데 힘없이 가던 그가 돌아서더니 뜬금없이 "오선생, 이래봬도 나 대학 나온 사람이오"라고 했다. 그를 보낸 후 오 선생은 온갖 수단을 써서 십만 원을 구했고 산부인과로 가 병원비를 치렀다. 산모는 건강한 아들을 낳은 후였다. 그날 밤 오 선생네 집에 강도가 들었다. 무척 서툰 강도였다. 오 선생은 그가 떨어뜨린 칼을 집어주기도 하고, 아무것도 얻지 못하고 엉뚱하게 문간방 쪽으로 가는 그에게 대문 쪽을 가르쳐주기도 했다. 그는 대문을 나가다가 돌연 상체를 뒤틀며, "이래봬도 나 대학까지 나온 사람이오" 하고는 어둠 속에 사라졌다. 그는 분명히 권씨였고 돌아오지 않았다. 아이들이 병원에 간 틈에 오 선생은 권씨의 문간방을 뒤져보았다. 값나가는 세간은 전혀 눈에 띄지 않았고 다만 아홉 켤레의 구두가 근사하게 남아 있었다.

다음 단편 「직선과 곡선」은 권씨가 오 선생 집에서 나온 후의 이야기로 권씨가 화자가 되어 말한다. 그는 자신이 집을 나와서 겪은 변화를 설명한다. 엿새 만에 집에 돌아온 그는 맨 먼저 문제의 구두들을 불태웠다. 권씨가 말한다.

나는 아궁이에서 연탄불을 빼내어 넓은 마당 한구석에 피워놓고는 차례로 한 켤레씩 태우기 시작했다. 좌우룩한 연기와 함께 그을음이 진하게 피어오르고 냄새가 마당에 진동했다. 고무창이 타는 냄새, 구두약과 발고린내에 찌든 가죽이 타는 냄새, 지글지글 끓다가 이윽고 연기와 그을음을 쫓으면서 확 댕겨져 훤하게 타오르는 강렬한 불꽃…… / 청승스럽게 연탄불 앞에 쪼그리고 앉아서 밤의 의식을 주재하는 기분으로 나는 그 역겨운 작업을 수행했다. 방안에까지 진하게 스며드는 냄새에 견딜 수 없었던지 오선생네 일가가 모두 나와 뒷전에서 구경을 했다. …… / 연기와 냄새 다음에 불꽃…… / 갖가지 모양과 빛깔로 내 신체의 일부를 꾸미던 것들이 차례로 회진(灰塵)되었다. …… 말로는 차마 형용 못 할 온갖 잡스러운 냄새들이 한데 뒤버무려져 그걸 맡을 적마다 오장이 울컥울컥 뒤집혔다. …… 그러면서 내 더럽고 지저분한 과거가 깡그리 불꽃 속에 녹아 스러지고, 녹아 스러진 그 자리에 지금까지와는 전혀 다른 성질의 또 하나의 더러움과 지저분함이 보다 견고하고 완강하게 제련(製鍊)되어 대치되는 연금술의 기적을 절절히 소망했다. 얼굴에서 잃은 체면을 엉뚱하게 발에서 되찾고자 기를 쓰던 내 병적인 자존심 대신에 철면피의 뻔뻔함이, 그리고 인면수심(人面獸心)의 사악함이 아홉 켤레의 구두를 희생으로 드리는 번제(燔祭)를 통해서 굳건

한국인의 발견

히 자리잡게 되기를 간절히 기대했다. 세상에서 통용되는 아름다움을 단순히 미(美) 속에서만 찾으려 했던 종래의 내 기도가 얼마나 어리석은 것이었던가를 나는 가출 기간의 체험을 통해서 사무치게 깨달았던 것이다. 제아무리 힘껏 노력을 했어도 선(善) 속에서 아름다움을 끝내 발견할 수 없었다면 그것은 정녕코 악(惡) 속에 숨어 있기 십상이다.

윤흥길, 「직선과 곡선」, 201–203쪽

구두들은 권씨의 멋진 '허위의식'의 상징이었다. 이 장면은 그가, 대학은 나왔지만 가난을 면치 못하는 주제에 무언가를 남들에게 보이고자 애쓰던, 그리고 틈만 나면 자신은 '이래뵈두 대학 나온 사람이오'라고 꼬리표를 내보이던 정신 상태를 일소하고 현실로 들어서는 변신의 의식(儀式)이었다. 그는 허위의 '미(美)'를 부정하고 진실의 '악(惡)'으로 올 것을 결의했다.

권씨는 그간의 경위를 설명한다. 오 선생을 학교로 찾아가서 도움을 요청했다가 거절당한 후, 오 선생이 돈을 마련해서 병원비를 치렀다는 것을 모르고, 그는 낙담하여 외상으로 술을 마실 수 있는 '양산도집'으로 갔다. 그곳에는 늙고 추한, 뚱뚱하고 천하기 그지없는 작부 신양이 있었다. 그녀는 보는 사람마다 욕부터 해대는 막가는 인생이다. 권씨를 보자마자 그녀가 "에구에구 이 등신아!"라고 하는 게 자신을 밑바닥까지 꿰고 있는 듯했다. 그녀는 얼마 전부터 권씨에게 2인분의 약을 준비해 놓았으니 같이 먹고 죽자는 유혹을 해오고 있었다. 권씨는 그 집에서 술을 마시고 곯아떨어졌다가 깨어 보니 문득 전셋돈 생각이 났다. 그래서 그는 오 선생 집으로 복면을 하고 식칼을 들고 들어갔다. 들어가서 권씨는 서투른 강도질에 망신만 당하고 오 선생의 지적에 그만 '긍지의 기둥이 삽시에 허물어져 내리는' 순간을 맞았다는 것이다. 또 그놈의 대학 나온 타령까지 하고 말았다는 생각을 하니 살고 싶은 생각이 싹 가셨다. 권씨는 다시 양산도집으로 와서 또 술을 마셨다. 그리고 사흘 만에 신양과 같이 소주 한 병을 사들고 산으로 올라갔다. 결국 대화와 고민 끝에 자신은 약을 먹었고, 신양은 약을 버리고 산을 내려가버렸다. 권씨는 한참 만에 깨어나 가까스로 산에서 내려와 병원을 거쳐 집으로 돌아왔다는 것이다. 권씨는 죽음의 문턱을 경험하고는 살아야 한다는 것을 깨달았고 이는 신양이라는 기괴한 존재 덕분에 얻은 귀한 경험의 결과였다. 구두를 태운 것은 선언이었을 뿐이다.

그러던 중에 권씨는 길을 가다가 검정 세단차에 치었다. 그는 의식이 들자마자 이를 기회로 차 주인의 덕을 봐서 살아야겠단 생각을 했다. 과연 그 차는 동림산업 사장 차라고 했고 오 선생이 와 있었다. 정신이 들자마자 권씨는 영악하게 움직였다. 신문기자를 부른다고 했고 정신병자 흉내를 내보겠다는 제안도 했다. 그러자 오 선생은 놀라서,

"방금 권선생은 잔뜩 엄살이라도 떨어서 피해 보상을 받아낼 뜻을 분명히 했습니다. 그렇다면 아까 그 비서 말마따나 공연히 수고할 것 없이 가만히 앉아서 버리는 걸 주워도 결과는 매한가지 아닙니까?"(오선생) / "매한가지 결과 같지만 사실은 전혀 성격이 다른 겁니다. 땅바닥에다 던져주는 걸 받아먹는 건 똥개들이나 할 짓입니다."(권) / "그럼 권선생은 순종 셰퍼드쯤 된다는

얘깁니까?"(오) / 오선생이 소리내어 웃었다. 그러나 나는 웃지 않았다. / "아니죠. 인간입니다. 개가 아니고 인간이기 때문에 던져주는 건 사양하겠습니다. 수단껏 뺏을 작정입니다. 전 우리 나라 기업인들을 그리 신용하지 않는 편입니다."

윤흥길, 「직선과 곡선」, 234-235쪽

권씨는 오 선생의 예상보다 훨씬 더 영악해져 있었고, 오 선생은 그런 권씨의 변신에 불편한 기색을 보이기도 한다. 결국 권씨는 그 차 주인이 사장으로 있는 동림산업에 취직하는 쪽을 선택했다. 굴욕적인 조건들에도 불구하고 결정한 그 나름의 영악한 선택이었다. 말리는 오 선생에게 권씨는 자신의 결정을 설명한다.

"오선생 생각은 오선생이 경험한 바탕 안에서만 출발하고 멈춥니다. 자기 경험만을 바탕으로 남의 생각까지 재단하기는 애당초 무립니다. 오선생은 보름 안에 자기 손으로 집을 지어본 적 있습니까? 배고프다고 시위하다 말고 엎어진 트럭에 벌떼같이 달려들어서 참외를 주워먹는 인생들을 본 적 있습니까? 죽었다가 살아난 경험은요? 그리고 생명만큼이나 아끼던 자기 구두를 태우는 아픔은요? 이건 결코 자랑이 아닙니다. 내가 경험한 이런 일 모두가 사회 탓이라고 세상을 원망하는 것도 아닙니다. 내가 모자란 탓에 자업자득으로 그런 거니까 뒤늦게나마 좀 넉넉해보자는 겁니다. 보기 나름이고 생각하기 나름입니다. 후회를 하더라도 아주 나중에 하겠습니다. 오선생더러 박수를 쳐달라고 그러는 게 아닙니다. 산속으로 끝까지 가봐도 길이 없으니까 이제부터 되돌아서 들판 쪽으로 나와보려는 것뿐입니다."

윤흥길, 「직선과 곡선」, 244쪽

　　권씨는 이제 자신의 경험과 판단에 따라, 오 선생의 충고와 지도를 사양하고 동림산업에 출근하기로 결정했다.

　　다음 단편 「날개 또는 수갑」은 권씨가 동림산업에 출근하면서 생긴 일이다. 동림산업 사장은 사복(社服)을 제정하려고 하는데 이 문제가 사원들 간에 상당한 논쟁과 저항을 야기했다. 이들 간의 논쟁은 회사 안에서뿐만 아니라 근처 다방에서도 이어졌고 권씨는 이들의 논쟁에 원치 않게 말려들게 되었다. 권씨는 잡역부였지만 그렇게 보이지 않았고 사무직 직원들과 미묘한 갈등을 겪게 된다. 결국 권씨는 동림산업에 근무하면서 사무직 직원들의 사복을 둘러싼 논쟁과, 곧 이야기할 한쪽 팔이 잘린 생산부 직원의 문제, 즉 두 다른 문제들 사이에 끼어, 사무직 직원들과 생산부 직원들, 두 계급 사이에 끼어 있는 자신의 처지를 발견한다.

　　마지막 단편 「창백한 중년」은 권씨가 생산부 직원들과 접촉하며 생긴 일이다. 그는 점심시간에 젊은 여공 안순덕 양과 알게 되었다. 그녀는 권씨에게 자기가 기침하는 것을 눈감아 달라고 조르며 퇴근길에도 동행하였다. 권씨는 자기는 힘 없는 '잡역부'에 불과하다고 했으나 안양은 거짓말이라며 여관에 따라가겠다고 했고 권씨는 그런 그녀를 나무라고 헤어졌다. 다음 날 '박환청'이라는 청년이 찾아와서 자기는 안양과 결혼할 사람이며 그녀에게 손을 대기만 하면 '끝장'이라고 하며 협박을 했다. 그 후 여공들 건강 검진이 있었는데 안양은 폐결핵이 있다는 결과가 나와 출근을 못하게 되었다. 그러나 안

양은 억지로 공장에 나와서는 다른 직원들과 몸싸움을 벌였다. 그러다가 그만 사고가 나서 그녀의 팔 한쪽이 잘리고 말았다. 그 와중에 권씨는 박군을 만났고 박군은 다짜고짜 그에게 폭력을 행사했다. 매를 맞으며 권씨는 생각했다.

> 숨돌릴 겨를도 없이 쏟아져내리는 타격은 차라리 일종의 청량감 같은 것이었다. 그것은 안순덕과 박환청과 자기를 잇는 삼각의 끈을 확인하는 절차이기도 했다. 여태껏 그들과 자기 사이에 가로놓인 엄청난 허구의 공간이 주먹과 발길 끝에서 조금씩조금씩 무너져내리고 있었다. 내가 만약 이 자리에서 저 미치광이 젊은이한테 타살당하지 않고 살아날 수만 있다면, 하고 권씨는 가정을 해보았다. 살아난 값을 톡톡히 해야지. 그러기 위해서는 다른 무엇보다도 먼저 노조 간부들을 만나볼 필요가 있었다. 그리고 다음 순서로 본사에 가서 사장을 만나는 일도 당연히 고려에 넣으면서 권씨는 차츰 의식을 잃어갔다.
>
> 윤흥길, 「창백한 중년」, 294쪽

소설은 이렇게 끝이 난다.

이 연작 소설은 계급 사회에서 벌어지는 계급들 간의 미묘하고 살벌한 관계에서 어떻게 계급들 간의 교신이 가능한지, 그리고 어떻게 노동자 계급을 위한 운동과 투쟁이 가능한지에 대한 복잡한 과정을 보여준다. 권기용이란 인물은 무리해서 대학은 나왔지만 찢어지게 가난한 삶을 살아왔다. 그 와중에 그는 아직도 지식인이라는 지위 의식에 집착하고 '학벌'의 흔적을 내보이며 살고 있었다. 그가 그토록 열심히 닦던 그 구두들은 그의 허위의식의 상징이었다. 그러던 와중에 그는 죽을 고비를 넘기며 살아야 한다는 것을 깨달았고 구두를 태우고는 스스로 악독한 현실주의자로 변신해 동림산업이라는 회사에 들어갔다. 그 회사에 다니면서 그는 사무직 직원들과의 관계가 편안하지 않았고, 생산직 공원들과도 갈등을 벗어날 수 없는 자신의 모습을 깨닫는다. 그러나 그는 애정을 가지고 그들에게 접근했다. 그리고 그는 대화를 통해 교신할 수 없고 폭력적 관계로밖에 접촉이 안 되지만 몸으로 살고 있는 생산직 공원들에게 차라리 애정을 느끼고 그들을 위해 싸워야 할 운명임을 깨닫는다. 권씨는 사무직 직원들과 생산직 직원들 사이의 미묘한 입장에 서서 순수성으로 가난한 노동자들을 위해서 싸워나가야 할 운명을 느낀다.

권씨는 계급들의 정글을 헤맸다. 한때 자신의 객관적 계급 위치를 부정하려 애썼지만, 죽음의 문턱에서 살아야 한다는 깨달음을 얻은 뒤 허위의식을 버리고 밑바닥의 현실로 과감히 내려갔다. 하지만 그곳에서 권씨는 그의 정체를 의심하는 사람들 사이를 오가며 엄청난 시련을 받았다. 계급들 사이에서의 시련의 와중에야 권씨는 살아야 한다를 넘어 "살아난 값을 톡톡히 해"야 함을 느꼈다. 낮은 계급의 고초를 겪어본 경험에 따른 판단으로 자신은 가장 가난하고 가장 천대받는 더 낮은 사람들을 위해서 살아야 함을 느꼈다. 이 소설은 1970년대 후반 계급 분화의 모습과 더불어 한국인들이 각성하고 순수성을 회복해가는 흐름 속에서 나타난 계급들 간의 연합과 동맹이 형성되는 모습, 그리고 노동자들 간의 정체성 형성과 계급 연합, 투쟁의 연원을 보여준다.

　　　　　　　　　　　　　　　　한국인의 발견

조세희의 『난장이가 쏘아올린 작은 공』—1978년

1978년에 출판된 조세희의 『난장이가 쏘아올린 작은 공』은 11개의 단편으로 이루어진 연작소설이다. 단편들의 스토리는 이어지지 않지만 '난장이'라는 인물과 그의 가족들, 그와 관계된 인물들, 그리고 '유사 난장이'들이 등장한다. 이 단편들은 1975년부터 발표되었고 단행본으로 출판되어 수많은 독자들에게 충격과 감명을 주었다.

첫 번째 「뫼비우스의 띠」에서는 수학 선생이 학생들에게 문제를 내고 '뫼비우스의 띠'를 보여주며 세상 돌아가는 일이 간단치 않음을 예시한다. 그러고는 집이 헐려 쫓겨나 입주권을 팔았는데 사기당했음을 알고서 분노한 앉은뱅이와 곱추가 업자를 살해하고 돈과 서류가 든 가방을 빼앗아 장사 밑천으로 쓰겠다는 이야기가 전개된다. 이 작품은 끔찍한 폭력이 아무렇지도 않게, 너무나 일상적으로 난무하며 정의와 범죄가 구분이 안 되는 세상, '안'과 '밖'이 구분이 안 되고 그 속에서 사람들이 헤어 나오지 못하는 세상을 보여준다. 그리고 다음 단편 「칼날」에서 평범한 시민 신애는 자신과 남편을 '난장이'라고 생각한다. 그녀는 이를테면 '유사 난장이'다. 신애와 그녀의 가족들은 노력할수록 점점 가난해지는 상황에 처해 있고, 그녀는 주변 이웃들의 이상한 생태 등으로 스트레스를 받아 칼에 집착하는 등 한마디로 살기를 띠어간다. 그러다 그녀는 진짜 난장이를 만난다. 그는 수도를 고치는 등의 일을 하며 성실하게 사는 착한 사람으로 신애는 그에게 친근함을 느낀다. 그런데 그러자 건장한 사내들이 난장이에게 폭력을 가한다. 신애는 화가 나서 칼을 들고 나와 한 사내를 공격했고, 그는 도망갔다.

세 번째 단편 「우주 여행」에는 윤호의 가정교사 지섭의 이야기가 나온다. 그는 윤호가 학교에 가 있는 동안에는 '개천 건너 빈민촌'에 살다시피 한다. 그 동네에서 지섭은 우주인을 만났다고 한다. 그 동네의 난장이네 가족들은 아름답게, 낭만적으로 서로 사랑하며 단란하게 산다. 그 집에는 마침 '철거계고장'이 도착했다. 지섭과 윤호는 달나라에 대해서 이야기한다.

> 그는 처음으로 달나라의 생활에 대해 이야기했다. 달은 순수한 세계이며 지구는 불순한 세계라고 했다. 그래서 윤호는 인간이 달을 개조한다고 해도 그곳에 갈 이주자들은 불모의 황무지에서 살게 될 것이라고 책을 통해 알게 된 것을 이야기했다. 그곳 환경은 단조롭고, 일상생활은 권태로울 것이다. …… / 그는 달에 세워질 천문대에서 일할 사람은 행복할 것이라고 말했다. …… 그날 밤 윤호는 우주인이 창 밑에 와 유리문을 두드리는 꿈을 꾸었다. 벽돌 공장의 굴뚝 위에 올라가 종이비행기를 날리는 난장이의 꿈도 꾸었다.
>
> 조세희, 『난장이가 쏘아올린 작은 공』, 66-67쪽

빈민촌에 가면 외계인도 만날 수 있고, 우주 여행도 할 수 있다. 윤호는 대학 시험에 떨어졌고, 그의 아버지는 윤호를 그와 비슷한 환경의 아이들이 같이 지내는 곳에 넣었다. 그곳은 이상한 곳이었다.

네 번째 「난장이가 쏘아올린 작은 공」에서는 난장이의 두 아들과 딸이 화자가 되어 각자가 보고 겪은 것을 말한다. 큰 아들 영수는 아버지가 결코 작은 사람이 아니라 거인임을 알고 있다.

나는 아버지·어머니·영호·영희, 그리고 나를 포함한 다섯 식구의 모든 것을 걸고 그들이 옳지 않다는 것을 언제나 말할 수 있다. 나의 '모든 것'이라는 표현에는 '다섯 식구의 목숨'이 포함되어 있다. 천국에 사는 사람들은 지옥을 생각할 필요가 없다. 그러나 우리 다섯 식구는 지옥에 살면서 천국을 생각했다. 단 하루도 천국을 생각해보지 않은 날이 없다. 하루하루의 생활이 지겨웠기 때문이다. 우리의 생활은 전쟁과 같았다. 우리는 그 전쟁에서 날마다 지기만 했다. 그런데도 어머니는 모든 것을 잘 참았다. 그러나 그날 아침 일만은 참기 어려웠던 것 같다.

조세희, 『난장이가 쏘아올린 작은 공』, 80쪽

계고장이 날아온 날을 말하는 것이다. 입주권을 팔 것인가를 고민하다가 팔기로 결정했음을 알았다. 그간 아버지는 열심히 살았지만 나는 공부를 계속할 수 없었고, 아버지는 점점 쇠약해져 갔다. 동생 영호도 영희도 학교를 포기했다. 모두 힘든 직장생활을 했다. 아버지는 지섭과 우주로, 달나라로 가는 이야기를 했다. 나는,

방죽가로 나가 곧장 하늘을 쳐다보았다. 벽돌 공장의 높은 굴뚝이 눈앞으로 다가왔다. 그 맨 꼭대기에 아버지가 서 있었다. 바로 한걸음 정도 앞에 달이 걸려 있었다. 아버지는 피뢰침을 잡고 발을 앞으로 내밀었다. 그 자세로 아버지는 종이비행기를 날렸다.

조세희, 『난장이가 쏘아올린 작은 공』, 101-103쪽

물론 이 말은 사실로 확인할 수 없다.

둘째 아들 영호는 현실을 떠나지 않으려 한다. 아버지가 신호를 보내 비행접시가 와서 여동생 영희를 태워갔다는 이야기에 대해 영호는 이를 '주정뱅이'의 터무니없는 소리라고 생각한다. 인쇄 공장에서의 노동은 나날이 힘들어만 갔다. 아버지는 늘 술을 마시고 아무도 말리지 못한다. 아버지는 지섭이가 준 책을 갖고 다닌다. 아버지와 지섭은 "하루에도 몇 번씩 달을 왕복했다." 아버지는 달의 천문대에서 일하기로 했다며 미국의 존슨 우주 센터에 편지를 보냈다고 한다. "로스씨의 편지를 받기 전에 보여줄 것이 있다. 지섭에게 말해서 쇠공을 쏘아올려 보여주마"라고 했다. 그런데 입주권을 팔고 그곳을 떠나야 하는데 영희가 없어져서 떠나지 못한다. 집에서 밥을 먹고 있는데 철거반원들이 쇠망치로 담장을 부수기 시작한다. 마침 집에 같이 있던 지섭과 그들 간에 싸움이 벌어져 지섭은 피투성이가 돼서 쓰러졌다.

딸, 영희는 17살이며 잠에서 깨어나서 도망칠 준비를 한다. 영희는 모든 것이 회색이었던 자기 집, 자기 생활을 견딜 수 없었다. 영희는 그 사람의 차를 타고, 우겨서 그의 집으로 따라갔다. 그는 "무서운 사람이었다. 스물아홉에 못하는 일이 없었다." 영희가 보기에 그는 너무나 자기네와 다른 종류의 사람이었다. 그와의 관계는 섹스뿐이었다. 결국 영희는 그곳을 떠나야 함을 알았고 새벽에 금고에서 돈과 칼을 꺼내서 달아났다. 살던 동네에 오니 누군가가 "난장이 딸 아냐?"라고 하는데 그 소리에 살기를 느꼈다. 잘 아는 동네 아주머니네 집으로 갔다. 그간 식구들이 영희를 찾았다는 말, 그리고 성남으로 이사를 가야 하는데 아버지가 안 계셔서 애를 태웠고 결국 벽돌 공장 굴뚝에서 떨어져 돌아가신 아버지의 시신을 철거반원들이 찾았다는 말을 들었다. 영희는 잠이 들었다. "우리들은 마당에 서서 하늘을 쳐다보았다. 까만 쇠공이 머리 위 하늘을 일직선으로 가르며 날아갔다. 아버지가 벽돌 공장 굴뚝 위에 서서 손을 흔들어보였다." 그녀는 오빠에게 아버지를 '난장이'라고 부르는 사람들을 다 죽여버리라고 다짐을 했다.

그 뒤의 단편들은 난장이의 아들들이 '은강'이라는 도시에서 일하는 이야기다. 그곳의 작업 생활은 열악하기 그지없다. 그곳은 몇 명의 사람들이 마음대로 다스리는 곳이다. 큰 아들 영수는 진정한 노조를 만들겠다고 싸우고 있다. 아버지 없이 은강에 와서 일하는 가족들은 이제 좀 더 현실에 가까운 유토피아를 생각했다. 영희는 "독일 하스트로 호수 근처에 있다는 릴리푸트읍"을 이야기했다. 영수는 공장에서 갖은 견제와 학대를 당하여 직장을 옮겨다녀야 했다. 그는 돌아가신 아버지 생각을 했다.

아버지는 생명을 갖는 순간부터 고생을 했다. 아버지의 몸이 작았다고 생명의 양까지 작았을 리는 없다. 아버지는 몸보다 컸던 고통을 죽어서 벗었다. 아버지는 자식들을 잘 먹일 수 없었다. 학교에도 제대로 보낼 수 없었다. 우리 집에 새 것이라고는 아무것도 없었다. 충분한 영양을 섭취해본 적도 없었다. 영양 부족으로 일어나는 이상 증세를 우리는 경험했다. 단백질의 부족이 빈혈·부종·설사를 부르고는 했다. 아버지는 열심히 일했다. 열심히 일하고도 인간다운 생활을 할 권리를 잃었다. 그래서 말년의 아버지는 자기 시대에 대해 앙심을 품고 있었다. 아버지

시대의 여러 특성 중의 하나가 권리는 인정하지 않고 의무만 강요하는 것이었다. 아버지는 경제·사회적 생존권을 찾아 상처를 아물리지 못하고 벽돌 공장 굴뚝에서 떨어졌다. / 그러나, 아버지는 따뜻한 사람이었다. 아버지는 사랑에 기대를 걸었었다. 아버지가 꿈꾼 세상은 모두에게 할 일을 주고, 일한 대가로 먹고 입고, 누구나 다 자식을 공부시키며 이웃을 사랑하는 세계였다. 그 세계의 지배 계층은 호화로운 생활을 하지 않을 것이라고 아버지는 말했었다. 인간이 갖는 고통에 대해 그들도 알 권리가 있기 때문이라는 것이다. 그곳에서는 아무도 호화로운 생활을 하려고 하지 않을 것이다. 지나친 부의 축적을 사랑의 상실로 공인하고 사랑을 갖지 않은 사람네 집에 내리는 햇빛을 가려버리고, 바람도 막아버리고, 전깃줄도 잘라버리고, 수도선도 끊어버린다. 그런 집 뜰에서는 꽃나무가 자라지 못한다. 날아 들어갈 벌도 없다. 나비도 없다. 아버지가 꿈꾼 세상에서 강요되는 것은 사랑이다.

조세희, 『난장이가 쏘아올린 작은 공』, 212-213쪽

영수는 노조를 결성하는 일에 많은 어려움을 겪었고 자기 아버지 생각을 한다.

나는 혼자 돌아왔다. 나는 그날 밤 아버지가 그린 세상을 다시 생각했다. 아버지가 그린 세상에서는 지나친 부의 축적을 사랑의 상실로 공인하고, 사랑을 갖지 않은 사람 집에 내리는 햇빛을 가려버리고, 바람도 막아버리고, 전깃줄도 잘라버리고, 수도

선도 끊어버린다. 그 세상 사람들은 사랑으로 일하고, 사랑으로 자식을 키운다. 비도 사랑으로 내리게 하고, 사랑으로 평형을 이루고, 사랑으로 바람을 불러 작은 미나리아재비꽃줄기에까지 머물게 한다. 아버지는 사랑을 갖지 않은 사람을 벌하기 위해 법을 제정해야 한다고 믿었다. 나는 그것이 못마땅했었다. 그러나 그날 밤 나는 나의 생각을 수정하기로 했다. 아버지가 옳았다. / 모두 잘못을 저지르고 있었다. 예외란 있을 수 없었다. 은강에서는 신도 예외가 아니었다.

조세희, 『난장이가 쏘아올린 작은 공』, 233-234쪽

끝까지 사랑만으로 세상을 낙원으로 만든다는 처음 생각은 맞지 않는다는 것을 깨달았다. 아버지가 다다른 생각이 맞았다. 사랑을 모르는 사람들에게는 다른 수단, 예를 들어 처벌을 해야 한다는 것을 깨달았다.

열 번째 단편 「클라인씨의 병」에 오면 가난한 노동자, 빈민들을 가르치고 도와주는 데 몸을 바치는 사람들이 등장한다. 첫 번째 소개되는 사람은 목사였다. 또 다른 유명한 노동운동가가 온다고 해서 가보니 지섭이었다. '노동운동가'라는 부류가 나타났다. 이들이 노동자들에게 가르치는 것을 예시하는 게 바로 '클라인씨의 병'이다. 밖에서 보면 폐쇄된 공간처럼 보이지만 벽만 따라가면 밖으로 나오게 되어 있다, 앞이 보이지 않는 것 같지만 하루하루 싸우다보면 길이 열리게 되어 있다, 이것이 '클라인씨의 병'이 보여주는 현실이며 이 점에서 '클라인씨의 병'은 앞에서 제시한 '뫼비우스의 띠'와는 다르다.

마지막 열한 번째 「내 그물로 오는 가시고기」에서는 윤호의 숙부가 칼에 찔려 죽었으며 범인은 난장이의 큰 아들 영수이다. 그는 재판을 받고 있다. 그는 윤호의 아버지를 빼닮은 삼촌을 그로 오인해서 죽였다고 했다. 결국 윤호는 그를 포함한 주변 사람들과, 영수와 그의 재판을 구경하러 온 공원들이 서로 전혀 다른 세계에 사는 적대적인 원수 집단임을 깨닫는다. 영수는 결국 사형 선고를 받았다. 윤호는 집에 와서 책을 읽다가 잠이 들었다. 꿈에 고기를 잡으려고 쳐놓은 그물로 고기들이 몰려왔다. 그런데 너무나 많은 엄청난 떼의 고기들이 몰려와 "살갗은 찢어졌다. 그렇게 가리가리 찢기는 아픔 속에서 살려달라고 외치다 깼다." 이 책은 이렇게 끝난다.

　　이 책의 일차적 특징은 근대 소설문학의 일반적 규범인 사실주의(realism)를 따르지 않고 전혀 다른 시점과 문체를 체계적으로 사용했다는 점이며 바로 이 점에서 독자들에게 깊은 인상과 감명을 주었다. 말하자면 이 글의 설득력은 글이 재현한 현실이 얼마나 실제 현실과 비슷한가에 있는 게 아니다. 현실의 느낌, 현실감에 의지하고 있지 않다. 이 글의 설득력은 정체를 알 수 없는 화자가 위치를 알 수 없는 저 높은 곳에서 말하는 신비스런 목소리, 그런 목소리의 신화 같은 문체, 확신을 각인시키는 '톤(tone)', 그리고 회의를 허용치 않는 단문(短文)들의 연속이 주는 권위적 분위기에 있다. 이 글은 말하는 내용의 객관성에 책임을 지지 않는다. 난장이 가족의 모습, 윤호네 가족의 변태적 모습, 그리고 난장이를 둘러싼 그의 주변, 그 마을 사람들의 일관성 없는 이야기들은 그 자체로서 설득력이 거의 없고, 나아가서 가책도 없다. 그리고 무엇보다 비현실적인, 환상적인 이야기들을 그런 느낌 그대로 의도적으로 전해준다. 물론 가만히 생각해보면 현실은 어떠하리라는 것을 짐작할 수는 있다. 그렇지만 이 소설의 '현실'이 그러한 현실의 구성에 도움이 된다고 말하기는 어려울 것이다. 이 소설이 보여주는 구체적인 현실의 사건들, 모습들은 객관성이 없다. 이 소설이 보여주는 것은 이 세상은 폭력이 난무하고, 부조리와 착취와 비극이 만연한 사람이 살 수 없는 곳일 뿐이라는 주관적인 판단뿐이다.

화자의 위치에 대해서는 모두에서부터 명백히 하고 있다. 처음에 나오는 수학 선생과 학생들 간의 대화의 의도는 선생이 학생들 수준에서는 생각지 못했던 일종의 '난센스퀴즈'를 내서 그들의 관심을 모으고 지위를 확인하는 것이다. 나아가서 '뫼비우스의 띠'나 '클라인씨의 병'은 모두 이차원적 존재와 삼차원적 존재의 괴리를 보여준다. 곱추와 앉은뱅이의 이야기는 바로 폭력이 일상적으로 난무하는 세상에서 자신들이 무슨 일을 했는지 알지 못하는 존재들, '뫼비우스의 띠'에 갇혀서 뱅뱅 돌며 사는 저급의 존재가 처한 처참한 상황을 보여준다. 그러나 위에서 보면 환히 보인다. '클라인씨의 병'의 경우도 마찬가지다. 밖에서 보면 닫힌 것 같지만 따라가 보면 빠져나갈 수 있는 현실이라는 것이다. 현실에 사는 이차원적 저급 인간들은 모르지만 삼차원의 존재는 공간이 꼬여 있음을 훤히 보고 있다. 화자가 높은 곳에 있게 된 이유는 알 수 없다. 다만 그는 처음부터 그곳에 있을 따름이다.

이 소설의 핵심 메시지는 세상 사람들, 난장이, 그의 가족, '유사 난장이들', 그 외 행위자들은 아귀다툼을 하는 '뫼비우스의 띠'라는 이차원의 공간에 갇혀 있는 저급의 존재이며 이들이 만들고 사는 지옥 같은 세상은 해결책이 없다는 것이다. 하지만 이들을 삼차원의 시각에서 보는 누군가, 즉 위에서 보는 이는 쉽게 세상의 원리를 파악할 수 있다. 이 소설은 화자, 지섭 그리고 노동운동가 등 지식인들의 존재를 확언한다. '뫼비우스의 띠'의 지옥 같은 세상에 사는 사람들은 유토피아를 생각할 수밖에 없다. '달나라 천문대', '우주여행', '외계인' 등의 말은 모두 이런 생각의 표현이다. 난장이는 '작은 공'을 '쏘아올린' 적이 없다. 그는 굴뚝 위에서 종이비행기를 날렸다고도 하고, 쇠공이 하늘을 가로질러 가는 것을 영희가 보았다고도 했다. 이런 이야기들은 사람 못 살 '뫼비우스의 띠', 이차원의 지옥에 사는 사람인 난장이가 천상의 존재들에게 구조 요청을 했고 그래서 그들이 이런 소설을 쓰고 노동운동에 나섰다는 것이다. 여기에서 난장이는 경험적 인물이나 존재가 아니라 고생하며 사는 사람들의 상징일 따름이다.

이 소설은 결국 1970년대 말에 이르면 세상 현실의 모든 부조리와 괴로움을 해결하기 위해서 지식인들이 가난한 사람들, 어려운 사람들 위해서 싸움에 나섰음을 보여준다. 그리고 이 소설에 나타난 지식인은 1960년대식 지식인들에 가깝다. 윤리 의식에 가득 차 있고, 강한 자부심과 야망을 가진 사람들이다. 이 소설은 1970년대 말 '운동권'의 등장을 보여준다.●

이문열의 「우리들의 일그러진 영웅」— 1979년

이문열은 1979년 이 작품으로 일약 스타로 부상했다. 이야기의 무대는 자유당 정권 말기, 어느 시골 작은 읍의 국민학교로 설정되었다.

● '운동권'이라는 말은 1970년대에는 아직 없었다. 1980년대에 나온 말이다.

이런 설정은 당시 소설을 써 출판하던 1979년 초 한국 사회가 자유당 정권 말기와 공통적으로 폭풍전야로 느껴졌기 때문일 것이다. 화자는 한병태라는 국민학교 5학년생으로 서울에서 일하던 공무원 아버지가 근무지를 옮김에 따라 이곳으로 전학을 왔다.

병태는 등교 첫날부터 문제의 '엄석대'와 마주치게 되었다. 그는 목소리부터가 압도적이었고 다른 아이들이 그를 대하는 태도는 그야말로 비굴했다. 그는 급장이었을 뿐만 아니라 다른 아이들보다 머리 하나는 더 컸다. 그는 목소리뿐만 아니라 눈빛에서도 이상한 힘이 느껴졌다. 병태는 순간적으로,

> 하지만 나는 서울에서 닳은 아이다운 영악함으로 마음을 다잡아먹었다. 이제 첫 싸움이다―그런 생각이 들며 버티는 데까지 버텨볼 작정이었다. 처음부터 호락호락해 보여서는 앞으로 지내기 어려워진다는 나름의 계산도 있었지만, 다른 아이들의 까닭 모를, 거의 절대적인 복종을 보자 야릇한 오기가 난 탓이기도 했다.
>
> 이문열, 「우리들의 일그러진 영웅」, 12쪽

병태는 자신이 영악한 서울내기임을 자각하고 기죽지 않으려고 버텼다. 그러나 무엇보다 비위가 상한 것은 다른 아이들의 '절대적인 복종', 즉 그 앞에서 보이는 비굴한 굴종의 몸짓이었다. 엄석대를 중심으로 '공포 분위기'가 서려 있음을 느꼈고 다른 아이들은 병태에게도 굴종의 몸짓을 요구하고 있었다. '엄석대'라는 이름은 거룩하게 불려졌다. 서울에서 그런 급장을 보지 못했던 병태는 놀랐다.

그러나 병태가 저항의 자세를 보이자 엄석대는 부드러운 목소리로 대해주었다. 엄석대는 병태에게 자기 자랑을 할 기회를 주었고 교실에 자리도 마련해주며 환영해주었다. 엄석대와 아이들의 그런 모습은 병태에게는 충격이었다. 집에 돌아와서 그날 일을 생각해보았다.

나는 아무래도 그 새로운 환경과 질서에 그대로 편입될 수는 없다는 기분이 들었다. 그러기에는 그때껏 내가 길들어 온 원리—어른들 식으로 말하면 합리와 자유—에 너무도 그것들이 어긋나기 때문이었다. 직접으로는 제대로 겪어 보지 못했으나, 그 새로운 질서와 환경들을 수락한 뒤의 내가 견디어야 할 불합리와 폭력은 이미 막연한 예감을 넘어, 어김없이 이루어지게 되어 있는 어떤 끔찍한 예정처럼 보였다. / …… / 하지만 싸운다는 것도 실은 막막하기 그지없었다. 먼저 어디서부터 시작해야 할지가 그랬고, 누구와 싸워야 할지가 그랬고, 무엇을 놓고 싸워야 할지가 그랬다.

이문열, 「우리들의 일그러진 영웅」, 17-18쪽

첫날 병태는 그 반에는 '질서'가 있으며 자신은 그 질서에 적응할 수 없음을 느꼈다. 그런 질서에서 '불의'를 발견한 것도 아니고 엄석대라는 핵심 인물의 불의의 행동이나 폭력을 목격한 것도 아니었다. 다만 "불합리와 폭력에 기초한 어떤 거대한 불의가 존재한다는 확신뿐"이었다. 그에게 이런 느낌과 확신을 준 것은 앞에서 잠깐 언급한 "다른 아이들의 까닭 모를, 거의 절대적인 복종"을 목격한 후였다. 말하자면 엄석대에 대한 굴종의 제스처 또는 의식이 역겨웠고 자기는 도저히 할 수 없는 것이었다. 아이들이 석대 앞에서 자신의 존 엄성을 부정하는 표현과 행위를 하는 것이 역겨웠고, 병태는 엄석대 와 싸워야 한다는 확신을 얻었다.

우선 아버지와 어머니는 병태의 편에 서서 싸워주지 않을 것 임을 알았다. 다음 날은 학교에서 엄석대와 살짝 부딪쳐보았다. 엄석 대는 주먹을 휘두르려 하지 않고 침착하게 대했다. 석대의 권력 행사 는 병태의 눈에 띄지 않았다. 석대가 나타나는 것은 호의를 베풀 때 뿐이었다.

> 그러나 석대의 침착함과 치밀성 못지않은 게 그런 면에 대한 내 예민한 감각이었다. 나는 진작부터 있는 보이지 않는 끈을 직감 으로 느끼고 있었으며, 결국은 그것이 나를 그의 질서 안으로 편입시키기 위한 음흉한 술책임도 차갑게 뚫어보고 있었다. 따 라서 그가 베푸는 구원이나 해결도 언제나 고마움으로 나를 감 격시키기보다는 야릇한 치욕감으로 떨게 했다. 그때마다 내 마 음속에는 한층 더 치열하게 적의가 타올랐으며—그리하여 그 것은 그 뒤의 길고 힘든 싸움을 내가 견뎌낼 수 있게 해준 힘이 되었다.
>
> 이문열, 「우리들의 일그러진 영웅」, 22-23쪽

병태가 '치욕감'을 느낀 것은 석대가 베푸는 은혜에 마음속으 로 감사하는 자기 자신을 감지했기 때문일 것이다. 그 은혜가 의롭거 나 정당한 것이 아니며 권력의 잔 수임을 짐작하고 있었음에도 자신 의 마음 일부는 거기에 감사함을 느꼈다는 것, 그렇게 자신이 석대에게 작아졌다는 것이 바로 치욕이었다. 자신이 작아졌다는 인식이 '야릇한 치욕감'의 정체였을 것이고 그것이 이후 엄석대의 거대한 권력과 그토록 오래, 독하게 싸우게 된 주요 동기이자 힘이었다는 것이다. 다시 말해 한병태가 분노한 동기는 엄석대의 어떤 의롭지 못한 행위라기보다, 그의 권력의 결과로 나타나는 아이들의 굴종의 비굴함 그리고 자신에게도 나타나는 '야릇한 치욕감'이었다.

병태는 여러 작전을 시도해 보았지만 잘 통하지 않았다. 석대의 약점을 찾아서 담임선생의 도움을 받으려는 시도도 효과가 없었다. 엄석대와 담임선생의 협력 관계는 빈틈없이 돌아가고 있었다. 병태는 자신의 이런 약점 찾기가 야비하고 '비뚤어진 집착'이 아닌가 느껴지기까지 했다. 나중에 다시 생각해봐도 이 시기에 병태 자신은 열정적으로 싸웠고 그가 느끼기에 엄석대는 대단한 아이였다. 한병태는 나중에 술회하기를, "어리석은 다수 혹은 비겁한 다수에 의해 짓밟힌 내 진실이 무슨 모진 한처럼 나를 버텨 나가게 해준 것이었다"라고 하였다. 이 또한 말로 설명하기 어려운 동기였다. 자기의 깊은 곳의 진실(眞實)을 지킨다는 것은 자기 안의 소중한 것을 지킨다는 인간 존재의 조건이었고 병태가 엄석대와 싸운 마지막 이유였다. 말하자면 엄석대의 권력에 대한 자신의 분노는 아이들의 마음속 그리고 자신의 마음속 깊은 곳의 문제이며, 이는 바로 인간의 근본적 가치의 문제였다. 이 싸움의 동기는 인간의 밑바닥 존엄성을 지키는 것에 관한 것이었고 따라서 도저히 양보할 수 없는 것이었다.

엄석대의 병태에 대한 반격이 시작되었다. 뭇 아이들의 주먹 싸움 도전이 이어졌다. 그들은 모두 기가 승승하여 덤볐고, 병태는 계속 굴욕을 당했다. 그리고 아무도 병태와 놀아주지 않았다. 따돌림을 당했다. 외로움과 괴로움은 이루 말할 수가 없었다. 그리고 석대의 "합법적이고 공공연한 박해"가 이어졌다. 이 모든 작전 위에 누가 있는지는 보나마나였다. 이런 상황에서 시간이 지나자 성적도 떨어졌다. 병태의 삶은 총체적으로 무너져내렸다. 한 학기가 지나자 한병태는 지치고 투지도 잃고, "내 굴복을 표시하기에 마땅한 기회를 기다"리게 되었다. 드디어 대청소 날 기회가 왔다. 저녁 때까지 청소를 하고 석대의 검사를 받아야 했다. 생각한 끝에

좀 비굴하기는 하지만 아이답지 않게 고급한 책략을 생각해 내면서 오히려 석대가 더 늦게 오기를 바라게 되었다. 내가 괴로워하는 걸 보고 싶다면 보여 주마. 네가 돌아오면 눈물이라도 흘리며 괴로워해 주마. 그렇게라도 네 양심을 풀 수 있다면—내가 생각해 낸 책략이었다.

이문열, 「우리들의 일그러진 영웅」, 51쪽

말하자면 병태는 석대의 온갖 권력 행사에 당하는 괴로움 끝에 엄석대에게 굴복하는 '쇼'를 벌이겠다는 능청스런 생각을 했다. 드디어 석대와 패거리들이 나타나자 진짜 눈물이 쏟아졌다. 굴복의 의식을 집행하려는 순간의 감흥이었다. 우는 모습을 보자 석대는 너그러운 표정으로 '합격!'을 선언했다.

샘솟는 내 눈물로 이내 뿌옇게 흐려진 그 얼굴 쪽에서 다시 그런 부드러운 목소리가 들렸다. 짐작컨대 그는 내 눈물의 본질을 꿰뚫어보았음에 틀림이 없다. 거기서 이제는 결코 뒤집힐 리 없

는 자신의 승리를 확인하고 나를 그 외롭고 고단한 싸움에서 풀어 준 것이었다. 그러나 내게는 그 너그러움이 오직 감격스러울 뿐이었다. 이튿날 나는 그 감격을 아끼던 샤프펜슬로 그에게 나타냈다.

이문열, 「우리들의 일그러진 영웅」, 52쪽

그 순간은 절대 굴복이었다. 그리고 병태에게 주어진 굴복의 열매는 달았다. 엄석대의 은혜가 쏟아졌다. 모든 게 원상회복되었다. 그리고 그의 질서에 적응하고 굴종을 계속해야 했다. 12월 초순 일제 고사에서 병태는 아이들이 석대의 성적을 위해서 부정행위를 하는 것을 발견하게 되었다. 이것을 고발하려는 차에 석대는 시험이 끝났으니 같이 놀러가자고 했다. 아이들은 같이 냇가에 가서 먹고 마시고 실컷 즐기고 놀았다. 그때부터 석대는 병태를 각별하게 대우하기 시작했다. 이 사건이 계기가 되어 병태는 석대와 싸운다는 생각은 완전히 잃어버리고 석대의 왕국이 영원히 지속되기를 바라게 되었다.

6학년이 되자 젊은 선생님이 담임으로 부임해왔다. 그런데 그는 예민하게 아이들을 관찰하고는 무언가 크게 잘못되어 있다는 것을 알아챘다. 담임선생이 그런 태도를 보이자 아이들의 태도는 곧 달라지기 시작했다. 결국 3월 말에 시험 성적이 발표될 때 담임은 엄석대를 불러내서 굵은 매로 모질게 내려쳤다. 담임이 답안지를 보여주며 문초하자 엄석대는 "잘못⋯ 했습니다"라며 굴복했고 매 맞고 벌을 서는 그는 "자그마해져 있었다." 그러자 아이들은 하나둘 그간 석대의 횡포를 폭로하고 고발하기 시작했다. 엄석대는 곧 학교에서 사라졌고, 그렇게 그의 왕국은 끝났다. 그러나 이렇게 끝이 나자 한병태는 엄석대에 대해서 결국 적대감을 거두고 높은 평가를 내리지 않을 수 없었다.

이 작품은 1970년대 말에 이르러 한국인들이 '권력'의 속성에 대해서 알게 되었음을 보여준다. 엄석대의 권력은 그의 뛰어난 폭력을 기반으로 해서 만들어지고 유지되는 것이지만 폭력만으로 작동하지는 않는다. 그는 폭력의 사용을 자제했고, 강요도 되도록이면 부드러운 표현을 써서 했다. 겉으로는 폭력적으로 보이지 않았다. 그의 권력은 '권위'의 형태로 행사되었다. 스스로 공포 분위기를 조성하고서는 그 자신은 은혜를 베푸는 주체로, 공포 분위기를 해소시켜주는 사람으로 나타났다. 폭력은 다른 아이들에게 행사하도록 했다. 그리고 엄석대의 권력은 반 아이들뿐만 아니라 담임선생, 학교 직원들 등 가능한 주변 공간의 모든 사람들에게 영향을 미쳤다. 그의 권력은 입체적으로 공간을 장악하여 작동하고 있었다. 그리고 그는 모든 반 아이들에게 굴종의 의식을 몸의 동작과 언어로 일상적으로 수행하도록 했다. 아이들은 이 의식을 수행함으로써 스스로와 남들에게 자신은 엄석대보다 작고, 약하고, 비천한 존재임을 표현했다. 그 대신 석대의 권력은 굴종하는 아이들에게는 혜택을 주었다. 엄석대의 권력은 이른바 '헤게모니'를 형성하고 있었다.[*] 현대 산업주의, 자본주의의 권력은 그 폭력적 모습을 겉으로 드러내지 않으며 폭력뿐만 아니라 각종 기술을 활용하고 혜택도 베풂으로써 피지배자의 동의(consent)를 이끌어낸다. 또한 권력은 반드시 무엇을 얻기 위해, 이

* 헤게모니(Hegemony) 개념에 대해서는 안토니오 그람시(Gramsci 1971)를 참조할 것.

루기 위해서 합목적적으로 작동하는 것도 아니다. 권력은 그 정체를 확인하기 위해서 지배자와 피지배자의 정체와 그들의 관계를 반복적으로 확인함으로써 스스로를 존재의 차원에서 정당화한다. 권력에 대한 최신 이론인 푸코의 저서가 전혀 한국에 알려지기 이전에 이미 이 작품은 권력의 속성과 작동원리를 적나라하게 드러내고 있었다. 한국인들이 권력을 알았다면 이젠 권력에 속지 않는 시대가 도래한 것이다.

한병태가 엄석대의 권력과 싸우게 된 동기는 윤리적, 이념적 기준에 의한 판단이 아니었다. 즉 '민주주의'에 어긋난다든가, '군사독재'라든가, '인권'을 유린한다든가, 폭력을 남용한다든가 하는 이념의 말로 된 기준의 적용에 의한, 상대적 가치 판단에 의한 것이 아니었다. 병태가 그 질서에 적응할 수 없다고 느낀 것은 아이들의 굴종 의식이 행해지는 분위기에 도저히 적응하지 못하겠다는 판단에서였다. 즉 석대 앞에서 '설설 기는' 말과 동작과 움직임들이 역겨웠다. 이 의식의 의미는 '나는 형편없는 존재입니다'라는 자신의 인간 존엄성에 대한 부정이었다. 병태는 도저히 그런 행위를 할 수 없는 자신을 확인하였다. 그리고 나아가서 그는 석대의 권력이 베푸는 작은 혜택과 은혜에 고마워하는 자기 자신—또는 자기 마음의 일부—을 보고 '야릇한 치욕감'을 느꼈고, 그 치욕감은 무엇보다 마음에 깊은 상처를 냈다. 처음부터 한병태는 자부심이 강한 아이로 설정이 되어 있고 자신의 존엄성이 훼손(毁損)당하는 데 대해 대단히 민감한 아이였다. 말하자면 병태가 분노한 것은 인간 존엄성의 훼손이라는, 보통은 언어로 표현하기 어려운 인간 내면의 문제였다.

또한 마지막에 병태는 자신이 버텨나갈 수 있었던 데 대해

한국인의 발견

"짓밟힌 내 진실이 무슨 모진 한처럼 나를 버텨 나가게 해준 것"이라고 하였다. 여기서 '진실(眞實)'이라는 말도 자신의 깊고 순수한 마음의 고유한 가치를 지칭하는 말이었다. 병태의 석대에 대한 도전, 투쟁은 영악하고, 끈질기고, 교활했다. 그는 희생자나 약자로서가 아니라 투사로서 싸웠다. 병태의 분노는 인간 존엄성의 문제에서 비롯된 것이었고, 다른 아이들의 굴욕적 행위들의 의미, 자기 마음 안에서도 발견되는 존엄성의 부정, 그리고 자기 밑바닥의 고유한 가치에 대한 의식 등의 차원에서 중층적으로 발전했다. 그리고 이러한 모든 문제들은 자신뿐만 아니라 다른 아이들의 내면 깊은 곳에서도 벌어지는 일이었고, 이를 병태가 인식한 것은 마음을 열고 타인의 마음으로 들어갈 수 있는 공감 또는 감정이입에 의한 것이었다. 이 작품은 한국인들의 인간에 대한 가치판단이 밑바닥 즉 가장 깊은 곳의 끝에 다다랐음을 의미한다.

그러나 엄석대의 권력이 악이고 이를 물리치기 위한 한병태가 선이었다고 해도 한병태는 엄석대를 이기지 못했다. 외부적 요인, 즉 새로 부임한 담임선생의 엄청난 폭력만이 엄석대 왕국을 파멸시킬 수 있었다. 그러나 그와의 격렬하고 긴 투쟁을 겪었던 한병태는 엄석대를 증오나 적대의 대상이 아니라 우습게 볼 수 없는 '대단한 적'이었다고 평가하지 않을 수 없었다.

1970년대의 길었던 한국인들의 고통과 고뇌에 찬 여정은 결국 이문열의 이 작품에서 귀결되었다. 여기에서 한국인들은 그들이 대척(對蹠)해야 할 권력의 가볍게 볼 수 없는 깊이와 넓이를 실감했고, 인간의 마음 밑바닥 저 깊은 곳에서 늘 작용해왔지만 모습을 잘 드러내지 않던, 인간 존재와 존엄성의 가치를 발견했다. 인간이란 그 존재와 존엄을 위해 생명까지 내던질 수 있는 기묘한 동물임을 알았다. 존재는 생명과 더불어 인간의 가장 근본적 가치이며 생명과 결코 대체될 수 없는 가치였다. 아사(餓死)와 전쟁의 공포에서 민족을 구원하여 자신을 정당화하던 권력, 그리고 폭력적 죽음의 공포로 스스로를 유지하던 권력은 이제 목숨을 건, 존엄성을 회복하기 위한 도전에 경악할 수밖에 없었다.

한국인의 발견

제8장

투 쟁 의 시 대

1980년대

우리 역사에서 1980년대는 특별한 시대였다. 한국인들은 극단의 감정들과, 세상의 모든 것들과 자신에 대한 혼돈을 겪었다. 어떤 이는 '혁명의 시대'라고 했고 '극단의 시대'라고도 했다.[*] '서울의 봄', '5·18' 그리고 '오공(五共)'으로 시작된 1980년대는 적대감과 공포와 물질적 풍요로 충만했고 '초대형 사건'들이 줄을 이었다. '오공'과 '신군부'에 도전하는 대학생들의 목숨을 건 투쟁과, 이들에게 공감하고 민주주의를 열망하는 시민들의 저항의 열기를 식히고 원한의 기억을 지우기 위해 '오공'은 엄청난 규모의 물질적 풍요와 '자유화 조치'들, 그리고 거대한 잔치와 행사, 오락물 등을 대체물(quid pro quo)로

---

[*] 이 표현들은 이해영 편, 『1980년대: 혁명의 시대』 (서울: 새로운세상, 1999)에서 인용한 것이다.

쏟아부었다. 1980년대는 폭력과 부(富)와 탐욕과 타락이 자제(自制)를 거부하고 실컷, 마음껏 날뛰고 상극(相剋)의 정신주의와 물질주의가 뒤얽혔다. '오공' 7년은 "총체적 부패 구조의 완숙기"였다.[1] 하지만 다행히 1987년 말에는 대통령 직접선거가 재개되었고 1988년에는 서울올림픽이 성공적으로 개최되었다. 1980년대는 신화와 전설과 '유언비어'의 시대였다.

아마겟돈을 향하여
: 전조

이문열의 『사람의 아들』—1979년

1979년 가을에 나온 이문열의 이 소설은 살인 사건을 수사하는 과정에서 밝혀지는 충격적인 이야기를 다루고 있다. 화자는 경찰 수사관 남 경사다. 피살자는 사체(死體)가 발견된 근처 기도원에 머무르던 민요섭(閔耀燮)이라는 성실한 기독교 신자였다. 그는 전쟁고아 출신이지만 미국 선교사의 양자로 양육되고 교육을 받았으며 그로부터 큰 재산도 물려받은 사람이었다. 그는 한편으로 극히 '착한 사람'이었다. 그는 불쌍한 사람, 가난한 사람을 보면 돕지 않고는 못 배기는 사람으로 그가 물려받은 재산도 다 불쌍한 사람들에게 나누어주었다고 한다. 그러나 일부 사람들에게 그는 '사탄의 자식'이었다. 그는 두 얼굴의 존재였다. 그가 다니던 신학교 교수에 따르면 그는 열정적이고 뛰어난 신학도였으나 이단(異端)에 빠져 떠났다는 것이다. 소설은 수사 과정과 민요섭이 남긴 원고 내용이 교차로 소개되면서 진행된다.

남 경사는 민요섭의 집에서 가져온 두툼한 원고지 묶음을 읽어보았다. 우선 그는 일기에서 성경 말씀과 현실의 괴리(乖離)에 대해 고민하고 있었다. 신(神)은 전지전능하고 예수님은 모든 인간, 특히 가난한 자, 버림받은 자들을 구원하셨는데, 현실은 왜 가난한 자, 버림받은 자들로 가득 차 있고 인간들은 왜 이리 비참한가의 문제, 즉 변신론(辯神論, theodicy)의 문제를 고민하고 있었다.* 두툼한 원고는 소설 형식의 글이었고 예수와 같은 때 태어난 '아하스 페르츠'라는 인물에 대한 이야기였다. 그 또한 특별한 운명을 갖고 태어난 사람이었다. 그는 어려서 그리스인 '테도스'를 만나 깊은 영향을 받았다. 테도스는 어린 아하스를 데리고 다니며 빈민가를 비롯해서 비참하고 끔찍한 모습의 인간들을 보여주었고 이들을 위해 구세주가 나타나야 한다고 가르쳤다. 앞으로 올 구세주는 빵과 기적과 지상의 권세, 이 세 가지를 꼭 가지고 와야 한다고 말하고 테도스는 곧 사라졌다. 아하스는 18살이 되던 때 어떤 상인의 처와 육체관계에 빠져들었다. 그런데 사람들이 그녀를 처형하는 것을 보게 된 후 그는 육신의 인간이 억압받는 것은 잘못된 일이라고 생각하고 종족의 종교와 신을 부정하고 방탕한 생활을 하던 끝에 고향을 떠났다.

남 경사는 민요섭이 한때 하숙하던 조 영감의 집을 찾아 그에 대해서 알아보다가 그의 아들 '조동팔'이 민요섭을 따라 가출했다는

---

* 모든 종교의 공통적 근본 문제로서의 변신론에 대해서는 막스 베버(Weber 1956 1: 518-523)를 참조할 것.

한국인의 발견

사실을 알게 되었다. 즉 민요섭의 제자가 됐다는 것이다. 조동팔은 뛰어나게 총명하고 성실한 학생이었다. 조사해보니 민요섭과 조동팔은 부두 노동자들과 어울렸으며, 집에서는 거의 하루 종일 책을 읽고 공부만 했다는 것이다. 다시 원고로 돌아오면, 아하스는 고향을 떠나 여러 신들을 연구하며 세상을 헤맸다. 그는 먼저 이집트로 가서 그곳의 신들을 공부했고, 다음에는 가나안과 페니키아 해변 쪽으로 진출하여 무수한 신들을 공부했다. 다음엔 바빌론으로 갔고, 인도에 가서는 불교를 연구했고 로마인을 만나서 '애지(愛知)'의 이야기도 들었다. 10년이 지나 그는 고향으로 돌아왔다.

남 경사는 이 사건이 이 소설과 직접 관련되어 있음을 확신했다. 민요섭과 조동팔을 조사해보니 그들은 노동자들의 권익을 위해서 싸웠고, 아이들을 모아서 공부를 가르치고 있었다는 것이다. 그들은 가난한 사람들을 위한 봉사와 어떤 운동을 벌이고 있었다. 그들이 가르치는 내용 중에는 종교적인 것도 있었다고 했다. 그러나 그들은 종적을 감췄고 더 추적할 수가 없었다. 3년 이상 진전을 보지 못해 사건은 미제(未濟)로 처리되었다가 어느 역전 하숙집 주인이 민요섭을 보았다는 제보가 들어와 다시 수사가 시작되었다. 그 후 민요섭은 조동팔도 소년들도 없이 혼자 방 안에서 꼼짝 않고 지냈다고 했다.

아하스가 고향에 돌아와서 보니 양친은 모두 죽고, 고향은 로마의 압제하에 분열되어 있었다. 그는 고향에 간 지 한 달도 되지 않아 '쿠아란타리아'라는 광야로 들어갔다. 그 뜨거운 광야에서 40일째 되는 날 그는 자신을 부르는 목소리를 들었다. 그가 목소리에게 "야훼냐?"고 묻자, "나는 그이며 또한 그의 부정이다"라고 했다. 그 목소리, 그 '위대한 영(靈)'은 "하루 낮 하루 밤을 함께하며 긴 얘기를 들려주었다." 그는 광야에서 자기와 비슷한 청년을 만났다. '야훼의 아들 예수'라고 했다. 아하스는 예수에게 빵과 기적과 지상의 권세를 갖추었느냐고 물었고, 예수는 신약성경에 적혀 있는 그대로 답하며 그를 물리쳤다.

> 결국 당신은 육신의 정욕과 정신(또는 안목)의 허화(虛華), 그리고 땅 위의 어리석은 위세와 자랑으로 나를 유혹했지만 다 부질없는 짓이오. 나는 당신이 누구인지 알 듯하오. 더는 나를 방해하지 말고 이만 물러나시오.
>
> 이문열, 『사람의 아들』, 228쪽

민요섭은 자기의 신으로 '마귀'를 선택한 것이었다.[•] 원고 뒤로는 예수와 아하스 간의 다섯 번의 만남에 대해서, 예수가 처형된 후에 대해서도 서술되어 있었다. 예수와 아하스의 관계는 적대적인 것이 되어 갔고 예수가 처형된 후 아하스는 나락으로 떨어져 갔다.

남 경사는 그들의 행적을 찾으려고 사창가를 탐문 수색하던 중 민요섭을 아는 창녀를 찾았다. 그녀는 조동팔에 대해서도 그와 같이 다니는 사람 '김가'라는 이름으로 알고 있었다. 김순자라는 여인이 조동팔(가명 김동욱)과 결혼했다는 말을 듣고 남 경사는 그를 찾아갔다. 그는 6개월째 집을 비운 상태였고 노트가 한 권 있었다. 〈쿠아란타리아서(書)〉였다. 그 글은 아하스가 광야에 있을 때 그에게 나타난 '영'이 들려준 긴 이야기였다. 그는 이 글에서 천지 창조 후에 인간

• 『신약성경』〈마태복음〉에서 예수에게 그 질문들을 던진 것은 '마귀'였다.

을 억압하기 시작한 야훼의 비행을 길게 비난한 후 다음과 같은 교의
를 내렸다.

나의 부정은 더 큰 긍정을 위해 있었으며, 우리 양성(兩性)의 대
립도 궁극적으로는 거룩한 조화에 이르기 위한 과정일 뿐이다.
나는 저 태초의 유일자(唯一者)에 대한 기억에서 출발했으나, 이
르고자 하는 것은 변증(辨證)의 용광로를 거쳐 고양된 우리들의
합일(合一)이었다. 만약 너희가 진정으로 믿고 섬겨야 할 신이
있다면 그는 바로 그때의 하나로 된 우리이다. / 그날의 〈하나
된 우리〉는 너희 믿음이나 섬김을 바라지 않을 것이다. 우리는
스스로 위대하고 또 완전하므로, 번거로운 제례와 의식으로 시
간과 재물을 낭비하는 너희를 우리는 오히려 민망히 여기리라.
/ 율법이나 말씀이 우리의 이름으로 너희를 찾고 간섭하는 일도
없을 것이다. 우리는 너희를 지어낼 때 이미 모든 것을 주어 보
냈다. 우리의 뜻을 알려고 헛되이 애쓰지 마라. 너희 영혼에 모
두 담겨 있어 길어내지 않아도 절로 솟으리라. / 우리의 성냄을
두려워하지 않을 것처럼 우리가 기뻐함을 자랑으로 삼으려 하
지 마라. 우리는 너희 악을 꾸짖거나 벌하지 않을 것이다. 그것
도 우리 창조의 일부이므로. 선을 높이고 상 주지도 않을 것이
다. 그 또한 우리에게서 간 것이므로. 우리가 준 게 무엇이든 너
희는 겨자씨만한 것도 더하거나 덜지 못한다. 너희 모든 행위는
하늘에서도 땅 위에서도 아무런 빛깔이 없다. / 그러하되 우리
의 분별과 간섭이 없어진 뒤에도 너희 사이에서 선이 존중되고
사랑과 자비가 장려받을 것이다. 우리가 기뻐해서가 아니라 그

게 너희에게 이롭기 때문이다. 악은 여전히 비난받고 미움과 다툼은 억제받아야 한다. 그 또한 우리가 싫어해서가 아니라 그게 너희에게 해롭기 때문이다. 사람을 죽여서도 안 되리라. 간음하지 마라. 그래야만 너희 아내와 딸들이 정숙하게 남게 될 것이다. 이웃을 사랑하라. 그러면 이웃도 너희를 사랑하리라. 그 밖에도 더 많은 원칙들이 남을 것이나 그것은 이미 낡은 계명이나 율법의 계속은 아니다. 위로부터 아래로 짐지워진 것이 아니라 아래로부터 위로 올려 세워진 너희끼리의 합의일 뿐이다.

이문열, 『사람의 아들』, 296쪽

이 가르침은 인간은 신의 가르침과 억압에서 벗어나 자유 의지로 원하는 바를 거리낌 없이 행하라는 것인데, 이는 결국 신의 존재 의미를 부정하는 것이었다. 더구나 이 교의는 두 신이 상호 부정의 단계가 끝나고 하나가 되었을 때를 가정한 것이었다. 그에 앞서 현재의 부정의 단계에서는 아하스가 강조했듯이 빵과 기적과 지상의 권세가 긴요하다는 것이었다. 즉 인간을 억압하는 야훼를 제압하기 위해서는 힘이 필요하기 때문이었다. 이 경전은 민요섭이 추구했던 이 세상의 모순을 궁극적으로 해결할 새로운 신의 가르침이었고, 그의 활동 즉 조동팔과 같이 가난한 사람을 돕고 노동자들과 함께 싸우는 일의 신학적 근거를 마련한 것이었다. 여기서 그간 조동팔이 필요한 자금을 마련하기 위해 저지른 강도질 등은 이러한 우주 혁명을 위한 것으로 모두 정당화되었다.

남 경사가 '김동욱'이라는 인물을 조사해본 결과 조동팔의 허위 신원임이 분명했고 그의 집으로 찾아갔을 때 그는 출옥해서 집에서 혼자 술을 마시고 있었다. 그는 대화하며 자신이 민요섭을 죽였음을 시인하였다. 그를 죽인 이유에 대해서도 말하였다. 조동팔은 그런 신을 통해서 자신은 모든 제약과 가책에서 벗어나 모든 활동의 자유를 얻을 수 있었으나 민요섭은 경전이 완성되어가는 단계에서 '괴롭고' '외롭고' '두렵다'고 토로하며 기독교로 돌아가겠다고 했다는 것이다. 조동팔은 그런 그의 결심을 도저히 꺾을 수 없었기 때문에 그를 죽였다고 털어놓았다. 그리고 그는 쓰러졌다. 그는 이미 남 경사가 오기 전에 독약을 먹고 죽어가고 있었던 것이다.

1970년대 말은 사회적 모순이 심각하게 제시되고 있었고 각종 과격한 사상들, 혁명 이론 등이 젊은이들의 관심을 끌고 있었다. 그리고 이러한 문제의식들은 유신 체제에 대한 저항 운동과 결합되어 폭넓은 호응을 얻어가고 있었다. 각종 형태의 저항 운동들이 결집하기 시작했고 유신 체제의 폭력은 참을 수 없는 수준이었다. 종교계에서도 이미 '산업선교회', '민중신학'이 나타나는 등 사회적 모순을 교회가 직접 나서서 해결해야 한다는 움직임이 일었다. 이는 낯선 일이 아니었다. 민요섭이라는 인물의 이야기, 즉 신학도의 입장에서, 체계적으로 사회 문제를 해결하기 위해서는 개인적인 선행을 넘어 조직적인 활동을 시작해야 하며 이를 뒷받침하기 위해 새로운 신을 찾고 나아가 새로운 신을 만들어야 했다는 이야기는 현실성이 있었다. 당시는 누군가 혁명을 위해 엄청난 규모의 전투를 준비하고 있을지 모른다고 생각되던 그런 시대였다.

민요섭은 기독교 성경 외부에 있는 아하스 페르츠라는 예수의 부정, '마귀'로 지목되는 인물을 선정하여 그로 하여금 여러 신들을 연구하게 하고 나중에는 새로운 신을 만들도록 하였다. 그러나 민요섭이 새로운 신을 만들었다고 했지만 그것은 새로운 신이 아니라 이미 알려진 신들 가운데서 몇몇을 골라서, 개조한 것이었 다. 민요섭은 아하스 페르츠에서 출발하여 그를 광야에서 교화시 킨 야훼의 라이벌이자 적을 구원의 신으로 제시하였고, 조로아스 터교(Zoroastrianism, 일명 배화교(拜火敎))와 유사한 이원주의(二元主義, dualism), 즉 선신(善神)과 악신(惡神) 간의 전쟁을 통한 구원을 설정 하였다.[*] 민요섭이 만든 것은 새로운 신이나 종교라기보다, 기독교 에 대항하여 투쟁하는 해방의 신이 야훼와 끊임없이 싸우는, 전쟁의 세계였다. 궁극적으로 두 신의 '조화'를 통한 '긍정'을 지향한다고 했 지만 실제로는 자신의 신에 의한 야훼의 타파를 추구했다. 결국 민요 섭의 구원의 신은 야훼에 의존해 있었고 전쟁의 단계를 거쳐야 하기 에 '빵과 기적과 지상의 권세' 즉 힘을 아하스 페르츠는 그토록 목말 라했던 것이다. 우주 전쟁이 준비되고 있었다. 겉으로는 화해를 위한 다고 했지만 서로의 부정을 위한 싸움이었다. 두 신은 공존한다고 했 지만 공존할 수 없는 신들이었다.

전상국의 「우상의 눈물」—1980년

1980년 3월에 발표된 전상국의 「우상의 눈물」은 악마의 등장과 그 악마와의 투쟁을 예고하였다. 화자는 자기가 당했던 일을 증언한다.

학교 강당 뒤편 으슥한 곳에 끌려가 머리에 털 나고 처음인 그

---

[*] 조로아스터교의 이원주의를 통한 변신론의 해결과 구원에 대해서는 베버 (Weber 1956 1: 523-526)를 참조할 것.

한국인의 발견

런 무서운 린치를 당했다. 끽소리 한 번 못한 채 고스란히 당해야만 했다. 설사 소리를 내질렀다고 하더라도 누구 한 사람 쫓아와 그 공포로부터 나를 건져 올리지 못했을 것이다. …… 재수파들은 모두 일곱 명이었다. 그들은 무언극을 하듯 말을 아꼈다. 그러나 민첩하고 분명하게 움직였다. 기표가 웃옷을 벗어 던진 다음 바른손에 거머쥐고 있던 사이다 병을 담벽에 깼다. 깨어져 나간 사이다 병의 날카로운 유리조각을 그의 걷어 올린 팔뚝에 사악사악 그어갔다. 금 간 살갗에서 검붉은 피가 꽃망울처럼 터져 올랐다. 기표가 그 팔뚝을 내 눈앞에 들이댔다. 핥아! 기표 아닌 다른 애가 말했다. 내가 고개를 옆으로 비키자 곁에 둘러선 서너 명의 구두 끝이 정강이에 조인트를 먹였다. 진득한 액체가 혀끝에 닿자 구역질이 났다. 위장이 뒤집히듯 역한 것이 치밀었다. 나는 비로소 온몸을 와들와들 떨기 시작했다. 나는 자신도 헤아릴 길 없는 거센 공포로 해서 그 자리에 무릎을 꿇고 앉아 두 손을 비벼댔다. 그들이 나를 일으켜세웠다. 내 바지에서 혁대가 풀려 나간 다음 벗겨져 맨살이 드러난 허벅지에 칼끝이 박히는 것 같은 아픔이 왔다. 나는 그들에게 양쪽 겨드랑이를 잡힌 채 몸부림쳤다. 도저히 견딜 수 없는 고통이었다. 칼끝은 상당히 오랜 시간 허벅지에 박혀 있는 것 같았다. 나는 내 살 타는 냄새를 맡았다. 칼침이 아니라 그들은 담뱃불로 내 허벅지 다섯 군데나 지짐질을 했던 것이다. 소리 질러봐, 죽여 버릴 거니, 한 놈이 귓가에 속삭였다. 나는 드디어 허물어져 내리듯 의식을 잃어 갔다. 그런 몽롱한 의식 속에서 기표가 씨불어 댄 한마디 말소릴 놓치지 않았다. / —메시껍게 놀지 마! / 어처구니 없게도 그들이 내게 린치를 가한 이유란 단지 그것이었다.

전상국, 「우상의 눈물」, 12-14쪽

일곱 명의 폭력 조직이 화자를 끌고 가 린치를 가한 것이다. 그런데 그들은 흥분하지도 않았고 화가 난 것도 아니었다. 이 린치는 계획되고, 연출되고, 연습된 연극이었다. 잔인한 폭력을 행사하는 내용뿐이었지만 이 연극에는 목적이 있었다. 극심한 공포를 주기 위한 것이었다. 극심한 공포로 평소에는 생각지도 못했던 굴욕적인 행위를 자아냄으로써 자기 자신의 존엄성을 부정하게 하고 이로써 저항의 영혼(靈魂)을 파괴하려는 것이었다. 이런 일을 당한 화자 '유대'는 감히 복수하겠다는 생각을 내지 못했다. 최기표가 조직의 우두머리였다. 기표에 대해 친구는 "그 새낀 악마다"라고 했다. 흔히 말하는 학교 '깡패'를 넘어서는 존재, '빗나간' 아이가 아니라 '악'을 추구하는 다른 존재라는 뜻이었다.

친구들도 담임선생도 최기표에 대해서는 잘 알고 있었다. 어느 날 화자의 느낌에 담임선생과 기표 간에 만만치 않은 싸움이 벌어질 것 같았다. 화자는 멀찌감치 앉아서 구경이나 하기로 했다. 담임선생은 형편이 어려운 기표와 몇몇 친구들을 도와주어 선도를 시도했다. 그러나 기표는 담임선생이 마련해준 체육복을 공개적으로 박박 찢어서 선의를 거부했다. 그러고는 다른 친구의 것을 빼앗았다. 그는 공개적으로 선을 거부했다. 그때 나타난 인물이 반장 임형우였다. 그도 재수파에게 당했다고 했다. 형우는 시험 때 친구들과 기표를 도와줄 계획을 세웠다. 그러자 기표가 이 사실을 선생에게 일러바쳤고 형우는 기표를 도와주기 위해서 그런 계획을 세웠다고 털어놓왔다. 그러고 나서 형우는 기표 등의 재수파에게 끌려가 린치를 당했다. 하지만 형우는 끝까지 누구의 짓이었는지 입을 열지 않았다. 형우는 학교에서 일약 영웅이 되었다. 형우는 기표뿐만 아니라 재수파의 한 사람 한 사람의 어려운 상황을 알아보고 반 친구들의 이해와 도움을 공식적으로 요청하였다. 학생들 간에 모금 운동이 벌어지고 담임선생도 참여했고 이 이야기는 미담으로 신문에도 보도되었다. 이런 상황이 벌어지자 기표는 서서히 변했고 반 친구들도 기표를 편하게 대하게 되었다. 그런데 어느 날 기표가 사라졌다. 그는 집에서 여동생에게 편지를 남겼는데 거기에는 "무섭다. 나는 무서워서 살 수가 없다"라고 써 있었다.

이 소설은 이문열의 「우리들의 일그러진 영웅」처럼 학교에서 벌어진 폭력, 권력의 이야기였다. 최기표는 엄석대와는 다른 전략을 썼다. 석대가 '헤게모니' 전략을 썼다면 기표는 절대악을 표방했고 이는 화자와 다른 친구들을 공포에 떨게 했다. 기표의 결정적인 상대는 반장 임형우였다. 그는 끈질기게 기표 등의 어려운 친구들을 도왔고, 반 전체를 어려운 학우를 돕는 문화로 이끌어갔다. 형우는 재수파에게 린치를 당했지만 끝까지 선도 전략을 밀고 나갔다. 결국 형우는 선으로 기표를 포위하고 자신은 선행의 영웅이 되었다. 형우의 전략은 단순히 기표라는 악마에게 선행을 베푸는 것을 넘어 그를 포위해서, 선의 독한 맛을 보여주는 것이었다. 기표는 공포를 느끼고 달아나버렸다.

기표와 형우의 대결은 가면(假面)들의 전쟁이었다. 이 '악과 선의 투쟁'은 통상적인 '선'과 '악'이라는 관념을 넘어 전략과 전술을 구사하는 계산된 싸움으로 전개되었다. 최기표는 진짜 악마의 연기를 펼쳤다. 하지만 형우의 선의 연기는 수많은 학생들을 동원하고 자신은 선행의 영웅으로 등장하여 기표를 여러 겹으로 포위하는 것이었다. 선의 동원이 악마를 압도하자 기표는 가면을 벗어던지고 그의 악은 가면에 불과했음을 실토했다. 악은 인간의 교활함이었고, 선은 끈질김의 전략이었다.

5·18 전야의 분위기는 앞에서 논의했던 4·19 전야와 사뭇 달랐다. 후자는 엄청난 재난의 전조였다면 전자는 전쟁의 예감이었다.

5·18의 전개와 의미

1980년은 전년의 '10·26'과 '12·12사태'의 결과로 등장한 '전두환 보안사령관', '신군부' 그리고 'K공작'에 대한 소문으로 시작되어, 불길한 '서울의 봄'으로 이어졌다. 5월에 대학생들은 길거리로 뛰쳐나갔고 신군부는 때를 놓치지 않고 5월 17일 계엄 확대를 발표하여 쿠데타를 알렸다.

5월 18일 오전 전라남도 광주에서는 대학생들이 민주화를 요구하는 데모가 벌어지고 있었다. 그러던 오후 3시 30분경 계엄군, 구체적으로는 광주에 주둔하고 있던 제7공수특전여단 2개 대대가 시내 한복판에서 작전을 개시하였다. 작전이 벌어진 이 장소는 단적으로 공수부대의 작전이 대학생들의 데모와 아무런 관계가 없었음을 드러낸다. 애초에 군인들이 트럭에서 내려 길가에 도열하자 시민들은 박수로 그들을 환영했다. 그러나 호루라기 소리가 울리자 그들은 눈에 보이는 모든 시민들에게 무차별 폭행을 가하기 시작했다. 특히 학생으로 보이는 젊은이들이나 여성들에게는 더욱 잔인했다. 시민들은 왜, 무슨 이유로 군인들이 길거리 시민들에게 무차별 폭행을 가하는지 어리둥절할 뿐이었다. 한때 그 군인들은 북한에서 내려온 군인들이라는 소문도 돌았다. 시민들은 대부분 겁에 질려 도망가고 어둠이 내리자 거리는 텅 비어버렸다. 그러나 공수부대는 학생들을 찾아 민가를 수색했고 시민들은 공포에 떨었다. 그리고 사태는 그렇게 끝나지 않았다. 다음 날 19일 아침부터 시민들이 거리에 나타나기 시작했고, 공수부대는 그들을 공격했다. 이날부터 시민들은 저항하기 시작했고 시간이 갈수록 저항은 거세어졌다.

5·18의 첫 번째 특수성은 계엄군이 광주 시내에서 행사한 폭력의 성격에 있다. 이 폭력은 결코 우발적으로 그들이 흥분해서, 화가 나서 나온 폭력일 수 없었다. 공수부대원들은 고도로 훈련받은 대한민국의 최정예 군인들이었고 이들은 연초부터 '충정훈련'이라는 맹렬한 데모 진압 훈련을 받아왔다. 또한 폭력의 수단은 엄격히 제한되어 있었다. 공수부대원들에게 실탄은 지급되지 않았다. 5월 19일과 20일에 실탄이 발포된 일이 있지만 이는 우발적 사고였고, 21일 오후 집단 사격이 있기 전까지 실탄 사격은 금지되었다. 4·19 때 '발포'는 권력의 정통성이 부정되는 계기였고 이를 감안하여 '오공'의 출범을 위한 작전에서 실탄은 철저히 통제되었다.

그러나 이러한 조치는 '총만 안 쏘면 된다'로 유추되어 실탄 사격만 제외하고 모든 폭력이 폭넓게 사용되었다. 살인적인 '진압봉'이 사정없이 휘둘러졌고, 대검(帶劍)도 난무하였다. 당시 공수부대의 폭력은 자유롭게 자의적으로 행사된 것이 아니라 뚜렷한 목적을 갖

한국인의 발견

고 계획적으로 행사된 것이었다. 즉 광주 시민들에게 공포심을 일으키기 위한 것이었다. 그리하여 광주라는 제한된 공간에서 '폭력 극장'을 만드는 것이었다. 사람이 죽는 것은 신경 쓰지 않았다. 어떤 사람들을 다 죽이기 위한 '학살'도 아니었다. 당시나 이후나 사망자 수는 소문의 주제였다. 당시에 언급되던 5,000~6,000이란 숫자를 두고 이를 믿는 사람은 별로 없지만 공식적으로 발표된 200 전후의 숫자를 믿는 사람도 별로 없다.

5·18 당시 공수부대의 폭력은 한마디로 '전시적 폭력(展示的暴力, demonstrative violence)'이었다. 당하는 사람이 죽든 살든 간에 무엇보다 보기에 끔찍한, 눈 뜨고 볼 수 없는, 공포에 질려 도망칠 수밖에 없는 엽기적 장면을 만드는 것이었다. 이를 목격한 시민은 다음과 같이 증언했다.

> 공수부대의 살육은 분명히 의도적인 듯했다. 가능한 한 많은 시민들이 보는 앞에서 그와 같은 살육을 자행하고 시민들이 이 광경을 보며 분노와 안타까움에 발을 구르면 더 신이 나서 해대는 것이었다.•

공수부대의 폭력은 광주 시민들로 하여금 겁에 질려서 오공에 저항하지 못하도록 하고 엽기적 소문이 되어 전국으로 퍼져 국민

• 최정운, 『오월의 사회과학』 (서울: 오월의봄, 2012) 90쪽에서 간접 인용. 이 부분의 5·18에 대한 논의는 거의 대부분 필자의 졸저에 근거하고 있음을 밝힌다.

들로 하여금 저항할 엄두도 내지 못하게 하려는 것이었다. 이러한 식의 폭력 사용은 신군부의 입장에서 보면 최소한의 폭력으로 최대한의 정치적 효과를 보려는 경제성을 고려해 선택되었을 것이다. 5·18의 중요한 문제로 언급되어온 '유언비어'는 신군부가 광주 시민들 사이에 공포심을 극대화하기 위해서 이러한 폭력과 더불어 '심리전(心理戰)' 전술로 고안되었을 가능성이 높다.

이러한 폭력은 시민들에게 강한 메시지로 전달되었다. 공수부대원들은 '악마'였다. 왜 그러는지, 무엇을 원하는지 알 수 없고, 그들의 행위는 다만 모든 것을 파괴하고 죽이는 순수한 악으로 보였다. 광주 시내에 나타난 계엄군은 '우리는 악마다!'라는 메시지를 전하고 있었다. "경상도 군인들이 전라도 사람 씨를 말리러 왔다"는 유명한 유언비어는 정확히 이 메시지였다. 처음부터 전시적 폭력이란 어떤 정치적 의도에서였건 인류에 반하는 행위였다. 관중들에게 끼칠 결과를 위해, 사람들에게 끔찍한 폭력을 가했다는 것은 윤리적으로 정당화될 수 없다. 당시 광주 시는 '폭력 극장'이었고, 공연된 작품은 '악마들의 축제'였다. 공수부대의 작전명은 '화려한 휴가'였다.

이러한 전시적 폭력의 문제는 그것이 윤리적으로나 정치적으로 정당화될 수 없다는 데 있는 것만은 아니었다. 대한민국 국군 군복을 입은 군인들이 집단적으로 '우리는 악마다!'라고 소리치며, 보이는 시민들마다에게 살인적 폭력을 휘둘렀다는 것은 끔찍한 정치적 문제였다. 시민들을 총으로 쏴 죽이는 것보다 더욱 끔찍한 결과를 가져왔다. 광주 시민들이나 누구나 그간 대한민국 군인들이 술 마시고 행패 부리는 모습들은 익히 보아왔지만 그렇게 조직적으로, 상관의 명령에 따라, 의도적으로, 심지어는 서로 '낄낄' 웃어가며 난행을

한국인의 발견

저지르는 것을 본 것은 난생 처음이었다. 당시 광주 시민들을 대하는 그들의 모습은 적을 대하는 군대도 아니었다. '도대체 누구냐?'를 넘어 '도대체 뭐냐?'라는 질문에 시민들은 '악귀'라고밖에 답할 수 없었다. 이 질문은 곧 '대한민국이란 도대체 뭐냐?'라는 위험한 질문으로 이어질 수밖에 없었다.

5·18에서 이러한 계엄군의 폭력 양상은 고도의 정치적 의미를 띤 것으로 그 메시지는 대한민국은 '민족국가'나 '민주공화국'이 아니라 '너희들을 짓뭉개는 악마다!'라는 말로 해석될 수 있으며 이 메시지의 정치적 결과는 가늠하기 어려운 것이었다. '양민 학살' 정도가 아니었다. 이러한 악마 놀이를 시킨 신군부, 즉 오공은 그것이 1970년대 유신 체제의 소산임을 부정할 수 없겠지만 1970년대와는 뚜렷한 불연속이 있었다. 1979년 10월 16일에 있었던 '부마 사태' 때는 나중에 5·18에도 출동하게 되는 제3공수여단이 투입되었지만 야밤에 재빨리 작전을 완료하고 철수하였다. 수많은 사람이 희생되었고 흉흉한 소문이 돌았지만 이때 이들은 5·18에서처럼 뻔뻔스레 백주에 '악마 놀이'를 공연하지는 않았다. 부마 사태 후 정권의 부도덕성을 확신한 중앙정보부장은 대통령을 시해(弑害)했다. 5·18의 경우에는 그런 폭력을 백주에 대도시에서 저지르고 더구나 수많은 시민들을 살해하고도, 부끄러움이나 양심의 가책을 고백한 고위 인사는 없었다. 오공은 대한민국 국군에 '민족국가', '민주공화국'이라는 정체성을 부정하는 악마의 탈을 씌웠고, 이는 전대미문의 반역에 다름 아니었다.

그러나 이러한 폭력은 성공하지 못했다. 광주 시민들은 예상과 달리 끈질기게 저항했고 시간이 지날수록 저항의 열기는 걷잡을 수 없이 달아올랐다. 급기야 계엄군은 작전을 바꾸어 5월 21일 오후 발포를 감행하여 재진입의 명분으로 시민들의 무장을 유도하고 광주 시내에서 퇴각하였다. 21일 오전에는 도청 앞 광장 주변에 시민들 약 30만 명이 새까맣게 모여들었고 이는 당시 광주 시 인구가 약 73만 명이었음을 감안할 때 아픈 사람, 노약자, 도피한 사람들을 빼면 모두 다 떨쳐 나온 믿을 수 없는 장관이었다.

공수부대의 폭력에 맞서 싸운 시민들의 동기는 분노였다. 그러나 이 싸움을 공수부대의 불의한 폭력에 화가 나 '젊은 혈기로 맞선' 그런 식의 싸움으로 볼 수는 없다. 5월 18일 오후에 대부분의 광주 시민들은 겁에 질려 도망갔으나 19일 오전에 시민들은 하나둘씩 시내로 모여들었고 공수부대의 공격으로 싸움이 재개되었다. 시민들이 싸우기 위해 나온 것은 18일 오후부터의 오랜 고민 끝에 내린 결정이었다. 많은 증언들을 보면 광주 시민들은 공수부대원들에게뿐만 아니라 자기 자신에게 화가 났다는 것이다. 시내에서 아는 사람들이 군인들에게 끔찍한 폭력을 당하는 것을 보고도 겁에 질려 구해주지 못하고 쫓겨와서 돌아보니 말할 수 없는 모멸감을 느꼈다는 것이다. 그들의 폭력으로 시민들은 비겁한, 사람 구실도 못하는, '버러지만도 못한' 존재로 전락했고 최소한의 인간 존엄성을 상실한 처참한 자신의 모습에 수치와 모멸감과 분노를 느꼈다는 것이다. 또 많은 사람들은 모두가 처참한 존재로 전락한 '세상이 저주스러웠다'고 하였다. 광주 시민들이 느낀 인간의 존엄성—갑자기 파괴되고서야 느낀 존엄성 부재의 의미—은 사회적으로 분배된 외적 존엄이 아니라, 스스로 자신에게 느끼는 최소한의 가치를 뜻하는 인간 내면의 존엄성이었다.

한국인의 발견

버러지만도 못한 자신이 '사람임'을 회복하는 유일한 방법은 거리에 나가 자신을 그렇게 만든 그 악귀들과 용기를 내서 싸우는 수밖에 없었다. 광주 시민들이 19일 아침부터 거리에 나간 것은 고민 끝에 어렵게 내린 결정이었고, 공포를 뚫고 사람이 되기 위해 내린 힘든 결단이었다. 그런데 거리에 나와보니 너무나 많은 동료 시민들이 있었고 그들을 보자 신이 나고 힘이 났다. 20일 오후가 되어 시민들의 저항이 거세어지자 공수부대는 거점을 지키는 전술로 바꾸게 되었다. 그러자 넓은 공간들이 시내에 생겼고 시민들은 모여서 휴식도 취하고 같이 노래도 부르면서 서로 격려하며 집단을 형성하게 되었다. 그들은 서로가 서로를 바라보았다. 그들은 목숨을 걸고 공수부대와 멋지게 싸우는 아름다운 전사였다. 그들은 서로가 너무나 아름다웠고 위대했다. 이들의 가슴 속에 피어오른 뜨거운 사랑은 광주 시내에 기적을 일으켰다. 모든 시민들은 싸움을 돕고 그들을 위해서 모든 것, 자신의 생명까지 헌납했다. 저녁때가 되면 전설적인 차량 시위가 꿈같이 이루어지고 온 시민들은 환호했다. 서로 눈앞의 위대한 전사에 뜨거운 사랑을 느끼며 '절대공동체'가 형성되었다. 광주 시민들의 의식에서는 사유 재산 관념이 없어지고, 목숨도 각자 개인의 것이 아니라 광주 시민 전체의 것으로 융합되어버렸다. 그곳에는 시간도 흐르지 않았다. '개인'은 의식에서 사라져버렸고, 그런 이유에서 '절대공동체'라고 부르게 된 것이다. 목숨이 개인의 것이 아니라 전체의 것이 된 이상 죽음의 공포는 사라져버렸다. 시민들은 모두 존재의 포만감, 평생 잊을 수 없는 존재의 도취를 느꼈다.

　　5월 21일 오후 드디어 공수부대는 시민들에게 집단 발포를 하여 수많은 시민들을 죽였고 이에 시민들은 무장을 했다. 총격전이 벌어지자 공수부대는 시내 밖으로 퇴각하여 이른바 '해방광주'가 열렸다. 자유로운 공간이었지만 시민들에게는 괴로운 시간이었다. 시민들은 무장을 시작하자 서서히 '절대공동체'의 도취에서 깨어났고 이 과정은 괴로웠다. 사람들은 다시 개인으로 인식되기 시작했고 그러자 죽음의 공포가 되살아났다. 계급들이 나타나고, 가족이 나타나고, 개인들 간에 경쟁과 다툼도 재개되었다. 죽음의 공포가 심각해지자 시민들 간에는 총기를 모두 모아서 계엄사에 반납하고 정상적인 삶으로 되돌아가자는 요구가 제기되었다. 결국 총기를 모두 모아 반납하고 일상으로 돌아가야 한다는 사람들과 끝까지 싸워야 한다는 사람들의 갈등은 해결되지 않은 채로 5월 27일 계엄군의 재진입을 맞아야 했다. 마지막까지 싸워야 한다는 시민들은 그들 싸움의 '진실성'을 지켜야 한다는 것이었다. 2백 명 전후의 젊은 시민들이 도청을 지키며 자신들을 희생했고 그 외에도 수많은 시민들이 부상당하고 잡혀가 옥고를 치렀다. 이렇게 5·18은 사건으로서는 마무리되었다.

　5·18에서 광주 시민들의 투쟁은 한마디로 인간 존엄성을 되찾기 위한 싸움이었다. 그들은 인간으로서의 최소한의 존엄성을 되찾기 위해 목숨을 걸고 일어섰고, 용감한 동료 시민들의 지고(至高)의 아름다운 모습에 환호하고 그들과 사랑에 빠져 하나가 되어 평생 잊지 못할 초현실적 경험을 했다. 그리고 한때 승리의 환호를 맛보았지만 많은 시민들은 그들의 싸움이 승리하지 못할 줄은 너무나 잘 알았다. 끝까지 '무언가'를 지키기 위해서는 그 자리를 지켜 자신을 희생해야 한다는 것도 알았다. 광주 시민들은 5·18의 투쟁을 통해서 인간의 존재, 존엄성의 가치는 생명 못지않게 소중한 것임을 처절하게 느꼈다. 그들이 마지막까지 목숨을 버리면서까지 지키고 세상이

알아주고 기억하기를 바랐던 것은 그들 싸움의 진실성(truthfulness, authenticity)이었다. 그들은 진실로 자신의 생명보다 더 소중한 인간 존엄성을 되찾기 위해 피를 흘리고 목숨을 바쳤고, 그들은 그들의 진실성을 '피의 값'이라고 불렀다. 이 진실성의 가치는 어느 이념보다도, 자신의 생명보다도 소중한 것이었고, 이는 절대공동체의 경험에서 온몸으로 느낀 것이었다.

결국 5·18은 열흘 후 5월 27일에 끝났지만 그 경험은 끝날 수 없는 것이었고, 잊을 수도 없었다. 그 후 출범한 오공은 5·18에 대해서는 아무도 입을 열지 못하도록 온갖 폭력을 동원하여 정적을 강요했다. 그러나 5·18이 초자연적 경험이었던 만큼 5·18의 진실은 장벽을 뚫고 전국에 알려지기 시작했다. 1985년 황석영의『죽음을 넘어, 시대의 어둠을 넘어』에 의해서, 그리고 1988년 '민주화합추진위원회(민화위)' 출범을 계기로 공식적으로 서서히 그 진실이 하나둘 드러나기 시작했다. 오공은 결국 5·18의 진실에 의해서 붕괴되었고 1980년대 말에는 한국 사회에서 모든 정치 이념들이 자유로이 논의되기 시작하여 적어도 한반도 남쪽에서 이념적으로는 냉전(冷戰, the Cold War)이 극복되었다. 5·18이 학살에 머물렀다면 역사를 바꿀 힘이 없었을 것이다. 5·18의 힘은 광주 시민들의 죽음을 뛰어넘은 투쟁에 있었고, 그렇기에 그들의 '피의 값'은 무엇과도 비교할 수 없는 가치였다.

존엄성을 찾아서

이철용의 『어둠의 자식들』 — 1981년

1980년대 초반에 '5·18'의 진상이 거의 알려지지 않은 채 어쩌다 듣게 되는 '광주 사태'는 엽기적 '유언비어'에 불과했지만 5·18의 '정신', 인간 존엄성의 가치는 어떤 과정을 통해 느껴지고 있었다. 1970년대 초부터 논의되기 시작한 계급의 문제는 사회적으로 배분된 인간 가치의 문제였고 개인에게는 외부에서 주어지는 가치였다. 그러나 1970년대 말에 시작된 개인이 자신 안에서 느끼는 가치는 이와는 다른 문제였다. 이 가치는 남과 비교되고 밖에서 주어지는 상대적 가치가 아니라 자신 안에서 느끼는 최소한의 인간의 가치였고, 절대적 가치였다. 이것은 바로 인간 존엄성의 문제였고, 이른바 '5·18 정신', '광주 시민의 피'의 뜻이었다. 계급의 문제도 사람들이 목숨을 거는 가치였지만 어디까지나 은유적인 의미에서 그렇다는 것이었다. 하지만 내면에서 느끼는 존엄성 회복의 문제는 진실로 목숨을 걺으로써만, 죽음을 각오함으로써만 해결될 수 있었다. 1980년대를 통해 전개된 대학생들의 전대미문의 저항 운동은 이전의 학생운동과는 전혀다른, 목숨을 건 투쟁이었고 그들은 목숨을 너무 경시하는 단계에 이르기도 했다.

1980년대 초반부터 인간의 최소한의 가치에 대한 이야기들이 쓰이기 시작했고 그 대표작이 『어둠의 자식들』이었다. 이 소설은 저자로 제시된 이철용(필명은 이동철)의 경험을 황석영이 집필했다는 설이 있지만 저자 개인의 정체는 일차적인 문제는 아니다. 이 작품은 불우한 가정에서 태어나 어려서부터 한쪽 다리를 절며 동두천 기지촌에서 빈민가로, 시장통으로, 창녀촌으로 떠돌며 세상 밑바닥 생활을 '깡다구' 하나로 버텨오던 젊은이의 이야기였다. 학교는 어려서 때려치웠고, 생계도 하루하루 법망을 넘나들며, 수용소로, 감옥으로 전전하다가 '인간답게 살고 싶다'는 내면의 소리를 듣고, 성경을 접하게 되고, 새 삶을 위해 노력한 끝에 사람답게 사는 길이 보이기 시작했다는 미담이다.

이 소설은 "나는 소설이나 책에 대해서는 좆도 모르는 사람이다"라는 선언으로 시작된다. 학교에서 배운 것, 착하고 성실하게, 법을 지키며 살라는 말들은 그에게는 아무런 의미가 없었다. 살아남기 위해서는 '짧은 필(칼)과 끈질긴 곤조통뿐'이지만 그걸로 자신을 구박하고 천대하는 자들과 싸우는 수밖에 없었다. 그는 잘 먹고 잘사는 사회의 지배층, 특히 배웠다는 사람들에 대한 반감을 가지고 살았다. 그는 14살 때 이미 수갑을 차고 경찰에 끌려갔고 그때 이미 돈을 벌어야 되겠다는 생각이 들어 어머니와 살던 집을 뛰쳐나와 창녀촌에서 온갖 허드렛일을 하기도 했다. 그러고는 수용소로 끌려가고, 또 그곳에서 탈출하고, 기회만 되면 난동을 부리고 깡다구 하나로 살았다.

그러다가 나이 스물을 넘기고 창녀촌에서 싸움이 나는 바람에 잡혀 가서 경찰서 대기실에 쭈그리고 앉아 있으면서 이런 생각이 들었다.

나는 아무리 건달 논다리로 꼴통이나 죽이면서 다니지만, 좋은 일이나 한 번 하고 죽었으면 원이 없을 것 같았다. 매일 성난 개같이 싸움질이나 하면서 잔뼈가 굵었으니 죽기 전에 사람 구실이나 한 번 해보았으면 싶었다. 그러나 막연한 생각일 뿐, 뭐가 사람 구실이고 어떻게 사는 게 사람답게 사는 길인지 그때 나는 알 수가 없었다. 지금까지 살아온 나 자신을 돌이켜보니까 조금이라도 사람다운 생각을 하면서 산 적은 없고, 남이 살아가니까 나도 살아간다는 식으로 그저 흐리멍텅하게 지내왔다는 한숨이 나왔다. 아무리 싸움질이나 하고 주위 사람들로부터 '저놈 버린 놈'이라는 손가락질을 받는 녀석일지라도 혼자 가만히 있을 때면 언제든 사람 구실을 하며 살고 싶다는 욕망은 다 갖고 있는 것이다.

이철용, 『어둠의 자식들』, 83-84쪽

아무리 배움을 거부하며 하류 인생을 살아왔지만 자기도 모르게 사람답게 살아야겠다는 생각이 들었다. 그러면서도 오랫동안 길을 찾지 못하고 같은 생활이 지속되었지만 한번 시작된 이런 생각

한국인의 발견

은 자꾸 되풀이되었다. 그런 가운데 또 이런 생각이 들었다.

> 그때 이래로 배운 것이 두 가지 있었다. 하나는 우리의 올바른
> 삶의 방향은 누가 가르쳐 주는 것이 아니라 우리가 스스로 배워
> 나가야 한다는 것과, 그러기 위해서는 먼저 우리 자신이 거리낌
> 없이 떳떳하게 살아야 한다는 것이었다.
>
> 이철용, 『어둠의 자식들』, 310쪽

올바른 사람다운 삶이란 스스로 찾아나가야 한다는 것이었다.
누구의 지도를 받는 문제가 아니라 자신의 양심에 따라야 한다는 것
이었다. 물론 '떳떳하게' 산다는 것은 남의 눈의 평가를 의식하는 것
이지만 올바른 삶의 방향을 판단할 마음의 조건을 말하는 것이기도
했다.

그러다가 안양 교도소에서 우연히 성경을 읽게 되었다. 원래
책이라면 넌덜머리를 내던 사람이지만 참을성을 가지고 열네 번이
나 읽었다. 주변 사람들의 말도 그렇고 자신이 느끼기에도 그는 변하
고 있었다.* 그렇지만 예수의 삶을 따라 살겠다는 생각을 할 때도 그

---

* 그는 이렇게 그때를 회상하였다. "나는 안양에 가서부터 우연히 성경을 읽
  게 되었다. 책이라면 벌써 읽기도 전에 골이 터질 것 같던 나도 참을성을
  가지고 들여다보기 시작했다. 열네 번이나 읽었다. 그래서 함께 빵살이를
  하던 징역 식구들은 나를 전도사라고 불렀다. 나는 가끔씩 그들에게 내 나
  름대로 생각한 성경 구절들을 읽어주고 나서 구라를 풀고는 했다. 나는 변
  하고 있었다. 이제 가엾은 나를 알고 내가 무엇을 어떻게 하며 살아가야 하
  는지를 깨달아가고 있었다."(이철용 1981: 371).

는 배운 사람들에 대한 반감을 키워가고 있었다. 그러다가 그는 뜻 맞는 사람들끼리 모여 "서로 돕고 사는 동네"를 만들 생각을 했다. 감옥에서 나와서는 자신의 떳떳한 생계를 위해 노점을 내고 부지런히 리어카를 끌며 장사를 해서 어머니를 모셨다. 한번은 앞서 생각한 일을 위해 '새마을' 사무실이라고 벌여놓았더니 엉뚱한 사람들이 드나들며 상황을 이상하게 만들어놓는 것을 보고 때려치우고 말았다. 말하자면 그들, 특히 '관(官)'의 도움을 받거나 그들의 힘을 이용하면 늘 일이 이상하게 끝난다는 것을 다시 한 번 실감했다. 여러 가지로 시도해 보았지만 외부의 지원이 절실했다. 궁리 끝에 그는 교회의 지원을 받기 위해 교회에 다니게 되었다. 그는 모임의 이름을 '은성(隱成)학원'이라고 했다. 그러나 교회와 갈등이 생겨서 교회를 나와 그들끼리 예배를 보게 되었다. 이때 '공 목사'라는 젊은 목사를 알게 되었고 그에게서 큰 영향을 받았다. 그는 목사지만 "먹물쟁이의 때를 싹 벗었던" 사람이었다. 결국 그는 은성학원 사람들만의 힘으로 버텨가기로 했다. 그는 그들의 교회를 세우고, 공목사로부터 세례를 받고, 서서히 은성학원 사람들과 같이 자신들의 떳떳한 삶의 길을 찾았다. 그는 다음과 같이 글을 마감한다.

나는 그 뒤에도 우리들 따라지 인생이 겪는 고초에는 늘 뛰어들어 몸으로 때우고는 했다. 요즈음은 나도 똥밟는 소리를 많이 지껄이게 되었는데, 사실 앞으로는 그런 노가리 까는 것도 그만두고 고향으로 돌아가야겠다. 옛날 내 고향에서는 똥밟는 소리 없이 정직한 말만 했더랬는데, 먹물 동네에서 몇 년간 쪽팔리며 살아보니까 사람 버리겠다는 생각이 든다. 나는 빵깐엘 가

한국인의 발견

든, 우리 같은 범죄꾼을 만나든, 동네에서 한담을 하든, 나도 모
르게 전도사 비슷하게 되어서 말이 많아지고는 했다. 먹물들 앞
에 가면 입을 꾹 다물어버리는 나도 ……

이철용, 『어둠의 자식들』, 452-453쪽

이 소설은 인간의 올바른 삶, 성공이란 지식인들이 하는 소리
를 따라 사는 것이 아니며 또한 사람들이 흔히 말하듯 돈을 벌고 경
제적으로 독립하는 것이 성공이 아님을 강조한다.

이야기의 주제는 우리 사회의 밑바닥 하류 인생의 현실이다.
가난 속에서 자라나 살아남기 위해 안 해본 일이 없고, 온갖 범죄를
일삼아 경찰서, 수용소, 감옥을 드나들며 살아온 그의 깊은 마음속에
는 사람답게, 사람 구실하며 살고 싶다는 바람이 자리 잡고 있었다.
그는 이 생각을 누구에게서, 특히 학교에서 배운 것이 아니며 자신의
험한 삶에서 배운 것임을 강조한다. 즉 그는 자신의 마음 밑바닥에서
인간으로서의 최소한의 가치를 발견했고 이에 따라 성경도 읽고, 모
임도 만들고, 교회도 다니고, 예배도 보고, 떳떳하고 인간답게 사는
길을 찾았다는 게 이 책의 주장이다.

그런데 이 주장은 동전의 반대쪽 면을 못지않게 강조한다. 이
책은 앞에서 지적했듯이 처음부터 맨 마지막 문장까지 지식, 지식인,
'먹물쟁이'에 대한 적대감을 반복한다. 그는 감옥에 있던 때를 생각
하며 말한다.

나는 정말로 '학교'에서 삶에 대하여 여러모로 배웠다. 우리가
감옥을 학교라고 부르는 것과 마찬가지로, 학삐리가 다니는 곳

을 우리는 빨깐이라고 부를 용의가 있다. 도대체 거기서 가르쳐 주는 게 뭐란 말인가. 글자 한 자 더 배워서 자기보다 못한 놈을 여하히 억누르고 밟아서 출세하느냐 하는 것만 가르쳐 주지 않는가. 글쎄 역설이라면 역설이겠지만, 나는 일단 두툼한 책을 끼고 몰려가는 대학생들을 보면 저것들은 이제 내 아우나 새끼들을 누르는 자가 되겠지 하는 생각을 하곤 했다. 또 여대생들이 지나가는 모습을 보면 저애들은 우리 새끼를 억누를 자들을 낳아 기르겠지 하는 생각이 드는 것이었다.

이철용, 『어둠의 자식들』, 373-374쪽

이 작품은 직설적으로 반지성주의, 지식인들에 대한 적대감을 드러낸다. 이는 우리 역사에서 일제 시대에 특히 홍명희의 『임꺽정』에서부터 본격적으로 나타난 지식인들의 사상이었다. 1981년의 이 『어둠의 자식들』에는 '민중'이라는 말이 쓰이지 않았지만 1980년대 중반에 5·18의 해석에서 본격적으로 쓰이기 시작한 이 말 '민중'[*]의 내용, 지시대상은 이 작품에서 모습을 갖추고 있었다. 이 민중이라는 말은 지식인이 창조한 말이며 이 말이 뜻하는 가난하고 못 배운 사람들의 생각과는 거리가 있다. 이 말의 뜻인 외부의 다른 계급 특히 지식인들의 도움을 거절하고 스스로 일어서서 투쟁하는 사람들이라는 관념은 부르주아적 이념일 수밖에 없다.[**] 1980년대 중반부터

[*] 그러나 어떻게 이 말이 다시 등장했는지는 아무도 알지 못한다.

[**] '민중'의 개념과 예술적 창조물의 성격에 대해서는 졸저 『한국인의 탄생』 433-517쪽을 참고할 것.

한국인의 발견

등장한 투쟁의 주체로서 '민중'이란 지배 계급과 체제 전체를 상대로 저항하고 싸우기 위해 지식인들이 넓게 포괄하여 가난한 사람들로—단적으로 노동자와 농민, 그리고 온갖 가난한 불만 계층들로—그들에게 부르주아적 주체성 이념을 불어넣어 만든 가상적 거대 주체였다. 이 '민중'이라는 말 그리고 그 내용의 핵심이 의미하는 바는 가난하고 못 배운 사람들도 삶의 경험에 근거한 자신의 양심과 독자적 판단에 따라 산다면 배운 사람들이나 부르주아보다 더욱 존엄한 존재가 될 수 있다는 것이었다.

이문열의 『젊은 날의 초상』—1981년

이 작품은 3부로 이루어진 연작이지만 연결되는 소설이다. 주제는 자신의 젊은 날을 돌아보는 통상적인 '성장소설'처럼 보이지만 독창성이 뚜렷하다. 이 작품은 1960년대 김승옥 소설에 등장하는 야망에 찬 젊은이들의 염세주의와 허무주의적 좌절을 내면으로 침잠하여 극복하는 새로운 젊은이의 상을 제시한다.

| 1부 「하구」 |

먼저 1부 「하구(河口)」는 화자가 20세를 전후하여 고등학교를 중퇴하고 시간을 보내다 형이 살고 있는 경상남도 낙동강 하구의 마을 '강진(江盡)'에서 지내던 시절의 이야기이다. 그는 형에게 자신의 문제를 털어놓고 도움을 구했다.

열심히 살아가고 있다는 내 믿음과는 달리 정말로 그때 나는 아무것도 아니었다. 벌써부터 어른들처럼 머리를 길게 길러 넘기고 어른들의 옷을 입고 술이며 담배 같은 어른들의 악습과 심지어는 그들의 시시껄렁한 타락까지 흉내 내고는 있었지만 나이로는 여전히 아이도 어른도 아니었으며, 정규의 학교 과정은 밟지 않고 있었으나 또한 책과 지식으로부터 완전히 벗어난 생활도 아니어서 학생이랄 수도, 건달이랄 수도 없었다. 당시의 내 깊은 우려 중의 하나는 이대로 가다가는 평균치의 삶조차 누리지 못하게 될지도 모른다는 것이었는데, 나는 그것도 솔직하게 썼다. 그리고 함부로 뛰쳐나온 형의 그늘에 대한 진한 향수를 내비침과 함께, 만약 다시 받아들여만 준다면 지난날의 나로 돌아가, 무분별한 충동으로 헝클어놓은 삶을 정리하고, 늦었지만 가능하면 모든 점에서 새로이 시작해 보고 싶다고 썼다.

이문열, 『젊은 날의 초상』, 10쪽

문제점은 가난이나 무엇의 결여나 부족이 아니라 자신은 '아무것도 아니다'라는, 무어라 부를 수 있는 '존재'가 아니라 붕 떠 있다는, '사회적 존재 없음'의 문제였다. 그곳에서 화자가 할 일은 검정고시와 대학 시험을 준비하는 것이었다.

'강진'은 묘한 곳이었다. 그곳은 안개와 갈대의 고장이었다. 주민들은 가난하고 어디나 소주 냄새가 나고 소주를 마시다 취해서 다투는 사람들이 어디나 보였다. 특히 사업 동료 두 사람은 늘 맹렬하게 다투면서도 사이좋게 살고 있었다. 주민들은 대부분 주변에서 흘러든 사람들이었다. 그중 많은 사람들이 그 무성한 갈대밭에서 은신 중인 사람이거나 그곳을 이용하는 밀수꾼이었다. 시간이 지나 부산이 팽창하고 유원지로 각광받기 시작하면서 그곳도 커지고 부산해졌다. 상황이 이렇게 되자 어선들 대부분은 대도시에 공급하는 모래를 채취하고 실어나르는 '모래배'가 되었고, 그의 형님도 모래 사업을 했다. 주민들의 상당수는 모래배 선원이었다. 그들은 가난해서 힘들게 사는 사람들이라거나 재산을 모으겠다고 애쓰는 사람들은 아니었다. 주변에서 각자 사연을 가지고 하나씩 모여들어 살아가는 사람들이었다.

그곳은 한마디로 여러 차원의 정체성이 혼돈되는 곳이었다. 그곳의 이름부터 우리에게 잘 알려진 전라남도 땅끝 마을 '강진(强震)'이 아니라 한자가 다른 '강진(江盡)'이며 지금은 부산직할시에 편입되었다고 소개된다. 개인 정체가 헷갈리는 경우도 꽤 많다. 매일 술을 먹고 싸우지만 같이 사업을 하며 붙어 다니는 최광탁과 박광칠이 그렇고, '강금이(姜金李) 사장'이라는 사람들이 그렇다. 하여튼 그곳은 갈대밭을 중심으로 사람들이 모여 사는 곳인데 많은 주민들이 자신을 감춰왔고 또 잘 알지 못하는 경우가 많았다. 비밀스런 과거와 현재를 가진 사람들도 많았다. 그곳은 주민들이 서로의 집안 사정까지 너무나 잘 알고 있는 전통적인 농촌 공동체와는 너무나 다른 곳이며, 모르는 사람끼리 이해(利害)로 모여 사는 도시와도 아주 다른, 그곳의 문화나 경제도 정체를 알 수 없는 곳이었다. 화자는 한참동안 외롭게 지냈다. 그는 사람들을 사귀어야 했고, 사귄 두 친구들도 서로 공통점이 없었다. 그리고 알게 된 사람들 중에는 '별장집' 남매가 있었는데 그들에 대해서는 동네에 아는 사람이 거의 없었다.

그는 목표인 검정고시와 대학입학시험을 준비하는 데 그곳 강진의 큰 덕을 보았다. 그의 공부를 방해하는 사람이 거의 없었고 또 그곳의 유일한 대학생 서동호는 시험 준비를 많이 도와주었다. 동호의 경우에도 그의 아버지가 일본 유학을 했다는 사실을 들을 수 있었지만 그 이상은 일절 묻는 것도 용납하지 않았다. 결국은 그가 시험을 보고 기다리는 동안에 별장집 남매와 동호네 가족의 비밀들이 밝혀지기 시작하고 비밀이 거의 밝혀졌을 때 그는 대학에 합격했음을 알았다. 시험을 준비하는 동안 그곳에는 찾아올 사람도, 찾아갈 사람도 거의 없었고 그는 그곳에서 '대학생'이라는 사회적 지위와 정체를 확보하는 데 성공할 수 있었다. 화자는 십여 년 후에 강진을 찾아가볼 기회가 있었다. 그곳에 가보니 강진이라는 곳은 이미 없었다. 갈대도 멧새의 울음도 없어지고 부산직할시의 매연과 소음만이 있었다. 그곳에서 알던 사람들도 사업가로 변신한 김성구 한 사람밖에 없었다. 강진이란 곳은 더 이상 없었다.

| 2부 「우리 기쁜 젊은 날」 |

2부는 대학에 들어간 후의 일이다. 그곳에서 첫해에 급우들 간에는 자신을 '인자(人子)'라는 주어로 말하는 해괴한 버릇이 있었다. 한마디로 그곳 대학생들은 '간뎅이가 부어' 있었다. 그는 가족의 도움을 받을 수 없었고 따라서 가정교사 아르바이트를 해가며, 대학 강의를 들으며 분투했고 피로가 쌓여가고 있었다. 그는 "학창생활을 누구보다도 값지고 뜻있게 보내리라는 결의에 차 있었"고 지식과 보람찬 학창생활에 대한 기아와 갈망과 탐욕으로 피로는 쌓여갔다. 그는 가까운 친구들을 사귀고 그들과 함께 정치적 서클에 참여하게 되었다. 그러나 그곳에서 하는 이야기들은 그를 부끄럽게 할 뿐이었다. 정치 활동에 실망한 그는 곧 문학 서클에 참여하게 되었다. 그는 문학회에서 환영을 받았지만 서서히 그의 활동은 자아 과시와 파괴적 본능을

드러내고 있었다. 그 와중에 그는 외국 작품을 번안하여 창작인 양 발표하는 장난까지 하다가 들통이 나서 문학회에서 쫓겨나게 되었다. 이는 엄청난 충격이었다. 그는 친구들과 술에 빠져들었다.

그는 어떤 순례자의 이야기를 읽게 되었다. 이야기 속 주인공이 만난 여 순례자는 "해를 따주세요 해를"이라고 했고, 그는 그녀를 위해 해를 따줄 것을 약속했다. 그는 몇 군데에서 하늘에 있는 해 말고 나무에 달려 있는 해들을 따왔다. 하지만 모두 가짜였고 마지막에는 껍질을 벗기고서 실망하고 말았다. 결국 그는 해라는 것은 나무에 달린 열매일 수 없고, 인간이 딸 수 있는 것도 아님을 알았다. 결국 그가 죽은 후 여 순례자가 그를 찾아오자 그의 심장이 해가 되어 하늘로 올라갔다는 이야기였다. 그러던 중 9월 그는 어려운 상황에서 번역 일을 얻고 하룻밤을 지내기 위해 어느 여인숙에 들어갔다가 초라한 모습의 소년 동숙자를 만났다. 하루하루 힘들게 노동으로 먹고 사는 소년이었는데 그는 이런저런 대화를 나누는 중에 그 소년의 솔직하고 맑고 소박한 지혜에 감동하여 허물어지고 말았다. 그는 자기가 그토록 기대하고 매달려왔던 도회의 삶과 배움이라는 것이 얼마나 허망한가를 깨달았다. 그는 학교에 돌아가려 했으나 허영이 또 발동하여 급우들과 싸우고는 그곳에는 자기 길이 없음을 알았다. 결국 그는 허영에 집착했던 대학 생활을 뒤로 하고 강릉행 열차를 타고 떠났다.

| 3부 「그해 겨울」 |

그해 겨울 그는 어느 산촌 술집의 '방우', 허드레 일꾼으로 있었다. 그가 서울을 떠날 때는 광부가 되어 볼까 했으나 포기하고 또 어선

을 타볼까 하다가 포기하고 닷새를 걸어서 도착한 곳이 바로 그 술집이었다. 당시 그저 아무 생각 없이 도착한 곳이었다. 그곳의 일이 익숙해지고 상황도 판단이 되자 그는 어느 날 아침 그곳을 빠져나와 바닷가로 떠났다. 그는 여유 있게 여기저기 들러서 술을 한 잔씩 해 가며 즐거운 여행을 시작했으나 길에게 만난 어느 '폐병쟁이'에게 자신의 폐부, 즉 아는 척하고 떠들던 허영의 급소를 찔렸다.° 이제 그는 강원도 산골의 술집 방우 노릇을 하며 서울 생활을 잊고, 나아가 서울을 떠났던 때를 상기하고는 반대 방향으로 확실히 길을 잡았다.

바닷가로 가던 그는 추운 날 들판에서 모닥불을 피우고 칼을 갈고 있는 노인을 보았다. 칼날과 그의 모습에 살기가 느껴지기도 했지만 평범한 사람에 불과했다. 그러나 이 시골에서 그는 직업적 칼갈이일 수는 없었다. Y읍에서 그는 전혀 예상치 못하게 친척 누나를 만

• 그는 자신의 서울에서의 대학 생활을 돌아본다. "나는 선배들의 신화와 모험을 동경했지만, 그들의 이념에는 투철하지 못했다. 내가 처음 그들에게 매혹됐던 것은 그들의 강인한 의지와 신념이 아니라 화려했던 지난 승리의 기억이었다. 그리하여 그것들이 저항할 수 없는 힘에 의해 분쇄되고 부인되자 나는 미련 없이 떠났다. 몇 개의 추상적인 이념의 껍질과 과장된 울분만을 품은 채. / 다음에 내가 몸담았던 문예 서클과 탐미의 세계에서도 그랬다. 그때 진실로 내가 추구한 것은 진정한 아름다움은 실체였던가. 아니었다. 사이비의 것, 촛불 문학의 밤에 낭독한 시 한 줄, 초라한 동인지에 실린 몇십 매의 잡문이 가져다준 갈채에 취하고, 그 너머에 있는 보다 큰 허명에 갈급했었다. / 그래, 그때 나는 천권의 책을 읽었다. 그렇지만 그 또한 탐구였다고 말할 수 있는가. 내 가슴에 불타고 있던 것이 진정한 이데아의 광휘였을까. 아니다. 세 번 아니었다. 소년의 허영심으로, 목로주점의 탁자를 위하여 어쭙잖은 숙녀와 마주 앉은 다방의 찻잔을 위하여 읽었을 뿐이다." (이문열 1981: 207-208).

났다. 그 누나는 유부남과 사랑해서는 안 될 사랑을 했다가 '인생을 망쳤다'는 소문이 났던 미모의 여인이었다. 누나와 밤을 새며 이야기 하다가 그는 절실한 말을 들었다. "절망이야말로 가장 순수하고 치열한 정열이다. 사람들이 불행해지는 것은 진실하게 절망하지 않기 때문이다." 다음 날은 폭설이 내리는 가운데 혼자서 길을 떠나 창수령 (蒼水嶺)을 넘었다. 그 눈 오는 날 눈 쌓인 아름다운 고갯길을 세 시간 동안 걸으며 그는 '아름다움'에 대해 절실하게 생각했다. 고개를 내려와 바닷가에 거의 다다랐을 때 그는 앞으로 그의 인생이 "아름다움의 창조와 관련된 삶"이 될 거라는 예감을 얻었다.

추운 날 긴 시간의 여행 중에 잠시 쉬려고 주막에 들렀을 때 그 칼 갈던 노인을 보았다. 그 사람은 그를 본체만체하고 떠나고 그는 바닷가로 나가는 길에 만난 청년들과 소주를 마시고는 잠이 들었다. 새벽에 깨서는 "죽음의 공포를 느껴 유서를" 썼다. 그리고 그가 추위를 이기려 달려가는데 뒤에서 누군가가 불러서 보니 그 칼 갈던 노인이었다. 노인은 자기도 대진항으로 간다고 했다. 자기는 '죽이러' 그곳에 가지만 그를 보고는 '죽으러' 간다고 하며 노인은 자기 얘기를 늘어놓았다. 그는 젊어서 정치 운동을 하다가 한 동료의 배신으로 19년간 감옥에 있었는데 배신당한 동료들 간에 그를 죽이자고 결의했고 이제 자기 차례가 되어 그를 죽이러 간다는 것이었다. 노인은 원한의 힘으로 19년을 버텨왔다며 복수를 해야 한다는 말을 남기고 대진항으로 갔다. 하지만 그는 바다가 왜 자신을 그토록 불렀는지 알고 싶었다. 그 노인이 알아차렸듯이 그는 죽으러 가고 있었는지 모른다. 그러나 그는 이미 창수령을 넘으며 아름다움을 만드는 인생을 생각했었다. 그는 눈을 떠 바닷가에서 갈매기 한 마리가 산더미 같은 파도에 삼켜지는 것을 보고는 생명력이 "갑작스런 불꽃으로 내 의식을 타오르게" 하는 것을 느꼈다. 그리고 누님의 말이 떠올라 자기 인생에 적용해보았다.

> 나는 생각한다. 진실로 예술적인 영혼은 아름다움에 대한 철저한 절망 위에 기초한다고. 그가 위대한 것은 그가 아름다움을 창조하였기 때문이 아니라, 그것이 불가능한 줄 알면서도 도전하고 피흘린 정신 때문이라고.
>
> 이문열, 『젊은 날의 초상』, 235-236쪽

예술적인 영혼이란, 아름다움을 인간이 창조할 수 없음에 절망하고 안으로 들어와 보이는 불타오르는 절망의 열정에 있음을 느꼈다. 그리고 바닷가에서 그는 칼 갈던 노인을 보았다. 그는 칼을 꺼내서는 그가 보는 앞에서 바다를 향해 힘껏 던지더니 "내 오랜 망집(妄執)을 버렸다"고 선언했다. 그도 역시 가방에서 '약병'을 꺼내 바다로 던졌다. 노인이 그 병이 뭐냐고 묻자 그는 그의 말을 흉내 내어 "감상과 허영을요. 익기도 전에 병든 내 지식을요"라고 했다. 이 소설은 이렇게 끝난다.

이 소설은 작가가 자기가 겪은 젊은 시절의 역정을 돌아본다. 1부에서 그는 외로운 바닷가 마을에서 자신의 사회적 위치와 존재를 얻기 위해, 검정고시와 대학입시를 위해 외롭게 공부에 집중하던 이야기를 한다. 그리고 2부에서는 대학에 들어와서 허영에 들떠 자신의 멋진 모습을 만들려고 이리저리 헤매다 결국은 좌절하게 된 시절을 신산하게 이야기한다. 마지막 3부에서는 결국 좌절하여 강원도 산골에 파묻히기 위해 갔다가 바닷가에서 자살할 생각을 하고서는 홀로 그 추운 겨울 날 외롭게 걸어서 고개를 넘던 이야기를 한다. 그는 누나를 만나서 밤새 진정한 인생에 대해서, 좌절과 삶의 열정에 대한 이야기를 듣고는 그 추운 날 혼자 눈을 맞으며 고개를 넘어 아름다움과 자신의 삶을 생각했고, 결국은 바닷가에서 갈매기의 죽음을 보고 삶의 의욕이 불타오름을 발견하였다. 그는 약병을, 허영의 상징을 바다에 던져버리고 자신의 삶을 새로 살기로 했다. 그 삶이란 멋진 모습을 보이기 위한 삶이 아니라, 자기 자신 안으로 돌아와 절망을 즐기며 내면의 정열을 불태우는 삶이다. 그는 예술의 길을 생각했다.

이 소설은 이철용의 소설과는 너무나 대조적인 소재를 다루고 있고 전혀 다른 언어로 쓴 작품이지만 같은 주제에 대한 이야기였다. 5·18 전후의 한국 지식인들, 특히 치열한 문학가들의 주제는 자신의 내면으로 파고들어가, 자신과 인간의 진정한 가치를 발견하는 이야기였다. 그리고 이철용의 작품에서나, 이문열의 작품에서나 모두 경계해야 할 첫 번째는 바로 지식에 대한 허영이었다.

[지성을 찾아서]

이문열의 『황제를 위하여』 — 1982년

화자는 잡지사 기자로 그가 〈정감록(鄭鑑錄)〉 등의 전통 예언서에 대한 관심을 조사하러 계룡산 부근에 취재를 갔다가 알게 된 이야기라고 하며 소설이 시작된다. 산으로 오르는 길에 묘역이 나타났고 비목(碑木)에는 "남조선국 태조 광덕대비 백성제지능(南朝鮮國 太祖 廣德大悲 白聖帝之陵)"이라 쓰여 있었다. 유심히 살펴보는데 다리를 저는 기골이 장대한 노인이 나타났다. 그가 특별한 제의(祭儀)를 올리고 제문을 읽는 것을 보고 그에게 묘에 대해서 물었다. 그가 답하길,

> 새삼 세월을 탓하는 것은 아니지만 십 년 전만 해도 젊은이는 성치 못했을 거요. 여기는 덕능(德陵)이고 나는 능참봉 우발산(牛拔山)이오.

　　노인이 답한 묘 주인의 정체는 첫째로 시대착오(時代錯誤, anachronism)적인 무서운 존재였다. 그는 무덤 주인 이야기를 해주며 그 이야기가 결코 농담(弄談)이 아님을 강조했다. 그리고 '백제실록(白帝實錄)'도 보여주었다. 한문으로 쓴 쉽지 않은 책들이었는데 화자는 밤을 새어 읽었다. 희한한 이야기였다.

　　동학농민봉기가 나던 해(1894년)에 '정처사(鄭處士)'는 집에 돌아오는 길에 우연히 고경(古鏡)을 하나 얻었다고 한다. 천 년 전에 만들어졌다고 쓰여진 고경에는 그것을 얻는 자는 〈정감록〉의 진인(眞人)의 천명을 받는다고 쓰여 있었다. 과연 그의 부인은 임신 중이었고 넉 달 후 아들을 얻었다. 아들은 태어나면서부터 기골이 장대하고 비길 데 없이 총명하여 과연 하늘이 낸 '정도령'이 틀림없다는 것이었다.˙ 그는 인품 또한 뛰어났다. 이어서 그 아이의 천명을 확인하는 기이한 에피소드들이 소개되고 그러다가 작은 마을 백석리(白石里, 흰돌머리)에서는 그가 바로 진인, 즉 황제가 될 정도령임이 공식화되었고 마을 사람들도 그렇게 믿었다는 것이다. 이 소설에는 그에 대한 얘기들이 소개되는 한편으로 '적대자들의 견해'도 같이 소개된다. 말하자면 그 얘기는 정처사가 꾸며낸 것이라는 식의 부정적이고 현실적인 이야기가 소설의 거의 끝까지 같이 소개되며 이야기의 균

　　● 정처사의 아들로 태어난 인물은 비기(秘記)에 따라 '천명(天命)'을 받고 태어난 인물로 이 글에서는 '황제'로 부른다. 그는 다른 이름을 가지고 있지 않다. 소설의 끝까지 한 차례도 밝히지 않는다. 그가 황제로 등극한 것은 75세였던 1969년이었다.

형을 맞춘다. 황제는 1894년에 태어나서 험한 우리 근대사를 겪으며 온갖 에피소드들을 만들었고 1971년에 '붕(崩)'할 때까지 특이한 생을 살았다. 그는 역사의 풍파 한가운데에 살며 피 흘려 싸우거나 피해를 당한 것은 아니지만 시골의 작은 마을에 있었다고 해서 역사의 풍파에서 떨어져 조용히 산 것도 아니었다. 주변에서 황제를 모시는 몇몇 사람들, 참모들은 여러 동기에서 그의 천명을 보호하기 위해 봉사했다.

참모들이 황제에게 봉사하면서 가장 중요한 일은 그가 '거병(擧兵)'하지 못하게 말리는 일이었다. 황제는 을사조약 때부터 여러 차례 군사를 일으켜 일본을 징치하려 했다. 그러나 참모들이 보기에 진짜 거병했다가는 엄청난 피를 흘리고 모든 것이 끝장날 것이 뻔했다. 거병을 못하게 함으로써 '나라'와 '황제' 놀이를 계속할 수 있었다. 1919년 7월, 3·1운동 후에 황제는 일본 경찰의 수사망을 피해 비기(秘記)에 따라 북천(北遷)을 단행하였다. 그러나 지리에 어두워 목적지인 백두산에는 이르지 못하고 '척가장(戚家莊)'이라는 곳에 정착하게 되었다. 그는 여기에 성공적으로 정착하여 흰돌머리 주민들도 데려오고, 부인도 새로 얻었다. 드디어 1934년에는 '남조선(南朝鮮)'을 개국하고 국가에 필요한 모든 제도, 의례 등을 논의하여 갖추어갔다. 이때가 황제의 전성기였다. 이들의 개국 과정을 지켜보던 사람들의 심정이 다음과 같이 묘사된다.

이 일련의 행사에 대한 사람들의 마음가짐은 각기 달랐다. 황제 일가와 신기죽은 시종 감격에 차서, 흰돌머리 사람들은 엄숙하게, 다른 조선 유민들은 약간 이상하지만 아무래도 좋다는 식으

로 그리고 내막을 잘 모르는 척가장 사람들은 어리둥절해서, 우
습기도 하고 한심스럽기도 하고 또 한편은 우울하기도 한 것은
오직 김광국 한 사람뿐이었다.

이문열, 『황제를 위하여』 1권, 254쪽

많은 사람들 눈에 황제라는 사람은 제정신이 아니었다. 물론
주변의 많은 사람들은 같은 마을에서 그렇게 믿고 살았고 또 어떤
사람들은 여러 개인적인 이유에서 그에게 봉사하고 있었다. 무엇보
다 황제 자신은 어려서부터 아버지가 그렇게 규정한 자신에 대해 한
번도 의심하지 않았다. 적어도 그가 '천명'을 회의하는 장면은 한 차
례도 나오지 않는다. 황제는 한마디로 현실을 인식하지 못하는 정신
분열증(精神分裂症) 환자, 광인, '미친놈'이었고 그 주변의 참모들은
광인에게 아첨하는 셈이었다. 그렇지만 많은 사람들이 실제로 황제
의 높은 인품과 인격에 감동하여 차마 떠나지 못했다. 황제를 모시던
마숙아(馬叔牙)는 병으로 죽으며 신교육을 받은 젊은 참모 김광국에
게 다음과 같이 간곡하게 당부한다.

하지만 이 일 외에는 절대로 그분(황제)를 거역하거나 노엽게
하지 마시오. 선생에게는 얼른 이해가 안 되겠지만 그분은 확실
히 하늘이 내신 사람이오. 지난날 나는 처음부터 그분을 속였
고, 이곳으로 올 때까지만 해도 나는 다만 그를 따르는 이상한
행운에 의지해 실패한 내 인생을 복구할 마음뿐이었소. 그러나
이제는 진정으로 그분을 우러르고 믿게 되었소. 이 영악하고 거
친 세상에 나는 그분처럼 착한 천성을 고이 간직하고 있는 이는

한 사람도 보지 못했소. 나는 도(道)가 무엇인지 모르나, 그분의 마음이 바탕하고 있는 어떤 거룩하고 깨끗한 흐름이 바로 그게 아닌가 싶소. 부디 그분을 잘 보살펴 주시오. / 그리고 후일 그분을 떠나게 되더라도 어려움 중에 버리고 떠나는 일은 없도록 해 주시오. 선생처럼 깊은 지식과 세상을 볼 수 있는 밝은 눈을 가진 후임자를 구하지 못하거든 그분을 안전한 땅으로 인도한 후에 떠나도록 하시오.

이문열, 『황제를 위하여』 1권, 233–234쪽

이런 대사는 황제 주변 사람들 사이에서 수차례 교환된다. 이 말은 주변 사람들은 충분히 현실적으로 사고하며 인격이 훌륭한 황제의 마음을 상하지 않게 노력해왔을 뿐임을 말한다.

그 후 일본이 패망하고 황제 일행은 만주에서 고향으로 돌아가는 과정에서 소련군과 북한 정권과 부딪치게 되지만 한때 황제의 신세를 졌던 이현웅을 우연히 만나 그의 도움으로 '38선'을 넘어 고향으로 돌아온다. 고향은 그간 엄청나게 변해 있었다. 황제 일행은 대한민국과 미군과 조우하지만 영리한 둘째 아들의 도움으로 충돌은 피하였다. 그러나 북한군이 물러가고 국군이 재진입하여 부역자를 색출하는 과정에서 둘째 아들이 도피했고 이때부터 재난이 시작되었다. 황제를 모시던 배대기(裵大基)는 토지개혁을 기회로 삼아 '남당(南黨)'과 내통하여 황제의 모든 재산을 빼앗았다. 황제와 신하들은 그를 징벌하려 했으나 망신만 당하고 황제는 거처를 숯막으로 옮길 수밖에 없었다. 그때부터 황제 일행은 일종의 종교 집단의 색채를 띠어갔고 황제의 외부 사람들과의 관계는 점점 폭력적으로 변해갔다. 4·19가 나자 황제는 남한을 접수하기 위해 거병하려 했지만 병사가 전혀 없었다. 5·16 이후에는 전혀 움직임이 없었다. 1960년대를 통해 황제 집단은 또 달라져갔다.

그러나 밖을 향한 움직임이 전혀 없던 그 몇 년 동안에도 황제의 내부적인 권위는 그 어느 때보다 강화되었다. 우발산과 두충은 손발이 닳도록 일하면서도 불평 한마디 없이 황제를 봉양하였고, 변약유는 털끝만큼의 의심도 없이 그즈음 들어 조금씩 늘어가는 참배객(그런데 황제의 적대자들은 무엄하게도 그들을 천박한 호기심에 이끌려 온 구경꾼으로 몰아치고 있다)들에게 황제가 북극진군(北極眞君) 자미대제(紫微大帝)의 현신임, 계룡산의 정 진인(鄭 眞人)임을 주장했다. 한(恨)처럼 쌓여가는 아들에 대한 그리움을 제하면 의명 왕후 황씨도 그 어느 때보다 황제를 공경하고 믿었다. / 거기에 힘입어 황제가 기거하는 토막 주위도 차츰 성역(聖域)으로 변했다. 변약유의 열렬한 주장을 듣다가 경망스레 웃음을 터뜨린 참배객 하나가 성난 변약유에게 손가락이 물린 후부터는 삼청전(三淸殿) 부근에서 웃는 참배객은 없어졌고, 특히 풍광(風光)이 수려해서 황제가 천사원(天賜苑)이라 이름한 천여 평의 계곡 기슭도 몇 차례 시비가 있은 후에는 황제와 그 측근만이 소요할 수 있는 금지(禁地)로 인정되었다. 부근에 암자나 토막을 가진 도사(道士)며 생불(生佛)들은 물론 아랫마을 주민들에게까지 황제의 위명(威名)이 널리 전해진 탓이었다. 이것 또한 위명에 눌린 것이 아니라 〈뭣이 무서워서 피하나? 더러워서 피하지〉 하는 식의 양보로 해석하는 쪽이 있으나 그 같은 악의에 찬 해석을 새삼 탄해서 무엇하랴.

이문열, 『황제를 위하여』 2권, 203-204쪽

황제 일행은 그야말로 세상에 '별 희한한 사람들'로 동물원의
짐승처럼 구경거리가 되었다. 이들이 놀러온 젊은이들과 벌인 에피
소드들이 소개된다.

황제는 그를 오래 모시다가 고향으로 은퇴하는 변약유에게
그간에 자신들이 해온 나라 세우는 일의 허망함을 털어놓았다.

「공(公)은 일찍부터 노장(老莊)을 숭상하였으니 〈남화경(南華
經)〉의 달팽이 뿔에 세운 나라 이야기를 알 것이오.」 / 달팽이
뿔에 세운 나라란 대진인(戴晋人)이 위형(魏瑩: 위나라 혜왕)과 전
후모(田侯牟: 제나라 위왕)의 싸움을 말리기 위해 그 두 나라의 작
음을 비유한 말이다. 변약유가 어찌 그걸 모를까만 느닷없는 물
음이라 대꾸할 말을 잊고 황제의 얼굴만 쳐다보았다. / 「지금까
지 공(公)과 이 몸이 아울러 얻고자 힘쓴 것은 바로 그 달팽이의
뿔에 세운 나라였소. 생각해 보시오. 우리가 무사히 삼한(三韓)
을 평정하고 요동의 옛땅을 회복한들 저 아득한 우주에 비해 무
엇이겠소? 거기다가 지금은 그나마도 제대로 얻지 못해 궁벽한
산곡에서 앙앙불락이었소. 이 몸은 이제 그 미망에서 깨어나고
자 하오. 한 조각의 하늘과 한 줌의 흙에 내 나라를 구하는 것이
아니라, 차고 꽉차 있어도 있는 데가 없는 우(宇)를 하늘로 삼고
길이길이 있어도 처음과 끝이 없는 주(宙)를 땅으로 삼는 나라
를 찾으려 하오. 이십 년 전 좌보(左輔) 김광국이 떠나가면서 말

한 마음속의 크고 환한 왕국도 어쩌면 그 같은 게 아니었는지 모르겠소. 그러니 변공(卞公), 지금까지 우리가 부질없이 구해온 이 작고 초라한 나라에 너무 연연하지 마시오. ……」

이문열, 『황제를 위하여』 2권, 225-226쪽

이 말로 과연 황제가 정신이 돌아왔다고 판단하기는 힘들 것이다. 그는 75세가 된 1969년에는 칭제(稱帝)를 단행했다. 어차피 '나라'니 '황제'니 '남조선'이니 하던 것이 자기들끼리의 놀이에 불과했다면, 마지막으로 제대로 한번 놀아 보자는 생각이었는지 모른다. 언젠가 황제는 '다스리려고 하지 않는다'는 그의 통치 철학을 이렇게 설명하였다.

나와 남의 구별을 잊고 위와 아래도 잊는다는 뜻이다. 저 백성도 나와 한가지로 우주의 한 조각임을 알며, 자연에 합하여 타고난 생명을 누릴 자격이 있음을 인정하는 것이다. 태어나자마자 관청의 장부에 무슨 나라의 재산처럼 이름이 올려진 후, 걸음을 떼고 말을 배우기 무섭게 어른들과 선생이란 작자들로부터 서로 속이는 재주와 까다로운 나라의 법령을 머리가 터지도록 배워야 하며, 나이가 차면 등뼈가 휘도록 일해 얻은 것의 절반을 알게 모르게 세금으로 빼앗겨야 하고, 혹은 부역에 끌려나가며 더러는 싸움터에서 그 가장 귀한 것(목숨)까지 바치도록 강요당하고, 작은 죄를 지으면 깜깜한 감옥에 갇히고 큰 죄를 지으면 그 목이 달아나며, 스스로 목숨을 끊는 일조차 나라의 자원을 축낸 것과 똑같이 처벌당하여, 저절로 목숨이 끊어지는 날에야 그 같은 사슬에서 풀려날 수 있는 것이 백성들이니, 그게 어찌 백성의 참모습일 것이냐? 짐은 다스리지 않음으로써 내 백성을 그 같은 사슬에서 풀어 주고자 한다.

이문열, 『황제를 위하여』 2권, 236쪽

1971년 77세에 황제가 '붕(崩)'하심으로 소설은 끝난다.

이 소설은 우리 문학사에 거의 유례없는 '희비극(喜悲劇, tragicomedy)'이라 할 수 있다. 엄청나게 많은 웃기는 이야기들이 나오지만 전체적으로는 너무나 가슴 아프고 애달픈 이야기다. 이 소설에 나오는 '실록'의 인용문들이나 황제와 주변 인물들의 대사 대부분은 중국 고전이나 비기(秘記)에서 인용한 듯한 한문 어투로 이국적인 분위기를 연출한다. 이 소설은 작은 산골 마을에서 황당한 비기에 기대어 자기들끼리 '황제'라고 일컫던 과거에서 온 시간여행자(time traveller)가 현대 사회와 조우(遭遇, encounter)하는 내용으로, 우리가 사는 사회를 외부인의 시선으로 '낯설게 하기(verfremdung)' 기법을 사용해 보여준 비판 소설이다. 주인공은 다른 시대에서 온 시간여행자일 뿐만 아니라 아버지의 세뇌로 현실 인식이 안 되는 사람이었다. 이 작품은 〈정감록〉의 세계나 우리 전통문화를 비판하거나 조롱한 작품은 전혀 아니며, 오히려 맑은 성품의 '곱게 미친' 시간여행자를 통해 비친 현대의 모습을 비판적으로 보여주는 작품이다.

그렇게 보면 우리에게 잘 알려진 프랑스의 생텍쥐페리의 『어린 왕자(Le Petit Prince)』나 세르반테스의 고전 『돈키호테(El Ingenioso Hidalgo Don Quijote de la Mancha)』와 비교해볼 수 있을 것이다. 어린 왕자나 돈키호테는 낯설지만 해맑은 인물들이며 독자들은 이들과의 조우에서 깊은 감명을 받는다. 어린 왕자는 세상 어른들이 집착하는 눈에 보이는 겉모습들을 넘어 눈에 보이지 않는 것, 예를 들어 사람들의 따뜻한 마음씨의 중요성을 일깨운다. 돈키호테는 홀로 모험을 통해 부패한 세상을 극복하고 명예로운 편력 기사들이 지배하는 이상적인 세상을 만든다는 사람이며 그렇기에 그는 이상한 생각을 하고 돌출 행동을 일삼는 광인이다. 그는 모험을 떠나 수없이 많은 사고를 치고 고난을 겪지만, 작품이 진행될수록, 특히 2부에 가면 그의 광기는 서서히 순치(馴致)되어 간다. 결국 돈키호테는 집으로 돌아와 조용히 생을 마감한다. 마지막까지도 그의 정신병이 완전히 치유된 것은 아니었지만 세상은 그를 따뜻이 받아들인다. 작품의 의미는 돈키호테의 이상주의적 광기가 긴 고난 끝에 순치되어 세상으로 돌아오고 세상은 이상주의의 광기를 품게 되었다는 것이다. 바로 이런 의미에서 『돈키호테』는 서구 근대 소설문학과 근대성(modernity)의 효시(嚆矢)가 된다.

그러나 우리의 '황제'는 어떤 긍정적 가치를 대변했다고 보기 어렵다. 그는 전통 사회의 문화, 예를 들어 유학이나 성리학의 가치를 대변하지 않으며 〈정감록〉의 가치를 내세우는 인물은 더더욱 아니다. 그는 맑고 뛰어난 인품과 인격의 소유자임이 강조되고 있다. 그러나 이런 인물은 전통문화에서 보아도 사회적 정치적 의미를 갖지 못한다. 동양의 전통적 '성인(聖人)', '현자(賢者)' 또는 '대인(大人)', '군자(君子)' 등은 모두 뛰어난 인격 외에도 뛰어난 지혜와 판단력과 정치적 능력을 갖춘 인물을 말한다. 우리의 황제는 이런 인물과는 거리가 멀다. 황제는 아버지의 음모 때문에 '곱게 미친' 영감일 뿐이다. 돈키호테는 작품이 진행될수록 광기가 순치되어 세상으로 돌아오는

데 반하여 우리의 황제는 비참한 상태에 빠져 마을에서 산으로 쫓겨 가며 오히려 폭력적으로 변하여, 광기는 더욱 심해지고 결국 피해자로 귀착된다. 더구나 이 소설의 큰 약점은 황제의 맑은 성품을 강조하기 위해 그의 개성을 만들지 않았다는 것이다. 그냥 '훌륭한 분', '곱게 미친' 영감으로 일관되어 독자들은 그에게 매력을 느끼지 못한다. 그에게서 인간미를 발견할 수 없다. '황제'의 역할은 결국 남북한 두 민족국가의 악행을 드러내는 데 그치고 있다. 작품에서 황제가 북한을 단적으로 거부하고 남한과는 그래도 접촉을 시도한 것으로 설정하여 북한을 더욱 비판하려는 의도가 나타나지만, 실제로는 그 '착한 황제'를 비참하게 몰고 간 것은 남쪽의 대한민국이었다.

'우리의 황제'와 현대 한국의 조우는 씁쓸하게 끝났다. 황제는 매력이 없고, 의미도 없고, 우리에게 어떤 새로운 것도 일깨워주지 못했다. 우리는 그에게서 배운 것이 없고, 대한민국에 대한 환멸(幻滅)만 커졌을 뿐이다. 작가는 이 작품에서 근대 이후 한국인들의 이념 과잉을 성공적으로 비판했지만 대체할 만한 가치는 제시하지 못했다. 황제는 가시적 피해자로 이념 비판을 강화했을 뿐이었다.* 우리는 이 작품에서 전통문화에 대한 향수(鄕愁)를 느끼지 못한다. 황제에게서 매력이나 존경도 느낄 수 없다.

이 작품은 1980년대 초 한국인들의 허무주의(nihilism)를 드러내고 있다. 신군부가 대한민국 국군에게 악마의 탈을 씌워 대한민국의 정체가 부정되었고 이는 엄청난 저항을 불러일으켰다. 정권은 이를 무마하기 위해 물질적 풍요와 쾌락을 남발하였고, 유언비어에 탐닉한 한국인들의 의식은 불안과 혼돈의 상태였다. 이 작품은 작가의 의도와는 달리 1980년대 한국 사회는 모든 이념과 가치가 붕괴되고 말과 사물이 따로 놀며 세상이 의미를 잃는 이른바 '헤테로토피아 (heterotopia)'였음을 드러낸다.** 이 시대에 이문열을 포함한 한국 지식인들은 이념의 과잉을 비판했지만 정작 헤테로토피아를 극복하고자 수많은 최신의 이론들과 이념들을 전 세계에서 게걸스레 수입하는 마구잡이 '르네상스'를 엶으로써 더욱 심각한 이념의 혼란을 겪어야 했다.

최인호의 「고래사냥」─1984년

1984년 배창호 감독이 만든 영화 《고래사냥》은 송창식의 주제가와 함께 젊은이들의 뜨거운 사랑을 받았다. 시나리오는 인기 소설가 최인호가 썼고, 주제가 가사도 그가 썼다고 한다.[2] 이 작품은 1970년대

- 작가는 책의 서두에 다음과 같은 말을 덧붙였다. "처음 이 작품을 구상할 때 나는 두 가지 의도를 가지고 있었다. 그 하나는 금세의 한국 역사가 보여주는 의식 과잉 또는 이념에 대한 과민 반응을 역설적으로나마 지워보려는 것이었고, 다른 하나는 나날이 희미해지고 멀어져 가는 동양적인 것에 대한 향수를 일깨우는 것이었다." (이문열 1982 1, 〈작가의 말〉: 7).

- • Heterotopia 또는 프랑스어 복수로 hétérotopies는 미셸 푸코가 그의 『말과 사물(Les mots et les choses)』(1966년) 서문(préface)에서 처음으로 제시한 개념이다. 그 부분을 인용하면, "Les utopies는 위로를 준다. 비록 그곳은 실제 위치는 없지만 그럼에도 불구하고 환상적이며 차분한 곳이며, 그곳으로 다다르는 길은 괴상하지만 그곳은 널직한 대로(大路)와 잘 가꾸어진 정원(庭園)들을 갖춘 도시들과 살기 편한 고장들이 펼쳐지는 지역이다. Les hétérotopies는 언어를 은밀히 붕괴시키기에, 또 이것과 저것을 이름 부를 수 없게 만들고, 또 공통의 이름을 흩뜨리고 꼬이도록 하고, 또한 구문(syntaxe)을 사전(事前)에 파괴시키고, 구문뿐만 아니라 단어와 사물들을 묶여 있도록 하는 덜 가시적인 밑바닥의 구문도 파괴하기 때문에 그곳은 우리를 불안하게 한다." (Foucault 1966: 9).

를 통해 그가 썼던 작품들, '바보 시리즈'의 연장선상에 있었다.

'유신 세대'의 순수한 '엉터리 대학생' 병태는 친구들과 술이나 마시고 다니는 나날 중에 하루는 광화문 사거리에서 이순신 장군 동상에 큰절을 올리다가 경찰서에 붙잡혀 와서 즉심(卽審)을 받는다. 그리고 거기서 거지 한민우를 만난다. 민우와 화장실에서 대화 중에 병태는 "일상생활이 싫어"졌고 그래서 집도, 학교도, 가족도 떠나서 "모험을 떠나기"로 했다고 말한다. 민우가 무슨 모험을 할 꺼냐고 물으니 병태는 "난 고래를 잡으러 떠날 거야. 난 고래를 잡으러 모험을 떠날 거야"라고 했다. 병태는 '미란이'라는 여학생을 좋아하고 그녀의 관심을 끌기 위해 온갖 짓을 다 했지만 별 반응이 없다. 그는 민우의 충고에 따라 포크 댄스를 추는 자리에서 미란의 뺨을 때려보았다. 큰 소동이 벌어졌다. 그러자 병태는 미란을 향해서 소리친다.

> "(눈물을 글썽이며) 난 고래를 잡아 올 테야. 이 담에 돌아올 때 난 누구보다 너한테 먼저 오겠어. 그래서 내가 잡은 고래를 보여 줄 테야! 두고 봐!"
>
> 최인호, 「고래사냥」, 163쪽

이렇게 큰 소리로 선언을 했으니 그만둘 수 없게 되었다. 어떤 식으로든지 '모험', '고래'를 잡으러 가는 시늉이라도 해야 했다.

병태는 고민스러워 마구 술을 마시고는 취해서 "고래를 잡으러 간다"고 고함을 지르고 행패를 부렸고 그런 병태에게 민우는 "고래 한 마리 구해 줄까?"라고 제안한다. 병태가 "어디 있는데?"라고 묻자 민우는 병태를 창녀촌으로 데리고 간다. 병태에게 민우는 고래 대신으로 창녀를 소개해주었다. 창녀촌 어느 집에 들어가자 포주와 여자들은 민우를 반갑게 맞았고 민우는 병태를 소개했다. 그러자 병태는 만나는 사람마다 "안녕하세요 미란씨"라고 인사한다. 민우의 소개로 병태는 벙어리 창녀 춘자의 방으로 들어갔고, 춘자에게도 병태는 "안녕하세요 미란씨"라고 했다. 병태는 방에서 옷을 벗고는 잠이 들어버렸다. 병태는 자다가 춘자와 대화하는 꿈을 꾸었고 그래서 그는 춘자는 벙어리가 아니고 실어증일 뿐이라고 믿게 되었다.

아침에 깨어 보니 민우는 없고, 포주가 병태에게 화대를 달라고 하는데 아무것도 가진 게 없다. 병태는 포주에게 모욕을 당했고, 거지 노릇까지 했다. 그러고 나서 병태는 창경원에서 민우를 만나 싸웠다. 병태는 민우에게 춘자 이야기를 하며 문득 그녀에게 "잃어버린 말을 찾아주고 싶"다고 했다. 그리고 잠시 생각을 한 후 병태는 춘자를 고향으로 데려다주겠다고 보다 현실적인 모험을 제안했다. 그리고 다음 날 민우는 병태를 아침 일찍 깨워서 "고래 잡으러 가"는 여행을 준비했다. 그들은 휘발유를 훔치고, 옷가지 등도 훔쳐서 창녀촌으로 가서는 불을 질러 난장판을 만들어 복수를 하고 춘자를 구해냈다. 그들은 거리에서 용달차를 훔쳐서 평생 해보지도 못한 운전을 하여 달아났다. 이리하여 춘자의 고향으로 가는 모험이 시작되었다. 하지만 그녀의 고향이 어딘지 몰랐다. 그들은 손짓 발짓으로 '우도(牛島)'를 알아내고, 전라남도 끝자락의 섬으로 가자고 했다. 멀고 낯선 길이지만 신나게 용달차로 고속도로를 질주했다. 그들은 먹을 것 등을 훔치기도 하고, 속이거나 재롱을 부려서 얻기도 해 가며 모험길을 헤쳐 나갔다. 그러나 고속도로 어디선가 차가 멈추고 말았고, 그들은 고칠 능력이 없었다.

그들은 걸어서 이 마을 저 마을을 거치며 또 민우는 주특기인 '각설이 타령'을 불러가며 모험을 이어갔다. 이 단계에서 민우는 거지라는 직종의 실력을 유감없이 발휘한다. 그들은 시외버스를 타고 가다가 경찰의 검문에 걸려 곤혹을 치르기도 했다. 길을 걸으며 지나가는 차마다 세워서 도와달라고 부탁하지만 차들은 번번이 그냥 지나간다. 그들은 또 트럭 운전수들이 모여 있는 것을 보고 김밥이라도 얻어먹으려 했다가 그중 한 사람이 춘자에게 흑심을 품고 달려들어 싸움을 벌이기도 했다. 그들은 또 냉동차를 얻어 타고 가다가 얼어 죽을 뻔하기도 했다. 냉동차에서 내린 뒤 병태와 춘자는 민우와 헤어졌다. 병태와 춘자는 걸어서 기차를 타기 위해 간이역까지 갔다. 간이역에서는 헤어졌던 민우가 새 옷을 입고 나타나 춘자에게도 아름다운 새 옷을 주었다. 새 옷으로 갈아입은 춘자는 한마디로 천사였다. 기차는 바다가 보이는 곳까지 왔고 기차에서 내린 그들은 바다에서 해수욕을 즐기기도 했다. 그들은 어느 소읍에서 길에 자전거들이 있는 것을 보고 그걸 타고 다리를 건너 섬으로 들어갔다. 그러자 청년들이 나타나 자전거를 훔쳤다고 그들 셋을 둘러쌌고 싸움이 붙었다. 병태는 그들에게 "처참한 폭력"을 당했다. 안경이 깨지고 피가 튀었다. 병태는 "의식이 까물까물 죽어가는데―돌연 고함 소리"가 들렸다. "이 고함 소리는 마치 인간의 내부 밑바닥을 훑어 내릴 것 같은 절규"였다. 춘자는 병태가 그런 폭력을 당하는 것을 보고 놀라고, 화가 나고, 다급해서 자기도 모르게 고함을 질렀고, 이제 춘자는 소리를 내게 되었다. 위기 상황에서 그녀는 말을 되찾은 것이다. 이로써 춘자는 고향에 돌아왔고, 잃었던 말을 되찾았다. 민우와 병태는 서울로 돌아왔다. 병태는 미란이에게 키스를 하려다가 그녀가 후려치는 바람에 굴러 떨어졌지만, 행복했다. 영화는 이렇게 끝난다.

'고래 사냥'이라는 제목부터 젊은이들에게 매혹적이었다. 원래의 아이디어는 미국의 대문호 허먼 멜빌의 1851년 거작 『모비딕(Moby Dick)』의 이미지에서 끌어왔음은 부정할 수 없다.[3] 포경선 피쿼드(Piquod)의 에이헙(Ahab) 선장이 자기 다리 하나를 잘라먹은 거대한 흰 고래에게 복수하겠다는 일념 하나로 죽음이 예정된 결투에 선원들을 이끌고 고집스럽게 바다 끝까지 쫓아가 싸움을 벌이다 모두 죽는 이 초현실적인 이야기는 한 인간이 광신적으로 자신의 위대함을 증명하는 신화였다. 이런 극단의 픽션이 가능했던 것은 D. H. 로렌스의 미국 고전 문학 해석에 따르면 18세기 말에—이 책의 앞에서 이미 인용했던 대로—벤저민 프랭클린은 비현실적 이상적 미국인, 마네킹 미국인(dummy American)을 내세웠고 이후 19세기 중반까지 미국 고전 문학은 현실의 미국인이 아니라 마네킹 미국인의 모험이었기 때문이라는 것이다. 『모비딕』은 마네킹 미국인이 지고의 위대성을 이루는 절정이었고 그리하여 휘트먼(Walt Whitman)에 의해서 진정한 미국인이 비로소 나타날 수 있었다는 것이다.[4] 한마디로 『모비딕』은 미국인들이 마네킹에서 정을 떼는 이야기였다.

1980년대 한국의 대학생들은 5·18의 신화를 전해 듣고, '오공'의 폭력에 대항하여 '5·18 정신'으로 싸우는 위대한 전사의 모습을 그리고 있었고, 그때 '고래 사냥'이라는 초인의 신화는 그들과 공명(共鳴)했을 것이다. 문제는 우리의 현실에서 초인의 신화를 표현할 픽션을 만드는 예술적 영감이었다. 한국의 문화 전통에는 마네킹 한국인의 이상주의 문화가 없었고 이런 신화를 그럴 듯한 픽션으로 만들어내기 위해서는 특별한 장치와 전략이 필요했다. 이 영화의 핵심적 장치는 '대체물(quid pro quo)'과 '대체인(qui pro quo)'이었다. 대체물을 대량으로 제공하는 일은 이미 1980년대 초부터 오공이 줄기차게 시도해오던 전략이었다.

　도입부에서 병태는 친구들과 술만 마시고 강의를 멀리하다 보니 무료하고 인생의 의미가 없어져서 술에 취해 객기를 부리기도 한다. 그러다가 생각난 것이 '고래를 잡으러 간다'는 생의 가치와 위대성을 찾는 농담 반 진담 반의 멋진 모험이었다. 고래를 진짜로 잡는다는 것이 비현실적인 이상 '고래 잡기'를 은유(隱喩)로 삼아 큰 것, 현실에서 가능하면서 병태에게 큰 의미와 보람이 있는 그야말로 '고래 같은' 것, 그것을 민우는 섹스(sex)라고 단정하고 병태를 창녀촌에 끌고 갔다. 이 대체물(quid pro quo)의 마술은 '한민우'라는 메피스토펠레스(Mephistopheles)가 병태에게 과시한 묘기였다. 이를 본 병태는 바로 응용하여 대체인(qui pro quo)을 시도했다. 병태는 창녀들에게 "안녕하세요, 미란씨!"라고 우스꽝스러운 말투로 인사했다. 거기서 만난 춘자는 불쌍한 장애인, 벙어리 창녀였다. 사람들은 그녀가 벙어리라고 했지만 병태는 춘자가 '말을 잃어버린' 아이라고 확신하고 그녀에게 말을 되찾아주겠다고 마음먹는다. 그것이 바로 병태에게는 '고래 사냥'의 대체물(quid pro quo)로 생각되었다. 그런데 생각해보니 춘자의 실어증을 해결해줄 수 있는 길은 보이지 않았고 대신 창녀촌의 불쌍한 벙어리 소녀—당시 창녀들이란 으레 어떤 식으로 잡혀서 오도 가도 못하는 불쌍한 사람들로 여겨졌다—를 고향에 데려다주기로 했다. 그리고 그것이 바로 두 단계의 대체를 거친 '고래 사냥'의 대체물(quid pro quo)이었다. 온갖 교통수단, 용달차, 도보, 버스, 기차, 냉동차, 자전거 등을 거치고 장애물들을 돌파해가며 밥도 제대로 못 먹고 어렵게 도착했다. 더구나 기대치 않게 마지막 위기 과정에서 춘자는 말도 되찾았다. 병태는 이 여행에서 큰 보람을 느꼈다. 서울에 올라가 미란이에게 따귀를 맞았지만 아무렇지도 않았다. 미란이에게 잘 보이기 위해 고래를 잡겠다고 큰 소리쳤지만 병태는 여행에서 미란이와의 키스보다 더 짜릿한 보람을 느꼈다.

이 작품이 성공한 핵심 비결은 젊은이들의 거대한 꿈을 이루어준 데 있었다. 위대해지겠다는 파우스트(Faust)적 욕망은 메피스토가 옆에서 가르쳐준 대체라는 묘기로 이루어질 수 있었다. 나아가서 이러한 묘기는 독자들, 관객들에게 웃음을 주었다. 원작 『모비딕』은 악명 높은 난해하고 징그러울 정도의 엄숙하고 음침한 글이 끝도 없이 이어진 괴물 같은 소설이었다. 그러나 「고래사냥」은 끝없는 재담과 유머, 우스꽝스러운 말투와 몸짓, 난센스로 가득 찬 희극이었다. 그 이유는 바로 대체라는 기법을 계속 사용하면서 이야기 자체가 인물들을 작게 만들고 대상을 작은 것으로 바꿔쳐가는 이야기였기 때문이다. 인물들은 어린아이처럼 행동하고 그에 맞게 어떤 사건이든 '애들 장난'처럼 변해버린다. 이런 마법은 대체의 기법으로 가능해진 것이었고, 작게 만드는 예술은 사람들에게 안도와 행복을 주는 행위였다.[5] 『모비딕』이 감당하기 어렵고 부담스런, 징그러운 고전이었다면, 「고래사냥」은 너무나 유쾌하고 웃기는 한국 젊은이들을 위한 동화이자 심오한 희극이었다.

그러나 이 작품의 모든 대체 중에서 가장 특기할 만한 것은 송창식이 부른 주제가의 가사였다. 노래는 2절과 3절에서 한차례씩 "조그만 예쁜 고래 한 마리", "한 마리 예쁜 고래 하나"로 잡는 대상을 살짝 바꿔치기한다. 즉 '모비딕', 거대한 살인 괴물 고래는 어느 틈에 작고 섹시한 예쁜 고래 한 마리로 바뀌치기되었다. 다시 말해 목숨을 버려 자신의 위대함을 증명하는 계기는 작고 예쁜 고래 한 마리를 갖는 욕망, 즉 물욕·성욕·지배욕·과시욕으로 대체되었고, 이 대체물은 젊은이들의 상징이 되었다. 이 주제가는 다음과 같은 상황에 제격이었다. 당시 대학생의 생활에 대한 이야기를 강준만이 인용한다.

> 탱크로 광주를 깔아뭉개며 등장한 전두환 정권은 폭압과 자유화라는 양날의 정책을 썼다. 교복과 통행금지 폐지 그리고 두발 자유화는 전두환 정권의 선물이다. 충무로에 대한 전두환 정권의 선물은 에로영화에 대한 검열 완화였다. …… 당시 대학생이었던 우리는 참으로 그로테스크한 삶을 살아가고 있었다. 낮에는 전두환의 폭압 정치에 맞서 돌을 던지고 밤에는 전두환의 자유화 정책에 발맞춰 싸구려 에로영화를 보며 킬킬댔던 것이다.[6]

그들의 낮과 밤은 한때는 이렇게 구분되어 있었다. 이러한 구분과 공존은 『임꺽정』의 경우에도 나타났듯이 자연스런 일일 수 있었고 오랫동안, 끝없이 싸울 수 있는 방책이었다.[7] 그러나 이 밤과 낮의 구분을 위한 칸막이가 얼마나 오랫동안 버틸 수 있을지는 알 수 없었다. 나아가서 이런 식으로 싸운다면 싸움의 성격도 변할 것이었다.

1980년대에 죽음의 공포를 극복하고 위대한 존재가 되려는 위대성을 향한 충동이 그 중반에 이르러 세속화(世俗化)되는 흐름의 중요한 계기를 「고래사냥」이 표출하고 있었다. '5·18 정신'은 현실화시킬 수 있는 현실적 이념으로 해석되어야 했고, 투쟁의 주체는 조직화되고 세력을 확장시킬 수 있는 언어적 이념적 기제들을 갖추어

나갔다. '5·18 정신'은 세속적인 과격한 이데올로기들로 해석되었고 이는 투쟁 주체의 조직 강화와 세력 확장을 위한 것이었다. 나아가 이런 이데올로기들로 무장하자 학생 운동권 내부에는 전에 없던 갈등과 분파 투쟁이 나타났다. 다시 말하면 1980년대 학생 운동권의 저항 운동에도 '욕망'의 대체물(quid pro quo)이 영향을 주기 시작했고, 다른 차원의 이데올로기 투쟁이 격화되며 상황은 변질되어 갔다. 1980년대의 한국 젊은이들이 시작한 '르네상스'는 어떤 방향으로 지성이 발전되기보다는 여러, 다양하고 혼란스런 방향으로 전개되었다.

무엇보다 존엄성을 되찾는 싸움은 사람들로 하여금 늘 생명을 '걸고' '바치고' 희생시키는 것을 너무나 쉽게 생각하게 만들어왔다. '생명'의 가치를 되찾는 일은 인간 존엄성의 가치를 현실 안에서 길들여야 하는 문제로 나타났다. '생명'의 가치와 '존재'의 가치의 대결은 이미 1980년 '해방광주'에서부터 나타난 갈등이었다. 이 갈등은 육신의 사람이 그 자신의 그림자와 벌이는 싸움 같은, 말로 설명하기 난감한 갈등이었다. '살아야 한다'와 '죽어도 싸워야 한다'의 갈등은 논쟁이나 협상으로 해결될 수 없는 문제였다. 이러한 기묘한 갈등은 5·18이 끝난 후 1980년대 중반까지 광주 시민들 간에 심각하게 벌어졌고, '5·18 정신'을 숭상해온 대학생 운동권에서도 심각하게 벌어졌다. 이 갈등은 삶과 죽음의 갈등일 뿐 아니라 집단과 고독한 개인의 충돌이기도 했다. 타협할 수 없는 두 가치의 갈등을 해결하는 수단으로 나타난 것이 대체였고 이는 '야바위'의 눈속임이었다. 몇 차례의 야바위로 '위대한 존재'는 '욕망'이 되었고, '죽음'은 '삶'으로 변했다. 삶과 죽음은 헷갈려져 버렸다.

1970년대 말에 우리 문학에 등장하고 1980년 5·18에서 부각된 인간의 '존재', '존엄성'이라는 주제는 서구에서도 19세기 후반 니체(Friedrich Nietzsche)부터 시작하여 후설(Edmund Huserl), 하이데거(Martin Heideggar) 등에 의해서 제기되고 사유되기 시작한 현대 철학 최신의 주제이자 최대의 주제였다. 그러나 불행하게도 서구인들은 이 철학적 문제를 현실에 적용하는 데 큰 어려움을 겪었고 파시즘(fascism), 나찌즘(Nazism)으로 오용되는 끔찍한 역사를 겪었다. 그들은 아직도 이 철학적 문제를 현실에서 어떻게 풀어낼 것인지 해결하지 못하고 있다. 이는 철학이론의 문제일 뿐만 아니라 문명과 인간 소외라는 너무나 광범위한 현대의 근본 문제인 것이다. 우리의 경우에 '존재'의 문제와 '존엄성'의 문제를 1980년대 중반에 비켜갔다는 것은 이상한 일이 아니다.

한국인의 발견

정체성 위기

이문열의 『변경』— 1986년

1984년 이문열은 『영웅시대』에서 월북한 자기 아버지의 이야기를 소설로 펴냈다. 이어 1986년에 그는 아버지가 남쪽에 남기고 간 가족들이 살아남기 위해 온갖 고초를 겪던 이야기를 『변경(邊境)』이라는 제목의 무려 12권의 소설로 펴냈다. 남쪽에 남겨진 가족은 아내, 큰 아들 '명훈', 큰 딸 '영희', 작은 아들 '인철', 작은 딸 '옥경', 이렇게 아내와 2남 2녀였다. 제목의 의미는 그들이 살아가려 한 한반도가 '변경'이라는 공간이었다는 것이다. 이곳은 그냥 사람들이 무탈하게 지낼 수 있는 텅 빈 자리가 아니었다. 프랑스의 철학자 부르디외 (Pierre Bourdieu)는 현대 사회를 빈 자리가 아니라 보이지 않지만 엄청난 힘, 자력이 흐르는 자장(磁場, field of force)에 비유하여 편안히 서 있을 수도, 마음대로 움직일 수도 없는 공간으로 제시하였다.[8] '변경'도 그와 마찬가지로 세계의 주변이지만 미국과 소련 두 제국이 갈등하며 지배하는 독특한, 사람들이 편히 살지 못하는 공간이라는 것이다. 소설은 우리 한반도의 독특한 정치적 이념적 성격을 여러 차례 지적하지만 그 구체적 성격에 대해서 깊이 들어가지는 않는다.

남겨진 가족들은 살아남아서, 특히 어딘가에 뿌리박고 살기 위해 부단히 애를 쓰지만 월북자 가족에 대한 차별 등 여러 조건 때문에 실패한다. 흩어지기도 하고, 다시 만나기도 하고, 옮겨 다니기도 하고, 이루 말할 수 없이 복잡한 과정을 겪는다. 결국 1970년대에 들어와 가족은 성남에 자리 잡으려고 마음먹는다. 이때 큰 아들 명훈의 오랜 친구이자 신문 기자인 황석현은 성남에 취재를 나와서 이야기를 나누다 정색을 하고 명훈에게 다음과 같이 물었다.

"그러고 보니 나는 오래 궁금하게 여겨 온 것이 있어. 도대체 너는 누구냐? 옛날 미군 부대에서 만났을 때부터 그랬어. 네게는 어딘가 뒷골목의 타락과 범법(犯法)의 냄새 같은 게 배어 있었어. 그런가 하면 이해 못 할 만큼 순수한 이상과 열정이 어울려 느껴지고, 너와 함께 보낸 4·19 때도 그래. 깡패들의 패싸움 판에서 진정한 너를 보았다 싶으면, 의거(義擧) 부상 학생에, 대학 문예반의 시인 지망생이 되어 나타나고, 부패한 정치꾼의 하수인 노릇을 하는 게 안타깝다 싶으면, 어느 새 지난 시대의 체험으로 곰삭은 아나키스트의 충실한 제자야, 심지어는 군대에 가서도 그랬다며? 5·16 날 반란 진압군으로 출동했는데 중앙청 앞에 이르러 보니 혁명군이 되어 있더라고? 출신도 그래. 어김없이 날 때부터의 도회지 사람이라고 보았는데, 알고 보니 4백

년 유서 깊은 문중의 큰집 주손(冑孫)이야. 그것도 네 말마따나 상것들 같으면 종손(宗孫) 소리를 듣고도 남을 12대 장손. 그래서 고색창연한 기분으로 바라보려 하면, 어느새 월북한 골수 남로당(南勞黨)의 맏이가 되어 경찰의 감시 아래 있는 거야. 여자도 마찬가지야. 프로스트의 시(詩)를 주고받으며 사귀다가 미군 고급장교에게 빼앗긴 여대생 애인이 있는가 하면, 한눈에도 화냥기가 철철 넘치는 백치 같은 여자와 싸구려 여관에서 뒹굴어. 정신적인 부분은 더하지. 어떨 때는 그야말로 몽매(蒙昧)하다는 기분이 들 정도로 어둡다가 어떨 때는 뜻밖의 예민함으로 시대를 읽어. 마비된 의식을 안타깝게 여기다 보면 놀랄 만한 감수성으로 사회 현상들을 해석하고 소화해 내. 실은 말이야. 원래부터 공통점이 별로 없고 그나마 갈수록 그 공통점이 줄어 가는 우리 사이를 이토록 길게 이어가게 한 것도 그런 네게 내가 느끼는 신비감에 가까운 혼란 때문인지도 몰라. ……" / …… / "그 뒤에도 그래. 개간을 끝내고 겨울에 나를 찾아왔을 때 너는 신선한 충격까지 주는 상록수(常綠樹)였어. 하지만 그해 가을 너를 찾았을 때는 이미 네 말마따나 '시드는 대지'의 비틀거리는 주인이 되어 있더군. 말은 여전히 농촌 재건의 기수(旗手)였지만 내가 느낀 것은, 불가피한 이농(離農)이었지. 그런데 2년 뒤 너는 또 전혀 예상 밖의 인물로 서울에 나타났어. 봉급보다 이자(利子) 수입이 많은 도시의 예비 소시민(小市民)이랄까. 어쨌든 아주 성공적인 서울 편입을 보여주더군. 반년도 안 돼 네가 떼인 돈을 찾기 위해 내 힘을 빌리러 왔을 때도 그렇게 급속한 탈락을 예상하지는 못했어. 그러나 어느 날부터 다시 소식이 끊어

지고, 2년 뒤 대낮부터 술 냄새를 풍풍 풍기며 나를 찾아왔을 때
는 다른 분위기였지. 그게 뭔지 정확히는 모르지만 옛날에 맡았
던 그 뒷골목의 썩는 냄새가 났어. 그러다가 이 가을의 갑작스
러운 결혼과 이 철거민 이주지에의 정착…… 도대체 너는 누구
라고 생각해? 너는 누구야?"

이문열, 『변경』 11권, 206-208쪽

이 섬찟한 질문에 명훈은 답을 시도하지 않을 수 없었고, 황석
현은 그 답에 만족하지 못했다. 그들의 문답은 이어진다.

"글쎄 나도 모르겠어. 왜냐하면 그 어떤 나도 내가 결정했던 것
은 아니니까. 듣고 보니 나도 꽤나 요란한 변화를 겪으며 산 것
같은데 실상 그 주체인 내게는 모든 게 한끝에 이어진 흐름이었
어. 순간순간의 결정은 있었겠지만 지나고 보면 나는 그저 떠밀
려 온 것 같은 기분이라고. 어떤 구조가 저항 못 할 힘으로 나를
자기 속에 우겨 넣고 있는 과정이랄까……." / "그렇지만 내가
너를 지금의 외양만 가지고 도시 빈민 계층에 집어넣으려고 했
을 때 너는 단호하게 부인하지 않았어? 그건 네가 누구라는 걸
알고 있다는 뜻이야. 도대체 너는 누구냐?" / 황석현은 정말로
궁금하다는 표정으로 거듭 물었다. 원래 명훈은 그런 물음에 대
해 생각해 둔 게 없었다. 그러나 황의 질문을 받는 사이에 문득
답이 떠올랐다. / "떠도는 자. 이것도 계층이 될는지 모르지만."

이문열, 『변경』 11권, 208쪽

한국인의 발견

'변경'이라는 강한 힘이 흐르는 공간은 미로(迷路, labyrinth)였다. 가다 보면 어디로 가는지 길과 방향을 잃어버리는 곳, 그리고 결국은 '내가 누구인지'를 잊어버리고 자아가 뒤섞여버리는 그런 곳이었다.

명훈은 이런 문초를 당한 후 '나는 누구인가?'의 질문을 반복해서 던지지 않을 수 없었다. 그 후 그는 성남에서 일어난 폭동의 주동자로 오해를 받아 탄광으로 피신했다. 광부로 일하며 하루는 밤에 하숙방에 누워 이런 생각을 했다.

방 안에 들어선 명훈은 잠시 그런 동숙생을 내려보다가 조용히 옷을 벗고 그 곁에 누웠다. 그리고 새삼 치솟는 술기운을 누르며 자신에게 다짐하듯 속으로 되뇌었다. 그래, 내가 머물 곳은 바로 여기다. 내가 얼마나 여기 머물게 될지 모르지만 마땅히 있어야 할 곳은 이 사람 곁이다. 나는 아무것도 가지지 못했으니 무산계급이고, 그래서 일해 받은 임금으로 살아야 하니 노동자이다. 그리고 마르크스 식으로 말한다면 어떤 방식으로든 계급이 사라질 때까지는 부르주아와 잉여가치를 다투어야 할 프롤레타리아이다. 이 자기를, 이 명백한 계급과 신분을 잊어서는 안 된다. 지금까지 내가 겪은 실패와 좌절은 바로 이 자리에 머물기를 마다한 탓이었다.

이문열, 『변경』 12권, 205-206쪽

명훈은 '자신이 누구인지', 정체를 잃어버렸다는 사태의 처절함을 의식하고 어디서 주워들은 '마르크스 식'으로 말하여 자신은 '무산계급'이라고, '프롤레타리아'라고 규정했다. 그러나 이런 식의 답변이 명훈의 정체성이 '맞다!'고 긍정할 사람은 거의 없을 것이었다. 그로서는 자신의 정체를 말할 수 있는 방법이 이런 식의 의식적, 이념적 선택과 선언밖에—흡사 객관식 시험 문제의 답을 골라내듯—없었을 것이다.* 1980년대 초반부터 한국인들은 '이상한 나라'의 앨리스(Alice)처럼 의지와는 상관 없이 커졌다 작아졌다를 반복했고 그러자 곧 '나는 누구인가?'를 잊어버렸다.[9]

그 후 탄광촌에서 명훈은 노조 간의 갈등에 휘말렸다가 피살당하여 짧은 인생의 종지부를 찍었다. 수배 중이던 그를 쫓던 수사관은 다음과 같은 보고서를 올렸다.

본 수사관을 혼란시킨 것은 도무지 그의 정체를 가늠할 수 없게 하는 이와 같이 복잡하고 모순된 이력이었습니다. 얼른 보면 변화 많고 역동적인 삶을 산 것 같지만, 자세히 살펴보면 그것은 선택의 의도 없어 보이는 그저 내몰리고 팽개쳐진 삶이었습니다. 뿌리 뽑혀 떠도는 삶이며 밀려나고 내쳐진 삶이었습니다. 적어도 본 수사관에게 그는 어디에도 속해 있지 않고, 어떤 믿음도 가지지 못한 사람처럼 보였습니다. / 이런 정황으로 보아 그가 과격한 난동을 부린 패거리에 끼어 있었던 것만은 부인할 수 없을 듯합니다. 틀림없이 그는 그들과 이해관계를 같이하는 데가 있었습니다. 그러나 그가 바로 그 난동의 주동자였다고는 아무래도 믿기 어렵습니다. 왜냐하면 그의 의식이 결코 그들에게 속해 있지 않은 것 같기 때문입니다. 그가 이동영의 아들이라는 것만 보면 사상적인 감염이나 그 이상 북측과의 직접적인 연계를 추정하는 것도 크게 무리는 아닙니다. 북측도 그가 빠져 있는 상황을 알고 있다면 틀림없이 그를 이용하고 싶은 유혹을 느꼈을 것입니다. 하지만 그가 이 난동의 배후에서 불온한 이념을 제공했다고는 믿어지지 않습니다. 왜냐하면 그에게는 어떤

● 직후에 명훈은 동생 인철에게 보낸 편지에서 다음과 같이 자기 정체를 말하였다. "나도 이제는 내가 누구이며 어디에 서고 무엇을 해야 하는지 확연히 알게 됐다. 더는 돌아갈 가망 없는 기본계급을 힐끗거리며 언젠가는 사라져야 할 주변 계급으로 떠돌지 말고, 아버지가 떠나실 때 이미 결정된 새로운 계급으로 살아가기 말이다. 더 구체적으로 말하면 이미 아무것도 가진 게 없으니 나는 무산계급이고, 노동을 팔아 살아야 하니 임금노동자일 뿐이라는……. / 사실 이런 소속감 또는 계급의식은 이미 오래전부터 의문의 형태로 내 의식을 떠돌았지만 나는 지난 8월의 격돌 때까지도 내 것으로 인식하지 못했다. 하지만 엄격한 연좌제로 길들여진 굴종과 포기의 논리에 쫓겨 곧 대열에서 빠져나오기는 했어도, 그날 처음 그 앞장을 설 때는 분명히 그곳이 내가 있어야 할 곳이었음을 또렷이 인식하였다. 그러다가 삶과 노동이 긴밀하게 얽혀 있는 막장에 이른 지금에서야 그 인식은 이제 하나의 인식으로 내가 누구인지를 규정하고 내 결의와 실천을 이끌게 되었다. / 내가 길을 돌고 돌아 이른 이 자리, 이러한 의식은 이제 다시는 나를 기회주의적인 주변 계급 또는 중간계급으로 되돌리지 못할 것이다. 더구나 내가 그동안 그렇게 간절하게 복귀하게 되기를 희망했던 그 계급이 아버지의 이데올로기가 지지하는 엄혹한 적자생존의 원리로는 두 기본계급 중에 끝내 지게 되어 있는 바로 그 계급(……)의 아시아적 원형임에야. / 하지만 너는 다르다. 네게는 아직도 함부로 너를 확정하기에는 너무 많은 가능성이 열려 있다. 영희가 가고 있는 천민자본주의의 지름길도 성공할 수만 있다면 우리가 경험한 여러 불합리한 박탈과 억압에는 상큼한 앙갚음이 될 수 있을 것이다. 그처럼 네가 사법고시를 통해 의지하려는 눈먼 여신의 저울과 칼도 아버지의 이데올로기 속 말고는 아직도 장래가 불확실한 그 기본계급(……)에 함부로 너를 내던지는 것보다는 나은 선택이 될지도 모른다." (이문열 1986 12: 217-218).

이념을 지속적으로 품고 갈 정신의 바탕이 없어 보이기 때문입니다.

이문열, 『변경』 12권, 242-243쪽

명훈이 정체성을 상실했다는 것은 밖에서 본 판단일 뿐만 아니라 명훈 자신이 느끼던 문제이기도 했고 생이 끝났을 때의 종합적 판단이기도 했다.

이 소설은 주인공들 중의 하나였을 작가가 겪은 1950년대부터 1970년대까지 한국 현대사와 한국인들의 상황을 말하는 것이 아니다. 오히려 이 작품이 쓰이던 시대, 1980년대 중반의 한국 문화와 한국인들의 내적 상황을 반영한다. 단적으로 한국인들은 심각한 정체성 위기(identity crisis)를 겪고 있었다. 극도의 공포와 증오, 극도의 환희의 경험과 이상주의와 물질주의와 쾌락주의 등 온갖 이념들이 난무하고 교대로 휩쓸던 이 시대에 한국인들은 의식상의 대혼란을 겪었다. 어느 순간 위대하고 거대한 전사가 됐다가는 다시 어느 순간 너무나 가련하고 조그맣게 움츠러들곤 했을 때, 마치 길을 서두르는 토끼를 따라 굴에 들어간 앨리스처럼, '내가 누군지 모르겠다'는 정체성 위기는 한국인들이 피할 수 없는 결과였을지 모른다.

이문열의 『추락하는 것은 날개가 있다』 — 1988년

1980년대가 거의 마감되고 서울올림픽이 끝난 11월에 이문열의 『추락하는 것은 날개가 있다』가 출판되었다. 오랜만에 나온 남녀의 사랑과 죽음의 이야기였다. 오스트리아 주재 한국 영사(領事)는 살인 사건에 대한 전화를 받고 경찰서로 갔다. 용의자는 그의 3년 후배로 서울대 법대 68학번 '임형빈', 그리고 피살자는 그의 부인 서윤주였다. 그는 부인을 권총으로 살해했다. 임형빈은 그들의 긴 이야기를 배설의 욕구를 드러내며 시작한다.

형빈은 시골의 작은 읍에서 서울대 법대에 합격해서 마을 사람들의 기대를 한 몸에 받은 '시골 수재'로 욕망도 자부심도 컸다. 그는 곧 '재학 중 고시 합격'을 목표로 설정하였다. 그런데 고시 준비가 잠시 고전을 면치 못하는 사이 그는 교정 멀리서 서윤주를 보고 그녀의 '이국적인 아름다움'에 넋을 잃었다. 그녀는 쌀쌀맞게 쏘아 보았지만 가까이서 본 얼굴 또한 미인이었고 특히 그녀의 '오만한 눈길'이 인상적이었다. 그녀를 만나기까지 애를 먹었지만 오래 걸리지는 않았다. 형빈과 윤주는 그해 11월 수락산을 찾았을 때 '사랑'을 말할 수 있게 되었고 그녀는 자신과 가족에 대해서 이야기했다. 부모는 의사였고 전쟁 때 죽었으며, 언니와 둘이 남겨졌다가 언니는 미군 흑인 중사와 결혼해서 오키나와로 가고 자신은 혼자서 어렵게 지내왔다고 했다. 그녀는 자신의 어려운 처지를 '추악'하다고 했고, 빨리 날아올라야 한다고 했다. 그날 밤 드디어 그녀의 집 골목에서 첫 키스를 했다. 그러나 그 후에 관계는 편하게 진행되지 않았다. 그러다가 하루는 어느 술집에서 윤주가 미국에 있는 언니가 한번 다녀가라고 했다는 이야기를 하자 형빈은 "안 된다"고 소리쳤다. 그는 그 땅은 더럽고 불결한 곳이며 언니도 "검둥이 병사의 아내이지 네 언니가 아냐"라고 소리쳤다. 그녀의 눈에는 눈물이 고여 있었다.

형빈이 윤주에게 성적 욕망을 느낀다는 표현을 하자 윤주는 어렵지 않은 일인데 너무 큰 의미를 부여하지 말라며 "처녀성은 기대하지 말라"고 했다. 자기는 언니가 떠나고 충격을 받아 비틀대던 때 "어느 날은 나이트클럽에서 술까지 취해 정신을 잃었는데…… 아침에 눈을 뜨니 웬 아저씨가 내 옆에 누워 있었어"라고 했다. 그 말에 형빈은 충격을 받았다. 형빈은 며칠 후 윤주의 편지를 받았고 거기에는 내일 언니에게 간다고 하며 거의 이별에 가까운 말이 쓰여 있었다. 한참 후에 친구에게 듣기로 윤주는 학교를 그만두고 '넋 빠진 사람'처럼 되었고 거처도 알 수 없는데 이태원에서 그녀를 보았다는 말을 들었다. 그는 윤주를 만나기 위해 이태원 술집들을 헤맸고 드디어 미군 전용 업소에서 술에 취한 그녀를 찾았다. 그녀는 대화 중에 한국 남자들을 '땅개'라고 부른다고 했다.

> "땅개의 특성이 뭔지 알아? 윤리란 이름의 된장 냄새나는 편견이야. 김치같이 인습에 절여진 여성관 하고. 그러나 그 못지않게 싫어하는 특성이 하나 있어. 그건 자기 감정에 솔직하지 않은 거야. 뻔한 걸 이리저리 말을 둘러하기 좋아하고 때로는 조잡한 자존심 때문에 능청스런 거짓말도 서슴지 않는……"
>
> 이문열, 『추락하는 것은 날개가 있다』, 156쪽

그녀는 아메리카를 동경한다고 말하면서 자기 삶의 너무나 힘들었던 이야기를 해나갔다. 사실 그녀는 언니가 떠나고 나서 외롭고 힘들게 지내다가,

> "한 품위 있고 부유한 노신사를 만났어. 그분은 나를 격려해 대학에 가게 했고, 그 뒤로도 줄곧 뒤를 보아 주었지. 나는 구걸하는 비참도 피하고 매음의 상습성도 면할 만한 선에서 내 몸으로

그걸 갚곤 했지. 알겠어?"

이문열, 『추락하는 것은 날개가 있다』, 163-164쪽

윤주는 비밀을 형빈에게 털어놓으며 그 나이트클럽 이야기는 거짓말이었다고 했다. 그리고 형빈을 만나고 나서의 괴로움을 털어놓았다.

"점차 네 눈길과 숨결이 나를 원하고 있다는 느낌이 들자 나는 금세 그 문제를 떠올렸지. 그리고 깜짝 놀랐어. 언젠가, 그리고 누구에겐가 털어놓고 용서받으리란 결심은 하고 있었지만, 그게 그렇게 빨리 올 줄은 몰랐어. 내가 그렇게 쉽게 사랑에 떨어질 줄은 몰랐다구, 아니, 그보다는 댓가를 받고 하는 거래보다 댓가 없이 몸을 준다는 게 그렇게 어려운 일이 될 줄은 몰랐어. 정작 사랑을 하게 되자 전에는 다만 불합리하고 거추장스럽게만 느껴지던 순결이니 정절이니 하던 게 그처럼 소중하고 값지게 여겨질 줄은……"

이문열, 『추락하는 것은 날개가 있다』, 164쪽

그녀는 '사랑'이라는 것을 느끼게 되자 자기 과거의 의미가 갑자기 달라졌다고 했다. 간단히 용서받을 수 있다고 생각되던 것이—정조를 그렇게 버린 일이—너무나 큰 죄악이 돼버려 말할 수 없이 괴로웠다는 것이다. 형빈이 옛날로 돌아갈 것을 하소연하자, 그녀는

"야, 임형빈 너 기어이 땅개티를 낼래? 너 혼자 본전 생각나 이

러는 거 아냐? 화대는 들 만큼 들었는데 몸 한번 안아 보지도
못한 게 억울하다, 이거야?" / 나는 아연해서 그녀를 쳐다보았
다. 거부가 거듭될수록 분노로 쌓여가던 가슴도 그때만은 찬물
을 뒤집어쓴 듯 멈칫했다. 그러나 그 다음이 나빴다. / "하기야
그 대여섯 달 들인 공만 해도 그만 요구는 할 만하지. 좋아. 가.
내 몸을 안게 해주지. 하지만 딱 하룻밤이야." / 그 소리가 어떻
게 그리도 사람을 격분시키던지. 거기다가 술기운과 그동안 억
눌려온 격앙상태가 겹쳐 나는 그만 정신을 잃고 말았다. / "죽이
자. 죽여 버리자……" / 나는 그런 생각이 들자마자 위스키 병을
잡아 테이블 모서리를 쳤다. 너무 세게 쳤는지 병모가지만 남고
박살이 나 버려 흉기로는 적합지가 못했다. 나는 그걸 던져 버
리고 굳은 듯이 앉아 있는 그녀의 목께로 두 손을 뻗쳤다.

이문열, 『추락하는 것은 날개가 있다』, 168쪽

그 후에는 기억이 나지 않았다. 깨어 보니 파출소였다. 윤주는
자신의 비밀을 고백하더니 갑자기 딴 사람이 되어버렸다. 그녀는 막
가는 인생이었고 형빈에게 원망과 저주를 쏟아부었다. 형빈은 그녀
를 죽이려고 했다. 파출소에서 윤주는 형빈을 자기 방으로 데리고 갔
고 거기서 첫 번째 육체관계가 맺어졌다. 그러나 윤주의 몸은 풀어
지지 않았다. 그녀는 형빈의 위로를 거절했다. 그리고 나중에 그녀는
형빈의 손에 죽는 생각을 했다고 했다. 그들은 다음 날부터 셋방을
얻어 동거에 들어갔다.

그러나 그들의 동거는 평탄하지 못했다. 몇 달 못 가서 미묘한
감정의 문제들이 서로 간에 감지되고 있었다. 형빈은 다음과 같이 회

한국인의 발견

상했다.

하지만 사랑의 잔치와도 같던 우리의 나날을 결정적으로 금가
게 한 것은 아무래도 두 사람의 정신 속에 깃든 악마였다. 나는
그녀의 과거를 잊고 용서하리라 다짐했고 얼마간은 또 정말로
잊었다고 믿기도 했다. 그러나 시간이 지나면서 차츰 그것은 날
카로운 칼처럼 내 의식적인 망각의 벽을 뚫고 나와 내 소년적인
결벽증과 자존심을 난도질해대기 시작했다. 순결이나 정조를
테마로 한 잡문 한 구절을 보아도 울화가 치밀었고 심지어는 처
녀막을 농담삼아 시시덕거리는 급우들마저 죽이도록 밉쌀맞을
때가 있었다. 어쩌면 거기에 대한 내 불만을 제대로 분출해 보
지도 못하고 이뤄져 버린 화해와 그 느닷없는 결합이 한 욕구불
만의 형태로 내 정신을 뒤틀리게 만들었는지도 모를 일이었다.
/ 그래도 처음 한동안은 마음속에서만 꿈틀거리던 그 악마가 차
츰 바깥으로 고개를 기웃거리기 시작한 것은 틀림없이 여름 방
학의 귀가에서 서울로 되돌아온 후부터였다.

이문열, 『추락하는 것은 날개가 있다』, 192쪽

별 것 아니라고 생각했던 문제는 점점 커지고 고통은 심해져
갔다. 윤주의 언니가 죽었다는 편지를 받고 대화하다가 형빈이 그녀
에게 양공주였던 언니와 "같은 피"라고 하자 둘은 제대로 싸움이 붙
고 말았다. 그러고 나서 아버지가 올라왔을 때 윤주는 집을 나가 돌
아오지 않았다. 그리고 다음 해 1월 형빈은 군에 가고 다른 생이 기
다리고 있었다.

그리고 10년이 지났다. 윤주에게 받은 편지에 그녀는 미국에 왔다고 쓰여 있었다. 형빈은 29살에 결혼을 했지만 윤주 외에는 아무도 사랑할 수 없었다. 그러다 1982년 5월경 회사에서 선발되어 미국으로 오게 되었고, 바쁘게 지내다 어느덧 윤주 생각이 나서 찾기 시작했다. 그러던 중 우연히 산타모니카 해변에서 윤주를 보게 되었다. 놀라운 해후였고 그 후 떨어지지 못했다. 윤주는 최근의 동향을 다음처럼 털어놓았다.

"그 다음 몇 년은 어정쩡한 세월이었어. 나도 뭘 하다 흘려버렸는지 몰라. 미국인도 아니고 한국인도 아니고, 학생도 아니고 생활인도 아니고, 그렇게 지내다가 재작년에 이리로 옮겨오게 되었어. 어쩌면 한국이 그리워서였는지 모르지. 그곳으로 돌아갈 용기는 없고, 이 땅에서 가장 한국을 느낄 수 있는 곳을 찾아왔는지도……."

이문열, 『추락하는 것은 날개가 있다』, 231쪽

윤주가 미국에 와서 느낀 것은 자기가 '무엇인지' 모르겠다는 것이었다. 한국에 있을 때 그녀는 한국 사람들이 싫었고 아메리카를 동경했다. 그녀는 다만 자기가 있는 곳, 속한 곳, 무엇보다 자기가 그 안에 들어가 있는 것이 싫었고 그런 자신을 부정해왔던 것이다. 대화 끝에 그녀는 몸을 부르르 떨고, "그런데 내가 아직 서윤주일까? 십 년 전만 해도 한국의 명문대학에서 셰익스피어를 공부하던 그 여자애일까?"라고 물었다. 그들은 결혼했다.

그들의 결혼 생활에 문제가 생긴 것은 그녀가 형빈의 직장 동료들, 한국 남자들에 대한 혐오를 드러내면서부터였다. 또 그녀는 엄청난 생활비를 쓰고 있었다. 그녀는 형빈에게 하소연했다.

> "네가 진정으로 나를 사랑한다면 먼저 나를 이해해 줘. 나의 지난 삶에 동정해 줘. 나는 아직도 무얼 기다리기에는 너무 지쳤어. 그게 얼마나 될지 모르지만, 남은 삶은 오직 누리고 즐기며 보내고 싶어. 희망이란 걸로 더 이상 나를 속이려 들지마."
>
> 이문열, 『추락하는 것은 날개가 있다』, 240쪽

그녀는 행복하고 싶었고 그녀로서 행복해질 수 있는 방법은 풍족하고 화려하게 사는 것이었다. 형빈은 엄청난 돈을 벌어야 했고 동시에 온갖 비행을 저지르기 시작했으며 그의 인생의 추락이 보였다. 형빈도 윤주가 탐닉한 화려한 생활에 같이 빠져가고 있었다. 그러나 그녀는 쾌락을 누리겠다고 했지만 넋 빠진 눈으로 있는 시간이 많아졌다. 흡사 쾌락 중독자였다. 결국 형빈이 회사에서 쫓겨나자 윤주는 다시 동부로 가자고 했고 동부에 가서는 사기를 당해 적응이 어려워지자 윤주는 정상적인 사람으로 돌아오지 못했다. 형빈도 자신이 막다른 골목에 다다랐음을 느끼고 윤주에게 권총을 보여주며 같이 죽자고 했지만 윤주는 두려움에 떨었다. 한때 그녀는 열심히 일하며 살기도 했지만 또다시 화려한 삶을 떨치지 못하고 결국 찾지 말라는 편지 한 장을 남기고 떠나고 말았다. 형빈은 그녀가 직장 동료와 같이 파리로 간 것을 알아내고 따라갔다. 그리고 오스트리아의 그라츠에서 그녀를 만났다. 산보를 갔다가 돌아오니 윤주는 혼자 술을 마시고 있다가 그에게 욕을 해댔다. "빌어먹을, 꺼져 버려! 이 된

장 냄새나는 노랑 놈아!"라는 그녀의 말과 특히 "땅개!"라는 말이 뱉어진 순간 형빈은 자기도 모르게 방아쇠를 당겼다.

그런데 참으로 알 수 없는 것은 내가 황급히 그녀를 쓸어안았을 때 흘깃 나를 쳐다보던 그녀의 눈길이었습니다. 그게 잘못 본 게 아니라고 천 번이라도 자신 있게 말할 수 있습니다만, 세상에서 그렇게도 만족과 평온에 찬 사랑의 눈길이 있을까요? 거기다가 또 그녀는 정신을 잃기 직전, 안간힘을 다해 내 귀에 속삭였습니다. / "그래…… 됐어…… 실은 나도 하루하루 꺼져가는 촛불 같은 우리 삶을…… 망연히 보고 있기가 괴로왔어…… 그런데…… 그런데 말이야…… 바보같이 너는 왜…… 일찌감치 내게서 달아나지 않았어? 그렇게도 여러 번…… 기회를 주었더랬는데…… 이렇게 함께 추락하는 게 안스러워……."

이문열, 『추락하는 것은 날개가 있다』, 296쪽

윤주와 형빈은 야망에 찬 젊은이들이었다. 고속 성장의 시대에 화려한 미래가 손에 잡힐 듯했다. 그러나 개인적으로 너무나 어려운 환경에 있던 윤주는 언니가 양공주 노릇을 하며 같이 살다 미군 병사와 결혼하여 떠난 뒤 힘들게 지내야 했고 그러던 중 어느 부유한 신사에게 경제적 도움을 받아 화려한 여대생 생활을 할 수 있었고 그 대가로 몸을 허락하곤 했다. 도움의 대가로 지불한 것이니 정당한 거래일 수 있다고 생각했다. 그런데 형빈을 대하고 그에게 애정을 느끼면서 윤주는 언니의 일이나 자신의 일이 너무나 부끄럽고, 더럽고, 용서할 수 없는 일임을 갑자기 처절하게 느끼기 시작했다. 그녀가 받은 것은 돈이었고, 그녀가 대신 주어버린 것은 그녀 존재의 가치였다. 그녀는 형빈에 대해 사랑을 느끼면서 그 거래가 공정한 교환이 아니었음을 고통으로 깨닫게 되었다. 그녀는 형빈에게 존재의 가치, 정조를 팔아버린 자신의 처참한 모습을 숨기려 했다. 그래서 그녀는 늘 '오만한 눈길'로, 노숙(老宿)한 척 말하곤 했지만 속으로는 너무나 힘들었고 방어적이고 신경질적이 되지 않을 수 없었다. 그러나 무엇보다도 그녀를 병들게 한 것은 자기 자신 또는 자신의 일부에 대한 증오, 경멸, 나아가 그 피, 한국인에 대한 증오, 한국 땅에 대한 증오였다. 한국에서는 자신과 그 땅에 대한 증오였지만, 그녀가 어떤 식으로 미국에 가서 그곳 생활이 어려워지자 미국도 증오하게 되었고, 그래서 그녀는 한국 사람도 거부하고 미국 사람도 거부하고 정체성 자체를 거부하고 결국에는 자기가 누군지 생각하고 싶지도 않게 되었다. 자기답게 산다는 것, 사람답게 산다는 것도 혐오스러웠고 결국에는 쾌락에 집착하게 되었다. 자신의 존재 가치를 물질로 팔아버린 것은 결코 공정한 거래일 수 없었다. 존재 가치란 다른 것과 비교할 수 없기 때문이었다. 이런 실족(失足)을 하게 되면 자신을 증오하게 되고, 다른 것에 대한 동경이 생겨나면 정체성 위기는 피할 수 없게 된다. 1980년대 말에 이르면 한국인들은 물질주의의 위태로움을 느끼게 되었다. 대체물(quid pro quo) 찾기, 즉 야바위의 자연스런 결과였다.

한국인들이 스스로를 증오하고 정체성을 잃어가는 가운데 물질적 풍요는 마약일 뿐이었다. 그 쾌락은 오래 지속될 수 없는 이상 곧 마약의 중독성만을 드러낼 것이고 그러면 그들은 그저 집착만 남은 살 가치 없는 생명으로 전락할 수밖에 없을 것이었다. 1980년대는 민주화와 서울올림픽의 화려한 승리들로 마감되었지만 정체성을 잃고 병들어 가는 한국인들에게 그 화려함과 보람은 음미(吟味)되지 못했다. 한국인들에게 정체성의 혼란과 상실은 1980년대 초에 이미 예정되어 있었다. 그것이 치명적 병으로 나타나는 것은 시간문제였다.

제9장

근 대 로 의
진   입

—

1990년대

1990년대는 1980년대 말에 되찾은 민주주의와 서울올림픽 개최에 따른 대한민국의 세계적 위상을 음미하는 시대여야 할 것 같았지만 그렇지 못했다. 중산층 시민들은 대학생과 대중의 저항 운동으로 오공을 극복하고 민주주의를 되찾은 데 흡족했지만 과격한 이념들을 내세운 운동권은 혁명을 원했다. 1980년대 말부터 소수가 된 운동권은 사회 전체에서 고립되고 분파들로 갈라졌고 그들 간의 싸움도 살벌하게 진행되어 큰 어려움을 겪었다. 한편 새로 찾은 민주주의는 '여소야대'와 '삼당 통합'이라는 혼돈에 빠졌다. 1990년대 초에는 1980년대 투쟁의 여파(餘波)가 계속되었고 그 가운데 노동 운동이 본격적으로 전개되었다. 이전보다 조용하리라고 기대했지만 1990년대도 평온하지 못했다.

1990년대 초에는 전 세계적으로 냉전 구도가 붕괴되었다. 소련과 동구권의 공산주의 체제가 붕괴되고 독일이 통일되는 역사적 사건이 잇따르는 가운데, 한국은 이른바 '북방 정책'을 시도하여 구 공산권 나라들과 외교 관계를 수립하고 남북한 유엔 동시 가입을 실현시켰다. 통일의 전망이 밝아오기 시작했다. 이념적으로 한국에서는 1980년대 말부터 세계에 존재하는 거의 모든 이념들이 자유롭게 유통되고 논의되기 시작하여 이념적 차원의 냉전이 종식되어 언론과 양심의 자유가 현실화되었다. 냉전 종식으로 1980년대에 한국 사회에 대량으로 나타났던 과격한 사상들은 설득력을 잃어갔다.

한편 1990년대는 1980년대보다 더욱 극적인 '대형 사건'의 시대였다. '성수대교 붕괴', '아현동 가스 폭발', '삼풍백화점 붕괴' 등은 충격이었고, 급기야 1997년 말에는 'IMF 사태'를 맞았다. 우리 민족은 늘 그래 왔지만, 1990년대 또한 우리를 놀라게 했다. 그동안 우리 민족의 DNA에 '괴수의 씨앗'이 숨어 있다는 두려움이 없지 않았지만 이제야 그 모든 부분들을 남김없이 마주하게 된 셈이었다.

이 모든 갈등과 재난에도 불구하고 1990년대에는 놀라운 변화들이 나타났다. 우리의 전통문화에 대한 관심이 《서편제》 같은 영화들을 통해, 유홍준의 『나의 문화유산답사기』 같은 책들을 통해 폭발하였다. 나아가서 '서태지와 아이들'의 등장은 놀라웠다. 필자의 학창 시절, 한국의 젊은이들이 '뽕짝'은 천시하고 늘 서양 특히 미국 '팝송'을 듣던 시대에 비하면 1990년대는 가히 혁명이었다. 1980년대를 통한 조용필의 활약이 밑거름이 되었겠지만 대중가요계의 상황만으로는 이 현상을 이해할 수 없다. 우리 민족이 비로소 우리 가요와 문화에 열광하는 일이 꿈같이 이루어졌다. 이런 문화적 변화야말로 1980년대 운동권에서 추구하던 혁명보다 훨씬 근본적인, 진짜 혁명일지 모른다. 나아가서 대중음악 외에도 영화계에서도 한국 영화가 격이 높아지고 관객들을 모으기 시작하였다. 한국은 전 세계적으로 자국의 관객으로 영화계가 운영되는 몇 안 되는 나라가 되었다. 더구나 '한류(韓流)'라는 현상이 감지된 것도 이때였다. 한국의 음악, TV드라마, 영화 등에 대한 외국 사람들의 관심과 인기가 높아지는 전대미문의 현상이었다. 나아가서 1997년의 'IMF 사태'에 이어 다음 해 초부터 벌어진 '금 모으기 운동'은 또 한 번 우리를 놀라게 했다. 오랫동안 꼭꼭 숨어 있던 민족적 양심이 비로소 부상한 것이었다. 1980년대는 반동 세력과 혁명 세력 간의 피나는 투쟁의 시대였다면 1990년대는 혁명 세력의 순치(馴致)와 우리 사회로의 수용에 이은 과격 사상들의 침윤(浸潤)의 시대였다. 이제 산전수전 다 겪은 한국인들은 웬만한 일에 놀라지 않게 되었다. 1990년대야말로 우리에게 근대화(modernization)의 결정적 단계였다. 서구의 근대성을 흉내낸 '짝퉁' 근대화를 넘어서 근대성의 근본 문제의식이 내화되어 '근대'라는 시대의 문턱을 넘어 진입하는 시대였다.

정체성 만들기

하일지의 『경마장 가는 길』—1990년

주인공 R은 프랑스 유학을 마치고 한국에 돌아왔다. J라는 여인이 공항에서 기다리고 있다가 손짓을 했다. 그녀는 그를 '선생님'이라 불렀지만 태도는 시큰둥했다. 그녀는 자기 '르망' 승용차에 그를 태워 호텔이 아니라 어느 작은 여관으로 데리고 갔다. 그는 그녀에게 섹스를 요구했고 그녀는 한사코 몸을 피했다. 그녀가 돌아가자 그는 "빌어먹을(merde)!"이라고 혼자 욕을 연발했다. 다음 날 아침 그녀가 여관으로 와서 그를 태우고 대전으로, 유성으로 돌아다녔다. R은 J에게 자기는 긴 유학을 마치고 고국에 돌아왔는데 첫날밤부터 싸구려 여관에서 혼자 잤다고 화를 냈다. 그는 노골적으로 그녀에게 섹스를 요구했지만 그녀는 여러 이유를 대며 계속 거절했다.

    R과 J는 프랑스에서 3년 반이나 동거한 사이였다. 그는 박사

학위 논문을 쓸 능력이 없는 그녀를 위해 논문을 대신 써주었고, 그 대가로 그녀는 몸을 바쳤다. J는 먼저 학위를 끝내고 귀국했고, R은 이제야 논문을 마치고 귀국하여 그녀에게 섹스를 요구하는 것이었다. J는 완강하게 거절했다. 그러자 그의 말이,

> "하하하, 너는 내가 미치기라도 한 줄 아느냐? 괜찮다. 너는 내가 널 죽도록 사랑하는 줄 아느냐? 아니다. 다만 네 자궁 속에 사정하기를 원했을 뿐이다. 너도 알다시피 전이나 지금이나 나는 너와 결혼하기를 원하지 않는다. 너는 한 가난한 남자를 밟아 뭉개고 일어선 거지. 이젠 내가 아무 필요가 없다는 거지? 너는 창녀 중에서도 가장 더러운 창녀야! 오년 반 만에 처음으로 고국에 돌아와 우선 너하고 만난 것이 더럽게 수치스럽다!"
>
> 하일지, 『경마장 가는 길』, 54쪽

프랑스에서의 R과의 관계를 J는 계속할 생각이 없었다. 오히려 R에게 받은 구박과 수모를 되갚고 싶었다.[•] R은 대구의 찢어지게 가난한 집 출신이며 아내와 아이들도 있다. 한국에 오자 R은 취직을 위해서 사람들을 만나고 뛰어다녔지만 좌절의 연속이었다. 그는 아내와 이혼하기 위해 애쓰고 있었지만 J와 결혼하기 위해서 그러는 건 아니었다. 반면 J는 꽤 잘사는 서울 출신이었다. 한국에서 R과 J는 이

[•] J는 R과의 대화 중에 이렇게 말한다. "그렇지만 나는 이제 서울이 좋은걸요. 프랑스를 생각하면 저는 늘 배고팠던 기억과 선생님한테 구박받던 것밖에는 생각나지 않는걸요." (하일지 1990: 278).

런 관계를 계속하며 서로 복수를 선언하게 되었다.* 실제로 R은 망가져 가고 있었다. 그는 한국을 떠나야겠다며 J에게 비용 3천만 원을 요구했고 J는 난감해했다. R은 프랑스에서의 일을 폭로하겠다고 협박하기 시작했다. 결국 그들의 관계는 야비해져갔고 다방에서 난투극까지 벌인 뒤 R은 J의 부모에게 그간의 일을 폭로하겠다며 집으로 찾아갔다. R은 J의 부모에게 온갖 이야기를 다 했다. 하지만 결국은 J가 자기를 배신하고 "정당하게 대하지 않았"으며 자기는 "언어폭력을 당했다"는 식의 너저분한 얘기로 귀착될 뿐이었다.

그런데 자기를 배신한 J에게 복수하기 위해 그녀의 부모를 찾아갔던 일은 곱씹을수록 부끄러운 일일 수밖에 없었다. 대구로 가는 고속버스를 타고,

차가 막 출발하려고 움직이기 시작했을 때 R은 갑자기 고개를 들어 허공을 향하여 양미간을 심하게 찡긋찡긋했다. 그의 두 눈에는 눈물이 고여 들고 있었다. 그때 R은 허공에다 대고 혼자 중얼거렸다. / "J야! 너는 왜 그렇게 되어버렸니? 이제 그 가짜들을 가지고 어떻게 살아가려고?" / 그리고 그는 손수건이라도 찾듯 급히 호주머니를 뒤졌다. 그의 손에 잡혀 나온 것은 그러나 손수건이 아니라 껌 한 통이었다. 그 껌은 오랫동안 그의 주머니에 있은 듯 손때가 묻어 있었고 껌통 모서리가 우그러져 있었다. R은 급한 손길로 그 껌통을 뜯어 껌 하나를 꺼내어 입에 넣고 우물우물 바삐 씹었다. 그리어 일 분도 채 안 되어 또다시 껌하나를 꺼내어 입으로 밀어 넣었다. 그러고는 다시 우적우적 씹었다. 그의 두 눈에는 눈물이 그렁그렁 맺혀 있었지만 아직 흘

한국인의 발견

러내리지는 않고 있었다. R은 다시 양미간을 찡긋하다가 급히 또 하나의 껌을 꺼내어 입에 넣었다. 그리고 약 일 분 동안 대단히 급하게 껌을 씹다가 지금까지 입에 넣었던 껌 덩어리를 입에서 꺼내어 재떨이에 넣었다. 이제 그의 눈에 고여 있던 눈물은 사라져 있었다.

하일지, 『경마장 가는 길』, 649쪽

R은 J에게 복수를 감행하고는 그녀의 처지를 동정해서 눈물을 흘렸지만 불안하고 초조했다. 불안과 초조는 자신이 드러낸 모습의 유치함, 추악함을 의식한 때문이었다.

그는 해인사로 가서 사흘간 지내다가 나왔다. J의 아버지는 R의 부모를 만나러 대구로 왔다. 그는 R이 프랑스에서의 일을 글로 써서 사방에 폭로하겠다는 말에 겁이 나서, R이 J에게 요구한 외국 가는 비용을 일부라도 주려고 찾아온 것이었다. 그러나 R은 해인사에 가서 생각이 바뀌었다고 하며 받지 않았다. 그 후 R은 마음을 가라앉히려고 여행도 가고, 사람들도 만나고, 또 서울에 있는 친구 '나'를 찾아와서 길게 대화를 나누며 그간의 자기 이야기를 '경마장'이라는 소재로 '형상화'하겠다고 했다.**

그는 한국에 들어와 J를 만나 분노와 좌절을 느꼈을 때부터

---

* J도 R에게 "나는 서서히 당신을 파멸시킬 거예요"라고 했다 (같은 책: 438).

** 여기에 '나'라는 인물을 갑자기 등장시키고 있다. 이 앞에 R과 J가 아닌 '나'라는 나레이터(narrator)가 있었다는 기억은 없다. 그리고 여기에서 '형상화'라는 말에 대해 '나'는 무슨 뜻인지 잘 이해를 못했다고 했다 (같은 책: 666-667).

'경마장……'이라는 글을 발표하여 복수를 하려고 했었다. 그러나 J
의 부모를 만나던 때의 자신의 모습—복수하는 모습—에 충격을
받고부터 마음이 변하기 시작했다. 처음에 자기 이야기를 '경마장'
이라는 소재로 글을 쓴다는 생각은 복수를 위한 글쓰기였으나 자신
의 모습을 돌아본 후에는 자기 정체성을 이루어갈 수 있는 길로서의
글쓰기로 바꾸어 생각하게 되었다. 그는 여행 중에 시외버스 간에서
자신의 대학 노트에다 써 내려갔다. 이렇게 단숨에 써 내려가서는
여백에 '경마장 가는 길'이라고 크게 썼다. 이 소설은 이 '경마장 가
는 길'이라는 소설이 주인공 R에 의해 다시 쓰이는 장면으로 끝난다.
R은 정체성 위기에 빠진 자신을 구원하는 방법으로 글쓰기를 선택한
것이다.

글쓰기가 R에게 갖는 의미가 이렇게 변하기까지의 과정이 작
품에서 단계적으로 나타난다. 우선 앞서 본 것처럼 R과 J는 외국에서
야합(野合)했던 사이였다. 사랑 없이 각자의 이기적 목적을 위해 용
인되지 않은 성관계를 하며 살았다. 그들은 그들의 관계에 대해서 죄
의식과 수치심 그리고 상대에 대한 원망과 적대감도 갖고 있었다. R
은 프랑스에서의 관계를 지속하려 했지만 J는 복수를 벼르던 참이었
다. J는 처음부터 R을 일부러 '싸구려 여관'으로 데려와서 섹스를 보
란 듯이 거절하고 치욕적인 경험을 안겨주었다. R은 일생의 '대박을
터뜨리기 위해' 어려운 여건에도 불구하고 무리해서 프랑스 유학을
떠났다가 박사학위를 받고 금의환향(錦衣還鄉)을 기대하며 돌아왔지
만 상황은 달랐다. 무엇보다 그녀에게 망신을 당하고 복수의 재반격
을 시도하는 자신의 모습이 창피하고 역겨웠다.

R은 한국에 와서 J와의 관계가 적대적인 관계가 되고 취직 실

패를 겪으면서 '경마장'에 대한 메모를 시작했다. 애초에 R이 글을 쓰겠다는 생각은 J에 대한 복수의 계획이었다. 첫 번째 메모는 "경마장에서 생긴 일"이었다. 즉 그가 '경마장'에 이미 와 있는 상황의 이야기였다. 두 번째 메모는 귀국 후 약 한 달이 지나, 한국에서 소외감을 느꼈을 때 썼다.●

경마장은 네거리에서 북쪽으로 구백삼십사 걸음. 서쪽으로 칠백팔십 걸음 그리고 다시 북쪽으로 팔백오십팔 걸음 가면 된다. 네거리에서 북쪽으로 구백삼십사 걸음 가면 길은 네 갈래로 나 있다. 계속 북쪽으로 이어지는 길과 동서로 난 길과 그리고 걸어온 길이 그것이다. 경마장으로 가려면 여기서 서쪽으로 난 길

● R은 한국에 돌아온 지 한 달 만에 지금 자기가 있는 한국 사회가 이상하고 낯선, 비현실적인 장소로 느껴졌고, 곧 그 속에서 움직이고 있는 자신도 자연히 이상한 존재로 느껴졌다고 J에게 고백했다. "'나는 한국에 돌아온 지 이제 거의 한 달이 됐지. 그동안 나는 흡사 내가 허구의 세계 속에 살고 있다는 생각이 문득문득 들어. 가령 길에서 보는 사람들의 표정 하나하나가, 버스에서 듣는 대화들의 토막들이, 그리고 지금 저기에서 술을 마시고 있는 남자들의 동작 하나하나가 모두 나한테는 허구적으로 보여. 왜냐하면 그런 것들은 모두 그 원인도 결과도 그리고 의미도 알 수 없는 것들이기 때문이지." / …… / "사실 나, R을 주인공으로 지금 소설을 쓰고 있는 작가로 말하면 그는 도무지 인기라고는 없는 작가일 수도 있어. 인기가 있는 소설을 만들려면 그는 우선 주요 인물을 좀 더 매력 있는 사람으로 만들어야 했을 거야. 그렇게 하기 위해서 그는 가령 나의 용모가 대단히 준수하다고 해야 할 테고 너의 얼굴이 남들보다 빼어나게 수려하다고 해야 할 거야. 그러나 사건이 돌아가는 꼴로 봐서는 나를 주인공으로 하여 지금 소설을 쓰고 있는 그 작가는 도무지 그런 소리를 할 만큼 융통성이 있는 것 같지는 않아……"'" (같은 책: 252-254).

을 잡아들어야 한다. 거기서 서쪽으로 칠백팔십 걸음을 가면 길은 다시 네 갈래가 된다. 계속 서쪽으로 이어지는 길과 남북으로 난 길과 그리고 걸어온 길이 그것이다. 경마장으로 가려면 여기서 오른쪽 다시 말하면 북쪽으로 난 길을 잡아들어야 한다. 거기서 북쪽으로 팔백오십팔 걸음 가면 거기가 곧 경마장이다.

하일지, 『경마장 가는 길』, 314쪽

그사이에 경마장은 찾아가는 곳으로 변했다. 그리고 R과 J가 저주와 협박으로 치달아가던 시점에 R이 J를 기다리며 혼자 맥주와 닭고기를 시켜서 허겁지겁 먹을 때도 '경마장' 글이 시도되었다.

그는 재채기가 가라앉은 뒤에 약 오 분가량 탁자 위에 팔꿈치를 대고 턱을 고인 채 멍청히 앉아 있었다. 그의 눈앞에는 맥주들이 흘러 있었다. 그의 오른손 집게손가락을 탁자 위에 흘러 있는 맥주에 찍어 탁자 위에다 '경마'라고 썼다. 다시 손가락에 맥주를 찍어 '장'이라고 썼다. 그리고 다시 맥주를 묻혀 '에는'이라고 썼다. 그리고 계속해서 몇 자 더 썼는데 그것은 알아볼 수가 없었다. 왜냐하면 그의 손가락에 묻은 맥주가 충분하지 않았기 때문이었다.

하일지, 『경마장 가는 길』, 556-557쪽

그리고 다시 R의 경마장 메모가 소개된 것은 다방에서 난투극을 벌이고 그가 J에게 길거리에서 음탕한 짓으로 자신을 희화화(戱畵化)했을 때, 즉 자신이 망가졌을 때였다.

경마장에는 지금…… / 경마장에는 지금 긴 나무 그림자들이 그리워져 있다. 경마장 위로 그림자를 드리우고 있는 나무들은 상수리나무와 피나무와 백양나무와…… 그러나 경마장 위에 지금 나무 그림자를 드리우고 있는 것은…… 그러나 상수리나무와 피나무와 백양나무와……

하일지, 『경마장 가는 길』, 580쪽

경마장은 이제 환상의 공간이었다. 그리고 R은 J의 부모를 만나 복수를 감행하고 고속버스를 타고 대구로 가면서 다음과 같이 썼다.

나는 아직 한 번도 경마장에 가본 적이 없다. 따라서 나는 경마장이 어디에 있는지 알지 못한다. / 오래전에 언젠가 한번은 누가 나에게 경마장에 대하여 이야기해 준 적이 있다. 나는 그에게서 들은 이야기를 다만 기억하고 있을 뿐이다. 그러나 나는 그가 누구였던지 지금 알 수 없다. 그가 말한 경마장은 어쩌면 이 도시에 있는 경마장이 아닐지도 모른다. 바람 부는 오후에 하늘이 아득히 떠가고 있는 신문지처럼 경마장은 지금 공중에 아득히 흐르고 있다.

하일지, 『경마장 가는 길』, 649-650쪽

경마장은 이제 신화에 불과했다. R의 복수의 글쓰기는 파산하고 말았다.

그 후 R이 글쓰기를 복수의 수단에서 다른 목적으로 바꾸게 되는 계기가 구체적으로 제시된다. R은 J의 부모를 만나고 대구 집으로 와서 여동생에게는 글을 쓰기 위해서 여행을 떠난다고 하고, 광주로, 선암사로, 그리고 순천으로 갔다. 그가 순천에서 저녁을 먹으러 한식집에 들어가니 두 아낙네가 TV드라마를 보고 있었다. R은 그들이 보고 있는 드라마를 유심히 보았다.

"미스터 한은 외국에서 박사학위를 받아 온 유능한 인재라는 걸 알아요." / 화면에 나타난 무대는 고급스러운 양주를 파는 술집이었다. 화면 가운데에는 둥근 탁자가 놓여 있고 그 탁자를 사이에 두고 두 사람의 젊은 남녀가 마주 바라보고 앉아 있었다. 방금 말한 것은 여자였다. 여자는 이십대 말 또는 삼십대 초반으로 보이는데 얼굴이 갸름하고 콧날이 오똑하고 두 눈이 컸다. 그녀는 잘 차려입고 화려한 머리 모양을 하고 있었다. 그녀는 맞은편에 앉은 남자를 건너다보며 약간 도도한 미소를 지으며 계속했다. / "내가 미스터 한을 위해서 미리 사업체를 하나 마련해 놓았는데 이제 공부도 끝나고 했으면 우리 함께 일해 보는 것이 어때요?" / 그러자 맞은편에 앉아 있던 젊은 남자가 말했다. / "윤 회장님의 말씀은 대단히 고맙습니다. 그러나 저는 다른 생각이 있어 몇몇 뜻을 같이하는 친구들이 모여 조그마한 아뜰리에를 하나 마련했습니다. 아직 공부를 좀 더 해볼까 하구요." / 이렇게 말하는 남자의 목소리는 대단히 겸손하고 서글서글하고 또 당당했다. 화면에 클로즈업된 그의 얼굴은 이십대 말로 보이는데 대단히 말쑥하게 생겼다. 그는 양복을 단정하게 입었고 흰 와이셔츠 넥타이를 똑바로 매고 있었다. 그는 계속해서 무어라고 여자에게 말하고 있었다. 맞은편에 앉은 윤 회장이라고 불렸던 젊은 여자는 이제 처음의 그 당당하고 다소는 도도해 보이기까지 했던 얼굴이 아니었다. 그녀는 약간 자존심이 상한 듯 혹은 기가 죽은 듯 고개를 조금 수그리고 있었다.

하일지, 『경마장 가는 길』, 669-670쪽

식당에서 나온 R은 여관으로 갔다. 여관 카운터에 앉아 있던 남자가 그에게 아가씨가 필요하냐고 물었다. R은 필요 없다고 사양하고 방에서 혼자 조용히 자고 아침에 일찍 일어나 여행을 계속했다.

이 장면은 R이 식당에서 본 TV드라마에서 자신의 가능태를 보고 충격을 받았음을 보여준다. 해외 유학을 갔다 온 젊은이가 유혹을 뿌리치고 공부를 계속하겠다고 하자 더욱 멋있어 보이는 것을 보고 그는 섬찟했다. 자기처럼 해외 유학에서 돌아온 청년이 재현(representation)되는 것을 보면서 어떻게 행동하느냐에 따라 사람들의 반응이 달라질 수 있음을, 자신의 모습도 재현될 수 있으며 따라서 행실에 조심해야 된다는 것을 느꼈다. 나아가서 재현의 각별한 의미를 실감했다. 드라마를 보며 R은 만약 자신이 J에게 섹스하자고 떼쓰는 모습, 증오에 차서 J의 부모를 만나 해괴한 얘기를 지껄이던 모습이 재현된다고 생각하면, 상상하기도 끔찍했다. 이젠 '복수의 글쓰기'가 아니라 자기 모습을 만들어나갈 글쓰기, '나 만들기', '나 다시 만들기' 즉 '정체성 만들어가기'를 위한 글쓰기를 해야 했다.

R이 순천의 식당에서 TV드라마를 보다가 각성(覺醒)하는 장면은 푸코가 그의 『말과 사물(Les mots et les choses)』에서 서구 근대 '에피스테메'의 등장을 설명하며 『돈키호테』를 해석하는 부분에서

영감을 얻은 것으로 보인다.* 돈키호테는 2부에서 어떤 사람들이 자기 모험에 대해 이미 알고 또 이야기를 주고받는 것을 보고 자신의 모험에서 앞으로의 행동에 조심해야 되겠다고 마음먹고 더욱 엄격하게 기사도에 따른 행동을 보인다. 이 장면을 해석하며 푸코는, 이 작품에서 언어가 비로소 최초로 세상에서 분리되고 두 겹으로 포개지며 현실을 통제하는 새로운 힘을 얻었다고 해석하였다. 푸코는 17세기 초에 언어의 이러한 변화로 인해 근대의 에피스테메가 형성되었으며 바로『돈키호테』에서 이러한 언어의 의미 변화를 목도할 수 있다고 하였다.[1] 이 소설에서 R이 TV드라마를 보며 각성한 것은 자기 글이 복수를 위한 것에서 자기 정체성을 형성해나가는 길이 되어야 한다는 발상의 일대 전환이었다. 작가가 이 장면을 부각시킨 의미는 R이 쓸 '경마장…'이라는 소설은 한국인이 자기 정체성을 이루어가는 새로 포개진 언어이고 진정한 근대 소설문학의 기원임을 주장하는 것이다.

R이 남쪽 지방을 두루 여행하고 특히 조용한 절들을 찾아다녔지만 그가 거기서 뭘 했는지는 알 수 없다. 다만 진주에서 문방구에 들러 잉크 두 병과 노트 네 권을 사서 가방에 쑤셔 넣고 우유 다섯 통과 빵 여섯 개와 오렌지 주스를 사서 여행 준비를 하고 버스에 탔다. 그는 버스를 타고 가며 우유를 마시던 중 바깥의 어떤 광경에 몸을 움찔하여 우유를 입에다 허옇게 쏟고 말았다. 버스에 앉은 R의 눈에 보인 것은 들에서 일하는 아낙네들이 시선을 자기도 모르는 사이에 딴 데에 두는 모습이었다.** 여기서 그는 순간적으로 인간성과 자신의 참모습에 대한 영감을 얻었다. 무심코 튀어 나왔던 '경마장 가는 길'이란 제목은 비로소 내용을 얻었다. 들에서 일하던 여인의

한국인의 발견

시선이 '지금 여기(hier und jetzt)'에 머물지 못하고 한눈을 팔고 있었다. 인간은 번뇌(煩惱)의 존재다. 여기에 머물지 못하고 한눈을 팔고, '대박'을 기대하고 현재를 간과하는 모습, 그게 바로 '경마장 가는 길'이고, 해외 유학이었고, 자기의 참모습이었다. 그는 써 내려갔다.

2월 16일 K가 돌아왔다. 어쩌면 2월 15일 또는 17일이었던지도 모른다. 지구를 반 바퀴 돌아왔기 때문에 막상 도착했을 때 그는 곧 시간의 혼동 속으로 빠져 들고 만 것이다. 도착하면 몇 월

• 여기에서 '근대'라는 말은 우리의 통상적인 표현으로 유럽 17세기부터의 시대와 그 문화의 의미로 썼지만, 푸코는 17세기부터 18세기 후반까지의 시대와 문화를 'l'âge classique' 즉 '고전 시대(古典時代)'라 불렀다. 푸코에게 있어 '근대(moderne)'라는 말은 그 시대 이후, 주로 19세기부터의 시대와 그 문화를 지칭한다.

•• 그가 본 모습은 이랬다. "차창 밖 국도 가에는 두 사람의 시골 아낙네가 있었다. 두 여인은 이제 막 쌀자루 같기도 한 제법 무거워 보이는 자루 하나를 사이에 두고 그것을 함께 들어올려 한 여인의 머리 위로 이게 하려고 하는 찰나였다. 그 자루를 일 여인은 R이 볼 때 정면으로 보이는데 그녀는 머리 위에 또아리를 올려놓은 채 엉거주춤 허리를 구부려 땅바닥에 놓인 자루를 막 들어 올리려고 하고 있었고, 그것을 이게 할 여인은 R이 볼 때 뒷면만 보이는데 그녀는 엉덩이를 우뚝 세우고 상체를 구부리고 그것을 일 여인과 함께 자루를 막 들어 올리려고 하고 있었다. 그런데 그때 그 자루를 이게 하려고 하는 여인은 허리를 완전히 구부린 채 그 자루를 들어 올리는 데만 열중하고 있는 데 반하여, 그것을 일 여인은 무엇인가 예사롭지 않은 것이 순간적으로 그녀의 눈을 스치고 가기라도 한 듯 고개를 오른쪽, 그러니까 지금 R이 타고 있는 차가 가고 있는 방향으로 약 삼십도 각도로 돌린 채 근시안인 사람들이 멀리 있는 물체를 보려고 할 때 흔히 그렇게 하듯 눈을 약간 찌푸린 채 입을 반쯤 빌리고 엉거주춤 서 있었다." (같은 책: 676-677).

며칠 몇 시가 되는가 하는 데 대해서는 미리 충분히 계산해 두었어야 옳았을 것이다. 그러나 이십여 시간의 비행기 여행 동안 줄곧 심한 두통과 불면, 그리고 알 수 없는 불안에 시달리느라고 그런 것에 대하여 전혀 생각하지 못했다. 그러나 중요한 일이 아니다. 시간이라는 것은 어떤 식으로든지 이미 그에게 주어졌다.

하일지, 『경마장 가는 길』, 678쪽

이렇게 단숨에 써 내려가서 여백에 '경마장 가는 길'이라고 썼다. 이 글은 짧지만 카프카(Kafka)적이다. 그는 '지금 여기'에 머물지 못하고 한눈을 파는, '경마장 가는' 길이니 카프카의 'K'가 이름으로 제격이다. 카프카 식으로 다시 쓸 『경마장 가는 길』은 포개진, 다시 말해진 언어일 것이고, R은 이로써 자신의 정체성을 만들어갈 수 있을 것이다.

하일지의 『경마장 가는 길』은 이런 포개진 두 겹의 텍스트(text)로서의 진정한 근대 소설문학이 태어나는 신화다. 한국의 지식인은 추잡스러워진 자신의 모습에 경악했다. '정체성'의 질문이 제기되었다. 그러나 '나는 ㅇㅇㅇ다!' 또는 1980년대 식으로 앞 장에서 언급된 소설의 한 대목처럼 '나는 프롤레타리아다!'라고 해답을 골라서 크게 외친다고 정체성의 문제가 해결되진 않는다. 자신은 또 언제 어떤 모습으로 변할지 모른다. 궁극적 해결책은 자신이 스스로 자신의 모습을 그리고, 다시 그려가며, 의식뿐만 아니라 몸까지 서서히 자신을 만들어가는 자기반성(self-reflection)의 동적(動的), 지속적 체제를 만들어가는 일일 것이다. 자신의 정체성, 일관된 모습을 유지하

한국인의 발견

는 방법은 자신의 모습을 보고 자신을 통제해가는 것이며, 이는 근대적 사실주의 글쓰기로 해결될 수 있다. 거울로 자기 얼굴을 보는 일이라면, 어쩌다 한 번 보고 나르시스(Narcissus)의 과대망상의 저주를 받을 게 아니라, 매일 정기적으로 바라보며 더욱 아름다운 존재로 자기를 가꾸어 가야 하는 게 정체성 형성의 길인 것이다.

우리의 과거와 현재의 모습을 지속적으로 관찰하는 일은 과학적인 차원에서 1960년대 중반 '역사의 발견' 맥락에서 시작되었다. 통계 수집, 분석, 출판을 통한 경제학적, 사회학적, 인구학적 작업이 시작되었다. 그러나 이는 철저하게 실증주의적(實證主義的, positivist) 지식이며, 사전에 정해진 지표(指標, index)들의 증감을 나타낼 뿐이었다. 질적이며 의미 있는 우리 모습의 변화, 우리 자신의 윤리적, 철학적 평가와 의미 부여를 포함하는 우리의 변화하는 모습의 관리는 사실주의적 근대 소설문학을 통해서만 가능한 것이다. 근대 사실주의적 소설문학의 특별한 지성적 특성은 여기에 있다. '소금장수 이야기'와 근대 소설이 다른 점은 여기에 있는 것이다. 그리고 20세기 전반부터의 우리 근대 소설들이 '남들', 독자들의 계몽을 위한 글이었다면, 이제 진정한 근대 문학은 '나'를 위한, '우리'를 위한 글인 것이다.

박일문의 『살아남은 자의 슬픔』—1992년

이 책은 브레히트(Bertolt Brecht, 1898~1956년)의 시 「살아남은 자의 슬픔」을 인용하며 시작한다. 살아남았는데, 꿈에 친구들이 "강한 자는 살아남는다"고 말하는 것을 들었다. 그러자 '나, 자신이 미워졌다.' 살거나 죽는 것을 원하지는 않았지만 내가 살아남은 것을 '진화론'

으로, '생물학'으로 말하는 것은 참을 수 없이 역겨웠다. 작품 제목은 이 시에서 따온 것으로 1980년대 생명(生命)과 죽음을 넘어선 싸움을 해왔던 젊은이가 지난날을 회고하는 소설이다. 죽고 사는 게 문제가 아니라, 죽건 살건 그 의미가 모든 것이었다.

화자에게 있어 이 글은 '라라'라는 여인에서 출발했고, 그녀는 모든 것이었다. 그는 1961년생 '80학번'이며 이 책을 쓸 때는 32살이었다. 생머리에 히스테리컬한 어머니의 영향으로 팝뮤직에 둘러싸여 자랐고, 19살 때 독일어 선생이던 어머니는 47세의 나이로 아파트 한 채와 예금 통장들을 남기고는 차이콥스키의 《비창》을 들으며 자살했다. 그는 아버지에 대해 몰랐지만 나중에 어머니가 숨겨놓은 사진을 훔쳐보고 '출가 사문' 즉 중이었음을 알았다. 라라도 자살로 생을 끝냈다. 대학에 가기 전 그가 어떤 사람이었는지에 대한 언급은 없지만 "애정이 부족하고 변덕이 심한 편"이었다고 한다. 그 후의 일도 구체적은 언급은 없고 대부분 짐작할 뿐이다. 이 책의 서술은 헝클어져 있다. 남에게 하기 어려운 이야기들을 고통을 견디며 띄엄띄엄 해나가는 형국이다.

지금 자신에 대해서는 "글을 쓴다"고 한다. 무슨 글인지는 상관없다.

대단한 글은 아니다. 연필을 들고 대학 노트 위에 손을 탁, 하고 얹으면, 가랑잎이 냇물에 소리 없이 떨어져 흘러가듯, 그런 글을 쓰고 있다. 그러니 나는 플롯이니 갈등, 묘사나 서술 같은 소설의 정공법은 모른다.

박일문, 『살아남은 자의 슬픔』, 21쪽

한국인의 발견

그는 자신을 어떤 사회적 집단으로 말하지 않는다. 다만 '무엇을 하는지' 활동으로만 말한다. 소속은 없다. 거부한다. 그는 자신과 '라라' 그리고 '디디'라는 두 여인, 이렇게 셋만이 서로를 이해하는 삼각형을 이루었다고 한다. 그들에게는 세상을 증오하고 세상과 싸우는 것이 사랑의 형식이었다.[*] 이 말은 근대화된 비판적 지식인들이 자본주의 사회에 대해 제기하는 전형적인 언어다. 어머니의 사랑을 못 받고 자란 화자는 대학에 들어와서 자신과 세상을 증오와 폭력으로 배웠다.[**]

라라를 만난 것은 대학 4학년 때였다. 그녀를 사랑하게 된 것은 합리적으로 이해할 수 없는 일이었다.

그녀가 나를 소유하고 내가 그녀를 소유하는 것은 출생할 때,

- 그는 이렇게 말한다. "그들이 세상을 사랑하는 형식이란 대부분 세상과 싸우고 분노하는 방식으로 표현된다. 지구란 사랑할 만한 행성이 못 된다. 대단히 불쾌한 곳이다. 도시 또한 그러하다. 인간 또한 그러하다. 그들은 순수하기에 그들의 증오는 여전히 유효하다. 하지만 그들의 증오가 이 세상에 쉽게 받아지지는 않는다. 세상은 제멋대로 굴러가고 있기 때문이다. 〈라라〉는 죽음의 형식으로 세상에 복수한다. 1980년대, 더러 그런 일이 있었다. 분신? 그러나 〈라라〉의 죽음은 분신은 아니다." (박일문 1992: 29).

- 그는 이렇게 표현한다. "희망보다는 절망을 먼저 배운 도시, 자유보다는 억압을 먼저 배운 도시, 사랑보다는 증오를 먼저 배운 도시, 3·4·5·6 공화국의 정권을 휘어잡은 장군들의 도시, 그리하여 양심 있는 청년, 학생으로 하여금 부끄러움을 일깨워주었던 도시, 그런 도시 이야기다. / …… / 내가 태어나고 내가 자란 그 도시는 나의 적이었다." (같은 책: 31).

신으로부터 부여받은 지상의 명령 같은 것이었다. 위에서 아래로 흐르는 물의 흐름과도 같았다. 그녀의 차가움, 그러나 그 속에 도사리고 있는 광기, 나는 그녀의 그 엄청난 에네르기를 발견했던 것이다. 그녀의 에네르기는 나에게 충동적인 유혹의 손을 자극하여, 그녀와 나를 은밀한 밀실로 끌고 갔던 것이다. 나는 그녀 위에서 미친듯이 시를 썼다. 그녀가 내 위로 올라갔을 때, 나는 열정에 떨며 블로크의 시를 노래했다.

박일문, 『살아남은 자의 슬픔』, 45쪽

그에게는 증오, 반항, 투쟁만이 합리적인 것이었고, 라라와의 관계는 '광기'였다. 그는 그녀와 "사랑 같은 것을 했는지 모르겠다"라고 했다. 그가 라라를 만난 지 6년의 세월이 흘렀다. 3년 전 자신의 '존재 이유'가 사라졌다. 라라가 죽었다. 라라의 죽음은 내부의 갈등 때문이었다.

이미 라라에게는 살아남은 자의 슬픔이 너무 컸던 탓일까. 1987년 8월 19일, 라라는 충남대에서 있었던 전대협 결성식 참가를 끝으로 학교를 뛰쳐나왔다. 그리고 오르그가 되었고 섬유공장의 노동자가 되었다. 그러나 끝내 라라는 뛰어난 조직 인자도, 투쟁적인 노동자도 될 수 없었다. 20년 동안 몸에 배인 그녀의 리버럴한 면과 소부르주아 근성이, 팜플렛 몇 권과 몇 달 동안의 단파 라디오 주체사상 강좌로 청산되지는 않았다. 그녀는 조직의 선진대오에서 이탈되었고 당적을 박탈당했다. 그 후, 그녀는 문학이라는 나약한 인문주의적 덕성 속에 자신의 모습을 숨기려고 부단히 애를 썼다. 그러나 그녀는 문학판에서도 회의와 갈등의 나날을 보내야 했다. 그녀가 의식적으로 전취한 노동자 계급의 계급성과 당파성이, 그녀를 한낱 인문주의자로 머물게 하지는 않았다. 그녀의 일차적인 적은 다른 형태의 파시즘이 아니라, 자기 내부의 파시즘이었다. …… / 라라가 죽었다.

박일문, 『살아남은 자의 슬픔』, 54–57쪽

그녀는 운동권으로 투쟁에 참가하며 내면의 갈등을 견디지 못했다. 태어나면서부터 쌓아온 '소부르주아 근성'과, 운동권 조직이 강요하고 자신도 노력해왔던 '투쟁적인 노동자' 정신 사이의 갈등이었다. 그러나 이런 설명은 너무나 전형적이고 진부한 상투어일 뿐이다. 당시에 도식적인 갈등 외에도 복잡한 차원이 있었다.

악의에 찬 말들을 갖다 붙이기만 하면 되던 시절이었다. / …… / 같은 운동을 한다고 하지만 정파가 다르면 운동권의 선배에게 인사조차 하지 않는 후배들도 생겨났다. 1987년 12월 16일 대통령 선거 이후 나타난 특이한 현상이었다. NL주사파에도 남한 사회 성격을 식민지 반봉건사회라 주장하는 NL이 있었고, 신식민지 (예속, 반) 자본주의라고 주장하는 NL2가 있었다. 반강제 독점 강령을 내세우고 남한을 신식민지 국가독점 자본주의 사회라고 분석하는 PD에도 PD1, PD2, PD3가 있었다. 그리고 남한 사회 성격을 신식민지 국가독점 자본주의사회라고 규정하면서 당면 변혁은 민족민주혁명이며 그 성격은 부르주아혁명이라고 주장하는 ND가 있었다. 각 정파마다 읽는 책이 달랐고 사용하는 말투가 달랐다. 부르짖는 구호가 달랐고 집회장소가 달랐다. 심지어 그들은 차려입은 옷의 분위기가 달랐고 성격마저 다른 것 같았다. 나아가서는 사람의 가장 본질적인 인간성마저 정파에 따라 다르다고 생각할 지경이었다. 이러한 불행한 현상은 후배들에게 내려갈수록 심각했다. / 일단, 어떤 학우가 주위 친구들로부터 〈넌, 주사파야〉라고 규정되면 그는 책도 읽지 않고, 머릿 속에 든 것도 없고, 김일성 교시를 바이블처럼 떠받들고, 무식하고, 돌멩이 던질 줄밖에 모르는 소부르주아로 규정되는 것이다. 이제 그는 〈주사〉를 너무 많이 맞아서 망령든 〈주사 귀신〉으로 불려지는 것이다. / 또한 누군가 PDR론자라고 낙인 찍히면 사회과학 무크지인 〈현실과 과학〉을 도용하여 민폐를 끼치고 혁명에 해악을 끼치는 마타도어, 실천은 방기하고 입만 산 아카데미주의자들이라고 비난받는 것이다.

박일문, 『살아남은 자의 슬픔』, 62-64쪽

라라는 죽기 직전 이런 말을 했다.

「나는 요즘 혼란스러워요. 진다는 사실을 뻔히 알면서도 왜 우리는 계속해서 싸워야 하죠? 그런 자세가 진실하다고 생각하세요? 나는 나름대로 심각하게 자기 부정을 해봤어요. 나는 나를 위해서 싸우는가, 아니면 진실로 민중을 위해서 싸우는가. 내가 나를 위해서 싸운다면 그것이야말로 천박한 소영웅주의가 아닌가. 그렇다면 진실로 나는 민중을 위해서 싸우는가. 민중을 염두에 두고 싸운다면 도대체 무엇으로 그것을 증명할 수 있는가. 민중을 중심에 두고 사고한다는 자들이 왜 이렇게 서로 찢어져야만 하는가. 우리가 만든 이론이 민중을 위해서 쓰여지는 것이 아니라 자기 정파를 정당화하기 위해서 쓰여지고 있는 것은 아닌가.」

박일문, 『살아남은 자의 슬픔』, 71쪽

라라가 운동권과 투쟁에 대해 느끼는 회의는 점점 근본적인 곳을 향하고 있었고 화자는 그녀의 말을 옮기기 괴로워한다.

「난 당신을 사랑했기 때문에 나도 당연히 운동을 해야 한다, 내가 그를 진정으로 사랑한다면 나 역시 그가 걷는 길을 걸어야 한다, 그렇게 생각하고 나는 당신이 걷는 길을 조금의 회의도 없이 걸었던 거예요. 나는 당신의 짐이 되고 싶지 않았어요. 하지만 이게 뭐예요. 시간이 흐를수록 나의 갈등은 깊어 가는 거예요. 멀어져 가는 나의 본질, 내 정신의 고향과도 같은 거, 그런 문학적인 감성을 저는 점점 잃어가고 있었던 거예요. 어느 날 갑자기, 이것이 아닌데, 하는 생각이 들기도 하고, 지금 나는 무언가, 운동하는 나의 모습이 진정한 나라고 할 수 있는가, 나는 멍청하게, 기계적으로 조직에서 시키는 일들을 수행했어요. 남들이 무모하다고 할 정도로, 테러리스트 같은 행동도 서슴지 않았어요. 하지만 지금 돌이켜보면 그 모든 것이 나의 본모습은 아니었던 것 같아요. 내 속에는 내가 진정으로 바라는 나와, 어쩔 수 없이 끌려가는 나가 공존해 있었어요. 이제야말로 내 속에 있는 진정으로 바라는 나의 모습을 찾고 싶은 거예요.」

박일문, 『살아남은 자의 슬픔』, 79-80쪽

그녀를 불구덩이로 끌고 들어간 것은 화자였다. 그는 그녀를 이용했고 그녀는 그를 사랑했기에 따라갔지만 자기 정체를 바꾸지 못했다. 그리고 라라로부터 편지를 받았다.

어느 날 갑자기, 내가 아닌 내가 변혁 운동을 하고 있구나, 하는 사실에 깜짝 놀랐습니다. 그래서 나는 진지하게 나 자신의 문제에 대해서 고민해 보기로 했습니다. 누군가 나에게 반동적인 개인주의사상을 청산하지 못한 탓이라고 비난한다 해도 나는 어쩔 수 없습니다. 돌이켜보면 전 언제나 당신에게 길들여져 왔습니다. / 내가 주체적으로 책을 선택해서 읽은 것이 아니라, 당신이 골라주는 책만을 읽었습니다. 내가 주체적으로 고민을 했던 것이 아니라, 당신이 옳다고 생각하는 고민만 선택적으로 했습니다. 언제나 당신은 나에게 내가 학습해야 할 도서 목록을 짜주었고, 그와 동시에 내가 생각하고 판단하고 고민해야 될 문제마저도 틀에 넣어 제시했던 것입니다. 결국 나는 당신이 권하는 이 책 저 책 사이를 정신나간 여자처럼 탐닉했고, 어느새 마르크스와 레닌을 팔아먹는 거리의 창녀가 되었습니다. 나는 대중을 대상화하여 달콤한 말로 참주 선동하고, 말을 듣지 않으면 온갖 악의에 찬 말들로 매도했습니다. / 어쩌면 나는 당신의 위대한(?) 〈욕망 속에 갇혀버린 여자〉였는지도 모릅니다. …… 이제는 당신 속의 내가 아닌, 나 스스로 책도 선택하고, 고민을 선택하는, 나로 서고 싶습니다. / 언제나 당신은 나를 리버럴리스트라고 비판했고, 나는 당신을 이념의 과잉, 혹은 스탈린주의자

한국인의 발견

라고 반비판했습니다. 나에 대한 당신의 비판은 너무나 나를 숨막히게 했습니다. 당신의 목소리는 부드러웠지만 보이지 않게 나를 억눌렀고, 당신의 성정은 한없이 깔끔하고 다정했지만, 내 가슴을 꼭꼭 찌르는 칼끝이었습니다.

박일문, 『살아남은 자의 슬픔』, 97-98쪽

일단 그녀는 문학으로 간다고 했지만 그녀가 떠난 후 화자는 그녀를 사랑했던 만큼 견디기 어려웠고, 이런 이야기를 옮기기는 더욱 어려웠을 것이다.

그 후의 나날은 통음과 비분강개, 눈물, 자책, 부끄러움 그리고 무기력의 나날들이었다. 그리고 화자는 자기 아버지처럼 '출가(出家)'를 했고 6개월 후 라라가 죽었다. 그녀가 죽자 화자는 모든 힘과 에너지를 잃었다. 그는 자신이 빠져나갈 수 없는 미로에 갇혔음을 발견했다. 그때 만난 사람이 바로 '디디'였다. 그녀는 정치 운동과는 관계없는 인생을 사는, 자기 몸을 즐길 줄 아는 세련된 여자였다. 그에게 소설을 써보라고 처음으로 권한 사람은 바로 '디디'였다. 그는 결국 글을 쓴다는 문제에 대해 생각하게 되었다.

나는 책상 앞에 앉아 조용히 눈을 감았다. / 그래, 꼭 소설을 쓰겠다는 생각은 버리자. 나는 지금 소설을 쓰는 것이 아니다. 라라의 이야기를 어떤 식으로든 쓰지 않으면, 나는 내가 아무것도 할 수 없다는 것을 안다. 지금까지 내 생각의 진전을 막은 것은 바로 이것이었다. / 이것이 해결되지 않고서는 아무것도 해결되지 않는다. 나는 이제부터 라라의 이야기를 쓰는 것이다. 라라는 내 글쓰기의 열쇠다. 그녀는 내 글쓰기의 기원이다.

박일문, 『살아남은 자의 슬픔』, 213쪽

그가 글을 쓰겠다고 마음먹은 것은 글을 쓰고 싶은 욕망을 발견해서도 아니고 글을 써서 그걸로 무엇을 하겠다는 것도 아니었다. 오히려 라라의 이야기를 쓰지 않으면 자신은 살 수 없었기 때문이었다. 라라에 대한 추억과 감각과 감정과 회한들이 핏덩이처럼 뭉쳐서 가슴에 맺혀 있다. 이 핏덩이를 뱉어내지 않고는 살 수가 없다. 그러나 그 이야기들은 누구에게도 할 수 없고 그 핏덩이는 토해내지지 않는다. 디디의 충고는 한 가닥씩 실을 뽑아내듯 글을 쓰라는 것이었다. 그는 살기 위해, 글을 써서 그 핏덩이를 풀어내야 했다.

그는 소설을 쓰기로 작정하고 준비를 해나갔다. 그의 첫 번째 강령은 "시대의 싸움꾼이 되자!"였다. 그리고 두 번째 강령은 "내 글은 인간의 삶에 복무한다"였다. 이 강령은 당시로서는 중대한 의미가 있는 선언이었다. 그는 여전히 1980년대처럼 싸움꾼, '투쟁꾼'이기를 바랐지만 1980년대 학생 운동권식 싸움꾼은 거절하고 있었다. 조직의 일원으로서가 아니라 독립된 개인으로 싸우겠다는 말이었다. 돌멩이나 화염병을 던지는 것이 아니라 글을 써서 싸운는 것이다. 그리고 '인간의 삶에 복무한다'는 말은 1980년대처럼 죽기 위해 싸우는 게 아니라는 삶의 현실을 인정하는 것이었다. 이 두 강령은 새로운 투쟁의 목표이자 방식이었다.

내가 글을 쓰고자 한다면 우선 라라의 이야기부터 완성해야 한다. / 그것은 80년대의 살풀이와 마찬가지다. 어쩌면 라라의 죽

576   한국인의 발견

음은 80년대 우리 순수의 죽음인지도 모른다. 그리고 그 글은 나 자신에 대한 총괄일 수도 있다. 라라에 대한 글을 쓰지 않고서 나는 제대로 된 글, 본격적인 글을 단 한 편도 뽑아내지 못할 것이다. 일에는 순서가 있다.

박일문, 『살아남은 자의 슬픔』, 250-251쪽

라라의 죽음은 바로 '1980년대 우리 순수의 죽음'이었다. 그들의 싸움이 순수성을 잃었을 때 라라는 더 살아갈 수 없었다. 라라를 죽인 그 비순수, 위선, 탐욕, 잔인성을 살풀이로 몰아내지 않고는 살아갈 수 없다. 그러나 위 인용문은 나중에 꾸며낸 것이다. 살풀이는 우리 민속 문화를 실천하기 위해서가 아니라 살기 위해서 하는 것이며, 글을 쓰기 위해서 라라의 이야기를 하는 것이 아니라 라라의 이야기를 하기 위해서 글을 쓰는 것이다. 앞뒤를 맞춰서 이야기를 진행할 수도 없고, 찌꺼기 없이 진실을 일일이 밝혀가며 진행할 수도 없다. 두서없이 라라와의 사랑과 죽음의 진실을 이야기해 나갈 뿐이다.

이 소설에서 제기되는 문제는 '디디'의 정체이다. 그가 사랑했다고 하지만 그녀의 특별한 의미는 드러나지 않는다. 그저 섹스를 즐기고, 자유분방하고, 시원스런 여성이었다. 더구나 그와 라라와 디디 세 사람은 "영적으로 묶여 있었다"는 말은 언뜻 이해가 되지 않는다. 영적(靈的)인 연관이 구체적으로 언급된 것은 '빨간 라디오' 이야기에서였다. 디디는 자기가 전에 단편 소설을 써서 입상했다고 하며,

「내가 사귀었던 선배를 주인공으로 하여 썼던 글이에요. 그 선배는 언제나 단파 라디오를 가지고 다니며 한·민·전 〈구국의

소리 방송)을 듣곤 했죠. 라디오라는 도구의 형식을 통해서 빨간 물이 들어가는 과정을 그린 작품이었죠. 소설이라는 건 태어나서 그때 처음 써봤는데 당선이 되더라구요. 나도 놀랐죠.」/ 나는 디디의 말을 듣고 어떤 마술에 스르르, 빨려들어가는 듯한 기분을 느꼈다. 나는 디디의 얼굴을 뚫어지게 바라보았다. 나는 마취가 걸린 사람처럼 디디 앞에서 자신도 모르게 눈을 감았다. 아찔한 현기증이 나는 것만 같았다. 나는 머리를 흔들었다. / 이럴 수가 있다니! / 나는 지금 디디의 얼굴에서 라라의 얼굴을 보고 있는 것이다. 디디와 라라의 얼굴이 오버랩되었다. / 나는 갑자기 디디라는 여자가 무서워졌다. 이 놀라운 일치를 나는 뭐라고 설명할 수가 없었다. 내 앞에 서 있는 여자는 디디가 아니라 라라였다. / 아니 라라가 아니라, 디디이면서 동시에 라라였다. / …… / 디디가 걸어온 길, 라라가 앞서 걸어갔던 길, 어쩌면 완벽한 일체다. / 언젠가 라라가 내게 말했다. /「나는 지금 당신을 주인공으로 하는 소설을 쓰고 있어요.」/ 그때, 나는 라라의 말을 듣고 나를 주연으로 내세우든, 조연으로 내세우든, 엑스트라로 내세우든, 나에 관한 글을 쓰지 말라고 잘라 말했다. /「벌써 거의 다 썼는 걸요」하고 라라가 퉁명스럽게 말하며 내 손에 원고지를 내밀었다. / 제목은「빨간 라디오」였다.

박일문, 『살아남은 자의 슬픔』, 224-225쪽

그 후에 그는 디디의 얼굴에 "마녀적 기운이 서려 있다는 것을 그때서야 깨달았다. 눈은 한없이 투명하면서도, 우수와 공포와 불안과 장난기와 반항적인, 갖은 복합적인 이미지들로 이글거렸다." 그리는 "나는 그녀가 무서웠다. 아니, 무서운 것은 오히려 나 자신의 운명이었다."

　화자가 디디에게 엄청난 의미를 부여한 이유는 화자에게 디디는 라라가 환생한 귀신 또는 어떤 여인의 몸을 사로잡은 라라의 혼이라 느껴졌기 때문이다. 미국의 흑인 여류 소설가 토니 모리슨의 『빌러비드(Beloved)』의 경우, 노예 사냥꾼들(slave catchers)로부터 자기의 갓난아기를 보호하기 위해 아기의 목을 식칼로 잘라서 저세상으로 보낸 엄마에게 나중에 어느 여자가 그 아기의 귀신으로 나타났듯이[2] 디디는 라라를 죽게 한 장본인, 죄책감으로 가득 찬 화자에게 복수하고 한편으로 그의 죄를 사(赦)하기 위해 나타난 라라의 귀신이었다. 화자는 라라에 대한 그리움과 죄책감에서 그녀의 혼을 애타게 불렀을 것이다. 화자는 소설을 써보라는 디디의 충고에 따라야만 했고 그녀에게 라라를 죽인 죄를 눈물로 참회하고 용서를 빌어야 했다.

　그는 라라의 죽음의 원인을 생각해보았다. 돌이켜보면 그녀의 말에서는 오래전부터 죽음의 냄새가 나고 있었고, 그가 조금만 신경을 썼어도 막을 수 있었을 것만 같다. 그러나 소설 마지막에 라라가 죽기 얼마 전 화자가 그녀를 만났을 때의 이야기가 소개되는데 충격적이다. 화자는 이미 소설이 시작되기 오래전부터 알고 있었지만 소설의 마지막에 가서야 비로소 이를 뱉어낼 수 있었다. 라라의 노트에는 그간 그녀가 가진 난잡한 남자관계와, 마지막에는 "나는 누구의 아이인지 모른다"는 말이 쓰여 있었다. 이 라라는 그가 익숙했던 라라와는 전혀 다른 사람이었다. 그는 라라를 만나 그간의 남자들과의 관계에 대해 이야기를 들었다.

라라는 나를 알고 지낸 지난 4년 동안 7, 8명의 남자들과 관계를 가졌다. 그녀에게 섹스의 형식은 방탕이었지만, 내용은 순수였다. 그녀는 언제나 무서운 실존 앞에서 도망가는 법이 없었다. 라라는 진정한 순수는 타락 가운데 있다고 믿었다. 그렇게 믿지 않고서는 자신의 존재 가치가 없었다. / 나는 라라를 만난 후, 라라의 성생활에 대한 이야기를 들어야 했다. / 다른 남자와의 성관계에 대한 라라의 묘사는 나를 무력감에 빠지게 했다. 그녀는 나로 하여금 그녀에 대한 공격 심리를 자극하곤 했다. 나는 라라 앞에서 즉흥적으로 일어나는 모든 욕망을 지그시 눌렀다. 나는 라라 앞에서 감정적으로 행동하고 싶지 않았다. / 아, 비겁한 유물론자여. 나는 그때만큼 사회주의적 품성에 회의를 일으켜 본 적이 없었다.

박일문, 『살아남은 자의 슬픔』, 272쪽

6월 항쟁 때의 일에 대해서도 들었다.

나는 그녀보다 그녀와 함께 지낸 학생 신분의 남자들에게서 질투가 아닌, 분노를 느꼈다. 그렇게 바쁘던 시기에 어떻게 여자를 꿰차고 놀 수 있다는 말인가. 도대체 사랑이란 무엇인가. 사랑이란 역사에서 고립될수록 감미롭고 아름다운가. 그렇다면 역사와 인간은 어떤 관계에 있는가. 설사, 역사가 개인의 사생활까지 침범할 수는 없다 하더라도 지난 6개월 동안 라라의 행위는 지나치지 않았는가. / 라라는 니힐이었던가. 그 시기에 허무주의를 생각한다는 것이 과연 가능했던가? / 그러나 나는 라

라를 이해해야 한다. 그녀의 복잡한 성관계는 그녀에게는 독서
였을 것이다. 라라에겐 인간에 대한 호기심과 책에 대한 욕망은
동일한 가치일 것이다. 나는 라라의 〈독특한 독서 행위〉를 이해
해야 한다. …… 라라는 지난 6개월의 생활을 나에게 이야기해
주었다. 섹스 행위에 대한 그녀의 묘사는 리얼했다. 나는 미소
까지 띠며 들어주었다. 인내심이 필요했다. 나는 비겁했다. 그때
차라리 라라와 헤어졌어야 했다. 아니 이 진술은 거짓이다. 나
는 라라를 이해했으므로, 나는 그런 라라를 더욱 사랑할 수밖에
없었다. 나는 그녀에게 보호하고 싶다는 말을 했다.

박일문, 『살아남은 자의 슬픔』, 273-274쪽

이러한 이야기들은 새로 알게 된 이야기일 수 없었다. 이제야
말할 수 있게 된 이야기였을 뿐이다. 화자는 라라의 이런 마지막 모
습을 떨칠 수 없었고 그랬기에 화자가 디디에 대해 했던 첫 마디는
"아무하고나 자는 여자"였다. 라라는 복잡해지는 싸움의 세상에서 극
심한 정체성 위기에 빠졌고, 결국은 정체성을 포기한 것이었다. 그리
고 라라의 죽음에서 결코 화자의 죄를 면할 수는 없었다.

화자는 자기가 살기 위해서, 최소한의 '싸움꾼'의 정체성을 지
키고 살기 위해서는 글을 쓰는 수밖에 없었고, 이 일을 시작하기 위
해서는 그 가슴의 핏덩이를 삭여야 했다. 결국 라라의 혼을 불러 참
회하고 용서를 받는 길밖에 없었다. 화자는 자기가 살기 위해, 최소
한의 정체성을 지키는 삶을 위해 글을 써야만 했다. 화자는 소설을
이렇게 마친다. 라라에 대한 이야기를 매듭짓고는 이제야 시원했다.

이젠 모든 것이 홀가분하다. 나는 나를 구속했던 모든 것으로부터 자유로워진 것이다. 학교도 그만두었다. 라라의 기억으로부터도 해방되었다. 디디와도 어떤 식으로든 이별인 것이다. 나는 이제 자현이 말했듯이, 무소의 뿔처럼 혼자서 나가면 되는 것이다. / 정복한 나라를 버리는 왕과 같이, 소리에 놀라지 않는 사자와 같이, 그물에 걸리지 않는 바람과 같이, 무소의 뿔처럼 혼자서 가는 것이다. / 작가의 길이란 …… 그런 것이다. 누가 글 쓰는 사람의 고통과 고독을 알 것인가, 이제 나를 구속할 수 있는 것은 오로지 이 현실의 폭력, 억압, 거짓 화해, 가짜 욕망, 온갖 허위…… 그런 것밖에는 없다.

박일문, 『살아남은 자의 슬픔』, 301-302쪽

화자는 이제 용서받고 해방감을 느껴가고 있다. 화자에게 최소한의 정체성을 지키며 살아가는 유일한 방법이란 글을 쓰는 일이었다.

한국인의 발견

공동체의 복원

양귀자의 『천년의 사랑』—1995년

1995년에 나온 이 소설은 제목부터가 눈길을 끌었다. 누구라도, 어떤 사랑으로도 채울 수 없는 '천년'이라는 세월—그래도 '겁(劫)'보다는 합리적인 세월이다—의 사랑이라는 말은 여태까지 주로 근대의 낭만적 사랑을 접해온 우리로서는 감당하기 어려운 말이다. 이 사랑의 이야기는 과연 낭만적 사랑과 동양의 전통적 종교 사상을 결합시켜 만들어낸 독특한 사랑 이야기였고, 우리의 현재의 시점에서 각별한 의미를 가진다. 작가는 이 소설로 "'희망'으로 연결되는 벅찬 연대감"을 원했다고 하였다.[3] 천년이란 시간은 추상적인 '빈 시간'이 아니라 삶과 죽음과 재생으로 연결된 꽉 찬 시간이다.

　　화자는 '성하상'이라는 젊은 남자다. 25살까지는 평범한 세속적 욕망에 찬 청년이었지만 한 스승이 나타나 그를 따라 새로운 배움을 길을 찾았다. 그가 한 공부는 "우주로 통하는 큰 생명을 얻어 그 생명 기운을 세상으로 전파하는 큰 사람을 만드는 공부"라고 했다. 자기를 위한 공부가 아니라 우주, 모든 존재, 모든 생명을 위한 공부였다. 그러던 어느 날 "사랑이 나를 선택했다." 이때 느낀 이 '사랑'에 대해 그는 말한다.

> 이렇게 말할 수는 있다. 먼저 대상이 나타나고 그 다음에 사랑의 마음이 쌓이는 것이 세상의 사랑이라면, 나의 사랑은 특별했다. 먼저 알지 못할 누군가를 사랑하는 마음부터 쌓였고 그 다음 사랑해야 할 대상이 나타났다. 그리곤 시작과 처음에 자로 잰듯 여일한 간절한 사랑이 내게 시작되었다. 속력을 줄일 수도, 제동을 걸 수도, 그만 멈춰버릴 수도 없는 격렬한 사랑의 마음이 나를 두들겨 댔다. / 그 사랑은 예정된 것이었다. 아주 먼 시간 저편에서부터 결정되어진 특별한 사랑이었다. 그것은 지금의 나, 백년 전의 나, 천년 전의 나, 겹겹의 세월 속의 내가 포개져서 발현된 영혼의 사랑이었다. 나는 그 영혼의 사랑을 경험한 것이었다.
>
> 양귀자, 『천년의 사랑』 상, 22-23쪽

그에게 느껴진 사랑은 우리가 여태까지 이야기해왔던 '사랑' 이야기하고는 너무나 달랐다. 사랑은 '내가' 지어낸 것도 아니고, '내가' 느낌으로써 있는 것도 아니었다. 어떤 신비한 존재가 나에게 미리 어떤 '알지도 못하고 본 적도 없는' 사람을 사랑하도록 만들고 나중에 그 사람이 나타나는 이상한 경험이었다. 나를 사랑의 '주체'라 말할 수는 없다. 사랑은 나에게서 연유한 것이 아니었다. 그리고 이 사랑은 당장은 화자와 그녀의 사랑이지만 이야기를 마치고 나면 "힘들고 외로운 세상에 던져진 수많은 사람들의 사랑"이고자 했다.

그가 사랑하게 된 사람은 '오인희'라는 백화점 홍보팀에서 4년째 근무하는 26살의 성실하고 외로운 여성이었다. 그녀는 갓난아이 때 부모에게 버려져서 고아원에서 자랐다. 그녀는 며칠째 감기로 입원해 있다. 누군가 병실에 들어왔다가 나갔다는 느낌이 들었지만 아무도 없고 작은 꾸러미 하나가 탁자 위에 놓여 있다. 그 전에도 집에 누군가가 우편함에 작은 꾸러미를 놓고 간 적이 있었다. 꾸러미를 풀자 은은한 풀냄새가 났고 옛날식 어법으로 쓴 고백체의 편지가 있었다. 그 후 그녀는 직장 산악회 여자들과 노루봉에 갔다가 그를 처음 보았다. 거기서 그녀는 어느 순간, "알 수 없는 무엇이, 거미줄처럼 가는 무엇이 자신의 몸을 칭칭 감고 있는 듯한 기이한 느낌"이 들었다. 운명의 힘이 자신에게 작용하는 듯한 정확히 뭐라 설명할 수 없는 느낌이었다. 그리고 그때 우연스런 일로 성하상과 그의 충견 '미루'를 처음 보았다. 오인희는 비로소 그가 보낸 약초를 끓여 마시기 시작했다. 노루봉에서 그와 미루를 보았던 생각을 하면 웃음이 새어 나왔다.

그때부터 오인희에게 여러 변화가 일어났다. 사실 오인희는 삶에 탈진해 있었다. 그녀는 어려서부터 "꿈으로부터 추방당한 자"였고 그만큼의 삶을 만들어오는 데 힘을 다 써버린 차였다. 그즈음 인희에게는 받아도 아무런 말이 없는 이상한 전화가 계속 걸려왔다. 또 직장 상사가 그녀에게 신랑감을 소개시켜 준다고 해서 김진우라는 청년을 만났다. 그리고 이때부터 인희는 성하상의 편지를 읽어보기 시작했다. 성하상은 편지에서 다음과 같이 썼다.

> 서두르지 않겠습니다. 그대도 서두르지 마십시오. 온갖 일들이,
> 예정된 날들이 다 지난 뒤에, 그때 그날이 옵니다. 내가 아무리
> 소망을 거듭한다 한들 정해진 순서를 뒤바꿀 수는 없습니다. 우
> 리는, 아니 나는 그대 방황의 맨마지막 자리에 서 있는 운명입
> 니다. 나는 운명에 손대지 않습니다. 하물며 온전한 그대의 사
> 랑을 얻게 될 그 운명임에야 어찌 손대겠습니까.
>
> 양귀자, 『천년의 사랑』 상, 95-96쪽

그는 자신과 그녀의 사랑은 운명으로 정해진 일이며 인위로
될 일이 아니라는 확신을 밝히고 있었다. 시련이 기다리고 있으며 그
시련들을 거치지 않고는 이루어지지 않는다고 했다. 인희는 조금씩
변해가고 있었다. 그녀의 마음은 진우에게 다가가고 있었지만 또 다
른 한편에서는 밀리는 느낌도 있었다. 진우는 인희에게 적극적으로
접근했다.

두 번째 여름휴가 때 인희는 진우 그리고 유일한 친구인 혜영
이 부부와 함께 노루봉으로 갔다. 성하상은 그녀가 가까이 옴을 느
끼고 있었다. 성하상은 그녀를 보자 할 말이 있다고 부르더니 "이글
거리는 불의 혀를 조심"하라는 경고를 강하게 주었다. 그때부터 진
우는 적극적으로 인희에게 "욕망에 찬 눈길"을 보내기 시작했다. 밤
에 모여서 술을 마시며 대화를 하는데 인희가 잠깐 자리를 뜬 사이
버너가 폭발하여 커다란 불꽃이 솟아올랐다. 이런 일로 인해서 인
희는 자연히 성하상과의 특별한 관계를 이해하지는 못하지만 뚜렷

이 느끼게 되었다. 그리고 산책을 하다 인희는 성하상과 미루를 보았다. 그녀가 그에게 "도대체, 무엇 때문인지, 아니, 당신이 어떤 사람인지……" 막연한 질문을 던지자 그는 답하기를,

무엇 때문이냐구요. 물론 당신을 사랑하는 까닭이지요. 내가 어떤 사람이냐고 물으십니다, 당신은. 그것도 대답은 하나입니다. 나는 당신을 사랑하기 위해 호흡하는 사람입니다. 그것이 지금 당장 내게 주어진 과제니까요. 당신을 철저히 사랑할 수 있음으로 해서 우주의 섭리에까지 나의 미욱한 마음이 닿기를 원하고 있습니다.

양귀자, 『천년의 사랑』 상, 197쪽

그가 솔직하게 대답했으나, 그녀는 물론 무슨 말인지 알아듣지 못했다. 그녀는 자기는 곧 결혼하게 될 것이니 이제는 편지하지 말라고 말했다. 그는 "하지만 당신이 곧 내게로 다시 옵니다"라고 평이하게 대답할 뿐이었다.

인희는 진우의 어머니를 만나게 되었다. 인희의 내력을 알고 있는 그녀는 인희에게 비수 같은 말들을 던지고 모든 것은 끝이라고 선언했다. 그러나 진우가 인희 집에 찾아와서는 사랑한다며 애절하게 프로포즈를 했고, 인희는 그의 품에 무너지고 말았다. 그러자 성하상은 당시 상황을 어떻게 알았는지, 여러 가지 약초를 담아 보낸 편지에서 다음과 같이 말했다.

당신, 내가 사랑하는 그대는 아직 세상에 더 시달려야 합니다.

시련은 계속될 것입니다. 왜 그러는지 묻지는 마십시오. 예비되어 있는 삶의 순서는 어차피 치러야 합니다. 그래야 내가 당신을 보호할 수 있는 날이 옵니다. 나 역시 가슴이 터질 듯이 괴롭습니다만, 나도 어쩔 수 없습니다. 누구라도 어쩔 수 없습니다. 업보(業報)라는 말, 그 말에 기대십시오. 당신의 잘못이 아닙니다. 지난 세상의 일입니다. 가엾은 당신……. / 그 대신 쓰러지면 안 됩니다. 그러면 너무 억울합니다. 내 말을 마음에 담아주십시오. 시련은 지나갑니다. 다만 시간이 필요할 뿐입니다. 견디어야 합니다. 시간을 견디기만 하면 됩니다. 포기하지 말고.

양귀자, 『천년의 사랑』 상, 221쪽

운명적 사랑으로 엮였다는 것, 그리고 그것을 아는 것은 고통이었다. 인희는 그간 진우와 그 어머니 때문에 엄청난 마음고생을 했다. 이미 진우의 마음에는 '배신의 실금'이 그어진 상태였다. 그는 어머니의 명령에 따라 다른 여자들과 맞선을 보러 다니고 있었다. 다시 성하상은 인희에게 편지를 보내 시련을 견디는 수련 방법들을 가르쳐주기 시작했다. 인희는 그사이 임신 판정을 받았다. 결혼은 이미 물 건너 간 일이었고 인희는 진우와의 모든 관계를 단절할 생각을 했다. 그리고 이 시기 그녀는 늘 걸려오던 대답 없는 전화에서 "내가 엄마야"라는 말을 들었다. "말도 안 돼"라고 소리쳤지만 그 말은 수화기 너머 상대가 갓난아이일 때 자신을 버린 엄마라는 말일 수밖에 없었다. 그녀는 결국 김진우와 엄마와의 관계 모두를 정리해버리기로 했고 직장에도 사직서를 냈다. 이제 성하상은 인희에게 자신을, 노루봉을 생각해달라고 요구하기 시작했다. 인희는 편지를 읽으며 위안을 받고 그의 간절한 마음을 느낄 수 있었다. 또 그 편지에는 인희가 곧 그에게 오리라는 것을 믿는다고 쓰여 있었다. 마침 인희는 이제 이 세상을 떠나고 싶은 마음이 간절한 때였다. 그럴 즈음 인희는 드디어 생모를 만났다. 그러나 뜨거운 포옹은 없었고 생모는 목놓아 울 뿐이었다.

성하상은 드디어 편지에서 서둘러야 한다고 말하며 구체적인 만남을 준비했다. 우선 공부, 깨우침을 위한 강의를 시작했다. 그리고 그들의 사랑에 대해서도 말하기 시작했다. 이윽고 아홉 번째 편지에서는 자기에게 오라고 말하였다. 인희는 임신 5개월이 되었고, 그에 대한 강한 그리움을 느꼈다. 그때 마침 인희는 고열이 나서 병원에 입원했다. 그녀는 병원에서 그를 만났다. 그녀의 부름을 듣고 달려왔다고 했다. 그녀와 성하상은 처음으로 마주 앉아 대화를 했지만 할 말은 별로 없었다. 그는 돌아가서 편지를 했다. 인희에게 자기가 있는 산으로 와야 한다고 했다. 인희 주변의 모든 일들은 그녀의 출발을 준비해주고 도와주는 것처럼 돌아갔다. 성하상도 그녀를 맞을 준비를 해나갔고 인희를 사고로부터 지켜주기도 했다. 드디어 그는 트럭을 이끌고 인희를 데리러 왔다. 인희는 노루봉에 성하상이 마련한 집에 도착했고, 너무나 편안했다. 그가 그녀에게 몸으로 말로 표현하는 사랑은 지극하기 그지없었다. 아침에 창밖에 서 있는 성하상을 발견했다. 그는 그녀에게,

"아침 산책을 나왔다가 당신이 여기 잠들어 있다는 생각을 하니까 도저히 발이 떨어지지 않았어요. 여기 서서 이 닫혀 있는 창을 바라보며 무슨 생각을 했는지 아세요? 한 달이고 두 달이고

이렇게 당신 잠든 창을 바라보며 서 있을 수만 있어도 세상에
부러울 게 없을 것이라는 생각만 줄곧 하고 있었어요." / 그렇게
말하는 성하상의 눈에 성에처럼 어리는 것은 눈물이었을까. 인
희 또한 남자의 그 맑고 깨끗한 얼굴 앞에서 그만 눈물을 보이
지 않을 수 없었다. 아, 이처럼 넘치는 사랑을 내게 주려고 삶은
그토록이나 인색했던 것이었을까. 이제까지의 시련은 내게 보
내려는 신의 단련이었을까.

양귀자, 『천년의 사랑』 하, 202쪽

사랑의 '완성'이란 양으로 말할 수 있는 게 아닐 것이다. 단 한
순간만으로도 사랑은 충만할 수 있을지 모른다. 그는 그녀에게 천년
전 전생에서 그들의 사랑도 이야기해주었고 얼마 전 드디어 그녀를
발견한 후 애쓴 이야기도 해주었다. 인희는 그 이야기를 듣고 너무
나 편안했고 사랑의 충만함을 느꼈다. 그러던 중 인희는 출산을 하
게 되어 산에서 내려가 병원에 갔고 제왕절개 수술을 하게 되었다.
그러나 수술 과정에서 그녀는 저세상으로 가버리고 말았다. 성하상
은 인희의 아기를 얻었고 아기를 키우는 그의 사랑은 더욱 지극하고
뿌듯했다.

사람과 사람을 결합하게 만드는 사랑이라는 것은 개인들의
우발적 감정이나 판단에서 연유하는 것이 아니라 이미 우리가 알 수
없는 곳에서, 알 수 없는 존재에 의해서 결정되어 있는 것이다. 우리
의 의지나 의식보다 앞서서 결정된 것이며 우리에게는 미리 결정되
어 있는, 이해할 수 없는 운명인 것이다. 우리는 거부할 능력이 없다.
그 사랑을 아는 사람, 성하상은 인간의 힘으로 이해될 수 없는 일의

진실은 "우주와 인간 사이에 묵계된 영원한 약속이 무엇인지 깨달았을 때에만 비로소 이해된다"고 했다. 또 이런 것들을 "통털어서 섭리(攝理)라고 부른다. 섭리의 법칙을 아는 사람은 우연이란 것을 인정하지 않는다. 우주의 질서와 우주가 베푸는 큰 은혜 속에는 우연이란 실수는 없다"고 확언한다. 이러한 원리를 이해해도 구체적으로 어떤 사람과 어떤 사람이 사랑의 운명으로 맺어져 있는가는 느껴져야 알 따름이다.

우리는 그간 근대 서구의 이념 속에서 각자 개인을 모든 것의 '주체'라 여기고 고독과 소외를 번갈아 자기최면(自己催眠)을 통해 극화하여 스스로를 크게 만들기도 하고 작게 만들기도 하며 영웅의 시대와 '이데올로기 과잉의 시대'를 연출해왔다. 이러한 점들이 극복해야 할 문제로 설정된 것은 이미 1980년대 초였다. 1990년대에는 1980년대까지의 분노와 흥분과 동요를 가라앉혀야 했다. 이러한 새로운 사랑 이야기는 사랑이라는 자신을 만들어가는 이야기의 주체의 초점을 바꾸어 한국인의 자아 형성에 수정을 가하는 중요한 의미를 갖고 있다. 이러한 운명의 사랑 이야기는 한국인 개인들의 과장된 자아를 순치시키고 공동체라는 편안한 세상에 안착시키는 것이었다. 물론 사랑이란 동양의 전통적 관념에 따르면 모든 우주의 생명, 중생들의 우주 안에서의 일이지만 이 소설의 의미는 우리 '민족'을 다시 이해하는 일이었다. 이제 민족이란 이전까지 일반적으로 정의되어온 눈에 보이는 핏줄로 연결된 실체라기보다 눈에 보이지 않지만 운명적인 끈, 우리 의식과 의지를 벗어나 우리가 이해할 수 없는 끈으로 연결되어 있는 것임을 발견했다. 민족으로서 우리는 우리가 원하든 원치 않든 천년, 아니 그보다 더 오래전부터 앞으로의 끝없는 미래까지 촘촘한 태어남과 삶과 죽음과 재생과 내세들, 그 속의 만남과 헤어짐, 약속과 기다림으로 엮여 있는 것이다. 이 소설에는 경계(境界)가 있는 집단을 가리키는 어떤 일반 명사, 예를 들어 '공동체'니 '사회'니 '민족'이니 하는 말은 일체 사용되지 않았다. 그렇지만 우주, 중생, 인류 등 그 이름이 무엇이건 섭리가 작용하는 모든 공간은 폐쇄된 강제 공간임에 분명하다. 이 소설의 의미는 민족 공동체를 복원하고 개인들을 순치시켜 그 안에 편안한 자리를 주기 위함이었다. 여태까지 해왔던 '민족'이라는 형식, 울타리에 대한 예찬은 도를 넘었었다. 그리고 과도한 형식주의는 민족의 내용, 한 사람 한 사람의 존재를 지워왔었다. 이 소설의 묵직한 의미는 민족의 내용, 즉 한 사람 한 사람은 운명이라는 강제적 인연의 네트워크에 묶여 있으며 그것을 자각하고 그 안에서 삶과 존재의 의미를 찾아간다는 것이었다.

김소진의 『장석조네 사람들』─1995년

1990년대 중반에 주목받은 작가가 있다면 단연 젊은 작가 김소진(金昭晉)이었다. 그는 1990년대 초부터 단편들을 내기 시작했고, 1997년 아까운 34세의 나이로 요절하고 말았다. 1995년에는 10개의 단편들을 묶어 『장석조네 사람들』이라는 단행본을 출판했다. 이 책은 단순한 단편집이 아니라 상당히 공통적인 주제 아래 어떤 사람들, 즉 장석조라는 사람이 소유한 기차간 같은 집에 세 들어 사는 가난한 사람들의 이야기들로 묶인 책이었다. 장편이라 할 수는 없고 각 단편들을 독자적인 이야기들로 볼 수도 있다. 그곳은 하루하루 노동으로 먹고사는 가난한 사람들이 모여 사는 곳으로, 보통 빈민촌들과 같이 늘 요란스럽고 시끄럽게 아침부터 아귀처럼 다투며 산다. 겉보기에 이들은 야만스럽고 '아귀' 같은 사람들이었다. 하지만 김소진의 대부분 작품들이 그러하듯 이들을 유심히 관찰해보면 겉보기와는 다른 모습들이 드러난다.

| 「양은 장수 끝방 최씨」 |

첫 작품 「양은 장수 끝방 최씨」에서는 먼저 피마자 씨를 가지고 아침부터 다투는 여인들의 모습과 그 집의 물리적인 구조를 묘사한다. 우리나라 온갖 지방 사투리들이 거세게 이 동네 사람들의 입에서 쏟아져 나온다. 이곳 사람들 중에 제일 입에 오르내리는 사람은 양은 장수 최씨였다.

> 양은 장수 최씨는 특히 동네 아줌마들 사이에서 인기가 높았다. 무엇보다 입담이 셌기 때문이었다. 바짓부리를 무릎까지 걷어 붙이고 나면 실팍한 알이 박인 종아리가 드러났다. 구슬 꿰기나 마늘 벗기기, 봉제 따위의 부업거리에 손을 담그고 그에게 심심풀이 삼아 귀를 잠시 빌려주다가도 남정네의 미끈한 종아리를 덤으로 눈요깃감 삼아 힐끗힐끗 구경하는 맛도 여간 쏠쏠하지 않은 모양이었다. 큼직한 지게에다 갖가지 양은붙이를 웬만한 장롱 높이로 해서 박다위로 친친 감고 걸어다녀야 했으니 종아리가 딴딴해지지 않을 수 없는 노릇이었다. 그런데다 양은 장사라는 게 워낙 부녀자들을 상대로 하는 일이다보니깐 그 방면에 대한 정보를 훤히 꿰찰 수밖에 없어 자연히 그의 입은 중요한 정보원이 되었다. 어느 동네에서 어떤 부업거리가 성행한다든

지, 어느 직판장에서 어떤 농수산물을 시중가격보다 싸게 판다
든지, 문 닫는 공장에서 이러저러한 원단가지를 원가에 판다든
지 하는 정보를 최씨는 그때그때 동네 아주머니들한테 적절하
게 공급해 주었다. 게다가 분위가 좋으면 구멍 뚫리거나 거푸집
이 일어 못 쓰게 된 쇠붙이를 건네주면 하다못해 삐까번쩍한 청
국장용 쟁개비라고 하나 집어주는 판국이니 다들 오늘은 무슨
수가 날까 하는 심정으로 최씨만 보면 손짓을 해서 담벼락 그늘
아래로 불러들이는 것이었다.

김소진, 『장석조네 사람들』, 17–18쪽

최씨는 부인네들 간에 인기도 좋고 살림도 좀 나은 편인 만큼
의혹과 질투의 대상이다. 그런데 그가 공사판 도급업자인 오씨의 부
인―전에 이발소에서 면도하던 여인―'성금 어매'와 수상한 관계라
는 소문이 돌았다. 성금 어매는 얼마 전에 집에서 도망 나가 사라져
버린 터였다. 중국집에서 최씨와 성금 어매가 방에서 나오는 걸 보았
다는 박씨의 증언도 있었다.

그러다 하루는 최씨의 지게 포대에서 혼절한 성금 어매가 나
왔다. 이야기인즉슨 최씨가 장사를 다니다가 성금 어매가 오 영감을
버리고 나와 딴살림을 차린 집을 우연찮게 발견했다는 것이었다. 가
까운 곳이었는데 성금 어매의 상대는 바로 고물상과 강냉이 집을 운
영하는 주인집 장석조 씨였고, 최씨가 주선해서 오씨와 장씨가 만나
서 오씨에게 만 원짜리 몇 장을 찔러주고 문제가 해결되었다는 것이
다. 결국 이 이야기에서 동네 부인네들에게 인기 좋은 최씨는 오씨의
부인을 후려내서 큰 문제를 일으킨 사람으로 오해받았지만, 알고 보

니 문제를 해결하고 오씨를 도와준 사람이었다.

|「겐짱 박씨 형제」|

두 번째 「겐짱 박씨 형제」는 끝에서 둘째 방에 사는 겐짱 박씨 부부와 동생 이야기였다. 겐짱 박씨의 아내는 나이가 많아 보였지만 성품이 서글서글해서 동네에서 '새댁'이라 불렸다. 사람들끼리는 그 부인이 흑산도 논다니(웃음과 몸을 파는 여자를 속되게 이르는 말)였다고 했다. 사람들은 겐짱 박씨를 무일푼으로 알고 있었지만 실은 그의 부인이 시장에서 순대국집 장사를 해서 부자였다. 그의 이름은 헌일(憲一)인데 그가 일본에서 자라서 일본식으로 '겐짱'이라고 불리고 있었다. 그의 동생은 '작은 겐짱'으로 불렸고 이름은 헌기(憲基)였다. 동생은 훤칠한 외모에 화가가 되는 꿈을 갖고 있고 지금은 만화가 밑에서 일을 배우고 있다고 했다. 군대에서 기타를 배운 그는 기타를 치며 종종 노래를 불렀고, 순대국집 하는 형수와 같이 부르기도 했다. 그는 형수와 각별한 사이였고 그의 친구들도 순대국집을 드나들며 그녀를 '누님'이라고 불렀다.

언제부턴가 겐짱은 '소나기술'을 마셨다. 동생이 보기에도 형과 형수는 전과 같지 않았고 형수를 때린 흔적도 보였다. 겐짱은 아내와 자주 싸웠는데 작은 겐짱은 여행 갔다가 형수의 고향 흑산도의 까만 조약돌을 선물로 갖고 오기도 했다. 하루는 겐짱이 아내에게 화장품을 선물로 사 가지고 와서 방문을 여니 동생과 마누라가 이상한 자세로 "풀린 옷고름 매무시"를 하느라 가슴을 더듬고 있었다. 겐짱은 분노를 참지 못하고 동생에게 사정없이 폭력을 가했고 동생은 달아났다. 그 후 작은 겐짱은 동네에서 모습을 보인 일이 없었다. 겐짱의 아내도 결국은 집을 나가고 말았다. 그러자 겐짱은 실성한 사람처럼 실실 웃고 술에 쩔어 살고 서투른 솜씨로 기타를 뜯었다. 그는 아내가 나간 자리를 보고는 혹시 자기가 오해하지 않았나 생각도 하며 눈물을 쏟고는 동네를 떠나고 말았다. 그리고 아주 오랜 세월 후에 누군가가 흑산도에 낚시하러 갔다가 그에 관한 얘기를 들었다고 했다. 그 집 딸이 말하는데,

> "새댁 아줌마하고 겐짱 아저씨가 바닷물에 퐁당 빠져 죽었더랜다. 울 아빠가 저기 섬에 배 타고 고기 잡으러 갔다가 들었단다. 울 엄마가 나가서 아무한테도 말하지 말라고 했는데 넌 내 깐부니깐 내가 일러주는 거야. 비밀 알지? 자 손가락 도장 찍어."
>
> 김소진, 『장석조네 사람들』, 46쪽

이 소설의 기본적인 이야기는 김동인의 「배따라기」와 유사하다. 다만 끝에 아주 오랜 시간 뒤의 이야기가 붙어 있는 게 다를 뿐이다. 사실 뒤의 이야기는 정확히 알 수 없다. 하지만 짐작해보면 흑산도에서 나중에 '작은 겐짱'하고 그의 형수는 만나서 같이 살았던 것 아닌가 싶다.* 문제는 마지막에 그들이 같이 물에 빠져 죽었다는 말을 절대로 비밀에 붙이고 딸아이에게 동네에 말하고 다니지 말라고 했다는 부분인데, 필경 한참 지난 후에라도 동네를 떠났던 겐짱이 돌아와 동생과 부인이 흑산도에서 같이 죽었다는 말을 듣는다면 분노가 다시 터져 무슨 일이라도 저지를까 봐 그를 보호해주기 위해 배려한 것이라고 짐작된다.

한국인의 발견

세 번째 「비운의 육손이 형」은 약간 다른 이야기였다. 화자가 어려서 동네에 '육손이 형'이라고 부르던 사람이 있었다. 그의 이름은 강광수로 몸집이 우람한 괴력의 소유자였다. 나이는 화자보다 열 살쯤 위였지만 '아저씨'라고 부르지 않고 '형'이라 부르며 같이 어울렸는데 그럴 수 있었던 이유는 그가 지능이 다소 모자란 사람이라는 사실과 무관하지 않았다. 그는 거인에 천하장사였지만 행동이 어딘지 어색하고 우스꽝스럽기도 했다. 그의 아버지는 '똥지게'를 메는 사람이었다. 그는 괴력의 소유자였지만 바깥 세상에 대해서는 두려움을 갖고 있었다.[**]

화자는 한참 그를 보지 못하다가 1980년대 초반 학생운동이 불붙던 시기에 예상치 못한 계제로 그를 만나게 되었다. 학생들 간에 전경, 백골단에 괴물 같은 인간 백정이 있다는 말이 돌았다. 한 학생의 이야기에 따르면 그는 이전에 '흑표범'이라고 불린 복면의 프로레

[●] 이 책의 여덟 번째 이야기 「쌍과부집」에 이 이야기의 후일담이 일부 나와 있다. 작은 겐짱은 형수와 흑산도에서 살림을 차렸다. 하지만 그 후의 이야기는 대단히 애매모호해서 정확히 알 수는 없다 (김소진 1995: 176-178).

[●●] 당시에 많은 사람들이 동네를 뜨는 것에 관한 이야기를 하다가 자기는 안 된다고 하며 화자에게 말했다. "내라고 한번 눈 딱 감고 튀어볼 깜냥이 왜 없었겠냐? 허지만 바깥 세상은 너 말이야, 생각보다 훨씬 무섭단다. 난 알지. 문둥이가 얼라들 간 빼묵듯 사람 진을 쪽쪽 때묵는 곳이야. 너두 알다시피 난 등치가 이 모양이잖니? 이 등치를 매끼니 먹여살리는게 그리 쉰 일인 줄 아니? 헤잉, 천만에, 바깥에서는 이 등치가 말짱 도루묵이다 너? 도통 안 쳐줘. 여기선 그래도 허드렛일이라도 내가 쓸모가 있잖니? 제 밥값은 하고 산다는 말은 듣잖니? 안 그려?" (김소진 1995: 51).

슬러라고 했다. 화자는 그를 보는 순간 그가 육손이 형임을 알아보았지만 그는 자기를 못 알아보는 듯했다. 그러다가 다쳐서 보건소에 가서 치료를 받는데 그도 다쳤는지 그곳에서 치료를 받고 있었다. 서로 알아보고 오랜만에 보고 안부를 묻자 그의 말이,

"헤잉, 딴 데 같으면 초장부텀 이 정도는 깨져야지 훈장쯤으로 알고 발동이 걸려서 말이야…… 펄펄 누비고 다녔을 게야. 오늘은 왠지 네가 다니는 학교라는 생각이 드니깐 온몸에서 맥이 주르륵 풀리는 게 뭘 기분이 나지 않았어. 너 같은 녀석이 다 데모를 할 땐 어쩜 그럴듯한 이유가 있을지도 모른다는 생각이 새벽 좆처럼 벌떡벌떡 서는 거 있지? 모를 일이야. 너같이 순진한 놈이 데모를 다 하다니……"

김소진, 『장석조네 사람들』, 59쪽

육손이 형은 이미 화자를 알아보았고 그와 같은 순진한 사람이 데모를 한다고 생각하니까 폭력을 휘두르고 다닐 기분이 아니었다는 것이다. 저녁에 같이 나와서 술을 한잔 하면서 그간의 이야기를 들었다. 그는 한때 프로레슬링을 하며 복면을 쓰고 경기를 뛰어 텔레비전 중계에 나왔고, 남창(男娼) 노릇도 했다가, 결국은 삼청교육대에 끌려가 죽을 고생을 하고 나와서 전경에 들어왔다는 것이었다. 그는 프로레슬링을 하면서 인생의 맛을 알았다고 했다. 즉 수많은 관중들이 환호하고 여성들에 둘러싸여 쾌락을 맛본 그때가 처음으로 인생의 맛을 안 때였다는 것이다.

그리고 그를 다시 만난 것은 1987년 대통령선거 때 민주당 창

당 방해 사건의 제보자를 만나러 갔을 때였다. 그는 초췌하고 궁한 모습이었다. 그리고 그를 마지막으로 만난 것은 작년 겨울이었다. 시립병원에서 전화가 걸려왔는데 강광수라는 행여병자가 입원해 있다는 것이었다. 그는 아무런 연고도 없이 온몸의 복합적 문제로 죽어가고 있었다. 그는 화자의 손을 붙잡고 한 가지 부탁이 있다고 했다. 그의 부탁은 "내가 땅 속에 묻히는 걸 넌 지켜봐 줄 수 있겠지! 넌 내게 돌을 던지지 않은 유일한 놈이잖아"였다.

육손이 형은 어려서 같이 자란 동네 '형'이지만 아주 가까운 친구는 물론 아니었고 그 후에는 인생의 길이 갈라져 소식도 듣지 못하고 지냈다. 그를 다시 보았을 때 그는 전경, 백골단의 괴물, 인간 백정이라 불리고 있었다. 하지만 그 와중에도 그는 화자를 알아보고 따뜻한 마음을 나누었다. 그는 젊어서 지능이 모자라는 사람이었던 만큼 극도의 폭력적에 의지해 세상 밑바닥에서 쾌락을 탐닉하는 삶을 살았다. 그러나 마지막으로 보았을 때 그는 화자가 자기에게 돌을 던지지 않은 유일한 사람이었다고 말하며 땅에 묻히는 것을 보아달라고 했다. 그는 병원의 행정 착오로 화장되었지만 화자에 대한 따뜻한 사랑을 안고 갔다. 그리고 무엇보다 중요한 건 화자의 육손이 형에 대한 마음이었다. 어려서 동네 형이지만 전혀 다른 정반대의 인생 길을 걸었던 괴력의 거인, 세상 밑바닥을 살았던 존재였으나 화자는 그의 따뜻한 마음을 느낄 수 있었고 기꺼이 그의 마지막 길을 사랑하는 마음으로 지켜주었다.

| 「폐병쟁이 진씨」 |

네 번째 단편은 「폐병쟁이 진씨」였다. 오 영감이 키우던 집오리 '깐

둥이'가 폐병쟁이 진동환 씨에게 단돈 오백 원에 팔렸다. 진동환 씨는 가난한 사람이었지만 폐병에서 회복해서 건강하게 살고 싶은 욕망이 간절했다. 그는 전에는 어딘가에서 광원 일을 하던 사람이며 왕년의 좋은 시절을 회고하곤 했다. 그는 강한 소원을 갖고 있었다.● 그가 '깐둥이'를 산 것은 그 녀석을 잡아먹고 건강을 회복하기 위해서였다.

그런데 동네에 소문이 돌기로, 깐둥이 뱃속에 금반지가 있다는 것이었다. 즉 오리가 금반지를 삼켜서 그게 뱃속에 있다는 것이었다. 더구나 그 반지에는 보석이 큼지막하게 박혀 있다는 말도 돌았다. 동네 사람들은 논쟁을 벌이고서 깐둥이와 진씨 주변에 몰려들었다. 결국은 경찰까지 나서서 진씨를 데려다 심문하기도 했다. 그런데 그 와중에 깐둥이가 갑자기 달려든 개에게 물려서 피투성이가 됐다. 그러자 진씨는 깐둥이를 라면상자에 넣어 어디론가 가버렸다. 나중에 들으니 서강 종점까지 갔다 왔다고 했다. 사람들이 웬일이냐고 묻자 그의 말이,

● 그는 다음과 같이 동네 사람들에게 말하곤 했다. "''―아흐, 그저 닭을 그것도 오골계로 한 오십 마리 백숙으로 뼛속까지 흐물흐물하도록 삶아 먹고 지네 열 두름 해서 진을 짜 먹은 다음 뱀두 아주 소문난 독뱀으루 얄짤없이 스무 마리만 화덕 위에 탕기 올려놓고 확확 고아 먹으면 이놈의 폐병이 어마 뜨거라 떨어져 버릴 것만 같은디. 입에 풀칠하기도 거시기허니 말이유……." / 그런 말을 할 때면 그의 눈은 마늘쪽처럼 찢어져 빛나고 혀는 마치 뱀 혓바닥처럼 길게 빠져나와 입술을 아래위로 번드르르하게 훑었다. 그런 눈으로 할기족족 핥듯이 쳐다보는 깐둥이는 이미 그의 각막에 털이 숭숭 빠져 도마 위에 오르기 직전의 모습으로 비칠지도 모를 일이었다." (김소진 1995: 78).

"사람 손이 닿지 않는 한강에서 맘대로 노닐며 살다 죽으라고
요. 와, 안됐습니꺼?"

김소진, 『장석조네 사람들』, 98쪽

진씨는 자신이 폐병에서 헤어나올 욕심에서 집오리 '깐둥이'
를 샀지만 온 동네 사람들 사이에 이상한 소문이 퍼지며 깐둥이에게
탐욕을 드러내는 것을 보고는 마음이 흔들렸다. 더구나 깐둥이가 개
에게 물려 죽어가는 모습을 보자 진씨의 마음속에 있던 따뜻한 동정
심과 사랑이 나타났다. 즉 원래 잡아먹으려고 산 오리였지만 상황이
이상해지자 오리가 불쌍해졌고 그래서 오리더러 죽기 전에 한번 자
유롭게 지내라고 한강변에 갖다놓았다는 것이다.

| 「별을 세는 사람들」 |

다섯 번째 「별을 세는 사람들」의 이야기는 좀 더 직접적이다. 어느 날
저녁 동네 남정네들은 최씨의 방으로, 류씨의 숙소로 모여들었다. 그
중에는 소주를 한 병 들고 온 사람도 있었다. 사람들은 긴장한 눈치
였다. 그들이 기다리는 것은 굿이 끝나면 나오는 계면떡이었다. 장석
조네 아랫집 갑석이네 가게 안채에서는 굿판이 벌어지고 있었다. 실
성한 사람을 위한 허두굿이었다. 독자인 갑석이가 갑자기 실성을 해
서 자린고비인 그의 아범이 용하다는 의원은 다 찾아다녔지만 허사
였다고 했다. 그때 동네 단골 무당 꽁이네가 굿을 하겠다고 나섰다.
그런데 중간에 "집도 절도 모르는 만신이 웬 흰 옷 차림의 더벅머리
머슴애를 데리고 턱 들어서서는 자신이 이 굿판을 주관해야겠다고

나선 것이다." 그녀는 생김새도 묘해서 함부로 대하기 어려웠다. 그녀는 자기가 모시는 '맥아더 장군'의 가르침으로 왔다고 했다. 그러면서 그 만신은 자기가 어느 곳을 짚어볼 테니 그곳을 파보라고 하면서 세를 사는 택이네 굴뚝 밑을 가리켰다. 거기를 파보니 과연 "목에 줄이 친친 감기고 온몸에 바늘이 촘촘이 꽂힌 사람 모양의 제웅이 하나 나왔다." 당장 굿은 그 만신의 몫이 되었다.

그런데 사실 그 무당은 광수 애비가 유원지에 놀러 갔다가 눈이 맞은 여인이었고 제웅은 그녀를 한 번 더 안아보는 조건으로 여인의 지시에 따라 그가 파묻은 것이었다. 그런데 그만 그 사실을 양은 장수 최씨에게 들켜버렸다. 그래서 그 무당은 중간에 잠깐 쉰다고 하고는 해물함을 챙겨서 줄행랑을 쳤다. 결국 굿은 어이없게 끝나버리고 모두 김이 빠져버렸다. 그러자 남자들은 별빛 아래 모여 앉아 나주댁이 뒷병으로 사온 소주를 밤을 새워 마셔가며 낭만적으로 이야기꽃을 피웠다.

양은장수 최씨가 속임수를 알아차리는 바람에 만신이 도망가서 굿판은 파장되었지만 최씨는 광수 애비의 죄를 눈감아주었고 그래서 동네 사람들은 화기애애하게 밤을 보낼 수 있었다. 최씨에게도 순경에게 들키면 곤란한 장물 문제가 있었지만 다른 사람들이 덮어주었다. 결국 마지막에 남자들이 유쾌한 별밤을 보낼 수 있었던 것은 서로 작은 부끄러운 점들을 덮어주는 마음의 배려 덕분이었다.

| 「두 장의 사진으로 남은 아버지」 |

여섯 번째 이야기 「두 장의 사진으로 남은 아버지」는 작가가 썼던 자기 아버지에 대한 이야기들과 유사하다. 아버지가 돌아가셨는데 남

은 사진은 두 장밖에 없었다. 그중 하나는 영정(影幀)이었다.

> 아버지가 돌아가셨을 때 영정으로 쓸 사진이 없어 주민등록증의 증명사진을 떼어 확대해 만든 틀사진. …… / 그 틀사진은 주민등록증에 붙어 있던 흑백 증명사진을 부랴부랴 확대하여 마련한지라 전체적으로 우중충한 느낌을 줄 뿐 아니라 윤곽마저 희미하게 어룽거려 마치 급조된 몽타주 속의 인물을 연상시켰다. 조붓한 공간 속에 갇혀 건성드뭇한 대머리를 인 채 움펑 꺼져 데꾼한 눈자위로 방안을 내려다보고 있는 아버지는 무엇에 놀랐는지 잔뜩 겁에 질린 표정이었다. 어깨까지 한껏 곱송그리고 있어 방금 염병을 앓고 난 이 같았다. / 여기서 느낄 수 있는 아버지는 세상살이에 지치고 짓눌린 삶의 표정을 지닌 사람이다. 경제적으로 거의 무능했으며 당신의 운명을 휘감아돈 그 바람의 정체가 무엇인지 알 수도 그리고 알려고 하지도 않는 자의 모습을 고스란히 담은 사진이다. 나는 이것이 아버지의 참모습이라고 생각했던 것이다.
>
> 김소진, 『장석조네 사람들』, 120–121쪽

그리고 또 하나가 있었다.

> 그건 사진은 아닐 것이다. 누렇게 바랜 선거벽보였으니깐. 그 안의 아버지는 유권자를 향해 환히 웃고 있었다. 그 표정은 온화했고 사명감에 차 있었으며 벗겨진 대머리는 어떤 의지에 찬 자신감의 표현인 듯싶었다. 아버지의 이 두 모습은 도무지 하나

로 겹혀질 수 없는 불가해성을 지닌 것들이었다. 곧이라도 바스러질 것만 같은 얼굴 표정과 단호한 권력의지를 지닌 표정 사이에는 손톱만큼의 연관성도 찾아볼 수 없었다. …… 그러나 난 어느새 자꾸만 벽보 속의 아버지를 내 기억의 중심에다 꾸역꾸역 가져다놓으려고 애쓰고 있는 나를 발견해내곤 했다. 권력의지가 있었던 아버지, 물론 아버지가 그런 의미를 지니고 있던 시기는 불꽃처럼 짧았고 그리고 아무것도 이뤄진 것은 없었다. 그럼에도 불구하고 잠시 권력의 화신 역할을 했던 아버지의 모습을 턱없이 그려보려는 내 의식은 어떻게 설명할 수 있을까? 아버지는 혹시 나의 다른 모습이 아니었을까?

김소진, 『장석조네 사람들』, 121쪽

아버지의 두 사진은 전혀 상반된 모습을 나타내고 있었다.

아버지가 선거에 출마해서 그 선거벽보를 찍게 된 것은 전혀 의도한 바가 아니라 아버지의 지인인 차기대 씨의 대역으로 급작스레 발탁되었기 때문이었다. 차씨도 사실 도장 파는 조카네 문간방에 얹혀 살며, 동두천에서 양갈보짓을 한다는 둘째의 딸아이를 떠맡은 대가로 생활비를 받아 끼니를 때우는 사람이었다. 그가 야당 입후보자로 대통령 선거인단 선거에 나선다고 하자 동네 사람들은 어리둥절했었다. 그런데 후보자 등록 단계에서 무슨 압력을 받았는지 갑자기 아버지에게 대신 입후보를 해달라고 부탁을 해왔다. 아버지는 거절했지만 차씨가 도장을 파서 억지로 등록을 시키는 바람에 벽보 사진을 찍어야만 했다. 선거 운동이라고 해봐야 도와주는 사람도 없이 혼자 뛰어다녔다. 나중에 차씨네로부터 사퇴 종용을 받았지만 아버지는 끝까지 가봐야겠다고 버텼다. 아버지는 화자에게 도와달라고 부탁을 하기도 했다. 하지만 단호히 거절당했고, 아버지는 더 이상 말하지 않았다. 결국 선거는 아버지가 375표를 얻는 것으로 끝났고, 아버지와 화자는 같이 이불을 뒤집어쓰고 곯아떨어졌다.

아버지는 언젠가 자기 인생에 대해서 화자에게 이런 말을 했다.

내는 한 번두 이 세상과 정직하게 맞서본 적이 없드랬다. 거제도 포로수용소에서 이북에 두 양주와 처자를 모두 두고 왔으면서도 끝내 이곳에 남겠다고 한 사람이 바로 이 비겁한 애비다. 몸뚱이가 산산이 부서지는 한이 있더래두 한 번쯤 피하지 않고 운명이라는 것하고 말이지, 부닥쳐보는 게 필요했을지도 모르는데 말이다.

김소진, 『장석조네 사람들』, 133-134쪽

아들이 아버지를 보는 시각에서 어느 모습이 겉모습이고, 어느 것이 숨겨진 모습인지를 판단하기는 어렵다. 아버지는 유약한 사람이었고 자기 자신이 늘 비겁하게 살아왔다는 자책감을 갖고 있었다. 그러다가 선거 출마의 기회가 오자 그는 평생 단 한 차례 자신의 욕망을 내질러보고 싶었다. 그러나 결국은 아들 하나도 운동원으로 내세우지 못하고 우스꽝스럽게 끝났다. 아버지는 자신의 의지나 무엇을 내세우기 위해 세상과 불화(不和)하는 것을 감당하지 못하는 성격이었고 심지어는 아들과의 단란한 관계를 유지하기 위해서 도와주기를 거절하는 아들에게 다시 한 번 부탁도 하지 못한 사람이었다.

일곱 번째 「돼지꿈」은 다소 다른 종류의 이야기다. 노름에 맛을 들인 양세종 씨는 자다가 돼지꿈을 꾸고는 신이 났다. 꿈 이야기를 아내에게 했더니 아내는 지금 아들을 만들어야 한다고 한다. 양씨는 그런 아내를 두들겨 패고서는 집을 뛰쳐나왔다. 양씨는 그 돼지꿈이 노름판에서 돈을 따게 해줄 행운이라고 확신하고 신이 났다. 그를 따라나오는 딸아이가 그에게 무얼 건네주는데, 아내와 장모의 패물 꾸러미였다. 신이 나서 그 패물을 춘하에게 맡기고 돈을 3만 원 얻어 노름판에 끼어들었지만 다 털리고 말았다. 그는 다시 춘하에게 돈을 부탁했는데 거절당하자 언쟁이 붙었다. 그 틈에 양씨는 춘하의 전대를 잽싸게 집어서 달아났고 춘하는 쫓다가 포기하고 말았다.

돼지꿈은 여러 가지로 해석되었다. 양씨는 돼지꿈을 꾸고 노름판 끗발을 생각했지만 그건 아니었고 다른 데서 횡재를 얻었다. 하지만 결말이 어떻게 될지는 또 모르는 일이었다.

여덟 번째 「쌍과부집」은 특이한 이야기였다. 시장통 네거리에 '쌍과부집'이라는 막걸리집이 있다. 원래는 '은행나무집'이었고 거기에는 엄청나게 큰 나무가 있다. 보령댁은 과부였고 간판을 '쌍과부집'이라고 고치니 장사가 잘되었다. 가게를 같이 하는 '택이 엄마'는 과부가 아니라 남편과 애가 있는 여자였다.

폭설이 내리는 날 술청에는 세 명의 사내들이 술을 마시고 있었다. 그러나 방 안에서 보령댁은 산모를 구완하여 애를 받느라 정신이 없었다. 산모는 '콩점이'라고 동네의 실성한 여자였는데 애 아

한국인의 발견

버지가 누군지 알 수 없었다. 그런데 출산 중에 문제가 생겨서 갑자기 긴장하게 되었다. 한편에는 짝눈이 근식 아범은 보령댁을 옆에서 돕고 있다. 그도 사연이 만만치 않은 처지였다. 처남 대신 감옥살이를 하는 동안 아내는 바람이 나서 나가버리고 애는 버려져 다른 집에 입양되었다고 한다. 또 한편에는 작은 겐짱이 와서 술을 마시고 있다. 그는 형수와 흑산도에서 살림을 하고 있다. 이 집은 예전에 동네에 살 때부터 그와 형수가 친하게 드나들던 곳이었다. 이윽고 아기 낳던 산모의 비명은 사그라들었다. 결과를 물어보니 산모를 살리기 위해 아기를 희생시킬 수밖에 없었다고 한다. 모두들 피투성이가 되어 방에서 나왔다. 그 와중에 택이 엄마는 눈보라가 쳐도 아이와 함께 집으로 가야 한다고 나섰고, 근식 아범이 집까지 택이를 업어다 주겠다고 따라나섰다. 그런데 그때 술을 마시고 있던 쌍용 아범이 피를 입에 물고 쓰러졌다. 다행히 심장은 뛰고 있었고 곧 의식을 차렸다. 보령댁은 쌍용 아범을 측은하게 쳐다보며 말했다.

"내 다 짐작하고 있긴 허지. 이 화상이 왜 이렇게 허둥지둥 여길 와서 낮술부텀 퍼먹다가 쎄빠닥을 빼물고 지랄인가를. 그려 니놈이었제? 콩점이 건드린 놈이 니놈이었제. 그런 게로 속이 애잔혀서 이 모양 이 꼴로 지금 나자빠져 있는 게지. 그 정도라면 니눔은 인두겁 뒤집어쓴 값은 제일 싸구려긴 허지만서두 하긴 한 셈이지. 다들 불쌍한 처지들인께로." / 근식 아범은 아이를 업은 다음 자신의 파카색 코트를 뒤집어씌웠다. 그리고는 앞소매를 목 앞으로 끌어딩거 바짝 졸라맸다. 택이 엄마는 머플러를 턱밑으로 둘러 매듭을 지었다. 얼핏 보기에는 단단히 무장하고 외출을 하는 내외들 같았다.

김소진, 『장석조네 사람들』, 181-182쪽

이 이야기는 여러 사건들이 얽혀서 복잡하지만 감동적인 드라마다. 이 쌍과부집은 삶과 죽음이 교차하는 곳이다. 이곳에서 여러 사람들 간에 여러 사건들이 동시적으로 일어났다. 동네 '미친년' 콩점이는 산모 처지로 급히 도움을 청하기 위해 쌍과부집을 찾아왔고 보령댁은 두말없이 해산을 도왔다. 근식 아범도 거들었다. 그러나 보령댁은 위기에서 산모를 살리기 위해 아기를 희생시킬 수밖에 없었고, 콩점이를 임신시킨 쌍용 아범은 자신이 저지른 죄에 가책을 받아 술에 만취해서 죄값을 치른다고 혀를 깨물었다. 보령댁은 그런 쌍용 아범의 죄를 용서해주었다. 그리고 아내와 아들을 잃은 사연이 있는 근식 아범은 이 눈보라치는 날 택이 엄마와 택이를 집에 데려다준다고 따라나섰다. 이곳 사람들은 모두 가난하고 죄도 많이 짓고 사는 사람들이지만 생명을 살리기 위해, 생명을 지키기 위해 각자 나름대로 돕고 나서고 몸을 아끼지 않는다. 이들은 말은 안 해도, 표현은 잘못해도, 서로를 어려운 상황에서 지켜준다. 이곳 쌍과부집은 그런 따뜻한 마음씨가 얽혀 있는 공간이었다.

| 「욕쟁이 함경도 아즈망」 |

아홉 번째 「욕쟁이 함경도 아즈망」도 유사한 의미의 이야기다. 시장판에서 유명한 또순이엄마 홍남댁은 "이웃 사람들과 사소한 일에도 험한 고함에다 삿대질까지 섞어가며 실랑이를 해대며" 산다. 그녀는 시장 바닥에서 거칠고 억척스럽게 장사하는 사람으로 알려져 있는

데 하루는 그녀가 '머리 고데 하러 간다고' 나가는 걸 보고 사람들이 놀란다. 오늘이 바로 손자 '차돌이'의 아버지가 오는 날이라고 한다. 홍남댁 '또순이 아지매'는 차돌이 아버지가 같은 한 사람이라고 우기지만 동네 사람들은 다른 사람들이라고 한다. 동네 사람들의 주장은 다음과 같다.

> "암, 왜 오는 친구들마다 자그 똥두간에 들어갔다가는 거 뭣이냐, 오, 오 마이 깟, 뻬리뻬리 떼레블! 어쩌구 함시롱 오만상을 다 찌푸리고 일두 제대로 못 보고 나오는 것 말여? 똑같은 친구라면 그런 멍청한 일을 되풀이허겄는가? 그런 광경을 어쩌나 많이 봤는지 그 꼬부랑 말을 이 일자무식한 내가 다 따라허게 돼뿌렀네그려. 오 마이깟, 뻬리뻬리 떼레블."
>
> 김소진, 『장석조네 사람들』, 190쪽

독자들은 알 만한 상황이다. 이 주장을 제기한 사람은 머리가 명석함을 알 수 있다. 사람들은 아지매의 마음을 이해한다.

> "아, 딸 옥자 그것이 저그 동두천인가 어딘가에 있는 기지촌에서 양공주 노릇 하는 것만도 남세스러운데 매번 그 아이노꼬의 애비라고 데리고 오는 작자까지 다르니 또순이 아지매가 을매나 속이 타고 면구스럽겄소? 그러니깐 저번 다르고 이번 달라도 무조건 들떼놓고 같은 사람이라고 시치미부터 떼곤 했을 거요 아마. 아지매도 우리가 안 속아넘어가는 걸 인자 다 알아뿌릴 거구마."

그리고 흥남댁은 미군 병사가 남기고 가는 미제 먹을 것들은 동네 사람들에게 아낌없이 나눠준다는 것이다. 흥남댁은 손님맞이 준비로 변소간을 물청소하고 손자 차돌이를 발가벗겨 "공동수도 앞의 빨래판 위에 세운 다음 호되게 때를 벗기는 거였다. 뜰 안에는 일시에 어린아이의 비명이 낭자하게 울려퍼졌다." 그러면서 흥남댁은 차돌이에게 미국으로 가야 한다고 하고, 아이가 싫다고 하면 매몰차게 후려패곤 했다. 그녀는 매몰찬 또순이일 뿐 아니라 요란스럽고 기괴스러운 인물이었고 온 동네의 구경거리이자 골칫덩어리였다.

딸 일행은 "셰빠도 닮은 껌둥이"와 대낮이 되어서 도착했다. 곧 동네에 마이클이라는 흑인 미군 병사가 춘하네 선술집에서 막걸리를 마시며 좋아하고 있다는 소리가 돌았다. 흥남댁은 그 말을 듣고 화가 나서 소리를 지르며 난리를 쳤다. 그런데 사실 마이클이라는 사내는 소탈하고 겸손한 사람이었다. 그는 흥남댁 집 변소에 갔다가는 한참 동안 있다가 얼굴을 찡그리지도 않고 여유 있게 나왔다. 그는,

다만 벌렁코를 만들어 몇 번 익살스럽게 큼큼거리고 이마빡에 굵은 힘줄이 서너 개 지렁이처럼 꿈틀거렸을 뿐이었다. 그가 키들키들 웃자 사람들은 와르르 따라 웃었다. 마이클이 와우, 하면서 고개를 좌우로 흔들자 더 큰 소리로 따라 웃었다. / "아무 메리까에도 저런 종자가 사누만?" / 흥남댁은 뭔지 모르게 흥감에 겨운 얼굴이 되어 차돌이를 끌어안으며 등짝을 토닥거렸다. 그네는 누군가가 열무 김칫단에 다가가 아무렇게나 알이 굵

은 무가 달린 걸 잡아뽑고는 호주머니칼로 다듬어 마이클에게 내밀어도 전혀 개의찮는 얼굴이었다. / "배탈엔 무가 좋지." / 그 눈치를 보고 있던 조무래기들이 너나 할 것 없이 단내가 풀풀나는 입가심을 하기 위해 슬금슬금 채소더미로 다가서고 있었다. 홍남댁은 일부러 못 본 척하며 미덥다는 얼굴로 마이클의 등을 떠밀어 자신의 부엌 문턱을 넘게 했다.

김소진, 『장석조네 사람들』, 206쪽

홍남댁은 온 동네에서 고함을 치고, 다투고 싸우는 시끄럽고 골치 아픈 존재다. 오늘은 그녀가 남부끄럽게 여기는 양공주 일을 하는 딸이 미군 신랑을 데리고 오는 날이며 따라서 더욱 신경이 곤두서는 날일 수밖에 없었다. 더구나 미군, 흑인의 모습 자체가 망신인데 동네에 들어오자마자 선술집에서 막걸리를 마신다니 더욱 남사스러워 참을 수 없는 일이었다. 그러나 그 유명한 우리네 화장실에 들어가서—그러지 않아도 홍남댁은 신경이 쓰여서 물청소까지 했는데—일을 느긋하게 보고 나와서 웃으니 여간 마음이 놓이는 일이 아니었다. 화장실이야말로 미군 병사가 겪으면 학을 떼고 소리를 고래고래 지를 법한, 한국 사람들을 '야만인'이라고 깔볼 것이라고 모두가 부끄러워하는 장소였다. 홍남댁은 화장실을 느긋하게 다녀온 흑인 병사 마이클을 흔쾌히 웃음으로 받아들였다. 화장실을 대하는 태도를 명분으로 홍남댁은 동네 사람들에게 시원한 웃음을 선사하였다. 이날 그 야무지고 시끄러운 홍남댁의 마음 한구석 따뜻한 마음이 드러나자 마을 사람들은 즐거웠다.

마지막 열 번째 작품인 「빵」은 너무나 원초적인 이야기였다. 동네에 밀가루 배급이 나온다고 사람들이 줄을 서서 기다리고 있는데, 다른 한편에서는 밀가루를 빼돌리기 위해서 음모가 꾸며지고 또 사람들이 이를 눈치채고 긴장이 고조되고 있었다. 그때 길 영감네 며느리가 빵을 쪄 내오자 사람들은 같이 빵을 맛있게 먹으면서 살아오며 맛본 너무나 꿀맛 같았던 빵 이야기를 하며 빵에 얽힌 이런저런 추억들을 나누었다. 한편에서는 밀가루를 빼돌린다고 하여 싸움이 나기 일보 직전이고 그래서 경찰들까지 몰려왔지만 한편에서는 모두가 빵을 같이 나누어 먹는다. 이런 모습은 그야말로 동네 사람들의 공동생활의 밑바닥을 이루는 것이었다. 공동체란 다툼이 없을 수 없는 것이며 늘 한쪽에서 다툼이 일어나고 있지만 같이 나누어 먹는 일 또한 동전의 양면처럼 모든 갈등에도 불구하고 같이 살아가는 운명의 기초인 것이다.

김소진의 소설은 모두가 다 다른 이야기지만 공통의 주제를 갖고 있다. 그 기차간 같은 집의 주민들은 먹고사느라 하루하루가 어렵고 늘 아귀처럼 다투고 산다. 곁에서 보면 싸움 소리에 시끄럽지만, 가만히 구석구석 한 사람씩 사는 모습을 유심히 들여다보면 그들은 친구나 이웃이 어려움에 처했을 때 감싸주고 보살펴주어 말 그대로 공동체를 유지하고 일원이 같이 살아갈 수 있게 도움을 주고 있다. 이 소설에는 '공동체'니 '사회'니 '민족'이니 하는 선명한 경계(境界)를 가진 집단의 명사는 전혀 언급되지 않는다. 아마 그런 배타적 집단을 강조하는 것은 1980년대의 경험에서 도움이 되지 않는다고 판단했을 것이다. 작가는 그저 사람들이 모여 사는 곳을 '장석조네', '이웃 사람들' 정도로 말할 뿐이다. 김소진은 사람들이 잘 드러내지는 않지만 각자 개인의 마음속에, 일상 행동에 존재하고 발휘되는 남, 동료, 비슷한 처지의 이웃이 어려울 때 돕는 그런 공동체적 본능이 있음을 지적하고 드러나지 않았던 그 본능을 인간의 핵심적 본능으로 말하고 있다. 여태까지 사람들은 자신만을 위하여 이익을 추구하고 에고(ego)를 내세우며 타인들을 짓밟는 것을 인간의 숨겨진 본질이라 여겨왔지만, 김소진은 이제 이 엄청난 흐름을 뒤집어 남을 위해 도와주고 세상, 공동체를 살 만한 곳으로 만들고자 하는 마음과 행동을 인간의 숨겨진 본질로 제시하고 있다. 인간의 깊은 마음을 다시 발견하는 것만큼이나 중요하게, 김소진은 영웅주의적 개인을 공동체로, 공동체의 이름 없는 일원으로 환원시키고 있다.

근대로의 진입

1990년대에는 '나는 누구냐?'와 '우리는 누구냐?'의 정체성을 묻는 질문이 도처에서 제기되었고 그 답은 전과 달리 정교하고 체계적으로 시도되었다. 앞에서도 언급했지만 우리나라에서는 1960년대부터 정체성 위기의 문제가 수차례에 걸쳐 지적되었다. 1960년대부터 우리나라는 빠른 속도로 변화하는 사회였고, 그런 사회에서 많은 사람들이 정체성 위기를 겪는 일은 결코 이상한 일은 아니었다. 그러나 1960년대에는 정체성 위기의 비명(悲鳴)이 낭자했지만 해결책은 거의 제시되지 못했다. 1980년대에 오면 모든 가치들이 부정되고 대체물들이 난무하는 상황에서 정체성 위기는 치명적 수준으로 진전되었다. 그러나 그에 대해 내려진 답은 대부분 어떤 이념에 귀의하여 이념의 처방에 따라 '나는 ○○다!'를 선언하고 믿고 체화하면 된다라는, 이념 권력에 귀의하고 이념 집단의 일원임을 선언하는 일이었

한국인의 발견

다. 1980년대식 '나는 누구다!', '나는 ○○이다!'라는 정체성의 선언은 권력에의 굴복 의식으로서 독자적 정체성의 부정임이 알려졌다.

1990년대에 들어오면 전과 달리, 자신의 모습을 보고 현실적으로 가능한 정체성을 구상하고, 나아가 지속적으로 자신을 관찰하고 통제하며 자신의 정체성을 만들어 나가려는 지속적인 글쓰기 등이 제시되었다. 사람들이 자기 자신에 대해 생각하는 정체성과 객관적으로 남들이 판단하는 정체성의 격차(隔差)도 문제시되었다. TV드라마에서 '공주병' 또는 '왕자병', '왕비병'이라는 말들이 널리 쓰이며 정체성은 즐거운 게임의 대상이 되었다. 사람들이 자신의 모습을 크게 오해하는 경향이 지적되기도 하고, 자신의 모습에 집착하는 이른바 '나르시시즘(narcissism)'도 흥미 있는 경우로 제시되었다. 그런가 하면 1990년대 후반에는 TV 방송에서 '전생 신드롬'이 일어나 연예인들의 전생을 이야기하는 프로그램이 인기를 모으기도 했다. 물론 오락 프로그램일 뿐 그 진단이 맞다고 판단할 수는 없었지만 어쨌든 밖에서 겉모습으로 판단하는 정체성을 넘어 깊고 보이지 않는 수준의 정체성을 알아낸다는 데 착안한 시도들이었다.

그리고 사실 장기적으로 자기 정체성을 만들고 지켜나가는 일은 개인의 사적인 일만은 아니었다. 한 사회, 나라나 민족이 현실의 모습을 그려나가고, 역사를 쓰고, 문제를 발견하고 정체성을 유지하려는 노력은 근대의 인문·사회 학술 행위의 핵심적 의미이며 우리의 전통문화에 대한 관심도 이러한 노력에서 중요한 부분이었다. 우리 민족의 전통문화에 대한 관심이 1990년대에 대거 나타난 것은 결코 우연이 아니었다. '우리'의 모습을 돌아보는 행위는 단순한 현실 스케치에 그칠 수는 없다. 왜냐하면 포개진 이중의 언어가 나타나야 되며, 자신을 비추어 본 언어, 즉 학술 용어, 일반적으로 개념(concept, der Begriff)이 요구되기 때문이다. 근대의 지식 체계는 인공적 사인(signs), 즉 명쾌하게 대상체를 '잡는(greiffen)'—확정짓는—말로서의 개념을 특징으로 하며 이는 모든 자연의 종(種)들의 정체성 형성과 유지의 제도인 것이다. 정체성을 형성하고 유지하기 위한 언어 체계는 '헤테로토피아'를 극복하는 제도이며 근대의 과학적 지식을 생산하는 제도인 것이다. 이러한 제도는 '너 자신을 알라(know thyself)'라는 철학, 학문의 출발이며, 이는 바로 자기 모습을 돌아보기(self-reflection)로서의 철학인 것이다. 1980년대에는 헤테로토피아를 극복하고자 외국에서 이론과 이념들을 게걸스레 도입하는 마구잡이 르네상스가 있었다. 그러나 1990년대가 되면 우리 사회에서는 자신을 돌아보는 이중의 시선이 시도되면서 근대 학문의 문제의식이 자리 잡았다고 평가할 수 있다.

　　나아가서 복수(複數)로서의 '우리'에 대한 고찰도 시도되었다. 그 복수가 동질적이라면 단수(單數)로 묶어서 봐도 특별히 문제될 게 없겠지만 이질적(異質的)인 경우에는 단순히 '우리'로 묶어서 부른다고 문제가 해결되지 않으며 이런 어려움에 대한 이야기들도 만들어졌다. 예를 들어 1992년에 방영된 TV드라마 《사랑이 뭐길래》 등의 작품들은 이질적 개인들과 세대들로 구성된 가족이 갈등을 겪으며 서로 다투고 적응하며 살아가는 이야기로 인기를 끌었고, 1993년에 개봉되어 80만 명 이상의 관객을 모았던 《투캅스》 같은 영화는 처음에는 도저히 같이 지낼 수 없는, 전혀 비슷하지 않은 사람들이 다투면서 시간을 두고 서로 적응해가는 새로운 종류의 드라마였다. 흡사 돈키호테와 산초 판사(Sancho Panza) 같은 '이상한 짝(odd couple)'

이 처음에는 갈등을 겪다가 시간이 갈수록 서로 이해하고 적응하고 나중에는 독특한 팀을 이루어가는 것처럼 운명의 공동체를 살아가는 지혜의 집단, 독특한 '우리'를 만드는 집단 정체성의 형성이 삶과 새로운 민주주의의 지혜로 제시되었다. 1990년대의 새로운 발견은 이질적인 사람들이 모인 '우리'라는 집단이 복수임을 인정하지 않고 '우리!'임을, 형식을 강조하고 강요하는 것으로는 문제가 악화될 뿐이며 결국 오랜 시간을 두고 서로 적응하기 위해 노력하는 것만이 유일한 해결책이라는 것이었다.

　　이러한 새로운 유형의 드라마는 중요한 정치적 사회적 의미를 갖는 것으로 판단된다. 한국인들은 오랫동안 '한 민족'이라는 추상적 정체성을 받아들여 왔지만 개개인들은 근대 초부터 '홉스적 자연상태'에서 서로 불신하고, 의심하고, 경계하고, 증오하며 살아왔다. 결국 '민족'이라는 우리의 정의는 고대로부터 내려온 현실성이 바랜 정체성 위에 외국에서 급히 도입한 '민족'이라는 보통명사를 뒤집어씌운 것이며, 이는 말하자면 우리가 자발적으로 만든 울타리가 아니었다. 초기의 많은 민족주의자들은 '민족'을 위해서 신명을 바쳐 싸웠지만 구체적인 '조선 사람들' 개개인들은 그것에 '학을 떼는' 경우가 대부분이었다. 우리 민족주의의 중대한 모순이었다. 이러한 우리 '민족'이라는 관념의 내용이 너무 허술하다는 문제는 아마 최근에는 1970년대 계급 갈등이 시작되면서부터 제기되긴 했으나 본격적으로 해결책을 찾지는 못했다. 당시에도 유신 군사독재와 싸울 조직과 진영을 꾸미는 일이 다급했기 때문이다. 1980년대에는 집단을 이루어—일부 사람들은 '절대공동체'를 이루어—생사의 투쟁을 겪었다. 5·18의 광주 시민들의 절대공동체뿐만 아니라 '오공'과 생사의 투쟁을 벌이던 대학생들의 '운동권'도 '준(準)절대공동체'를 이루어 싸웠다. 그들은 이들 공동체에서 평생 잊지 못할 인간에 대한 사랑과 신뢰를 너무나 짜릿하게 경험하였다. 이러한 공동체 경험에서 그들은 '민족 공동체'의 영감을 얻었지만 이러한 폐쇄 공동체들은 모두 전투 과정에서 만들어진 것이었고 적대(敵對)는 폐쇄 공동체들의 존재 의미였다. 1980년대에는 '민족'에 대한 새로운 영감이 나타나고 민족주의에 대해 많은 이야기와 연구들이 다시 만들어졌다. 1980년에 나타난 민족주의에 대한 새로운 역사와 이론은 당시에 그들이 겪었던 준절대공동체의 경험을 그대로 반영하였다. 이들이 제시한 민족은 적대(敵對)를 핵심으로 하는 저항의 단위였다.

앞에서 논의한 1990년대의 소설들에서는 경계를 갖는 형식적 이름을 언급하지 않고 경계 없는, 열린 '이웃' 등으로 이루어진 사해동포주의, 코스모폴리탄(cosmopolitan)적 집단의 내용을 제시하였다. 즉 운명으로 점지된 선택권 없는 사랑, 어려운 처지에 놓인 이웃을 남몰래 돕는 따뜻한 마음을 이야기하였다. 이러한 이야기들은 사실 실제로는 선택권 없이 우리에게 주어진 '민족 공동체'를 의미하는 것이며, 특히 민주주의 시대의 열린 '우리'를 의미하는 것이었다. 또 이러한 이야기들은 장기적으로는 자연상태를 극복하는, 서로 이해하고 따뜻한 마음으로 배려하는 민족의 내용을 형성하는 것이었다. 이제는 '민족!'이라고 큰 소리로 복창(復唱)하며 다른 한편에서는 서로를 불신하고 경멸하는 형식뿐인 민족이 아니라 이념적 강제를 초월한 구체적인 '우리'의 내용으로서 사랑과 정(情)이 가득한 민족으로의 진화를 추구한 것이다.

나아가서 이러한 '우리 만들기'를 위해서는 개인들은 길들여져야 하며, 이 길들임이 바로 개인들의 장기적 안정적 정체성 만들기에 다름 아니었다. 개인들의 '영웅주의', 특히 '폼 잡기', '고집 부리기' 등은 지양되어야 하고, 개인들 간의 갈등이 해소되기 위해서는 상대주의와 '양비론', '양시론'의 형태의 냉소주의를 받아들여야 할 것이었다. 앞에서 논의한 정체성 만들기와 공동체의 복원은 다른 각도에서 본 동일한 문제인 것이다. 이러한 시도는 개인을 공동체로 환원시킴으로써 근대성을 중세로 되돌리는 반동(反動)이 아니었다. 이러한 시도는 오히려 근대의 완성이었다. 근대는 돈키호테 같은 광인 기사의 모험으로 시작되지만 근대의 완성은 돈키호테가 자신의 모습을 의식하고, 순치되어 고향 마을로 회귀하고, 공동체가 광기의 이상주의자를 따뜻하게 품음으로써 이루어진 것이다. 즉 완성된 근대에는 돈키호테가 마을 밖, 들판에 있는 것이 아니라 '우리' 안에, 마을 안에 살고 있는 것이다. 서구 민족주의의 경우에도 '민족'이라는 형식적 단어가 먼저 나타난 것이 아니었다. 근대성이 17세기에 형성되고 민족들의 다른 문화들이 화제로 등장한 것은 18세기에 들어서였고, '민족'이라는 말로 모든 것이 감싸진 것은 19세기 중반 이후였다.

1990년대 또 하나의 흥미 있는 대중문화 현상은 최초로 대중가요에 '사랑 타령'이 아닌 히트곡들이 등장했다는 점이다. 특히 '서태지와 아이들'부터 이들 젊은이들은 사회 비판, 세상 비판을 평이하게 노래하였다. 그들은 학교 교육을 비판하고 세상의 불평등을 비판하며 흡사 혁명을 노래하였다. 전에는 일부 지식인들이나 '운동권'이 목숨을 걸고 핏발을 세워하며 하던 말들을 이제는 대중가수들이 너무나 평이하게, 누구나 춤을 추며 읊조리는 세상이 되었다. 과격, 혁신 사상들이 한국 사회 전체에 침윤된 것이다. 물론 그들의 노래는 진지한 외침이라기에는 너무나 빠른 속도로 좀처럼 알아들을 수 없는 방식으로 불렸고, 따라서 그들의 메세지는 무겁게 전해지기보다 진지하지 않은 대중문화로, 냉소주의로 이해되기도 했다. 더구나 '양비론', '양시론' 또한 이 시대의 일반적인 조류라 말할 수도 있겠지만 어쨌든 한국 사회에서 사회·정치 비판이 이제 너무나 일반적인 담론이 되었고 이는 되돌릴 수 없는 시대적 흐름이 되었다. 이웃들과의 평화를 위해서, 따지고 싸우기 좋아하는 인물들의 자아와 이념들은 자제되고 나아가서 수정되어야 한다는 생각과 '화(和)'가 상위(上位)의 규범으로 등장하였다. '정의(正義, justice)'와 '화합(和合)'이 동시에 확보된 상태가 진정한 근대성이라 할 수 있다. 김소진의 소설들은 이에 관한 미묘한 이야기를 끈질기게 풀어나가고 있다. 자기 아버지 이야기나 빵집 할아버지 이야기는 멍청하고 정신 못 차리는 사람들의 이야기지만 깊이 생각해보면 진정한 지혜의 이야기인 것이다. 김소진이 시도한 이러한 글쓰기는 근대적 영웅 이야기보다 한결 섬세하고 미묘하고 어려운 글쓰기였다.

우리 민족이 '근대화'를 시도한 것은 이미 130년이 넘었다. 오랫동안은 아무런 권위의 뒷받침도 없이 지식인들의 글의 힘만으로 시도되었고 따라서 진전은 더뎠다. 우리의 실제적 근대화는 대부분 1960년대를 통해 이루어졌다. 그러나 1960년대까지의 근대화는 주로 가시적인, 겉으로 드러나는 부분에 집중되었다. 일상생활의 규칙성, 노동의 정도, 시간, 결과 등이 주로 문제시되고 이른바 '합리화'라는 영역에 집중되었다. 그리고 그 과정도 대부분 외부의 권위와 개입에 의하여 이루어졌다. 군사정권뿐만 아니라 지식인들도 이러한 근대화에 외부 압력을 불어넣는 역할로 참가했다.

1990년대에 이르면 근대화는 가시적인 영역보다는 좀 더 밑바닥의 잘 보이지 않지만 근대적 문화의 바탕을 이루는 부분에서 이루어졌다. 우리가 우리를 알고 만들어 나가고 우리 자신을 거울에 비추어 그 모습을 확인하고, 그렇게 우리를 바꾸어나감에 있어 필요한 정체성의 제도를 고민하고, 나아가 우리를 하나의 집단으로 어떻게 만들어 나갈 것인지, 어떻게 유지하고 오래도록 같이 지낼 것인지, 그리고 집단에서 개인들은 어떤 위치와 의미를 가질 것인가 등의 미묘하고 섬세한 문제들에 대해서 고민하기 시작했다는 것은 우리자신이 근대화의 문제의식을 스스로 느끼고 있었으며 근대로의 진입의 마지막 문턱을 넘고 있었다고 평가할 수 있다. 서구를 흉내 내는 근대화에서 우리 스스로 필요를 발견하고 찾는 삶의 방식으로서의 근대화를 이루어나갈 시기를 맞은 것이다. 이성적(理性的) 원칙과 규범을 세우는 근대화를 넘어 같이 오래 잘살 수 있는 '마음'으로써, '지혜'로써의 근대화야말로 흉내 내거나 밖에서 도입해 해결할 수 없는 영역이며, 이를 이해할 때 근대화의 모든 형식이 이해되고 지혜를 얻어 근대라는 시대로의 진입이 가능한 것이다. 그리고 이를 위한 우리의 여정은 바로 1990년대에 시작되었다.

시대 구분: 공지영의 『고등어』—1999년

1990년대 말에 나온 공지영의 이 소설은 절박한 글쓰기 기원의 신화이다. 이 소설은 모든 장(章)을 '노은림'이라는 여성의 유고 일기를 인용하며 시작한다. 이 여인이 바로 이 소설의 비련의 주인공이며 형식적 주인공은 '김명우'라는 노은림의 옛 애인이다. 그는 다른 여자와 결혼했다가 딸 하나를 얻고 이혼하여 지금은 혼자 살고 있으며 다른 사람을 위해 자서전을 써주는 '글쟁이'로 먹고산다. 그는 외모(外貌)에 대해서는 자신감이 있는 편이다. 그에게는 지금도 여경이라는 미모의 애인이 있다.

명우는 딸을 만나고 나서 그의 집, 오피스텔에 돌아와 전화를 받았다. 은림이었다. 카페에서 만나기로 했다. 7년 전의 그 장면이 떠올랐다. 가을 날 버스정류장이었다. 그는 27살이었고, 그녀는 26살의 유부녀였다.

> 그 하늘 아래 거리로 무거운 가방을 들고 그보다 더 무거운 결의를 담은 입술을 앙다문 여자가 걸어오고 있었다. 여자는 다가와 맨 처음 그가, 태연하려고 기를 쓰고 있는 그가 주머니에 찔러넣고 있는 가벼운 빈손을 보았고 이어 주위를 두리번거렸다. 그의 손에는 있어야 할 가방이 들려 있지 않았던 거였다.
>
> 공지영, 『고등어』, 21쪽

그 남자, 명우의 답은 "우린 이래서는 안 돼"에 이어 "옳지 않다"였다.

> "나중에 다시 연락할게……" / 하지만 돌아섰을 때, 그는 은림이 그 자리에 무너져 내려앉는 소리를 들었다. 그가 아직 돌아서기 전까지는 수치심에 얼굴이 파랗게 질린 채로 서 있다가 그가 돌아서자 그제야 무너져내린 것이다. 그는 돌아보지 않고 걸었다. 하지만 둥글고 긴 지하도 계단을 향하여 한 발 내리디뎠을 때

그는 갑자기 목구멍으로 치밀어오르는 어떤 격정을 느꼈다.

공지영, 『고등어』, 24쪽

은림은 결혼한 처지였지만 과거에 그녀와 명우는 운동권의 동료로서 서로를 사랑했다. 전날 둘은 멀리 도망가자고 약속했고, 은림은 과연 가방을 싸 준비해서 나왔지만 명우는 맨손으로 나와서는 약속을 취소하고 "이래서는 안 돼"라며 돌아서버린 것이었다. 은림은 무너져버렸다. 그리고 그렇게 헤어진 지 7년 만에 은림이 명우 앞에 나타난 것이다. 명우는 그동안 단 하루도 은림을 잊은 날이 없었다.

나타난 은림의 모습은 야위고 참담했다. 그들은 반가워했고 이러저런 이야기를 하다가 10시쯤 헤어졌다. 다시 만난 그들의 마음은 복잡했다. 은림은 명우의 후배 건섭의 아내였고 운동권의 후배로 정열적인 여자였다. 은림을 처음 만났을 때 그녀는 자신에 대해 이렇게 말했다.

"할 일이 있으면 난 잠을 자지 않아요. 나를 매혹시키는 일만 있다면 영원히 잠들지 않을 수도 있을걸. 언젠가 누가 점을 보아주었는데 내 사주는 온통 불이래. 불하고 나무하고 같이 훨훨 타고 있대. 언니는 나보고 또 저 비과학적 사고방식이라고 비난할지 모르겠지만 그 말이 생각나. 날 너무 잘 알고 하는 소리 같아서. 난 사실 잘도 활활 타오르거든." / …… 그때 그녀의 검은 눈동자가 얼마나 이상한 빛을 발하고 있었는지 그녀는 알고 있을까. 그는 보았었다. 둥근 수정 공처럼 커져오던 그녀의 동공을, 그만이 보고 느꼈고 그리고 매혹당했던 것이다.

　　주변에서는 그녀를 '전투적인 여자'라고, 그녀의 크고 검은 눈동자를 일러서는 '러시아의 눈동자'라고 불렀다. 명우는 은림에게 매혹되고 말았다.

　　은림을 보내고 어느 날 애인 여경과 함께 누워 있는데 명우는 경찰서에서 전화를 받았다. 노은림이라는 여자를 아느냐고 했다. 각혈을 하고 길에 쓰러진 여자에게서 폐결핵 약이 나와 병원에 갔더니 영양실조라고 했고 명우의 전화번호를 가르쳐주더라고 했다. 명우가 은림에게 가보니 그녀는 열흘 전에 만났을 때 들고 있던 같은 가죽가방을 아직도 갖고 있었다. 명우는 그녀를 자기 집으로 데려와 집에 있던 여경과 인사를 시켰다. 은림은 폐결핵을 앓고 있을 뿐 아니라 오갈 데 없는 처지였다. 그녀는 명우의 집에서 그날 밤을 보냈다. 오랜만에 만난 연인이었지만 명우와 은림의 대화는 영 편안하지 않았다. 명우에게 은림은 죄책감 그 자체였고, 은림은 옛날 얘기만 했다. 그런데 다음 날 여경이 김밥을 싸들고 와 있는데, 명우의 전처(前妻) 연숙에게서 전화가 왔다. 딸 명지가 아파서 명우 집에서 좀 쉬어야겠다는 부탁이었고 거절할 수 없었다. 결국 연숙이 명지를 안고 오피스텔로 왔고, 명우의 전 애인 은림과 현재 애인 여경까지 이렇게 여자 셋과 명우는 좁은 그의 오피스텔에 모여 앉게 되었다. 곧 분위기는 살벌해졌다. 연숙은 은림을 직접 공격했고 거의 싸움판이 되어 결국 뿔뿔이 헤어지고 말았다. 은림과는 또다시 연락이 끊겼다.

　　그 후 친구 경식이를 만났다가 은림을 다시 볼 수 있었다. 그녀는 새로 방을 얻었다고 했고 명우는 밤에 허름한 동네에 있는 그녀의 초라한 방까지 그녀를 데려다주었다. 하루는 퇴근 시간에 맞춰 은림의 방에 찾아가서 오래 기다린 끝에 그녀를 만났다. 그러나 결국 그들의 대화는 불편하게 진행되었다. 비난으로, 조소로 그리고 그들 세대 전체에 대한 동정과 한탄과, 비판과 비난으로 이어졌고, 은림은 결국 참지 못하고 그간 쌓였던 슬픔과 분노를 터뜨리고야 말았다.※ 마지막 말까지 해버린 셈이었다. 명우는 은림을 다시 볼 낯이 없었다. 그리고 명우는 여경의 집에 가 그녀의 어머니께 인사를 드리게 되었다. 둘은 인사를 마치고 나와서는 카페에 앉아 결혼에 대해서 이야기했다. 명우가 여경의 결혼 제의를 회피하자 여경은 명우를 다음과 같이 평했다.

"그래요! 언제나 그랬어요. 노은림 씨도, 연숙 씨와의 결혼도, 게

● 은림은 명우에게 이렇게 따졌다. "''…… 용서한 줄 알았나요? 아니요. 그런데 내가 뭘 어떻게 하기를 바라는 거지요?" / 은림의 얼굴이 집요하게 그의 시선을 붙잡아두었다. / "건섭 씨 말이에요? 그래요, 취직이 되어서 경주에 갔었어요. 감히 형이 내게 무슨 말을 할 자격이 있다고 생각해요? 그래요, 건섭씬 날 버리지 않았어요. 날 미워하고 내내 고문하듯이 괴롭혔지만 날 떠나지 않았어요. 하지만 형은 날 버렸지요. 단 하룻밤 나를 차지하려고 지키지도 못할 약속을 했어요. 그런데 대가를 치른 것은 약속을 어긴 형이 아니라 나였어요. 나하고 죄도 없는 건섭 씨였지요. 그래요. 형 말대로 대체 이루어지지도…… 그래요! 턱도 없는 희망에 사로잡혀서 내가 뱃속의 아이를 죽이고 이미 죽어버린 형의 아이를 사산하기 위해서 두 다리를 벌리고 미친 듯이 비명을 지르고 있을 때 내 손을 잡아준 것도 그였어요. 그런데 형은 내가 잠깐 건섭 씨한테 다녀왔다고, 한때 형의 친구였던 오빠까지 들먹이며 빈정거리고 있어요. 고작 이건가요? 한때는 운동이라는 이름으로 날 팽개치지 않았었나요? 그때 우리의 마음이 적어도 거짓이 아니라면 형이 나 대신 택했던 건, 그건 지금 대체 어디 있나요?" (공지영 1999: 214-215).

다가 명지까지, 당신은 책임진 적이 없어요. 여자들이 그냥 상처 받고 제풀에 떠나기만을 바랐잖아. 정말로 한 여자를 사랑해 보고 아껴보고 그리고 슬퍼서, 정말 슬프고 안타까워서 가슴이 찢어질 것 같은 기분을 느껴본 일이 있어요? 그리고 당신은 말하지. 어쩔 수 없었어. 모든 게 다 내 탓은 아니야! 그땐 그랬으니까. 이렇게 말이에요. 아닌가요?"

공지영, 『고등어』, 235쪽

그는 여기에 아무런 설명도, 대답도, 핑계도 댈 수 없었다. 그는 만신창이가 되었다.

명우는 집에 틀어박혀 보내다가 결국 결심을 하고 은림의 집으로 찾아가서 은림을 안고 참회로 회한을 풀었다. 그러고는 은림과 낚시를 하러 갔다. 둘은 낚시터에서 너무나 즐겁고 행복한 한때를 보냈다. 명우는 그때 은림과 영원을 생각하기도 했다. 그러나 오후가 되면서 날씨는 바람이 불고 비가 오며 추워졌다. 둘은 명우의 집으로 돌아와서 행복한 밤을 보냈다. 그런데 아침이 되자 은림의 몸이 뜨거웠다. 전날 차가웠던 비바람에 감기가 걸린 것 같았다. 그날 저녁 명우는 은림을 병원에 데려갔다. 의사의 말에 따르면, 은림은 폐결핵 약 때문에 간(肝)이 몹시 상해서 회복 가능성이 없다고 했다. 불과 한 달 전에 7년 만에 그녀를 만났고 영원히 진정으로 사랑하기로 마음먹은 지 며칠 되지도 않았는데 그녀를 보내야 한다는 게 명우는 어이가 없었다. 은림의 죽음의 과정에 대해서 의사는 말한다.

"그런 일은 없습니다. 그런 일이 진행되기도 전에, 간이 사그라들어버리는……." / 의사는 뭐라고 더 말했지만 그는 더 들을 수가 없었다. 사그라든다는 말이 뜨거운 화인처럼 그의 가슴에 와서 박히는 바람에 그밖에는 아무 소리도 들을 수가 없었던 거였다. 그의 눈앞에서 사그라드는 간이 보이는 것 같았다. 붉고 큰 간이 메마르게 사, 그, 라, 드는…… 그리고 생명의 불꽃이 꺼진다…… 영원히 이 세상에서…… 우리가 단 한 번 경험하는 영원…… 영원한 이별. / "아마도 본인은 거의 고통을 느끼지는 못할 겁니다."

공지영, 『고등어』, 262쪽

그녀의 죽음은 간이 '사그라든다'로 끝난다는 것이었다. 순식간에 아주 작아져서 급기야 사라져버리는, 그간 계속 작아져 왔던 그녀의 피할 수 없는 마지막 모습일 것 같았다. 은림은 잠시 눈을 뜨고 명우에게 마지막 부탁을 했다.

"우리들의 이야기를 써줘. 형이 지금 쓰고 있는 이건 사람들 이야기말구, 잃어버린 사람들…… 하지만 빼앗기지는 않았던 사람들, 그래서 스스로 잃어버렸던 세대들, 잃어버리고도 기뻤던 우리들…… 그때."

공지영, 『고등어』, 268쪽

그녀는 죽어가며 마지막으로 그녀와 친구들이 사람들의 기억에서나마 존재할 수 있도록 간청했다. 생명이 끊어지고도 오래 존재하는 길은 글로써 기억에 새기는 수밖에 없었다. 최소한의 정체성을 지키며 현실에 존재하기 위함이 아니라 전설 속의 영웅으로, 영웅의 전설로 남고 싶었다.

　1980년대에 대학을 다니고 이른바 '운동권'에 속하여 오공과 사투를 벌이던 젊은이들은 한국 사회 전체에서 특별한 세대의 젊은 이들로 간주되어 왔다. 또한 그들도 스스로를 여타 한국인들과는 다른 사람들로 이해하고 강한 자부심을 가졌다. 그 자부심의 근거는 남들은 겁이 나서 못 나서는 '오공'과의 싸움을 목숨을 걸고 해온 사람들이라는 점 외에도 그들이 그 싸움을 통해서 겪은 독특한 인간관계의 경험에 있었다. 어렵고 처절한 싸움이었던 만큼 동료들은 서로의 용기에 찬탄하지 않을 수 없었고 서로의 용감하고 멋진 모습을 사랑하지 않을 수 없었다. 말하자면 그들 사이에는 한때 준(準)절대공동체가 형성되었고 그들은 그곳을 경험했다.●

　이 소설은 준절대공동체를 경험했던 사람들의 이야기다. 특히 은림은 용감무쌍한 전사였던 만큼 그 시절을 그리워하고 있었다. 그녀는 말한다.

● '절대공동체'는 필자가 5·18 연구를 통해 밝힌 당시 싸우던 광주 시민들 간의 독특한 형태의 투쟁의 공동체를 말한다. 이에 대해서는 졸저 『오월의 사회과학』 119-202쪽을 참조할 것.
　이런 형태의 공동체는 전쟁에서의 군인들, 전우들 외에도 같이 싸우는 사람들 사이에서 특별한 애정의 공동체로 나타난다. 다만 필자의 견해는 1980년 광주, 5·18에서는 예외적으로 극단적인 형태로 나타났기에 '절대'라는 말을 붙여서 '절대공동체'라 하였다. 1980년대 오공과 싸운 대학생 투사들의 경우도 5·18의 절대공동체와 유사한 형태로 발전되었을 것이라 판단되지만 같았다고 보기는 어려울 것 같아서 '준(準)'이라는 말을 앞에 붙여 '준(準)절대공동체'라는 어색한 말을 굳이 쓰게 되었다.

"자기만 위해서 살지 않을 수도 있는 거구나, 이토록 이타적인 공동체를 이룰 수도 있는 거구나, 사람으로 태어난 것이란 게 참 대단한 거구나 하는 생각. 그것도 참 비과학적인 거지만……. 난, 그런 생각에 감동받았던 거 같애."

공지영, 『고등어』, 124쪽

그들이 그 시절을 그리워하는 이유는 싸움을 좋아했기 때문이 아니고 학습하는 이데올로기들이 심오했기 때문도 아니었다. 그들이 그간 삶을 살아오며 겪었던 것과 너무나 다른 세상을 경험했기 때문이었다. 준절대공동체의 생사를 초월한 용맹한 전사들은 거대하고 아름다운 영웅들이었다. 그들은 개인적 이해를 초월한 대인들이었다. 그녀는 그 경험을 다시 말한다.

"그토록 매료시켰던 건, 그건…… 바로 인간에 대한 신뢰였어…… / …… / 난 어쩌면…… 정말 유토피아를 꿈꾸었던 건지도 몰라. 이 세상에 없기 때문에 이름이 유토피아라지? 이 세상에서 우리가 상상했던 모든 좋은 세계에 대한 상상을 사회주의 속에 다 가져다 부어놓고, 그것이 단지 꿈으로 끝날 수도 있다는 상상은 해보지도 않았어. 다 이루어질 수 있다고 믿었지. 굳게 믿었지. 그리고 아직도…… 아직도……."

공지영, 『고등어』, 125쪽

인간에 대한 신뢰란 특히 한국인들은 별로 느껴보지 못한 경험이었다. 구한말부터 사회가 완전히 붕괴되어 개인으로 흩어져 서로가 서로를 믿지 못하고 위협을 느끼고 경계할 수밖에 없는 '홉스적 자연상태(Hobbesian state of nature)'는 해방 후에도 계속되어 왔다.[•] 많은 한국인들에게는 지금까지도 서로 신뢰할 수 있는 세상이란 희귀한 경험일 수밖에 없었다. '유토피아'라고 하면 흔히 물질적인 풍요부터 생각하지만 사람들이 서로 믿고 사랑하는 세상을 경험해본 사람에게는 오히려 그 세상이 진짜 유토피아였을 것이다.

운동권의 뜨거운 동료애를 경험한 사람들은 모두 그 시절의 추억에 집착하고 있었다. 그 시대의 자신들 그리고 선후배들의 모습으로 채워진 그 시절을 그리워했다. 이 책의 제목 '고등어'는 그들의 20대 때의 모습을 명우가 어려서 헤엄치며 보았던, 자기 옆으로 지나가던 고등어 떼의 아름다움에 비유한 것이다. 그 모습을 명우는 여경에게 설명한다.

"그것은 환희의 빛깔이야. 짙은 초록의 등을 가진 은빛 물고기 떼, 화살처럼 자유롭게 물속을 오가는 자유의 떼들, 초록의 등을 한 탱탱한 생명체들. 서울에 와서 나는 다시 그들을 만났지. 그들은 소금에 절여져서 시장 좌판에 얹혀져 있었어. 배가 갈라지고 오장육부가 뽑혀져 나가고" / …… / "그들은 생각할 거야. 시장의 좌판에 누워서. 나는 어쩌다 푸른 바다를 떠나서 이렇게 소금에 절여져 있을까 하고. 하지만 석쇠에 구워질 때쯤 그들은

• 구한말의 상황에 대해서는 졸저 『한국인의 탄생』 69-173쪽을 참조할 것. 해방 후의 상황에 대해서는 이 책의 2장을 참조할 것.

한국인의 발견

생각할지도 모르지. 나는 왜 한때 그 바닷속을, 대체 뭐하러 그렇게 힘들게 헤엄쳐 다녔을까 하고."

공지영, 『고등어』, 197-198쪽

그들의 모습이 고등어처럼 아름다웠던 것은 그들이 젊어서만은 아니었다. 그들은 죽음을 넘어서서 싸우는 한 스스로 지고의 아름다움일 수 있었고 그 아름다움이야말로 그들의 참모습이라고 생각하고 싶었다.

그리고 이 소설의 출발에서 본 명우와 은림의 '불륜' 관계 또한 그들의 준절대공동체의 논리에서 연유한 것으로 보인다. 명우의 오피스텔에서 연숙은 은림을 오랜만에 보고는 옛일을 끄집어내며 공격했다.

"내가 널 용서할 줄 알아? 니들 둘이 날 바보로 만들었어. 우리 같이 가리봉동에서 자취할 때 내가 물었었지? 명우 씨하고 너하고 이상한 사이라는 소문이던데 정말이야? 그때 너는 말했어. 언니 우린 동지예요. 난 얼마나 내 자신을 책망했는지 몰라. 동지애라는 것 그런 의심을 받을 정도로 소중하고 애틋한 거구나. 그래. 설마 남편이 있는 여자가 그럴 수가 있을까. 결혼을 할 때까지도 나는 몰랐어. 사람들이 수군거려도 믿지 않았지. 그런데 어느 날 나는 발견한 거야. 나는 껍데기하고 살고 있다는 거. 너하고 저 인간하고 어떤 일들을 벌였었는지 너무 늦게 알아버린 거야. 동지애? 동지애 좋아한다. …… 니들 때문에 망친 인생들이 하나둘인 줄 아니? 니들은 이렇게 떠나버리면 그만이었던 걸, 우린 희망을 걸었던 거야. 희망을 걸고 속고 버림받고. 알 아? 떠나면 그만인 니들이 그런 걸 알기나 해?"

공지영, 『고등어』, 146쪽

은림이 연숙에게 대답한 "우린 동지"라는 말은 거짓이었다고 판단할 수 없다. 운동권의 준절대공동체에서는 이성(異性)들 간에도 '네 것 내 것'이 따로 없는 그런 분위기가 있었고, 명우와 은림의 '불륜'의 사랑은 이런 분위기에서 이루어졌을 것이다.* 당시 운동권에서는 남녀가 구별 없이 투쟁의 동지였고, 준절대공동체에서 투사들 간의 관계는 남녀 구별 없이 에로틱(erotic)한 것이었다. 따라서 남녀 간의 애정 관계에서도 배타성(排他性)이 희석되었을 것이다. 더구나 은림처럼 전투적인 사람은 더욱 그렇게 느꼈을 것이다. 은림은 7년 후에 다시 만났을 때도 명우를 끝까지 '형'이라고 불렀다.

문제는 투쟁이 끝나고 준절대공동체가 분해되면서 그들은 현실로 돌아와야 했다는 점이다. 그들은 그때의 위대하고 아름다운 모습을 잃어 가고, 포기하고, 급기야는 개인임을 의식하고, 죽음의 공포가 되돌아오고, 약해지고, 작아져 갈 수밖에 없었다.** 이는 취기(醉氣)에서 깨어나는 고통스러운 과정이었다. 문제는 투쟁이 끝났을 때 명우와 은림의 사랑도 갑자기 어느 순간 정당성을 잃고 한순간에 '불륜'의 죄가 돼버렸다는 것이다. 이 과정의 진행 속도와 정도는 사람마다 달랐고, 바로 이로부터 갈등과 비극이 시작되었다. 이 소설의 출발점이었던 은림에 대한 명우의 버스정류장에서의 잔인한 배신(背信)은 준절대공동체의 취기에서 깨어나는 과정에서 벌어진 일이었다. 은림은 그때까지 취기가 상당히 남아 있었고 영리한 명우는 맑은 정신으로 돌아와 있었다. 어처구니가 없는 상황이었다.

그들은 세월이 지나며 자신들이 작아져 온 모습에 괴로워하고 좌절했지만, 친구와 동료들이 작아져 가는 모습을 바라보는 마음 또한 착잡하고 복잡했다. 옛 동지들을 보게 되면 서로 놀리고 비아냥 대고 비난하면서 달라진 서로의 관계에 불편함을 느끼지 않을 수 없었다. 그들이 모이면 심심치 않게 싸움도 벌어지곤 했다. 과거에 집착하는 은림은 명우의 오피스텔에서 연숙의 모습을 보고, "연숙이 언니 너무 많이 약해졌어요. 그런 사람 아니었었는데. 서울 와서 옛날 사람들 만나기 싫어. 모두들 저래요. 꼭 날 보는 것만 같아서"라고 한다. 작아져 가는 사람들의 모임인 이상 결코 우호적일 수 없었다. 이들 집단은 결국 주변에서는 이상한 변태적인 사람들로 보이고 세상으로부터 모두 고립될 운명이었다.••• 갑자기 커졌다 작아져 온 그들의 정체성 위기는 절박한 것이었다.

많은 사람들은 투쟁이 끝나고 세속화되며 작아지는 자신의 모습을 받아들일 수밖에 없었지만 유독 은림은 그때까지도 '전투적인' 여성이었듯이 자신의 작아짐을 받아들이지 못했다. 가족도 없이 고독한 처지이기도 했지만 은림은 마지막까지 자신의 위대했던 과거를 지키고자 했고 전설적 영웅으로 전설을 남기기를 원했다. 객관적으로 그녀의 존재도 쪼그라들고 사그라지고 있었지만 그녀는 그 모습을 거부하며 명우에게 영웅으로서의 자신이 지키고자 고집했던 그 유일한 정체성을 그려줄 것을 당부했다. 은림이 부탁한 글쓰기는 자신의 정체성을 삶과 현실 속에서 지켜나가기 위함은 아니었다. 오히려 영원히 자신의 모습으로 남기고 싶은 어떤 특정한 모습을 전설(傳說, legend)이라는 빛바랜 초상화, 영정(影幀)으로 그려줄 것을 요구했다. 자신의 초상화지만 남들이 감상하기 위한 초상화였다. 자신의 초상화를 요구했지만 지속적이며 안정적인 자신의 모습이 아니라 과거 어느 시점에 존재했던 다시는 돌아오지 못할 전성기의 멋진 포즈(pose)를 남들이 영원히 감상할 수 있게 해달라는 것이었다. 은림과 명우는 둘 다 운명의 존재였다. 은림은 작아져 갈 것을 거부했던 만큼 작아져서 사라질 운명이었고, 명우는 남을 위한 소외된 글쓰기를 해야 할 운명이었다.

이 소설은 고대적 신화 쓰기의 기원의 신화였다. 그리고 이 소

● 5·18에 나타난 절대공동체의 특징은 광주 시민들은 싸우는 젊은이들을 위해 자기들이 가진 모든 것을 희사하여 사유재산의 관념이 사라지고, 목숨도 네 것 내 것이 없어지고 광주 시민 전체의 생명의 일부로 여겨졌다. 따라서 죽음의 공포가 사라졌다. 나아가서 '개인'이라는 의식 자체가 사라져 대부분의 광주 시민들은 그때 자기가 어디서 무엇을 했는지 기억을 못하는 경우가 많았다. '절대공동체'라고 부른 이유는 개인이 의식에서 완전히 사라진 상태였기 때문이었다. (최정운 1999: 119-190).

●● 절대공동체의 분해에 대해서는 졸저 『오월의 사회과학』 206-290쪽을 참고할 것.

●●● 명우의 오피스텔에서 여자들이 다투는 것을 보고, 여경은 나중에 전화로 명우에게 다음과 같이 말한다. "……자 이제 진짜 하고 싶은 말이 남았어요. 난 당신들을 이해할 수가 없어요. 당신들은 너무 이상한 관계를 맺고들 있어요. 그리고 이상한 방식으로 서로를 상처 입히는 것 같아요. 그리고 지나치게 과거에 얽매여 있어요. 난 거기 끼어들기 싫어요. 난 아직 당신들보다 젊고, 난 당신들처럼 집착해야 할 과거도 없어요. 오늘 당신의 옛 부인이 당신의 옛 애인을 모욕하는 자리에서 나 또한 어떤 모욕감을 느꼈는가는 사실 아무 문제도 안 돼요. 나는 그냥 당신이 싫어졌어요. 당신을 둘러싸고 있는 사람들 그 방식…… 그런 게 싫어요. ……너무 구질구질해요. 내 말은 이게 끝이에요. 나한테 할 말 없어요?" (공지영 1999: 150-151).

설은 한 시대, 한 세대와의 고별의 몸짓이었다.

제10장

❖

결　　론

우리 민족은 적어도 조선 후기부터 엄청난 시련을 겪어왔고 근대에
는 망국과 일제의 식민지배를 받는 등 이루 말할 수 없는 고초를 겪
었다. 일제강점기에는 '해방만 되면' 밝은 미래가 바로 우리를 기다
리고 있을 것 같은 기대를 가졌다. 그러나 1945년 8월 15일 일본이
무조건 항복을 선언하고 약 50년, 반세기가 지난 시점까지도 우리 현
대사는 너무나 험하고 드라마틱한 시련의 연속이었다. 계속되는 심
한 요동으로 정신을 차릴 수가 없었다. 이념적으로는 반공에 모든 것
을 걸고 우(右)에 강한 구심력이 모였던 시대가 있었고 많은 젊은이
들이 좌(左)에서 강한 구심력을 발휘했던 시대도 있었다. '롤러코스
터(rollercoaster)' 같은 여정이었다. 혹자는 우리 현대사를 '난폭 운전'
에 비유하기도 했다. 수많은 사람들이 피를 흘렸고, 요행히 살아남은
사람들도 생명의 위협을 느낄 수밖에 없었던 '스릴 만점'의 아슬아슬

한 여정이었다.

'난폭 운전'이라는 말은 특정한 운전사의 거친 성격이나 운전 미숙 때문이라는 인상이 담긴 표현이지만 우리 역사가 이렇게 거칠게 된 것이 어떤 특정한 지도자 또는 정치가 때문이라는 주장은 설득력을 얻지 못할 것이다. 오히려 그 원인은 구조적인 문제에서 찾아야 할 것이다. 무엇보다 필자가 여러 차례 지적했듯이 근대의 출발점에서부터 우리 민족은 개인들 간에 너무나 많은 불신, 의혹, 증오, 질투, 위협, 다툼들로 가득 차 있었다. 다른 말로 하면 민족 공동체가 완전히 개인으로 흩어져 '홉스적 자연상태'에 처해 있었고, 이는 도저히 사람이 정상적인 문명적 삶을 영위할 수 없는 상황이었다. 결국 우리가 나라를 일본에 빼앗긴 것도 근본적으로 그런 자연상태에서 아무런 국책(國策)도 쓸 수 없고, 혁명도 개혁도 불가능했기 때문이었다. 나아가 구한말 자연상태의 극단적 괴로움에서 백성들을 착취하는 기존의 조선이 어서 망하고 이웃나라가 다스려야 한다고 생각하고 그렇게 행동했던 사람들이 많았던 것 또한 사실이었다. 그런 상황에서는 각자 자신의 생존만을 위해서 사는 것 외에 다른 생활 방식이 불가능했다.

그런데 이러한 상황은 해방이 되고 나서도 다소 완화된 형태로 지속되었다. 이런 상호 불신의 상황에서는 민주주의는 고사하고 정상적인 국가 운영도 제대로 해나갈 수 없었다. 국가권력은 고전(苦戰)을 면치 못하고 파행으로 치달을 수밖에 없었다. 핸들이 고장 난 자동차를 정상적으로 잘 운전할 수 있는 운전사를 구할 수는 없었다. 그간 몇몇 지식인들에 의해 사람들 간에 신뢰가 있는 공동체를 복원해야 한다는 주장이 제시된 적이 있지만 현재 필자가 이 글을 쓰고 있는 순간에도 자연상태는 지속되고 있다. 이런 상황에서 현실과 괴리된 비현실적 윤리주의적 주장은 늘 힘을 얻었고, 한국 정치에서 현실과 이상(理想)의 대립은 원수(怨讐)들 간의 전쟁으로 전개되었다. 최근 발표에 따르면 국가경쟁력 측정 결과 우리나라는 OECD 국가들 가운데 노사 관계와 금융 부문에서 거의 꼴찌였다. 이 분야들이야말로 서로에 대한 '신뢰'와 '신용' 없이는 발전이 불가능한 분야이며 우리 사회의 핵심 문제는 좌우(左右) 상관없이 모두가 가담하고 있는 사회적 불신, 의혹, 질투, 적대임이 분명하다. 우리나라의 '갈등 지수' 또한 세계 최고 수준이다. 즉 우리 국민들처럼 소송(訴訟)을 즐기는 국민이 거의 없다는 것이다.

우리 역사가 이토록 거칠게 진행되고 수많은 사람들이 피를 흘리고 사회가 불안정했던 근본 원인은 바로 우리 사회의 분해, 공동체의 붕괴에 있었다. 이 문제에 대한 해결책을 찾아야 할 때가 이미 지났지만 지금이라도 심각하게 해결책을 고민해야 한다. 우리의 비틀거린 반세기 현대사는 원치 않았던 거칠고 넓은 세상을 두루 여행한 역사였다. 우리 민족은, 좌우의 이데올로기들은 말할 것도 없고, 기아(飢餓)와 죽음의 공포에서부터, 전쟁도, 어두운 죽음의 세계도, 부활도, 혁명도, 쿠데타도, 희망의 세상도, 내전도, 계급 갈등도, 인간다움을 회복하기 위한 죽음을 넘어선 투쟁도, 군사독재도, 민주주의도 경험했다. 인간이 겪을 수 있는 거의 모든 종류의 시련을 두루 겪은 셈이었다. 그렇다고 모든 시련을 섭렵(涉獵)했다고 안도할 수도 없고 자만할 수도 없을 것이다. 자랑스러운 역사라 하기에는 너무나 많은 피와 눈물이 흘렀고, 부끄러운 역사라 하기에는 너무나 영웅적인 투쟁의 연속이었다.

우리가 해방을 맞고 대한민국이라는 민족국가를 만들 때의 상황은 너무나 초라하고 비참했다. 냉전 상황에서 민족국가를 만드는 것은 결코 쉽지 않은 일이었다. 냉전의 긴장과 갈등 속에서 너무나 시간이 없었고, 국가를 우리 스스로 만든다는 자신감이나 주체 의식도 부족했으며, 인력도 자원도 모두 터무니없이 모자랐다. 부족한 자원들은 당장 주변에서 변통해와야 했다. 기다릴 시간이 없었기 때문이다. 일제 식민지배의 잔재와 미국의 원조에 의존해야 했고, 이러한 임시변통은 정치적 문제, 즉 정통성(legitimacy)의 훼손을 초래했다. 이는 다시 국민들의 지지 부족으로 이어져 정치적 위기 상황을 불러왔다. '민족국가', '민주공화국'을 만들었다지만 현실적으로 이 국가는 '취약국가'였고 언제 망할지 모른다는 위기의식에 시달렸다. 하루하루 살아남기 위해 과도한 민족주의 '오버액션(overaction)'을 남발하고, 성급하고 충동적인 폭력의 사용으로 정치적으로 더욱 어려운 상황을 자초했다. 초기 대한민국은 생존이 유일한 가치였다.

그리고 북한의 전면 공격을 맞았다. 소련과 중공의 도움을 얻어 엄청난 무력의 우위를 점한 북한의 공격에 맞서 대한민국이 생존하는 유일한 길은 미국의 신속한 대규모 지원을 얻는 길밖에 없었고, 이 상황은 취약국가의 구조적 문제를 더욱 심화시켰다. 대한민국이란 나라는 모든 젊은이들의 생명뿐만 아니라 모든 자원을 총동원하여 필사적으로 싸워 휴전선을 다시 긋고 살아남았지만 우리 민족은 멸망할 수밖에 없으리라는 전망을 피할 수 없었다. 한국전쟁은 매우 특별한 성격의 비합리적 총체적 전쟁이었고 이를 온몸으로 겪은 우리 민족은 전후(戰後)에 '죽음'을 앞둔 존재, 모두 죽음을 향해 끌려가는 존재로 남겨졌다.

한국인의 발견

결국 우리 민족은 운명의 예언을 받아오기 위해 '하데스(Hades)의 죽음의 땅'으로 내려가는 최후의 모험을 감행할 수밖에 없었다. '운명의 시대'를 맞고 있었다. 기어이 우리는 1950년대를 통해 스스로 부활의 마법으로 '하데스의 땅'에서 되돌아오는 모험을 완성했다. 우리에게 1950년대는 그간 비참한 시대로만 알려져 왔지만, 사실은 비참했던 만큼 위대한 시대였다. 어떤 지도자의 힘이 아니라 우리 민족의 지식인들이 자발적으로 노력해서 죽은 민족을 살려내고야 말았다.

1950년대의 비참함을 자각한 우리 민족은, 한편에서는 민중의 분노가 무르익어감을 통해, 또 한편에서는 민족을 이끌고 나갈 전략을 구사함으로써 혁명에 다가갔다. 그간 많은 사람들은 우리는 혁명을 못 겪었다고 하지만 이런 오해는 우리 역사를 제대로 이해하지 못했기 때문이었다. 우리는 분명 '두 개의 혁명'이라는 독특한 형태로 혁명을 겪었다. '혁명'을 한다는 명쾌한 의식은 갖지 못했고 과정과 형태 또한 기형적(畸形的)이었지만 '두 개의 혁명'이 야기한 사회적 변화의 규모는 엄청난 것이었다. 두 개의 혁명이 만들어낸 1960년대는 우리 역사 수백 년 만에 처음 겪는 희망(希望)과 욕망(慾望)의 시대였다. 문제는 혁명 의식이 불급(不及)한 것이 아니라 과(過)했다는 데 있었다. 두 개의 혁명은 절묘한 타이밍으로 발발했기에 너무나 성공적이었고, 그러한 성공 속에서 자제(自制)를 잃어버렸고 내리막길에는 가속도가 붙었다.

1970년대는 복잡한 시대였다. 한편에서는 1960년대의 경제 발전과 조국 근대화가 산업화의 단계를 지나며 여전히 효과를 내고 지지를 얻고 있었다. 그러나 다른 면에서 한국인들은 피로에 지치고,

소외되기 시작하여 계급으로 분화되어 나갔고 사회적 정치적 모순은 심각해져 갔다. 상반된 흐름 속에 한국 사회는 1970년대를 통해 살벌해져 갔고, 새로운 사회 운동이 나타나 갈등하는 계급들 사이에 침투하여 연합 전선을 만들며 사회·정치 운동을 이루어나갔다. 하지만 그 과정은 더뎠다. 갈등은 극단으로 치달았고, 이 극단에서 인간의 존엄성을 회복하기 위한 죽음을 넘어선 투쟁과, 극단의 폭력, 금력 만능주의가 나타나 동시에 익어 갔다. 한 정권의 흥망성쇠(興亡盛衰)는 불가피한 일이지만 이 시대 1970년대는 희대의 괴물 '오공(五共)'을 잉태했고 이 또한 우리 역사의 특수성에서 연유한 것이었다.

오공은 폭력(暴力)과 금력(金力)에 매료된 괴물이었다. 1980년 5월 광주 시에서는 현대 민족국가의 군대가 군복을 입고 상관의 명령에 따라 시내 번화가의 대로에서 시민들을 닥치는 대로 패고 찌르는 엽기적인 폭력 극장을 만들고, '우리는 너희들 씨를 말리러 왔다!'고 외치는 일이 일어났다. 이는 대한민국 밖에서는 상상하지 못할 일이었다. 만약 북한이 그토록 극단적으로 야만적이고 폭력적인 곳이 아니었다면 대한민국에 계속 충성하는 국민은 별로 없었을 것이다. 오공 같은 시대를 돌파해서 민주화를 이루어 1990년대를 맞았다는 것은 우리 민족과 우리 사회의 뛰어난 적응력과 끈질김을 확인해 주는 증거라 하지 않을 수 없다. 이 극단의 시대를 종결지은 것은 죽음의 공포를 넘어선 극단의 격렬한 투쟁이었다. 중산층 국민들은 젊은이들의 과격한 입장을 이해하고 투쟁에 고마워했지만 엄청난 의식의 혼란을 겪었다.

1990년대에 오면 1980년대를 마감해야 했고, 과격한 젊은 투사들은 평화에 적응하고 길들여져야 했다. 이 시대에 이르러 비로소 한국인들은 우리의 우여곡절(迂餘曲折)의 과거를 돌아보기 시작했고, 그토록 거친 역사는 더 이상 반복할 수 없다는 것을 느꼈다. 그리고 거친 역사를 반복하지 않으려면 무엇을 어떻게 해야 하는가에 대한 깊은 생각도 하게 되었다. 이 연구도 바로 이 시대에 시작된 과업의 결과라 할 수 있다.

이렇게 거친 역사를 겪어오면서 늘 부딪쳐 온 첨예한 문제는 정체성(identity)의 문제였다. 매 시대 예측이 어려운 상황에서 '내일은 어떻게 될지', 내일 나 자신이 또는 우리가 벌레로 깨어날지 물고기로 깨어날지 알 수 없었다. '나는 살아 있는가?', '나는 누구인가?', '나는 과연 나인가?', '우리는 누구인가?', '우리로 남을 수 있을까?', '우리 민족은 누구인가?', '나라란 무엇인가?', '대한민국이란 무엇인가?'는 늘 제기되어온 질문이었다. 특히 역사의 흐름이 빠르고 거칠게 진행되던 시기에는 이 정체성의 질문이 더욱 예리하게 제기되었다.

이 시점에서 우리는 우리가 묻는 정체성이란 무엇인가, 우리가 물어온 질문은 과연 무엇을 물어온 것인가를 돌아보아야 할 것이다. 우리는 일상에서 '너는 누구냐?'라는 물음을 받는다면 나는 이름이 '○○○입니다' 하고 답하고 나아가 주민등록번호, 군번, 운전면허증 번호 등을 정체에 대한 답으로 제시를 할 것이다. 또 필요하다면 주민등록증을, 만약 외국에 있다면 여권(passport)을 보여줄 것이다. 보통은 이런 것들이 한국인들의 정체라고 생각한다. 많은 사람들은 개인의 정체는 정해져 있다고 생각하고 그 정체는 국가에 의해서 부여된다고 생각한다. 한국 사람은 태어나자마자 법에 따라 출생신고를 하고 그러면 이름, 가족 관계, 일련 번호 등이 주어지고 보통은 이 항목들 중에서 요구되는 것을 대는 것으로 정체의 문제를 해결한다. 그러나 문제는 우리의 정체, 정체성은 국가권력이 정해주는 항목 외에 너무나 다양한 가능한 대답을 갖는다는 것이다. 예를 들면 'ㅇ ㅇ의 아빠', 'ㅇㅇ의 아들' 또는 '이류 학자', '미래의 대통령', 나아가서 시적으로 '사랑을 잃어버린 사나이', '조국을 배신한 사나이', '비에 젖은 남자', '금수저를 물고 태어난 남자' 등등 끝이 없다. 국가가 정해준 정체는 우리 정체의 일부라기보다는 국가권력이 지속적으로 정확히 행사되기 위해서 필요한 사항으로서 미리 국민 개개인에게 찍어놓은 '바코드' 같은 것이라고 이해해야 할 것이다. 문제는 가게의 상품들에 대해 우리가 정작 알고 싶은 정보는 '바코드'를 아무리 들여다보아도 알 수 없다는 현실에 있다.

이런 끝없는 가능한 정체성의 항목들 중에서 무엇이 중요한지에 대해서는 묻는 사람이 원하는 답을 주어야 한다고밖에 말할 수 없다. 우리 일상생활에서 정체성의 문제는 질문의 형태로 제기된다. 우리가 어떤 집 문 앞에 가서 초인종을 누르면 안에서 '누구세요?' 하고 묻는다. 이때 이름을 대고 'ㅇㅇㅇ입니다'라고 대답하면 문을 열어주기도 하지만 어떤 경우에는 '뭐라구요?', '누구시라구요?' 하고 다시 물으며 문을 열어주지 않는다. 그렇지만 다시 'ㅇㅇ의 친굽니다' 또는 'ㅇㅇㅇ의 제잡니다'라고 대답하면 '알았다'고 하며 안심하고 문을 열어주기도 한다. 이럴 때 주민등록번호를 댄다든가, 군번을 댄다면 '웃기는 놈' 또는 '미친 놈'이 될 것이다. 즉 정체성은 정해진 게 아니라 묻는 사람의 판단에 따라 충분하기도 하고 그렇지 않기도 하다. 정체성은 고정된 답으로 준비된 것이 아니라서 묻는 사람의 목적을 만족시켜줄 정체성의 일부를 제시해야 비로소 답이 된다. 그러나 그 사람 본인이 맞는지 추가로 확인을 요구하는 경우가 있다.

그러면 얼굴 모양 또는 얼굴 사진이 붙은 증명서를 제시한다든가, 나아가 어떤 경우에는 지문 등 더 정교한 방식으로 자신이 동일한 인물, 본인임을 확인해주어야 한다.

그렇다면 정체를 묻는 목적, '누구세요?'라고 묻는 목적은 무엇일까? 그냥 묻는 경우는 없다. 왜냐하면 보통 때라면 상대방이 '저는 ○○○입니다'라고 자기를 소개할 때까지 기다리는 게 예의이기 때문이다. 단적으로 초인종을 눌렀을 때 정체를 묻는 이유는 문을 열어줘서 그 사람이 집에 들어오도록 '할 것인가?' '말 것인가?'를 판단하기 위해서이며 대부분의 경우는 안전(security)의 문제 때문일 것이다. 자신이 안전한 사람이라는 것을 증명하기 위해서는 묻는 사람이 잘 아는 사람과의 관계를 말하는 것으로 충족될 것이다. 말하자면 대부분의 경우에 정체성을 묻는 이유는 안전을 보장하려 하기 때문이다. '누구(Who, Wer)'라는 질문은 개인의 특정성을 묻는 것이며, '무엇(What, Was)'이냐는 질문은 사회적 지위를 묻는 것이다. '무엇이냐?'는 질문은 대부분 '경찰이다', '검찰이다' 등의 대답을 요구하는 경우가 많다. 보통 개인들의 경우에는 어떤 소속된 집단, '대한민국 국민'이라든가 '경상도 사람'이라든가, '대학생'이라든가 하는 집단 이름을 내놓는다고 한들 그것이 정체성의 일차적인 질문을 만족시키는 답이 되진 못한다. 문 앞에서 '경상도 사람'이라고 또는 '전라도 사람'이라고 대답하는 사람에게 문을 열어주는 경우는 거의 없을 것이다. 한마디로 개인의 정체를 묻는 목적은 생명과 재산이 관련된 안전의 확보에 있는 것이며, 그 답은 묻는 사람의 생명과 재산을 해칠 사람이 아님을 증명하는 것이 된다.

그리고 여기서 더 나아가 '나는 누구인가?', '우리는 누구인가?'의 질문은 좀 더 추상적인 수준에서 정체성을 묻는 것이다. 많은 경우에는 거울을 바라보며 스스로에게 이런 질문을 던지고, 이런 모습은 소설이나 영화에 종종 나온다. 말하자면 자신이 이상해질 수 있는 가능성, 생각했던 것과는 다른 존재가 돼버릴 것같이 느껴지는 경우에 거울 속 자신에게 이런 질문을 던질 것이다. '우리는 누구인가?' 라는 민족적 단위의 정체성에 대한 질문 또한 다르지 않다. 이 질문은 '우리'라고 칭하는 내가 소속된 집단, 예를 들어 '우리 민족'이 이상해 졌다고 느낄 때 묻는 질문일 것이다. 이상해지는 것을 걱정하는 이유는 우리 자신이 원치 않았던 이상한 행동을 자신도 모르게 해서 문제를 일으키거나 사고를 칠 것이 두려워서 묻는 질문일 것이다. 그런 행동을 한다면, 어떤 경우에는 범죄를 저질러서 감옥에 간다든가 정신병원에 갇히게 되는 경우도 있겠지만 좀 더 현실적으로는 자신이 '망신을 당한다'든가, '체면을 깎이는' 경우가 더 많을 것이다. 즉 우리 자신의 정체가 문제 되는 경우는 우리의 행동 때문에 큰 피해를 입을 것이 우려되는 경우이다. 이 피해란 물리적인 것은 말할 것도 없고 사회적 지위, 존엄성, 존재가 상처를 입는 것을 포함한다. 상대방에게 '누구세요?'라고 정체를 묻는 경우보다 '나는 누구인가?'라고 묻는 경우가 훨씬 추상적인 문제로서 더욱 포괄적인 생존, 즉 재산 문제뿐만 아니라 사회적 존재, 지위 등의 안전에 위기를 느끼는 경우이다.

'나'나 '우리'의 정체성을 묻는 경우는 대부분 전부터 알고 있던 '나', '우리'가 그 존재와 '같은 존재인지' 동일성(同一性)을 묻는 것이다. 쓰임에 따라 'identity'라는 외국어가 '동일성'으로 번역되는 것은 그런 이유에서이다. 많은 경우에 이 문제는 주민등록증을 보는 것으로는 해결되지 않는다. 그보다는 거울에 비친 자기 얼굴을 보면서

'불쌍한 녀석!' 또는 '아이고 이 등신아!'라고 하며 문제를 제기한다. 즉 이때 얼굴이란 '얼'[魂]의 '꼴'로써 바로 이 '얼굴'의 민감한 상황이 문제가 되는 것이다. 어느 틈에 전혀 다른 모습이 된 것 같다는 느낌은 많은 소설에서 인물들이 이상한 사고를 치고 마는 중요한 징후이다.

1990년대에 이르러 우리는 우리의 거친 과거의 근본적 원인을 '우리는 도대체 누구인가?'라는 질문을 통해 본격적으로 묻게 되었다. 우리는 이런 문제에 어떻게 대처할 것인가에 대해 오랫동안 깊이 생각해오지 못했다. 앞에서 논했듯이 특히 1960년대 이후에 많은 사람들이 정체성 위기에 비명을 지르고 정체성의 문제를 제기했지만 이렇다 할 답, 정체성 위기의 해결책을 제시하지 못했다. 1980년대까지는 정체성 위기에 처하면 모종의 답을 찾아 그것을 자기 정체성으로 선언하는 형식적 해결책 이상을 생각하지 못했고 이는 우리가 어려서부터 교육받은 객관식 문제 풀이 방식에 따른 것이었다. '나는 혁명가다', '나는 프롤레타리아다'라는 답은 멋진 답인 것 같았지만 이런 식의 답은 학교 다닐 때 객관식 문제를 풀던 버릇에서 벗어나지 못한 결과일 것이다. 이런 식으로 얻은 정체성은 이념 권력에 귀의하고 굴복함을 선언한 것에 불과하다.

'우리'의 정체성 문제에 대한 본격적 해결책은 1990년대에야 제시되었다. 말하자면 우리의 모습을 늘 지속적으로 거울로 비추어 보는 일이다. 문제는 물리적인 모습만 비추어보는 게 아니라 윤리적 문제, 심리적 정신적 문제, 건강 문제 등까지 비추어보고, 판단해야 한다는 것이다. 말하자면 앞에서 말했듯이 '얼'을 검토하고 영혼을 돌보아야 한다. 나아가 이러한 문제가 '나' 개인이 아니라 '우리'라는 복수로 구성된 존재의 문제일 경우에는 우리를 돌아보는 일은 결코 간단한 문제가 아니다. 이는 본격적인 사회적 지성의 작업, 교육과 학문의 제도의 문제일 것이다. '이렇게 해야 한다'는 대안이 제시되었어도 실제로 그렇게 하는 것은 별개의 일이고 이 또한 결코 간단한 일이 아니다. 말하자면 물질적, 경제적 조건의 변화뿐만 아니라 우리의 사회적 조건과 사상(思想), 문화 등의 섬세한 변화를 감지하고, 역사를 기록하고, 분석, 해석하고 검토하는 일은 엄청난 지적(知的) 작업이 체계적으로 이루어져야 가능한 일이다. 그리고 이를 통해서만 우리의 역사를 통제해 나갈 수 있다.

현재까지는 우리의 문학가들, 특히 소설가들이 자발적으로 큰 몫을 해왔다. 그들의 업적에 의존해서 지금 이 책의 한국 현대 사상사가 시도되었으며 이를 통해 우리가 얼마나 거친 역사를 살아왔는지 확인했다. 그간 우리나라의 소설가들이 고정된 수입을 기대할 수 없는, 그야말로 '쫄쫄 굶는' '소설가'라는 직업을 선택한 이유는 말할 것도 없이 우리나라 사람들에게 꼭 해주어야 할 이야기가 있어서였고, 이 이야깃거리가 한국 사람으로서 나라와 민족과 사회를 위해서 중요한 이야기라 생각했기 때문이었을 것이다. 해방 후 반세기 동안, 그나마 우리가 온갖 역경을 헤치고 여기까지 온 것은 위대한 우리의 소설가들이 자유롭게 활동할 수 있도록 언론의 자유, 신체의 자유, 경제 활동의 자유 등을 보장하는 자유민주주의 체제였기에 가능했다. 지난 군사독재 정권들도 이런 자유를 부정한 일은 없었다. 북한이 이렇게 역사의 냉동고(冷凍庫)에 갇혀 있는 이유는 이런 기본적 자유를 말살했기 때문이다.

우리 사회가 정체성을 유지하는 일에 일차적으로 봉사해야 할 사람들의 핵심은 당연히 지식인, 그중에서도 학자들, 특히 대학을 중심으로 한 학자들일 것이다. 그들이야말로 진작 우리의 정체성을 형성하는 일에 참여하고 봉사해야 했다. 그런데 대학의 학자들은 우리의 전통 학문이 포기된 근대에는 서양의 학문을 도입하는 임무를 일차적으로 부여받았고 그 일에 평생을 바쳐왔다. 서양 학문의 도입이 우리 학계의 일차적인 역사적 의무였고 따라서 우리 사회의 정체성을 유지하고 사회 현실을 끊임없이 검토하고 돌아보고 하는 중요한 임무는 뒷전으로 밀릴 수밖에 없었다. 나아가 이에 못지않게 중요한 요인은 대학, 학계에 깊이 뿌리박힌 반지성주의였다. 우리나라 학자들의 수준이 한계가 있었던 것은 분명한 사실이지만 역사적으로 그들은 한국인들의 신뢰와 존경을 받지 못했고 자신이 하고 있는 학술 활동도 지식인의 일차적 사회적 의무와는 거리가 있다.

현실적으로 어느 나라, 어느 민족이 자신의 학문 또는 고유한 학문을 갖고 있다면 그 나라는 이미 굴지의 선진국일 것이다. 그 외의 국가들, 특히 제3세계 나라들은—우리나라를 포함해서—자신의 학문을 갖고 있지 못하고 남의 나라에서 학문을 배워오기에 급급했다. 그리하여 이들 나라는 스스로 자기 나라, 민족, 사회에 대한 지적 관심이 깊지 못하고, 결과적으로 진정한 주체성을 결여하고 있는 게 현실이다. 우리 자신을 늘 되돌아보는 행위가 제도화되어야 하며 이를 위해서는 반지성주의가 극복되어야 한다. 이 반지성주의의 문제는 '반지성주의 물러가라!', '반지성주의 타도하자!'고 데모하고 결의한다고 해결될 문제가 아님은 누구나 알지만 실천은 결코 간단한 일이 아니다. 학문을 해서 '지성'을 세우면 된다. 그러나 학문을 한다는 것이 '학문 나와라 뚝딱!'으로 될 일은 아니며 정부에서 '프로젝트'

연구비를 나누어준다고 해서 되는 것 또한 결코 아니다.

　단적으로 미국이 초강대국으로 올라선 결정적인 계기는 남북전쟁 후 1870년부터 벌인 대학 개혁 운동으로 대학들이 세계 일류의 대학으로 등장하고 순수 학문들이 높은 수준을 달성하게 된 것이었다. 미국은 결코 군사력, 경제력만으로 초강대국이 된 것이 아니다. 미국인들이 국제정치학에서 말하는 현실주의(realism)는 우리나라 같은 나라들의 지식인들을 오도(誤導)하기 위해 의도된 거짓이다. 군사력과 경제력에 집착해서 강대국이 되고자 한다면 결국은 '괴물' 국가로 귀착되는 수밖에 없는 게 현실이다. 서양 학문에 대한 의존에서 벗어나는 일은 우리의 역사적인 과업임에 분명하다. 반지성주의를 극복하고 우리의 지성과 학문을 이루게 되면 그때는 우리나라를 '선진국'이라고 자부할 수 있을 것이다. 한 나라, 한 민족에게 지성은 '무엇에 좋다'는 식으로 어떤 효용으로 말할 수는 없다. 흡사 우리의 '지성이 건강에 좋다'는 말이 웃기는 말인 것처럼. 지성이란, 특히 전문적 지성이란—물론 제대로 열심히 기능을 수행하는 한—적어도 인구가 몇 만이 넘는 집단에게는 필수의 구조인 것이다. 그것은 쓸모, '용(庸, 用)'으로 말할 수 있는 것이 아니다.

　21세기에 들어오면서 사람들은 소설을 더 이상 읽지 않는다고 하며 그런 시대가 지났다는 말을 한다. 어쩌면 소설에 기대어 현대 사상을 연구한다는 것이 시대착오적 발상이 될지도 모른다. 아마 21세기부터는 영화나 만화를 연구해야 할 시대일지도 모른다. 어떤 자료를 연구할 것인가 하는 문제는 상황에 따라서 적응해야 할 것이다. 우리의 정체성, 우리의 과거, 현재의 모습을 관찰하는 문제는 총체적인 지적 행위이지 미리 방법론이 정해져 있다고 말할 수는 없을 것이다. 다만 우리의 모습을 늘 관찰해야 한다는 문제는 지성의 핵심적 활동이며 특히 현재처럼 사회 변동이 지속적이고 극심한 시대에는 더욱 쉽지 않은 문제일 것이다. 늘 변하는 과정에서 각별히 의식 집중을 유지하고 정체성을 지키는 일은 험준한 역사를 더 이상 겪지 않기 위한 필수의 활동인 것이다.

| 후주 |

제1장 | 문학에 나 있는 사상으로의 길

1. Weber 1956.

2. Weber 1988.

3. Foucault 1966.

4. Bourdieu 1979.

제2장 | 해방과 건국

1. 김병걸 1994: 97.

2. Lawrence 1924: 15-16.

3. Melville 1851.

4. Lawrence 1924: 153-188.

5. Weber 1905.

6. 신형기, 「신인간―해방 직후 북한 문학이 그려낸 동원의 형상」 (박지향 외 2006 1: 699-700).

7. 박찬호 2009b: 9-10.

8. 김병걸 1994: 118-119.

9. 리영희 1988: 129.

10. 최정운 2013: 537-540.

11. Nozick 1974: 11-25.

12. 신형기 1992: 22.

13. 이혜숙 2008: 110-111.

14. 서희경 2012: 117.

15. 고정휴 외 2010; 서희경 2012.

16. Weber 1956: 901-940.

17. Halberstam 2007: 97-98.

18. 박명림 1996b: 261.

19. 전상인, 「해방공간의 사회사」 (박지향 외 2006: 152-153).

20. 박명림 1996b: 200-201.

21. 박갑동 1991.

22. 박명림 1996b: 374.

23. 강만길 편 1982.

24. 김일영 2010: 127.

25. Hobsbawm 1994.

제3장 | 전쟁과 아프레게르

1. Cumings 1981; 1990.

2. Clausewitz 1994.

3. 차상철, 「이승만과 1950년대의 한미동맹」 (박지향 외 2006: 264).

4. 이영훈 2007: 298-299.

제4장 | 한국인의 부활

1. 고은 1989: 18.

2. 손창섭 2005 2: 203-230.

3. 유종호, 「侮蔑과 憐憫」 (송하춘 편 2003: 23).

4. 이부순, 「소설의 서사적 거리와 태도: 손창섭의 소설」 (송하춘 편 2003: 280).

5. 위의 글, 270-272.

6. 위의 글, 279.

7. 조현일, 「허무주의 심연과 극복의 노력: 손창섭론」 (구인환 외 1995: 245-247).

8. Nietzsche 1882/1886: 273-274.

9. 강준만 2004b 2: 338.

10. 전인권 2000: 32-33.

11. 이어령 1956: 338.

12. 이어령 1956: 15-16.

13. 조갑제 1998 3: 98-99.

14. 조영암 1956-1957.

15. 이영훈 2007: 303-304.

제5장 | 두 개의 혁명

1. 조갑제 1998 3: 130.

2. 강준만 2004c: 57.

3. 리영희 1988: 370-378.

4. 한국정신문화연구원 편 2004: 336.

5. 강준만 2004c 1: 175.

6. 최인훈, 「일역판 서문」 (최인훈 1976a: 11).

7. 최인훈, 「1960년 10월 〈새벽〉 서문」 (최인훈 1976a: 17).

8. 홍석률, 「1960년대 지성계의 동향─상업화와 근대화론의 대두와 지식인사회 의 변동」 (한국정신문화연구원 편 1999c: 197-198).

9. 박정희 1962; 1963.

제6장 | 역사와 개성의 시대─1960년대

1. 최인훈 1976d: 7-43.

2. Kafka 1916.

3. 이영훈 2007: 298.

4. 한국정신문화연구원 편 1999d: 16.

5. 강준만 2004c 2: 162-163.

6. 이영미 1998: 190-191.

7. Goethe 1774.

8. Fitzgerald 1925.

제7장 | 분열과 연합의 시대─1970년대

1. 이영미 1995: 144.

2. 이영미 1998: 222.

3. 위의 책, 224.

4. 최인호 1972b 2: 429.

5. 최정운 2000a; 2000b; 2011; 2013.

제8장 | 투쟁의 시대—1980년대

1. 강준만 2003 1: 15.
2. 최인호 1992 1: 9.
3. Melville 1851.
4. Lawrence 1924.
5. Lévi-Strauss 1962: 33-44.
6. 강준만 2003 2: 91.
7. 최정운 2013: 461-483.
8. Bourdieu 1979.
9. Carrol 1865-1872.

제9장 | 근대로의 진입—1990년대

1. Foucault 1966: 60-64.
2. Morrison 1987.
3. 양귀자 1995 1: 12.

| 참고문헌 |

1. 국내 저자

강만길 편, 1982, 『조소앙』, 서울: 한길사.

────── 외, 1983, 『4월 혁명론』, 서울: 한길사.

강성원, 2001, 『내가 겪은 독재』. 서울: 선인.

강원용, 1993, 『빈 들에서: 나의 삶, 한국현대사의 소용돌이 1─선구자의 땅에서 해방에서 혼돈까지』, 서울: 열린문화.

강원택 편, 2012, 『노태우 시대의 재인식: 전환기의 한국사회』, 파주: 나남.

강정인, 2014, 『한국 현대 정치사상과 박정희』, 서울: 아카넷.

강준만, 2002, 『한국 현대사 산책 1970년대편: 평화시장에서 궁정동까지』 전3권, 서울: 인물과사상사.

────── , 2003, 『한국 현대사 산책 1980년대편: 광주학살과 서울올림픽』 전4권, 서울: 인물과사상사.

────── , 2004a, 『한국 현대사 산책 1940년대편: 8·15해방에서 6·25 전야까지』 전2권, 서울: 인물과사상사.

────── , 2004b, 『한국 현대사 산책 1950년대편: 6·25전쟁에서 4·19 전야까지』 전3권, 서울: 인물과사상사.

────── , 2004c, 『한국 현대사 산책 1960년대편: 4·19 혁명에서 3선 개헌까지』 전3권, 서울: 인물과사상사.

────── , 2006, 『한국 현대사 산책 1990년대편: 3당합당에서 스타벅스까지』 전3권. 서울: 인물과사상사.

────── , 2011, 『강남 좌파: 민주화 이후의 엘리트주의』, 서울: 인물과사상사.

고성국 외, 1991, 『1950년대 한국사회와 4·19혁명』, 서울: 태암.

고은, 1989, 『1950년대: 그 폐허의 문학』. 서울: 향연, 2005.

고정휴 외, 2010, 『대한민국 임시정부의 현대사적 성찰』, 서울: 나남.

공제욱, 1993, 『1950년대 한국의 자본가 연구』, 서울: 백산서당.

공지영, 1998, 『봉순이 언니』, 서울: 푸른숲.

――――, 1999, 『고등어』, 서울: 푸른숲.

구해근(Koo, Hagen), 2001, 『한국 노동계급의 형성(Korean Workers: The Culture and Politics of Class Formation)』, 신광영 옮김, 서울: 창작과 비평사, 2002.

권보드래 외, 2009, 『아프레걸 思想界를 읽다: 1950년대 문화의 자유와 통제』, 서울: 동국대학교출판부.

―――― ·천정환, 2012, 『1960년대를 묻다: 박정희 시대의 문화정치와 지성』, 서울: 천년의 상상.

권오룡 엮음, 1999, 『이청준 깊이 읽기』, 서울: 문학과 지성사.

권정생, 1995, 「영원히 부끄러운 전쟁」, 『역사비평』, 제29호(여름).

김건우, 2003, 『사상계와 1950년대 문학』, 서울: 소명출판.

김경일, 1998, 「1950년대 후반의 사회이념」, 『한국현대사의 재인식 4』, 정신문화연구원 편, 서울: 오름.

김경현, 2007, 『민중과 전쟁기억: 1950년 진주』, 서울: 선인.

김남식, 1984, 『남로당 연구』, 서울: 돌베개.

김동리, 1995, 『김동리 전집』 전8권, 서울: 민음사.

김동춘, 1997, 『분단과 한국사회』, 서울: 역사비평사.

――――, 2000a, 『근대의 그늘: 한국의 근대성과 민족주의』, 서울: 당대.

――――, 2000b, 『전쟁과 사회: 우리에게 한국전쟁은 무엇이었나?』, 서울: 돌베개.

――――, 2013, 『전쟁정치: 한국정치의 메커니즘과 국가폭력』, 서울: 길.

김명석, 2004, 『김승옥 문학의 감수성과 일상성』, 서울: 푸른사상.

김미란, 2012, 「'청년 세대'의 4월혁명과 저항 의례의 문화정치학」, 사상계연구팀 편, 『냉전과 혁명의 시대 그리고 『사상계』』, 서울: 소명출판.

김미영, 2005, 『최인훈 소설 연구』, 서울: 깊은샘.

김미현 편, 2006, 『한국영화사: 開化期에서 開花期까지』, 영화진흥위원회 이론총서 36, 서울: 커뮤니케이션북스.

김민수, 1993, 『한국 전후문학의 형성과 전개』, 서울: 태학사.

김병걸, 1994, 『실패한 인생 실패한 문학: 김병걸 자서전』, 서울: 창작과비평사.

김병기, 1966, 『이중섭: 화폭의 부조리』, 한국의 인간상 5: 문학예술가편, 서울: 신구문화사.

김병익, 1982,『지성과 문학: 70년대의 문화사적 접근』, 서울: 문학과지성사.

──, 2001,『한국 문단사: 1908~1970』, 서울: 문학과지성사.

김삼웅, 2006,『심산 김창숙 평전』, 서울: 시대의 창.

김성철, 1999,『겨울 봄 겨울의 패러독스: 제4공화국 정치변동의 체계론적 접근』, 서울: 신유.

김성한, 2010,『김성한 작품집』, 김학균 엮음, 서울: 지만지.

김성환·김정원·허버트 P. 빅스 외, 1984,『1960년대』, 서울: 거름.

김소연·백문임·안진수·이순진·이호걸·조영정, 2003,『매혹과 혼돈의 시대: 50년대의 한국영화』, 서울: 소도.

김소영, 2000,『근대성의 유령들: 판타스틱 한국영화』, 서울: 씨앗을뿌리는사람.

김소진, 1993,『열린 사회와 그 적들』, 김소진 전집 2, 서울: 문학동네, 2002.

──, 1995,『장석조네 사람들』, 김소진 전집 1, 서울: 문학동네, 2002.

──, 1996a,『자전거 도둑』, 김소진 전집 3, 서울: 문학동네, 2002.

──, 1996b,『바람 부는 쪽으로 가라』, 김소진 전집 5, 서울: 문학동네, 2002.

──, 2002a,『신풍근배커리 약사』, 김소진 전집 4, 서울: 문학동네.

──, 2002b,『그리운 동방: 김소진 산문』, 김소진 전집 6, 서울: 문학동네.

김수영, 1981,『김수영 전집』전2권, 서울: 민음사.

김승옥, 2004,『김승옥 소설 전집』전5권, 서울: 문학동네.

김영명, 1992,『한국 현대 정치사』, 서울: 을유문화사.

김영호, 1998,『한국전쟁의 기원과 전개과정』, 서울: 두레.

김운태, 1986,『한국 현대정치사 제2권: 제1공화국』, 한국사료연구소 편, 서울: 성문각.

김원, 2005,『여공 1970, 그녀들의 反역사』, 서울: 이매진.

──, 2011,『박정희 시대의 유령들: 기억, 사건 그리고 정치』, 서울: 현실문화.

김윤식·정호웅, 1993,『한국소설사』, 서울: 예하.

김윤식 외, 2001,『상상력의 거미줄: 이어령 문학의 길찾기』, 서울: 생각의나무.

──, 2006,『해방공간 한국 작가의 민족문학 글쓰기론』, 서울: 서울대학교출판부.

김인식, 2005,『안재홍의 신국가건설운동: 1944-1948』, 서울: 선인.

김인호, 2004,『해체와 저항의 서사: 최인훈과 그의 문학』, 서울: 문학과지성사.

김일영, 2010,『건국과 부국: 이승만·박정희 시대의 재조명』, 개정신판, 서울: 기파랑.

한국인의 발견

김정빈, 1984, 『丹』, 서울: 정신세계사, 1985.

김정한, 1998, 『대중과 폭력: 1991년 5월의 기억』, 서울: 이후.

김지하, 1992, 『모로 누운 돌부처』, 서울: 나남.

김진기, 1999, 『손창섭 무의미 미학』, 서울: 박이정.

김질락, 1991, 『어느 지식인의 죽음』, 서울: 행림출판.

김학준, 1989, 『한국전쟁: 원인·과정·휴전·영향』, 제3개정·증보판, 서울: 박영
　　사, 2003.

김행선, 2004, 『해방정국 청년운동사』, 서울: 선인.

김형아, 2005, 『유신과 중화학공업 박정희의 양날의 선택』, 신명주 옮김, 서울: 일
　　조각.

김형욱·박사월, 1985, 『김형욱 회고록 제1부: 5·16 비사』, 서울: 아침.

─────, 1993, 『김형욱 증언: 혁명과 우상, 제II부: 한국중앙정보부』, 뉴욕: 독립
　　신문사.

김훈, 2001, 『칼의 노래』, 서울: 문학동네, 2012.

나은진, 2008, 『1950년대 우리 소설의 세 시야: 장용학·손창섭·김성한의 서사적
　　모형』, 파주: 한국학술정보.

남정욱, 2014, 『꼰빠이 386: 은밀하고 발칙한 남한 좌익 운동의 절정』, 서울: 북
　　앤피플.

라종일, 1988, 「1952년의 정치파동: 행정부, 의회, 군부, 외국의 상호작용」, 『한국
　　정치학회보』 제22집 제2호.

─────, 1994, 『끝나지 않은 전쟁: 한반도와 강대국 정치, 1950-1954』, 서울: 전
　　예원.

리영희, 1988, 『역정: 나의 청년시대』, 리영희 저작집 6, 서울: 한길사, 2006.

리인수, 1988, 『대한민국의 건국』, 서울: 촛불.

문부식, 2002, 『잃어버린 기억을 찾아서: 광기의 시대를 생각함』, 서울: 삼인.

문정인·김세중 편, 2004, 『1950년대 한국사의 재조명』, 서울: 선인.

문학사와 비평 연구회 편, 1991, 『1950년대 문학 연구』, 서울: 예하.

───── 편, 1993, 『1960년대 문학 연구』, 서울: 예하.

박갑동, 1991, 『통곡의 언덕에서: 남로당 총책 박갑동의 증언』, 서울: 서당.

박경리, 1959, 『김약국의 딸들』, 서울: 나남, 1993.

─────, 1969-1979, 『토지』 전16권, 서울: 솔, 1993.

박경수, 1995, 『재야의 빛 장준하』, 서울: 해돋이.

───, 2003, 『장준하: 민족주의자의 길』, 서울: 돌베개.

박노자, 2005, 『우승(優勝) 열패(劣敗)의 신화』, 서울: 한겨레신문사.

박노해, 1984, 『노동의 새벽』, 서울: 느린걸음, 2004.

박명림, 1996a, 『한국전쟁의 발발과 기원 I: 결정과 발발』, 서울: 나남.

───, 1996b, 『한국전쟁의 발발과 기원 II: 기원과 원인』, 서울: 나남.

───, 2002, 『한국 1950: 전쟁과 평화』, 서울: 나남.

박상륭, 1963-1973, 『아겔다마: 박상륭 소설집』, 서울: 문학과지성사, 1997.

───, 1965-1971, 『열명길: 중단편소설집』, 서울: 문학과지성사, 1986.

───, 1986, 『죽음의 한 연구』 상·하, 서울: 문학과지성사.

박완서, 1976, 『휘청거리는 오후』, 박완서 소설 전집 제1권, 서울: 세계사, 1993.

박일문, 1992, 『살아남은 자의 슬픔』, 서울: 민음사.

박정희, 1962, 『우리 민족의 나아갈 길』, 서울: 동아출판사,

───, 1963, 『국가와 혁명과 나』, 서울: 지구촌.

박지향·김철·김일영·이영훈 엮음, 2006, 『해방 전후사의 재인식』 전2권, 서울: 책세상.

박찬표, 2007, 『한국의 국가형성과 민주주의: 미군정기 자유민주주의의 초기제도화』, 서울: 고려대학교출판부.

박찬호, 2009a, 『한국가요사 1: 가요의 탄생에서 식민지 시대까지 민족의 수난과 저항을 노래하다: 1894~1945』, 안동림 옮김, 서울: 미지북스.

───, 2009b, 『한국가요사 2: 해방에서 군사 정권까지 시대의 희망과 좌절을 노래하다: 1945~1980』, 이준희 편집, 서울: 미지북스.

박태균, 2007, 『원형과 변용: 한국 경제개발계획의 기원』, 서울: 서울대학교출판부.

박태상, 1993, 『한국 문학과 죽음』, 서울: 문학과지성사.

박태순, 1972, 『무너진 극장』, 서울: 책세상, 2007.

─── ·김동춘, 1991. 『1960년대의 사회운동』, 서울: 까치.

박호성, 2003, 「현대 한국정치사 연구서설: 민주주의의 전개를 중심으로」, 『한국정치외교사논총』 제25집, 1호(8월): 87-113.

배창호, 1982, 『꼬방동네 사람들』, 한국시나리오걸작선 042. 서울: 커뮤니케이션북스, 2005.

백문임 외, 2005, 『르네상스인 김승옥』, 서울: 앨피.

백선엽, 1989, 『군과 나: 6·25 한국전쟁 회고록』, 서울: 대륙연구소 출판부.

백승종, 2006, 『한국의 예언문화사』, 서울: 푸른역사.

백학순, 1999, 『국가형성전쟁으로서의 한국전쟁』, 성남: 세종연구소.

사월혁명연구소 편, 1990, 『한국사회변혁운동과 4월혁명 1』, 서울: 한길사.

───── 편, 1990, 『한국사회변혁운동과 4월혁명 2』, 서울: 한길사.

서동수, 2005, 『전쟁과 죽음의식의 미학적 탐구』, 서울: 새문사.

서연주, 2007, 『김승옥과 욕망의 서사학』, 서울: 청동거울.

서울대학교 국제문제연구소 편, 2007, 『이승만과 제1공화국』, 서울: 논형.

서은선, 2003, 『최인훈 소설의 서사 형식 연구』, 서울: 국학자료원.

서정주, 1994, 『미당 자서전』 전2권, 서울: 민음사.

서주석, 2008, 『한국의 국가체제 형성 과정』, 서울: 역사비평사.

서중석, 1992, 『한국현대민족운동연구』, 서울: 역사비평사.

서희경, 2012, 『대한민국 헌법의 탄생: 한국 헌정사, 만민공동회에서 제헌까지』, 서울: 창비.

선우휘, 1957, 「불꽃」, 『불꽃』, 오늘의 작가 총서 3, 서울: 민음사, 1996.

성신여자대학교 현대사상연구소 편, 1986, 『6·25가 한국인·한국사회에 미친 영향』, 서울: 성신여자대학교출판부.

손창섭, 1995, 『잉여인간 외』, 한국소설문학대계 30, 서울: 두산동아.

─────, 2005, 『손창섭 단편 전집』 전2권, 서울: 가람기획.

손호철 외, 1991, 『한국전쟁과 남북한 사회의 구조적 변화』, 서울: 경남대학교 극동문제연구소.

─────, 1995, 『현대 한국정치: 이론과 역사』, 개정판, 서울: 사회평론, 1997.

송남헌, 1980, 『한국 현대정치사 제1권: 건국전야』, 서울: 성문각.

─────, 1985, 『해방3년사: 1945-1948』 전2권, 서울: 까치.

송병수, 1957, 「쑈리 킴」, 최상규·송병수·하근찬, 『한국문학전집 21』, 서울: 삼성출판사, 1985: 148-161.

송하춘·이남호 편, 1994, 『1950년대의 소설가들』, 서울: 나남.

송하춘 편, 2003, 『손창섭: 모멸과 연민의 이중주』, 서울: 새미.

송호근, 1998, 『또 하나의 기적을 향한 짧은 시련』, 서울: 나남.

─────, 2003, 『한국, 무슨 일이 일어나고 있나: 세대, 그 갈등과 조화의 미학』, 서울: 삼성경제연구소.

시모카와 아야나(下川紋奈), 2014, 「4·19 해석의 재해석: 『사상계』 지식인이 만들어낸 4·19 민주혁명」, 서울대학교 대학원 정치외교학부 석사논문.

신경득, 1983, 『한국전후소설연구』, 서울: 일지사.

신동엽, 1980, 『신동엽전집』 증보판, 서울: 창작과비평사.

신형기, 1992, 『해방기 소설 연구』, 서울: 태학사.

심지연, 1982-1984, 『한국민주당연구 1』, 서울: 풀빛, 1982.

———, 1982-1984, 『한국현대정당론』, 한국민주당연구 2, 서울: 창작과비평사, 1984.

안수길, 1959-1963, 『북간도』, 한국소설문학대계28, 서울: 동아출판사, 1995.

양귀자, 1995, 『천년의 사랑』 상·하, 서울: 살림.

양승태, 2010, 『대한민국이란 무엇인가: 국가 정체성 문제에 대한 정치철학적 성찰』, 서울: 이화여자대학교출판부.

역사문제연구소 편, 1998, 『1950년대 남북한의 선택과 굴절』, 서울: 역사비평사.

연시중, 2001, 『한국 정당정치 실록 2: 6·25전쟁부터 장면 정권까지』, 김윤철 엮음, 서울: 지와 사랑.

오명호, 1999, 『한국현대정치사의 이해』, 서울: 오름.

오상원·박경수·오유권, 1985, 『한국문학전집 20』, 서울: 삼성출판사.

오영숙, 2007, 『1950년대, 한국영화와 문화 담론』, 서울: 소명출판.

오원철, 1996, 『한국형 경제건설: 엔지니어링 어프로치』 제5권, 서울: 기아경제연구소.

———, 1999, 『내가 전쟁을 하자는 것도 아니지 않느냐』, 한국형 경제건설: 엔지니어링 어프로치 제7권, 서울: 한국형경제정책연구소.

유영익, 1996, 『이승만의 삶과 꿈: 대통령이 되기까지』, 서울: 중앙일보사.

——— 편, 2000, 『이승만 연구: 독립운동과 대한민국 건국』, 서울: 조선일보사.

——— 편, 2006, 『이승만 대통령 재평가』, 서울: 연세대학교출판부.

유홍준, 1993, 『나의 문화유산답사기 1: 남도답사 일번지』, 서울: 창비.

———, 1994, 『나의 문화유산답사기 2: 산은 강을 넘지 못하고』, 서울: 창비.

윤홍길, 1976, 「장마」, 『장마』, 서울: 민음사, 1980.

———, 1977, 『아홉 켤레의 구두로 남은 사내』, 서울: 문학과지성사.

이경남, 1989, 『분단시대의 청년운동』 상·하, 서울: 삼성문화개발.

이규태, 1977, 『한국인의 의식구조: 한국인은 누구인가』 상·하, 서울: 문리사.

이남인, 2014, 『현상학과 질적 연구: 응용현상학의 한 지평』, 파주: 한길사.

이동하, 1982, 『장난감 도시: 이동하 연작장편소설』, 서울: 문학과지성사.

이문구, 1977, 『관촌수필』, 서울: 문학과지성사, 1996.

이문열, 1979a, 『우리들의 일그러진 영웅』, 오늘의 작가 총서 20, 서울: 민음사,

1992.

———, 1979b, 『사람의 아들』, 서울: 민음사.

———, 1981, 『젊은날의 초상』, 오늘의 작가 총서 12, 서울: 민음사, 2008.

———, 1982, 『황제를 위하여』 전2권, 서울: 고려원, 1986.

———, 1984, 『영웅시대』 전2권, 서울: 민음사.

———, 1986, 『변경』 전12권, 서울: 민음사, 2014.

———, 1988, 『추락하는 것은 날개가 있다』, 서울: 자유문학사.

이범선, 1959, 「오발탄」, 이범선·이호철·남정현, 『한국문학전집 19』, 서울: 삼성
　　출판사, 1985: 114-142.

이봉구, 1966, 『그리운 이름 따라―명동 20년』, 강정구 엮음, 서울: 지식을만드
　　는지식, 2014.

이어령, 1956, 『저항의 문학』, 서울: 예문사, 1965.

———, 1963, 『흙 속에 저 바람 속에』, 『이것이 韓國이다: 흙 속에 저 바람속에』,
　　서울: 문학사상사, 1986.

이영미, 1995, 『서태지와 꽃다지』, 서울: 한울.

———, 1998, 『한국 대중가요사』, 서울: 민속원, 2006.

———, 2002, 『흥남부두의 금순이는 어디로 갔을까: 「사의 찬미」에서 「고래 사
　　냥」, 「교실 이데아」까지, 대중가요를 통해 바라본 우리 시대 이야기』, 서울:
　　민음인.

이영진, 2014, 「'범죄'의 재구성: 1977년 무등산 철거반원 살해 사건을 둘러싼
　　물음들」, 『비교문화연구』 20집 1호, 서울대학교 비교문화연구소: 5-42.

이영훈, 2007, 『대한민국 이야기: 《해방전후사의 재인식》 강의』, 서울: 기파랑.

이용원, 1999, 『제2공화국과 장면』, 서울: 범우사.

이은자, 1995, 『1950년대 한국 지식인 소설 연구』 서울: 태학사.

이재선, 1991, 『현대 한국소설사 1945-1990』, 서울: 민음사.

이재오, 2011, 『한국 학생운동사 1945~1979』, 서울: 파라북스.

이정식, 1976, 『한국 현대정치사 제3권: 제2공화국』, 서울: 성문각.

이종오 외, 1991, 『1950년대 한국사회와 4·19혁명』, 서울: 태암.

이철용, 1981, 『어둠의 자식들』, 서울: 새녘출판사, 2012.

이청준, 2010, 『이청준 전집』 전31권, 서울: 문학과지성사.

이태준, 2000, 『해방전후』, 서울: 하서.

———, 2006, 『까마귀: 이태준 단편선』, 한국문학전집 21, 서울: 문학과지성사.

이택선, 2012,『취약국가 대한민국의 형성과정(1945-50년)』, 서울대학교 대학원 외교학과 박사학위논문.

───, 2014,「조선민족청년단과 한국의 근대민주주의 국가건설」,『한국정치연구』제23집 제2호: 27-51.

이하나, 2010,「1950~60년대 재건 담론의 의미와 지향」,『동방학지』제151집.

───, 2013,『'대한민국', 재건의 시대(1948~1968): 플롯으로 읽는 한국현대사』, 서울: 푸른역사.

이한우, 2008,『우남 이승만, 대한민국을 세우다』, 서울: 해냄출판사.

이혜영 외, 1999,『1980년대 혁명의 시대』, 서울: 새로운세상.

이혜숙, 2008,『미군정기 지배구조와 한국사회: 해방 이후 국가-시민사회 관계의 역사적 구조화』, 서울: 선인.

이호철, 1964,『소시민/심천도』, 서울: 새미, 2001.

임금복, 1998,『박상륭 소설 연구』, 서울: 국학자료원.

임대식, 2003,「1960년대 초반 지식인들의 현실인식」,『역사비평』제65호(2003년 겨울).

임지현, 1999,『민족주의는 반역이다: 신화와 허무의 민족주의 담론을 넘어서』, 서울: 소나무.

임철우, 1984,『아버지의 땅』, 서울: 문학과지성사.

───, 1985a,「사산(死産)하는 여름」,『외국문학』(여름호): 24-95.

───, 1985b,『그리운 남쪽』, 서울: 문학과지성사.

───, 1997-1998,『봄날』전5권, 서울: 문학과지성사.

임혁백, 1994,『시장, 국가, 민주주의; 한국 민주화와 정치경제이론』, 서울: 나남.

───, 2014,『비동시성의 동시성: 한국 근대정치의 다중적 시간』, 서울: 고려대학교출판부.

장경섭, 2009,『가족·생애·정치경제: 압축적 근대성의 미시적 기초』, 서울: 창비.

장양수, 1991,『한국의적소설사』, 서울: 문예출판사.

장용학, 1995,『원형의 전설 외』, 한국소설문학대계 29, 서울: 두산동아.

───, 2002,『장용학 문학전집』전7권, 서울: 국학자료원.

전상국, 1979-1980,『우상의 눈물/아베의 가족』, 김준우 엮음, 서울: 사피엔스, 2012.

전인권, 2000,『아름다운 사람 이중섭』, 서울: 문학과지성사.

전재호, 2000,『반동적 근대주의자 박정희』, 서울: 책세상.

전혜린, 1966, 『그리고 아무 말도 하지 않았다』, 서울: 민서출판, 2002.

정병준, 2005, 『우남 이승만 연구』, 서울: 역사비평사.

정비석, 1954, 『자유부인』, 서울: 대일출판사, 1980.

정성화 편, 2005, 『박정희 시대 연구의 쟁점과 과제』, 서울: 선인.

정영훈, 2008, 『최인훈 소설의 주체성과 글쓰기』, 파주: 태학사.

정용욱 외, 2004, 『1960년대 한국의 근대화와 지식인』, 서울: 선인.

조갑제, 1998, 『내 무덤에 침을 뱉어라』 전8권, 서울: 조갑제닷컴.

―――, 2006, 『박정희: 한 근대화 혁명가의 비장한 생애』 전13권, 서울: 조갑제
닷컴.

―――, 2007, 『노태우 육성 회고록: 전환기의 대전략』, 서울: 조갑제닷컴.

조건상 편, 1993, 『한국전후문학연구』, 서울: 성균관대학교출판부.

조남현, 1993, 『한국현대소설의 해부』, 서울: 문예출판사.

조선작, 1973, 「영자의 전성시대」, 송영·조해일·조선작, 『선생과 황태자/아메리
카/영자의 전성시대』, 20세기 한국소설 29, 서울: 창비, 2005.

조성기, 1992, 『통도사 가는 길』, 서울: 민음사, 1996.

조세희, 1978, 『난장이가 쏘아올린 작은 공』, 서울: 이성과 힘, 2000.

조영암, 1956-1957, 『新·林巨正傳』 전9권, 서울: 인간사.

조정래. 1983-1989, 『태백산맥』 전10권, 서울: 해냄, 2003.

진덕규·한배호·김학준·한승주·김대환 외, 1981, 『1950年代의 認識』. 서울: 한
길사.

진덕규, 2000, 『한국 현대정치사 서설』, 서울: 지식산업사.

채만식, 1989, 『채만식전집 8』, 서울: 창작과비평사.

천이두, 1993, 『한의 구조 연구』, 서울: 문학과지성사.

최상용, 1988, 『미군정과 한국민족주의』 서울: 나남.

최원식·임규찬 엮음, 2002, 『4월혁명과 한국 문학』, 서울: 창작과 비평사.

최인호, 1972a, 『별들의 고향』 상·하, 서울: 예문사, 1973.

―――, 1972b, 『별들의 고향』 1·2, 서울: 여백, 2013.

―――, 1974, 『바보들의 행진』, 서울: 예문관.

―――, 1992, 『최인호 시나리오 전집』 전3권, 서울: 우석.

최인훈, 1976a, 『최인훈전집 1: 광장/구운몽』, 서울: 문학과지성사.

―――, 1976b, 『최인훈전집 4: 소설가 구보씨의 일일』, 서울: 문학과지성사.

―――, 1976c, 『최인훈전집 6: 크리스마스캐럴/가면고』, 서울: 문학과지성사.

———, 1976d, 『최인훈전집 8: 우상의 집』, 서울: 문학과지성사.

———, 1977a, 『최인훈전집 2: 회색인』, 서울: 문학과지성사.

———, 1977b, 『최인훈전집 3: 서유기』, 서울: 문학과지성사.

———, 1978a, 『최인훈전집 5: 태풍』, 서울: 문학과지성사.

———, 1978b, 『최인훈전집 7: 하늘의 다리/두만강』, 서울: 문학과지성사.

———, 1980a, 『최인훈전집 9: 총독의 소리』, 서울: 문학과지성사.

———, 1980b, 『최인훈전집 11: 유토피아의 꿈』, 수필집, 서울: 문학과지성사.

———, 1980c, 『최인훈전집 12: 문학과 이데올로기』, 서울: 문학과지성사.

———, 1992, 『최인훈전집 10: 옛날 옛적에 훠어이 훠이』, 서울: 문학과지성사.

———, 1994, 『화두』 1·2부, 서울: 민음사.

최정운, 1997, 「권력의 반지: 권력담론으로서의 바그너의 반지 오페라」, 『국제문제연구』 제21호, 서울대학교 부설 국제문제연구소: 131-166.

———, 1999a, 『오월의 사회과학』, 서울: 오월의봄, 2012.

———, 1999b, 「새로운 부르주아의 탄생: 로빈슨 크루소의 고독의 근대사상적 의미」, 『정치사상연구』, 창간호: 9~51쪽.

———, 2000a, 「현대 사랑의 정치사회적 의미」, 『전통과 현대』 13호(가을): 75~95쪽.

———, 2000b, 「사랑의 재현: 전통적 사랑 이야기와 근대적 사랑 이야기의 차이의 의미」, 『문화과학』 24, 특집: '재현체계'와 근대성(겨울호): 269~297쪽.

———, 2011, "Importation of Love from Modern Europe to Korea," *Cultural Transfer in Dispute: Representations in Asia, Europe and Arab World since the Middle Ages*, Jörg Feuchter, Friedhelm Hoffmann & Yun Bee, editors. Frankfurt-on-Main: Campus: 58-72.

———, 2013, 『한국인의 탄생: 시대와 대결한 근대 한국인의 진화』, 서울: 미지북스.

하영선 편, 1990, 『한국전쟁의 새로운 접근: 전통주의와 수정주의를 넘어서』, 서울: 나남.

하일지, 1990, 『경마장 가는 길』, 서울: 민음사.

한국전쟁연구회 편, 2000, 『탈냉전시대 한국전쟁의 재조명』, 서울: 백산서당.

한국정신문화연구원 편, 1999a, 『한국전쟁과 사회구조의 변화』, 한국현대사의 재인식 7, 서울: 백산서당.

——— 편, 1999b, 『1960년대 한국의 공업화와 경제구조』, 한국현대사의 재인식

8, 서울: 백산서당.

—— 편, 1999c, 『1960년대 사회변화 연구: 1963~1970』, 한국현대사의 재인
식 9, 서울: 백산서당.

—— 편, 1999d, 『1960년대의 정치사회변동』, 한국현대사의 재인식 10, 서울:
백산서당.

—— 편, 1999e, 『1970년대 전반기의 정치사회변동』, 한국현대사의 재인식
12, 서울: 백산서당.

—— 편, 1999f, 『1970년대 후반기의 정치사회변동』, 한국현대사의 재인식 13,
서울: 백산서당.

—— 편, 2002, 『박정희시대 연구』, 한국현대사의 재인식 22, 서울: 백산서당.

—— 편, 2005, 『1980년대 한국사회 연구』, 한국현대사의 재인식 26, 서울: 백
산서당.

한배호 편, 1990, 『한국현대정치론 1: 제1공화국의 국가형성, 정치과정, 정책』.
서울: 나남.

—— 편, 1996. 『한국현대정치론 2: 제3공화국의 형성, 정치과정, 정책』, 서울:
오름.

——, 2008, 『자유를 향한 20세기 한국 정치사: 독재와 반민주의 세월을 넘어』,
서울: 일조각.

한상진 편, 2003, 『386세대 그 빛과 그늘: 암울했던 80년대 대학생들의 순수와
열정과 방황의 기록』, 서울: 문학사상사.

한수산, 1976, 『부초』, 서울: 민음사, 1986.

한완상·이우재·심재택 외, 1983, 『4월혁명론』 1, 서울: 일월서각.

한홍구, 2003, 『대한민국사 2: 아리랑 김산에서 월남 김 상사까지』, 서울: 한겨레
신문사.

허정 외, 1966, 『사실의 전부를 기술한다: 역대 주역들이 실토한 미공개 정치이
면 비사』, 서울: 희망출판사.

——, 1979, 『내일을 위한 증언』, 서울: 샘터사.

현석호, 1986, 『한 삶의 고백』, 서울: 탐구당.

홍중오 편, 1992, 『삼·일오 의거』. 마산: 4·19의거 상의자회 경남지부.

황석영, 1974, 『객지: 황석영 소설집』, 서울: 창작과비평사.

——, 1974-1984, 『장길산』 전10권, 개정판, 서울: 창작과비평사, 1995.

——, 1980, 『돼지꿈: 삼포 가는 길·객지 외 7편 수록』, 세계문학전집 125, 서

울: 민음사.

———, 1985, 『죽음을 넘어, 시대의 어둠을 넘어』, 서울: 풀빛.

———, 1987, 『골짜기: 인동의 소설 1』, 서울: 도서출판 인동.

———, 2000, 『삼포 가는 길: 황석영 중단편전집 2』, 서울: 창작과비평사.

황순원, 1954, 『카인의 후예: 황순원 소설선』, 서울: 문학과지성사, 2006.

———, 2004, 『독짓는 늙은이: 황순원 단편선』, 서울: 문학과지성사.

2. 외국 저자

Assmann, Aleida, 2009, 『기억의 공간(Erinngerungsräume)』, 채연숙 옮김, 서울: 그린비, 2011.

Blair, Clay, 1987, *The Forgotten War: America in Korea 1950-1953*, New York: Anchor Books.

Bourdieu, Pierre, 1979, *Distinction: A Social Critique of the Judgment of Taste (La Distinction: Critique social du jugement)*, Translated by Richard Nice, Cambridge: Harvard University Press, 1984.

Carrol, Lewis, 1865~1872, *The Annotated Alice*, The definitive Edition, *Alice's Adventures in Wonderland & Through the Looking Glass and What Alice Found There*, Introduction and Notes by Martin Gardner, Original Illustration by John Tenniel, New York: W. W. Norton & Company, 2000.

Cervantes Saavedra, Miguel de, 1605, 1616, 『돈키호테 1(El Ingenioso Hidalgo Don Quijote de la Mancha)』, 『돈키호테 2(El ingenioso caballero don Quijote de la Mancha)』, 안영옥 옮김, 파주시: 열린책들, 2014.

Clausewitz, Carl von, 1994, *On War (Vom Kriege)*, Edited and translated by Michael Howard & Peter Paret. New York: Everyman's Library, 1994.

Cumings, Bruce, 1981, *The Origins of the Korean War*, Vol. 1: *Liberation and the Emergence of Separate Regime, 1945~1947*, Princeton: Princeton University Press.

———, ed., *Child of Conflict: The Korean-American Relations, 1943~1953*, Seattle: University of Washington Press.

———, 1990, *The Origins of the Korean War*, Vol II: *The Roaring of the Cataract, 1947~1950*. Princeton: Princeton University Press.

─────, 1997, 『브루스 커밍스의 한국현대사(Korea's Place In the Sun)』, 김동노·이교선·이진준·한기욱 옮김. 서울: 창비, 2004.

Descartes, René, 1637, 1642, *Discourse on the Method & Meditations,* in *The Philosophical Writings of Descartes*, 3 Vols, translated by John Cottingham, Robert Stoothoff & Dugald Murdoch, Cambridge: Cambridge University Press, 1985.

Dostoyevskii, Fedor Mikhailovich, 1871, 『악령(Бесы)』 상·중·하, 김연경 옮김, 서울: 열린책들, 2000.

Drakakis, John & Naomi Conn Liebler, eds., 1998, *Tragedy*, London: Longman.

Ellison, Ralph, 1947, 『보이지 않는 인간(Invisible Man)』 1·2, 세계문학전집 190·191, 조영환 옮김, 서울: 민음사, 2008.

Fehrenbach, T. R., 1963, 『한국전쟁: 이 특수한 전쟁(This Kind of War)』, 안동림 옮김, 서울: 현암사, 1976.

Fitzgerald, F. Scott, 1925, 『위대한 개츠비(The Great Gatby)』, 김석희 옮김, 서울: 열림원, 2013.

Foucault, Michel, 1966, *Les mots et les choses: Une Archéologie des sciences humaines*, Paris: Gallimard.

─────, 1975, *Surveiller et punir: Naissance de la prison*, Paris: Gallimard.

─────, 1976, *Histoire de la sexualité 1: La volonté de savoir*, Paris: Gallimard.

Gadamer, Hans-Georg, 1960, *Truth and Method (Wahrheit und Methode)*, New York: The Crossroad Publishing Company.

Girard, René, 1961, 『낭만적 거짓과 소설적 진실(Mensonge romantique et vérité romanesque)』, 김치수·송의경 옮김, 서울: 한길사, 2001.

─────, 1972, 『폭력과 성스러움(La Violence et le sacré)』, 김진식·박무호 옮김, 서울: 민음사, 1993.

Goethe, Johann Wolfgang von, 1774, 『젊은 베르테르의 슬픔(Die Leiden des jungen Werthers)』, 세계문학전집 25, 박찬기 옮김, 서울: 민음사, 1999.

─────, 1808-1831, 『파우스트(Faust)』 1·2, 이인웅 옮김, 서울: 문학동네, 2009.

Gramsci, Antonio, 1971, *Selections from the Prison Notebooks*, Edited and Translated by Quintin Hoare & Geoffrey Nowell Smith, New York: International Publishers.

Grass, Günther, 1959,『양철북(Die Blechtrommel)』1·2, 세계문학전집 32·33, 장희창 옮김. 서울: 민음사, 1999.

Halberstam, David, 2007,『콜디스트 윈터: 한국전쟁의 감추어진 역사(The Cold-est Winter: America and the Korean War)』, 정윤미·이은진 옮김, 서울: 살림, 2009.

Hartz, Louis, 1955, *The Liberal Tradition of America: An Interpretation of American Political Thought since the Revolution*, New York and London: A Harvest/HBJ Book. (『미국의 자유주의 전통: 독립혁명 이후 미국 정치사상의 해석』, 백창재·정하용 옮김, 파주: 나남, 2012).

Heidegger, Martin, 1927,『존재와 시간(Sein und Zeit)』, 이기상 옮김, 서울: 까치글방, 1997.

Henderson, Gregory, 1968,『소용돌이의 한국정치(Korea: The Politics of Vortex)』, 박행웅·이종삼 옮김, 서울: 한울아카데미, 2000.

Hobbes, Thomas, 1651, *Leviathan, parts I and II, The Collected Works of Thomas Hobbes Vol III*, Collected and Edited by William Molesworth. London: Routledge Thoemmes Press, 1992.

Hobsbawm, E. J., 1994, *Nations and Nationalism since 1780*, 2nd edition, Cambridge: Cambridge University Press.

Huizinga, Johan, 1938,『호모 루덴스: 놀이하는 인간(Homo Ludens: A Study of the Play Element in Culture)』, 이종인 옮김, 고양: 연암서가: 2010.

Husserl, Edmund, 1928,『시간의식(Zur Phänomenologie des inneren Zeitbewußt-seins 1893~1917)』, 이종훈 옮김, 파주: 한길사, 1996.

Kafka, Franz, 1916,「변신(Die Verwandlung)」,『변신』, 안영한 옮김. 서울: 소담출판사, 2002.

──, 1925,『소송(Der Prozeß)』, 권혁준 옮김, 서울: 문학동네, 2010.

──, 1926,『성(Das Schloß)』, 권혁준 옮김, 서울: 창비, 2015.

Koselleck, Rheinhart, 1979,『지나간 미래(Vergangene Zukunft: Zur Semantik ge-schichtlicher Zeiten)』, 한철 옮김, 서울: 문학동네, 1996.

Kundera, Milan, 1984,『참을 수 없는 존재의 가벼움(Die unerträgliche Leitigkeit des Seinsi)』, 송동준 옮김, 서울: 민음사, 1988.

Lacan, Jacques, 1966, *Écrits: A Selection*, Translated by Alan Sheridan, New

York: W. W. Norton, 1977.

Lawrence, D. H., 1924, *Studies in Classic American Literature*, Harmondsworth: Penguin Books, 1977.

Lévi-Strauss, Claude, 1962, *La Pensée sauvage*, Paris: Plon.

Lukács, György, 1920, 『소설의 이론(Die Theorie des Romans)』, 김경식 옮김, 서울: 문예출판사, 2007.

Malraux, André, 1933, 『인간의 조건(La Condition humaine)』, 김붕구 옮김, 서울: 지식공작소, 2000

Mead, George Herbert, 1934, 『정신·자아·사회: 사회적 행동주의자가 분석하는 개인과 사회(Mind, Self, and Society)』, 나은영 옮김, 파주: 한길사, 2010.

Melville, Herman, 1851, 『모비딕(Moby Dick or the White Whale)』, 김석희 옮김, 서울: 작가정신, 2011.

Morrison, Toni, 1987, 『빌러비드(Beloved)』, 최인자 옮김, 서울: 문학동네, 2014.

Naipaul, Vidiadhar Surajprasad, 1959, 『미겔 스트리트(Miguel Street)』, 세계문학전집 92, 이상옥 옮김, 서울: 민음사, 2003.

Nietzsche, Friedrich, 1872/1888, *The Birth of Tragedy (Die Geburt der Tragödie)/ The Case of Wagner (Der Fall Wagner)*, Translated with Commentary by Walter Kaufmann, New York: Vintage Books, 1967.

———, 1882/1886, *The Gay Science (Die fröliche Wissenschaft) WIth a Prelude in Phymes and Appendix of Songs*, Translated, with Commentary by Walter Kaufmann, New York: Vintage Books, 1974.

———, 1885, *Thus Spoke Zarathustra (Also sprach Zarathustra)*, Translated with a Preface by Walter Kaufmann, Harmondsworth: Penguin Books, 1966.

———, 1886, *Beyond Good and Evil: Prelude to a Philosophy of the Future (Jenseits on Gut und Böse)*, Translated, with Commentary, by Walter Kaufmann, New York: Vintage Books, 1989.

———, 1887-1888, *On the Genealogy of Morals (Zur Genealogie der Moral)*, Translated by Walter Kaufmann and R. J. Hollingdale; Ecce Homo, Translated by Walter Kaufman, Edited, with Commentary by Walter Kaufmann, New York: Vintage Books, 1969.

Nozick, Robert, 1974, *Anarchy, State, and Utopia*, New York: Basic Books.

Oberdorfer, Don, 1997, 『두 개의 한국(The Two Koreas)』, 이종길 옮김, 고양: 길산, 2002.

Oliver, Robert T., 1978, 『이승만 비록(Syngman Rhee and American Involvement in Korea, 1942-1960)』, 박일영 옮김, 서울: 한국문화출판사.

Osgood, R. E., 1957, *Limited War: The Challenge to American Strategy*, Chicago: University of Chicago Press.

Prévost d'Exile, Antoine François, 1731, 『마농 레스코(La Véritable histoire du Chevalier des Grieux et de Manon Lescaut)』 1·2, 민희식 옮김, 서울: 큰글, 2010.

Rougemont, Denis de, 1983, *Love in the Western World (L'Amour et l'occident)*, Translated by Montgomery Bilgion, New York: Shocken Books.

Said, Edward W., 1979, *Orientalism*, New York: Vintage Books.

Saint-d'Exupéry, Antoine de, 1943, 『어린 왕자(Le Petit Prince)』, 인천: 소와다리, 2014.

Sartre, Jean-Paul, 1938, 『구토(La Nausée)』, 이혜정 옮김, 서울: 소담출판사, 2002.

Schutz, Alfred, 1932, *The Phenomenology of the Social World (Der sinnhafte Aufbau der sozialen Welt)*, Translated by George Walsh & Frederick Lehnert, With an Introduction by George Walsh, Evanston: Northwestern University Press, 1967.

Singer, Ben, 2001, 『멜로드라마와 모더니티(Melodrama and Modernity: Early Sensational Cinema and its Contexts)』, 이위정 옮김, 서울: 문학동네, 2009.

Skocpol, Theda, 1979, *States and Social Revolutions*. Cambridge: Cambridge Unniversity Press.

Sophocles, 1954, *Sophocles 1: Three Tragedies: Oepitus the King*, Translated by David Green; *Oedipus at Colonus*, Translated by Robert Fitzgerald; *Antigone*, Translated by Elizabeth Wyckoff, With an Introduction by David Green. Chicago: University of Chicago Press.

Spengler, Oswald, 1926-1928, *The Decline of the West (Der Untergang des Abendlandes)*, 2 Vols, Authorized Translation with Notes by Charles Francis Atkinson, New York: Alfred A. Knopf, 1932.

Watt, Ian, 1996, 『근대 개인주의 신화(Myths of Modern Individualism)』, 이시연·

강유나 옮김, 서울: 문학동네, 2004.

Weber, Max, 1905, *The Protestant Ethic and the Spirit of Capitalism*, Translated by Talcott Parsons, With an Introduction by Anthony Giddens, New York: Charles Scribner's Sons, 1958.

──────, 1956, *Economy and Society: An Outline of Interpretive Sociology (Wirtschaft und Gesellschaft: Grundriss der verstehenden Soziologie)* 2 Volumes, Edited by Guenther Roth & Claus Wittich, Berkeley: University of California Press, 1978.

──────, 1988, *Gesammelte Aufsätze zur Wissenschaftslehre*, herausgegeben von Johannes Winckelmann. Tübingen: J.C.B. Mohr.

| 찾아보기 |

한국인의 발견

한국인의 발견

지은이 **최정운**

서울대학교 정치외교학부 교수이다. 서울대학교 외교학과를 졸업하고 동 대학원을 거쳐 시카고 대학교 정치학과에서 석사·박사 학위를 받았다. 오랫동안 서양 정치사상을 연구하면서 정작 우리 사회를 이해하는 데 필수불가결한 한국 근현대 사상사의 부재를 깨닫고 이를 발굴, 정립하는 연구에 매진해왔다. 전작 『한국인의 탄생』과 이 책 『한국인의 발견』은 그러한 지적 여정의 결과물이다. 지은 책으로 『한국인의 탄생』(2013년) 『오월의 사회과학』(1999년), 『지식국가론』(1992년) 등이 있고, 논문으로는 「푸코의 눈: 현상학 비판과 고고학의 출발」, 「새로운 부르주아의 탄생: 로빈슨 크루소의 고독의 근대사상적 의미」, 「개념사: 서구 권력의 도입」, 「국제정치에 있어서 문화의 의미」, 「권력의 반지: 권력담론으로서의 바그너의 반지 오페라」 등이 있다.

한국인의 발견
한국 현대사를 움직인 힘의 정체를 찾아서

발행일	2016년 12월 20일(초판 1쇄)
	2017년 2월 20일(초판 2쇄)
지은이	최정운
펴낸이	이지열
펴낸곳	미지북스

서울시 마포구 성암로 15길 46(상암동 2-120번지) 201호
우편 번호 03930
전화 070-7533-1848 팩스 02-713-1848
mizibooks@naver.com
출판 등록 2008년 2월 13일 제313-2008-000029호

책임 편집	김대수
출력	상지출력센터
인쇄 제본	한영문화사

ISBN   978-89-94142-62-3 03910
값 25,000원

· 블로그 http://mizibooks.tistory.com
· 트위터 @mizibooks
· 페이스북 http://facebook.com/pub.mizibooks